92

FLORIAN SAUER

92

EINE REISE DURCH DAS MUTTERLAND DES FUSSBALLS

pretty good books

92

Eine Reise durch das Mutterland des Fußballs, erzählt von Florian Sauer, Betreiber von *www.fussballinlondon.de.*

1. Auflage 2017 (7. Druck im Mai 2020)

Fotos:	Florian Sauer
Cover und Umschlag:	Kristin Munz unter Verwendung eines Motivs von Florian Sauer.
Satz:	pretty good books
Lektorat:	Christoph Beutenmüller
Korrektorat:	Kirsten Skacel, Lektorat Rotstift
Druck:	BOOK PRESS
Verlag:	pretty good books, Waldkirch im Breisgau, 2017 *www.prettygoodbooks.de*
ISBN:	978-3-945942-03-1

Bibliografische Information der Deutschen Nationalbibliothek:
Die Deutsche Nationalbibliothek verzeichnet diese Publikation in der Deutschen Nationalbibliografie; detaillierte bibliografische Daten sind im Internet über *http://dnb.d-nb.de* abrufbar.

Übersichtskarte: Der Weg zu den 92

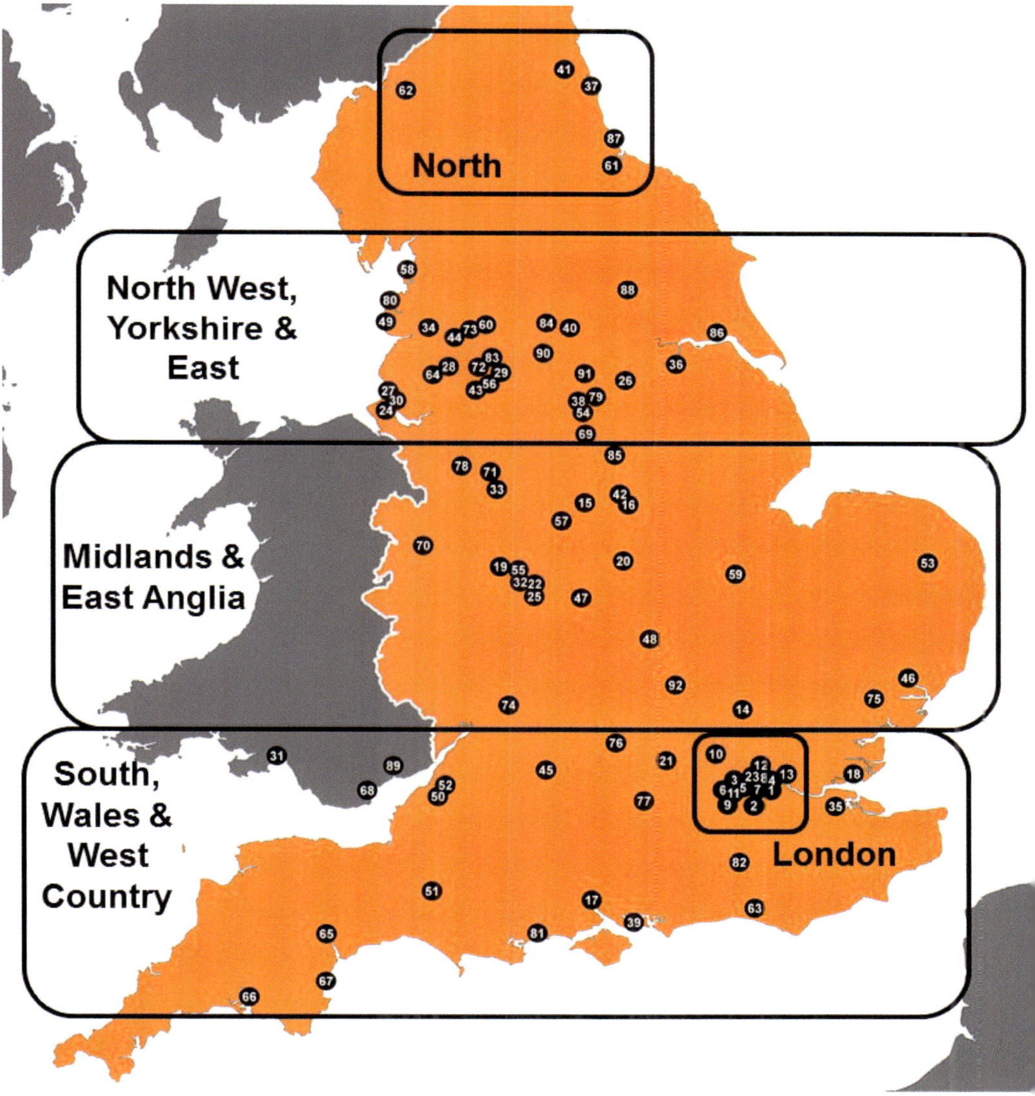

Zoomkarte: London im Detail

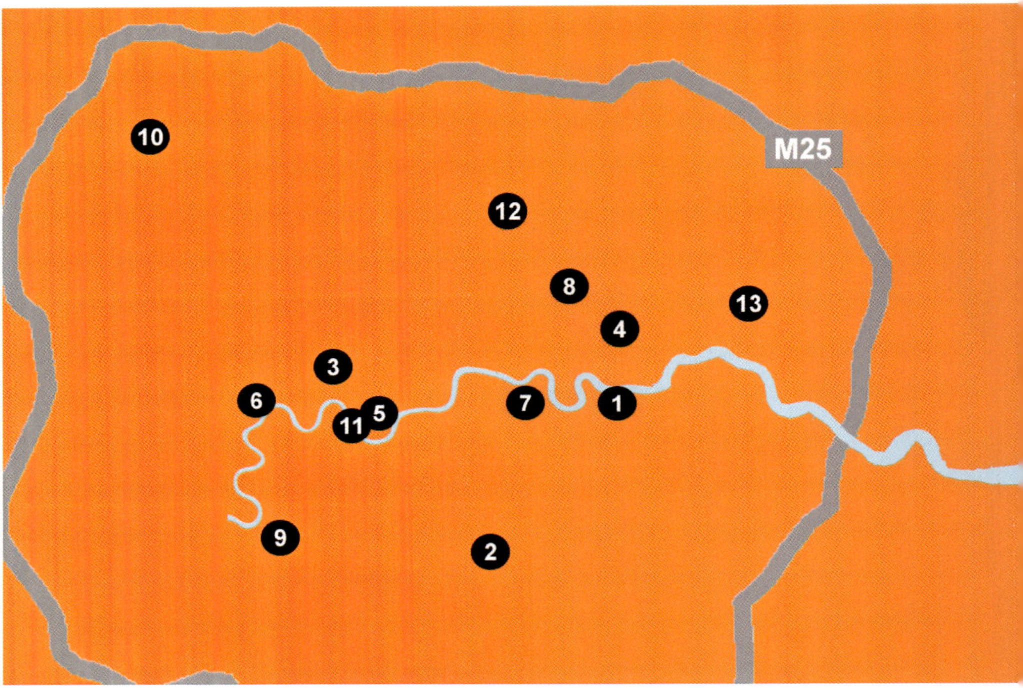

Inhalt

England, my England

Betritt man das englische National Football Museum in Manchester, begrüßt einen an der Wand ein Relief mit einem Zitat der Arsenal-Trainer-Legende Arsene Wenger: „The first time I came to England, I said to myself without doubt: football was created here." Selbst für einen stolzen Franzosen gibt es offenbar keinen Zweifel, dass die Wiege des Fußballs in England liegt und dass sich diese Tatsache bis heute in den Stadien und der Fußballkultur des Landes widerspiegelt.

Es wäre schwer, anders zu argumentieren. In England wurde das Spiel, das von dort aus die Welt eroberte, im 19. Jahrhundert erfunden. Hier gab es 1848 die ersten Fußballregeln und 1863 den ersten Fußballverband. Hier schlossen sich um 1860 die ersten Fußballklubs zusammen, die mit dem FA Cup seit 1871 den ersten Fußballwettbewerb austrugen und später in der Football League ab 1888 die erste professionelle Fußballmeisterschaft ausspielten. Hier entwickelten sich nach dem Zweiten Weltkrieg auf den Stehplatztribünen die ersten Fangesänge und die Fankultur als solche – alles Jahrzehnte, bevor dies in anderen Ländern geschah.

Entsprechend gilt der Fußball in England bis heute als das „Original". Ein Spiel in England zu besuchen ist wie Pizza in Italien zu essen, wie Baseball in den USA zu verfolgen oder eine Maß Bier auf dem Oktoberfest zu trinken. Es geht nicht authentischer. Das hat viel damit zu tun, dass der englische Fußball seinen Ursprüngen treu geblieben ist. Als 1920 die Football League auf drei Ligen ausgeweitet wurde, traten insgesamt 66 Klubs an. Bis heute, fast 100 Jahre später, spielen 60 Klubs davon nach wie vor im bezahlten Fußball. Der FA Cup wird kontinuierlich seit fast 150 Jahren ausgetragen, und in vielen Grounds sind die Klubs seit über einem Jahrhundert zu Hause.

Die Stadien selbst tragen ebenfalls zum besonderen Flair des Inselfußballs bei. Während in Deutschland noch in den 90er-Jahren großteils in Betonschüsseln mit Laufbahn gespielt wurde, führte in England die Katastrophe von Hillsborough und die daraus resultierende Umwandlung der traditionellen Grounds in reine Sitzplatzstadien zu einer massenhaften Modernisierung der Spielstätten. Die baulich ohnehin

schon immer recht kompakten und architektonisch interessanten Stadien erhielten einen neuen Anstrich, ohne den alten Charme zu verlieren, und waren damals bzw. sind heute noch immer das Maß aller Dinge in den Augen vieler Fußballfans.
Es waren nicht zuletzt die englischen Grounds, die in mir die Faszination für den Fußball im Mutterland weckten. Mit großer Begeisterung stöberte ich regelmäßig in der Bücherecke des legendären „Sport Bock" in München, in der hin und wieder Werke à la „Football Grounds of England" auftauchten. Darin wurden alle englischen Ligastadien vorgestellt, inklusive vieler Bilder. Eine fantastische Lektüre: Man konnte sich Stunden damit beschäftigen, Geschichte und Hintergründe zu Stadien, selbst aus der vierten Liga, zu studieren. Zudem gab es im Laden immer eine sehr ordentliche Auswahl an Fanzines, einige davon mit starkem England-Bezug, andere mit den üblichen gesammelten Groundhopping-Berichten über Reisen, die auch oft nach England gingen.
So wurde ich zumindest literarisch angefixt und der Besuch in dem Laden nahe dem Münchner Hauptbahnhof Pflicht vor quasi jedem Heimspiel. Bayern-Heimspiel, versteht sich. Was internationale Fußballklubs angeht, hatte ich schon immer eine Affinität zu England, fand seit jeher den Klang der großen englischen Klubnamen wie Manchester United, Arsenal oder Liverpool spannender als die Äquivalente aus anderen Ländern, egal ob Real, Barca oder Juventus. Unangetastet davon blieben aber immer „meine" Bayern. Hier fand ich Ende der 90er eine Fanszene vor, die auch etwas über den Fußball in England aussagte. Während sich in Deutschlands Fankurven noch die Kutten tummelten, gab es unter den aktiven Fans, die etwas über den Tellerrand hinausschauten, zwei Fraktionen. Die „Alten" (wie alles ab Ende zwanzig bezeichnet wurde) waren eher England-affin und ließen sich in Sachen Support von den Inselklubs beeinflussen. Groundhopping-Touren führten zumeist gen England, und ein englischer Klub im Europapokal wurde stets als gutes Los wahrgenommen. Hier spielte wohl auch die Freude am traditionellen Fußball im Ursprungsland eine Rolle bzw. ebenso die Tatsache, dass England zumindest bis zum Beginn der 90er, was Fankultur anging, als absolute Messlatte galt.

Die „Jungen“ hingegen konnten mit der englischen Supporterkultur nichts anfangen; England war in der Zwischenzeit nicht zuletzt aufgrund des merklichen Zuschauerwandels in Sachen Atmosphäre und Stimmung von anderen Ländern rechts und links überholt worden. Und so orientierten sich die Jüngeren viel lieber am Stil der italienischen Ultras – ein allgemeiner Trend dieser Zeit, bildeten sich doch quer durch Deutschland die neuen Ultragruppierungen bei nahezu allen Klubs. In jedem Fall zeigte diese Entwicklung, dass der englische Fußball vor allem eines war und ist: Alte Schule, besser auf Englisch „old school“. Ein Old School Ground oder Old School Support – jeder weiß genau, was damit gemeint ist, und jeder verbindet damit den traditionellen Fußball auf der Insel.
Ich zählte mich selbst zu den „England-Freunden“, trotz meiner jungen Jahre. Der Ultrabewegung konnte ich nur in Teilen etwas abgewinnen, nicht zuletzt weil im Gegensatz zur englischen Supporters-Kultur der Fußball selbst dabei eher eine sekundäre Rolle spielte. Ich verschlang eifrig Bücher und Fanzines rund um den englischen Fußball und dessen verschiedenste Ausprägungen. Ein weiterer Meilenstein sollte der Tag sein, an dem ich die wohl beste Webseite des Internets entdeckte: footballgroundsguide.com.
Hier hatte ein Birmingham-City-Fan eine Unmenge an Informationen und Fotos zusammengetragen und für jeden der 92 Grounds der englischen Profiligen einen Guide erstellt. 92, das ist die magische Zahl für alle Freunde des Fußballs in England. 92 Klubs treten über die vier höchsten Spielklassen in der Liga an: 20 in der Premier League sowie jeweils 24 in den Ligen zwei bis vier. Dass alle vier Profiligen eingleisig sind und zudem über eine recht große Anzahl an Klubs verfügen, trägt signifikant zum Reiz des englischen Fußballs bei: ein satter Spielplan ohne große Lücken, teilweise zwei Runden in einer Woche – den sprichwörtlichen „englischen Wochen“ –, dazu bis in die vierte Liga wirklich tolle Grounds, eine fantastische Mischung aus modernen Arenen und wunderbaren „old school“-Kisten, wobei es definitiv die Mischung ausmacht und das Spektrum extrem weit ist. Kein Stadion ist wie das andere. Nicht zuletzt deshalb gilt es unter Groundhoppern und England-Fans seit jeher als erstrebenswertes Ziel, alle 92 Grounds

zu besuchen und somit das Mutterland des Fußballs in Hopperlingo „komplett“ zu machen – „doing the 92“ auf Englisch.
Dass dieses hehre Ziel nicht nur mit Ruhm und Ehre für den erfolgreichen England-Liebhaber einhergeht, sondern dass ein elitärer Rahmen geschaffen wurde, hat mit dem „92 Club“ zu tun: einem Klub für alle, die ein Match in sämtlichen 92 Ligastadien besucht haben. Die Ursprünge gehen auf die späten 70er-Jahre zurück. Zunächst schlossen sich einige wenige Fans zusammen, die den Klub aufbauten und das Erkennungszeichen, die grüne Krawatte mit dem Klublogo, prägten. Über die Jahre kamen mehr und mehr Mitglieder hinzu, dennoch zählte der Klub nie mehr als 1500 Mitglieder – eben ein elitärer Kreis der passionierten Freunde des englischen Fußballs, die wirklich schon „überall“ waren.
Dass ich einmal selbst Mitglied des „92 Club“ werden würde, war lange eher eine irrwitzige Idee, die innerhalb von 12 Jahren von einer Vision zum Ziel und später zur Realität wurde. Dabei standen meine ersten Gehversuche in Sachen englischer Fußball unter einem schlechten Stern. Aus irgendwelchen Gründen konnte ich unseren Lehrer im Abijahr bequatschen, dass wir auf der Studienfahrt nach London doch bitte ein Fußballspiel besuchen sollten. Er suchte damals sogar die entsprechenden Paarungen für uns heraus. Als wir dann aber in der Tube Richtung Stamford Bridge saßen, kam die Durchsage: „Das Spiel fällt wegen Regen aus.“ So viel dazu. Es vergingen einige Jahre, bis ich entschied, dass es Zeit für einen erneuten Anlauf wurde – diesmal auf eigene Faust: eine Woche London, der Beginn meiner Reise durch das Mutterland des Fußballs.

1. Premiere in der Grube

01.10.2002, Valley, League Cup
Charlton Athletic – Oxford United, 5:6 (n.E.), 9.500 Zuschauer

Im Oktober 2002 war es so weit: mein erster Fußballtrip auf die Insel. Über den Sommer hatte ich mich in den Semesterferien ans Fließband gestellt, um die Reisekasse aufzubessern. Über Wochen hinweg hatte ich Flugpreise verglichen, Spielpläne studiert, Pokalauslosungen verfolgt, Anreisebeschreibungen aus Büchern kopiert (!) und mich im Internet nach Tickets umgeschaut. Prinzipiell wollte ich allen voran ein Arsenal-Heimspiel in Highbury sehen, und das war mir auch einiges wert. Trotzdem dehnte ich den Trip aus, sodass ich bereits unter der Woche den Ligapokalspieltag mitnehmen konnte bzw. am Donnerstag die UEFA-Pokal-Runde.

Am 1. Oktober startete dann der Flieger von Frankfurt nach London. Alles super spannend, die Fliegerei war damals noch nicht reine Routine, und obwohl ich schon zweimal zuvor in London gewesen war, stellte auch das Reiseziel ein Highlight dar. Die Tatsache, dass ich mich zumindest etwas in der britischen Hauptstadt auskannte und natürlich die Sprache ganz ordentlich beherrschte, machte den Trip etwas leichter.

In London angekommen, versuchte ich zunächst einmal, möglichst schnell die Ticket-Situation zu klären, und rannte in allerlei Probleme, wobei ich, was das Arsenal-Ticket anging, erfolglos blieb, mir dafür aber eine Karte für die UEFA-Cup-Partie von Fulham gegen Hajduk Split sichern konnte, ebenso wie ein Ticket für die Premier-League-Partie West Ham gegen Birmingham City. Schon mal eine Premier-League-Partie hatte ich sicher, dazu atemberaubende Eindrücke vom Boleyn Ground mit seinen prägnanten Türmen. Die Vorfreude auf den Samstag war riesig. Danach ging es zum Einchecken ins Hostel. Ich hatte mich vorab im Internet ein wenig schlau gemacht und mir ein Bett in einem Sechserzimmer in einer Unterkunft in Bayswater gebucht. Kein Luxus, Schimmel im Bad, nervige andere Gäste – aber für den Preis konnte man sich nicht beschweren. In jedem Fall war ich

endlich mein Gepäck los und konnte mich wieder wichtigeren Dingen widmen: dem Spielbesuch.
Der Tag war schon recht fortgeschritten und die Londoner Rush Hour in vollem Gange. Ich stand inmitten der Liverpool Street Station, ein unheimlich geschäftiger Betrieb, und versuchte irgendwie rauszufinden, welcher Zug denn zur White Hart Lane fuhr. Gleich drei Pokalpartien fanden an diesem Dienstag in London statt. Meine Wahl fiel auf die Partie Tottenham gegen Cardiff, da zumindest vom Namen her das Stadion der Spurs am attraktivsten klang. Jedenfalls gestaltete sich die Anreise schwierig. Aus Deutschland war ich es gewohnt, dass es Netzpläne gibt und alle S-Bahnen irgendeine Nummer haben, an der man sich orientieren kann. Nicht so in England. Hier gab es lediglich eine Parade von Anzeigetafeln, auf denen einzelne Züge und deren Zwischenhalte angezeigt wurden, zusammen mit dem entsprechenden Gleis. Die Sache zu durchschauen dauerte etwas und es verging einige Zeit, bis ich im richtigen Zug Richtung Nordlondon saß.
In Tottenham angekommen, wurde ich dann endlich entschädigt für den Stress des Tages. Englisches Fußballfeeling, wie ich es mir immer vorgestellt hatte: Gruppen junger Männer in Stone-Island-Pullis und mit Pints in den Händen vor den Pubs. Berittene Polizei auf der Tottenham High Road und generell Spieltagsatmosphäre satt. Bis zur Ernüchterung dauerte es aber nicht lange: Am Ticket-Schalter stand ich vor verschlossenen Fenstern. Der Ticket-Verkauf war kurz zuvor eingestellt worden, aus Sicherheitsgründen. Mit Cardiff war ein Klub zu Gast, dessen Fans eher in die härtere Ecke einzuordnen waren, und daher beschloss die Polizei, mit Einbruch der Dunkelheit den Ticket-Verkauf zu stoppen. Ich redete einem Ordner gut zu, der sogar explizit für mich noch mal im Ticket Office nachfragte, aber keine Chance: außer Spesen und einigen Eindrücken nichts gewesen. Es passte jedenfalls bestens zum etwas holprigen Start meiner Inselfußball-Karriere. Ich haderte aber nicht lange und versuchte, zumindest ein anderes Spiel zu sehen. Mit Charlton spielte ein zweiter Premier-League-Klub daheim und ich machte mich also auf zum anderen Themseufer.
Die Zeit tickte unerbittlich, ich war mittlerweile ordentlich gerädert, hatte ob der ganzen Hektik des Tages noch nichts gegessen und war

„not amused“ über die Tatsache, dass ich ausgerechnet von meinem ersten Spiel in England ein paar Minuten verpassen würde. Als der Zug von London Bridge in der Station Charlton einrollte, übergab sich original direkt gegenüber der Zugtür ein Mann auf einer Bank – eine passende Zusammenfassung meiner aktuellen Stimmungslage. Diese hielt sich allerdings nicht lange. Nach einem kurzen Fußmarsch um einige Häuserecken tauchte der Flutlichtschein des Stadions auf, wenige Schritte später erhob sich der North Stand des Valley vor mir. Alles vergessen, Vorfreude auf Fußball, die auch durch die lange Schlange am Ticket-Schalter nicht getrübt werden konnte. Aus dem Innenraum konnte man bereits die Fangesänge hören, das Spiel hatte gerade begonnen, und die fünf oder zehn Minuten, die ich verpasste, gestalteten sich als halb so wild. Ich nahm jedenfalls, ohne groß auf mein Ticket zu achten, auf dem erstbesten Sitzplatz im Unterrang des West Stand Platz. Ohnehin fiel mir auf, dass die Tribünen eher spärlich besetzt waren, wohingegen der Gästeblock pickepackevoll war. Dies lag wohl daran, dass für Charlton als Erstligist der Kick im nahezu belanglosen Worthington Cup, wie der Ligapokal damals hieß, eher eine lästige Pflichtaufgabe darstellte, wohingegen für den Viertligisten Oxford United das Auswärtsspiel beim Premier-League-Club definitiv ein Highlight der Saison bedeutete – nicht zuletzt aufgrund des überraschend schönen Stadions.

Das Valley hat mit 27.000 Plätzen eine anständige Kapazität, ein Allseater mit teilweise zwei Rängen und – zumindest an einem Spielfeldende – in den Ecken geschlossen. Ein echtes Schmuckkästchen. Dabei ist es nur dem Engagement der Charlton-Fans zu verdanken, dass hier überhaupt noch Fußball gespielt wird. Ursprünglich befand sich auf dem Areal eine Kalkgrube, daher der Name „Valley“, die sukzessive in ein Stadion umgebaut wurde. Aufgrund der Begebenheiten und der „natürlichen“ Tribünen, welche die Grube bot, stellte das Valley in den 30er-Jahren den größten Ground auf der Insel dar. Alles zu einer Zeit, in der Charlton einen sportlichen Höhenflug feiern konnte. 1936 spielte man erstmals erste Liga und konnte diesen Status bis in die Nachkriegszeit halten. Man gewann zudem den FA-Cup 1947, bis heute der größte Erfolg der Klubgeschichte. Mitte der 50er-Jahre be-

gann allerdings eine sportlich schwierigere Zeit: einige Abstiege, weniger Aufstiege und damit einhergehend finanzielle Probleme. In den 80er-Jahren konnte der Klub das Valley nicht einmal mehr auf einem Minimumstandard halten und musste sich daher nach Alternativen umsehen. Man entschied sich für ein Groundsharing mit Crystal Palace im Selhurst Park, also für die Untermiete im Stadion eines Klubs aus der Nachbarschaft. Später kam man noch im Boleyn Ground von West Ham unter, ehe die Charlton-Fans durch einen besonderen Schachzug die Rückkehr ins Valley durchsetzen konnten. Der zuständige Bezirksrat hatte sich ursprünglich gegen eine Renovierung des Valleys ausgesprochen, was jegliche Rückkehrambitionen im Keim erstickte. Daraufhin gründeten die Fans eine eigene Partei, die „Valley Party", die bei den Bezirkswahlen 1990 aus dem Stand 11 Prozent der Stimmen holte. Dies ebnete letzten Endes den Weg zurück an die Heimstätte, und ab 1992 trugen die „Addicks" ihre Heimspiele wieder im Valley aus.
Sportlich folgte wieder ein Höhenflug: Ende der 90er-Jahre kehrte man in die Premier League zurück und etablierte sich dort als kleiner Klub recht ordentlich. Entsprechend standen die Vorzeichen für das Match gegen den Viertligisten aus Oxford auch klar auf Heimsieg. Nun hat der Pokal aber bekanntlich seine eigenen Gesetze, und für keinen Pokalwettbewerb gilt das mehr als für den englischen Ligapokal. Hier lassen die Erstligisten oftmals bewusst die zweite Mannschaft ran, Überraschungen sind daher nicht selten. Auch ich hatte eine Partie erwischt, die alles andere als eine klare Angelegenheit für den Favoriten war. Die Sache ging hin und her, Chancen auf beiden Seiten, ehe es nach 90 Minuten 0:0 stand. Verlängerung, gleichzeitig Entschädigung für die Minuten, die ich zu Beginn der Partie verpasst hatte. Auch in den zusätzlichen 30 Minuten kein Klassenunterschied und keine Tore – 0:0 nach 120 Minuten und Elferschießen. Hier gab es jede Menge Spannung. Beide Teams versemmelten jeweils drei Elfer, ehe in der neunten Runde der Keeper von Oxford den Schuss des bulgarischen Nationalspielers Radostin Kishishev hielt und No Name Jefferson Louis durch seinen verwandelten Elfer die Partie für die Gäste entschied. Die Pokalsensation war perfekt, der Gästeanhang, der den Underdog ohnehin durch die komplette Spielzeit hinweg fantastisch unterstützt hatte, am Abfeiern.

Nach dem etwas missglückten Start des Tages also am Ende dann doch noch großes Fußballkino und eine fantastische Premiere in Sachen Inselfußball, die viel Lust auf mehr machte. Ich nahm das lange Anstehen am Bahnhof in Angriff, das sich aber durch feiernde Oxford-Fans als eher kurzweilig gestaltete. Weniger kurzweilig sollte die Fahrt zurück zum Hostel werden. Ein weiterer London-Klassiker holte mich ein: Tube-Streik. So musste ich mir meinen Weg durch London mit Ersatzbussen bahnen. Ich holte mir bei einem Zwischenstopp eine Tüte Chips, die erste Mahlzeit dieses Tages – selten so etwas Gutes gegessen –, und haute mich kurz nach Mitternacht in mein Hostelbett, gespannt auf die nächsten Tage voller Fußball in London.

2. Der Kristallpalast

02.10.2002, Selhurst Park, League Cup
Crystal Palace – Cheltenham Town, 7:0, 4.900 Zuschauer

Der zweite Tag in London verhieß weitaus weniger Stress. An Ausschlafen war in einem kleinen 6-Bett-Hostelzimmer jedoch nicht zu denken, stattdessen ging es früh los, um die üblichen Sehenswürdigkeiten abzuklappern: Piccadilly Circus, Big Ben, Tower Bridge. Am späten Nachmittag stand dann allerdings wieder Fußball auf dem Programm, und wieder ging es in den Süden Londons, diesmal nach Thornton Heath, zum Selhurst Park von Crystal Palace für die Ligapokalpartie gegen Cheltenham. Heute also Zweitligist gegen Drittligist – so hatte ich mit dem Spiel vom Vorabend Klubs aus allen vier Ligen auf dem Pokalmenü, was gleichzeitig den Modus des Ligapokals verdeutlicht. Die 92 Klubs aus den Ligen 1 bis 4 treten hier gegeneinander an, wobei die größeren Namen erst später in den Wettbewerb eingreifen. Im Gegensatz zum FA Cup gibt es bei einem Unentschieden kein Wiederholungsspiel, sondern wie am Tag zuvor Verlängerung und Elfmeterschießen. Die Halbfinals werden als Hin- und Rückspiel ausgetragen, das Finale findet in der Regel recht früh im Fußballjahr, also im Februar statt, Spielstätte ist das Wembley Stadium. Dem Gewinner winkt neben dem Pokal ein Startplatz in der Europa League, also eine tolle Gelegenheit für kleinere Klubs, auf die europäische Bühne zu kommen.

Ich hatte es jedenfalls mit dem Zug über die Tube-Station Balham auf der Northern Line nach Selhurst geschafft. Die Gegend im Bezirk Croydon gilt allgemein als Pendlerregion. Viel geboten wird lokal nicht, gerade genug, um nicht für jede Kleinigkeit ins Zentrum fahren zu müssen. Gleichzeitig ist man noch nicht wirklich aus der Stadt raus – klassisches Suburbia. Die größte Attraktion der Gegend stellt mit Abstand der lokale Fußballklub Crystal Palace FC dar.

Dieser war ursprünglich – wie der Name impliziert – woanders zu Hause, nämlich beim Kristallpalast in Penge. Der Palast wurde ursprünglich zur ersten Weltausstellung 1851 im Londoner Hyde Park erbaut

und bestand aus einem Holz- und Eisengerüst sowie zahlreichen Glasfenstern, was dem Gebäude den Namen verlieh. Nach dem Ende der Ausstellung wurde der Crystal Palace abgetragen und anschließend in einem Park in Südlondon wieder errichtet. Fortan gab der Palast dem gesamten Parkareal den Namen, in dem sich auch ein großes Stadion befand. Dieses hat einen festen Platz in der Historie des englischen Fußballs, fanden hier doch die FA Cup Finals zwischen 1895 und 1914 statt, die von teilweise über 100.000 Zuschauern verfolgt wurden. Inspiriert von den Massen, entschieden sich die Eigentümer des Stadions, dass hier regelmäßig Fußball geboten werden sollte, und gründeten 1905 den Klub Crystal Palace FC. Das Team spielte nur knappe zehn Jahre im Schatten des Palastes, 1914 musste man aufgrund des Ausbruchs des Ersten Weltkriegs das Gelände ans Militär abtreten. Palace kam in den folgenden Jahren in verschiedenen anderen Grounds der Gegend unter. 1920 wurde man zur Neugründung der dritten Liga in die Football League aufgenommen und dort auf Anhieb Meister. 1924 fand man mit dem Selhurst Park eine neue permanente Heimat, etwa 2,5 Kilometer südwestlich des Crystal Palace. Dieser segnete 1936 das Zeitliche und brannte in einem gigantischen Feuer ab. Weniger gigantisch präsentierte sich Crystal Palace in den folgenden Jahrzehnten, was die sportliche Bilanz angeht. Als „Fahrstuhlklub" tingelte man zwischen den Ligen, zwar mit Abstechern in die höchste Spielklasse, aber immer wieder mit entsprechenden Abstiegen.
Von der Station Selhurst sind es nur wenige Gehminuten zum Ground. In ganz klassisch englischer Manier taucht der Ground irgendwann zwischen Reihenhäuserzeilen auf – eine herrliche Szenerie. Man passiert das Pub der Heimfans, das „Clifton Arms", und biegt in die Holmesdale Road ein, über der sich der größte Stand des Grounds, der Holmesdale Road Stand, erhebt und vor dem sich der Eingang zum Stadionareal befindet. Direkt an den Ground schließt ein großer Supermarkt an, mit einem entsprechend großen Parkplatz. Ich nutzte jedenfalls die Einkaufsmöglichkeit, holte mir etwas zum Abendessen und verfolgte das Geschehen auf dem Stadionvorplatz.
Unverhofft lief mir ein alter Bekannter über den Weg, bepackt mit einer großen Sporttasche: Sven Scheuer. Über zehn Jahre die Nummer zwei

bis drei im Bayerntor, immer mit soliden Auftritten, wenn er einmal ran durfte, und leider mit unrühmlichem Ende, als er zusammen mit Profibiertrinker Mario Basler in die Regensburger Pizzeria-Affäre verwickelt und in der Folge bei Bayern rausgeworfen wurde. Danach tingelte Scheuer durch verschiedene kleinere Klubs, Adanaspor, Saarbrücken und eben Crystal Palace. Tragischerweise durfte Scheuer selbst beim Londoner Zweitligisten nicht ein einziges Spiel machen, nicht einmal im Ligapokal – der traurige Abstieg eines Torwarts. Scheuer verschwand im Spielereingang und ich nahm meinen Platz im Main Stand ein.

Der Ground gefiel mir sofort: sehr viel Charme, auch aufgrund der Tatsache, dass einige Bereiche merklich in die Jahre gekommen waren, zum Beispiel die hölzernen Klappsitze, die es in dieser Form in Deutschland seit Jahrzehnten nicht mehr gab. Der Arthur Wait Stand auf der gegenüberliegenden Spielfeldseite verfügte über eine klassische Architektur der späten 60er-Jahre, mit Stützpfeilern, um das massiv wirkende Dach zu tragen. Der Whitehorse Lane Stand zu meiner Linken bestand aus wenigen Sitzreihen und einer Wand aus VIP-Logen dahinter. Das Schmuckstück stellte aber definitiv der Holmesdale Road Stand dar, der von außen bereits sehr groß wirkt, von innen durch seine zwei Ränge und die heruntergezogene Überdachung den Ground absolut dominiert, obwohl es sich dabei „nur" um eine Hintertortribüne handelt.

Mit Cheltenham war kein wirklicher Kracher zu Gast, dennoch oder vielleicht gerade deshalb durfte ich eine Besonderheit des englischen Fußballs erstmalig miterleben, als die Teams zum Aufwärmen auf das Feld liefen. Respektvoller Applaus der Heimfans für die Gästespieler. Während es in der Bundesliga nahezu ungeachtet des Gegners prinzipiell ein Pfeifkonzert für das Auswärtsteam gab, hier plötzlich Anerkennung. Diese übertrug sich insoweit auf die Atmosphäre während des Spiels, als die Kategorisierung „Mein Team = gut" sowie „Das andere Team = schlecht" nicht stattfand, sondern das fußballerische Geschehen objektiv bewertet wurde – auch nach vielen Spielen auf der Insel ein Phänomen, das man immer wieder antrifft. Der Stadionbesucher als solches involviert sich viel mehr in das Geschehen auf dem

Rasen, kommentiert Spielsituationen ohne Vereinsbrille und zeigt auch Respekt für die Leistung des Gegners. Dies geht auf der anderen Seite etwas zu Lasten der Stimmung, steht ein Großteil des akustischen Supports doch im Zusammenhang mit dem Geschehen auf dem Rasen. Minutenlange, eintönige wie eingängige Gesänge gibt es auf der Insel so gut wie nicht. Schon gar nicht an diesem Abend in Südlondon: Gerade einmal 5000 Zuschauer wollten den Kick sehen, nur gut jeder fünfte Sitzplatz war besetzt.

Die Daheimgebliebenen verpassten eine schöne Torgala der Eagles (dt. Adler), wie Palace auch genannt wird. 7:0 am Ende, darunter zwei Kisten von Dougie Freedman, der Palace-Ikone und späterem Trainer. In jedem Fall eine sehr einseitige, aber sehenswerte Partie, wobei sich im Selhurst Park schon spektakulärere Dinge ereignet haben: allen voran der legendäre Kung-Fu-Kick von Eric Cantona, der nach einem Platzverweis mit den Stollen voran in einen pöbelnden Palace-Fan sprang und daraufhin ein halbes Jahr gesperrt wurde. Oder – nicht spektakulär, aber erwähnenswert – das am schlechtesten besuchte Premier-League-Spiel aller Zeiten: 3039 Zuschauer bei der Partie Wimbledon (damals im Selhurst Park daheim) gegen Everton im Januar 1993.

Ich hatte jedenfalls mein zweites Englandmatch im Sack. Ganz anders als der Kick am Vorabend in Charlton, aber auch sehr interessant und vom Gesamterlebnis superspannend. Weniger spannend war die Rückfahrt zum Hostel, die einem den Großstadtcharakter Londons schön vor Augen führte. Fahrzeit von Selhurst bis Bayswater: über eine Stunde.

3. U-U-EFA Cup in der Loft

03.10.2002, Loftus Road, UEFA Cup
Fulham FC – Hajduk Split, 2:2, 18.500 Zuschauer

Am dritten Tag in London gab es Kontrastprogramm satt: Statt Ligapokal Europapokal, und statt Südlondon Westlondon. Dies hatte den großen Vorteil, dass ich vom Hostel aus nur wenige Stops auf der Central Line zurückzulegen hatte, bis zur Station White City, gemeinhin bekannt als Sitz der altehrwürdigen BBC. Gleichzeitig liegt sie in unmittelbarer Nähe meines Zieles: der Loftus Road.
In dem kleinen, aber sehr feinen Ground zwischen Ellerslie und South Africa Road sind normalerweise die Queens Park Rangers zu Hause. Nach einem etwas holprigen Start im Ligafußball etablierte sich „QPR" ab den 70er-Jahren als Erstligaklub und schloss dabei – was erwähnenswert ist – die erste Premier-League-Saison 1992/93 als bestes Londoner Team auf Platz 5 ab. Es folgte eine sportliche und wirtschaftliche Talsohle, immer im Schatten des Westlondoner Rivalen Chelsea FC. Und ähnlich wie beim Nachbarn stiegen auch bei QPR Mäzene ein, bekannte dazu: Flavio Briatore und Bernie Ecclestone, die Strippenzieher der Formel 1. Es gelang der erneute Aufstieg in die Premier League. QPR konnte sich aber nicht in der Eliteliga halten, die prominenten Investoren verloren schnell das Interesse und stiegen wieder aus.
Der etwas ungewöhnliche Name des Klubs leitet sich von dem Londoner Stadtteil Queens Park ab, wo die meisten Spieler der Gründungsmannschaft zu Hause waren und wo man in den ersten Jahren seine Heimspiele austrug. Erst 1917 zog man an die Loftus Road, unterbrochen von zwei kurzen Gastspielen im nahen White City Stadium. Dieses war sozusagen das Olympiastadion der Spiele von 1908 und wurde in der Folge für verschiedene Sportveranstaltungen genutzt, so auch für ein Spiel der WM 1966. Richtig einleben konnte sich QPR dort allerdings nicht, und so kehrte man jeweils nach einer Saison wieder in die kleinere Loftus Road heim.
Zwischen 2002 und 2004 bekam man Gesellschaft in der Heimstätte: Man gewährte dem Nachbarn Fulham FC während des Umbaus seines

Stadions Unterschlupf. „Groundsharing" nennt sich auf der Insel die Situation, wenn zwei Klubs im gleichen Stadion spielen, wobei einer der beiden zumeist nur als Untermieter auftritt und in der Regel nur zweckgebunden für einen vordefinierten Zeitraum aus seinem eigenen Stadion ausweicht. In diese Periode des Groundsharing fiel mein Besuch der Loftus Road, und so sah ich an diesem Abend eben nicht QPR, sondern vielmehr Fulham. Ein echter Glücksfall, wohlgemerkt. Fulham hatte sich über den UI Cup, den es damals noch gab, für den UEFA Cup qualifiziert und hatte somit ein Donnerstagabend-Spiel. Andernfalls wäre der Tag in Sachen Fußball gänzlich ungenutzt geblieben. Zudem hatte man mit Hajduk Split eine zumindest aus Fankultur-Sicht recht attraktive Mannschaft zu Gast.

Ich schlug mit etwas Vorlauf in Shepherd's Bush, dem Stadtteil, in dem der Ground liegt, auf und drehte eine Runde ums Stadion. Bereits von außen wirkt die Loftus Road sehr kompakt. Zur South Africa Road hin erhebt sich der Main Stand direkt an der Straße, wohingegen die anderen Stands hinter Reihenhäusern bzw. hinter einer Schule geradezu verschwinden. Der entsprechende Stand wird folgerichtig „School End" genannt, hier sind die Gästefans untergebracht – an dem Tag eine Horde Kroaten. Ebenfalls ein markanter Punkt auf der Stadionrunde: Das „Springbok Pub" auf der South Africa Road, das sich in unmittelbarer Nähe zum Ground befindet und einen bei der Anreise über die Tube-Station White City willkommen heißt. Mein Platz befand sich im Ellerslie Road Stand. Bereits beim Eingang an den Drehkreuzen war klar, dass es sich bei der Loftus Road um ein wahres Schmuckkästchen handelt, wobei selten der Name so passend war wie für das Stadion in Westlondon. Gerade einmal 19.000 Zuschauer passen in den Ground, der so kompakt gebaut ist, dass man von keinem Platz weit vom Spielfeld entfernt sitzt. Es scheint, als sei es möglich, von der ersten Reihe aus die Auslinie berühren zu können. Eine tolle Atmosphäre, die durch die klassische englische Bauweise der Stands verstärkt wird. Die Hintertortribünen bestehen jeweils aus zwei Rängen, was der Kompaktheit extrem zuträglich ist. Der Main Stand verfügt ebenfalls über zwei Ränge, wobei der Unterrang deutlich kleiner und vorgelagert ist, was auf der Insel als „Paddock" bezeichnet wird, auf Deutsch in etwa

mit „Koppel“ zu übersetzen. Am klassischsten präsentiert sich der Ellerslie Road Stand, der nur über einen Rang verfügt, dafür aber über ein vorgezogenes Dach, getragen von einigen Stützpfeilern, sowie den großen Schriftzug „QPR“ auf den blauen und weißen Sitzen.
Ich freute mich jedenfalls auf mein erstes UEFA-Pokalspiel überhaupt, bekam ich bei Bayern doch eher Champions League zu sehen. Die Partie startete sehr munter, Hajduk ging früh durch einen abgefälschten Freistoß, der an Fulham-Keeper van der Sar vorbei ins Tor flatterte, in Führung, Fulham glich zeitnah aus. Gleiches Spiel kurz vor der Pause: Die Gäste gingen in Führung, Fulham schlug zurück, diesmal via Elfmeter, der nach erstmaligem Verwandeln wiederholt werden musste. Also mit 2:2 in die Kabine. Die Stimmung ging entsprechend dem wechselnden Spielstand zwischen den Heimfans und den Gästen hin und her. Hajduk feuerte animiert durch die Ultraguppierung „Torcida“ klassisch balkanmäßig sein Team an, während die Fulham-Fans traditionell englisch situationsbezogen ihr Team unterstützten. Durch die gesamte zweite Halbzeit hinweg wurde das Spiel immer packender, und ich muss zu meiner Schande gestehen, dass mir zu diesem Zeitpunkt nicht klar war, dass ich mir das Rückspiel anschaute und das Hinspiel in Split mit 1:0 an Fulham gegangen war. Im Glauben, ich würde das Hinspiel sehen, war ich doch recht verwundert, als in der Nachspielzeit plötzlich der Torhüter der Gäste bei einer Ecke mit in den Strafraum sprintete. Es war in jedem Fall die letzte Chance, und tatsächlich schaffte es Hajduk, einen Kopfball an van der Sar vorbei aufs Tor zu bringen, nur um diesen von der Linie geköpft zu bekommen. Was für ein Finish dieser mitreißenden Europapokalpartie, die nach dem Schlusspfiff in Jubelstürme der Fulham-Fans überging!
Ich orientierte mich nach dem Aufsaugen der Atmosphäre wieder Richtung Tube, ging diesmal aber zur Station Shepherd’s Bush, der Abwechslung wegen. Überraschenderweise rannte ich hier in ein paar Jungs von Bayern – ein Wink, wie klein die Fußballszene doch ist und wie viele Deutsche zu den Spielen auf der Insel kommen. Ein paar Jahre später wohnte ich auch noch mehreren QPR-Heimspielen an der Loftus Road bei. Das war natürlich ein anderes Kaliber als ein Europapokalabend, aber etwas authentischer, das eigentliche Heimteam zu sehen, als „nur“ die „Untermieter“.

4. Forever Blowing Bubbles

05.10.2002, Boleyn Ground, Premier League
West Ham United – Birmingham City, 1:2, 35.100 Zuschauer

Der Höhepunkt der Londontour sollte selbstredend das Wochenende werden. Während der Freitag fußballlos und daher extrem unspektakulär verlief, stand für Samstag dann endlich wieder ein Match auf der Agenda. Nicht irgendein Match, sondern das Beste, was der Inselfußball zu bieten hat: Premier League!

Keine Fußballliga steht weltweit mehr im Rampenlicht, im In- und Ausland besteht reges Interesse, und die Erlöse aus der TV-Vermarktung bewegen sich in Sphären, von denen alle anderen Ligen nur träumen können. Dabei ist die Liga selbst noch recht jung. Die erste Saison der „Premiership" ging 1992/93 über die Bühne. Der englische Fußball erholte sich gerade von den Tiefpunkten der 80er-Jahre. Der Hooliganismus hatte dem Sport schwer zugesetzt und für den Ausschluss der englischen Teams aus dem Europapokal gesorgt. Die Stadien waren in die Jahre gekommen, und die Katastrophe von Hillsborough hatte dies ungeschönt vor Augen geführt. Hinzu kam, dass das Mutterland des Fußballs in England nur noch die zweite Geige spielte, die Topstars kickten in Italien oder Spanien.

Nach einer recht erfolgreichen WM 1990 sah die Zukunft für den englischen Fußball allerdings wieder etwas besser aus. Zudem nahm die Bedeutung der Einnahmen aus der Fernsehvermarktung zu. Die großen Klubs betrieben daher zu Beginn der 90er-Jahre recht offensiv Abspaltungspolitik von der Football League, in der Hoffnung auf bessere TV-Deals. Dies führte dann schlussendlich zur Gründung einer eigenen Liga, eben der Premier League. Die Football League, die zuvor über 100 Jahre den Ligabetrieb organisiert hatte, war selbstredend wenig begeistert. Die Gründungsmitglieder der Premier League brachten allerdings den Verband, die FA, auf ihre Seite und hatten damit einen starken Partner, der die Schwächung der League nicht ungern sah. Die Liga musste also letztlich mit den Ligen zwei bis vier vorliebnehmen, wobei zumindest der Name „First Division" für die nun zweithöchste

Spielklasse ein paar Jahre, wohl auch aus Prinzip, beibehalten wurde. Die Topklubs spielten jedenfalls seit damals nicht mehr in der Football League, sondern eben in der Premier League, wobei der Austausch über regulären Auf- und Abstieg gewährleistet wird. Interessante Randnotiz: Die Premier League gehört zu jeweils einem Zwanzigstel jedem der 20 Klubs, die pro Saison in der höchsten Spielklasse antreten.
Bevor ich jedoch in den Genuss von Premier-League-Fußball kommen durfte, hatte ich eine recht ordentliche Anreise vor mir: mit der District Line tief nach East London hinein, den traditionellen Arbeiterklassebezirk der Metropole. Bei der Ankunft an der Station Upton Park bot sich gleich ein ganz anderes Bild als im Londoner Zentrum. Vor einem Fish & Chips Shop standen etliche Männer an, dahinter fand in einer großen, offenen Halle ein Markt statt, auf dem vorwiegend Händler mit asiatischem Hintergrund Stände betrieben. Davor herrschte auf der Green Street vor einem Pub namens „Queens" reges Treiben – wobei ein Schild an der Tür klarmachte, dass Gästefans hier nicht erwünscht waren.
Nur ein paar Schritte sind es dann bis zum Ground, der sich so unverhofft wie eindrucksvoll hinter der geschäftigen Straßenzeile erhebt. Dies liegt zum einen daran, dass der größte Stand des Stadions, der Main (bzw. West) Stand, zur Straße hin gewandt ist, zum anderen, dass er mit den zwei prägnanten, gelben Burgtürmen in der Fassade die eindrucksvollsten Merkmale des Stadions beherbergt. Der Stand selbst entstand mehr oder weniger erst kurz vor meinem Besuch und wurde 2001 von der Queen höchstpersönlich eröffnet. Die Tatsache, dass hier zwei Türme mit Burgzinnen und West-Ham-Wappen das Stadionbild zieren, hat weniger mit einer Mittlelalteraffinität des Architekten zu tun. Vielmehr stellen die Türme einen Bezug zum Boleyn Castle dar, einem herrschaftlichen Haus, das sich an der Stelle des Grounds befand und in dem angeblich Anne Boleyn unterkam, ihres Zeichens Königin als Gemahlin von Henry VII., im 16. Jahrhundert. Der Klub trug die Türme des Boleyn Castle jedenfalls seit 1964 im Klubwappen. Entsprechend stellte die Verzierung der Stadionfassade einen logischen Schritt dar und gab dem Ground definitiv etwas Individuelles – wenn auch mit leichtem Freizeitparkcharakter.

Von innen präsentierte sich der Boleyn Ground als sehr schönes englisches Stadion. Der Main Stand überragt alle anderen Tribünen, wobei jeweils hinter den Toren zwei solide zweirangige Stands zu finden sind, der Bobby Moore Stand und der Centenary Stand. Ich hatte meinen Platz allerdings im East Stand, einem Relikt aus vergangenen Tagen, gebaut in den späten 60er–Jahren und in entsprechendem Zustand. Recht weit weg vom Spielfeld, dafür mit bester Sicht auf den großen Main Stand. Zudem hatte ich meinen Platz quasi auf Höhe der Mittellinie – und einen kauzigen Engländer auf dem Platz neben mir, der wohl schon viele Jahrzehnte von diesem Ort aus die Heimspiele verfolgte.

Beim Einlaufen der Mannschaften gab es einen Moment purer Gänsehaut. Viele Klubs haben Hymnen, die traditionell vor dem Spiel im Stadion eingespielt werden, aber wahrscheinlich ist keine so eindrucksvoll und gleichzeitig so passend wie „I'm forever blowing bubbles“ bei West Ham United. Der Refrain des Liedes aus den 20er-Jahren fasst zugleich das Leid wie die Hoffnung sowohl der Arbeiterklasse, aus der sich große Teile der Anhängerschaft des Klubs zusammensetzen, als auch des Klubs selbst zusammen. „I'm forever blowing bubbles, pretty bubbles in the air. They fly so high, nearly reach the sky, then like my dreams, they fade and die. Fortune's always hiding, I've looked everywhere. I'm forever blowing bubbles, pretty bubbles in the air!“

Dass sich das Glück immer wieder versteckt und die Träume der West-Ham-Fans regelmäßig platzen, zeigt sich am besten an der sportlichen Bilanz der Ostlondoner. 1895 als Thames Ironworks von Fabrikarbeitern gegründet, spielte man fast 25 Jahre Non-League Football, ehe man 1919 in die Liga aufgenommen wurde. Seitdem zählt man zu den beständigsten Klubs, fiel nie unterhalb der zweiten Liga ab, hatte, was Titelambitionen angeht, lediglich ein kurzes Hoch in den 60er-Jahren. 1964 holte man den FA Cup, 1965 – Gott sei Dank – den Pokalsiegerpokal im Finale gegen 1860 München. 1966 waren es dann allen voran die West-Ham-Spieler wie Bobby Moore, die für den etwas glücklichen WM-Erfolg im eigenen Land sorgten. Dies gilt bis heute als größter Triumph der Klubgeschichte, „when West Ham won the World Cup“. Entsprechend findet sich auf der Green Street in Stadionnähe eine Sta-

tue zu Ehren der Weltmeister. In den folgenden Jahrzehnten blieben sportliche Höhenflüge aus, West Ham hatte mit einigen Abstechern in die zweite Liga zu kämpfen, etablierte sich stattdessen aber als Ausbildungsklub, die sogenannte „Academy of Football". Zahlreiche große Namen gingen aus der Fußballschule von West Ham hervor, in der jüngeren Vergangenheit Spieler wie Frank Lampard, Rio Ferdinand, Michael Carrick, Joe Cole oder – mit Abstrichen – John Terry.
Carrick und Cole waren Teil der Mannschaft, die an diesem Tag auf dem Spielfeld auflief, während die Massen auf den Rängen aus voller Kehle „Bubbles" sangen, ein tief eindrucksvoller Moment. Das prominenteste Gesicht im Team der Hammers war allerdings die Klubikone Paolo di Canio, italienischer Skandalspieler mit rechter Gesinnung und insgesamt immerhin vier Jahre in Diensten der Ostlondoner. Mit einigen anderen fähigen Kickern, wie etwa Jermaine Defoe, stellte United eine ganz gute Truppe auf den Rasen – bis heute gelten sie als eines der talentiertesten Teams, die jemals am Saisonende den Abstieg aus der Premier League antreten mussten. Auch an diesem Tag lief es nicht rund. Mit Birmingham City war ein durchaus schlagbarer Gegner zu Gast im Upton Park, die Gäste gingen allerdings schnell in Führung. West Ham glich kurze Zeit später durch Joe Cole aus, musste allerdings noch vor der Pause den erneuten Rückstand schlucken – gleichzeitig der Endstand der Partie.
Drei Jahre später wurde ausgerechnet „meine" Partie West Ham gegen Birmingham City verfilmt, zumindest in Teilen. Der Streifen „Hooligans" (Originaltitel „Green Street") handelt von einer West-Ham-Hooligantruppe, einer sogenannten „Firm", und enthält fiktive Szenen rund um die Begegnung. In der Tat haftet den Anhängern der Hammers ein etwas problematischer Ruf an. Dies hat wohl nicht zuletzt mit dem Arbeitermilieu in East London zu tun. Zudem sorgte man in den 70er- und 80er-Jahren mit der sogenannten „Inter City Firm" auf der Insel für Aufsehen. Die wilden Jahre sind von den führenden Köpfen dieser Zeit, wie Cass Pennant oder Bill Gardner, in diversen Büchern festgehalten worden und daher bis heute sehr präsent. Ich für meinen Teil muss sagen, dass es bei meinem Spielbesuch absolut gesittet zuging: keinerlei Probleme im oder rund ums Stadion.

Das größte Problem stellte die Abreise dar. Als ich zur Tube-Station Upton Park kam, war die Schlange am Eingang so dermaßen lang, dass vom Ende aus die nächste Tube-Station Plaistow näher war. Ich schenkte mir also die Tube-Fahrt und nahm stattdessen einen Bus Richtung Stratford – wobei ich noch nicht wusste, dass West Ham 2016 hier seine neue Bleibe im Olympiastadion finden sollte. Aus Fußballkultursicht eine absolute Tragödie: Der Boleyn Ground stellte eine echte Institution des Inselfußballs dar, war vielleicht so etwas wie der „englischste" aller Londoner Grounds, und jeder einzelne meiner folgenden Besuche sollte eine echte Freude sein. Schade, dass er mittlerweile für immer verschwunden ist.
Ich hatte jedenfalls mein erstes Premier-League-Spiel im Sack, eine tolle Erfahrung rundum. Das nächste Premier-League-Spiel sollte dann am Tag darauf folgen. Erfolglos hatte ich mich im Vorfeld um Tickets für die Partie Arsenal gegen Sunderland bemüht. Jetzt stand ich auf der Gillespie Road nahe der Tube-Station Arsenal und drückte einem Schwarzmarkthändler 60 Pfund in die Hand, damals immerhin 90 Euro. Mir war der Besuch des Spiels jeden Cent wert, ich wollte unbedingt einmal Arsenal in Highbury sehen. Rückblickend war es eine fantastische Investition, auch oder gerade weil die Gunners wenige Jahre später ihr altehrwürdiges Stadion in Richtung eines Neubaus verlassen sollten. In der Halbzeit der Partie wurde jemand geehrt, der mit diesem Spiel die 92 League Grounds komplettiert hatte – letztlich ein schönes Schließen des Kreises zu meiner Geschichte.
Nach meinen ersten fünf Spielen auf der Insel hatte es mich erwischt: Der Virus „Englischer Fußball" hatte sich unheilbar eingenistet. Sensationelle Spiele, fantastische Grounds, eine ganz andere Atmosphäre im Stadion als in Deutschland. Mir war klar, dass ich bald wiederkommen musste. Vor diesem Hintergrund war es dann halb so wild, dass mich am Flughafen eine stinksaure Frau Mutter zur Abholung erwartete. Eine Woche lang hätte ich mich nicht daheim gemeldet – wie man so was nur machen kann mit 23 Jahren …

5. Von Mäzenen und Menschen

22.03.2003, Stamford Bridge, Premier League
Chelsea FC – Manchester City, 5:0, 41.100 Zuschauer

Nach den tollen Eindrücken meiner ersten Londontour war klar, dass eine zweite recht bald folgen sollte. Ich hatte ja immerhin schon vier der seinerzeit sechs Londoner Premier League Grounds besucht, da lag es nahe, den anderen beiden irgendwann ebenfalls einen Besuch abzustatten. Zudem hatten wir in den Semesterferien ohnehin einen kleinen Männerausflug im Visier, und so tat mein Erfahrungsbericht vom Trip des Vorjahres ein Übriges. Wir buchten also zu viert ein langes Wochenende in London. Mit von der Partie neben meiner Wenigkeit: Triple Ewald (drei Tore in einem Spiel für den VfR Großostheim!), Holle und Rolfes, wobei Letzterer sich einige Jahre später zu meinem Inseltourgenossen entwickeln sollte. Davon waren wir damals aber noch weit entfernt. Im Grunde stand ein zünftiges Herrenwochenende im Vordergrund, als wir am Samstagmorgen von Frankfurt aus nach Heathrow flogen, wobei eine eingecheckte Sporttasche exklusiv mit einem Kasten Bier und verschiedenen Spirituosen gefüllt war. In London angekommen, ging es zunächst einmal ins Hostel „Piccadilly Hotel" direkt am Piccadilly Circus, um das Gepäck und die Getränke zu deponieren. Danach trennten sich die Wege der Reisegruppe: Triple Ewald, Holle und Rolfes steuerten die Loftus Road für das QPR-Heimspiel gegen Wigan an, für mich ging es an die Stamford Bridge, zur Partie Chelsea gegen Manchester City.

Heute wäre die Partie ein absolutes Topspiel in der Premier League, damals stellte der Kick bestenfalls eine solide Durchschnittspartie dar. ManCity kam wohlgemerkt als Aufsteiger nach London, Chelsea war zu dieser Zeit nicht unbedingt eine graue Maus, aber definitiv ein recht beliebiger Erstligist. Streng genommen gibt es zwei verschiedene Versionen des Chelsea FC: eine vor dem Einstieg des russischen Oligarchen Roman Abramowitsch und eine danach. Ich hatte rückblickend gesehen das wirkliche Glück, im Frühjahr 2003 noch eines der letzten Pre-Abramowitsch-Spiele besuchen zu dürfen, quasi ein Spiel des „alten" Chelsea FC.

Der Klub wurde 1905 in einem Pub gegenüber der Stamford Bridge gegründet, aus der einzigen Motivation heraus, einen Fußballklub in ebendiesem Stadion anzusiedeln. Bis dahin fanden hier seit 1877 hauptsächlich Leichtathletikveranstaltungen statt. 1896 erwarb der Geschäftsmann Gus Mears den Ground mit der Intention, Profifußball an die Fulham Road zu bringen. Er trat zunächst erfolglos an den Fulham FC heran, der die angebotene neue Heimstätte dankend ablehnte und lieber in der Craven Cottage spielte. Es blieb Mears also nichts anderes übrig, als einen neuen Klub zu gründen, der fortan an der „Bridge" spielen sollte. Wohl um Verwechslungen mit dem Fulham FC auszuschließen, nannte man den Klub „Chelsea FC", trotz der Lage des Grounds im Stadtteil Fulham. Das Stadion wurde in der Folge ausgebaut, unter anderem wurde der Schotter, der durch den Bau der Piccadilly Tube Line produziert wurde, genutzt, um Tribünen aufzuschütten. So stieg die Kapazität der Bridge auf beachtliche 100.000 Plätze. Vor diesem Hintergrund war es nicht überraschend, dass mit den FA-Cup-Finals zwischen 1920 und 1922 hier bald sehr prominente Spiele stattfanden.
Was die Geschicke des Chelsea FC anging, etablierte man sich als bodenständiges Erstligateam, mit einigen Durchhängern und den damit verbundenen Jahren in der zweiten Liga. Erst 1955, also ein halbes Jahrhundert nach der Gründung, konnte man den ersten Titel feiern, dafür gleich die englische Meisterschaft. Es folgten 1965 und 1970 noch zwei Pokalsiege, wobei Letzterer den „Blues" die Teilnahme am europäischen Pokalsiegerwettbewerb gestattete, den man im Finale gegen Real Madrid gewinnen konnte. Danach ging es sportlich und somit auch wirtschaftlich abwärts, was letzten Endes dazu führte, dass die Mears-Familie, die seit der Gründung Eigentümer des Klubs war, diesen 1982 für 1 Pfund an den Geschäftsmann Ken Bates verkaufen musste.
Der etwas kauzige neue Besitzer brachte Chelsea auf Vordermann, ließ die Stamford Bridge ausbauen, brachte einige prominente Spieler nach Westlondon und somit den Erfolg zurück. Ab Mitte der 90er-Jahre holten die Blues verschiedene Pokale, unter anderem den Europapokal der Pokalsieger, im Finale gegen den VfB Stuttgart 1998. Größer als der

Erfolg auf dem Rasen dürfte aber der Erfolg rund um den Rasen wiegen. Chelsea war zwischenzeitlich so klamm, dass als letzter Ausweg der Grundbesitz am Stadionareal an einen Bauträger verkauft wurde, der sich mittelfristig ein Grundstück in exklusiver Lage in Fulham versprach. Glücklicherweise konnte Ken Bates nach dem Konkurs des Bauträgers 1992 das Grundstück wieder erwerben. Um ähnliche Probleme in der Zukunft zu verhindern und dem Klub seine Heimat zu sichern, wurde eine Gesellschaft namens „Chelsea Pitch Owners" gegründet, welcher der Grundbesitz übertragen wurde und die sie für fast 200 Jahre gegen eine symbolische Mietzahlung dem Klub überließ. Den Chelsea Pitch Owners gehören zudem auch die Namensrechte des Klubs. Dies hat zur Folge, dass die Anteilseigner der Gesellschaft, die sich aus Chelsea-Fans zusammensetzt und deren Präsident kein Geringerer als John Terry ist, zumindest mit 75 Prozent zustimmen müssen, sollte der Klub jemals in ein anderes Stadion umziehen und seinen Namen behalten wollen. Ein schönes Konstrukt in der Zeit des heutigen Fußballs.

In den letzten Tagen der recht erfolgreichen Ken-Bates-Ära rollte nun die District Line mit mir im Waggon in die Station Fulham Broadway ein. Bereits aus der Tube konnte man einen Blick auf das Stadion werfen, das sich nur einen kurzen Fußmarsch vom Ausgang des Bahnhofs entfernt befindet. Der Zugang zum Areal erfolgt von der Fulham Road aus über mehrere Eingangsbereiche und es offenbart sich einem recht schnell das Wesen des Stadions. Nach außen hin sehr geschlossen, wirkt die Bridge teilweise eher wie eine Halle oder ein Gebäudekomplex. Dies hat nicht zuletzt damit zu tun, dass hier neben dem Stadion selbst reichlich andere Einrichtungen zu finden sind: Restaurants, ein großer Fanshop oder auch ein Hotel. Zeitweise wurde das Gesamtkonstrukt als „Chelsea Village" bezeichnet.

Ich nahm nach einer Stadionrunde meinen Platz im West Stand ein, der neuesten Tribüne, die erst zwei Jahre vor meinem Besuch 2001 fertiggestellt wurde. Der Stand verfügt über zwei große Ränge sowie einige Logen und etwas exponiertere Sitze im kleinen Mittelrang. Genau hier hatte ich meinen Platz. Ich war spät dran mit dem Ticket-Kauf und musste daher mit der 55 Pfund teuren Karte vorliebnehmen, da-

für war aber auch der Platz super. Gegenüber dem West Stand befindet sich der ebenfalls große East Stand mit drei Rängen, wobei diese recht steil ansteigen und der Tribüne den Charakter einer blauen Wand verleihen. Die Hintertortribünen sind mehr oder weniger identisch: zwei Ränge, überdacht, sehr solide. Zu meiner Linken lag der Matthew Harding Stand, benannt nach dem ehemaligen Chelsea-Direktor und großzügigen Spender, auf der rechten Seite der legendärste Chelsea Stand: das sogenannte Shed End. Hier waren über viele Jahrzehnte die frenetischsten Chelsea-Fans auf einer großen Terrace zu Hause, die nur ansatzweise im hinteren Bereich überdacht war. Heute erinnert zumindest noch die alte Rückwand des Sheds an vergangene Tage. Diese wurde in Form einer langen Backsteinmauer einige Meter hinter dem neuen Shed End beibehalten. Vom ursprünglichen Fanblock ist allerdings nichts geblieben. Es ist in England ohnehin fast schon zum Standard geworden, dass es traditionelle europäische Fanblöcke seit Jahren nicht mehr gibt. Die reinen Sitzplatzstadien und auch die Vergabepolitik für Jahreskarten machen die Findung von Stimmungszentren durch aktive Fans schwer bis unmöglich. Wenn überhaupt, findet man dieser Tage die etwas stimmgewaltigeren bzw. motivierteren Fans in der Nähe der Gästefans – was sicher keine geplante Entwicklung ist.
Die Fans der Gäste hatten bei meinem Spielbesuch ihren Sektor im Unterrang des East Stand, sehr schöne Plätze – kein Wunder, dass die Auswärtsfans einige Jahre später in die Ecke des Shed End verbannt wurden. Ich freute mich jedenfalls auf die Partie, hatte man doch von ManCity bzw. deren Fans viel Positives gehört, was den Support anging. Zunächst aber gaben die Heimfans den Ton an und vor der Partie die recht bekannte Klubhymne „Blue is the colour“ zum Besten. Nach dem Einlaufen der Teams und dem Anstoß blieb es bei den akustischen Machtverhältnissen. Angespornt vom Spielverlauf auf dem Platz, wechselten sich die Chelsea-Klassiker „Carefree, whereever you may be, we're the famous CFC“ und „We all follow the Chelsea, over land and sea“ ab. Gegen Ende der ersten Hälfte setzten die Hausherren einen Doppelschlag, angetrieben von Chelsea-Legende Gianfranco Zola. Zunächst netzte Jimmy Floyd Hasselbaink nach einem Chip in

den Fünfmeterraum aus kurzer Distanz ein. Danach köpfte der damals noch junge John Terry nach einer Ecke den Ball durch die Hosenträger von ManCity-Schlussmann Peter Schmeichel. Nach der Pause ging es entsprechend weiter. Im 10-Minuten-Takt fielen die Tore, unter anderem legte der damals ebenfalls noch junge Frank Lampard den Ball gekonnt an Schmeichel vorbei ins Netz. Endstand, 5:0. Die Partie war jeden Cent der 55 Pfund wert gewesen. Beim Verlassen des Stadions schenkte mir zudem ein Ordner ein herrenloses Programmheft – eine rundum schöne Erfahrung an der Bridge, auch wenn das folgende Anstehen an der Tube eine gefühlte Ewigkeit dauerte.
Gute drei Monate später wurde an der Bridge alles anders. Roman Abramowitsch steckte einen kleinen Teil seines Ölvermögens in sein Hobby Fußball und erwarb für etwas mehr als 200 Mio. Euro den Klub. Chelsea muss auf Abramowitsch gewirkt haben wie eine schöne Braut. Zu einer soliden sportlichen Basis kam ein relativ modernes Stadion in einem schicken Londoner Stadeil, was unter anderem dazu führte, dass sich Chelsea eine recht ansehnliche Promifanszene hielt. Alles, was fehlte, war ein offener Geldhahn, für den Abramowitsch umgehend sorgte.
In den ersten beiden Saisons holte man Spieler für insgesamt über 300 Mio. Euro an die Bridge – wohlgemerkt zu einer Zeit, in der kaum ein europäischer Klub mehr als 50 Mio. Euro Transferausgaben pro Saison aufwies. Insgesamt steckte Abramowitsch über 700 Mio. Euro in den Klub – mehr als sämtliche Transferausgaben des FC Bayern seit Gründung. Mit Spielern des Kalibers Drogba oder Cech waren Titel lediglich Formsache. 2005 und 2006 feierte man die Meisterschaft, im Anschluss daran etliche nationale und internationale Pokalsiege sowie später zwei weitere Meisterschaften. Dass es hier durch externe Einwirkung zu einer kapitalen Verschiebung der Kräfteverhältnisse im englischen Fußball kam, liegt auf der Hand und wirkte sich letzten Endes nur dadurch weniger fatal aus, als dass zahlreiche andere Klubs ebenfalls finanzstarke Investoren finden konnten, nicht zuletzt der Gegner „meiner" Partie an der Bridge, Manchester City. Es bleibt dennoch festzuhalten, dass die Beliebigkeit dieser Investitionen sehr schade ist. Was wäre, wenn Abramowitsch lieber bei Fulham einge-

stiegen wäre? Auf der anderen Seite hat jedes Fußballzeitalter seine Weichenstellungen. Was wäre, wenn Fulham damals an die Stamford Bridge umgezogen wäre?

Von dieser Fußballpolitik ließen wir uns jedenfalls nicht ablenken. Nach der Partie traf ich den Rest der Jungs im Hostel wieder, wo wir unser schickes Vierbettzimmer bezogen hatten und zum bierbezogenen Teil des Tages übergingen. Am nächsten Tag nahmen wir etwas Alibisightseeing in Angriff, bevor ich die restliche Reisegruppe an der Themse alleine ließ, um mir erneut ein Arsenal-Heimspiel in Highbury anzusehen. Mit weniger Druck hatte ich diesmal die bessere Position auf dem Schwarzmarkt und ergatterte kurz nach Anpfiff ein Ticket für die legendäre Highbury North Bank für 40 Pfund. Wieder ein absoluter Genuss: ein packendes Spiel gegen Everton, für die Gäste traf der 17-jährige Wayne Rooney, während die Hausherren – angeführt von Arsenals Legenden wie Henry, Bergkamp und Viera – das Spiel zu ihren Gunsten mit 2:1 entschieden. Für mich wieder ein fantastisches Fußballwochenende in der britischen Hauptstadt!

6. Aus der Reserve gelockt

25.03.2003, Griffin Park, Reserves League
Brentford FC Reserves – Luton Town Reserves, 0:0, 20 Zuschauer

Wir ließen das Programm recht entspannt angehen. Abends das ein oder andere Getränk im Pub oder mit anderen Hostelbewohnern – einer Gruppe Spanier und einer Schulklasse aus Deutschland (beide nicht trinkfest). Am Vormittag hieß es dann ausschlafen, nur Holle tigerte als Kulturinteressierter eifrig auch vor dem Mittagessen schon durch die Stadt. Dienstagmittag stand – wieder in voller Truppenstärke – eine der kulinarischen Institutionen Großbritanniens auf der Tagesordnung: Pizza Hut All You Can Eat. Damals wie heute absolutes Pflichtprogramm – für moderates Geld so viel Pizza, wie irgendwie reinpasst. Mit vollem Bauch trennten sich nach der Völlerei wieder einmal vorübergehend die Wege der Reisegesellschaft. Neigungsgruppe Fußball (ich) setzte sich in Gang Richtung Stadion. Die anderen brachten den Nachmittag irgendwie anders rum.

Mein Ziel an diesem frühen Dienstagnachmittag ( ) war Brentford, ein Stadtteil im Westen, am nördlichen Themseufer Richtung Heathrow Airport gelegen. Eine knappe halbe Stunde Fahrzeit mit dem Zug ab Waterloo, noch in der Tarifzone 4. Die Gegend wird hier etwas beschaulicher und viel grüner, teilweise entdeckt man sogar Einfamilienhäuser. Diese Ecke Londons ist für ihre Wohnqualität bekannt, das nahe Richmond gilt als eine der angenehmsten Wohngegenden der Metropole. So war auch der kurze Fußmarsch vom Bahnhof zum Griffin Park, dem Zuhause des lokalen Klubs Brentford FC, recht entspannt, wenig Großstadthektik. Beim Weg die Hamilton Road hinunter erblickte ich nach kurzer Zeit nicht nur den ersten Flutlichtmast, sondern auch eines der prägnantesten Merkmale des Grounds: das „Royal Oak Pub". Genauer gesagt ist es eines der vier prägnantesten Merkmale, ist der Griffin Park doch dafür bekannt, an jeder Ecke des Stadions über ein Pub zu verfügen: eben das „Royal Oak" an der Ecke Brook Road und New Road, das „Griffin" Ecke Brook und Braemar Road, das „Princess Royal" zwischen Braemar und Ealing Road sowie

das „New Inn" an der verbleibenden Ecke Ealing und New Road. Also allerbeste Voraussetzungen für Pints vor und nach dem Match.
Das war für mich aber keine Option; wahrscheinlich hatten die Pubs noch nicht einmal geöffnet, herrschte in den Straßen rund um den Ground doch eher Ruhe statt Matchday-Atmosphäre. Grund hierfür war die Tatsache, dass es sich bei meinem Spielbesuch nicht um ein normales Heimspiel der Bees (dt. Bienen), wie der Brentford FC auch genannt wird, handelte, sondern lediglich ein Spiel der zweiten Mannschaft, in England „Reserves" genannt. Die englischen Klubs spielen mit ihrer zweiten Truppe eigene Runden aus, also nicht wie in Deutschland und anderswo, wo die zweite Garnitur im normalen Ligabetrieb teilnimmt. Dies hat vor allem zwei Effekte: Zum einen ist das Entwicklungspotenzial in den Reserveteams eher begrenzt. So ist es mehr oder weniger Standard, dass gerade die Premier-League-Klubs ihre Nachwuchsspieler teils monatsweise an unterklassige Klubs ausleihen, damit diese dort Spielpraxis sammeln können. David Beckham schnürte zum Beispiel für Preston North End die Stiefel, John Terry durfte für Nottingham Forest ran. Leider keine ganz saubere Praxis, denn der ein oder andere unterklassige Klub setzt stark auf die temporären hochtalentierten Zugänge und fährt damit nicht schlecht. Der andere Effekt ist der, dass sich im Grunde niemand für die Reserverunden interessiert. Der Spieltermin am frühen Nachmittag unter der Woche spricht Bände, und so empfing mich am Ground nur ein Rentner, der ob meiner Ankunft kurz ein Tor öffnete, 2 Pfund Eintritt kassierte und sich wahrscheinlich wunderte, was ich denn hier zu suchen hatte. Viel mehr als zehn Zuschauer fanden sich nicht ein für den Kick gegen die Reserves von Luton Town.
Die Handvoll Zuschauer ließ sich in den unteren Reihen des Main Stand nieder, der größten Tribüne des Grounds, entlang der Braemar Road. Sehr Old School, schöne Holzsitze und Stahlträger, die die große Dachkonstruktion halten. Diese ist aus einem anderen Grund einer breiten Masse bekannt: Das Stadion liegt in der Einflugschneise des Heathrow Airport. Aus dieser Lokalität machte der Klub irgendwann Geld und platzierte riesige Werbebanner auf dem Dach des Stand, die von den ankommenden Fliegern aus bestens zu sehen waren. Wie viele

der Tausende Fluggäste, die die Werbung über die Jahre zu sehen bekamen, den Brentford FC kannten, sei einmal dahingestellt. Der Klub gehörte seit der Eröffnung von Heathrow, das muss man fairerweise sagen, nicht zu den bekannteren Teams aus der Hauptstadt. Gegründet wurden die Bees 1889. Ursprünglich war es ein Ruderklub, der einen Zweitsport suchte, um sich im Winter fit zu halten, und dabei fiel die Wahl auf den damals neuen Sport Fußball. 1904 bezog man den Platz, auf dem heute der Griffin Park steht, der seinen Namen im Übrigen vom bereits erwähnten Pub an der Ecke des Grounds hat. 1920 wurde Brentford in die Football League aufgenommen, spielte in den 30er-Jahren ein paar Saisons erste Liga, verschwand dann aber in den Niederungen des Profifußballs. 1967 scheiterte ein Übernahmeversuch seitens QPR, was einem Ende der Bees gleichgekommen wäre – bis heute Grund genug für eine gesunde Portion Rivalität zwischen den Klubs.

Quasi keine Rivalität aus Ermangelung an Fans gab es an diesem Tag im Stadion. Von der Atmosphäre ein klassisches Sportplatz-Spiel, bei dem man die Kommandos der Spieler und Anweisungen der Trainer hören kann. Tore auch Fehlanzeige, was mir jedoch nicht so wichtig war, schließlich war ich wegen des Grounds hier. Dieser machte einen wirklich schönen englischen Eindruck. Gegenüber dem Main Stand der New Road Stand, ebenfalls ganz klassisch, ein Rang, Giebeldach und der weiße Schriftzug „THE BEES" auf den roten Sitzen. Zu meiner Rechten der damals noch unüberdachte Ealing Road Stand, eine schöne Terrace. Zu meiner Linken ein weiteres Wahrzeichen des Grounds, der Brook Road Stand. Die Besonderheit der relativ kleinen Tribüne ist die Tatsache, dass sie über zwei Ränge verfügt: oben einige wenige Sitzplatzreihen, unten eine kleine, durch den Oberrang überdachte Stehplatztribüne. Hier werden mittlerweile die Auswärtsfans einquartiert. Aufgrund der Erscheinung wird der Brook Road Stand auch „Wendy House" genannt, auf Deutsch „Spielhäuschen". Alles in allem eine recht nette Kiste – der Tatsache, dass Brentford die letzten Jahrzehnte zumeist dritte Liga gespielt hat, durchaus angemessen. Trotzdem gibt es immer wieder Bestrebungen, ein neues Stadion zu bauen, das sich wohl an der nicht allzu weit entfernten Kew Bridge befinden wird und die Zukunft des Klubs sichern soll.

Mit dem Schlusspfiff war der nächste Londoner Ground für mich im Sack – immer noch jede Menge Londoner Grounds übrig und von 92 besuchten League Grounds ein Lichtjahr entfernt. Im Zusammenhang mit Brentford gibt es zwei interessante Hintergrund-Infos: Zum einen war es der Brentford FC, der als erster Klub über die Jahre alle 92 Grounds „besuchte". Zum anderen musste ich an einen Oktoberfestbesuch zurückdenken, bei dem wir mit ein paar Engländern ins Gespräch kamen, die Brentford-Fans waren und mir wegen meiner Idee, eines Tages einmal selbst alle 92 League Grounds besuchen zu wollen, mehr oder weniger den Vogel zeigten.
In jedem Fall war der Fußballteil der Tour abgeschlossen. Weiter ging es am Abend mit einer anderen schönen englischen Aktivität: einem Besuch auf der Hunderennbahn in Walthamstow, wieder in der großen Gruppe zusammen mit den anderen Jungs. Wir tasteten uns langsam ans Wetten heran, gepaart mit etlichen Pints ein unheimlicher Spaß und vom Fußball abgesehen definitiv ein Highlight der Tour. Am nächsten Tag dann der Rückflug nach Deutschland via London City Airport. Daheim erst mal erholen von den anstrengenden Tagen in London und – heutzutage auch erwähnenswert – darauf warten, dass Kollege Rolfes die Bilder, die er mit seiner neuartigen „Digicam" geschossen hatte, auf CDs brennt und an uns alle via Post verschickt. Wie die Zeit vergeht …

7. London calling

23.08.2005, Den, League Cup
Millwall FC – Bristol Rovers, 2:0, 3.000 Zuschauer

Fast zweieinhalb Jahre waren seit unserem schönen Männerwochenende vergangen, von denen ich immerhin ein Jahr weitab vom englischen Fußball verbrachte, in den USA. „Football" statt Fußball, und ohnehin waren Hockey und Baseball in dieser Zeit interessanter. Nach der Rückkehr wuchs aber zum einen stetig wieder das Verlangen nach Inselfußball, zum anderen hatte ich Lust auf ein zweites Auslandspraktikum – idealerweise in England, um die beiden Themen optimal verbinden zu können. Ich startete also die Suche, durchforstete Stellenanzeigen im Internet, redete mit Firmen auf der Uni-Jobbörse und stolperte letzten Endes über eine etwas unscheinbare Anzeige eines Internetsportwettenanbieters auf dessen Website. Ich hübschte den CV etwas auf und schickte ihn ohne allzu viel Hoffnung durch. Tatsächlich dauerte es nur wenige Tage, bis das Handy klingelte und jemand namens Billy ein paar Worte mit mir wechselte. Was folgte, war alles andere als ein klassisches Interview, eher ein freundliches Gespräch. Wahrscheinlich ging es nur darum, meine Englischkenntnisse abzuklopfen; er zeigte sich jedenfalls angetan von meiner Bewerbung, und so vereinbarten wir vier Monate Praktikum, von September bis Dezember – in London. Sauber!

Mit der Zusage begann mehr oder weniger die logistische Planung, wobei hier allen voran die Wohnungssuche die Herausforderung darstellte. London als Wohnungsmarkt ist bekanntlich ein Kapitel für sich und machte sich dann mit all seinen Schattenseiten bemerkbar. Auf der einen Seite konnte ich bequemst über verschiedene Internetportale von Deutschland aus durch Hunderte Anzeigen stöbern, selbst für meinen nur befristeten Aufenthalt. Auf der anderen Seite waren die allermeisten WG-Zimmer unfassbar teuer, und an eine eigene Wohnung war schon gar nicht zu denken. Zudem suchte ich etwas in der Nähe meiner Arbeitsstelle. Im Vormonat hatten sich die Bombenanschläge auf die Londoner Tube ereignet, entsprechend wollte ich die Nerven

aller Beteiligten und Angehörigen bzw. auch den Geldbeutel schonen und ein bezahlbares WG-Zimmer in Gehdistanz zum Office beziehen. Das war jedoch leichter gesagt als getan. Das Büro befand sich direkt bei Canary Wharf, dem Bankenzentrum im Osten der Stadt, was sich auf die Preise der umliegenden Wohnungen niederschlug. Nach langer Recherche fand ich aber ein recht nett aussehendes Zimmer und schickte eine Anfrage über die Website ab. Es meldete sich ein Koreaner namens „Won", der erfreulicherweise signalisierte, dass das Zimmer für meinen gewünschten Zeitraum zur Verfügung stünde. Stolzer Preis: 550 Pfund im Monat, damals etwa 800 Euro. Mir blieb aufgrund des näher rückenden Praktikums nicht viel anderes übrig, und so sagte ich im Grunde zu, wobei ich für eine finale Besichtigung in Person gerne in London vorbeischauen wollte.
So befand ich mich eine Woche vor dem Praktikumsbeginn auf einer aus der Notwendigkeit heraus geborenen Englandtour – nicht ganz zufällig mit Fußball auf der Agenda. Unikum: An- und Abreise über „Frankfurt"-Hahn via Ryanair, des Budgets wegen. Glücklicherweise war dies der erste und letzte Trip über den Provinzflughafen im Hunsrück. In Stansted angekommen, ging es mit dem Bus in die Innenstadt und weiter in die Docklands, wo sich die Wohnung befand. „Docklands" bezeichnet das ehemalige Hafengebiet im Londoner Osten, einst der größte Hafen der Welt, später nicht mehr genutzt und in einen Wohn- und Geschäftsbezirk umgewandelt. Im Herzen des Viertels lag Canary Wharf, die Hochhäuser, die neben der City das zweite Finanzzentrum der Stadt bilden und die an den ehemaligen Kais gebaut wurden, von denen aus früher die Kanarischen Inseln angesteuert wurden. Das ganze Gebiet ist – wie der Name impliziert – durchzogen von Docks. Dies hat zum einen zur Folge, dass die Wohnqualität sehr hoch ist. Viele der Gebäude liegen direkt am Wasser bzw. befinden sich überhaupt in ehemaligen Hafengebäuden wie Speichern oder Lagerhallen. Zum anderen ist die Erschließung mit der Tube schwierig, da unter den Docks nicht so einfach eine U-Bahn verlegt werden kann, außer man gräbt sehr tief. Als Alternative gibt es die „Dockland Light Railway", eine Hochbahn, welche die Docklands erschließt und – bei der Eröffnung topmodern – fahrerlos unterwegs ist.

In ebendieser befand ich mich nun, von Canary Wharf aus Richtung Lewisham, bis zur Station Crossharbour & London Arena. Dort angekommen, folgte ein kurzer Anruf bei meinem zukünftigen Vermieter, der mich dann direkt vor dem Eingang der London Arena empfing, einer mittlerweile abgerissenen Veranstaltungshalle, in der unter anderem Eishockey gespielt wurde. Die WG befand sich direkt neben der Arena. Auf Google Maps sah die Location etwas merkwürdig aus, als wäre das Haus auf dem Wasser. In der Tat befand sich das Gebäude mitten auf einer Brücke, die das Hafenbecken teilte. Won zeigte mir die Wohnung. Er selbst wohnte nebenan, mit mir sollten in der WG noch ein Franzose und ein koreanisches Ehepaar untergebracht sein. Das Zimmer war jedenfalls für Londoner Verhältnisse riesig, hatte einen Balkon mit einer fantastischen Aussicht auf die Docks und war zwar spärlich, aber doch ordentlich ausgestattet. Schnell hatten wir die Formalitäten geklärt, den Vertrag unterschrieben und uns bis zum Einzug in einer Woche wieder verabschiedet.

Das Pflichtprogramm war erledigt und ich stand wieder vor dem Haus am Millwall Dock – ein nahezu fließender Übergang zum zweiten Agendapunkt des Tages: dem League-Cup-Match Millwall FC gegen Bristol Rovers. Mein künftiges Zuhause war in der Vergangenheit über viele Jahre hinweg das Zuhause des berühmt-berüchtigten Fußballklubs Millwall gewesen. 1885 gründeten Mitarbeiter der Konservenfabrik J.T. Morton's, die sich wie meine Wohnung einst direkt am Millwall Dock befand, einen Fußballklub namens Millwall Rovers. Fortan spielte man 25 Jahre lang in vier Grounds rund um das Millwall Dock auf der Isle of Dogs, wie die Halbinsel in der Themseschleife heißt. 1910 verließ der Klub die Gegend allerdings und siedelte auf die Südseite der Themse über, etwa zwei Kilometer Luftlinie vom Dock, der Wiege des Klubs, entfernt.

Trotz der räumlichen Nähe hatte ich allerdings noch eine ganz anständige Anreise vor mir, nicht zuletzt weil ich gerne den „offiziellen" Weg über die National-Rail-Station South Bermondsey nehmen wollte. Diese wird ab London Bridge bedient, gerade einmal fünf Minuten rollt der Zug von dort, unter anderem an der Tower Bridge, dem Wahrzeichen Londons, vorbei, bis man am Bahnsteig steht, mit bester Sicht

auf den Ground und in eine andere Welt versetzt. Die Gegend ist sehr industriell. Weite Bahntrassen, ein Kraftwerk mit großen Schornsteinen, viele Metallzäune, dazu direkt am Bahnhof ein kleiner Wohnwagenpark. Ein raues Klima, das gut zum Klub und dessen Image passt: Millwall – no one likes us, we don't care. Das gilt mehr oder weniger als Synonym für Hooliganismus in England und darüber hinaus. Bereits am Ausgang der Station gibt es ein eigenes Tor im Zaun, das die Gästefans direkt vom Zug zum Auswärtssektor bringt, um Probleme rund um den Ground zu vermeiden. Seit jeher hatten die Anhänger von Millwall den Ruf, zur etwas härteren Sorte Jungs zu gehören. Kein Wunder, war man doch ein Klub, der von Fabrikarbeitern gegründet worden war. So kam es in den Anfangsjahren des Klubs oft zu Ausschreitungen bei Partien gegen andere Klubs mit Wurzeln im Hafengebiet, allen voran West Ham United – eine Rivalität, die bis heute Bestand hat, in verschiedenen Filmen dargestellt wird und zuletzt 2009 bei größeren Randalen um den Upton Park herum aufflackerte.
Der Spaß an der körperlichen Auseinandersetzung scheint in England ohnehin fest im Männlichkeitsbild verankert zu sein. Im Grunde ist jede Ansammlung (junger) Männer unter Alkoholeinfluss ein potenzieller Konfliktherd. Insoweit darf es als wenig verwunderlich angesehen werden, dass es seit jeher bei Fußballspielen Auseinandersetzungen zwischen den Zuschauern gab. Dass sich das Ganze irgendwann zum fußballspezifischen Phänomen Hooliganismus entwickelte, lag vor allem an der zunehmenden Strukturierung und Planung der Auseinandersetzungen in den 70er-Jahren, als sich Gruppen gewaltbereiter Anhänger in sogenannten Firms zusammenschlossen. Diese hatten originelle Namen wie etwa die Chelsea Headhunters, die Intercity Firm von West Ham, die 6:57 Crew aus Portsmouth oder eben die Millwall Bushwackers. Das Spiel war in jedem Fall das gleiche, wobei der Fußball selbst aber zunehmend in den Hintergrund rückte: Man suchte bewusst das Duell mit gegnerischen Fans und etablierte gewisse Rituale wie die „Eroberung" der Heimtribüne oder des Stammpubs der Heimfans. Das Ganze entwickelte sich zu einer Art eigener Subkultur, mit den 80er-Jahren als Höhepunkt, in denen die Welle auch auf den Kontinent schwappte, inklusive Deutschland.

Gleichzeitig wurde der Hooliganismus zunehmend zum ernsthaften Problem für den Fußball. Immer wieder kam es zu schweren Vorfällen, die nicht nur die Sicherheit unbeteiligter Zuschauer aufs Spiel setzten, sondern auch den Sport selbst stark beeinflussten, zum Beispiel durch Spielunterbrechungen aufgrund von Platzstürmen. Den negativen Höhepunkt dürfte das Landesmeisterpokal-Endspiel 1985 darstellen, als im Brüsseler Heyselstadion nach Ausschreitungen das Match selbst zur Randnotiz wurde. In der Folge ging der britische Staat hart gegen Hooligans vor, räumte die Stadien auf und schuf Rahmenbedingungen, die das Phänomen Hooliganismus eindämmen sollten. Leider ging in diesem Prozess auch ein Teil der Fußballkultur verloren, wie etwa klassische Stehplatztribünen bzw. das traditionelle Arbeiterklassenpublikum, das sich die preislich stark angezogenen Tickets nicht mehr leisten konnte. Die Auseinandersetzungen der Hooligans verlagerten sich in der Folge weg von den Stadien, und so kann ich in weit mehr als 100 Spielen auf der Insel nicht auf einen einzigen größeren Zwischenfall verweisen, den ich selbst mitbekommen hätte – auch nicht bei meinen Besuchen in Millwall, obwohl der Klub stark vom Hooligan-Image gebrandmarkt war. Dies hat wohl nicht zuletzt mit einigen sehr prominenten Ausschreitungen von Millwall-Fans zu tun, unter anderem bei einem im Fernsehen live übertragenen FA-Cup-Match in Luton 1985 oder nach dem verpassten Premier-League-Aufstieg 2002, als man im Playoff-Halbfinale unglücklich in letzter Minute gegen Birmingham City ausschied.

In jedem Fall ging ich damals mit etwas Respekt an die Sache heran, aber bereits auf dem Weg vom Bahnhof zum Stadion wurde klar, dass es hier absolut gesittet zuging, nicht zuletzt weil im unattraktiven League Cup mit den Bristol Rovers ein relativ unattraktiver Klub ohne Konfliktpotenzial zu Gast war. Trotzdem hatte die ganze Szenerie etwas Eindrucksvolles: Allein der Gang durch die Gleisunterführung auf der Zampa Road, die einen direkt vors Stadion führt, ist das bis dahin noch nicht gezahlte Eintrittsgeld wert. Auf der anderen Seite der Gleise steht man direkt vor dem „New Den", wie der Ground bei meinem Besuch noch hieß. Das eigentliche „Den", also die Höhle – in Anlehnung an das Klubmaskottchen, einen Löwen –, stand über 80 Jahre lang ein

paar hundert Meter Luftlinie entfernt. Dabei handelte es sich um den vielleicht berüchtigtsten Ground der Football League: sehr eng gebaut, viele große Stehplatz-Terraces, dazu das Millwall-Publikum der harten Jungs, die vom Cold Blow Lane End aus mit dem typischen „Millwall Roar" ihr Team anfeuerten. Der Umwandlung der englischen Stadien in Allseater zu Beginn der 90er-Jahre fiel leider auch das Den zum Opfer. Der Klub erachtete es nicht als zweckmäßig, das Stadion umzubauen, und entschied sich stattdessen für einen zukunftsträchtigeren Neubau, etwas weiter nordwestlich. 1993 wurde dann das „New Den" eingeweiht, damals der erste Stadionneubau in London seit dem Zweiten Weltkrieg.
Auch im neuen Stadion gibt es aus sentimentalen Gründen trotz einiger Entfernung zur namensgebenden Straße ein „Cold Blow Lane End", aber damit hören die Gemeinsamkeiten zwischen Den und New Den im Grunde auch schon auf. Das neue Stadion ist ein recht schnöder, aber ein Stück weit klassischer 90er-Jahre-Neubau, bei dem sich an den Spielfeldseiten bzw. hinter den Toren quasi identische Stands gegenüberstehen. Jeweils zweirangig, alles überdacht und mit blauen Sitzschalen versehen, von denen es ca. 20.000 Stück gibt. Das ist eine recht ordentliche Kapazität, die der Klub allerdings selten ausschöpft. Seit der Aufnahme in die Football League 1920 kann Millwall auf gerade einmal zwei Jahre in der höchsten Spielklasse zurückblicken, Ende der 80er-Jahre. Als größter Erfolg der Klubgeschichte gilt die Teilnahme am UEFA Cup 2004, als man sich als FA-Cup-Finalist für den Europapokal qualifizierte. Das Vergnügen war ein kurzes, denn in der ersten Runde war bereits Schluss, ausgerechnet gegen einen anderen für seine etwas gewaltbereiteren Fans bekannten Klub: Ferencvaros Budapest.
Einen großen Pokalabend durfte ich leider nicht genießen. Gerade einmal 3000 Zuschauer verloren sich im New Den, davon maximal 100 Gästefans. Die Stimmung war entsprechend, keine wirkliche Atmosphäre. Dafür gelang der Mannschaft ein recht souveräner Heimsieg: 2:0 nach 90 Minuten. Mir war im Vorfeld klar gewesen, dass ich hier keine Knallerpartie auf dem Plan stehen hatte. Entsprechend gab es auch keine Enttäuschung meinerseits – vielmehr die Freude, den nächsten Londoner Ground im Sack zu haben.

Nach einer Nacht im Hostel erledigte ich am nächsten Tag ein paar organisatorische Dinge, schaute abends noch die Premier-League-Partie Chelsea gegen West Brom an, für die ich kurzfristig noch ein Ticket ergattern konnte, und flog am Tag darauf zurück nach Hahn. Im Flieger saß ein Australier neben mir, der in London lebte und seine Freundin in Würzburg besuchen wollte. Ich nahm ihn aus der Hunsrücker Einöde bis Aschaffenburg mit – die gute Tat für das Jahr – und war zurück von meiner dritten Inseltour. Diese war ja ohnehin nur das „Vorglühen" für den nächsten, längeren Abstecher auf die Insel gewesen, und so hieß es schon eine Woche später: Sachen packen und zurück gen England.

8. Ohhhhhh-Ori-Ori! Oriorioriori Orient!

03.09.2005, Brisbane Road, League Two
Leyton Orient – Bristol Rovers, 2:3, 3.500 Zuschauer

Ende August war es so weit: Mit einem vollgepackten Koffer ging es fürs Praktikum nach London. Die ersten beiden Nächte quartierte ich mich in einem Hotel bei King's Cross ein, bevor ab dem 1. September das WG-Zimmer bereitstand. Ich wusste vom London-Trip in der Woche zuvor, was mich erwartete, denn im Office hatte ich ebenfalls schon vorbeigeschaut: kein nobles Londoner Büro, eher eine Art größere Wohnung, in der ein paar Schreibtische standen und das sich wirklich direkt neben den Hochhäusern von Canary Wharf befand. Auch das Team hatte ich schon kurz kennengelernt und war überrascht, dass ich dort eher zu den Älteren gehörte, wobei in der Summe ohnehin nur sechs bis acht Leute in dem Office arbeiteten. Der Sportwettenanbieter hatte seinen Hauptsitz in Osteuropa, in London befand sich nur eine Außenstelle für Marketing und Kundenservice. Entsprechend fielen mir bei meinem ersten Besuch auch die gefühlten Millionen Umschläge auf, in die jeweils ein Premier-League-Trikot gesteckt wurde. „Wette mindestens 50 Pfund auf den Premier-League-Meister und erhalte ein Premier-League-Trikot deiner Wahl gratis!" – so die Werbekampagne, für die wir in den kommenden Monaten zwischen Fanshops, Postfilialen und Büro hin- und hertingeln sollten. Nach zwei Tagen, in denen ich mir ein grobes Bild von den Abläufen machen und die Jungs (selbstredend keine Damen im Office) näher kennenlernen konnte, war auch schon wieder Wochenende.

Wie so oft Anfang September stand der Samstag allerdings unter der Bezeichnung non grata: „Länderspielpause". Was in Deutschland mehr oder weniger den kompletten vernünftigen Spielbetrieb lahmlegt, erstreckt sich in England jedoch lediglich auf die beiden höchsten Ligen, sprich: Dritte und vierte Liga spielen einen vollen Spieltag. Das kam mir natürlich sehr entgegen, da ich somit dem Londoner Viertligisten Leyton Orient einen Besuch abstatten konnte. Den Tag zu nutzen, um

eventuell ein attraktiveres Spiel außerhalb Londons anzusteuern, kam damals noch nicht wirklich in Frage. Mein Hauptfokus lag darauf, alle Londoner Grounds zu besuchen, und das nicht nur aus Sammelleidenschaft, wohlgemerkt. Vielmehr spielte ich mit dem Gedanken, ein kleines (oder zugegeben größeres) Internetprojekt umzusetzen.
London war aufgrund der Stadt selbst bzw. der Fülle an Klubs und Stadien ein beliebtes Reiseziel für Fußballfans. So tauchten in diversen Foren im Internet wie dem legendären Stadionwelt-Forum immer mal wieder Fragen auf, welche Klubs denn aus London wären, wie man zu den Stadien kommt etc. Zu dieser Zeit existierte eine rudimentäre niederländische Website, die auch auf Englisch verfügbar war und sich mit der Thematik „Fußball in London" beschäftigte. Diese hatte schon ein paar Jahre auf dem Buckel, verfügte nicht einmal über eine eigene Top Level Domain und war inhaltlich auch nicht mehr ganz korrekt. Das geht besser, und vor allem auf Deutsch, dachte ich mir. Ich begann ganz grob ein paar Seiten zu erstellen und entwickelte die Idee immer weiter, bis sie Formen annahm. Grundvoraussetzung dafür, eine Website über den Londoner Fußball zu betreiben, ist natürlich, selbst in allen Stadien ein Spiel gesehen zu haben, nicht zuletzt um das entsprechende Fotomaterial zu bekommen. Daher war der Besuch an der Brisbane Road in Leyton ein weiterer wichtiger Schritt, um das Puzzle zu vervollständigen.
Die Anreise gestaltete sich durchaus bequem. Von meiner Wohnung aus ging es mit der DLR bis Stratford, von dort nur eine Station mit der Central Line bis Leyton. Nicht zuletzt aufgrund der räumlichen Nähe entwickelte sich Orient während der Praktikumszeit zu so etwas wie meinem „Heimatklub", dem ich etliche Besuche abstattete. Zudem wurde das Interesse gefördert durch den Kultcharakter des Klubs. Allein der Name „Orient" ist wohl einzigartig. Ursprünglich als Cricket Club gegründet, nannte man sich ab 1888 „Orient FC", da zu dieser Zeit ein Spieler bei der Orient Shipping Company, einer Reederei, seine Brötchen verdiente. Über die Jahre folgten einige Namensänderungen, und seit 1987 heißt man Leyton Orient FC. Das „Leyton" bezieht sich auf den Stadtteil im Londoner Osten, in dem sich der Ground befindet.

Von der Tube-Station „Leyton" aus sind es nur wenige Gehminuten bis an die Brisbane Road, die sich von der High Road aus hinter den Coronation Gardens, einem kleinen Park, erhebt. Das Viertel selbst ist recht divers und multikulturell. Viele Bewohner sind Migranten, kommen aus aller Herren Länder, vor allem aus der Karibik und Asien. Das alles in einem recht traditionellen, klassisch-englischen Reihenhausflair, in dem der Ground selbst sich stimmig ins Gesamtbild einfügt. Die markanteste Besonderheit des Stadions entstand bei meinem ersten Besuch gerade: die vier Wohnhäuser in den Ecken des Grounds. Der Klub machte aus den offenen Ecken finanziell das Beste und stellte recht beachtliche Wohnkomplexe hinter die Eckfahnen. Ein Traum für alle Orientfans: eine Wohnung mit Blick auf den Rasen und gleichzeitig eine doch recht zentrale Lage, die in London sonst kaum zu bezahlen war. Zudem verleihen die Häuser dem Ground ein kompaktes Flair. Drei der vier Stands sind relativ neu, wobei vor allem der West Stand, der sämtliche Klubräumlichkeiten sowie die Logen beherbergt, mit Abstand am modernsten wirkt. Die Hintertortribünen wurden zweckmäßig als kleinere Sitzplatztribünen errichtet. Einzig der große East Stand ist ein Zeitzeuge vergangener Fußballtage: eine klassische Giebelkonstruktion mit viel Holz und Stützpfeilern, die das Dach tragen. Darauf thront der markante Giebel Richtung Spielfeld, mit der Aufschrift „Leyton Orient". Ein schöner Farbtupfer im Gesamtbild, der die Kluft zwischen traditionellem und modernem Ground bestens schließt.
Tradition ist das Stichwort, sowohl was Klub als auch den Ground angeht. Orient trug erst ab 1937 seine Heimspiele an der Brisbane Road aus. Davor wurde auf dem Platz aber auch schon Fußball gespielt, unter anderem vom Leyton F.C. Dieser wurde bereits 1868 gegründet, womit er nach den Cray Wanderers den zweitältesten Londoner Fußballklub darstellt, und existiert heute nicht mehr. Die letzte Spielstätte war das Leyton Stadium, etwa 1,5 Kilometer von der Brisbane Road entfernt, das heute nach der Auflösung des Klubs ungenutzt verkommt und als solches ebenfalls einen Besuch wert ist. Obwohl der Lokalrivale die Oberhand behält, was die Geschichte angeht, kann sich auch Orient mit einer ordentlichen Historie schmücken – allem voran, weil man

es im Gegensatz zum Leyton F.C. in die Football League geschafft hat und 1905 erst der zweite Londoner Klub war, dem die Aufnahme überhaupt gewährt wurde. Zehn Jahre später sah sich der Klub einer ganz anderen Herausforderung gegenüber. Nach dem Ausbruch des Ersten Weltkriegs traten mehr als 40 Spieler und Klubangestellte dem 17th Middlesex Battalion Regiment der britischen Armee bei und kämpften fortan in Frankreich gegen das Deutsche Reich, wobei einige Spieler ihr Leben ließen. Vor diesem Hintergrund erscheinen die sportlichen Geschicke des Klubs nach dem Krieg fast nebensächlich, die Erfolge hielten sich ohnehin stark in Grenzen.
Orient kann auf eine einzige Saison in der höchsten Spielklasse zurückblicken, 1962/63. Seitdem finden sich die O's eher in den Niederungen der Football League wieder, was den Klub zumindest aus den Rivalitäten der anderen Londoner Klubs heraushält und für viele Fußballfans in der Hauptstadt zu einer Art zweitem Klub macht, den man mehr oder weniger aktiv verfolgt. Anfang der 90er-Jahre gelangte der Klub noch einmal ins Blickfeld, als die Absurdität des englischen Fußballs bzw. dessen Eigentümerstruktur den Orient-Fans knallhart vor Augen geführt wurde. Der damalige Besitzer Tony Wood hatte sein Vermögen mit Kaffeehandel gemacht. Als 1990 der Bürgerkrieg in Ruanda ausbrach und Wood dadurch seine Kaffeeplantagen verlor, stand es plötzlich denkbar schlecht um Orient. Ein Bürgerkrieg am anderen Ende der Welt stellte den Klub vor das Aus. Wie in der Dokumentation „A club for a fiver" eindrucksvoll dargestellt wird, kämpfte man an der Brisbane Road ums sportliche Überleben und rettete sich letzten Endes durch einen neuen Eigentümer. Fortan kickte man in der dritten oder vierten Liga, ohne Ambitionen nach oben.
So hatte auch ich an diesem Tag das Vergnügen eines League-Two-Matches. Die Bristol Rovers, die ich bereits wenige Tage zuvor im League Cup bei Millwall gesehen hatte, waren zu Besuch in London. Vor knapp 3.500 Besuchern entwickelte sich eine ganz nette Partie, mit immerhin fünf Toren, wobei die Gäste aus Südwestengland mit 2:3 einen Dreier entführten. Stimmungsmäßig wieder kein Hexenkessel, und es verfestigte sich das Bild, dass die englischen Zuschauer zwar stark am Spiel partizipieren, mit Kommentaren und Zwischenrufen, organisier-

ter Support aber gerade in den unteren Ligen eher selten ist. Trotzdem war es von der Atmosphäre her eine nette Partie in einem schönen Ground. Wie bereits erwähnt, sollte ich in der kommenden Zeit noch öfter hier vorbeikommen – und mir gegen Ende meiner Praktikumszeit sogar ein Orient-Trikot kaufen.
Für mich ging es über die Leyton High Street zurück zur Tube-Station. Von der Brücke über die Gleise aus hat man einen schönen Blick Richtung Londoner Zentrum, wobei sich damals noch eine große Freifläche vor dem Häuserwald im Hintergrund offenbarte. Diese hat auch einen wichtigen Platz im Londoner Fußball. Zum einen kann man Teile der „Hackney Marshes" erblicken, des großen Parks am River Lea, der so etwas wie die Kathedrale der Londoner Freizeitkicker darstellt. Auf dem Areal befinden sich nicht weniger als 80 Großfelder, Seite an Seite, auf denen sich sonntags unzählige Hobbykicker tummeln. Des Weiteren konnte man bereits erahnen, was sich auf dem Gelände rund um die Stratford Station in den kommenden Jahren tun würde. Im Juli des Jahres bekam London den Zuschlag, die Olympischen Spiele 2012 ausrichten zu dürfen. Die Bewerbung sah das Olympiagelände in Stratford vor und so entstand dort jede Menge neue Infrastruktur, unter anderem das Olympiastadion, in das West Ham United später einziehen sollte, nur gute zwei Kilometer von der Brisbane Road entfernt. Leyton Orient versuchte erfolglos, die Ansiedlung eines Premier-League-Klubs in der eigenen Nachbarschaft zu verhindern, und so muss man heute im Schatten des großen Klubs aus dem East End sein Schicksal fristen.
Dies war 2005 allerdings noch Zukunftsmusik. Die Musik des Abends spielte woanders. Zwei Freundinnen aus meiner USA-Zeit waren zu Gast in London und wir schnupperten ins Londoner Nachtleben, in der angesagten Gegend rund um die Old Street. Abendessen in einer Pizzeria, Eintritt in einen Klub, ein paar Bier – mehr braucht es nicht, um in London vorübergehend pleite zu sein. Das ist jenseits von Gut und Böse, was hier der Spaß kostet, gerade als Praktikant. Dazu die völlig surreale Szenerie in den Nachtbussen, in denen man nach dem Weggehen nach Hause kommt – inklusive eines sich übergebenden Nachtschwärmers im Sitz gegenüber. Klarer Vorsatz für die restliche

Londonzeit: weniger Pfund in Nachtclubs investieren, dafür mehr Pfund in Fußballklubs stecken.

9. Das Fußballmärchen

06.09.2005, Kingsmeadow, Ryman League
AFC Wimbledon – Bromley FC, 1:1, 2.500 Zuschauer

Eine Woche nach meinem Start in London begab ich mich nach der Arbeit in die Niederungen des Fußballs der Hauptstadt, entfernte mich dabei aber im Grunde nicht allzu weit vom professionellen Fußball: auf dem Papier ein Kick in der siebten Liga, der Isthmian League oder Ryman League (der Sponsorenname), in der immerhin seit 1905 Amateurklubs aus London und dem Umland antreten. Nun gehöre ich nicht wirklich zur Gruppe der Fußballfans, die sich rein aus Prinzip Kreisklasse-Spiele auf beliebigen Sportplätzen anschauen und diese auf einer Stufe mit den Profispielbesuchen führen. Der Grund meines Besuchs war ein anderer, abgesehen vom durchaus sehenswerten Stadion „Kingsmeadow“: Der Gastgeber der Partie war kein Geringerer als der AFC Wimbledon.

Über den Klub, der 2002 von frustrierten Anhängern des Wimbledon FC gegründet wurde, nachdem die FA wenige Tage zuvor dessen „Umzug“ nach Milton Keynes genehmigt hatte, wurde schon viel geschrieben. Kaum eine Fußballgazette, die sich nicht des Themas annahm und über die couragierten Fans berichtete, die im Kampf gegen die Fußballindustrie das Heft des Handelns selbst in die Hand nahmen und ihren neuen Klub in Selbstverwaltung führten – und das sogar erfolgreich. Das Ganze hatte zweifelsohne genug Fußballmärchenpotenzial. Für den Start in der 9. Liga rekrutierte man den Kader über ein großes Probetraining im Wimbledoner Park, an dem sich über 200 Kandidaten beteiligten. Zum ersten Match des neu gegründeten Klubs kamen satte 4.500 Zuschauer, mehr als zu dem ein oder anderen Spiel des Wimbledon FC zu dieser Zeit. Im Endeffekt lag aber ironischerweise das Grundproblem des Wimbledon FC am mangelnden Zuschauerzuspruch. Der Klub hatte einst einen kometenhaften sportlichen Aufstieg gefeiert. Bis 1977 spielte man Non-League-Fußball, keine zehn Jahre später, 1986, trat man in der höchsten Spielklasse an und gewann 1988 sensationell den FA Cup. Die Strukturen und vor

allem das Stadion des Klubs, die Plough Lane, konnten allerdings bei den rasanten Entwicklungen nicht mithalten, und so gab der Taylor-Report nach der Hillsborough-Katastrophe mit den Modernisierungsanforderungen letzten Endes dem Ground den Todesstoß.
Man beschloss, dass ein Umbau wirtschaftlich keinen Sinn machen würde, und so ging man 1991 eine Groundsharing-Vereinbarung mit Crystal Palace ein. Fortan spielten die „Wombles" im Selhurst Park, was von weiten Teilen der Fans jedoch nicht angenommen wurde. Gerade einmal 8.000 Zuschauer kamen in der ersten Premier-League-Saison 1992/93 im Schnitt zu den Heimspielen. Obwohl sich die Situation über die Jahre etwas verbesserte, blieb der Wimbledon FC alles andere als ein Publikumsmagnet – mit allen damit einhergehenden wirtschaftlichen Schwierigkeiten. Gleichzeitig sank mit jedem weiteren Jahr im Selhurst Park die Chance, einen geeigneten Ground in Wimbledon zu finden, was den Wunsch der Wimbledon-Fans darstellte. Letzten Endes fuhr sich die Situation so fest, dass dem Klub einzig der Umzug nach Milton Keynes als letzte Option blieb, um überhaupt noch den Spielbetrieb sicherstellen zu können. In der Stadt etwas nördlich von London existierte kein nennenswerter Fußballklub, hier stand man der künstlichen Ansiedlung also positiv gegenüber und hatte einen Stadionneubau in der Hinterhand. Wie zu erwarten, gab es in Wimbledon aber große Proteste seitens der Fans, und auch der Verband war „not amused", ehe der Plan 2002 dann doch genehmigt wurde.
Im September 2003 spielte der Wimbledon FC dann das erste Mal in Milton Keynes, zur Saison 2004/05 erfolgte die Umbenennung in Milton Keynes Dons. Zu diesem Zeitpunkt hatte der AFC Wimbledon bereits den ersten seiner zahlreichen Aufstiege feiern können. 2011 kehrte man in den League Football zurück mit einem Playoff-Sieg über Luton Town im Wembley Stadium. Zur Saison 2016/17, also 14 Jahre nach der Gründung, spielte der Klub zum ersten Mal in der gleichen Spielklasse wie die Milton Keynes Dons – in der Tat ein Fußballmärchen. Der Vollständigkeit halber sei allerdings auch erwähnt, dass bei all der Sympathie für den AFC Wimbledon von Fußballfans von nah und fern der Wimbledon FC vor den Umzugsplänen alles andere als ein gern gesehener Klub war. Zum einen sind Emporkömmlinge im

Kreis der etablierten Klubs selten willkommen, zum anderen stand der Wimbledon FC für eine grenzwertig rustikale Spielweise und übermütige Spielertypen, was dem Team, insbesondere im Zusammenhang mit dem FA-Cup-Sieg 1988, den Namen „Crazy Gang“ einbrachte. Des Weiteren war der Klub, der nur über eine relativ kleine Fanbasis verfügte, aus Fankultursicht eher unattraktiv, eine Art englisches Unterhaching. Vor diesem Hintergrund beschränkt sich die Sympathie für den AFC Wimbledon wohl in erster Linie eher auf das Konzept als auf den Klub und die Fans selbst.

Ich wollte es mir jedenfalls nicht nehmen lassen, zu einem noch recht frühen Zeitpunkt, gerade einmal drei Jahre nach der Gründung, den AFC Wimbledon live anzuschauen. Die Anreise führte dann ironischerweise über die Station Wimbledon, von dort weiter mit dem Zug bis zur Station Norbiton, etwas westlich von Wimbledon gelegen. Ein kurzer Fußmarsch durch ein Wohngebiet und schon steht man vor dem Eingang zum Stadionareal, gut zu erkennen an einem prägnanten Torbogen mit der Aufschrift „Kingsmeadow“. Der Ground gehörte ursprünglich einem Klub namens Kingstonian FC, der über viele Jahre mehr oder weniger erfolgreich Non-League-Fußball spielte und bis in die Conference vordrang. Anfang der 2000er-Jahre gab es allerdings finanzielle Schwierigkeiten. Ein neuer Eigentümer rettete den Klub 2002 vor dem Aus, holte sich aber innerhalb weniger Monate sein Investment zurück. Zunächst ging man für die Saison 2002/03 ein Groundsharing mit dem neu gegründeten AFC Wimbledon als neuem Untermieter ein. 2003 verkaufte der Eigentümer den Ground des Kingstonian FC komplett an Wimbledon, die sich aufgrund des großen Zuschauerzuspruchs diese Investition leisten konnten. Wohlgemerkt nicht unter voller Zustimmung der AFC-Wimbledon-Anhänger, die teils gerne wieder an die Plough Lane zurück wollten und den Erwerb eines Grounds außerhalb von Wimbledon ablehnten. Die Vorzeichen waren jedenfalls umgedreht: Kingstonian war im eigenen Ground nur noch Mieter und musste sich einige Jahre später, als der AFC Wimbledon den Ground an Chelsea FC weiterverkaufte, um eine neue Bleibe kümmern – ein Opfer des Fußballmärchens sozusagen.

Der Ground präsentierte sich 2005 noch mit einem starken Non-

League-Charakter. Der AFC Wimbledon hatte ihn damals in „Fans' Stadium“ umbenannt und begann erst mit dem Ausbau der Stadioninfrastruktur. Für erschwingliche 9 Pfund gab es ein Ticket für die Terrace, wobei es einem selbst überlassen war, ob man das Spiel von der kleinen überdachten Stehplatztribüne (besser gesagt ein paar Stufen) an der Spielfeldseite oder von der ebenfalls überschaubaren, aber auch überdachten Tribüne hinter dem Tor verfolgen wollte. Man konnte sich frei bewegen und das Spiel so in klassischer Non-League-Manier auch von hinter den Spielerbänken verfolgen. An der Spielfeldseite gegenüber gab der reine Sitzplatz-Main-Stand mit knapp 1300 Plätzen dem Ground einen etwas professionellen Charakter. Die zweite Hintertortribüne befand sich bei meinem Besuch im Bau und wurde ein paar Jahre später ebenfalls in einen Sitzplatzstand umgewandelt. Alles in allem jedenfalls eine recht neue Ground-Erfahrung für mich, hatte ich in England doch vornehmlich höherklassigen Fußball in entsprechenden Stadien gesehen.
Das Spiel selbst stellte dann selbstredend auch eine andere Liga dar, wobei die Sache weit entfernt von einem Dorfkick war. Mit Bromley hatten die „Wombles“ ein anderes Londoner Team zu Gast, eine Art kleines Derby, zu dem satte 2.500 Zuschauer kamen, was in etwa dem Schnitt des AFC Wimbledon zu dieser Zeit entsprach. Auf dem Rasen präsentierte man stolz die Neuverpflichtung für den Sturm: Shane Smeltz, der erste Nationalspieler, der jemals vom AFC Wimbledon verpflichtet wurde, wenn auch nur für Neuseeland. „Nur“ muss insoweit relativiert werden, als dass Smeltz später bei der WM 2010 das einzige Tor für Neuseeland erzielte, immerhin gegen Italien. Standesgemäß netzte er auch gleich in der Partie des Tages ein und glich in der 72. Minute die frühe Führung der Gäste aus, was gleichzeitig den Endstand darstellte. Stimmungsmäßig lautete das Fazit OK: ein paar Gesänge der Wimbledon-Fans, von den Gästen eher wenig, aber für die Liga wohl definitiv überdurchschnittlich.
In jedem Fall hatte ich mein Spektrum in Sachen Inselfußball wieder etwas erweitert und konnte fortan Non-League-Erfahrung aufweisen. Dass der Besuch für die Aufnahme in den „92 Club“ nicht zählen würde, da es „nur“ ein Non-League-Spiel war, beschäftigte mich

beim Rückmarsch zur Norbiton Station in keinster Art und Weise. Nicht nur, dass allein der Gedanke, irgendwann einmal wirklich alle 92 Grounds besucht zu haben und somit in den Klub aufgenommen zu werden, damals so weit weg war wie Wimbledon von der Premier League, waren mir zu diesem Zeitpunkt die genauen Aufnahmekriterien gar nicht bekannt, und so musste ich später ein paar Extrarunden drehen, um die Grounds, die ich ohne League- oder Pokalspiel besucht hatte, erneut abzugrasen. Beim AFC Wimbledon schaute ich ohnehin 2012 noch mal vorbei, nachdem der Aufstieg in die Football League geschafft war. Ein trister Januarabendkick gegen Macclesfield, und doch irgendwie für mich das nächste Kapitel des Fußballmärchens von Wimbledon.

10. An der Pfarrhausstraße

13.09.2005, Vicarage Road, Championship
Watford FC – Norwich City, 2:1, 13.000 Zuschauer

Nach zwei Wochen im Praktikum hatte ich es so langsam raus, wie der Hase lief. Die Jungs waren alle supernett, wir gingen ab und an auf ein Bier zusammen raus. Mit dem Cockney-Akzent war es allerdings noch etwas schwierig. Getoppt wurden die Sprachprobleme nur von der undankbarsten Aufgabe, dem Entgegennehmen von Kundenanrufen via Telefon. Am problematischsten waren dabei die irren Iren, die man hin und wieder am Rohr hatte und bei denen man tatsächlich kein einziges Wort verstand. Das zweite Ärgernis, das mit dem Telefondienst einherging, war die Tatsache, dass auch am Wochenende zwischen 10 und 22 Uhr jemand im Office sein musste. Aufgeteilt wurde das auf zwei Schichten pro Tag, bei zunächst vier Personen, die die Schichten unter sich zuweisen mussten. Ergo durfte jeder am Wochenende zumindest einmal ran, später, als sich der polnische Praktikant wieder nach Warschau verabschiedete, teilweise sogar zweimal. Das Ganze wurde Ok-ish bezahlt, und Geld konnte man in London ja brauchen. Das Problem an der Sache war für mich allerdings, dass somit die wichtigsten Spieltage an vielen Wochenenden wegfielen, da ich statt im Stadion zu sitzen im Office auf Anrufer wartete. Ich arrangierte mich mit der Situation, so gut es ging, und stellte sicher, dass ich zumindest die Abendpartien unter der Woche optimal nutzen konnte. Denn das Gute an England ist, wie Lukas Podolski einst treffend feststellte: Es gibt viele englische Wochen …
So stand am Dienstagabend eine kleine Besonderheit auf dem Programm: Watford gegen Norwich, meine erste Zweitligapartie in England. Seit 1892 gibt es die zweithöchste Klasse im englischen Profifußball. Mit der Gründung der Premier League 1992 „erbte“ sie den Namen „First Division“, ehe dieser 2004 durch den etwas griffigeren Namen „Championship“ ersetzt wurde, der bis heute Bestand hat. Eine zweite Besonderheit des Abends: mein erstes Match außerhalb Londons, wenn auch nur sehr knapp.

Watford grenzt im Norden direkt an das Londoner Stadtgebiet, befindet sich aber bereits in der Grafschaft Hertfordshire. Dennoch ist die Stadt mit ihren knappen 80.000 Einwohnern ans Londoner Tube-Netz angeschlossen. Ein Arm der Metropolitan Line fährt bis zur Haltestelle Watford, wobei man von King's Cross aus knackige 45 Minuten unterwegs ist und unter anderem das Wembley-Stadion passiert. Eine klassische Vorstadt also, aus der so berühmte Fußballer wie EM-1996-Elfer-Pechvogel und England-Manager Gareth Southgate oder der härteste Fußballer aller Zeiten Vinnie „The Axe" Jones stammen. Letzterer wurde nach dem Karriereende dem breiteren Publikum vor allem durch seine Rolle als „Bullet Tooth Tony" in Guy-Ritchie-Filmen bekannt. Rein subjektiv war er trotzdem nur der zweitbeste Schauspieler aus Watford: Die Krone darf sich ohne Diskussion Matt King aufsetzen, der in der Kultcomedy „Peepshow" den sensationellen Charakter „Superhans" spielt – zugegebenermaßen ein anderes Genre.
Mit nicht allzu viel Zeit bis zum Anpfiff stand ich jedenfalls vor der Tube-Station Watford und hatte noch eine Viertelstunde Fußmarsch vor mir. In Zukunft wird man sich diesen Weg schenken können. Ab 2020 soll die Tube bis zum eigentlichen Watforder Bahnhof verlängert werden und einen Stopp direkt an meinem Ziel des Abends, der Vicarage Road, haben. Dieser Name bezeichnet nicht nur die Straße selbst, sondern auch den Ground des Watford FC, wobei der Name Vicarage Road nicht nur wegen des Wortklangs kultig ist. Vielmehr heißt das Stadion wörtlich übersetzt „Stadion an der Pfarrhausstraße". Seit 1922 spielen die „Hornets", wie Watford aufgrund der gelb-schwarzen Trikots auch genannt wird, im „Vic". Ursprünglich gehörte der Ground einer örtlichen Brauerei, die diesen weiter an den Klub vermietete. Erst Anfang der 2000er erwarb Watford das Areal.
Auf der Straße vor dem Stadion dominierten zunächst einmal die Gästefans aus Norwich, was nicht zuletzt damit zu tun hatte, dass sich dort der Eingang zum Away-Sektor befindet, im Vicarage Road Stand. Ich hielt mich hier nicht weiter auf und drehte ob des näher rückenden Anpfiffs eine halbe Stadionrunde, bevor ich mir ein Ticket für den gegenüberliegenden Hintertorstand, die legendäre Rookery (übersetzt „Krähenhorst"), holte. Dass hier die stimmungsfreudigeren Watford-

Fans untergebracht waren, war mir aus der Literatur bekannt. Mitte der 90er-Jahre veröffentlichten zwei Watford-Fans, die Brüder Brimson, eine Reihe von Büchern in der damals aufkommenden Rubrik „Hooligan-Romantik“, wie etwa das vielbeachtete Werk „Everywhere we go“. Später folgten allgemeinere Bücher über die englische Fankultur, darunter das wohl seinerzeit beste Porträt der englischen Fanlandschaft „The Geezers' Guide to Football – A lifetime of lads and lager“. Jedenfalls gab es in den Brimson-Büchern verschiedenste Verweise auf die Fanszene in Watford und eben auf die Rookery als deren Heimat. Ich positionierte mich wegen meiner Ankunft kurz vor Anpfiff in den unteren Reihen, was für die Sicht nur bedingt gut war, dafür bekam ich während des Spiels den vollen Support hinter mir von der gut gefüllten Tribüne mit.

Auf der linken Seite befand sich das Schmuckstück des Grounds, der Rous Stand, benannt nach dem englischen Schiedsrichter und späteren FIFA-Präsidenten Sir Stanley Rous. Die Tribüne verfügt über zwei Ränge, wobei im Unterrang der Klubname in den gelb-roten Sitzschalen abgebildet ist und der Oberrang durch eine prägnante, wellenförmige Konstruktion überdacht wird. Fast zehn Jahre nach meinem Besuch wurde der Stand umbenannt und heißt heute „Graham Taylor Stand“, nach dem Manager, der Watford in seiner ersten Amtszeit an der Vicarage Road von der vierten bis in die erste Liga führte und in der Saison 1982/83 sensationell hinter Liverpool die Vizemeisterschaft einfuhr.

Trotz dieses beachtlichen Aufstiegs konnte der Klub seit der Gründung 1881 bis dato keinen einzigen Titel feiern, egal ob Meisterschaft oder Pokal. Nach einem Jahrzehnt in der höchsten Spielklasse ging es Ende der 80er-Jahre wieder in die Zweitklassigkeit, mit einem Ausrutscher in die dritte Liga und einigen Kurzbesuchen in der Premier League. Einer dieser Aufstiege, in der Saison 2005/06, ist in der sehenswerten Dokumentation „Rise and Shine – The Jay DeMerit Story“ festgehalten, in der der kometenhafte Aufstieg des Amerikaners DeMerit vom ausgemusterten US-College-Fußballer über die neunte englische Liga in die Premier League nacherzählt wird.

Gegenüber dem Rous/Taylor Stand befand sich bei meinem Besuch noch der alte Main Stand, der aufgrund der Zusammenstückelung verschiedener Tribünenabschnitte bereits damals etwas urig wirkte. 2008 wurde er dann auch wegen Sicherheitsbedenken geschlossen, in der Folge modernisiert und 2014 unter dem Namen „Elton John Stand" wiedereröffnet. Dies hat weniger damit zu tun, dass die Watford-Fans große Musikfreunde sind – man weiß es nicht. Vielmehr ist Sir Elton John selbst ein großer Fan von Watford. In den 70er-Jahren stieg er bei Watford ein, kaufte den Klub und wurde somit Vorsitzender. Ein paar Millionen investierte Elton John in die „Hornets", was mit ein Grund für den sportlichen Höhenflug unter Graham Taylor war. Ende der 80er-Jahre verkaufte er den Watford FC, blieb aber Präsident. 1997 erwarb er den Klub wieder, zog sich Anfang der 2000er-Jahre aber wieder etwas zurück, nachdem die neuen, moderneren Strukturen keinen Vorsitzenden in einer Nebentätigkeit mehr zuließen. Es versteht sich von selbst, dass es an der Vicarage Road das ein oder andere Elton-John-Konzert gab, zumeist als Benefizveranstaltung für den Klub.
Die Musik war an diesem Abend auf dem Rasen eher sportlicher Natur, obwohl beide Fangruppen ihre Mannschaften akustisch sehr ordentlich unterstützten. Die grün-gelben Fans aus Norwich füllten die halbe Hintertortribüne – nicht schlecht für ein Spiel unter der Woche. Die Oberhand behielten aber, was das Match anging, die Hausherren: Bereits nach 25 Minuten führte man komfortabel mit 2:0 und hatte bei einem Innenpfostentreffer etwas Pech – die Partie wäre wohl entschieden gewesen. Stattdessen kam Norwich nach einer guten Stunde zum Anschlusstreffer, Watford rettete den Dreier aber über die Zeit.
Ein sehr schönes Match in einem sehr schönen Ground. Ich verabschiedete mich aus Watford ohne einen Absacker im örtlichen „Wetherspoon"-Pub, und das, obwohl die Pubkette ihre Zentrale in Watford hat, mit Ablegern in quasi jeder englischen Stadt – die später bei sämtlichen Inseltouren eine feste Anlaufstelle für mich darstellten. Stattdessen wartete die lange Heimfahrt mit der Tube auf mich, und so kam ich erst geschlagene zwei Stunden nach Abpfiff wieder in der WG in Ostlondon an. Netter Ausflug, trotzdem war ich gerädert – und am nächsten Morgen wieder Iren am Telefon.

11. We live by the river

17.09.2005, Craven Cottage, Premier League
Fulham FC – West Ham United, 1:2, 22.000 Zuschauer

Nach etwa drei Wochen in London war es so weit: Meine Freundin kam zum ersten Besuch vorbei, wohlgemerkt ihr allererster Londonbesuch überhaupt. Selbstverständlich galt es, die Sehenswürdigkeiten und schönen Ecken der Stadt bestmöglich zu präsentieren. Es gab also überhaupt keine Alternative zum Besuch des Premier-League-Derbys Fulham gegen West Ham.

Wenn der ein oder andere unter Umständen abweichende Vorstellungen von einem romantischen Wochenende hat, kann dies jedenfalls nichts mit der Craven Cottage zu tun haben. Das Stadion des Fulham FC gehört definitiv zu den Highlights der Hauptstadt, zumindest im Fußballuniversum. Ein echtes Schmuckkästchen, das sich im Londoner Westen an die Themse anschmiegt. Allein der Weg von der District-Line-Station Putney Bridge zum Ground ist den Besuch wert. Er führt durch den Bishop's Park, am Themseufer entlang, wo sich nach einigen Minuten Fußmarsch die Flutlichter über der Parkanlage erheben. Beim Verlassen des Parks offenbart sich einem auf der Stevenage Road die ganze Pracht des Stadions. Hier findet man sich in Anbetracht der charakteristischen Wahrzeichen des Grounds in der vielleicht schönsten Szenerie Fußball-Londons, wahrscheinlich sogar in ganz Fußball-England wieder.

Zunächst passiert man die Putney End Turnstiles, die den klassischen englischen Charme versprühen und hinter denen sich das Pavillon-Gebäude erhebt, in dessen schwarz gestrichenem Giebel in weißen Buchstaben der Schriftzug „THE FULHAM FOOTBALL CLUB" prangt. Entlang der Stevenage Road verläuft der Main Stand, benannt nach der Fulham-Legende Johnny Haynes, dessen Statue sich ebenfalls auf der Stevenage Road befindet. Die herrliche Backsteinfassade des Main Stand wirkt dabei wie eine Reise in die Fußballvergangenheit, und tatsächlich handelt es sich bei der Tribüne um die älteste noch existierende Tribüne der Football League. Geschaffen wurde sie 1905 von einem Mann, dessen Name zum Inbegriff der klassischen englischen Stadionarchitektur werden sollte: Archibald Leitch.

Leitch wurde 1865 in Glasgow geboren und begann seine Architektenkarriere mit der Planung von Fabrikhallen, die im 19. Jahrhundert aufgrund der schnell wachsenden Industrie allen voran zweckmäßig und rasch zu bauen sein mussten. Diese Anforderungen deckten sich mit denen an die frühen Fußballstadien und so wandten sich die Glasgow Rangers an Leitch, der für sie das neue Stadion, den Ibrox Park, planen sollte. Leitch, selbst Anhänger der Rangers, übernahm die Aufgabe und wechselte somit die Disziplin: vom Fabrikbau hin zum Stadionbau. Der Start verlief denkbar schlecht, 1902 kam es im Ibrox Park zu einer Katastrophe, als eine Holztribüne einstürzte und 25 Menschen ums Leben kamen. Ein herber Rückschlag für Leitch, der allerdings nicht aufgab und sich zu einer Art Monopolist der britischen Stadionarchitektur entwickelte. In den folgenden Jahrzehnten wurden nahezu alle wichtigen Stadionum- und -neubauten von Leitch geplant: Highbury, Stamford Bridge, Fratton Park, Old Trafford, Anfield, Bramall Lane, Goodison Park, Villa Park oder die White Hart Lane, um nur einige zu nennen.

Zeitweise spielten in den 20er-Jahren 16 der 22 First-Division-Klubs in Grounds, für die Leitch in der Gesamtheit oder teilweise mit der Planung betraut war. Charakteristisch, was den Stil Leitchs angeht, waren dabei immer Backsteinfassaden mit Verzierungen. Viele der Stands sind der Zeit bzw. dem Taylor-Report und dem Umbau in Allseaters zum Opfer gefallen. Einige prominente Exemplare existieren aber bis heute noch, so zum Beispiel die Fassade des Main Stand im Ibrox Park oder eben der Johnny Haynes Stand in Fulham.

Dass allerdings auch der Meister der Stadionarchitektur nicht perfekt ist, manifestiert sich in der Craven Cottage am Cottage selbst. Entgegen der allgemeinen Annahme leitet sich der Name des Grounds nicht von dem kleinen Häuschen zur Linken des Johnny Haynes Stand ab. Vielmehr stand auf dem Stadiongelände zwischen 1780 und 1888 die Jagdhütte des Barons von Craven, die dem Areal den Namen gab. Dass heute dennoch ein Cottage im Stadionbild erscheint, liegt einzig und allein daran, dass Leitch bei der Planung des Main Stand schlichtweg vergaß, Spielerkabinen vorzusehen. Kreativ schuf er stattdessen das Cottage zwischen Main Stand und Putney End, in dem bis heute die – zugegeben sehr engen – Kabinen der Teams untergebracht sind. Ein Markenzeichen aus Zufall – wenn's läuft, dann läuft's!

Nicht geplant, sondern eher aus Ermangelung an Alternativen hatten wir Plätze sehr nahe am Cottage, im Putney End, in einem Bereich, der als „Little Switzerland", also „Kleine Schweiz" bekannt ist. Die Bezeichnung bezieht sich auf die Neutralität der Eidgenossen und bedeutet im Stadion, dass die Sektoren explizit als „neutral" verkauft werden, sprich Home- und Away-Fans willkommen sind – ein Unikum in England, wo sonst auf strikteste Trennung geachtet wird und zum Beispiel per se keine Fanutensilien des Auswärtsteams in den Heimsektoren geduldet werden und umgekehrt. Dies hatte jedenfalls zur Folge, dass wir hauptsächlich zwischen West-Ham-Fans saßen bzw. standen, da sich diese wie bei Auswärtsspielen üblich recht wenig für den Sitzplatz interessierten. Etwas ärgerlich, ließ sich aber nicht vermeiden und trug zudem zum Derby-Charakter des Matches bei.

Für mich war dies der erste Besuch in Craven Cottage – dabei hatte ich schon ein Fulham-Heimspiel auf dem Buckel: die UEFA-Pokal-Partie gegen Hajduk drei Jahre zuvor, die an der Loftus Road gespielt wurde. Der Grund, warum Fulham einige Jahre im Exil spielen musste, liegt in der Geschichte des Klubs begründet. Die „Cottagers" sind ein echtes Urgestein, 1879 gegründet, somit einer der ältesten Fußballklubs in London und ebenfalls einer der ersten Londoner Klubs, die zum professionellen Fußball wechselten – im Jahre 1898. Ab 1907 spielte man in der Football League, mit Hochzeiten in den 60er-Jahren, in denen Fulham in der höchsten Spielklasse kickte. Danach folgte ein kontinuierlicher Abstieg, nach dem sich der Klub in den 90er-Jahren in der vierten Liga wiederfand. Hier drehten sich die Geschicke, als mit Mohamed Al-Fayed, dem ägyptischen Geschäftsmann und ehemaligen Inhaber des Londoner Kaufhauses Harrod's, ein potenter Geldgeber den Klub für umgerechnet etwa 9 Mio. Euro erwarb.

Die Ansage des Neueigentümers war deutlich: In fünf Jahren sollte Fulham in der Premier League spielen. Dazu wurde Geld in die Hand genommen, und so lief unter anderem Kalle Riedle zwei Jahre nach seinen zwei Toren für den BVB im Champions-League-Finale 1997 für Fulham in der zweiten Liga auf. Konsequenterweise erreichte man 2001 die Premier League, und so positiv sich die sportliche Seite entwickelt hatte, so sehr hing die Craven Cottage zurück. Das Stadion war in die Jahre gekommen und trotz des Taylor-Reports aufgrund der schwierigen sportlichen Situation nicht modernisiert worden. Dies hatte zur Folge, dass es in Fulham selbst zu Premier-League-Zeiten noch echte Stehplatz-Terraces gab.

Eine Ausnahmegenehmigung der Liga machte dies möglich. Aufgestiegenen Klubs wird in der Regel eine Übergangsfrist gewährt, bis ein Stadion die Anforderungen der neuen Liga erfüllen muss. Als abzusehen war, dass die Frist nicht zu halten war, sah man sich nach kurzfristigen Lösungen um und landete für zwei Jahre im Stadion des Westlondon-Rivalen Queens Park Rangers, an der Loftus Road. In der Zwischenzeit wurde die Craven Cottage Premier-League-tauglich renoviert und es entstand das wunderschöne Schmuckkästchen an der Themse. Aus den Stehplatz-Terraces hinter den Toren wurden mit dem Putney End und dem gegenüberliegenden Hammersmith End nahezu identische überdachte Sitzplatztribünen. Zudem wurde der Riverside Stand modernisiert, der, wie der Name impliziert, direkt am Themseufer steht. Einmal im Jahr führt hier das legendäre Ruderrennen der Oxford- und Cambridge-Achter vorbei, im restlichen Jahr bietet sich die Brüstung zum Fluss hin ob der Szenerie für das Halbzeitbier an.

Das Duell der beiden Londoner Teams stellte nicht unbedingt eines der brisanten Hauptstadt-Derbys dar. Dazu spielte Fulham zu lange keine sportliche Rolle. Vielmehr ging es hier um das West-Ost-Duell, mit dem Klub der Hafenarbeiter aus dem East End auf der einen Seite und dem etwas elitären Klub aus dem noblen Stadtteil Fulham auf der anderen Seite. Stimmungsmäßig verhielten sich die Fans entsprechend dem Background. Wie zu erwarten, kam von den West-Ham-Fans ein recht ordentlicher Support („Oh East London, is wonderful!"), wohingegen die Heimfans sich eher zurückhielten – ein generelles Problem in der Cottage. Dabei war die Partie auf dem Rasen ebenfalls der Heimstimmung nicht zuträglich. West Ham ging kurz nach der Pause in Führung, nahm danach ein Eigentor mit und rettete trotz des Anschlusstreffers der Hausherren den Auswärtssieg über die Zeit. Daran konnte auch ein Deutscher in den Reihen von Fulham nichts ändern. Moritz Volz, einst von Schalke in die Arsenal-Jugend gewechselt, fasste bei den Cottagers Fuß, machte über 100 Spiele für Fulham und entwickelte sich zu einem Publikumsliebling. Die Erlebnisse seiner Zeit in England hat Volz in seinem sehr lesenswerten Buch „Unser Mann in London" dokumentiert – quasi ein Muss für alle Fans des Londoner Fußballs.

Nach dem Abpfiff nutzten wir das sich leerende Stadion für ein paar Fotos und schlossen uns danach den Massen für den schönen Spaziergang durch den Bishop's Park zurück zur Tube-Station Putney Bridge an. Selbstverständlich nahm ich damals durchaus positive Eindrücke mit und freute mich über eine schöne Partie in einem tollen Ground. Den ganzen Charme und die Individualität von Craven Cottage lernte ich allerdings erst über die kommenden Jahre zu schätzen, in denen das Stadion trotz etlicher neu gesammelter Grounds auf der Insel beharrlich in der Spitzengruppe der Fußballstadien blieb. Ich würde es in der Folge noch des Öfteren besuchen – und zwar bis heute immer wieder gerne.

12. London im Sack

26.09.2005, White Hart Lane, Premier League
Tottenham Hotspur – Fulham FC, 1:0, 35.700 Zuschauer

An einem Montagabend war es so weit: Mit dem Besuch der White Hart Lane anlässlich des Londoner Premier-League-Derbys Tottenham gegen Fulham „komplettierte“ ich die Profistadien der Fußballmetropole. Von meinem allerersten Spielbesuch in England hatte ich ja Erfahrungswerte, was die Anreise nach Tottenham anging. Recht problemlos ging es mit dem Zug von Liverpool Street aus gen Nordlondon. Diesmal stand ich nicht vor verschlossenen Ticket-Schaltern, sondern konnte meine reservierte Karte bequem abholen und freute mich auf das Match.

Mit etwas Zeit bis zum Anpfiff ließ ich mir die traditionelle Runde um den Ground nicht nehmen, im Fall der „Lane“ eine besondere Freude. Schließlich werden ganze drei Seiten des Stadions unmittelbar von den angrenzenden Straßen, der Park Lane, der Paxton Road und der Worcester Avenue, eingerahmt und man betritt direkt vom Gehweg aus über die Turnstiles den Ground. Einzig hinter dem West Stand befindet sich etwas Stadionareal, mit dem Fanshop, einem Parkplatz und diversen Räumlichkeiten der „Spurs“.

Das Gelände grenzt wohlgemerkt an die Tottenham High Road und nicht, wie man meinen könnte, an die White Hart Lane. Diese ist vielmehr die West-Ost-Querverbindung leicht nördlich des Grounds, die von der Tottenham High Road aus mehrere Kilometer weit bis fast zum Darts-Palast „Ally Pally“ führt. So hieß der Ground ursprünglich auch High Road Ground, ehe sich, wohl um die Lage auf der ebenfalls langen High Road einzugrenzen, der Name „White Hart Lane“ einbürgerte, der sich durch die gleichnamige nahe National-Rail-Station über die Jahre festigte. Mit einem weißen Herzen hat der Name übrigens nichts zu tun, bei einem Hart (ohne „e“!) handelt es sich vielmehr um einen Hirschen. „Stadion an der Weißhirschgasse“ – viel schöner geht es nicht, was Namen für Fußballstadien angeht.

Ich schenkte mir nach der Stadionrunde weiteres Sightseeing vor Ort.

Bei Tottenham handelt es sich nicht um die beste Londoner Gegend. Vielmehr geht es hier eher rau zu. Kriminalität, Drogenkriege, Gangs, in der Vergangenheit auch mal Aufstände – das volle Programm. Alles im krassen Gegensatz zum klischeehaften Image des lokalen Fußballklubs Tottenham Hotspur (übrigens nicht Tottenham HotspurS!) oder einfach kurz „Spurs". Diesem haftet aufgrund des relativ hohen Anteils an jüdischen Anhängern das Prädikat „Judenklub" an, ähnlich wie anderen großen europäischen Klubs, dem FC Bayern, Ajax Amsterdam oder der Wiener Austria. Wie kaum ein anderer dieser Klubs gehen die Fans der „Spurs" allerdings recht offensiv mit diesem Klischee um und bezeichnen sich und das Team als „Yid Army".
In jedem Fall geht der jüdische Background einher mit einer bürgerlichen, bessergestellten Fanbasis. So haben die „Spurs" eher weniger lokale Anhänger in Tottenham als in den Pendlergegenden rund um London, vor allem im Norden. Aufgrund dieser Tatsache und eines etwas überzogenen Selbstverständnisses ist der Klub bei den Fans anderer Teams eher unbeliebt, nicht nur beim Nordlondon-Erzrivalen Arsenal. Im Büro musste ich nur den Namen „Spurs" fallen lassen, ehe meine Kollegen zu schimpfen begannen. Dabei stellte Tottenham über die Jahre nur selten einen echten Gegner dar. Gerade einmal zwei Meisterschaften stehen zu Buche, die letzte 1961. Im Pokal waren die „Spurs" erfolgreicher und konnten immerhin drei internationale und zahlreiche nationale Pokalsiege feiern – den ersten 1901, als man noch vor der Aufnahme in die Football League (1908) den FA Cup als bis dato einziges Non-League-Team gewinnen konnte.
Die Titelbilanz der Klubgeschichte lautet also etwa: „Ganz ordentlich, aber nicht super". Dennoch gelang es immer wieder, recht prominente Namen zu verpflichten, wie etwa Paul „Gazza" Gascoigne, Gary Lineker, David Ginola oder Gareth Bale. Über die Jahre hinterließen auch deutsche Spieler einen bleibenden Eindruck an der Lane. Mitte der 90er-Jahre wechselte Jürgen Klinsmann zu den „Spurs". Er spielte zwar nur eine Saison für Tottenham, gewann aber in dieser kurzen Zeit die Herzen der Fans, ehe er zum FC Bayern ging. Später kehrte er als Schlusspunkt seiner Karriere noch mal zu Tottenham zurück und ist bis heute Sympathieträger – in Tottenham, nicht in München.

Das war allerdings eine andere Galaxie als die Sympathiewerte eines anderen deutschen „Spurs“-Legionärs: Steffen Freund. Der etwas unscheinbare Arbeiter des erfolgreichen Dortmunder Teams aus den 90er-Jahren wechselte 1999 nach London und avancierte dort zur Kultfigur der Tottenham-Fans – ohne in über 100 Spielen jemals ein Tor erzielt zu haben. Aufgrund seiner germanischen Arbeitseinstellung liebten ihn die „Spurs“-Fans trotzdem und widmeten ihm den Fangesang „I love Steffen Freund, Steffen Freund loves me!“. Ungelogen stand ich 2014 (11 Jahre nach Freunds letztem Spiel für Tottenham!) bei der Darts-WM am Pissoir und mein Nebenmann zur einen Seite gab den Gesang zum Besten, woraufhin mein Nebenmann zur anderen Seite meinte: „Steffen Freund was the best player we ever had!“, woraufhin irgendjemand anders im weiten Toilettenrund meinte: „You are right there!“ Die Zuneigung war durchaus auch gegenseitig. So überschlugen sich „Spurs“-Fans im Internet vor Freude, dass Steffen Freund bei Auswärtsspielen eingepackt in Tottenham-Fanartikel im Gästeblock zu finden war oder in der Tube auf der Fahrt zum League-Cup-Finale in Wembley mit den restlichen „Spurs“-Fans Gesänge schmetterte. Zudem gab es ein legendäres Interview, als der Sport1-Reporter Steffen Freund auf der Darts-WM im Teletubbie-Kostüm erwischte – womit sich der Kreis zu meinem Steffen-Freund-Erlebnis schloss.
Als ich die Lane betrat, war ich angenehm überrascht. Schon von außen wirkt das Stadion wie eine schöne „Kiste“, im wahrsten Sinne des Wortes, wegen der Quaderform. Das könnte auch gut eine Lager- oder Fabrikhalle sein. Dies hat vor allem damit zu tun, dass die Ecken baulich geschlossen sind und der Ground mit guten 35.000 Plätzen so sehr kompakt wirkt. Ich hatte meinen Platz in einer der Ecken, zwischen dem North Stand und dem East Stand. Das hatte ich ganz bewusst gewählt: Das Dach des East Stand wird von zwei Pfeilern getragen, die wollte ich nicht vor der Nase haben. Zudem sind die Auswärtsfans im South Stand untergebracht, auf die ich gerne gute Sicht haben wollte. Der West Stand als Haupttribüne ist mit Abstand der teuerste Stand, und im Norden sind die treuesten „Spurs“-Fans zu Hause. Entsprechend war die Variante in der Ecke eine gute Option.
Trotz des Platzes hinter der Eckfahne hatte ich sehr gute Sicht – durch

die zwei Ränge ist man im Grunde überall recht nah dran am Geschehen. Zudem hatte ich permanent die sangesfreudigen Supporters im North Stand im Blickfeld sowie ein weiteres Wahrzeichen der Lane: die Bronzestatue des Klubmaskottchens, einen Hahn, auf dem Dach des West Stand. Sehr prägnant sind zudem die beiden Anzeigetafeln, die jeweils über dem North Stand und dem South Stand in die Dachkonstruktion eingearbeitet sind und das Gefühl der Kompaktheit noch verstärken. Die Lane ist in jedem Fall ein echtes Schmuckkästchen und hat sich seit 1899, als die „Spurs" an dieser Stelle begannen, auf dem Gelände einer Baumschule hinter einem Pub Fußball zu spielen, prächtig entwickelt. Vor diesem Hintergrund ist es etwas schade, dass sich der Klub für einen Stadionneubau (an gleicher Stelle) entschieden hat und die „neue" White Hart Lane einen anderen Charakter haben wird. Aufgrund der niedrigen Kapazität ist das aber durchaus verständlich und wohl der richtige Schritt, um den Klub zukunftsfähig zu halten, auch im Rahmen des Klubmottos „Audere est facere" – Es zu wagen ist, es zu tun.
Was die Partie auf dem Rasen anging, erwartete ich keine Wunderdinge. Tottenham empfing als Tabellenachter die Gäste aus Westlondon als Tabellensechzehnten. Zudem hatte ich am Wochenende davor ja bereits Fulham zu Hause gesehen, inklusive einer Heimniederlage. Ich wusste daher auch schon, dass sich der Derby-Charakter wohl nicht unbedingt auf die Ränge übertragen würde. Der Fulham-Sektor war zwar gut erfüllt, wie zu erwarten ließ der Support aber etwas zu wünschen übrig.
Besser startete die Partie auf dem Rasen. Die Hausherren gingen nach einem langen Pass aus der eigenen Hälfte und schönem Abschluss in der 8. Minute durch Jermaine Defoe in Führung. Fulham bemühte sich zwar, hatte aber außer einem Lattentreffer keine wirklichen Offensivimpulse. Die Führung der „Spurs" sorgte jedenfalls für ganz ordentliche Stimmung bei den Heimfans, so auch in meinem Sektor. Hier saß doch der ein oder andere Tottenham-Anhänger mit Kippa, also der jüdischen kleinen runden Kopfbedeckung, in meiner Sichtweite. Definitiv ein etwas ungewöhnlicher Anblick, der das Klischee der Anhängerschaft unterstrich. Und obwohl die „Stimmungszentren"

weitestgehend woanders zu finden waren, stimmten hin und wieder einige Supporter in meiner Sitzreihe den Klassiker „Oh when the Spurs go marching in“ an. Auf dem Spielfeld marschierten die „Spurs“ die Sache souverän zu Ende, geführt vom ehemaligen Weltklassespieler Edgar Davids, oder wie die „Spurs“-Fans sangen: „Super, super Ed, super Edgar Davids!“
1:0 am Ende, eine solide Premier-League-Partie. Viel wichtiger als das Spiel war für mich aber die Tatsache, dass endlich mein Ziel, ein Spiel in allen Londoner Profistadien zu sehen, erreicht war. Ein schönes Gefühl, zumal ich somit die Grundlage für mein Projekt fussballinlondon.de geschaffen hatte. Ich ließ mir nach dem Schlusspfiff noch etwas Zeit, um Fotos für die Website im leeren Ground machen zu können. Dies hatte allerdings den negativen Nebeneffekt, dass ich dann an der Zugstation White Hart Lane eine Schlange vorfand, die eine unfassbar lange Wartezeit voraussagte.
Ich machte das Beste aus der Lage: Ich holte mir noch eine Portion Fish & Chips – genau das, was man abends um 22 Uhr noch mal gerne nascht ... Die Massen vor dem Bahnhof verschwanden nach und nach, und als ich endlich den Zug zurück nach Liverpool Street bestieg, war dieser sogar recht leer. In meinem Abteil fanden sich nur noch eine Handvoll Fans wieder, von denen einer die Fahrzeit durch das Absingen eines „Spurs“-Gesangs kurzweilig gestaltete: „I love Steffen Freund, Steffen Freund loves me“ – wie könnte es anders sein?

13. Ostkonferenz

27.09.2005, Victoria Road, Conference
Dagenham & Redbridge FC – Grays Athletic, 1:2, 2.000 Zuschauer

Bereits einen Tag nach dem „Spurs"-Spiel ging es weiter in Sachen Fußball. Nachdem ich die Londoner Football-League-Stadien jetzt alle im Sack hatte, wurde es nach dem Besuch in Wimbledon wieder einmal Zeit, einen Blick über die Liga hinaus zu werfen: Non-League-Fußball am Dienstagabend, dafür die höchste Non-League-Klasse, die sogenannte Conference.

Dass die Unterscheidung zwischen Non-League- und League-Fußball nicht mehr so wirklich zeitgemäß ist, manifestiert sich in ebendieser 5. Liga. Seit 1979 ist die Liga wie die höchsten vier Spielklassen auch eingleisig und verfügt wie die Ligen zwei bis vier über 24 Klubs. Zwei Teams (Meister und Playoff-Sieger) steigen pro Saison in die League Two, also den League-Fußball auf, zwei Klubs aus der League müssen dafür den Weg in den Non-League-Bereich antreten. Diese Regelung war nicht immer so gewesen. Erst seit 1987 gibt es automatische Aufstiege aus der Conference in die Liga, davor war die Liga eine mehr oder weniger geschlossene Gesellschaft, die über neue Teilnehmer bzw. Klubs, welche die Liga verlassen mussten, abstimmte – etwas im Stil der amerikanischen Profisportligen. 16 Jahre lang gab es nur einen Aufsteiger, 2003 wurde dann der zweite Aufstiegsplatz gewährt. Seitdem kann eigentlich nicht mehr von einer klaren Trennung zwischen League und Non-League gesprochen werden.

Über die Jahre mischten sich die Klubs gut durch, die Conference-Teams spielten ohnehin fast alle unter Profibedingungen, und der ein oder andere Conference Ground würde vielen Klubs in der League gut stehen. Der Name der Liga wandelte sich im Laufe der Zeit. Bei der Gründung trug die Spielklasse den vielversprechenden Namen „Alliance Premier League", ehe man in den 80er-Jahren zu „Conference" überging, unter der die Liga weitläufig bis heute bekannt ist. 2015 taufte man die Liga dann „National League", zu der neben der eingleisigen 5. Liga noch zwei 6. Ligen gehören, in Nord- und Südstaffel geteilt.

Das Conference Match, das ich für den Abend auserkoren hatte, war Dagenham gegen Grays, tief im Osten Londons, etwa 25 Kilometer vom Piccadilly Circus entfernt. Interessanterweise ist die Distanz größer als von Dagenham zur Stadt Grays, die an der Themse und bereits in der Grafschaft Essex liegt. Also ein Derby auf dem Programm, sehr schön. Zunächst einmal musste ich aber durch East London zuckeln. Dagenham hat gleich zwei Stops auf der District Line, beide in Zone 5, also recht weit außen im Netzplan. Die Fahrt zog sich hin und verdeutlichte einmal mehr, dass der Osten Londons nicht unbedingt die beste Gegend der Stadt ist. Die Plattenbauten werden immer trister und das Publikum in der Tube immer auffälliger, je weiter man nach Osten kommt.

Dagenham selbst wuchs als Stadt im Einzugsgebiet von London mit der Metropole. In den 20er-Jahren vervielfachte sich die Bevölkerung, nachdem einige neue Siedlungen gebaut wurden. Des Weiteren lockte die Automobilindustrie neue Bewohner an. 1931 wurde ein großes Ford-Werk von Manchester nach Dagenham verlegt, das 1968 durch den Streik der Damen an den Nähmaschinen für Sitzbezüge, die sich für Gleichberechtigung beim Lohn einsetzten, Bekanntheit erlangte. Bis heute ist Dagenham jedenfalls stark geprägt von der Arbeiterklasse. Zudem gibt es hier einen ganz erheblichen Anteil an Immigranten: Im Bezirk „Barking and Dagenham“ gibt es weniger als 50 Prozent „weiße Briten“.

Von der Tube-Station Dagenham East ist man in gut fünf Minuten an der Victoria Road. Diese ist eine von der Hauptstraße abgehende Sackgasse, und so steuert man zwischen zwei Häuserreihen auf das Stadionareal zu, das zunächst einmal recht unscheinbar wirkt und sich allen voran über einen Torbogen mit der Aufschrift „Welcome to Dagenham & Redbridge Football Club“ ankündigt. Das Ticket Office und die Geschäftsstelle des Klubs dominieren den Platz vor dem Main Stand, der sich von außen nur andeutet. Dieser verläuft ohnehin nur über drei Viertel der Länge des Spielfeldes. Es schließt sich ein zweiter, ebenfalls überdachter Sitzplatz-Stand an, der Family Stand, der sich im Grunde nur über die Länge des Sechzehners erstreckt.

Bei meinem Besuch waren dies die einzigen beiden Sitzplatztribünen.

Die anderen drei Stands waren klassische Stehplatzblöcke, wobei die Terrace auf der gegenüberliegenden Spielfeldseite zumindest überdacht war und ist. Hinter dem der Victoria Road abgewandten Tor befanden sich damals nur einige Betonstufen, hier waren die Auswärtsfans untergebracht. Mit dem Aufstieg in die Football League 2007 musste allerdings eine Modernisierung durchgeführt werden, und heute steht ein recht moderner, überdachter Sitzplatz-Stand an der Kopfseite des Grounds. Auf der Gegenseite beließ man die angedeutete Terrace des Bury Road Stand, die zwar zum Teil über ein paar Stufen verfügt, im Grunde jedoch hauptsächlich als Durchgangsstation zum Stand an der Spielfeldseite dient. Sehr erfreut nahm ich zur Kenntnis, dass in einem kleinen Gebäude an der Seite des Bury Road Stand ein Programmheftladen eingerichtet war. Ich bin kein Programmsammler, auch aus Selbstschutz. Aber die Möglichkeit, die Zeit vorm Anpfiff mit dem Stöbern in ein paar recht alten Exemplaren zu verbringen, war zu gut, um sie auszulassen.
Die Geschichte der Victoria Road ist so bewegt wie die des Dagenham & Redbridge FC selbst. Das Gelände wurde seit 1917 zum Fußballspielen genutzt. Damals kickten die Arbeiter der Sterling-Works-Waffenschmiede auf dem der Fabrik benachbarten Platz. 1955 bezog der erst wenige Jahre zuvor gegründete Dagenham FC den Ground, ein Vorgänger des heutigen Klubs. Dieser entstand 1992 durch einen Zusammenschluss von ebendiesem Dagenham FC mit dem Klub Redbridge Forest F.C., der seinerseits erst 1979 durch eine Fusion zweier Klubs zustande kam, Ilford und Leytonstone, die wiederum auf eine längere Geschichte zurückblicken konnten und in den 1880er-Jahren gegründet wurden. Redbridge Forest spielte von 1990 zwei Jahre via Groundsharing an der Victoria Road, ehe man sich für die Fusion mit Dagenham entschied.
Die zusätzlichen Einnahmen, die Dagenham FC in diesen zwei Jahren durch die Vermietung generierte, wurden in den Ground investiert, entsprechend sind viele Elemente noch aus dieser Zeit. In der Folge hielten sich Modernisierungen in Grenzen – das Einzige, was sich regelmäßig änderte, war der Name des Stadions. Victoria Road als klassischer Name, auf die örtlichen Gegebenheiten zurückgehend, wurde

2003 ersetzt durch den Namen „Glyn Hopkin Stadium“, später folgte „London Borough of Barking & Dagenham Stadium“ und „Chigwell Construction Stadium“. Alles des lieben Geldes wegen, versteht sich, und ein paar Pfund konnte man zudem noch damit generieren, dass man der Reservemannschaft von West Ham die Spielstätte zur Verfügung stellte.

Ich besuchte an diesem Abend jedenfalls das „Glyn Hopkin Stadium“, nicht ahnend, dass es sich hierbei um einen schnöden Autohändler handelte. Weniger schnöde entwickelte sich das Match. Aus dem nahen Grays waren massig Auswärts-Supporter angereist, die die komplette Hintertor-Terrace füllten und ihr Team lautstark unterstützten. Kein Wunder, denn Grays kam als souveräner Tabellenführer nach Ostlondon. Insgesamt fanden sich 2000 Zuschauer an diesem Abend an der Victoria Road ein – Saisonrekord für Dagenham.

Diese sollten nicht enttäuscht werden. Grays spielte klar überlegen und ging vor der Pause mit 1:0 in Führung. Nach Wiederanpfiff dann eine kuriose Szene: Im Fünfmeterraum knallten zwei Grays-Verteiger gepflegt mit den Schädeln zusammen und blieben liegen. Die Daggers nutzten – not very sportsmanlike –die Situation aus und droschen den Ball ins Tor. Ein etwas fader Beigeschmack, zumal einer der beiden Verteidiger sogar ausgewechselt werden musste. Es stand jedenfalls 1:1, was den Verhältnissen auf dem Rasen absolut nicht Rechnung trug. Der Fußballgott hatte dann erst in der 87. Minute ein Einsehen mit dem Spitzenreiter, der zum verdienten 1:2 einnetzte und drei Punkte nach Essex entführen konnte.

Ich entführte dagegen die Eindrücke einer sehr netten Partie, gerade für die fünfte Liga, zurück Richtung Docklands und konnte mir 45 Minuten nach Abpfiff mein Feierabendbier aus dem WG-Kühlschrank holen.

14. Auf zu neuen Städten

05.10.2005, Broadhall Way, Conference
Stevenage Borough – Dagenham & Redbridge FC, 2:1, 2.450 Zuschauer

Den ersten Monat meiner London-Zeit hatte ich gut rumgebracht, ordentliche neun Spiele besucht, alle Londoner Stadien abgeklappert und reichlich Material für fussballinlondon.de gesammelt. Es lief also alles nach Plan, wohingegen pünktlich zu Beginn des zweiten Monats das Display meines Laptops den Dienst quittierte. In der Arbeit kündigte sich insoweit eine Verbesserung an, als dass wir einen zusätzlichen Praktikanten bekamen: Greg aus Frankreich. Damit verbunden war die Aussicht auf mehr freie Samstage, und ich erhoffte mir natürlich gleich jede Menge neue Spielbesuche statt der Wochenendschichten.
Greg lebte sich bestens ein und bekam am ersten Tag die Praktikanten-Standardaufgabe, für alle Tee zu kochen. Kurze Zeit später füllte sich das Office mit einer Mischung aus Rauch und Gestank. Er hatte – ungelogen – den elektrischen Wasserkocher aus Kunststoff auf die Herdplatte gestellt! Das ging ja gut los. Die Weichen waren jedenfalls gestellt, und fortan bekam Greg nur noch Deppenaufgaben, wie für den Chef Zigarillos vom Kiosk holen oder für eine Briefkampagne 1000 Umschläge befüllen, zukleben durch Ablecken der Gummierung und Adressaufkleber draufstickern. Die Laune war entsprechend.
Ich für meinen Teil nahm fußballerisch mit, was ich kriegen konnte, und so stand Anfang Oktober ein kleiner Ausflug nach der Arbeit an, um ein Conference Match zu besuchen. Destination Stevenage, etwas nördlich von London und ab King's Cross in unter einer halben Stunde ganz gut mit dem Zug zu erreichen. Aufgrund der Nähe zu London wurde Stevenage nach dem Zweiten Weltkrieg als „New Town" deklariert. Man machte sich damals Gedanken, wo die Menschen in Zukunft leben sollten, insbesondere vor dem Hintergrund, dass viel Wohnraum durch Luftangriffe zerstört worden war. So selektierte man ein paar Städte im Londoner Einzugsgebiet, in denen in der Folge massive Baumaßnahmen zur Ansiedlung von Menschen stattfinden sollten.

Stevenage wuchs somit von knappen 7.000 Einwohnern 1946 auf etwa 85.000 Einwohner heute – mit dem Formel-1-Champion Lewis Hamilton als berühmtestem Sohn der Stadt. Die Innenstadt hat einen stark geplanten Charakter, im Zentrum existiert ein größerer Fußgängerbereich mit zahlreichen Geschäften. „Schön" ist die Stadt jedenfalls nicht, und so hielt ich mich nicht lange mit Sightseeing auf, sondern machte mich direkt auf den am Bahnhof bereits ausgeschilderten Weg zum Broadhall Way, dem Ground von Stevenage Borough.
An Super- und Baumärkten vorbei ging der Weg an Ausfallstraßen entlang, die letzten hundert Meter durch eine Unterführung, bevor mich unmittelbar vorm Stadionareal ein gelb-schwarzes Metallschild empfing: Heimfans nach links, Auswärtsfans nach rechts. Für mich also nach links, zu den Turnstiles des Main Stand. 10 Pfund Eintritt – die Vorzüge der fünften Liga.
Der Ground machte einen grundsoliden Eindruck, nicht besonders groß, nur knappe 7.000 Plätze, dafür in sich recht stimmig. Gegenüber dem Main Stand liegt eine überdachte Terrace an der anderen Spielfeldseite, dazu gibt es überdachte Sitzplatz- bzw. Stehplatztribünen hinter den beiden Toren. Ins Stadion wurde zu Beginn der 2000er-Jahre investiert, um den Ground auf den vorgeschriebenen Football-League-Standard zu bringen, nachdem Stevenage im Jahr 1996 die bittere Erfahrung machen musste, dass dem Klub trotz des Conference-Titels der Aufstieg in die Football League aufgrund der Mängel am Stadion verwehrt wurde.
Ohnehin war der Broadhall Way oftmals ein Streitobjekt. Zwar wurde in Stevenage schon seit dem 19. Jahrhundert Fußball gespielt, allerdings von den Vorgängerklubs Stevenage Town und später Stevenage Athletic. Athletic ging 1976 pleite, was unmittelbar die Gründung von Stevenage Borough zur Folge hatte. Der Plan, weiterhin im Broadhall Way zu spielen, gestaltete sich insoweit problematisch, als dass der Ground noch dem ehemaligen Athletic-Vorsitzenden gehörte. Dieser hatte wenig Interesse an dem neuen Klub und ließ kurzerhand einen Graben über die gesamte Länge des Spielfelds ausheben. Die Streitigkeiten dauerten ein paar Jahre an. Erst 1980 wurde der Ground verkauft und Borough durfte fortan dort seine Heimspiele austragen.

Football League wurde dann erst 2010 im Ground gespielt: 14 Jahre nach dem verwehrten Aufstieg wurde „Boro“ wieder Conference-Meister und sicherte sich somit einen verdienten Platz in der Liga. Zur Feier des Tages benannte man sich um und strich das „Borough“ aus dem Klubnamen. Heute also nur noch „Stevenage FC“.

Mit Dagenham war nicht nur ein Team zu Gast, das ich eine Woche zuvor noch daheim gesehen hatte, sondern auch ein Team aus nicht allzu übermäßiger Entfernung von Stevenage. Mit viel gutem Willen könnte man von einem Derby sprechen. Daher war es etwas enttäuschend, dass nur etwa 50 Fans der „Daggers“ den Weg nach Stevenage auf sich genommen hatten, insgesamt mit 2.500 Zuschauern aber doch eine recht gute Kulisse für die fünfte Liga. Mein Sitznachbar identifizierte mich ebenfalls als Stammgast („Are you comin' every week?“), wahrscheinlich ist die Anzahl der Gäste aus dem Ausland in Stevenage eher klein …

Das Spiel gestaltete sich dann aber recht interessant. Die Hausherren hatten im Grunde über 90 Minuten die Oberhand, wobei sie zunächst ein Eigentor benötigten, um in Führung zu gehen, ehe Dagenham aus heiterem Himmel in der 72. Minute zum Ausgleich kam. Boro drückte auf den Siegtreffer, ließ einige hochkarätige Chancen aus, konnte dann aber doch in der 90. Minute das 2:1 bejubeln – sehr zur Verzückung der Heimfans, versteht sich.

Ich knipste noch ein paar Fotos vom Ground und machte mich auf den Rückweg nach London. Alles ganz entspannt, ein gut genutzter Mittwochabend, mit einem schönen Abstecher ins Londoner Umland.

15. Derby in Derby

18.11.2005, Pride Park, Championship
Derby County – Wolverhampton Wanderers, 0:3, 22.800 Zuschauer

Arbeit, Arbeit, Arbeit, Arbeit. Greg hatte sich in der Zwischenzeit wieder verabschiedet. Er hatte wohl andere Vorstellungen, als recht triviale Praktikantenjobs auszuführen. Ein Wochenende in der Heimat brachte ihm dann die letzte Einsicht und er gab durch, dass er nicht zurückkommen würde. Es fehlte fortan ein Mann, um die Wochenendschichten einigermaßen gut besetzen zu können. Also mussten die drei verbleibenden Musketiere recht regelmäßig ran. Es vergingen ein paar Wochen, in denen ich teilweise gar keinen Tag frei hatte. Das war nicht das Ende der Welt, zumal es dafür ja ganz gutes Geld gab. Allerdings merkte ich zunehmend, dass mir eine Pause gut tun würde. Passenderweise kam die frohe Kunde, dass wir uns als Ausgleich gerne einmal einen Tag unter der Woche freinehmen konnten.
Ich studierte die Spielpläne und entschied mich für einen Freitag, da hier ein schöner Kurzausflug in die Midlands drin war. Die „Midlands" bezeichnen den geografischen Teil Englands, der – wie der Name impliziert – den Mittelteil des Landes zwischen Süd- und Nordengland abdeckt. Fußballerisch eine unheimlich interessante Gegend: Klangvolle Fußballstädte wie Birmingham, Nottingham, Leicester, Stoke oder Derby liegen in den Midlands. Aus diesem vollen Angebot schöpfte ich. Derby spielte am Freitagabend gegen die „Wolves", am Samstag hatte Forest ein Heimspiel – bei nur 20 Kilometer Entfernung zwischen den Grounds. Ich buchte also eine günstige Busfahrt und ein Hostelzimmer in Nottingham.
Voller Vorfreude ging es dann am Freitag los: meine erste Fußballtour auf der Insel, die über das Londoner Umland hinausgehen sollte. Sehr spannend!
Nach guten drei Stunden Fahrzeit erreichte ich Nottingham. Den Namen verbindet man hauptsächlich mit dem dort ansässigen bösen Sheriff, der Robin Hood das Leben schwermachte und umgekehrt. In der Tat ist die Stadt recht alt, die Burg aus dem 11. Jahrhundert ein Zeit-

zeuge, mit einer Robin-Hood-Statue davor. Ich bezog mein Bett im Sechs-Bett-Zimmer im Hostel, ließ mein Gepäck da und schaute mir das Städtchen an. Der Weihnachtsmarkt war schon in vollem Gange, zudem gab es recht viele Läden und Shoppingmalls, in denen man sich die Zeit vertreiben konnte.

Der Abend rückte schnell näher und es wurde Zeit, den Zug nach Derby zu nehmen. Dieser war vollgepackt mit Pendlern, was nicht weiter schlimm war bei einer Fahrzeit von einer knappen halben Stunde. In Derby angekommen, konnte ich vom Bahnhof aus bereits das Flutlicht des Pride Park sehen, der sich nur einen knappen Kilometer Fußweg entfernt befindet – leider auf der der Innenstadt abgewandten Seite, sodass ich von Derby selbst nichts zu sehen bekam. Viel zu verpassen gibt es ohnehin nicht. Derby ist allen voran eine Industriestadt, und nicht nur irgendeine. Die Lombe's Mill, also eine Seidenspinnerei, die Anfang des 18. Jahrhunderts in Derby am Fluss Derwent errichtet wurde, gilt als erste industrielle Anlage ihrer Art und als Geburtsstätte der Industriellen Revolution, die in der Folge das Land nachhaltig verändern sollte.

Für mich ging es statt zum Industriedenkmal Richtung Stadion, das inmitten eines Gewerbegebiets liegt. Bis 1997 spielten die „Rams" noch im Baseball Ground, der, wie der Name suggeriert, ursprünglich für Baseball genutzt wurde und der Innenstadt etwas näher lag. Als dieser mehr und mehr in die Jahre kam, entschied man sich für einen kompletten Neubau an anderer Stelle, eben im Gewerbegebiet Pride Park, das dem neuen Ground gleichzeitig den Namen gab. Die Queen höchstpersönlich eröffnete das neue Stadion, und fortan trug Derby seine Heimspiele zwischen Baumärkten und Autohändlern aus. Für mich war die Infrastruktur rund ums Stadion eher ein Glücksfall. Es war an dem Abend nicht nur kalt, es war saukalt. Meine Jacke war zwar auf Winter ausgelegt, aber nicht auf arktische Kälte, und so schlug ich nach dem Abholen meines Tickets die Zeit bis zum Anpfiff in der benachbarten Indoor-Fußballhalle tot. Ohne selbst zu kicken, versteht sich.

Von außen wirkt der Ground jedenfalls genau so, wie man sich Stadien, die in dieser Zeit gebaut wurden, vorstellen würde: baulich sehr

konsistent, ohne offene Ecken, mit einer prägnanten Stahlkonstruktion, die die Überdachung trägt. Zudem befindet sich auf dem Vorplatz eine Statue von zwei Derby-County-Legenden: Brian Clough und Peter Taylor. Clough übernahm 1967 als Manager das Team, mit Peter Taylor als Co-Trainer. In der Folge führten die beiden Derby County aus der zweiten Liga zum Meistertitel 1972. Grund genug, ihnen dafür ein Denkmal zu errichten. Im Europapokal scheiterte man im folgenden Jahr kontrovers im Halbfinale gegen Juventus Turin. 1973 verließen Clough und Taylor den Klub, der 1975 nochmals den Meistertitel feierte – bis heute der letzte Titel der „Rams".
Auch ohne zahlreiche Trophäen im Schrank gilt Derby als Traditionsverein im englischen Fußball. Der Klub wurde 1884 als Ableger eines Cricketklubs gegründet und spielte als Gründungsmitglied der Football League jede einzelne Football-League-Saison seit 1888 – eine Ehre, die insgesamt lediglich zehn Klubs zuteil wird. Nur in vier Saisons mussten die „Rams" unterhalb der zweiten Liga ran, was sehr beachtlich ist.
Der Name „Rams" bzw. der Widder im Wappen leitet sich von der militärischen Einheit ab, zu welcher der Klub in den Gründungsjahren eine enge Bindung pflegte: dem „First Regiment of Derby Militia", das ebenfalls einen Widder im Wappen führt. So kam Derby County zu seiner einzigartigen Spitznamensgebung mit einem markanten Maskottchen, das eher an ein US- Football-Team erinnert als an ein klassisches englisches Fußballteam. Der Klub nimmt bis heute das Bild gerne an, und so kann man im Pride Park auf den Sitzen des East Stand in großen weißen Lettern den Schriftzug „THE RAMS" lesen. Genau hier hatte ich meinen Sitzplatz, im Oberrang des East Stand. Der Ground an sich ist sehr konsistent: zwei Ränge rundum, alles überdacht, mit einem etwas größeren Main Stand, an dessen Seite in einer Ecke die VIP Lounges eingefügt sind. Schöne Kiste, wenn auch ohne den Charme vieler Jahrzehnte auf dem Buckel.
Es war wie gesagt erbärmlich kalt, und ich hoffte, dass mir das Spiel und die Atmosphäre etwas einheizen würden. Rein sportlich betrachtet stellte das Match kein Topspiel dar: der 20. der zweiten Liga gegen den Tabellenneunten. Dennoch war es von den Namen her recht

attraktiv, denn mit den Wolverhampton Wanderers war ein anderes Team aus den Midlands zu Gast, das zudem bei nur 70 Kilometer Anreise zahlreiche Gästefans mitbrachte. Eine Art „Midlands-Derby“ in Derby, wobei die Bezeichnung für ein solches Lokalduell tatsächlich mit der Grafschaft Derbyshire zu tun hat. Schon zu Mittelalterzeiten trugen hier Dörfer fußballähnliche Spiele aus, bei denen es darum ging, einen Ball ins gegnerische Gebiet zu befördern. Der Begriff „Derby“ für die Duelle zweier benachbarter Orte hat sich dabei als generelle Bezeichnung für entsprechende Partien durchgesetzt und wird heute sportartübergreifend benutzt.
Insgesamt fanden sich an dem Abend trotz der eisigen Temperaturen knapp 23.000 Zuschauer im Pride Park ein. Die Tatsache, dass man in der Championship in jedem Jahr eine Vielzahl von Traditionsklubs sehen kann, die Stadien meist sehr gut gefüllt sind ohne die Ticket-Preise und den Touristenfaktor der Premier League und dass man mit insgesamt 24 Mannschaften einen üppigen Spielplan mit vielen interessanten Partien hat, macht für mich seit jeher die zweite englische Liga zu meiner Lieblingsliga auf der Insel. So freute ich mich auf das Spiel, das allerdings eher langsam aus den Startlöchern kam. In der ersten Hälfte fielen keine Tore, dafür unterstützten die Heimfans ihr Team mit dem fast gebetsmühlenartig vorgetragenen Wechselgesang „Derby County Football Club! D-C-F-C!“, was sehr eingängig war und deutlich zur Atmosphäre beitrug. In der zweiten Hälfte tat sich dann mehr auf dem Platz, allerdings nur zur Freude der „Wolves“-Fans im Oberrang des South Stand. Gleich drei Mal netzten die Gäste zwischen der 67. und der 86. Minute ein, wobei der Schlusspunkt durch den ehemaligen Stuttgarter Ionel Ganea gesetzt wurde.
Durchgefroren wie ich war, freute ich mich über den Schlusspfiff mehr als über die Tore, auch wenn die Partie durchaus sehenswert war. Der schnellste Weg aus der Kälte führte über den Bahnhof und den ersten Zug Richtung Nottingham. Dort angekommen, musste ich, um zum Hostel zu gelangen, einmal durch die komplette Innenstadt laufen – und traute meinen Augen kaum, als ich nicht nur jede Menge feiernde Nachtschwärmer bestaunen durfte, was in einer Studentenstadt wie Nottingham wenig verwunderlich ist. Beeindruckend war vielmehr

die Tatsache, dass die Herren trotz Temperaturen unter dem Gefrierpunkt in T-Shirts oder bestenfalls im Hemd unterwegs waren, die Damen sogar zumeist im Minirock auf hochhackigen Schuhen … Das Konzept, beim Weggehen die Temperaturen zu ignorieren und keine Jacke mitzunehmen, habe ich nie ganz verstanden. Ein englischer Kollege klärte mich einmal insoweit auf, als dass es nur am Anfang des Abends ein Problem wäre, später würde einen dann die „Beer Jacket" (also die Bierjacke) warm halten.

Für mich stand heute kein Nightlife mehr auf dem Programm. Der Tag war lang genug gewesen und die Aussicht auf ein warmes Bett verlockend. Dennoch sollte mich das Nachtleben wieder einholen, als mich zu vorgerückter Stunde die Horde junger Männer, die mit mir im Sechserzimmer untergebracht waren, durch ihre feuchtfröhliche Ankunft aus dem Schlaf riss. Im Gegenzug dürfte ich den ein oder anderen aus dem kurzen Schlaf gerissen haben, als ich gegen 10 Uhr morgens aus dem Hochbett hüpfte und nach einer Dusche meine Sachen packte, um auszuchecken. Touché.

16. Bei Robin Hood und Brian Clough

19.11.2005, City Ground, League One
Nottingham Forest - Southend United, 2:0, 19.500 Zuschauer

Nach der Nacht im Hostel stand ein entspannter Vormittag an, ich hatte ja keine Anreise mehr zu bewältigen und konnte entsprechend die Zeit bis zum Anpfiff der Partie Nottingham Forest gegen Southend United in der Stadt verbringen. Hier gab ich mich zunächst einmal kulturinteressiert und besichtigte das Nottingham Castle, inklusive des dort untergebrachten Museums. Kein absoluter Knaller, wobei man jedoch von der Burg aus eine schöne Aussicht auf die Stadt bzw. auch auf die Stadien der beiden Nottinghamer Vereine hat, deren Silhouetten sich an dem Tag aus dem diesigen Nebel erhoben. Dabei kam ich mit dem Museumswärter ins Gespräch, ein älterer Herr, der überraschenderweise recht gut Deutsch sprach und mir vor allem begeistert vom deutschen Weihnachsmarkt in der Innenstadt berichtete.
Kulinarisch ließ ich diesen aus, gönnte mir einen leckeren Burger in der „Gourmet Burger Kitchen" – lange bevor Gourmetburgerläden an jeder deutschen Großstadtecke eröffnen sollten – und drehte im Anschluss eine Runde über den Old Market Square, den alten Marktplatz. Dieser ist quasi das Herzstück der Innenstadt, mit dem dominierenden Rathaus, dessen neobarocker Stil an das Capitol in Washington erinnert, wenn auch die Dachkuppel etwas kleiner ist. Das Gebäude in Nottingham ist zudem erheblich jünger, es stammt aus den 20er-Jahren, wobei rund um den Marktplatz neben einigen modernen Gebäuden auch etwas Fachwerk auftaucht. Seit 2008 steht am Marktplatz zudem eine Statue der Forest-Trainerlegende Brian Clough, ähnlich wie die Statue vor dem Pride Park in Derby, die ich am Vorabend hatte bewundern können. Auch das räumlich verbindende Element zwischen Nottingham und Derby wurde zu Ehren von Brian Clough benannt: Der A52 Motorway, der beide Städe verbindet, heißt offiziell „Brian Clough Way".
Kein anderer Manager hat die Geschichte von Forest so geprägt wie Brian Clough. Als einer der ältesten Klubs der Football League wurde

der Klub bereits 1865 aus der Taufe gehoben, wohlgemerkt als Football and Bandy Club, wobei Bandy eine keltische Frühform des Eishockeys darstellt. Der etwas ungewöhnliche Name „Forest" leitete sich damals weniger vom legendären Sherwood Forest ab, sondern vielmehr vom ersten Ground, dem „Forest Recreation Ground". Mit der Gründung der Football Alliance 1889 schloss man sich dieser an und konnte 1892 die letzte Meisterschaft gewinnen, ehe die Alliance in der Konkurrenzserie, der Football League, aufging. 1898 folgte der Gewinn des FA Cup, was auf lange Sicht der letzte große Erfolg des Teams sein sollte. Forest rutschte noch vor dem Ersten Weltkrieg in die zweite Liga ab und spielte nahezu durchgehend in dieser Klasse, ehe in den 50er-Jahren ein sportlicher Aufstieg begann, der mit dem FA-Cup-Triumph 1959 gekrönt wurde – mehr als 60 Jahre nach dem letzten Titel.

Die Geschicke drehten sich allerdings wieder, als Forest 1972 erneut in die zweite Liga absteigen musste. In dieser sportlich schwierigen Zeit wurde 1975 Brian Clough als Manager verpflichtet. Der darauf folgende sportliche Höhenflug ist beispiellos und erklärt, warum zu Ehren des Trainers die Statue im Stadtzentrum steht. 1978 etablierte sich Forest mit dem Double aus Meisterschaft und League Cup als bestes Team in England, in den folgenden zwei Jahren sogar als bestes Team in Europa, mit dem Gewinn des Landesmeistercups 1979 und 1980. Zwei weitere League-Cup-Erfolge folgten 1989 und 1990, zudem startete Forest 1992 als Gründungsmitglied in die erste Premier-League-Saison. Als Tabellenletzter stieg man allerdings umgehend wieder ab, was 1993, nach 18 Jahren im Amt, die Ära Brian Clough bei Nottingham Forest beendete.

Während der junge Brian Clough – stets gut gestylt und mit massig Selbstvertrauen ausgestattet – gerne flapsige Sprüche zum Besten gegeben hatte, konnte der 60-jährige Brian Clough bei seinem letzen Spiel als Manager von Forest nur noch als Wrack bezeichnet werden: Der Alkohol hatte ihm massiv zugesetzt. Das ging sogar so weit, dass er selbst zugab, sein Alkoholproblem hätte zum Abstieg des Klubs beigetragen: Er sei nicht mehr in der Lage gewesen, das Team ordentlich zu managen. Keine zehn Jahre später verstarb Clough mit nur 69 Jahren. Seine Statue erinnert allerdings bis heute an den größten Forest-Manager aller Zeiten.

Der größte Forest-Fan aller Zeiten, bzw. des vergangenen Jahrhunderts, wurde von den Fans selbst gewählt und ist – man höre und staune – ein Deutscher: Eberhard Kleinrensing, vielen bestens bekannt durch die legendäre DSF-Groundhopper-Reportage Ende der 90er-Jahre, in der ein Kamerateam den kauzigen Duisburger bei seinen Spielbesuchen auf der Insel begleitete. Seit seinem ersten Besuch eines Forest-Spiels, 1978 away in Anfield, hatte „Ebby" der Virus erwischt. Seitdem besucht er mehr oder weniger alle Spiele des Klubs und ist ein bestens bekanntes Gesicht im City Ground. Bei Heimspielen sitzt Kleinrensing – wie könnte es anders sein – im Brian Clough Stand, inklusive einer eigenen Zaunfahne.
Diese bekam ich nicht zu sehen, was allem voran daran lag, dass ich meinen Platz ebenfalls im Brian Clough Stand hatte, allerdings im Oberrang. Zunächst einmal hieß es allerdings, zum Stadion zu kommen. Der Fußmarsch von der Innenstadt ist überschaubar, man kommt – als kleiner Bonus – an der Meadow Lane, dem Ground von Notts County vorbei: Zeit genug für ein paar Fotos. Die Grounds trennt im Grunde nur der River Trent, was die Meadow Lane und den City Ground zu den Football League Grounds mit der geringsten Entfernung voneinander macht.
Beim Weg über die Trent-Brücke hat man bereits beste Aussicht auf den City Ground, der sich am Flussufer recht eindrucksvoll erhebt. Forest ist seit 1898 hier Hausherr. Der Name leitet sich von der Verleihung des City-Status an Nottingham im Jahre 1897 ab, was anlässlich der 60-jährigen Regentschaft von Queen Victoria erfolgte. Man erreicht zunächst den Vorplatz des Stadions hinter dem Main Stand – gefühlt der kleinste Stand des Grounds, da hier ein zweiter Rang mehr oder weniger nur angedeutet ist. Gegenüber befindet sich der deutlich größere Brian Clough Stand, mit zwei großen, vollwertigen Rängen, wobei in den Sitzschalen des Oberranges der weiße Schriftzug „FOREST" sowie das Klubwappen, ein skizzierter Baum, dargestellt wird. Der dem River Trent zugewandte Stand hinter dem Tor heißt folgerichtig Trent End und verfügt über zwei steile Ränge, die den Stand auf eine Höhe mit dem Brian Clough Stand bringen und den Ground zum Fluss hin schön abgrenzen. Hinter dem Tor auf der

Gegenseite befindet sich der Bridgford Stand, der fließend vom Brian Clough Stand beide Ränge übernimmt, den Oberrang aber nach etwa zwei Drittel der Stand-Länge abschließt. Hier sind die Auswärtsfans untergebracht.

Über die Jahre fanden im City Ground einige große Partien statt. Während der EM 1996 gingen hier drei Vorrundenspiele über die Bühne. Zudem trug Forest einige bedeutende Europapokalschlachten am River Trent aus: Unter anderem hatte man im Halbfinale des Landesmeistercups 1979 den 1. FC Köln zu Gast (3:3), im folgenden Jahr konnte der BFC Dynamo im Viertelfinale einen Auswärtssieg in Nottingham feiern (0:1). In besonderer Erinnerung blieb mir zudem das Viertelfinale des UEFA Cup 1996, in dem „meine" Bayern im City Ground ran mussten. Nach einem etwas wackeligen Hinspielresultat von 2:1 ließ der FCB Forest in Nottingham keine Chance und siegte mit 5:1 – Torschützen unter anderem Ziege, Strunz und Papin.

Vom Glanz des Europapokals waren wir an dem Tag allerdings sehr weit entfernt. Forest kickte damals nur in Liga drei, zu Gast war mit Southend zudem ein kleiner Klub, der aber zumindest etliche Fans mitbrachte. Knappe 20.000 Zuschauer verfolgten die Partie, ein Drittel der Plätze war also leer – dennoch herrschte eine ganz ordentliche Atmosphäre. Ein Heimsieg tat ein Übriges, wobei Forest zunächst einmal auf ein Eigentor zu Beginn der zweiten Hälfte angewiesen war, ehe man in der 70. Minute den Deckel drauf machte. In jedem Fall war es ein Match deutlich über den Verhältnissen der dritten Liga, nicht nur sportlich, sondern auch was die Kulisse angeht. Der City Ground gehört definitiv zu den „Originalen" der englischen Stadien, und so war ich nach Spielende recht happy über den Besuch und die Erfahrung.

Allzu viel Zeit blieb für mich in Nürtingen, wie Nottingham ganz bestimmt auf Deutsch heißen würde, nicht mehr. Der Bus wartete im Busbahnhof Broad Marsh, und nach dem Einwerfen einer Portion Fast Food ging es wieder zurück nach London. Fazit der Tour: England ist größer als London, Ausflüge sind logistisch easy und lohnen sich sehr. Ab jetzt ging es an freien Tagen prinzipiell raus aus der Hauptstadt.

17. Die Heiligen

03.12.2005, St. Mary's Stadium, Championship
Southampton FC – Burnley FC, 1:1, 21.600 Zuschauer

Bereits als feststand, dass ich ein paar Monate in London verbringen würde, war für mich klar, dass ich einen Ausflug nach Southampton unternehmen würde. Die Stadt an der Küste des Ärmelkanals war mir aus zahlreichen Fanzine-Berichten und aus der einschlägigen Literatur als attraktive Fußballdestination bekannt. Ergo buchte ich für den ersten Samstag im Dezember eine Busfahrt gen Südwesten. Los ging es morgens ab London Victoria. Für die 130 Kilometer nach „Soton" brauchten wir fast drei Stunden, den Haltestellen in so pittoresken Orten wie Basingstoke oder Winchester geschuldet. Wenigstens war der Reisekomfort recht hoch: Es gab im Bus zahlreiche Bildschirme, auf denen reichlich UK-Comedy flackerte, zum Beispiel immer wieder gern gesehene „The Office"-Folgen.
Endlich in Southampton angekommen, blieb zunächst einmal viel Zeit für Sightseeing – wobei sich die Sehenswürdigkeiten etwas im Rahmen halten. Der Hafen der traditionellen Seefahrtsstadt deutete sich zwar an, mit einigen Ozeanriesen, Container- und Marineschiffen, ist aber im Grunde fußläufig nicht wirklich zu erkunden. Von der Innenstadt aus sind einzig die Docks der Fähre Richtung Isle of Wright gut zu erreichen. Diese liegt nur wenige Kilometer vor dem Festland und schirmt so die Bucht bzw. den Meeresarm von Southampton ab.
Während die Überfahrten mit der Fähre auf die Insel gerade einmal 20 Minuten dauern, war Southampton auch der Startpunkt einer anderen bekannten Überfahrt: Die Titanic stach 1912 von hier aus in See – der Rest der Geschichte ist bekannt. Vier von fünf Crewmitgliedern an Bord waren damals aus Southampton. Nicht zuletzt deshalb findet sich in einem Park in der Innenstadt ein Denkmal für die Opfer.
Nach einem Kurzbesuch bei ebendiesem machte ich mich auf die Suche nach etwas Essbaren. In der Nähe des „Bargates"-Torbogens in der Innenstadt, der wahrscheinlich die prägnanteste Sehenswürdigkeit der Stadt darstellt, fand ich einen McDonald's. Der Einfachheit halber fiel

die Wahl aufs goldene M – wobei sich das mit der Einfachheit abrupt erledigte: Das Mädel an der Mäcceskasse verstand scheinbar kein Wort von dem, was ich sagte, und umgekehrt verstand ich kein Wort von dem, was sie sagte. Beste Voraussetzungen, um etwas zu bestellen. Ich habe keine Ahnung, welchen Dialekt oder was auch immer sie sprach, am Ende packte sie irgendwas aufs Tablett, wohl das aktuelle Sondermenü. Ich bezahlte brav, um weitere Peinlichkeiten zu vermeiden, und verdrückte mein Überraschungsessen.
Danach war endlich der Fußball an der Reihe. Der lokale Fußballklub wird gemeinhin als „Saints“ (also „Heilige“) bezeichnet, was mit der Gründungsgeschichte zu tun hat. 1885 fanden sich Mitglieder der örtlichen St. Mary's Church zusammen und traten unter dem Namen „St. Mary's Young Men's Association“ fortan als Fußballteam an. Der Name änderte sich noch im 19. Jahrhundert mehrmals, zu St. Mary's FC und weiter zu dem Namen, der bis heute Bestand hat: Southampton FC. In diesem Zusammenhang stellte auch die Tatsache, dass der Klub nach über 100 Jahren sein legendäres Stadion „The Dell“ (etwa: „die Senke“, auf Österreichisch die „Gruabn“, analog zur ehemaligen Heimstätte von Sturm Graz) für einen Neubau verließ, keine wirkliche Abkehr von der Klubtradition dar. Zwar galt das Dell als Festung, mit beeindruckender Atmosphäre, aber die Tatsache, dass sich der neue Ground nur einen Steinwurf von der St. Mary's Church, der Wiege des Klubs befindet, machte diesen Verlust mehr als wett. Folgerichtig wurde die neue Spielstätte auch „St. Mary's Stadium“ getauft.
Von der Innenstadt aus ist der Ground jedenfalls bestens zu erreichen: gefühlte fünf Gehminuten vom Bargate entfernt. Für einen Stadionneubau – die sich tendenziell oft am Stadtrand befinden – eine absolute Ausnahme, die nur deshalb möglich wurde, weil die Stadt dem Klub das zentrale Areal eines ehemaligen Gaswerks zur Verfügung stellte. Bis heute sind die nicht mehr genutzten, großen Gasspeicher direkt hinter dem Stadion ein Wahrzeichen des Grounds, zumal man diese auch von vielen Plätzen des Innenraums aus gut sehen kann.
Die übliche Stadionrunde gestaltete sich recht unspektakulär. St. Mary's ist auf der einen Seite durch eine Bahntrasse eingefasst, auf der anderen Seite befinden sich ein paar Industrieanlagen und der River

Itchen. Entsprechend dehnt sich das Areal nicht wirklich aus, und durch den Neubaucharakter hält sich auch das Flair etwas in Grenzen. Ich fühlte mich stark an den Pride Park in Derby erinnert: ebenfalls prägnante weiße Träger der Dachkonstruktion sowie eine recht repräsentative Fassade des Main Stand. Von innen unterschieden sich die beiden Grounds dann aber doch merklich. Allen voran besteht St. Mary's nur aus einem Rang, bestückt mit rot-weißen Sitzschalen. Die Ecken wurden mehr oder weniger „rund" zugebaut und beherbergen ebenfalls Sitzplätze, zudem verschwinden die Logen hinter der letzten Sitzreihe der Haupttribüne. Alles wirkt also recht geschlossen, trotz einer Kapazität von 32.000 Plätzen.
Bei der Eröffnung 2001 war das Stadion als wichtiger Schritt in die Zukunft des Klubs gedacht. Im Dell war gerade einmal Platz für 15.000 Zuschauer und die Hütte quasi bei jedem Heimspiel ausverkauft. Die Verdoppelung der Kapazität sollte die Lücke zu vielen anderen Premier-League-Klubs schließen, die, was die Stadioninfrastruktur anging, meilenweit voraus waren. Die „Saints" spielten seit 1978 ununterbrochen in der ersten Liga, waren 1992 Gründungsmitglied der Premier League und beim Einzug in St. Mary's eines von neun Gründungsteams, die seitdem ununterbrochen in der Eliteliga spielten. Wenig überraschend konnte man in den kommenden Jahren den Zuschauerschnitt umgehend verdoppeln.
Trotz steigender Zuschauerzahlen ging es in der Folge aber sportlich bergab. 2004/05 stieg man aus der Premier League ab, mein Spielbesuch fiel also in die erste Zweitligasaison der „Saints" seit mehr als 25 Jahren. Der sportliche Niedergang sollte sich nach meinem Besuch weiter fortsetzen: Man rutschte bis in die dritte Liga ab, musste Konkurs anmelden, wurde von der deutsch-schweizerischen Industriellenfamilie Liebherr übernommen und konnte schlussendlich 2012 die Rückkehr in die Premier League feiern.
Von den Eskapaden rund um die Klubpolitik bekam ich an dem Tag auch etwas mit. Die Southampton-Fans machten ihrem Ärger lautstark Luft. Quasi am Spieltag hatte Southampton-Manager und englische Trainerlegende Harry Redknapp verkündet, dass er sein Amt niederlegen würde, um zum Erzrivalen Portsmouth FC zu wechseln,

von dem er ironischerweise ein Jahr zuvor auf die gleiche Art nach Southampton gekommen war. Die Stimmung war jedenfalls aufgeheizt: Schilder, Sprechchöre („Who the fuck is Harry Redknapp?“) etc. Redknapp bekam davon allerdings nichts mehr mit: Er war für das Match nicht einmal mehr im Stadion, der Co-Trainer durfte ran.

Die Partie gestaltete sich dann auch etwas zäh, wobei Southampton in der 34. Minute durch einen Elfer in Führung ging. Ein Merkmal der Klubphilosophie konnte ich quasi aus erster Hand erleben: Der Klub baut stark auf Nachwuchsspieler und hat in der Vergangenheit immer wieder große Namen hervorgebracht. So spielte an diesem Tag kein Geringerer als Theo Walcott im zarten Alter von 16 Jahren für die Hausherren. Das ist nur ein Name in der Reihe der Spieler, die die „Saints“ im Laufe der Jahre für viel Geld an die großen Premier-League-Klubs verkaufen sollten, wobei Gareth Bale als weiteres recht prominentes Beispiel zu nennen wäre. Frei nach Otto Rehhagel gibt es ohnehin keine alten und jungen Spieler, nur gute und schlechte, und so hielten sich die Teams an diesem Tag die Waage. Burnley glich in der zweiten Hälfte aus, für eine gerechte Punkteteilung.

Die Atmosphäre war jedenfalls ganz ordentlich. Trotz des kürzlichen Abstiegs fanden sich mehr als 20.000 Zuschauer ein. Der Burnley-Sektor war auch gut gefüllt, und die Jungs aus dem Nordwesten unterstützten ihre Mannschaft immer wieder lautstark. Wie in England üblich, war auch im St. Mary's der Gästesektor von den Heimfans nur über eine Plane auf den nebenliegenden Sitzreihen abgetrennt. Das ist kein wirkliches Hindernis, wenn man es darauf anlegt – wobei die Maßnahme als solches wohl ein Indikator dafür ist, wie unwahrscheinlich „Ärger“ in englischen Stadien geworden ist. Auch an diesem Tag blieb es absolut ruhig.

Der Rückweg zur Innenstadt gestaltete sich etwas unangenehm. Ich wählte die Route via North Stand, am Gaswerk vorbei über die Eisenbahnbrücke, und es regnete in Strömen. Ein ekliger, eiskalter Dezemberregen. Dementsprechend musste ich mich vor der Abfahrt des Busses etwas aufwärmen. Die Fußgängerzone hatte noch Hochbetrieb, kein Wunder an einem Adventssamstag. Auch ein paar Weihnachtsmarktstände waren aufgebaut. Beim Vorbeilaufen fiel mir zum einen auf, dass es an einem der Stände heißen Glühwein gab, zum anderen schallten unverkennbar die „Toten Hosen" aus dem Lautsprecher. Ich witterte also Landsmänner, bekam diese dann allerdings nur auf dem Papier (übelster Sachsendialekt). Der Glühwein war aber lecker und heiß.

Aufgewärmt und mit einem schönen Match im Gepäck ging es dann wieder die drei Stunden mit dem Bus zurück nach London. Der Ausflug hatte sich auf jeden Fall gelohnt: eine nicht uninteressante Stadt plus eine Pflichtadresse des englischen Fußballs von der To Do Liste gestrichen.

18. Nikolaus im Seebad

06.12.2005, Roots Hall, League One
Southend United – Chesterfield FC, 0:0, 5.700 Zuschauer

Der Nikolaus brachte – wie könnte es anders sein – ein Fußballspiel als Geschenk. In diesem Fall war es wirklich ein Geschenk: Wir hatten eigentlich die Arbeitsweihnachtsfeier für diesen Tag geplant, aber scheinbar setzte sich die Einsicht durch, dass eine Weihnachtsfeier unter der Woche wenig Sinn machen würde, und entsprechend gingen wir erst am Freitag in einen Pokerclub.

Den frei gewordenen Dienstagabend nutzte ich für den zweiten Seaside Trip innerhalb von vier Tagen – dieses Mal allerdings ohne Küstenkontakt, mehr eine „Schnell-rein-schnell-raus“-Mission. Ziel des abendlichen Ausflugs war Southend-on-Sea an der nördlichen Themsemündung, gute 50 Kilometer östlich von London. Also eine Zugstunde in einem mit Pendlern gut gefüllten Zug. Dass man durchaus noch vom Einzugsgebiet Londons sprechen kann, zeigt sich unter anderem daran, dass zwischen den Weltkriegen die Londoner Tube, genauer gesagt die District Line, Southend an das Stadtnetz anschloss, wohl auch dem Charakter als Naherholungsziel dieser Tage Rechnung tragend.

Bei Southend handelt es sich nämlich um ein klassisches englisches Seebad, auf Englisch „Seaside Resort“. Diese zeichnen sich vor allem durch eine Strandpromenade mit vielen Geschäften, Gastronomie und Unterhaltungsmöglichkeiten wie Fahrgeschäften oder Spielhallen aus und verfügen zumeist über einen langen Steg, auf dem ebenfalls für Unterhaltung und das leibliche Wohl gesorgt ist. Letzteres ist im Seaside Resort Southend besonders ausgeprägt, verfügt man doch mit dem „Southend Pleasure Pier“ aus dem Jahre 1830 über den längsten Steg seiner Art, mit einer Länge von zwei Kilometern und einer eigenen Bahn, die die Besucher auf und ab befördert.

Der Steg führt zudem direkt durch die zweite große Attraktion in Southend: einen Freizeitpark namens „Adventure Island“, mit einer Vielzahl an Fahrgeschäften und Achterbahnen. Von alldem bekam ich aber nichts zu sehen, was wohl in dieser Jahreszeit auch nicht weiter schlimm war. Der Bahnhof in Stadionnähe namens Prittlewell war der letzte Stopp vor Southend Victoria. Ich stand also nach meiner Ankunft zwischen Reihenhäusern statt an der Seaside. Viel Zeit hätte ich eh nicht fürs Sightseeing gehabt, der Anpfiff rückte näher und ich musste mir noch ein Ticket besorgen.

Am Ground „Roots Hall" angekommen, bot sich zunächst einmal ein etwas überraschendes Bild. Bei Southend United handelt es sich eher um einen kleinen Klub. Die „Shrimpers", wie United aufgrund der Lage am Meer genannt wird, sind tendenziell eher in den unteren Gefilden der Football League zu Hause. Zwar spielte man seit der Gründung der dritten Liga 1920 in der League, allerdings selten höher als drittklassig, mit zwei kurzen Abstechern in die zweite Liga. Entsprechend erstaunt war ich darüber, wie modern die Gebäude waren, in denen sich Ticket Office und der Fanartikelladen befanden. Davon hätten sich viele Klubs in Deutschland eine Scheibe abschneiden können, wobei mir mit dem Greuther Fürther Teeladen vielleicht nicht der beste Vergleich in den Sinn kam. Ich stellte mich also am schicken Ticket-Schalter an und fragte nach einer günstigen Karte, die ich dann auch bekam: 10 Pfund, da konnte man nichts sagen, zwar „restricted view", also eingeschränkte Sicht, aber so schlimm kann das ja nicht sein, dachte ich mir.

Falsch gedacht. Als ich meinen Platz im Main Stand einnahm, hatte ich einen fetten Stahlträger direkt im Blickfeld, der die Sicht auf einen ordentlichen Teil der Spielfeldhälfte zu meiner Linken blockierte. Ergo musste ich mich während der Partie etwas bewegen, mich vor- und zurücklehnen, je nachdem, wo der Ball gerade rollte. Bei den Dezembertemperaturen war das nicht unbedingt das Schlechteste. Dass sichtbehindernde Stahlträger ein generelles Problem in Roots Hall sind, wurde mir beim Blick auf die anderen Stands deutlich.

Das hat mit dem Baujahr des Grounds zu tun, der zu Beginn der 50er-Jahre errichtet wurde. Damals kehrten die „Shrimpers" mehr oder weniger „heim". Auf dem Areal des heutigen Grounds spielte man bereits nach der Gründung 1906, musste dieses aber räumen, als das Gelände während des Ersten Weltkriegs als Lagerplatz benötigt wurde. In der

Folgezeit spielte man in der Parkanlage des örtlichen Kursaals. Nach einem kurzen Zwischenspiel im Southend Stadium, das eigentlich Hunderennen beherbergte, entschied man sich zur Rückkehr nach Roots Hall und baute einen neuen Ground.
Dieser ist heute ein recht kompaktes Allseater-Stadion, mit 12.000 Plätzen. Die vier Stands sind alle überdacht und von der Größe her überschaubar. Überschaubar ist der Ground zudem von einer Reihe von Wohnhäusern direkt hinter dem South Stand. Dieser war bis in die 80er-Jahre eine große Stehplatztribüne und hob die Kapazität von Roots Hall auf über 30.000. Als den Klub finanzielle Probleme plagten, verkaufte man einen Teil des Grundstücks, auf dem sich die South Bank befand, und musste diese dann deutlich abspecken: von über 70 auf nur noch 15 Stufen. 1994 wurde dann die kleine verbleibende South Bank in eine Sitzplatztribüne umgebaut. Um zumindest etwas Kapazität zu erhalten, entstand eine Tribüne mit zwei Rängen, die mehr oder weniger direkt an die dahinter befindlichen Häuser anschließt. Seit Jahren geistern Ideen für ein neues Stadion herum, und obwohl teilweise schon konkrete Konzepte auf dem Tisch lagen, sieht es so aus, als würde Southend noch ein Weilchen in Roots Hall spielen.
Gespielt wurde an dem Abend gegen Chesterfield – nicht unbedingt eine Paarung, die zu übermäßiger Ekstase Anlass geben würde. Wie zu erwarten wurde es dann auch eine sehr maue Geschichte, 0:0 auf dem Rasen, kaum Auswärtsfans dabei. Highlight waren definitiv die jungen Damen, die in Southend-Trikots und knappen Höschen für die Spieler beim Einlaufen Spalier standen.
Den Kick hatte ich relativ schnell abgehakt und verließ den Ground mit dem Schlusspfiff. Been there, done that. Um zumindest noch etwas Seaside Feeling zu bekommen, gabs auf dem Weg zum Bahnhof eine ordentliche Portion Fish & Chips – nach den Cheerleadern das zweite Highlight des Abends, im Gegensatz zur Zugfahrt zurück nach London. Die 50 Minuten bis Stratford durfte ich quasi allein im Abteil absitzen, und dann mit der DLR zurück in die WG. Ein zweckmäßiger Ausflug – und ein neuer Ground im Sack.

19. Molineux!

17.12.2005, Molineux, Championship
Wolverhampton Wanderers – Leeds United, 1:0, 26.800 Zuschauer

Genau eine Woche vor dem Weihnachtsfest verbarg sich hinter dem Türchen im Adventskalender ein weiterer schöner Ausflug in meine neue Fußball-Lieblingsregion, die Midlands. Genauer gesagt nach Wolverhampton, zum Heimspiel gegen Leeds United. Nachdem ich die „Wolves“ in Derby auswärts erlebt hatte und auch unbedingt einmal Leeds live sehen wollte, fiel die Auswahl unter den zahlreichen Optionen an diesem Samstag recht leicht: gegen verschiedene Premier-League-Partien für die sehr attraktive Zweitligapartie in Molineux. Mittlerweile fast schon routinemäßig stellte der Bus das präferierte Transportmittel dar. Und wie immer gestaltete sich der Preis via Spartarif absurd günstig – 1 Pfund pro Strecke. Dafür verkürzte ich die Hinfahrt eigenmächtig und stieg eine Station vor Wolverhampton aus, um mir Birmingham anzuschauen, immerhin die zweitgrößte Stadt in Großbritannien und nur 20 Kilometer südöstlich von Wolverhampton gelegen.
Ich hatte mich vorher nicht wirklich schlau gemacht, was es in der „Second City“ zu sehen gäbe, wurde aber an der Busstation Digbeth bereits von einem großen, prägnanten Gebäude mit einer futuristischen, silbern schillernden Fassade empfangen, dem Bullring Shopping Center – vielen im Übrigen bekannt durch das Windows 7 „Architektur“-Wallpaper. In den Fußgängerzonen rund um das Einkaufszentrum herrschte reger Betrieb, in der Mitte ein großer „Frankfurter“ Christkindlmarkt (aufgrund der Städtepartnerschaft mit Frankfurt), viele Läden sämtlicher Marken und Ketten sowie am Ende der Fußgängerzone ein größerer Platz, der Victoria Square. Für einen ersten Eindruck von der Stadt reichte der Kurzbesuch also durchaus aus, und zu gegebener Zeit bestieg ich im Bahnhof „New Street“ den Zug für die 20-minütige Fahrt Richtung Wolverhampton und Black Country.
Die Bezeichnung Black Country für die Region westlich von Birmingham leitet sich in erster Linie von deren Historie als Industrieregi-

on ab. Zum einen soll das Attribut „schwarz" wohl von der Luftverschmutzung aus den Zeiten der Industriellen Revolution stammen, zum anderen dürfte es auf den Kohletagebau zurückgehen. In jedem Fall ist Wolverhampton eine klassische englische Industriestadt, mit immerhin einer Viertelmillion Einwohnern.
Bereits die Aussicht vom Zug vermittelt einem den Eindruck. Gerade auf den letzten Kilometern geht es durch Industriegebiete mit reichlich Schrottplätzen, erheblich in die Jahre gekommenen Lagerhallen und einem der klassischen Wasserkanäle, der entlang der Bahnstrecke verläuft. Entsprechend gab es in Wolverhampton nicht wirklich viel an Sightseeing abzuhandeln, was aber nach der kleinen Sightseeingrunde in Birmingham halb so wild war. Stattdessen ging es den kurzen Fußmarsch durchs Zentrum und am Christkindlmarkt vorbei zur Ringstraße bzw. unter dieser durch zum absoluten und uneingeschränkten Highlight der Stadt: Molineux.
Für mich war es Liebe auf den ersten Blick, und es ist bis heute in meinen bescheidenen Augen das schönste Stadion unter den 92 Grounds. Die Art und Weise, wie sich Molineux an den leichten Hang anschmiegt, wie das Stadion bereits von außen trotz der offenen Ecken in sich baulich geschlossen wirkt, wie diese einem von den Straßen rund um den Ground Einblick in den Innenraum geben und wie jedes einzelne Bauteil, vom Ziegelstein zur Überdachung bis hin zu den Griffen an den Eingangstüren, in goldgelb und schwarz förmlich „Wolves" schreit, ist für mich unerreicht. Ein fantastischer Ground – und das, obwohl meine sonstige Präferenz eher auf möglichst alten Kisten liegt und Molineux in seiner heutigen Form größtenteils erst aus den frühen 90er-Jahren stammt.
Dabei spielen die „Wolves" schon seit 1889 an diesem Ort, an dem zuvor ein Hotel des Wolverhamptoner Kaufmanns Benjamin Molineux stand, Namensgeber des Stadions. Über die Jahre wurde der Ground ständig aus- und umgebaut. Der große Umbau in den 90ern ging dabei auf den Taylor-Report und die Vorgabe der Allseater-Stadien zurück. Aber selbst seit meinem Erstbesuch hat sich Molineux weiterentwickelt: In der Zwischenzeit wurde die der Stadt abgewandte Hintertortribüne, der Stan Cullins Stand, 2012 neu errichtet, mit zwei Rän-

gen und einer damit einhergehenden Kapazitätserhöhung auf etwas über 30.000 Plätze.

Die Namensgebung des Stand ist ein weiteres Beispiel für die stimmige und mit dem Klub bzw. seiner Geschichte verbundene Konzeption des Stadions. So steht hinter dem Stan Cullins Stand auch eine Statue des Managers, der die „Wolves“ in den Nachkriegsjahren zu den größten Erfolgen der Klubgeschichte führte. Dabei war Wolverhampton bereits seit Anbeginn des professionellen Fußballs Teil des Spiels: als Gründungsmitglied der Football League und als FA-Cup-Sieger 1893. Anfang des 20. Jahrhunderts folgte ein weiterer FA-Cup-Sieg 1908, an den sich aber eine sportlich wenig erfolgreiche Phase anschloss, die den Klub in den Zwischenkriegsjahren bis in die dritte Liga führte.

Kurz vor dem Zweiten Weltkrieg konnte man sich aber wieder in der First Division etablieren, ehe dann unter Stan Cullins, der zwischen 1948 und 1964 das Zepter innehatte, etliche Titel gefeiert werden konnten. Erwähnenswert sind hierbei drei Meisterschaften in den 50er-Jahren bzw. die Erfolge auf europäischem Level. Die Duelle gegen Klubs vom europäischen Festland wurden zu dieser Zeit ausschließlich auf der Basis von Freundschaftsspielen ausgetragen, erhielten aber dennoch reichlich Beachtung, allen voran die Partie der „Wolves“ gegen Honved Budapest 1954, als die Ungarn mit einigen der besten Spieler der Welt, unter anderem dem Major Ferenc Puskas persönlich, in Molineux 3:2 geschlagen wurden, nach einem 0:2-Rückstand – quasi analog zum WM-Finale des gleichen Jahres. Die Attraktivität dieser Freundschaftsspiele führte unmittelbar zur Einführung der Europapokalwettbewerbe durch die UEFA.

Nach einer weiteren prägenden Figur dieser Zeit ist die Haupttribüne benannt, diesmal nach dem Kapitän der Meistermannschaften, Billy Wright, der erster Spieler mit 100 Einsätzen für eine Nationalmannschaft wurde. Fast 500 Spiele für die „Wolves“ schlagen für Wright zu Buche. Heute steht seine Statue vor dem nach ihm benannten Stand an der Waterloo Road.

Die Namensgeber der anderen beiden Stands des Grounds sind Zeitzeugen einer schwierigeren Epoche der Wanderers. In der Saison, in der Stan Cullins 1964 entlassen wurde, stieg der Klub nach über 30

Jahren in der ersten Liga ab. Das sportliche Tief schien zunächst nur von kurzer Dauer, man kehrte in die First Division zurück, konnte sich 1972 sogar bis ins Finale des UEFA- Cups vorkämpfen und holte 1974 und 1980 den League Cup.

Zum Verhängnis wurde den „Wolves" allerdings eine Entscheidung abseits des Rasens. 1979 errichtete man einen neuen Stand an der Molineux Street, der mit Kosten von 2,5 Millionen Pfund eines der teuersten Projekte seiner Zeit darstellte. Der Klub konnte die finanzielle Belastung nicht tragen, hatte Schwierigkeiten, den Kredit zurückzuzahlen, und stand Anfang der 80er-Jahre vor dem Aus. Die „Wolves" wurden gerettet, aber trotzdem war die finanzielle Schieflage so groß, dass man drei Mal hintereinander abstieg und sich 1986 in der Fourth Division wiederfand. Zu dieser Zeit verpflichtete man den damals 21-jährigen Steve Bull von West Brom, der in der Folge 13 Jahre lang für die „Wolves" auf Torejagd gehen und über 300 Tore in klassischer Vollstreckermanier für den Klub erzielen sollte. Grund genug, ausgerechnet den verhängnisvollen Molineux Street Stand in „Steve Bull Stand" umzubenennen.

Mehr noch als die Tore von Steve Bull sorgten aber die Namensgeber des Hintertor-Stands Richtung Innenstadt dafür, dass der Klub aus der schwierigen Phase der 80er-Jahre herausfand. Plural in diesem Fall, da der Stand, der so etwas wie die Heimtribüne der „Wolves"-Fans darstellt, über die Jahre den Namen wechselte: 1993 wurde die legendäre South Bank, eine klassische Stehplatz-Terrace, eine der größten ihrer Art in England, durch die heutige Tribüne ersetzt und nach Jack Harris benannt. Bei Harris handelte es sich um den Vorsitzenden des Klubs, der 1986 die Geschicke eines insolventen Teams übernahm und erheblichen Anteil daran hatte, dass die „Wolves" nicht den Spielbetrieb einstellen mussten.

1990 trat dann ein anderer Glücksfall für den Klub ein: Der Geschäftsmann Jack Hayward erwarb den Klub für etwas mehr als 2 Millionen Pfund. In den folgenden Jahren steckte Hayward unfassbare 70 Millionen Pfund seines Privatvermögens in die „Wolves", von denen er seit Kindestagen ein Anhänger war. Er sanierte somit den klammen Klub, modernisierte das in die Jahre gekommene Stadion und sorgte für eine schlagkräftige Truppe auf dem Feld – immer mit dem Ziel, aus den Wanderers wieder ein Topteam des englischen Fußballs zu machen. Dies gelang nur bedingt: Man konnte zwar für die Saison 2003/04 in die Premier League zurückkehren, stieg allerdings umgehend wieder ab. Das war die einzige Spielzeit in der Eliteklasse unter Haywards Regentschaft, der den Klub 2007 weiterverkaufte. Nach seinem Tod 2015 gab es keinerlei Diskussionen, dass der „Jack Harris Stand" in „Sir Jack Hayward Stand" umbenannt werden würde, was zur Saison 2015/16 geschah – sogar bei einem Match, das ich besuchte.

Bei meinem Molineux-Erstbesuch knappe zehn Jahre zuvor hatte ich jedenfalls noch ein Ticket für den „Jack Harris Stand" und begab mich nach der obligatorischen Stadion- und Fotorunde auf meinen Platz. Schnell wurde klar, dass ich inmitten von recht frenetischen „Wolves"-Fans gelandet war, die sich zum einen weitgehend mit Vornamen kannten – wohl alles Dauerkarteninhaber –, zum anderen schon ganz gut einen getankt hatten und recht lautstark supporteten. So richtig passte ich nicht in die Runde, ich verhielt mich also möglichst unauffällig und ließ die Kamera lieber stecken.

Die Atmosphäre war jedenfalls prächtig, alles eingeleitet durch die „Wolves"-Hymne „Hi Ho Silver Lining" von Jeff Beck, wobei die „Wolves"-Fans hier das „Silver Lining" des 60er-Jahre-Schlagers durch ein lautstarkes „Wolverhampton" ersetzen. Das Lied wird vor jedem Heimspiel gespielt und sorgt für Gänsehaut pur, so auch an diesem Tag, mit knappen 27.000 Zuschauern im Ground. Ein weiterer stimmungsfördernder Faktor war der Gegner des Tages, kein Geringerer als einer der gemeinhin meistgehassten Klubs des Landes: Leeds United. Leeds hatte ganz ordentlich Auswärtsfans dabei, der komplette Unterrang des Steve Bull Stand war mit mitgereisten Anhängern aus Yorkshire gefüllt. Akustisch kamen diese aber nicht gegen die Leeds-Hassgesänge der „Wolves"-Fans an. Allen voran wurde „We all fucking hate Leeds" in der Dauerschleife intoniert, wohlgemerkt nicht der etwas verbreitetere „We all hate Leeds scum"-Chant. Als dann die Hausherren in der 38. Minute durch Ionel Ganea in Führung gingen, wurde die letzte Support-Stufe gezündet. Alles in allem eine hervorragende Stimmung, Molineux diesbezüglich immer ein Highlight. Vom Spiel

her tat sich allerdings nicht mehr viel. Ein 1:0-Heimsieg beendete diesen schönen Spielbesuch.
Nach dem Match schaute ich, von Molineux begeistert, im Fanshop in der Fußgängerzone der Innenstadt vorbei und gönnte mir ein T-Shirt mit einem Bild des Stadions als Aufdruck. Im Anschluss wartete der Bus zurück nach London, wo ich nach drei Stunden Fahrzeit wieder an der Victoria Station stand. Gleichzeitig war Molineux mein letzter neuer Ground während der Praktikumszeit. Ich nahm danach zwar noch ein paar schöne Matches mit, unter anderem einen Silvesterkick an der Brisbane Road oder zwei klasse Partien der FA-Cup-Runde am ersten Januar-Wochenende, aber alle in bereits zuvor besuchten Londoner Stadien.
In jedem Fall waren meine vier Monate in London eine tolle Erfahrung. Aus Fußballsicht ohnehin: 35 besuchte Spiele in 17 verschiedenen Grounds, davon 13, die später auf dem Weg zu den 92 schlagend werden würden. Aber auch außerhalb der Stadien konnte ich auf eine schöne Zeit zurückblicken. Die Arbeit war ganz okay, wenn auch durch die Wochenendschichten recht üppig. Trotzdem überwog der Spaß, gerade mit den anderen Jungs aus dem Office. Und außerdem war es natürlich toll, ein paar Monate in London leben zu können – mit allen Vor- und Nachteilen, die diese Stadt so mit sich bringt. Jedenfalls konnte ich recht tief eintauchen in die englische (Fußball-) Kultur, hatte alles Material zusammen für mein Projekt fussballinlondon.de und den Hunger auf Inselfußball erst einmal gestillt. Mission accomplished!

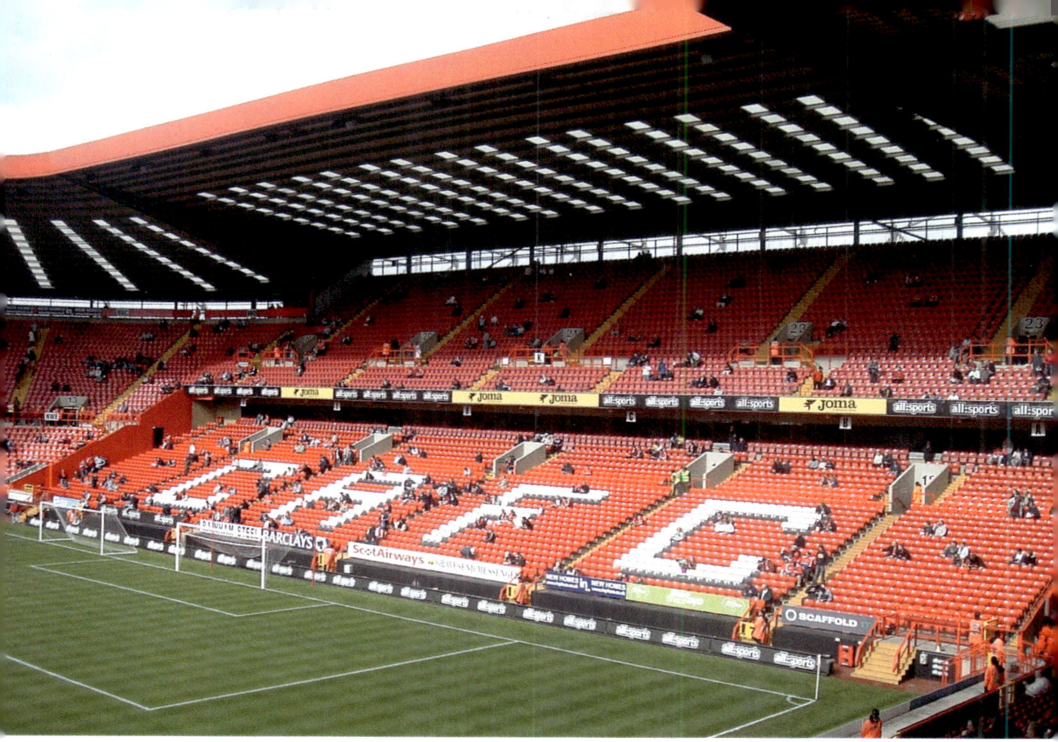

oben: [1] The Valley, Charlton Athletic / unten: [2] Selhurst Park, Crystal Palace

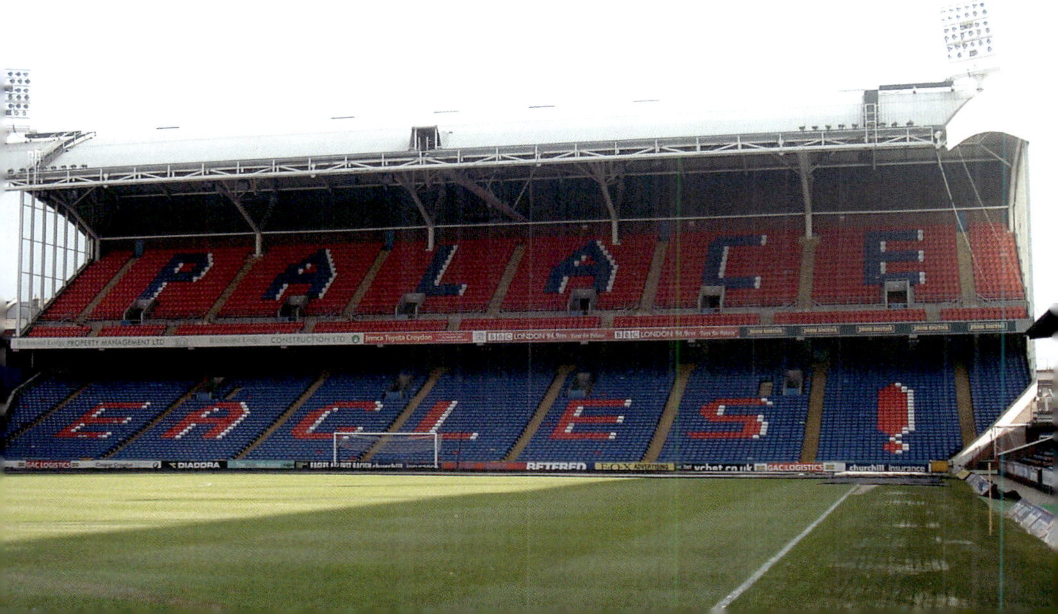

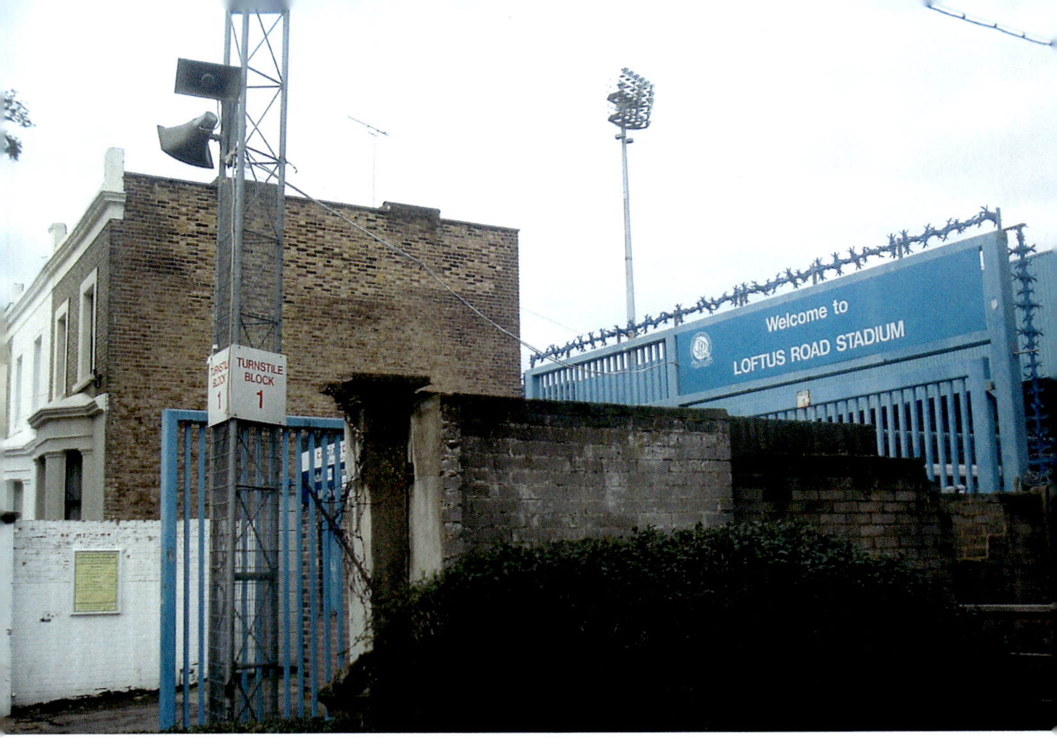

oben: [3] Loftus Road, Queens Park Rangers / unten: [4] Upton Park, West Ham United (bis 201

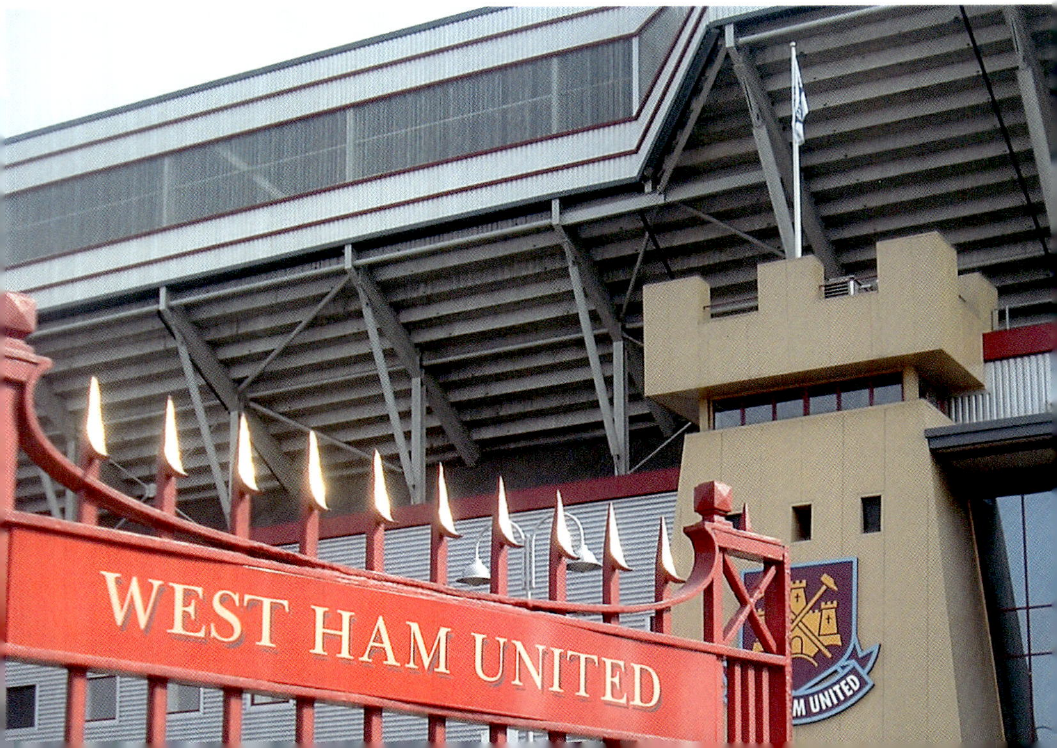

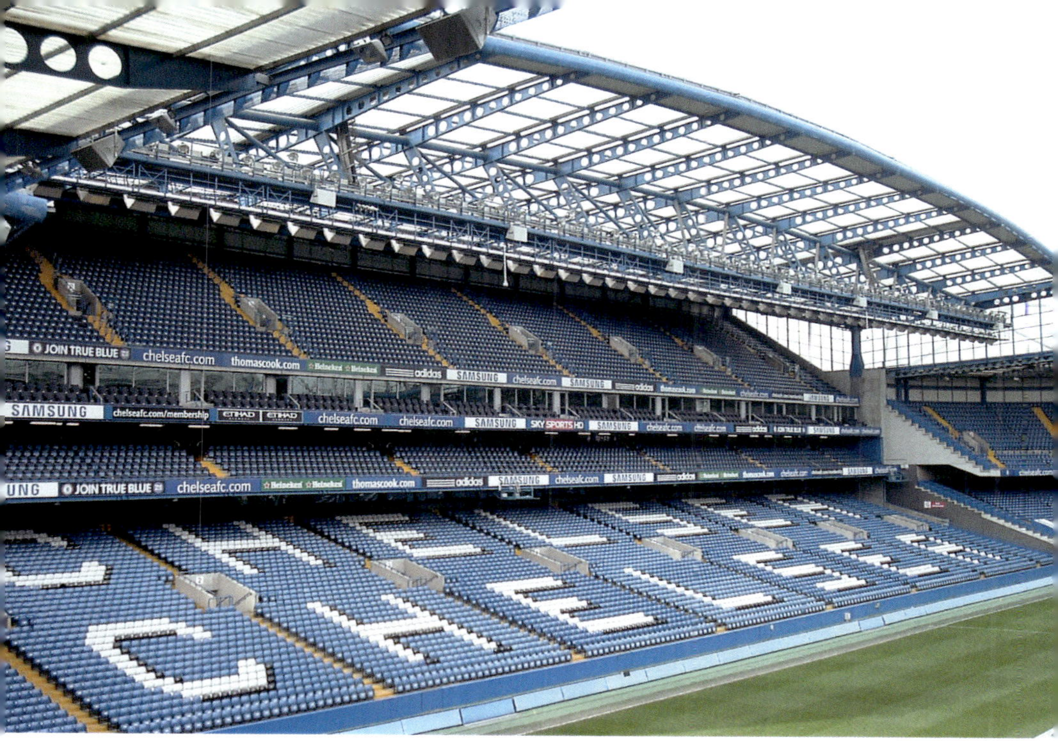

oben: [5] Stamford Bridge, Chelsea FC / unten: [6] Griffin Park, Brentford FC

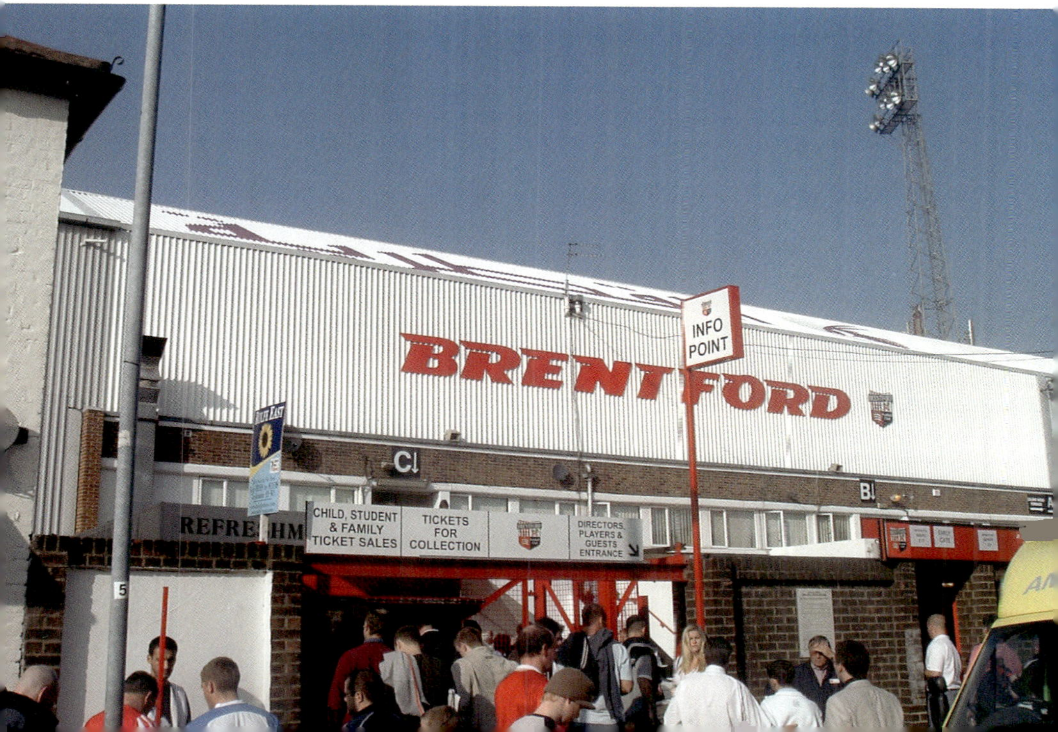

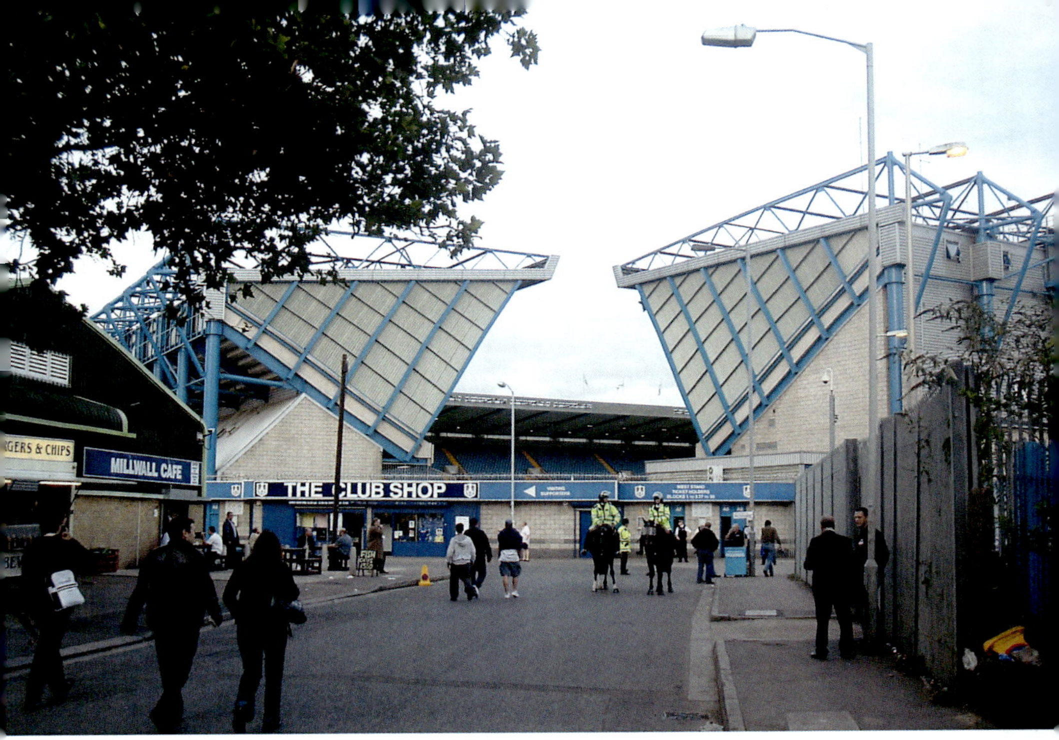

oben: [7] The (New) Den, Millwall FC / unten [8] Matchroom Stadium (Brisbane Road), Leyton Orient FC

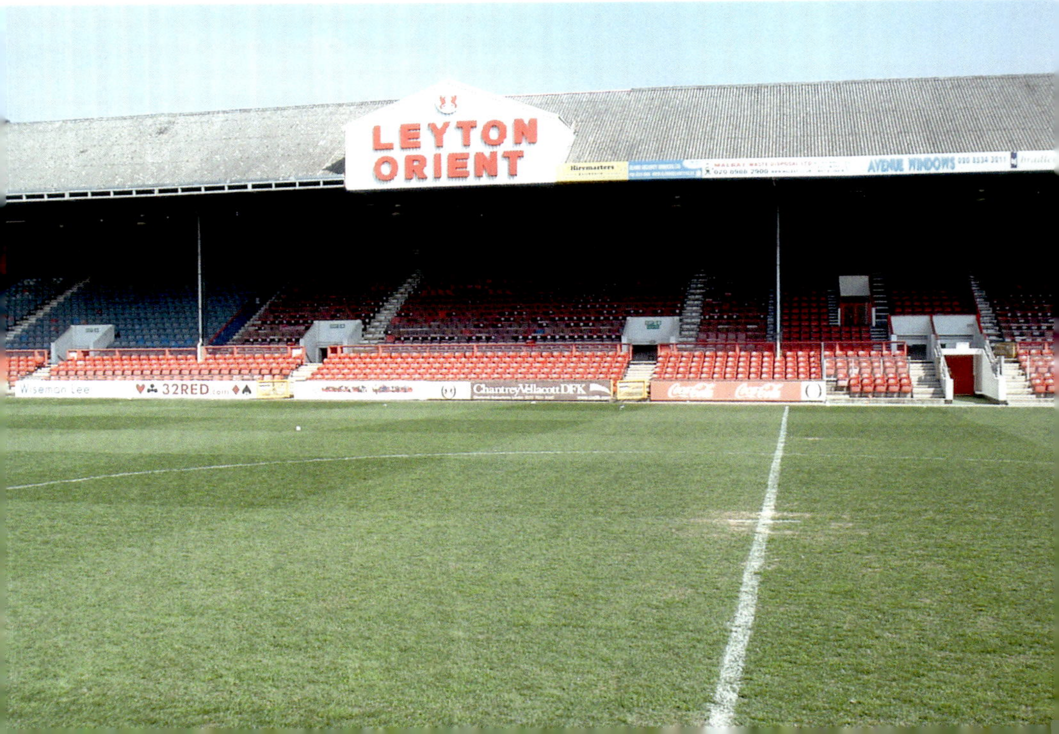

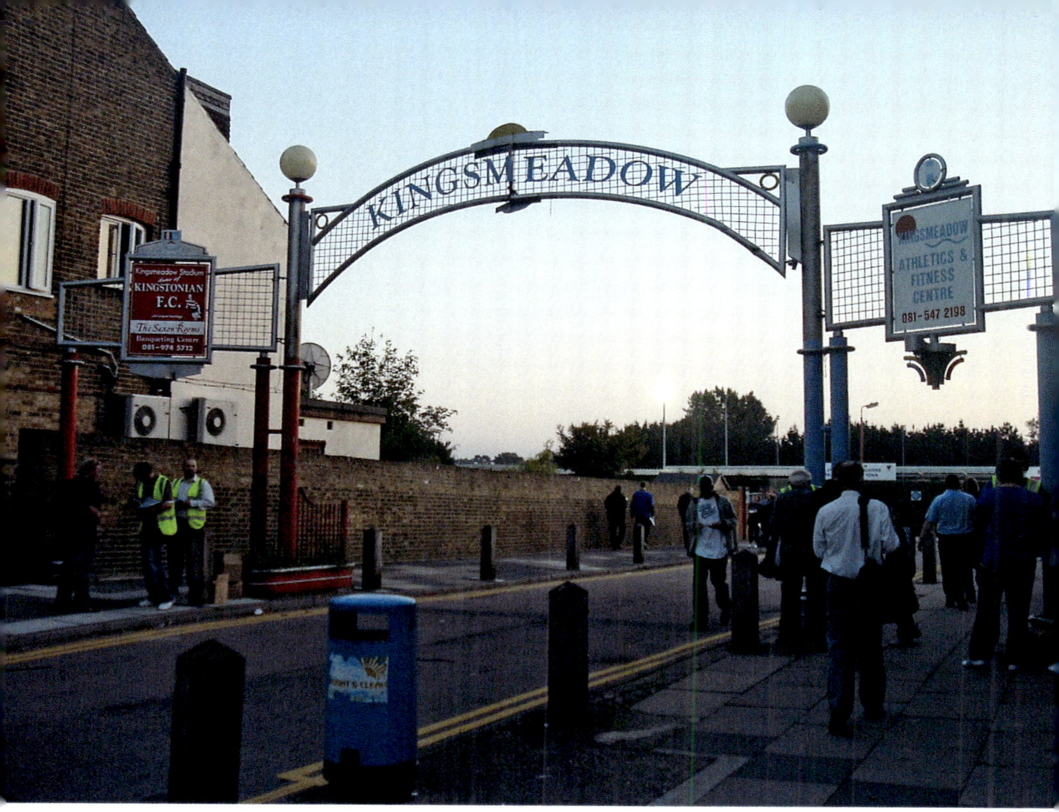

oben: [9] Kingsmeadow, AFC Wimbledon / unten: Hackney Marshes, London

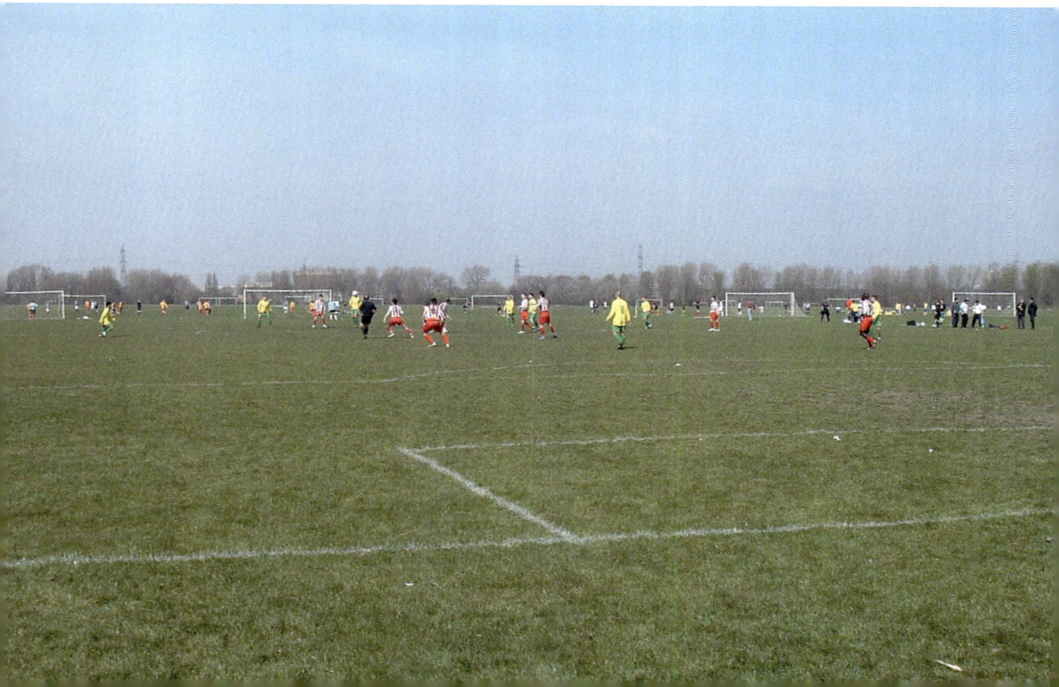

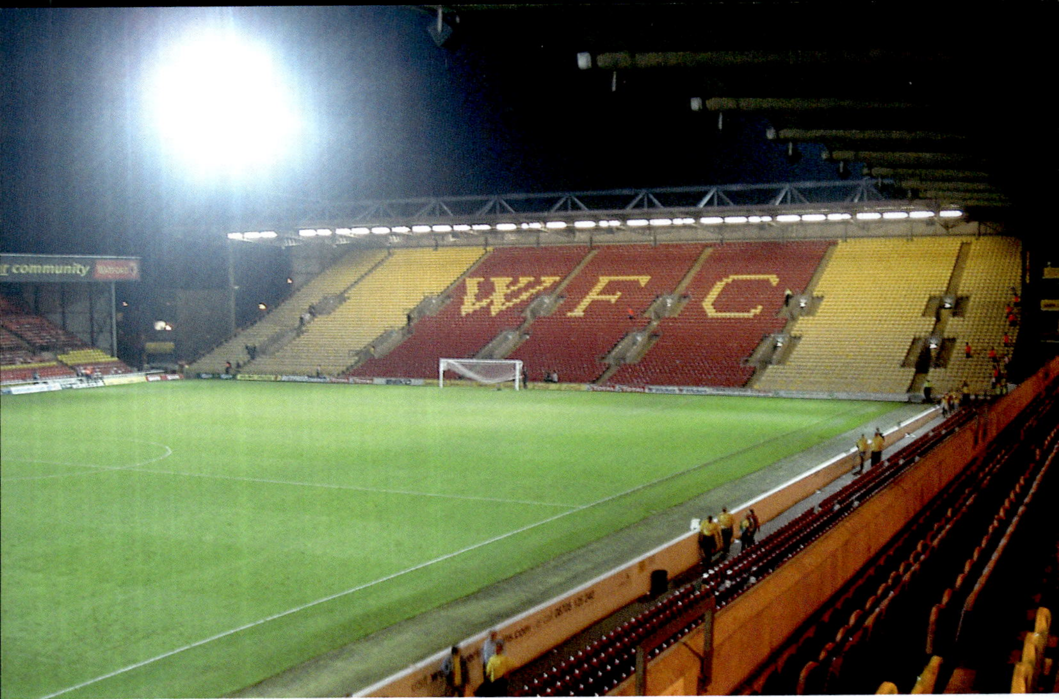

oben: [10] Vicarage Road, Watford FC / unten: [11] Craven Cottage, Fulham FC

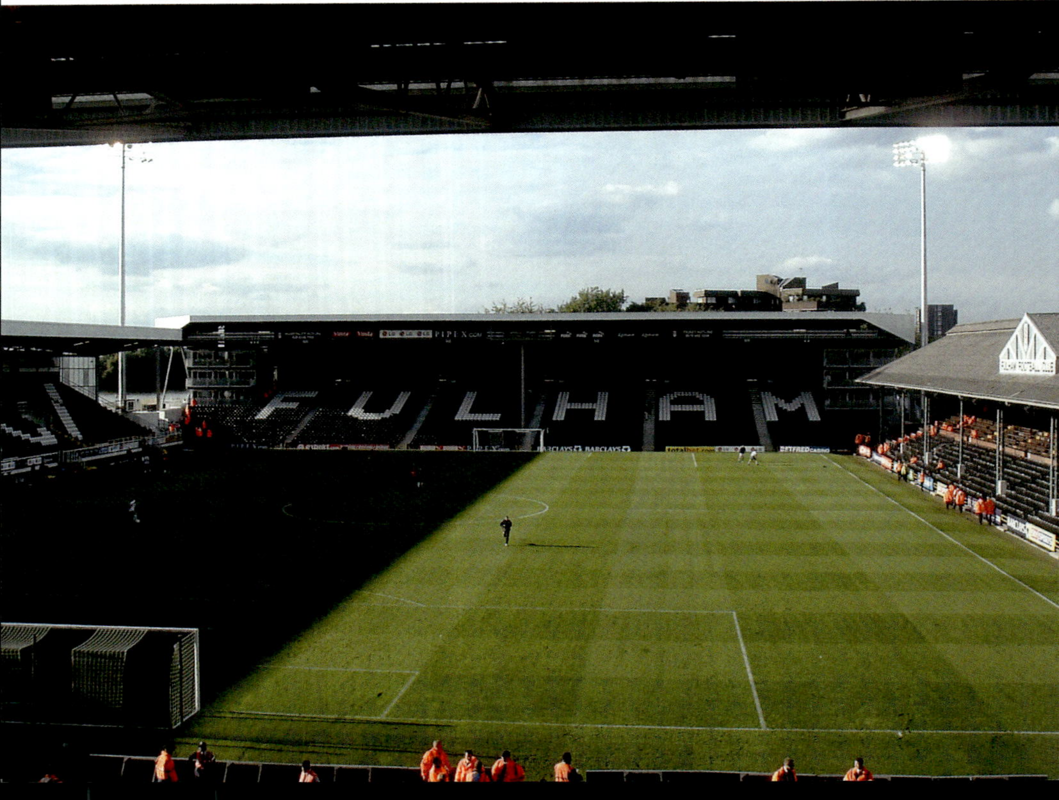

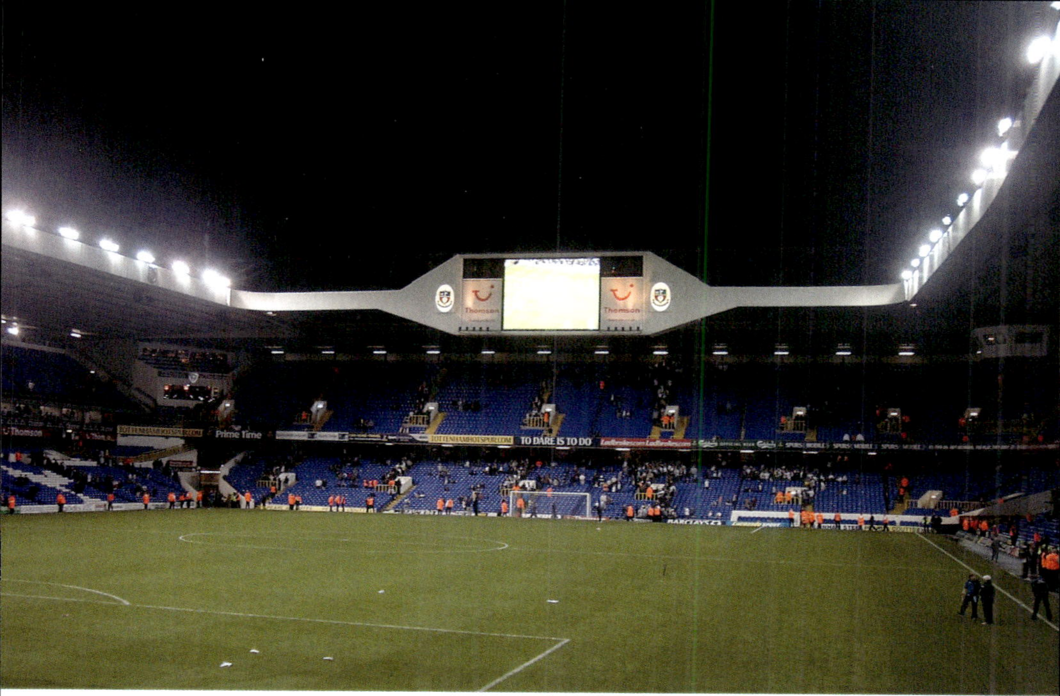

oben: [12] White Hart Lane, Tottenham Hotspur (bis 2017) / unten: [13] Victoria Road, Dagenham & Redbridge

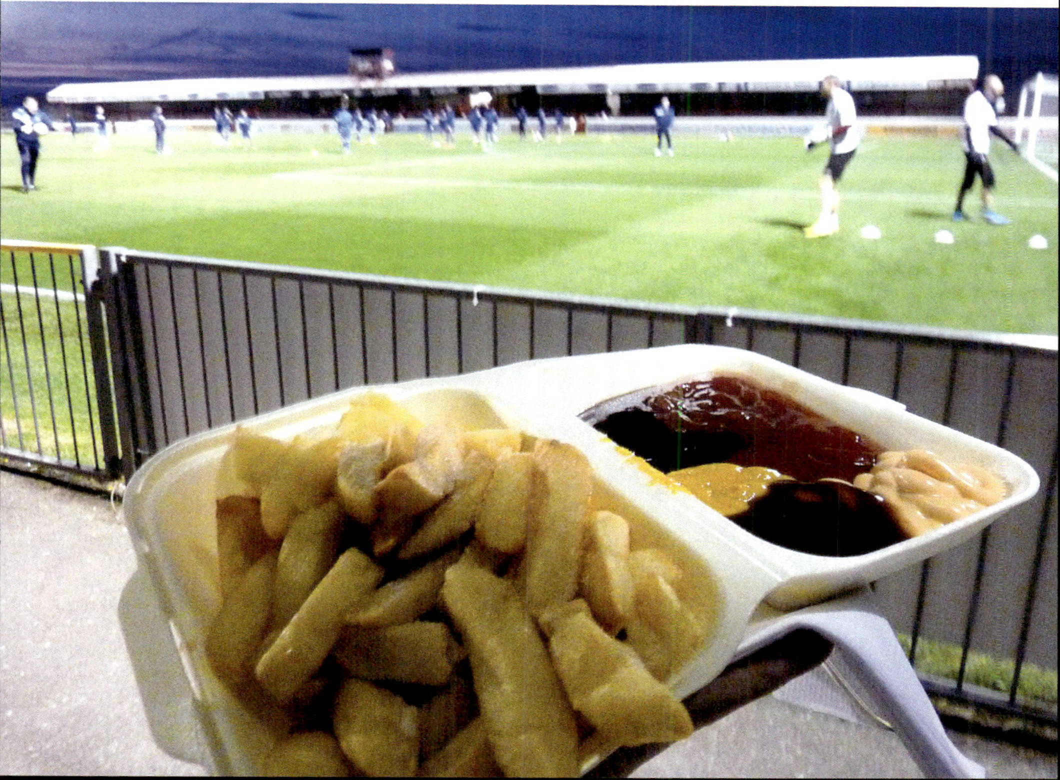

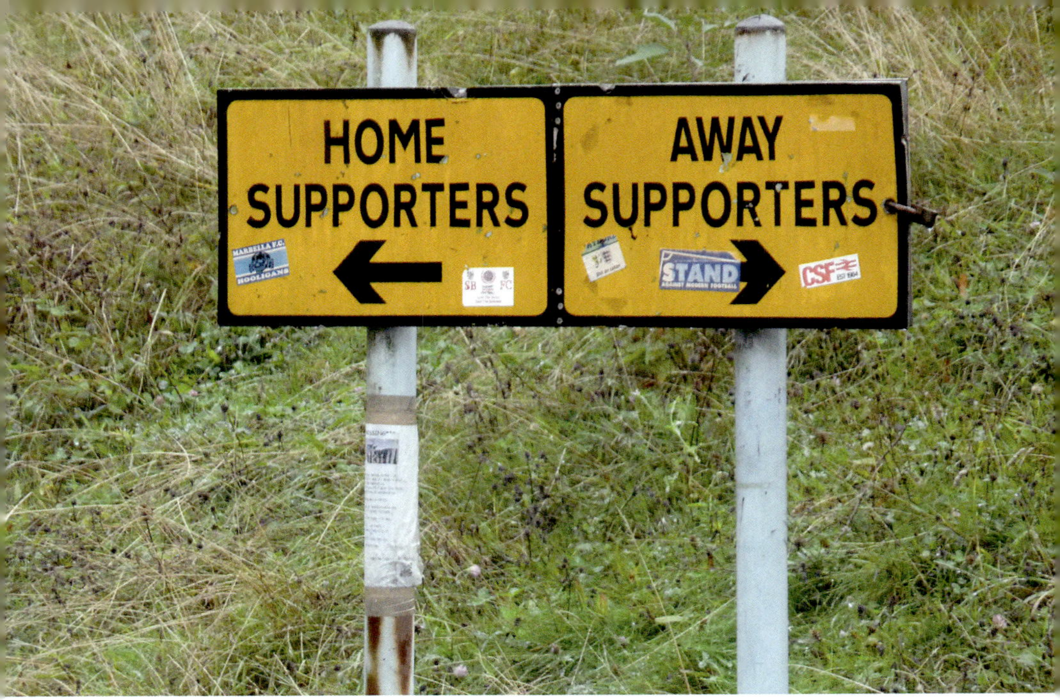

oben: [14] Broadhall Way, Stevenage Borough / unten: [15] Pride Park, Derby County

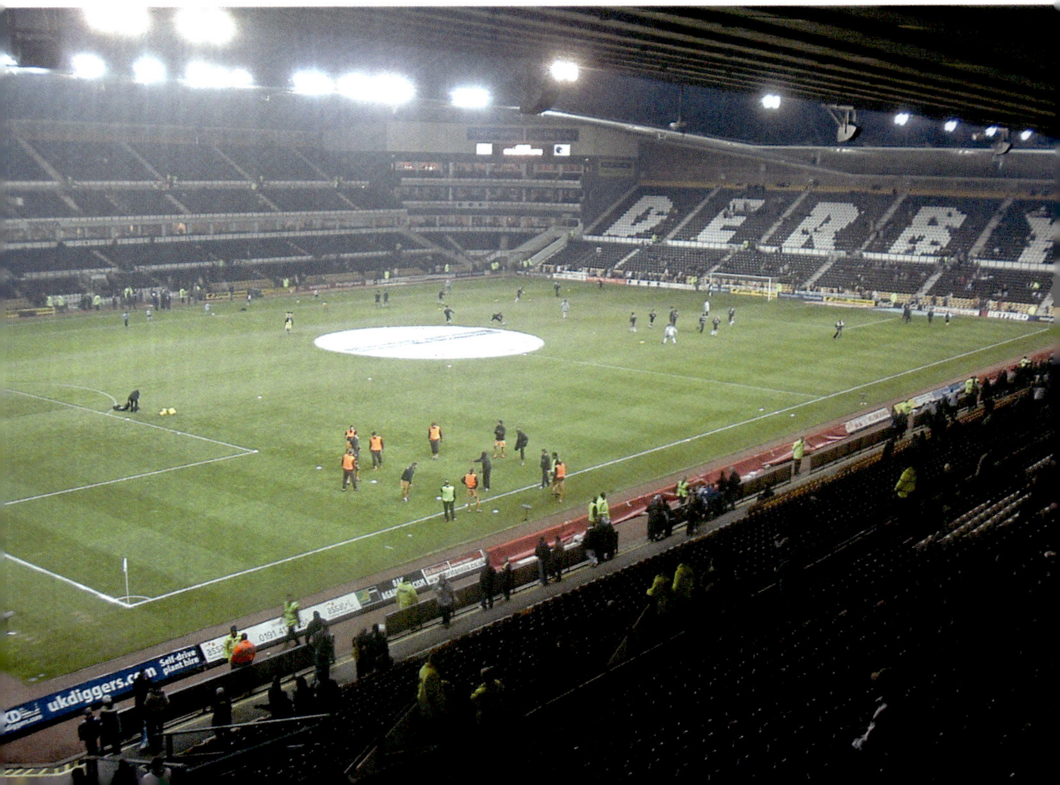

[16] City Ground, Nottingham Forest

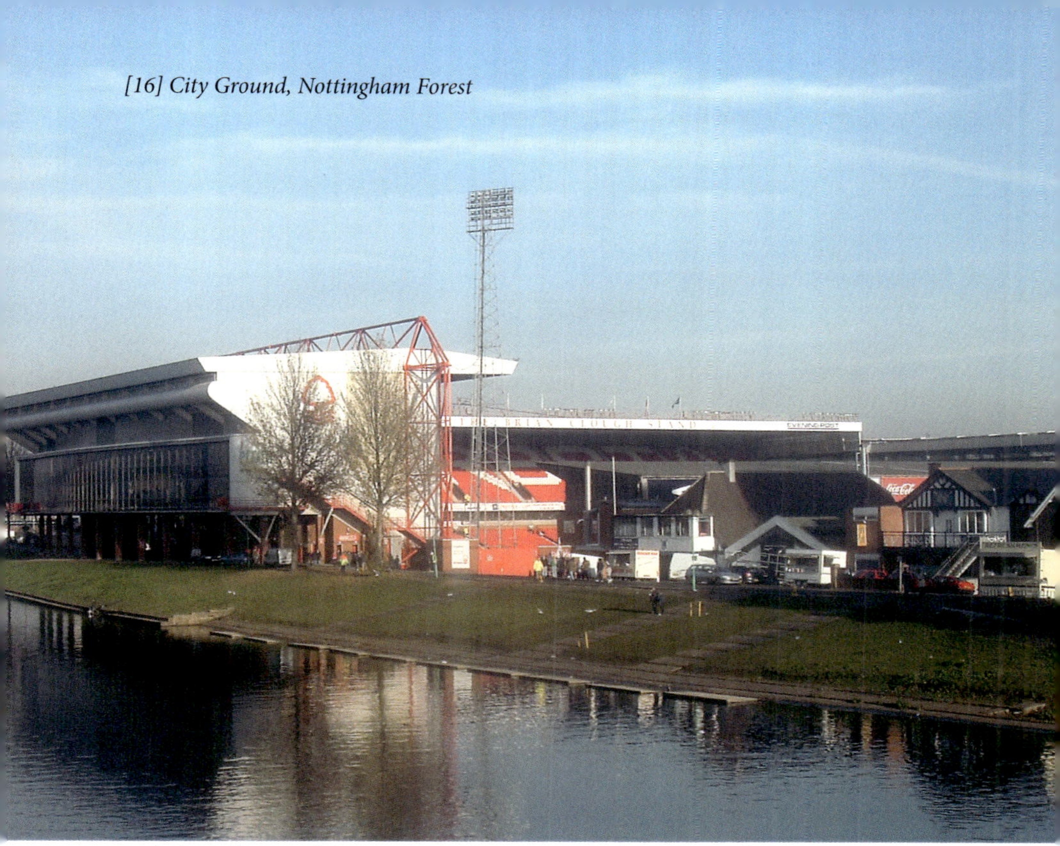

unten links: Robin Hood-Statue, Nottingham / unten rechts: Ales im ältesten Pub Englands

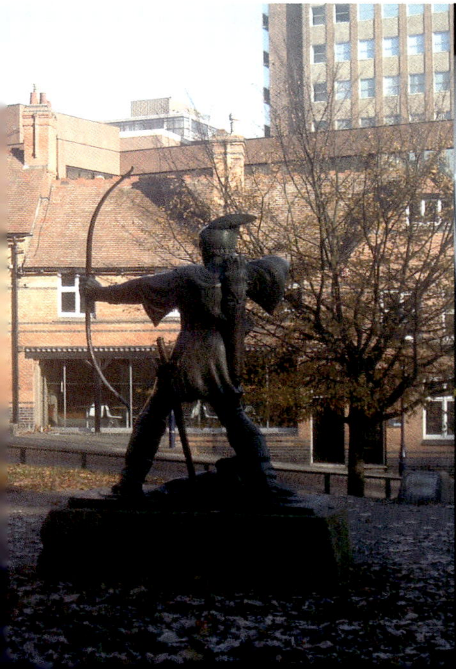

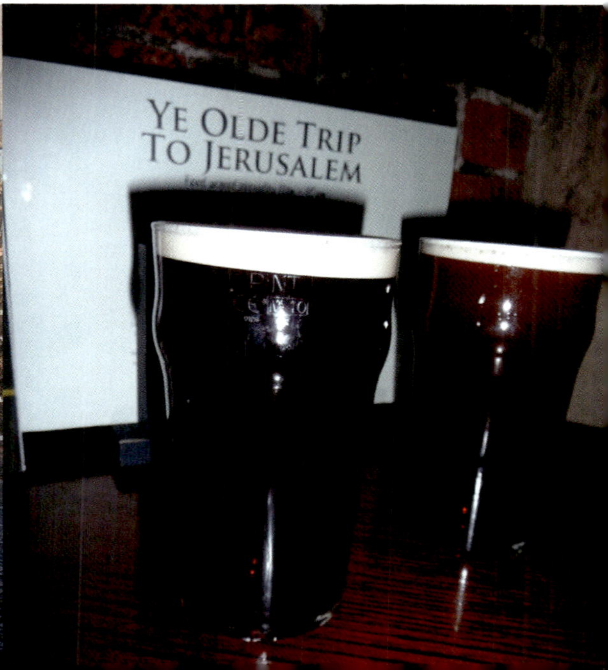

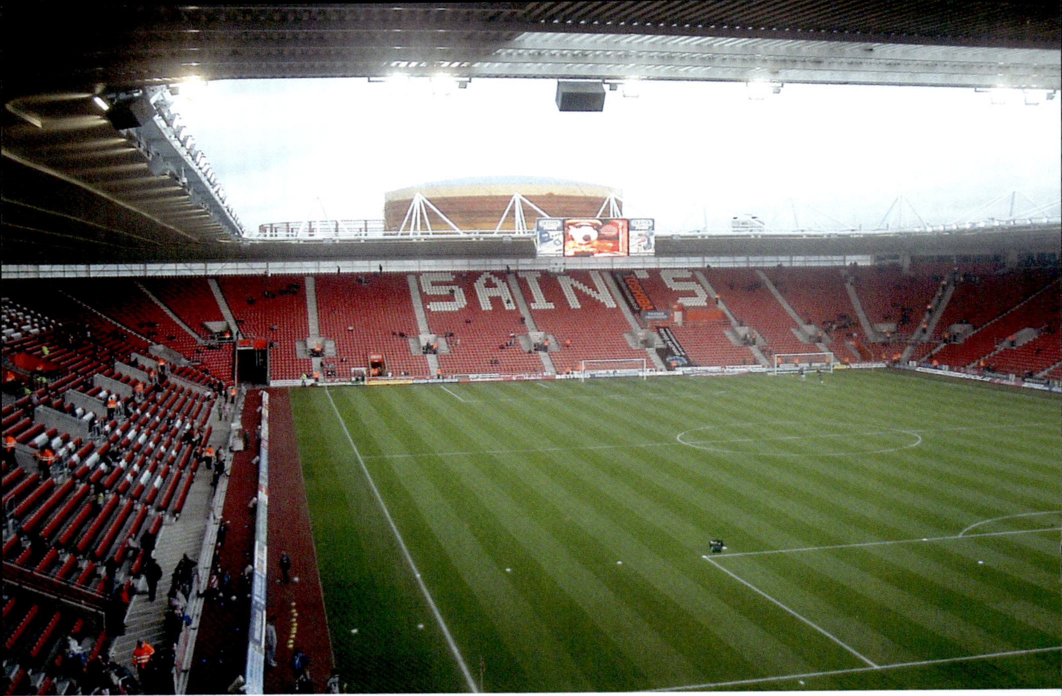

oben: [17] St. Mary's Stadium, Southampton FC / unten: [18] Roots Hall, Southend United

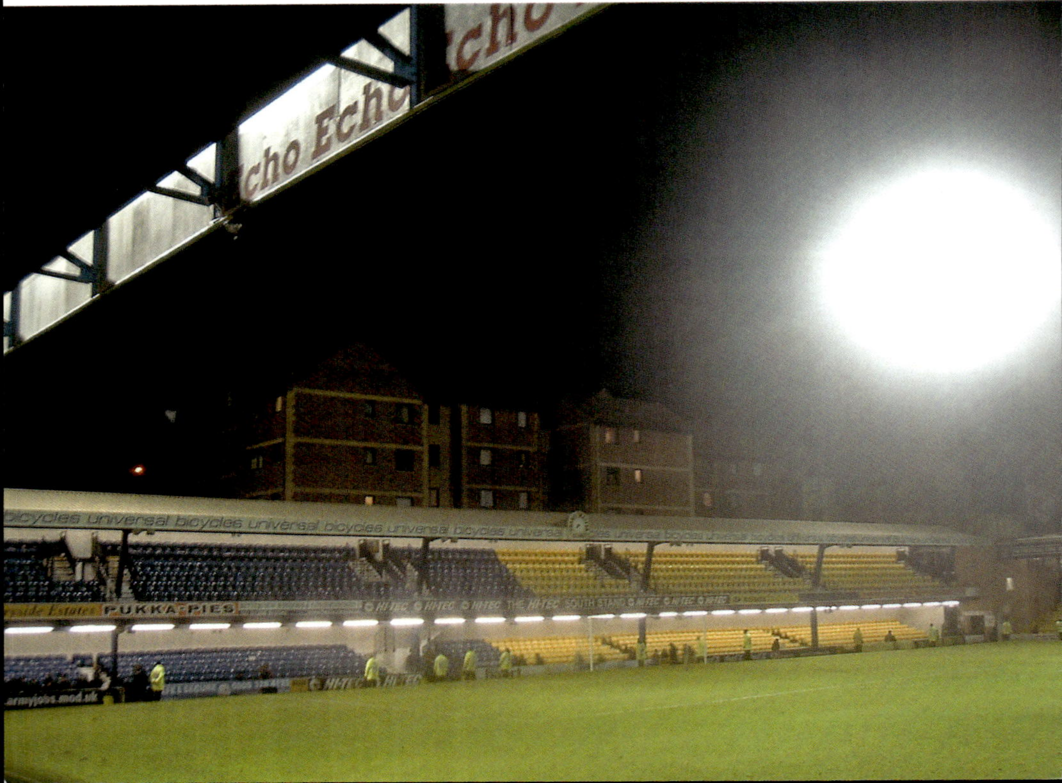

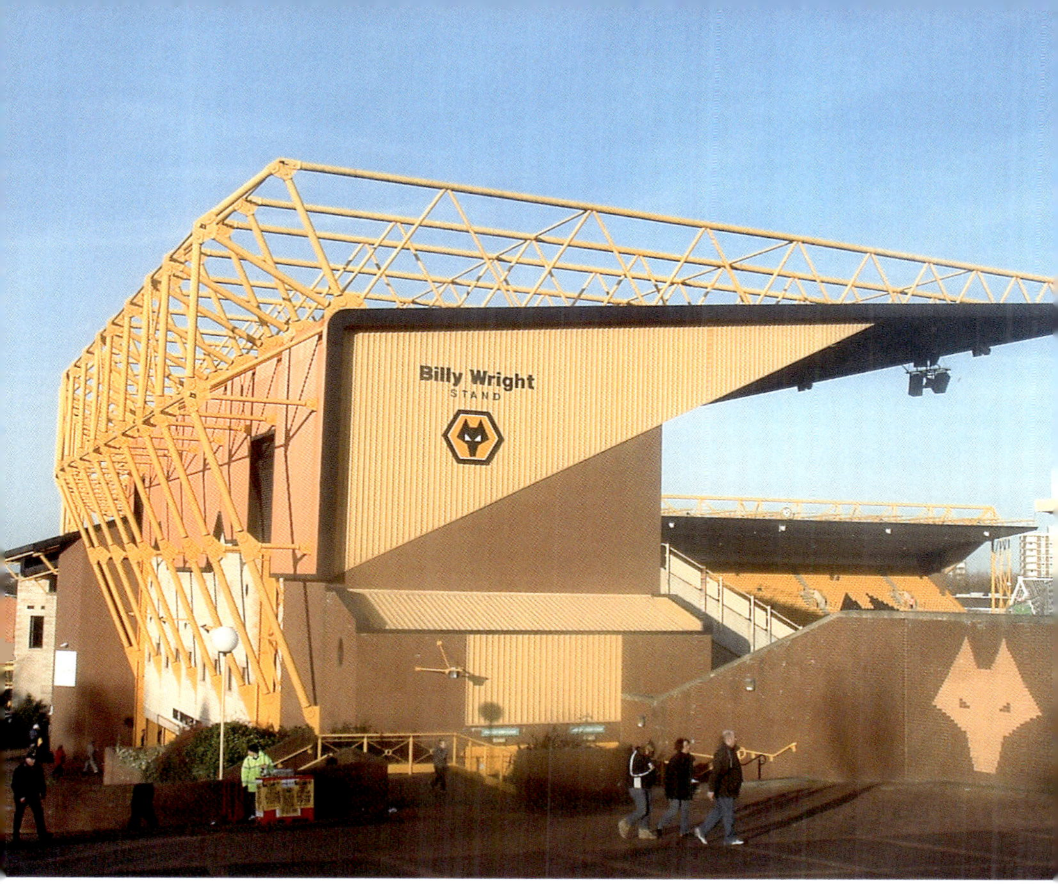

oben: [19] Molineux, Wolverhampton Wanderers / unten: Bahnhof St Pancras, London

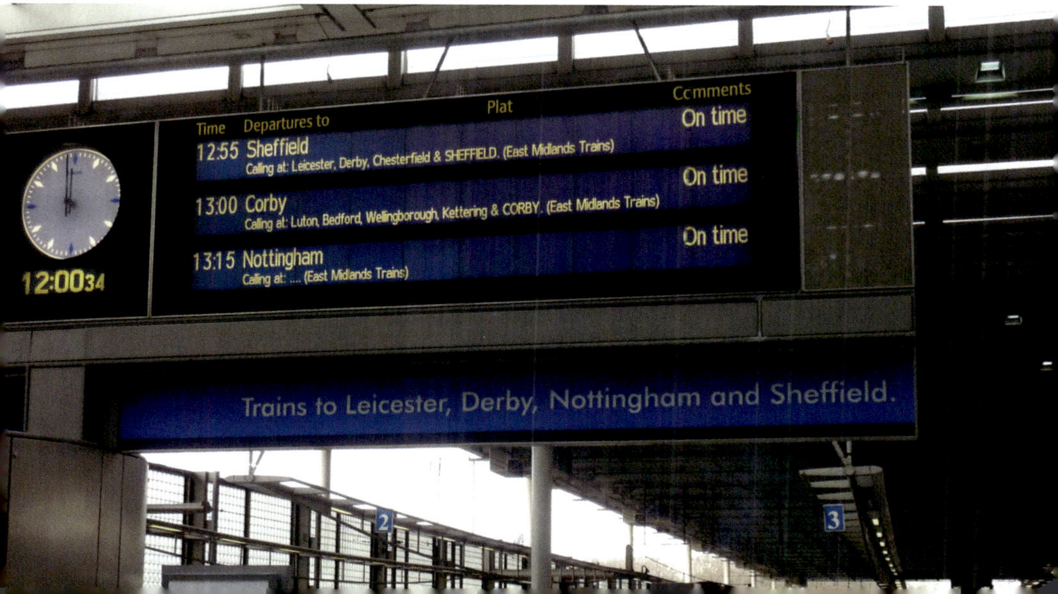

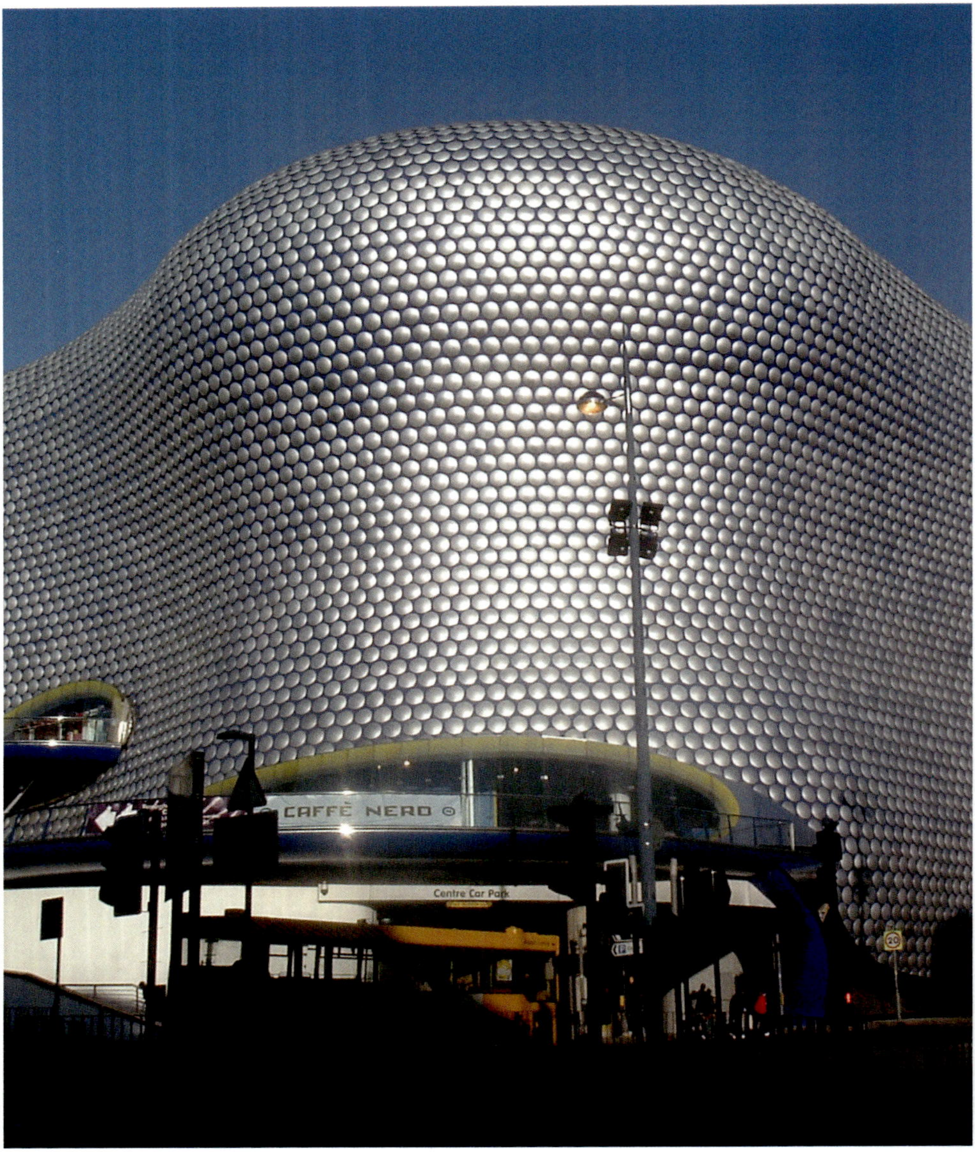

Bullring Shopping Centre, Birmingham

20. Salt and Lineker

06.04.2007, Walkers Stadium, Championship
Leicester City – Derby County, 1:1, 24.700 Zuschauer

Knappe eineinhalb Jahre waren seit meinem Praktikum in London vergangen. Ich war alles andere als untätig, studierte weiter vor mich hin, besuchte in Sachen Fußball einige Nachbarländer und bastelte ansonsten an meinem Projekt fussballinlondon.de, das ich im Februar 2007 nach langer Arbeit endlich live stellen konnte und das sich sogleich großer Beliebtheit erfreute. Gleichzeitig wurde klar, dass ich zur Perfektionierung der Website noch einmal in London vorbeischauen musste, um ein paar Fotos zu machen. Außerdem wurmte es mich, dass ich mit Wycombe noch einen Ground in unmittelbarer Nachbarschaft zu London nicht gesehen hatte. Ergo kratzte ich mein Studentenbudget zusammen, buchte einen Flug mit Air Berlin von Nürnberg nach Stansted übers Osterwochenende und hatte die erste Inseltour seit langem am Start.
Die Planung gestaltete sich von Beginn an etwas holprig, gerade was die Spielansetzungen anging. Es war lange nicht wirklich klar, welche Matches am Karfreitag stattfinden würden. Die Premier-League-Partie ManCity gegen Charlton sah allerdings recht fix aus, Problem war die An- und Abreise, da aufgrund von Bauarbeiten bestimmte Zugstrecken gesperrt waren und man eine längere Strecke mit dem Schienenersatzbus hätte bewältigen müssen. Ich entschied mich trotzdem dafür, buchte die Zug-Tickets für einen nicht ganz unerheblichen Preis und bemerkte nach dem Bestellvorgang, dass die Tickets scheinbar per Post zugestellt werden. Der Haken an der Sache: Ins Ausland werden prinzipiell keine Tickets verschickt. Wo auch immer die Tickets gelandet sein mögen, ich weiß es nicht, ich habe sie nie zu Gesicht bekommen. Selbst der Versuch, über die Kunden-Hotline irgendetwas zu regeln, wurde zum Boomerang. Nicht nur, dass man mir nicht helfen konnte oder wollte, der Preis fürs Telefonat bewegte sich ob der Gebühren noch mal in der Höhe des Zug-Ticket-Preises. Wieder eine Lektion gelernt. Der Ärger relativierte sich insoweit, als dass zwischenzeitlich

einige andere Spiele auf den Freitag gelegt wurden, unter anderem eine ansprechende Partie in Leicester. Ich haute also den ManCity-Plan in die Tonne und buchte stattdessen den kostengünstigen Bus in die Midlands.

So stand ich dann am späten Karfreitagvormittag in Leicester am Busbahnhof und hatte einige Zeit totzuschlagen, ehe das Spiel begann. Ich begab mich auf eine Runde durch die Stadt, die sich in einem gewissen Spannungsverhältnis befindet. Leicester (übrigens ausgesprochen „Läster“, nicht „Lietschester“ oder Ähnliches ...) ist eine der ältesten Städte Englands, deren Ursprünge bis in die Zeit vor Christus zurückgehen. Im Zentrum gibt es noch zahlreiche alte Gebäude, und selbst modernere Gebäude haben ab und an eine historische Note. So wurde 2012 der Leichnam von König Richard III., der 1485 in der Schlacht von Bosworth fiel, unter einem Parkplatz in der Innenstadt gefunden. Den letzten Boom der Stadtgeschichte erlebte Leicester in den Zwischenkriegsjahren. Die solide Industrie-Infrastruktur machte die Stadt zu einer der reichsten in Europa. Dies hatte zur Folge, dass eine große Anziehungskraft für Immigranten entstand und besonders nach dem Zweiten Weltkrieg eine massive Ansiedlung von Flüchtlingen stattfand. Heute steht Leicester daher allen voran für kulturelle Vielfalt mit dem etwas zweifelhaften Prädikat, keine „white British majority“ mehr zu haben, sprich in der Stadt leben weniger weiße Briten als Immigranten aus dem Rest der Welt – verbunden mit allen Vorzügen und Problemen, insbesondere als die einst starken Industrieunternehmen schwierigere Zeiten zu meistern hatten. Eines der wenigen Unternehmen, das sich ungeachtet der Konjunktur prächtig entwickelte, ist der Chips-Gigant (oder Crisps, wie der Engländer sagen würde) Walkers. 10 Millionen Packungen laufen in Englands größter Chipsfabrik täglich vom Band.

Einer der Werbeköpfe für Walkers – und hier schließt sich wieder der Kreis zum Fußball – ist der berühmteste Sohn der Stadt: Gary Lineker. Lineker wurde in Leicester geboren und absolvierte fast 200 Spiele für Leicester City, ehe er zu größeren Klubs weiterzog, unter anderem zu den „Spurs“ und zu Barca. Heute moderiert Lineker „Match of the Day“, die englische Version der „Sportschau“, und konnte sich so mit

seinem Spielerimage als Sonnyboy eine Karriere jenseits des Fußballplatzes sichern. In seiner gesamten Karriere kassierte Lineker keine einzige gelbe oder rote Karte, wohingegen der Einwand steht, dass in den 80er- und 90er-Jahren Stürmer im Grunde nirgendwo auf dem Feld auftauchten, wo es auch nur ansatzweise ein gelbwürdiges Foul hätte geben können. Wie auch immer, die Sympathiewerte für Lineker waren und sind jedenfalls groß und so machte sich Walkers Gedanken, wie man die Person bestmöglich zu Werbezwecken einsetzen könnte. So wurde kurzerhand aus den leckeren „Salt & Vinegar" Chips „Salt & Lineker" Chips. Well played!
Lineker hat zudem erheblichen Anteil daran, dass Leicester City heute professionellen Fußball spielt. Die Verbundenheit mit dem Heimatklub war 2002, als City kurz vor der Pleite stand, so groß, dass Lineker einsprang und mit einem Konsortium den Klub übernahm. Es wäre auch wirklich schade um den Traditionsklub gewesen. Bereits seit 1894 spielte Leicester in der Football League, zu Beginn unter dem Namen „Leicester Fosse", angelehnt an den ehemaligen „Fosse Road" Ground, in dem der Klub in seinen Anfangstagen kickte. In seiner Geschichte stieg Leicester City mehr als zehn Mal in die höchste Spielklasse auf und hielt sich dort insgesamt 50 Jahre. Anfang der 2000er sah es so aus, als könnte man sich endgültig als Topadresse etablieren. Nach zwei Triumphen im League Cup 1997 und 2000 spielte man international, verließ nach über hundert Jahren das altehrwürdige Stadion, die Filbert Street, und zog ins nagelneue Walkers Stadium um. Die Kosten des Stadions, ein Ausfall von TV-Geldern und allen voran Misswirtschaft brachen dem Klub aber das Genick. Ein Abstieg bis in die dritte Liga folgte und es dauerte Jahre, bis sich der Klub erholte.
Auf dem Karfreitags-Programm stand Leicester City gegen Derby. Eine sehr schöne Partie: wegen der geografischen Nähe beider Klubs plus der Tatsache, dass mit Derby der Tabellenführer anreiste. Ich machte mich also zu gegebener Zeit vom Zentrum zu Fuß auf Richtung Walkers Stadium, nahm noch das sehr nette Rugbystadion, Heimstätte der Leicester Tigers, am Weg mit und stand eine Stunde vor Spielbeginn vorm Ground. Die übliche Runde ums Stadion brachte mich zum Fanshop. Hier gab es das aktuelle Auswärtstrikot der „Foxes", wie Leicester

seit den Nachkriegsjahren aufgrund der Tatsache, dass ein Fuchs ins Logo integriert wurde, genannt wird, für unschlagbare 5 Pfund. Gesehen, gekauft, wie so oft nie getragen. Nun ja.
Außer mir waren allen voran Derby-Supporters angereist, der Gästeblock deutlich dichter besetzt als der restliche Ground. Gute 30.000 Zuschauer passen ins Walker Stadium, ein klassischer einrangiger Neubau im Stil der 2000er-Jahre, der vom Flair her nicht mit den alten Kisten mithalten kann. Was die Atmosphäre anging, waren für die Stimmung fast ausschließlich die Gästefans verantwortlich, zumal Derby in der ersten Hälfte in Führung ging. Durchs gesamte Spiel hindurch tauschten Heim- und Gästefans an der Abgrenzung zum Gästesektor verbale Nettigkeiten aus, ein paar Leute wurden von den Stewards in der Folge aus dem Verkehr gezogen, aber unterm Strich nichts Ernstes. Erst als Leicester in der 68. Minute ausglich, erwachten die Heimfans etwas. Am Ende blieb es beim 1:1 und ein alter Bekannter musste für Leicester 90 Minuten auf der Bank schmoren: Ex-Bayern-Nachwuchshoffnung Eric Nisse Johansson, der zuerst nach Nürnberg musste, ehe ihn der Club für Unsummen nach England verschacherte.
Mit einem guten ersten Tourspiel und einem Trikot im Gepäck ging es zurück in die Innenstadt, wo ich erst mal im örtlichen Wetherspoon „Corn Exchange“ Abendessen fasste und ein Pint für sensationelle 1,90 Pfund genoss. Danach wartete der Bus nach London und das Zehnmannzimmer im Piccadilly Hotel, das ich in einem Anflug nostalgischer Gefühle ob unseres Männertrips 2003 gebucht hatte. Ein Spiel im Sack, zwei noch vor mir.

21. Die Stuhljungs aus Buckinghamshire

07.04.2007, Adams Park, League Two
Wycombe Wanderers – Shrewsbury Town, 1:1, 5.300 Zuschauer

Wenig überraschend war die Nacht im Zehner-Hostelzimmer nicht wirklich erholsam. An Schlaf war nur bedingt zu denken: ein reges Kommen und Gehen, dazu fantastisches Publikum, unter anderem motivierte Sightsee'er, die ab 7 Uhr auf der Matte standen. Aber Hauptsache, ich hatte ein paar Euro bzw. Pfund gespart mit dem günstigen Quartier. Etwas übermüdet startete ich also zum Tagesordnungspunkt Fußball. Seit jeher hatte ich einen Besuch in Wycombe auf dem Radar, einem Klub im Londoner Umland, den ich leider während des Praktikums auslassen musste. An dem Tag war es dann aber endlich so weit und mit dem Zug ging es die kurze Fahrt in den Süden der Grafschaft Buckinghamshire, nach High Wycombe.

Die Grafschaften sind ein englisches Thema für sich und gehen, wie der Name bereits andeutet, auf das monarchische System zurück. Einige Grafschaften existieren als Gebietseinheit seit vielen hundert Jahren, andere wurden erst in der nahen Vergangenheit als Verwaltungsbezirk mehr oder weniger künstlich definiert, nicht zuletzt im Rahmen mehrerer Gebietsreformen. Heute unterscheidet man bei den Grafschaften daher zwischen den „ancient" oder „historic counties", die bis 1889 Bestand hatten, und den „ceremonial counties", die heutzutage England gliedern. Derzeit existieren 48 englische Grafschaften, mit bekannteren Namen, wie etwa Cornwall, Essex oder Hampshire, aber auch einige Bezirke, die wohl die wenigsten auf einer Karte zuordnen könnten, wie Durham oder Wiltshire. Für mich ging es jedenfalls nach Buckinghamshire, benannt nach der Stadt Buckingham im nördlichen Teil der Grafschaft – mit einer dreiviertel Million Menschen nur die Nummer 30 aller Grafschaften, was Einwohner angeht.

120.000 Einwohner davon wohnen in High Wycombe, das von Marylebone in unter 30 Minuten per Zug erreichbar ist, also eine klassische Pendel- bzw. Schlafstadt im Londoner Umland. In der Stadt angekommen, gab es daher auch nicht wirklich viel zu bewundern: ein eher

zweckmäßiges Zentrum, offensichtlich viele Migranten und generell der Eindruck, dass sich das große Leben wohl woanders abspielt. Nicht zuletzt ein Grund dafür, dass eine mehr oder weniger berühmte Tochter der Stadt, Charlotte Roche, das Weite suchte und es bei VIVA und in Feuchtgebieten fand. Dabei war Wycombe nicht immer Tristesse. Die Stadt war vor vielen Jahren Ende des 19. Jahrhunderts die Metropole für Möbelfertigung gewesen. Insbesondere Stühle wurden hier am laufenden Band produziert, teilweise bis zu 5000 Stück pro Tag.
Zu dieser Zeit war es auch, dass Fabrikarbeiter die Idee hatten, einen Fußballklub zu gründen und 1887 die Wycombe Wanderers aus der Taufe hoben. Der Spitzname des Klubs lag auf der Hand: „Chairboys", also die Stuhljungs. Der Klub spielte fortan aus Überzeugung Amateurfußball. Die Unterscheidung zwischen Profifußball, der exklusiv in der Football League gespielt wird, und dem Amateurbereich außerhalb der Liga hielt sich im englischen Fußball bis in die 70er-Jahre. Erst 1974 wurde die Trennung aufgehoben, womit nicht zuletzt der Tatsache Rechnung getragen wurde, dass auch im Amateurbereich bei vielen Klubs Profis kickten.
In der Folge orientierten sich die Wycombe Wanderers um. War man zuvor passionierter Amateurklub, der nicht nur acht Mal die Meisterschaft in der lokalen Isthmian League holen konnte, sondern auch zahlreiche Einladungen der Liga ablehnte, verfolgte man ab Ende der 70er-Jahre mit zunehmendem Nachdruck den Aufstieg in die Football League. Der direkte Aufstieg des Conference-Meisters in die Liga wurde erst 1987 eingeführt, sechs Jahre später waren dann die „Chairboys" an der Reihe: Unter dem späteren Premier-League-Manager Martin O'Neill feierte man 1993 den Aufstieg in die Liga. Die Klubstruktur aus den Non-League-Zeiten behielten die Wanderers bis 2004 bei, erst dann erfolgte die Umwandlung in eine Kapitalgesellschaft, wobei 2012 die Fans mit einem Supporters Trust wieder das Klubruder übernahmen.
Um zum Adams Park, dem Ground der Wanderers, zu kommen, war sprichwörtlich erst einmal wandern angesagt. Ursprünglich trug der Klub seine Heimspiele im Loakes Park aus, 700 Meter Luftlinie vom Bahnhof. Nach knappen 100 Jahren an der altehrwürdigen Stelle ent-

schied man sich aber für einen Neubau am Stadtrand. Luftlinie vom Bahnhof: vier Kilometer. Der Name des neuen Stadions geht gewissermaßen auf den alten Ground zurück, da der damalige Teamcaptain Frank Adams das Gelände für den Loakes Park 1895 ankaufte und mit der Namensgebung des Neubaus seiner entsprechend gedacht wurde. Ein schöner Zug.

Für mich stellte die Lage allerdings ein Ärgernis dar. Es hätte zwar auch einen Shuttlebus gegeben, der irgendwann von irgendwo vor und nach dem Spiel gefahren wäre, die Unsicherheit schenkte ich mir jedoch und tapste durch Industriegebiete, an Pubs und Moscheen vorbei hin zum Adams Park – alles wohlgemerkt in meinen schicken neuen Puma Speedcats, die gefühlt einen Pappdeckel als Sohle haben und mit denen ich mir erst mal ordentlich Blasen an den Füßen einhandelte. Super.

Am Ground angekommen, holte ich mir meine vorbestellte Karte im Ticket Office ab, machte eine kurze Begehung des Areals und begab mich dann auf meinen Platz im Main Stand, wo original 99% aller Plätze in meinem Block frei waren. Ich nahm deshalb auch irgendwo Platz, schön am Gang, und selbstredend kam fünf Minuten später prompt ein schimpfender Rentner, dessen Stammplatz ich scheinbar okkupiert hatte, wobei wirklich fünf Reihen um uns herum alles leer war. Nun gut, ein lösbares Problem. Der Adams Park als solches ist eine recht nette Kiste: schön am Hang gelegen, was das Stadiongelände etwas abschließt, dazu eine für die Liga sehr imposante Gegentribüne, mit zwei Rängen und schönen Sitzschalen. Hinter den Toren kleine Tribünen, davon eine Home Terrace, mit einer Sitzplatztribüne auf der gegenüberliegenden Seite, in der die Auswärtsfans unterkommen. Der Main Stand ist dagegen eher klein, ein Rang, dafür wie die restlichen Tribünen voll überdacht. Ein Grund, warum der Adams Park ganz gut in Schuss gehalten wurde, dürfte wohl das jahrelange Groundsharing mit den London Wasps, einem Rugby Team, sein. In jedem Fall eine ganz nette Spielstätte, was die Vorfreude aufs Match erhöhte.

Das gestaltete sich dann auch ganz interessant, wobei die Stimmung zum Großteil nur von den doch recht zahlreich mitgereisten Shrewsbury-Fans ausging, von den Heimfans kam wenig, trotz Führungstref-

fer. Auf dem Spielfeld hatte Wycombe die Oberhand, konnte aber kein Kapital daraus schlagen. Shrewsbury beschränkte sich aufs Kontern, glich aus, hatte sogar in der zweiten Halbzeit das vermeintliche 2:1 erzielt, woraufhin schon etliche Fans auf dem Weg aufs Spielfeld waren. Das Tor wurde dann aber wegen Abseits nicht gegeben. Am Ende stand es also 1:1. Zu wenig für die Wanderers, die am Schluss der Saison doch recht deutlich Shrewsbury den Vortritt lassen mussten, was den letzten Playoff-Platz anging.
Ich durfte nach dem Match wieder Richtung Bahnhof dackeln, die Füße beschwerten sich zunehmends, aber wenigstens war das Wetter optimal. Ich verschwendete keine Minute zu viel in Wycombe. Das einzige interessante Event im Wycomber Jahreskalender, das Wiegen des Bürgermeisters, um zu bestimmen, ob er sich über das vergangene Jahr auf Steuerzahlerkosten einen Bauch angefuttert hatte, fand selbstredend nicht an Ostern statt, und so gab es für mich nichts mehr zu sehen. Stattdessen hieß es: Back to London!
Für den Abend hatte ich ein Treffen mit meinen ehemaligen Praktikumskollegen angesetzt. Ich traf mich mit den Jungs im „Wetherspoon“ in Canary Wharf, bevor wir in einen Club in Mile End umpositionierten. Schon die Taschenkontrolle am Eingang ließ mich ahnen, dass hier wohl nicht allzu viele Touristen aufkreuzen würden – es war dann auch ein klassischer East Londoner Nightclub. Klassisch nicht zuletzt im Sinne der Getränkepreise: ein Bier 4 Pfund. Ich versuchte trotzdem irgendwie mit den Engländern Takt zu halten, was unterm Strich unmöglich war, und als nichts mehr oben reinging, entschied ich mich, das Weite zu suchen. Glücklicherweise fuhr direkt vorm Club ein Nachtbus zum Oxford Circus, also in Hostelnähe, und wie es der Zufall so wollte, wachte ich auch mehr oder weniger zufällig kurz vor der Endstation auf … Im Hostel dann aufs Ohr gehauen und mit ordentlich Pints intus das erste Mal prächtig durchgeschlafen bis um 12 Uhr, trotz der Zimmerkollegen. Das ist also das Geheimnis!
Für den Ostersonntag stand kein Spiel auf dem Programm. Stattdessen stattete ich den Hackney Marshes einen Besuch ab, dem Park im Osten der Stadt, in dem die Freizeitkicker zu Hause sind. Von den über 80 Spielfeldern wurden nur wenige bespielt. Dennoch konnte man schön

den multikulturellen Aspekt der Hackney Marshes wahrnehmen. Zwei afrikanische Teams kickten gegeneinander, ebenso zwei Teams mit Migranten aus dem Nahen Osten. Ein Schmelztiegel und repräsentativ für die Gegend im Londoner Osten. Sportlich selbstredend kein Leckerbissen, ich harrte der Dinge daher nur einige Minuten, drehte im Anschluss eine Runde um die Brisbane Road und ließ den Ostersonntag ausklingen.

22. Der Erfinder des Ligafußballs

09.04.2007, Villa Park, Premier League
Aston Villa – Wigan Athletic, 1:1, 31.900 Zuschauer

Am Ostermontag stand das Highlight der Tour auf dem Programm. Wie schon am Karfreitag, ging es in die Midlands – diesmal allerdings nach Birmingham, um einen der bedeutendsten Klubs und Grounds des englischen Fußballs zu besuchen: Villa Park, die Heimat von Aston Villa. Bei meinem Trip nach Wolverhampton zwei Jahre zuvor hatte ich den Ground bereits vom Motorway aus gesehen. Der Anblick war vielversprechend und so war für mich klar, dass bei der nächsten Tour ein Abstecher zu den Villans eingeplant werden musste. Für die dreistündige Busfahrt ab London wurden dank des National Express „Funfare" happige 1,50 Euro fällig. Immer wieder fantastisch, für wie wenig Geld man quer über die Insel reisen kann.

Nach meiner Ankunft drehte ich eine Runde durch die Innenstadt von Birmingham, schaute im Bullring vorbei und am Victoria Square, ehe es ab New Street mit dem Zug Richtung Aston ging, dem Stadtteil von Birmingham, in dem das Stadion liegt. Der Tatsache, dass vom Zentrum aus überhaupt auf den Zug zurückgegriffen werden muss, ist in erster Linie der Größe der Stadt geschuldet. Birmingham ist eben doch eine Metropole und die zehnminütige Zugfahrt bis zur Station „Witton" war deutlich bequemer als die etwa vier Kilometer ab Zentrum zu Fuß.

Vom Bahnhof aus ist der Ground schon in Sichtweite, gerade einmal 250 m Luftlinie entfernt, die Witton Lane entlang. Das Stadionareal betritt man durch ein sehr klassisches Eisentor, das von den geschmiedeten Buchstaben „Aston Villa" geziert wird. Zudem grüßen einen von den gemauerten Torpfeilern zwei Löwenskulpturen mit ausgestreckter Pranke. Mein erster Weg führte mich zum Ticket Office, um die bestellte Eintrittskarte abzuholen. Dieses befindet sich unweit von der Stelle am Rande des Trinity Road Stand, an der 2009 eine Bronzestatue zu Ehren von William McGregor errichtet wurde.

In der Regel stehen rund um englische Stadien Statuen von verdienten ehemaligen Spielern oder Trainern des jeweiligen Klubs. In diesem Fall handelt es sich zum einen um einen Funktionär, zum anderen um eine Persönlichkeit, die sich um den Fußball im Allgemeinen sehr verdient gemacht hat. Hierzu bedarf es eines Blickes in die Anfangsjahre des Sports. McGregor, ein gebürtiger Schotte, den sein Geschäft als Textilhändler nach Birmingham, genauer gesagt nach Aston brachte, engagierte sich seit 1877 im wenige Jahre zuvor gegründeten Fußballklub Aston Villa und nahm im Rahmen dessen später eine Position als Direktor ein. In dieser Rolle vertrat er Villa bei den Diskussionen des Fußballverbands, ob der Sport professionalisiert werden sollte, was die FA 1885 durchsetzte. Fortan traten die großen Klubs als Profiteams an und die Spieler waren hauptberuflich Fußballer – das Ganze fast 90 Jahre, bevor dieser Status endgültig in Deutschland erlaubt wurde.

Einen Kader mit Profispielern unterhalten zu müssen ging allerdings auch mit gewissen finanziellen Verpflichtungen einher, die zu dieser Zeit mehr oder weniger exklusiv über Zuschauereinnahmen beglichen werden mussten. Gleichzeitig gab es mit dem FA Cup nur einen Wettbewerb, der zudem recht unberechenbar war, was die Spiele und die Qualität der Gegner anging. Freundschaftsspiele gegen andere große Klubs stellten damals den lukrativen Hauptspielbetrieb dar, wobei es hier allerdings oft zu Absagen kam und die Planung schwierig war. Man stelle sich dabei nur die logistischen Herausforderungen Ende des 19. Jahrhunderts vor, sowohl was die Kommunikation zwischen den Klubs als auch die Anreise zu Auswärtsspielen angeht.

McGregor hatte damals die Idee, dass die populärsten Klubs des Landes sich zusammentun sollten, um einen Wettbewerb auszuspielen, bei dem jeder Klub gegen jeden anderen einmal zu Hause und einmal auswärts antreten muss. Zunächst schrieb McGregor zur Umsetzung seines Planes nur Blackburn Rovers, Bolton Wanderers, Preston North End, Stoke und West Bromwich Albion an. Bei einem Meeting rund um das FA-Cup-Finale im März 1888 sollten weitere Klubs für die Initiative gewonnen werden. Aus dem Süden, inklusive London, kam allerdings kein Zuspruch: Hier gab es im Grunde noch keine echten Profiteams. Stattdessen komplettierten Accrington, Burnley, Derby, Everton, Notts County und Wolverhampton die erste professionelle

Fußballliga der Welt, die am 8. September 1888 ihren Spielbetrieb aufnahm – 75 Jahre vor der deutschen Bundesliga.
McGregor führte als Vorsitzender die Liga in den Anfangsjahren, in denen man sich gegen ebenfalls neu gegründete Konkurrenzserien durchsetzen musste, allen voran gegen die Football Alliance. In dieser spielten zwischen 1889 und 1892 einige der heutzutage großen Namen im englischen Fußball, wie Manchester United, Sheffield Wednesday oder Nottingham Forest. Nachdem bereits in den Vorjahren die attraktivsten Klubs der Alliance in die Football League aufgenommen wurden, führte man 1892 die Serien endgültig zusammen und schuf unter der Football League die „Second Division", um den Großteil der Alliance-Klubs aufnehmen zu können. Die „erste" zweite Liga war geboren, noch ohne Montagsspiele ... 1920 wurde dann der Süden erschlossen, indem weite Teile der im Süden führenden Southern League als neue „Third Division" in die Football League aufgenommen wurden. Ein Jahr später etablierte man ein Äquivalent im Norden.
In den folgenden knapp vier Jahrzehnten war die dritte Liga zweigleisig nach Nord und Süd unterteilt. 1958 brachte man die beiden Staffeln wieder zu einer landesweiten Liga zusammen und fing dabei die Hälfte der Klubs in der neu gegründeten „Fourth Division" auf. Bis heute hat dieses Modell Bestand, und im Grunde sollte jeder Fan bei einem Besuch eines Ligaspiels zumindest kurz an den „Erfinder" William McGregor denken, der 1911 im Alter von 65 Jahren in Birmingham verstarb. Was würden wir ohne ihn samstags tun? Danke, William McGregor, bester Mann!
Aufgrund der Tatsache, dass Aston Villa Initiator und Gründungsmitglied der Football League war, erübrigt sich der Verweis auf das Prädikat „Traditionsklub". Bereits bis 1900 fuhren die „Villans" fünf Meistertitel ein. Die sportlichen Erfolge nahmen allerdings im 20. Jahrhundert stark ab, mit der großen Ausnahme zu Beginn der 80er-Jahre, als Villa 1981 seine bis dato letzte Meisterschaft feiern konnte. Diese wurde 1982 durch den Pokal der Landesmeister gekrönt – im Finale in Rotterdam besiegte man ausgerechnet den großen FC Bayern. Auch ohne regelmäßige Titel gehört Villa bis heute zu den großen Namen im englischen Fußball, nicht zuletzt aufgrund der recht kon-

stanten Präsenz in der höchsten Spielklasse – wohl auch ein Grund, warum man sich über so prominente Anhänger freuen darf wie Prinz William höchstpersönlich. Der Klub wird jedenfalls bestens supportet, kommt seit dem Zweiten Weltkrieg regelmäßig auf Zuschauerschnitte von über 30.000 und hat durchaus den Ruf, besonders sangesfreudige Fans im Villa Park (und auswärts) zu haben.

Ich ließ mir selbstredend die Runde um den Ground nicht nehmen, der mit Sicherheit noch mehr Fans hat als der Klub selbst. Schließlich handelt es sich beim Villa Park um einen echten Tempel der englischen Stadionkultur. Bevor Aston Villa 1897 dort heimisch wurde und der Fußball Einzug hielt, wurde das Areal, das sich innerhalb eines Vergnügungsparks befand, für Radrennen genutzt. Entsprechend war in den Anfangsjahren das Spielfeld noch von einer Radrennbahn umschlossen, die erst kurz vor dem Ersten Weltkrieg entfernt wurde. Als noch die Räder rollten und nicht der Ball, war das Gelände als „Aston Lower Grounds“ bekannt. Erst im Laufe der Jahre setzte sich der zunächst informelle Name „Villa Park“ ob der Dominanz der Fußballer durch und hat bis heute Bestand.

Leider keinen Bestand mehr hat hingegen ein ehemaliges Aushängeschild des Grounds, der Trinity Road Stand, den kein Geringerer als Archibald Leitch entwarf und der 1924 eingeweiht wurde. Dieser galt als so etwas wie das Meisterstück der klassischen englischen Grandstands dieser Zeit, mit einer herrlichen Backsteinfassade, schön geformten und verzierten Giebeln, mondän wirkender Verglasung von außen und einem herrlichen zweirangigen Sitzbereich im Innenraum. Diesen Anblick verpasste ich leider um sieben Jahre: 2000 wurde der Trinity Road Stand abgerissen und durch einen Neubau ersetzt. Dieser fügt sich zwar recht stimmig ins Gesamtbild des Grounds ein, hat im Gegensatz zum alten Stand einen Rang mehr und keine sichtbehindernden Stützpfeiler, dennoch ist es schade um ein Stück Stadiengeschichte.

Ein solches wurde beim nächsten Stand entlang der Stadionrunde etwas besser bewahrt, beim legendären Holte End, der Heimtribüne, auf der sich traditionell die enthusiastischsten Villa-Fans einfinden. Es war über Jahrzehnte eine klassische Stehplatz-Terrace, in den 80er-

Jahren mit einer Kapazität von über 20.000 sogar die größte ihrer Art im englischen Fußball. Mitte der 90er-Jahre wurde sie im Rahmen der Umwandlung in Allseater durch eine Sitzplatztribüne ersetzt, wobei im Gegensatz zum Trinity Road Stand die Außenfassade im Stil des alten Stand quasi nachgebaut wurde und bis heute ein echtes Schmankerl darstellt: eine kunstvolle Backsteinarchitektur, mit einigen Giebeln, auf denen in goldenen Buchstaben der Schriftzug „Aston Villa" und das Klubwappen abgebildet sind. Dazu der prägnanteste Teil des Stand: die weiten Treppen mit den Geländern in den Klubfarben, über die die Heimfans am Spieltag in ihren Block strömen. Die Architektur der Fassade lehnt sich jedenfalls an die der „Aston Hall" an, das Anwesen, in dessen Grund die Aston Lower Grounds ursprünglich lagen. Besitzer der Aston Hall war im 17. Jahrhundert der Adelige Sir Thomas Holte, der Jahrhunderte später Namensgeber des Stand wurde.
Entgegen dem Uhrzeigersinn, weiter die Stadionrunde entlang, gelangt man auf die Witton Lane und den gleichnamigen Stand, der direkt an die Straße grenzt. Dieser ist ein recht solider zweirangiger Sitzplatz-Stand, und das seit 1966, als Auflage zur Austragung von Spielen der Weltmeisterschaft in England. Im Villa Park fanden drei WM-Spiele statt, darunter zwei Vorrundenspiele der DFB-Elf, gegen Argentinien (0:0) und Spanien (2:1). Ausgerechnet das nächste große Turnier in England, die EM 1996, führte zur Renovierung des Stand, sodass er sich heute noch in einem recht ordentlichen Zustand präsentiert.
Mein Weg führte mich dann zum letzten verbleibenden Stand, dem North Stand, auf dem ich meinen Platz im Oberrang hatte. Der Stand als solches fällt leider etwas aus dem Gesamtbild des Grounds heraus. Von außen wirkt die Konstruktion im Grunde wie ein Betonblock, der stark den Charakter des Baujahrs Ende der 70er widerspiegelt. Ironischerweise ist der Stand damit der älteste Stand des Grounds, auch wenn er am wenigsten nach Geschichte riecht. Die Wahl auf den Hintertorstand fiel bei mir aus verschiedenen Motiven. Zum einen wollte ich gerne die drei attraktiveren Stands im Blickfeld haben. Zum anderen hatte ich extra einen Platz mit guter Sicht auf den Away-Sektor gewählt. Zudem war der Platz preislich sehr attraktiv – was für einen Studenten nicht unerheblich ist –, die Sicht dennoch nicht zu verachten:

Der Unterrang ist relativ klein, entsprechend sitzt man im Oberrang nah am Geschehen und bekommt einen guten Eindruck vom Ground, dessen Sitzschalen das Stadion in „claret and blue", also Bordeauxrot und Blau hüllen, die Klubfarben von Aston Villa.
Ich freute mich jedenfalls auf mein erstes Premier-League-Match seit fast eineinhalb Jahren, auch wenn mit Wigan das unattraktivste Team überhaupt zu Gast und auch der Gästeblock entsprechend spärlich gefüllt war. Vielmehr hoffte ich auf eine gute Stimmung von den Villa-Fans, was leider, wie so oft in England, stark vom Spielstand abhängt. Es kam dann auch so, dass die Hausherren trotz zweier Top-Chancen, unter anderem des ehemaligen Dortmunders Patrik Berger, in Rückstand gerieten. Wigan, mit dem jungen Leighton Baines und dem Ösi-Enfant-terrible, dem Scharner Pauli, kam durch einen anderen alten Bekannten, Emile Heskey, komplett gegen den Spielverlauf zum Führungstreffer: 0:1 in der 21. Minute. Villa drückte fortan und bekam Schützenhilfe. In der 35. Minute sprang Wigans Valencia mit beiden Beinen voran in den Mann – straight red, ab zum Duschen. In der Folge konnte man auf den Ausgleich quasi warten. In der 50. Minute war es so weit, wobei es hier etwas strittig wurde, nachdem der Ball knapp hinter der Linie weggekratzt wurde. Das Tor wurde gegeben, der Eindruck, dass der Ball drin war, später im TV bestätigt. Villa drückte auf den Siegtreffer, hätte diesen gut gebrauchen können, um sich aller Abstiegssorgen zu entledigen, brachte den Ball aber nicht über die Linie, trotz einiger guter Chancen.
Die Stimmung war nur punktuell beeindruckend und litt etwas unter dem Ergebnis. Auch deshalb verließen viele Anhänger mit dem Schlusspfiff etwas genervt – Achtung Trivia – den letzten Austragungsort eines Finales des Europapokals der Pokalsieger, das 1999 hier stattfand. Ich schloss mich an und machte mich per Zug auf zurück ins Zentrum. Hier hatte ich jede Menge Puffer: Ich hatte extra einen späten Bus nach London gebucht, und so passte eine kurze Begehung von St. Andrews, dem Ground von Birmingham City, noch gut rein – etwas Appetit holen für den nächsten angedachten Besuch in Birmingham.
Das Fußballprogramm der Tour war somit beendet. Es folgte noch die unsägliche „Eine Nacht um die Ohren hauen, ohne ein Hostelzimmer

zu nehmen, weil der Flieger eh um 7 Uhr geht"-Aktion, bei der ich zunächst versuchte, ein paar Stunden am Busbahnhof etwas zu lesen, dann den Shuttlebus Richtung Stansted um 2:40 Uhr nahm, wo dann auch noch mal vier Stunden bis zum Abflug zu überbrücken waren. Der Notwendigkeit, als Student die Kosten für eine Übernachtung zu sparen, stand dann der Luxus entgegen, sich als Student einfach am Tag darauf ohne Termine ins Bett hauen zu können, und so war das Gleichgewicht einige Stunden später wieder hergestellt: ausgeschlafen und sehr zufrieden nach einer alles in allem superrunden Tour, mit schönen Kicks und tollen Grounds, die wie immer Lust auf mehr Inselfußball machten.

23. It's just like watching Brazil

26.03.2008, Emirates, Länderspiel
Brasilien – Schweden, 1:0, 60.000 Zuschauer

Nach der Ostertour 2007 dauerte es fast zwölf Monate bis zum nächsten Abstecher auf die Insel. Ich war zu dieser Zeit allem voran mit meiner Diplomarbeit beschäftigt, die sich so langsam dem Ende entgegenneigte. Ich hatte Anfang März bei einem Unternehmen in Wien meinen Praxisteil begonnen und nutzte das Wochenende Ende März für eine letzte Verschnaufpause mit Fußballtrip vor der heißen Schlussphase. Dass ich es genau auf dieses Wochenende abgesehen hatte, lag vor allem im League-Trophy-Finale begründet, mit dem ich endlich das Wembley Stadium von meiner To-Do-Liste streichen wollte.

Wembley stellte für fussballinlondon.de noch eine Lücke dar, da ich keine Bilder vom Innenraum hatte. Ergo erschien mir das Finale zwischen Grimsby und MK Dons als eine praktische Option, dort ein Spiel mitzunehmen. Geplant, gebucht. Wie es der Zufall dann so wollte, wurde kurze Zeit später erfreulicherweise ein Freundschaftsspiel zwischen Brasilien und Schweden im Emirates Stadium auf den Mittwoch vor meiner Tour gelegt. Diese Option musste ich unbedingt nutzen. Zu dieser Zeit bestand quasi keinerlei Möglichkeit, als Nicht-Mitglied irgendwie an Tickets für Arsenal-Heimspiele zu kommen. Der neue Ground zog die Massen an und die Nachfrage nach Tickets konnte nicht annähernd erfüllt werden. Gleichzeitig hätte ich für fussballinlondon.de dringend einen Spielbesuch inklusive Bildern benötigt. Einzige Lösung: Flug umgebucht und Ticket für das Länderspiel gesichert, das im Übrigen anlässlich des 50-jährigen Jubiläums des WM-Finales 1958 stattfand.

Sportlich gesehen stellte die Partie natürlich absolute Wertlosigkeit dar, und als ich mit dem Ticket in der Hand von der Tube-Station Highbury & Islington den Fußweg Richtung Stadion in Angriff nahm, stand auch eher die Freude auf das neue Arsenal-Stadion im Vordergrund als die Vorfreude auf die Seleção. Im altehrwürdigen Highbury hatte ich bereits drei Arsenal-Heimspiele verfolgen dürfen, entsprechend war ich gespannt auf das neue Zuhause der „Gunners“, das sich nur einen (zugegeben gut trainierten) Steinwurf von der alten Heimat entfernt befindet.

93 Jahre hatte Arsenal zuvor zwischen Gillespie und Avenell Road gespielt, in einem Ground, der wohl den Inbegriff englischer Stadionkultur darstellte. Als der Klub 1913, damals noch unter dem Namen „Woolwich Arsenal“, vom Südosten Londons nach Nordlondon übersiedelte, da man sich dort eine größere Fanbasis versprach, schuf kein Geringerer als Archibald Leitch den neuen Ground, das „Arsenal Stadium“. Der Name Highbury bürgerte sich erst über die Jahre ein und leitete sich von der Gegend ab, in dem sich der Ground befand.

Die charakteristischen Elemente, die Highbury so unvergleichlich machten, entstanden im Rahmen einer größeren Renovierung in den 30er-Jahren. Mit dem East und dem West Stand entstanden herrliche Art-déco-Bauwerke, die bis heute denkmalgeschützt sind und deren Fassaden dem Ground bereits von außen ein einzigartiges Flair verleihen. Dazu kommt die prägnante Uhr auf der südlichen Hintertortribüne, die fortan als „Clock End“ bekannt war. Gegenüber liegt die Tribüne des harten Kerns der Arsenal-Fans, die North Bank. Diese war zunächst, wie das Clock End auch, eine reine Stehplatz-Terrace, was Highbury eine Kapazität von etwa 60.000 Zuschauern bescherte. Aufgrund des Taylor-Reports und der Umwandlung aller englischen Stadien in Allseater sank die Kapazität aber signifikant auf unter 40.000 Plätze. Ein Ausbau des Grounds war nicht mehr möglich, die Infrastruktur war in die Jahre gekommen, und somit drohte Arsenal aufgrund des veralteten und zu kleinen Stadions den Anschluss an die englischen Spitzenteams zu verlieren.

Nach dem Ausloten verschiedener Optionen, unter anderem ein Kauf des Wembley-Stadions, entschied man sich für einen Neubau direkt ums Eck. Seit 2006 rollte dann der Ball im Emirates, was den angenehmen Nebeneffekt hatte, dass die Tube-Station Arsenal zwischen Emirates und Highbury nicht wieder umbenannt werden musste. Immerhin ist es die einzige Tube-Station in London, die nach einem Fußballklub benannt ist.

Oft verschwinden alte Grounds von der Bildfläche und müssen Supermärkten weichen. Nicht so (ganz) Highbury: Die Stands bzw. deren Fassaden durften aufgrund des Denkmalschutzes nicht abgerissen oder verändert werden. Entsprechend entstand dort ein durchaus spannendes Wohnprojekt, der „Highbury Square". 650 Wohnungen wurden in den ehemaligen Tribünen geschaffen, die ehemalige Spielfläche ziert heute eine Grünanlage, die (außer an Spieltagen) öffentlich zugänglich ist.
Das „Emirates Stadium" stellt im Vergleich zu Highbury selbstredend ein Kontrastprogramm pur dar, beginnend mit dem Zugang zum Ground, der nicht durch eine Lücke zwischen zwei Reihenhäusern erfolgt, sondern via zwei Fußgängerbrücken über die Eisenbahntrasse. Hier begrüßt einen in großen Betonbuchstaben ein „Arsenal"-Schriftzug – eines der wenigen Dinge, die 2007 rund ums Stadion auf die Hausherren hinwies. Anfangs fühlten sich die Fans der „Gunners" nicht so wirklich heimisch im neuen Zuhause. In der Folge wurden ab 2009 weitere Maßnahmen ergriffen, um das „Wohnzimmer" etwas einladender zu dekorieren. Heute stehen zum Beispiel zahlreiche Statuen ehemaliger Spieler im Stadionarenal.
Ich hatte meinen Platz in einer Ecke des Oberrangs, wobei das Emirates ohnehin nur über zwei große Ränge verfügt, mit einem kleinen angedeuteten Mittelrang, hauptsächlich für Logen. Der Oberrang streckt sich allerdings teilweise recht weit nach oben und verschafft so Kapazität. Durch das Fehlen eines echten dritten Ranges wirkt das Stadion allerdings nur bedingt wie einer der großen Fußballtempel Europas, und wie so oft bei Neubauten fehlt das Flair oder zumindest die Verknüpfung mit Erinnerungen an große Schlachten vergangener Tage.
Von diesen gab es zahlreiche in der Geschichte des Arsenal FC, einem der größten und traditionsreichsten Namen im englischen Fußball überhaupt. Als in den Anfangsjahren der organisierte Fußballsport noch hauptsächlich eine nordenglische Angelegenheit war, durfte Arsenal 1893 als erster Klub aus dem Süden an der Football League teilnehmen. Der Stern der „Gunners" ging dann in den 30er-Jahren auf, als man fünf Meistertitel und zwei FA-Cup-Erfolge feiern konnte. Eine weitere Meisterschaft nach dem Zweiten Weltkrieg brachte Arse-

nal den Titel „Rekordmeister“ ein, den man bis Mitte der 70er-Jahre hielt.
Die lange Durststrecke der 70er- und 80er-Jahre bzw. deren Beendigung mit dem Titel 1989 ist unter anderem in dem literarischen Fußball-Standardwerk „Fever Pitch“ von Nick Hornby verarbeitet. Der Kultstatus des Buches brachte Arsenal auch außerhalb Englands viele Sympathien ein, die sich durch den kultigen Namen des Klubs noch verstärkten. Dieser, wie auch die Kanonen im Klublogo, stammen aus der Anfangszeit des Klubs, der 1886 ursprünglich von Arbeitern der Rüstungsfabrik „Royal Arsenal“ gegründet wurde. Auch ich konnte mich der Faszination Arsenal nicht erwehren und hatte im Teenageralter durchaus eine Schwäche für die Nordlondoner, sodass ich auf der Klassenfahrt nach London sogar einen Schal kaufte.
Ein großer Teil des Reizes stellte für mich der England-Faktor des Klubs dar und dessen klassisch englische Spieler wie Tony Adams, Ian Wright oder Ray Parlour. Dieses Element ging allerdings mit einem der einschneidendsten Ereignisse der Klubgeschichte verloren: 1996 wurde der Franzose Arsène Wenger als Trainer verpflichtet. Wenger brachte eine andere, viel internationalere Philosophie mit nach Highbury. Er verpflichtete Spieler wie Viera, Petit, Anelka, Overmars, Ljungberg, Suker und Henry, baute dazu auf den kurz vor seiner Zeit verpflichteten Dennis Bergkamp, und so verlor Arsenal sein „englisches“ Gesicht zunehmend. Im Gegenzug kehrte der Erfolg wieder ein, und so wurde aus „Boring, Boring Arsenal“, wie der Klub aufgrund der unattraktiven Spielweise in der Vergangenheit tituliert wurde, nach zwei zwischenzeitlichen Meistertiteln 2004 das erste und bislang einzige Premier-League-Team, das ungeschlagen die Meisterschaft feiern konnte. Und einen weiteren Rekord halten die „Gunners“: Seit dem Ersten Weltkrieg spielt man ununterbrochen in der höchsten englischen Spielklasse. Nie mehr zweite Liga!
Das Länderspiel saß ich mehr oder weniger ab. Das Attraktivste waren mit Sicherheit die schwedischen Anhängerinnen (nicht ge-gendert!), das Tor des Tages erzielte Seleção-Debütant Alexandre Pato vom AC Milan. Ich erkundigte mich bei der offensichtlich öfter anwesenden Dame neben mir nach der besten Abreisemöglichkeit, die mir von der

Tube-Station Arsenal abriet. Wie bei meinen Besuchen in Highbury entschied ich mich also für den Spaziergang zur Station Finsbury Park, von wo aus mich die Victoria Line direkt bis zum Hostel brachte.
Ein sehr zweckmäßiger Tourauftakt. Natürlich hätte ich viel lieber Arsenal im Emirates gesehen, was ich einige Jahre später nachholen konnte – und musste –, der „92 Club" lässt grüßen. Nichtsdestotrotz war ich happy über den gemachten Ground und versuchte in der Nacht im Sechsbett-Zimmer etwas Schlaf zu bekommen, denn der nächste Tag sollte anstrengend werden.

24. Birkenhead, Merseyside

28.03.2008, Prenton Park, League One
Tranmere Rovers – Swindon Town, 2:1, 5.800 Zuschauer

Nach dem Länderspiel im Emirates hatte ich den Donnerstag quasi „frei". Der Spielplan gab keine Partie der ersten vier Ligen her. In Crawley stand ein Conference-Spiel an, das ich aber ausließ, zumal es damals nicht wirklich so aussah, als würde Crawley Town jemals in die Football League vorstoßen. So kann man sich täuschen: Fünf Jahre später sollte ich eigens für ein Crawley-Match auf die Insel fliegen …
Der Tag war allerdings doch kein verlorener Tag. Ich begab mich auf eine Tour zu allen Londoner Stadien: vom Selhurst Park um kurz vor 9 Uhr bis zur Stamford Bridge um 19:15 Uhr. 13 Stadien, 160 Kilometer Strecke, davon 19 Kilometer zu Fuß und 26 Mal mit öffentlichen Verkehrsmitteln umgestiegen. Ebenso anstrengend wie stressig, aber superspannend. Die Tour ging dokumentiert auf fussballinlondon.de online – bis heute die Rubrik mit der meisten Resonanz.
Am Freitag stand dann wieder klassischer Fußball auf dem Programm, allerdings fernab von London. Zum ersten Mal sollte mich die Englandfahrerei in eine der bekanntesten englischen Städte bringen: Liverpool. Ziel war allerdings weder der Liverpool FC noch der Everton FC. Streng genommen stellte Liverpool nicht einmal das Ziel dar. Vielmehr hatte ich einen Besuch im Prenton Park vor, der Heimat der Tranmere Rovers aus Birkenhead. Die Stadt liegt, von Liverpool aus gesehen, am gegenüberliegenden Ufer des River Mersey und fügt sich mit 90.000 Einwohnern entsprechend ins Ballungszentrum ein. Zwecks An- und Abreise bzw. als Nachtquartier bot sich daher Liverpool förmlich an, und nach knackigen sechs Stunden im Bus stand ich am frühen Nachmittag am Busbahnhof. Ein kurzer Fußmarsch zum recht netten Hostel, in dem ich ein Viererzimmer gebucht hatte, einchecken, Gepäck abladen und ab, die Stadt anschauen.
Gemeinhin verbindet man Liverpool mit drei Dingen: Fußball, Industrie- bzw. Hafenstadt und Musik. Fußball war für mich selbstredend Sightseeingobjekt Nummer 1. Ich schaute mir sowohl die Anfield

Road als auch den Goodison Park an. Dass ich ein Jahr später bereits ein Spiel in beiden Kultstätten besuchen würde, hätte ich damals nicht wirklich ahnen können. Danach ging es, unter heftigem Regen, zurück ins Zentrum, um die Atmosphäre der Innenstadt aufzusaugen.

Die üblichen Shoppingstraßen sind recht stereotyp, nicht unbedingt etwas Besonderes. Das Charakteristikum der Stadt findet sich stattdessen in den Hafenanlagen wieder, unter anderem im Albert Dock, wo mit seinen historischen Gebäuden aus der Hochzeit des Seehandels einige Wahrzeichen der Stadt beheimatet sind. Die Hafenverwaltungsgebäude stammen aus dem frühen 20. Jahrhundert, wobei der Hafen selbst bereits Anfang des 19. Jahrhunderts die größte Bedeutung als Umschlagplatz hatte. 40 Prozent des gesamten Welthandels wurden damals über die Docks in Liverpool abgewickelt. Wie so oft in großen Hafenstädten, existiert in der Nähe der Anlegestellen ein Amüsierviertel, in Liverpool hauptsächlich in Form von Musikclubs.

Diese stellten über die Jahre eine Brutstätte für erfolgreiche britische Bands dar. Die mit Abstand bekanntesten Vertreter und Inbegriff für die Liverpooler Musikszene als solche sind die Beatles. Sie starteten ihre große Bühnenkarriere Anfang der 60er-Jahre zwar ausgerechnet im Hamburger Hafenviertel, kehrten aber bald nach Liverpool zurück und wurden im legendären „Cavern Club" heimisch. Der „Cavern Club" stellte den Fixpunkt der Szene dar: Die Beatles spielten hier fast 300 Mal, und auch andere Größen wie die Rolling Stones oder Queen traten hier auf.

Im „Cavern Club" war es auch, wo die Beatles auf ihren künftigen Manager Brian Epstein stießen. Dieser hatte außer den Beatles zeitweise nur eine andere Band unter Vertrag: Gary and the Pacemakers, bekannt durch ihre Coverversion des Liedes „You'll never walk alone" aus dem Musical „Carousel", das es über die Liverpooler Musikszene auf die Ränge der Anfield Road schaffte und somit zur Mutter aller Fußballlieder wurde. Der Kreis zum Fußball schloss sich also wieder. Einen Besuch im Cavern Club ließ ich allerdings aus – es handelt sich mittlerweile ohnehin nicht mehr um den ursprünglichen Club, sondern um einen Neubau an gleicher Stelle. Der fortwährende Regen ließ meine Motivation, mich anderweitig in der Stadt umzuschauen, ohne-

hin weiter sinken. Stattdessen wurde es langsam Zeit, mich Richtung Stadion aufzumachen.
Die U-Bahn bindet Birkenhead bequem an das Liverpooler Stadtzentrum an, immerhin schon seit 1886. Es waren nur ein paar Stops bis zur Station Rock Ferry, von dort ging es dann per pedes weiter. Unverändert starker Regen – so langsam wurde es wirklich nervig. Knappe zwei Kilometer sind es bis zum Ground, zunächst durch das Viertel „Tranmere“ – von dem die Tranmere Rovers ihren Namen beziehen –, dann durch das Viertel „Prenton“, das dem Ground den Namen gab.
Die Tatsache, dass hier am Freitagabend Fußball gespielt wurde, stellte keine Besonderheit dar. Im Schatten der beiden großen Klubs auf der anderen Seite der Mersey fand man bei den Tranmere Rovers die Nische, als „Zweitklub“ für Liverpool- oder Everton-Fans herzuhalten. Die eigenen sportlichen Erfolge dürfen als eher bescheiden eingeordnet werden. Trotz recht früher Gründung 1884 wurde Tranmere erst 1921 in die Football League aufgenommen und spielte seitdem vornehmlich in der dritten Liga. Ein kurzes Hoch Mitte der 90er, in dem die Rovers via Playoffs gleich drei Mal an der Premier League schnupperten, war von kurzer Dauer. Es ging sportlich wieder bergab, letzten Endes verlor man 2015 sogar den Football-League-Status und musste in die Conference. Da also offensichtlich keine Konkurrenz zu Liverpool oder Everton besteht, versuchte man sich über häufige Freitagsansetzungen zumindest einen Teil der Fans der großen Klubs ins Stadion zu holen, sozusagen als Kontrastprogramm.
Der Prenton Park ist dabei ein durchaus attraktiver Ort, um ein Fußballspiel zu verfolgen. Bereits aus einiger Entfernung lassen sich die Flutlichter im Wohngebiet ausmachen, die Straße zum Ground steigt leicht an und die typische Atmosphäre rund um ein klassisches 90er-Jahre-Stadion verstärkt sich, je näher man kommt. Tatsächlich kicken die Rovers schon seit 1912 im Prenton Park. Dieser wurde allerdings 1995 stark modernisiert, unter anderem um die Allseater-Vorgaben umsetzen zu können.
Als Erstes fällt einem, vom Bahnhof aus kommend, die große Hintertortribüne auf, klassisch „Kop“ genannt. Diese ist ein echtes Schmankerl, zumindest für einen Klub bzw. Ground dieser Größe: baulich

gesehen ein großer Rang, wobei die leicht abgesetzte Anordnung der Sitzplätze ein Gefühl von drei Rängen erzeugt – definitiv dem legendären Holte End von Villa ähnlicher als der durchschnittlichen Hintertortribüne in der dritten Liga. Von außen ist der Stand, wie die anderen auch, mit blauem Wellblech verkleidet, die Ecken offen, also klassisch englisch. Dazu die Gegentribüne, der John King Stand, signifikant kleiner als der Kop, dafür direkt an der Straße, mit den Turnstiles am Gehweg. Gegenüber dem Kop ein weiterer etwas kurioser Stand, das Cowshed, also der Kuhstall: eine kleine, überdachte Sitzplatztribüne, die als Besonderheit vom John King Stand zum Main Stand hin „spitz zuläuft", da die Blöcke näher zum Main Stand über etliche Sitzreihen weniger verfügen als der jeweilige Block direkt daneben.

Hinter dem Cowshed an der Straßenkreuzung liegt ein Pub bzw. der Zugang zum Stadionareal hinter dem Main Stand. Hier befanden sich die Container mit dem Ticket Office, wo ich meine Karte für den John King Stand abholte. Die Wahl fiel auf die Gegentribüne, um beste Sicht auf den Main Stand zu haben, der Baujahr 1968 und damit fast 30 Jahre älter als die drei anderen Tribünen ist. Später sollte ich auch einmal ein Spiel von diesem aus verfolgen, sehr klassisch, mit Holzsitzen und den tragenden Säulen, die einem so herrlich den Blick aufs Spielfeld blocken. An diesem Tag musste ich aber wie erwähnt nochmals im strömenden Regen um den halben Ground herum auf die Gegentribüne. Der Stand war zwar überdacht, richtig kuschelig wurde es aber nicht. Die Ecken von Prenton Park sind alle offen, bzw. hier stehen die Flutlichtmasten. Entsprechend konnte eine Windböe doch den ein oder anderen Regentropfen unters Dach befördern.

Wie dem auch sei, das war Meckern auf hohem Niveau, stellten die äußeren Bedingungen doch durchaus einen Reiz für das anstehende Spiel dar. So wurde es auch ein ordentliches Kampfspiel, bei dem wegen des Regens die Auslinie spätestens ab der Halbzeit nur noch eine matschige Masse war. Keine einfache Geschichte für die Schiedsrichter, die die Sache aber super lösten. Tranmere ging früh 1:0 in Führung. Den möglichen Ausgleich der Gäste köpfte ein Tranmere-Verteidiger von der Linie, ehe auf der Gegenseite ein Schuss ebenfalls von der Linie gekratzt wurde, der Linesman aber – wohl zu Recht – auf Tor entschied.

Die Gäste aus Swindon schafften 20 Minuten vor dem Ende noch den Anschluss – zu spät, zumal der Platz kein wirklich koordiniertes Spiel mehr zuließ.
Auf mich warteten zwei Kilometer Fußmarsch im Regen. Freude, oh Freude. Dafür erwischte ich die U-Bahn recht bequem. Zurück in Liverpool, hatte ich noch ein paar Minuten zu Fuß vor mir und kam völlig durchnässt im Hostel an. Sachen über Nacht zum Trocknen aufgehängt, ins warme Bett gehauen, glücklicherweise trotz Freitagabend keine Party-People im Hostelzimmer, Augen zu – und die verdiente Nachtruhe genießen.

25. Zweiter Ground der Second City

29.03.2008, St. Andrews, Premier League
Birmingham City – Manchester City, 3:1, 22.900 Zuschauer

Regen, Regen, Regen. Unaufhörlicher Regen. Das Wetter passte zu dem Bild, das man gemeinhin vom englischen Klima hat. Zu Unrecht allerdings: Mit 150 Regentagen pro Jahr regnet es auf der Insel sogar etwas weniger als in Deutschland, der geografischen Lage wegen. Ich verlegte am Samstagmorgen jedenfalls zunächst einmal meinen Standort vom Nordwesten an der irischen See ins Landesinnere, zur Second City, nach Birmingham. Die Busfahrt gestaltete sich recht kurzweilig und so stand ich zur Mittagszeit an der Busstation Digbeth. Dies war schon mein dritter Besuch in Birmingham, ich kannte mich also bereits etwas aus und entfloh dem Regen ins Bullring Shopping Centre.
Bei meinem Besuch bei Villa etwa ein Jahr zuvor hatte ich mir die Zeit genommen und noch den Ground des zweiten Birminghamer Klubs aus der Nähe angeschaut: St. Andrews. Das ganze Flair des Stadions bzw. die Lage an der Bahn, in einer Mischung aus Industrie- und Wohngebiet, machten einen tollen Eindruck und es war für mich klar, dass ich nach London auch unbedingt Birmingham in Sachen Fußball „komplett" machen musste. Entsprechend war für den Samstag das Premier-League-Heimspiel von Birmingham City gegen Manchester City meine erste Wahl. Karten stellten kein Problem dar. Voller Vorfreude ging es also von der Innenstadt aus zu Fuß die Anhöhe hoch Richtung Ground.
Der große Railroad Stand, der der Stadt zugewandt ist, ist bereits von Weitem gut sichtbar, wie man den Ground ohnehin gut aus der Innenstadt sehen kann, im Gegensatz zum Villa Park. Das letzte Stück Fußmarsch geht die St. Andrews Street entlang, die ihren Namen allerdings nicht vom Ground, sondern von der St.-Andrews-Kirche bekam, die einst in unmittelbarer Nähe zum Ground stand, 1985 aber nach über 100 Jahren abgerissen wurde. Heute befindet sich auf der anderen Straßenseite keine Kirche mehr, sondern ein islamisches Zentrum – Wandel der Zeit.

St. Andrews wurde als Fußballstadion 1906 eingeweiht, nachdem der Klub die alte Heimat, die Muntz Street, nach 15 Jahren verlassen hatte. Diese befand sich etwa einen Kilometer Luftlinie entfernt im Stadtteil „Small Heath", wörtlich übersetzt „kleine Anhöhe". Interessanterweise ist Small Heath durchaus ein Name in den Anfangsjahren des englischen Fußballs. Der heutige Klub Birmingham City gründete sich 1875 unter dem Namen „Small Heath Alliance", spielte zehn Jahre als Amateurteam, später drei Jahre in der Konkurrenzliga zur Football League, der „Football Alliance", und wurde schlussendlich 1892 in die Football League aufgenommen. Wer also in den Statistiken der frühen Football-League-Jahre stöbert, wird Birmingham City vergeblich suchen. Der Klub verbirgt sich hinter „Small Heath Alliance". 1905 erfolgte die Umbenennung in Birmingham FC und kurz darauf der Umzug in den neuen Ground, St. Andrews.
Man tat sich in der neuen Heimat sportlich zunächst etwas schwer, konnte außer zwei League Cups nichts gewinnen, und obwohl man recht regelmäßig in der höchsten Spielklasse spielte, kam man nie aus dem Schatten des Lokalrivalen Aston Villa heraus. Der Grund dafür war schnell gefunden: Für die Errichtung von St. Andrews musste der Legende nach ein Zigeunerlager geräumt werden, und wer „Snatch" gesehen hat, weiß, dass mit englischen Zigeunern schlecht Kirschen essen ist. Statt Bareknuckle Fights gab es von den Zigeunern allerdings „nur" einen Fluch auf den Ground, der 100 Jahre Bestand haben sollte. Die Geschichte ähnelt der Sage um Billy Goat's Fluch, der viele Jahrzehnte auf dem US-Baseball-Team Chicago Cubs lastete. In beiden Fällen wurde durchaus erfolgreich „geflucht", wobei im Falle von Birmingham City nach dem „Auslaufen" des Fluchs immer noch kein sportlicher Höhenflug einsetzte. Dass der Fluch auf St. Andrews aber nicht nur auf dem Spielfeld lag, zeigte sich an der Tatsache, dass der Ground während des Zweiten Weltkriegs recht stark von der Luftwaffe zerstört wurde. Und als wäre das nicht genug, brannte in den Kriegsjahren der Main Stand mitsamt dem Klubinventar komplett ab, als der Feuerwehrmann des Jahres ein kleines Heizungsfeuer im von der zu Kriegszeiten als Feuerwehrhaus genutzten Lokalität mit einem Eimer Benzin statt Wasser löschte.

Der Main Stand wurde in den 50ern wieder aufgebaut, als klassischer Stand der Zeit: Backstein und zweirangig, voll überdacht, wohlgemerkt ohne Tragepfeiler, was damals durchaus noch als fortschrittlich galt. Auch wenn es im Laufe der Jahre die ein oder andere Modernisierung gab – so befinden sich zum Beispiel die Logen im Main Stand –, ist die Haupttribüne doch bis heute ein Zeuge der Stadionarchitektur der 50er-Jahre und gibt St. Andrews viel Charme. Die anderen drei Tribünen sind im Gegensatz zum Main Stand geradezu „neu“ und stammen allesamt aus den 90er-Jahren. Nachdem der Ground massiv in die Jahre gekommen war, entschied sich der Klub für eine umfassende Sanierung. Der Kop hinter dem Tor und die Gegentribüne an der Tilton Road wurden in der Folge Mitte der 90er fertiggestellt, die Tribüne direkt an der Bahnstrecke, der Railway Stand, erst 1999. Alles in allem also eine gute Mischung aus alt und neu, mit durchaus ansprechendem Gesamtbild.
Ich hatte mir ein Ticket für die Paddocks im Main Stand gesichert, also für den Unterrang, nah an der Mittellinie, allerdings auch sehr nahe an der Heimbank, deren Regenschutz etwas die Sicht versperrte. Um Sicht ging es mir zunächst einmal weniger. Die Heimfans intonierten vor dem Anpfiff die Birmingham-City-Hymne „Keep right on to the end of the road“, die einen ähnlichen Klassiker darstellt wie „Blowing Bubbles“ bei West Ham. Inhaltlich grenzt das Lied frei an Oliver Kahns „Immer weiter, immer weiter“: „Keep right on to the end of the road, Keep right on to the end, Though the way be long let your heart beat strong, Keep right on to the end!“ Ihre Sangesfreudigkeit stellten die Birmingham-City-Fans gleich mal unter Beweis.
Mit Manchester City hatte ich allerdings auch ein Gästeteam erwischt, das zumindest damals noch traditionell stimmungsfreudigeren Support mitbrachte, alles vor der ganzen Scheichgeld-Aktion, versteht sich ... Bei Manchester lief im Übrigen kein Geringerer als Waldsassens weitgereistester Sohn Didi Hamann auf, der sich damals auf den Plätzen der Premier League seine Legitimation als TV-Experte erwarb. Nach heutigen Kräfteverhältnissen nahezu undenkbar, ließen die Hausherren Man City keine Chance. Mit einem Tor vor und nach der Pause ging Birmingham 2:0 in Führung. Ein Elfmeter pro Mannschaft

sorgte für den Endstand von 3:1. Die Stimmung war dementsprechend eher bei den Heimfans gut, wobei sich auch die Manchester-Fans im Railway Stand ab und an zu Wort meldeten. Für mich alles bestens: eine schöne Partie, für im Übrigen schlanke 25 Euro – mittlerweile ebenfalls undenkbar.

Zu Fuß ging es zurück in die Stadt. Dass es in Strömen regnete, brauche ich wohl nicht zu erwähnen. Da blieb quasi nur der Wetherspoon „Briar Rose", um trocken zu bleiben. Zu dieser Zeit entdeckte ich die Speisekarte der Pubkette. Dass das Bier in den „Wetherspoon Pubs" günstiger war als woanders, entsprach dem Konzept und war nicht zuletzt der Grund, warum die Pubs oft zur Anlaufstelle wurden. Dass es aber auch ganz ordentliches Essen zu vernünftigen Preisen gab, war umso begrüßenswerter, zumal die beste Kombination aus günstigem Essen und günstigem Bier das sogenannte „Beer & Burger Special" darstellte. Etwas abhängig von der Stadt, gab es hier ein Pint und einen soliden Burger mit Chips und Saucen satt für 5 bis 8 Pfund – quasi alles, was der reisende Fußballfan an Ernährung braucht, in einem Menü. Es sollten über die Jahre unzählige Beer & Burger Specials folgen … An dem Tag verdrückte ich mein Essen, leerte das Pintglas und saß etwas später wieder im Bus Richtung London.

Für den nächsten Tag sollte mit dem League-Trophy-Finale in Wembley der Höhepunkt der Tour auf dem Programm stehen und alles hätte reibungslos laufen können – tat es aber nicht. Die Problemstellung war dabei, das Ticket zu ergattern. Das allgemeine Interesse am League-Trophy-Finale scheint eher begrenzt zu sein, jedenfalls gibt es keinen allgemeinen Vorverkauf, außer den über die beiden teilnehmenden Klubs. Auch am Spieltag werden am Stadion keine Tickets verkauft, obwohl der Ground bestenfalls zur Hälfte gefüllt ist.

Ich musste also mein Glück über die Finalisten versuchen und tat dies über Grimsby Town, wo ich zwar telefonisch ein Ticket ordern konnte, das dann aber nur an eine englische Adresse versandt werden konnte. Dies löste ich über meine Kontakte aus der Praktikumszeit. Ein Kollege stellte gerne seine Office-Adresse zur Verfügung – so weit, so gut. Die Karte kam aber nie an, und so hatte ich am Spieltag kein Ticket für das Match, wobei einen die Tatsache, dass es noch mehrere zehntausend

Plätze im Wembley Stadium gegeben hätte, aber eben keine Tageskasse, de facto wahnsinnig macht. Ich tat also das einzig Vernünftige: Ich hob Bargeld vom Automaten ab und machte mich auf die Suche nach einem Schwarzmarkthändler.

Selbst das wurde allerdings zur Herausforderung und es dauerte einige Zeit, bis ich einen dunkelhäutigen Herrn mit Kappe am Wembley Way als solchen identifizierte. Wir starteten die Preisverhandlung irgendwo im 75-Pfund-Bereich und die Sache sah nicht so gut aus, bis ein sichtlich angetrunkener Grimsby-Fan vorbeiwankte und meinte, er hätte noch vier Tickets über. Das rief die Schwarzmarktmafia auf den Plan, die den Herrn sofort „wegeskortierte", um die Preise nicht kaputt zu machen. Ich konnte so jedenfalls den Preis drücken, zahlte 45 Pfund, also etwa 5 Pfund über dem Normalpreis für einen recht ordentlichen Platz und war beim Spiel dabei.

Das war selbstredend ein ganz anderes Stadionerlebnis: Glasfassade, Rolltreppen, beheizter Innenraum, komfortable Sitzschalen, dazu der imposante Bogen über dem Stadion und generell die Tatsache, dass hier 90.000 Zuschauer Platz finden. Ich hatte nie das Vergnügen gehabt, im alten Wembley-Stadion ein Spiel zu sehen, insofern war ich happy über die Möglichkeit, dies im neuen Wembley zu tun. Das Spiel geriet ohnehin zur Nebensache, auch wenn ausgerechnet die MK Dons, also der Franchise-Verein, den Titel holte. Vom leeren Stadion knipste ich noch ein paar Bilder für fussballinlondon.de und beendete das Kapitel Wembley.

Nach einer weiteren Nacht im Hostel in Victoria folgte als Tourabschluss ein letztes Spiel – auch diesmal kein Ground der 92er, sondern ein Wiederbesuch bei Brentford im Griffin Park: wie schon beim Erstbesuch ein Reserve-Match, diesmal ein Londoner Derby, Chelsea gegen West Ham. Erneut nur eine überschaubare Kulisse mit einer Handvoll Zuschauer, dafür war auf Chelsea-Seite der Grandseigneur in Person dabei: Claudio Pizarro. Nach gerade mal sieben Minuten netzte er ein, und am Ende stand es 3:0 für die „Blues".

Für mich ging es zurück nach Victoria Station. Zu geizig für eine kurze Nacht im Hostel, drückte ich mich ein paar Stunden rund um den Busbahnhof herum, bevor um 3 Uhr von dort der Bus nach Stansted abfuhr und um 7 Uhr der Flieger zurück nach Nürnberg startete. Kein Regen im Frankenland übrigens.

26. Alles neu und weiter wie bisher

27.02.2009, Keepmoat Stadium, Championship
Doncaster Rovers – Derby County, 2:1, 14.500 Zuschauer

Es hatte sich einiges getan seit meiner letzten Inseltour. Ein knappes Jahr war vergangen, in dem ich nicht nur das Studium abgeschlossen hatte, sondern auch quasi im fließenden Übergang ins Berufsleben wechselte. Außerdem hieß es „Goodbye, Deutschland", denn seit Mitte 2008 war ich Wahl-Wiener. Dies brachte auf der einen Seite die Vorzüge mit sich, in einer der schönsten Städte Europas zu leben. Was Englandtouren anging, wurde die Logistik allerdings signifikant schwieriger. Die bequemen einstündigen Flüge von Deutschland nach London waren passé, ebenso die Option, am Spieltag noch zurückfliegen zu können, oder irgendwelche Direktverbindungen zu Flughäfen außerhalb von London. Aber einen Fußballfan kann das doch nicht verbittern, und so beschloss ich, dass es nach elf Monaten wieder Zeit für Fußball in England war.
Dazu gab es eine weitere wichtige Neuerung: Ich bekam einen Travel Buddy, nämlich meinen Schulkollegen Rolfes, der bereits bei der schönen Männertour 2003 mit dabei gewesen war und sich seitdem zu einem ähnlich passionierten Fußballfan und Stadionsammler entwickelt hatte. Wir waren zwischenzeitlich zusammen bei diversen Heim- und Auswärtsspielen der Bayern gewesen bzw. hatten gemeinsam ein paar Länderpunkte gemacht. Ergo fand Rolfes die Idee einer schönen Englandtour sehr attraktiv und beschloss mitzukommen.
Als Treffpunkt hatten wir unser Hotel für die erste Nacht ausgemacht, das Ibis in Sheffield. In der Folge sollte es uns auf unseren Touren noch einige Nächte beherbergen – diesmal war es die Premiere. Es klappte alles hervorragend. Obwohl Rolfes über Stuttgart und Birmingham angereist war und ich via Ryanair über Bratislava und London Stansted, kamen wir fast zeitgleich im Hotel an, deponierten unseren Kram und machten uns direkt auf zur ersten Fußballstation der Tour: Doncaster. Die Stadt in Yorkshire im Nordosten Englands sollte fortan ebenfalls eine Standard-Location auf den folgenden Touren werden – allerdings

nicht weil wir es in der 70.000-Einwohner-Stadt so schön fanden. Vielmehr handelt es sich bei „Donny“ um einen Verkehrsknotenpunkt. Doncaster liegt verkehrstechnisch sehr günstig, war daher seit jeher ein Knotenpunkt der Eisenbahnverbindung auf der Insel und beherbergt heute Logistikzentren großer Konzerne, wie etwa Amazon. Für uns stellte an diesem Tag der Verkehrsknoten allerdings den Endpunkt dar und wir erreichten Doncaster nach der knapp einstündigen Fahrt ab Sheffield mit etwas Vorlauf zum Spiel. Der Weg zum Ground führte an den üblichen englischen Ausfallstraßen mit großen Kreiseln und Unterführungen entlang. Da es ein Stück zu laufen war, stärkten wir uns noch mit einem Pint im ersten Pub am Weg.
Der Ground befand sich dann zwischen Industriegebiet und grüner Wiese, was immer ein Indikator für einen Neubau ist, und tatsächlich existiert das Keepmoat Stadium erst seit 2007. Der Namensgeber ist in diesem Fall eine Immobilienbaufirma mit Sitz in Doncaster. Mit dem Bau des Stadions hatte Keepmoat allerdings nichts zu tun. Bis zum Umzug in den neuen Ground spielten die Rovers etwa einen Kilometer Luftlinie entfernt im Ground mit dem kultigen Namen Belle Vue. Die Aussichten für das alte Stadion waren allerdings trotz des Namens weniger schön. Zum einen wurde 1987 die Kapazität stark eingeschränkt, da einige Bergbaugruben direkt unter einer Tribüne verliefen, die daraufhin nicht weiter genutzt werden konnte. Zum anderen bekam Doncaster mehr und mehr sportliche Probleme, das Geld wurde knapp, und so entschied sich 1995 der damalige Chairman Ken Richardson, dass eine „warme Sanierung“ die beste Lösung sei. Er steckte einem ehemaligen Soldaten 10.000 Pfund zu, der dafür die Haupttribüne in Brand steckte, was dem Ground weiter zusetzte. Am Ende flog alles auf und Drahtzieher und Täter wurden verurteilt. Die Zeit von Belle Vue lief jedenfalls kontinuierlich ab und so war ein Neubau die logische Konsequenz. Allzu viel ist vom alten Stadion nicht mehr geblieben. Als kleine Hommage an den Ground kickt das Damenteam der Doncaster Rovers unter dem Namen „Belles“, ebenfalls mit Heimstätte Keepmoat Stadium, in dem auch der lokale Rugby-League-Klub zu Hause ist.
Was unseren Besuch bei den Rovers anging, hatten wir sportlich

Glück. Der Klub wurde 1879 gegründet, trat 1901 der Football League bei, wurde aber wenige Jahre später nicht mehr wiedergewählt und fristete fast zwei Jahrzehnte ein Dasein im Non-League-Bereich. Erst 1923 wurde man wieder in die Liga aufgenommen, in der man fortan hauptsächlich dritt- und viertklassig spielte. Als Konsequenz der Feueraffäre von Belle Vue und der Tatsache, dass der Eigentümer verurteilt wurde und die finanzielle Unterstützung einstellte, stiegen die Rovers Ende der 90er-Jahre aus der Liga in die Conference ab, ehe sie sich 2003 wieder zurückmeldeten. Mit neuen Geldgebern begann ein steiler Aufstieg, der den Klub bis in die Championship führte. So kamen wir an diesem Abend in den Genuss, kein geringeres Auswärtsteam als Derby County sehen zu dürfen. Die Fans der „Rams" hatten eine kurze Anreise zum Auswärtsspiel und so war der Gästebereich trotz des Freitagabendtermins bestens gefüllt mit gut gelaunten und supportwilligen Derby-Anhängern, einige davon in Kostümen, wie eine Banane oder ähnlicher Nonsense.
Der prominenteste Derby-Spieler, der walisische Nationalspieler Robbie Savage, brachte die Gäste Anfang der zweiten Halbzeit in Führung, sehr zur Verzückung der mitgereisten Fans. Die Rovers drehten die Partie etwas überraschend, glichen quasi umgehend aus und erzielten in der 70. Minute den 2:1-Siegtreffer. Während nun selbstredend die Heimfans die akustische Oberhand hatten, ließen sich die Gästefans die Stimmung nicht vermiesen und genossen den restlichen Teil der Auswärtsfahrt. Unser Zug nach Sheffield war jedenfalls vollgepackt mit Fans in schwarz-weißen Trikots, die das Beste aus der Situation machten. Wir hatten den Luxus, dass wir in Sheffield nicht in den Zug nach Derby umsteigen mussten, sondern uns nach dem kurzen Fußmarsch über den Busbahnhof bequem in die Kiste hauen konnten.
In jedem Fall ein sehr ordentlicher Tour-Auftakt. Organisatorisch war alles bestens gelaufen, plus ein netter Kick, der Lust auf die kommenden Tage machte. Good night, Sheffield!

27. Die große, alte Dame zum Verlieben

28.02.2009, Goodison Park, Premier League
Everton FC – West Bromwich Albion, 2:0, 33.900 Zuschauer

Zweiter Tag der Tour. Von Sheffield aus ging es früh mit dem Zug zunächst einmal nach Manchester. Mit knapp über 25 zarten Englandgrounds auf dem Buckel war zu diesem Zeitpunkt die Aussicht, irgendwann einmal wirklich alle 92 Grounds besucht zu haben, noch recht weit entfernt. Vielmehr ging es uns darum, ein paar neue Eindrücke zu sammeln und vor allem die schönen alten Kisten, quasi die Klassiker des englischen Fußballs, mitnehmen zu können. Ergo hatten wir eine Nacht in der Metropole im Nordwesten eingeplant. Für uns beide war das eine Premiere, was den Besuch in der Stadt, die ja nicht nur aus Fußballsicht durchaus einen Namen hat, anging. Angekommen im größten Bahnhof, Manchester Piccadilly, ging es direkt ins Ibis nahe der Oxford Road Station – noch nicht einchecken, aber immerhin das Gepäck verstauen, und dann direkt weiter, erst mal wieder raus aus Manchester. Wieder mit dem Zug, Endstation diesmal: Liverpool Lime Street.

Das Ziel für den Tag war die Partie Everton gegen West Brom im altehrwürdigen Goodison Park. Das Match stellte die „Early kickoff"-Ansetzung des Spieltags dar, Anpfiff also 12.45 Uhr. Wir mussten dementsprechend früh am Ground sein und ich schleppte Rolfes schön hinter mir her, der aufgrund mangelnder Informationspolitik meinerseits zwischenzeitlich nicht mal genau wusste, welches Spiel wir denn besuchen würden. Für ausgiebiges Sightseeing blieb keine Zeit. Wir nahmen den Zug nach Kirkdale, genossen während der Fahrt unser Mittagessen vom Tesco-Supermarkt und begaben uns dann auf den Fußmarsch Richtung Stadien.

In diesem Fall tatsächlich im Plural, da wir noch etwas Vorlauf zum Kickoff hatten und uns entschieden, eine Runde um das nahe gelegene Anfield zu drehen. Die beiden Grounds trennen im Grunde nur der Stanley Park und etwas weniger als 1000 Meter Luftlinie. Der verbindende Faktor ist hingegen der Everton FC. Tatsächlich war der erste

Klub, der Anfield seine Heimat nennen konnte, nicht der Liverpool FC, sondern Everton. Von 1884 bis 1892 spielten die „Blues" an der Anfield Road, feierten zudem hier 1891 die erste Meisterschaft einer Liverpooler Mannschaft. In der Folge kam es jedoch zu Streitigkeiten mit dem Eigentümer des Stadions und man entschied sich für den Umzug in den neu gebauten Goodison Park.
Die Anlage war damals insoweit einzigartig, als der Ground das erste eigens für Fußballspiele gebaute Stadion in England darstellte. In der Folge fanden im Goodison Park zahlreiche große Fußballmatches statt, unter anderem das FA-Cup-Finale 1894 und verschiedene Länderspiele, so zum Beispiel die Halbfinalpartie der WM 1966, Deutschland gegen die Sowjetunion, in der Haller und Beckenbauer die deutsche Elf ins Finale nach Wembley schossen. Als größtes Match der Geschichte, zumindest in den Augen der Everton-Anhänger, gilt allerdings der historische 3:1-Erfolg Evertons gegen den FC Bayern im Halbfinale des Pokalsiegercups 1985. Dieter Hoeneß brachte die Bayern in Führung, ehe Everton mit drei Toren in der zweiten Halbzeit den Finaleinzug klar machte und dort den Pokal gegen Rapid Wien gewann. Nicht zuletzt aufgrund der großen Historie und der legendären Schlachten auf dem Rasen trägt der Goodison Park auch den aristokratisch anmutenden Beinamen „Grand Old Lady" – die große, alte Dame.
Der Beiname könnte nicht treffender sein. Der Ground wirkt allein von außen, inmitten von klassischen britischen Reihenhauswänden, so majestätisch und erhaben – wenn auch bei einem zweiten Blick etwas in die Jahre gekommen –, aber mit so viel Charakter ausgestattet, dass jedem Fußballfan zwangsläufig das Herz höher schlägt. Schon entlang der Goodison Road, nach der der Ground benannt ist, offenbart sich das ganze Flair: Terraced Houses auf der linken Seite, der große Main Stand auf der rechten Seite, verkleidet mit grauem Wellblech und dem Schriftzug „Welcome to Everton FC, Home of the Blues" sowie dem Wappen des Klubs. Daneben direkt ein weiteres Wahrzeichen des Grounds: In der Ecke zwischen dem Main Stand und dem Gwladys Street Stand steht eine Kirche, die St. Luke's Church. In früheren Jahren nutzen Everton-Fans den Kirchturm gerne als Platz, um die Spiele der „Blues" zu verfolgen. Heutzutage ist dies natürlich undenkbar: Die

Kirche ist mittlerweile baulich vom Innenraum des Stadions getrennt, steht aber weiterhin an Ort und Stelle.
Schon von der Außenansicht bekamen wir richtig Lust aufs Match und so nahmen wir unsere Plätze im „Balcony" des Main Stand ein. Eine weitere Besonderheit des Grounds: Während die anderen Stands ein- bzw. zweirangig sind, verfügt der Main Stand über drei Ränge. Der höchste der Ränge, der sogenannte Balcony, befindet sich recht weit über dem Spielfeld, ist aufgrund der Konstruktion jedoch relativ nahe an der Auslinie. Entsprechend bekommt man nicht nur das Gefühl, das Spiel aus der Vogelperspektive zu verfolgen (Taktikfüchse kommen hier auf ihre Kosten!). Vielmehr hat man aufgrund der exponierten Lage eine schöne Aussicht über den angrenzenden Stanley Park und sieht vom Sitz aus auch das Stadion des Lokalrivalen Liverpool FC, Anfield.
Man sollte meinen, dass die Nähe der beiden Klubs zu einer verstärkten Rivalität führen sollte. Dies ist allerdings nur bedingt der Fall. Zwar lieferten und liefern sich beide Klubs große Schlachten auf dem Rasen, auf den Rängen verlaufen die Duelle aber zumeist sehr friedlich. Oftmals gibt es keine strikte Trennung der Fangruppen und Everton- und Liverpool-Fans sitzen nebeneinander, Seite an Seite auf den Tribünen, was dem Duell neben dem Titel „Merseyside derby" außerdem die Bezeichnung „the friendly derby" einbrachte.
Das Spiel an diesem Tag war weitaus weniger prestigeträchtig, vielmehr war „nur" Aufsteiger West Bromwich Albion zu Gast. Auf- und Abstieg ist für den Everton FC hingegen tendenziell ein Fremdwort. Seit mehr als 110 Jahren spielen die „Toffees", wie sie wohl aufgrund eines Toffeeladens im Stadtteil Everton auch genannt werden, mit nur zwei Unterbrechungen in der höchsten Spielklasse. Insgesamt ein Rekord, denn kein anderer Verein hielt sich über mehr Jahre in der ersten Liga. Entsprechend gut supportet ist der Klub, und selbst die Partie gegen den Aufsteiger zog knappe 35.000 Zuschauer, die ihr Team sehr ordentlich unterstützten. Gleiches galt für die mitgereisten Anhänger von West Brom, die gegenüber von uns im Bullens Road Stand untergebracht waren – nicht die schlechtesten Away-Sector-Plätze in der Premier League. Die Gästefans hatten allerdings nichts zu feiern:

Everton erzielte pro Halbzeit ein Tor in einem recht netten Spiel, am Ende stand es also 2:0 für die Hausherren. Gutes Match, toller Ground, definitiv einer der Top 3 in England. Allein der Spielbesuch war die ganze Tour wert.
Aufgrund der frühen Anstoßzeit war es nach Abpfiff erst früher Nachmittag, also hatten wir reichlich Zeit, den Samstag noch zu nutzen. Wir nahmen den Zug zurück nach Manchester, checkten im Hotel ein und hauten uns erst mal eine Runde aufs Ohr, mit Rugby im Fernsehen. Zu fortgeschrittener Stunde wollten wir dann das Nachtleben erkunden. Die Canal Street nahe dem Hotel machte einen sehr lebendigen Eindruck mit vielen Bars und Clubs, wobei sich hier die Gay-Szene Manchesters trifft. Wir suchten also weiter und landeten an den Piccadilly Gardens, dem Hauptplatz der Stadt, inmitten von Pubs und Geschäften. Hier gab's dann endlich das erste Pint des Abends im „Wetherspoon", der für uns fortan so etwas wie unser Stammpub in Manchester werden sollte. Zum Abschluss blieben wir in einem zweiten „Wetherspoon" in Hotelnähe hängen, bevor wir der Schwerkraft einiger Pints nachgaben Richtung Bett, zwecks wohlverdienter Nachtruhe.

28. Einer von der Bucket List

01.03.2009, Reebok Stadium, Premier League
Bolton Wanderers – Newcastle United, 1:0, 20.700 Zuschauer

Am Sonntag stand die dritte Partie der Tour an: Bolton gegen Newcastle. Eigentlich hätte dies den Abschluss darstellen sollen, denn geplant war die Tour ursprünglich nur für drei Tage, rund um die Tatsache, dass es mit dem mittlerweile pleitegegangenen Billigflieger „SkyEurope“ eine Abendverbindung von Manchester nach Bratislava gab und ich so recht bequem und günstig nach Wien gekommen wäre. Im Juni 2009 ging SkyEurope in die Insolvenz, aber bereits zu Beginn des Jahres kämpfte man um jeden Cent, was zur Folge hatte, dass oftmals Flüge gestrichen oder zusammengelegt wurden. So erwischte es auch mich in diesem Fall. Der Abendflug wurde einige Wochen vor dem Termin ein paar Stunden nach vorne verlegt, was einen Besuch des Spiels in Bolton de facto unmöglich gemacht hätte. Ich machte das Beste aus der Situation, nahm drei weitere Tage Urlaub, hängte zwei Spiele mit an und war daher für das Bolton-Spiel gemeinsam mit Rolfes wie geplant am Start.
Um die Logistikprobleme noch zu maximieren, hatten wir uns ausgerechnet den Tag ausgesucht, an dem der Zugverkehr von Manchester Richtung Bolton ausgesetzt und stattdessen ein Schienenersatzverkehr mit Bussen organisiert wurde. Entsprechend machten wir uns morgens am Bahnhof Manchester Victoria erst mal auf die Suche nach dem richtigen Bus – einige Newcastle-Trikots halfen bei der Orientierung. Danach ging die Fahrt teilweise ordentlich durch die Pampa. Nach einer gefühlten Ewigkeit erreichten wir Bolton, wobei sich der Ground der Bolton Wanderers seit einem Neubau 1997 ebenfalls in der Pampa befindet, in Horwich. Ergo hieß es noch etwas im Bus sitzen bleiben, ehe das Reebok Stadium endlich inmitten eines Gewerbegebiets auftauchte. Die Zugfahrt ab Manchester hätte keine halbe Stunde gedauert. Aber so bekamen wir wenigstens ein bisschen was zu sehen – immer positiv denken.

Für mich ging mit dem Besuch des Reebok Stadium nicht unbedingt ein Traum, aber definitiv ein lang gehegter Wunsch in Erfüllung. Als ich viele Jahre zuvor auf die fantastische Website footballgroundguide.com gestoßen war und die Bilder und Beschreibungen der 92 Ligagrounds förmlich aufsog, war eines der Dinge, die mich an den englischen Stadien so faszinierten, die Tatsache, dass teilweise auch unterhalb der Premier League topmoderne Neubauten als Spielstätten zur Verfügung standen, die in Deutschland ihresgleichen suchten. Besonders hervor stach dabei der futuristische Neubau des damaligen Zweitligisten Bolton Wanderers, mit den prägnanten geschwungenen Flutlichtmasten über der gewölbten Dachkonstruktion. Heute würde mir eine schöne traditionelle Terrace oder eine denkmalgeschützte Tribüne von Archibald Leitch sicher besser gefallen, aber damals fand ich das Reebok Stadium sehr spannend und verfolgte fortan die Geschicke der Bolton Wanderers.
Im Laufe der Zeit kickten auch einige prominente Namen in Bolton, unter anderem Fredi Bobic oder Jay Jay Okocha. Angeblich stand Englandlegionär Didi Hamann ebenfalls kurz vor einem Engagement bei den Wanderers. Die Legende besagt, dass er – was ihn mir noch sympathischer macht – Gusto auf Mäcces hatte und einen McDonald's in Bolton ansteuerte, dort aber aufgrund des Dialekts kein Wort der Bedienung verstand und daraufhin doch lieber bei Manchester City unterschrieb. Inwieweit sich die Dialekte hier grundlegend unterscheiden, sei einmal dahingestellt, denn die Entfernung zwischen dem Stadion in Bolton und dem Stadion von ManCity beträgt gerade einmal 20 Kilometer. In jedem Fall fühlte ich mich an meinen Besuch des McDonald's in Southampton erinnert und konnte daher seine Beweggründe gut nachvollziehen …
Einen McDonald's gibt es auch in unmittelbarer Nähe zum Reebok-Stadion, wie auch alle anderen üblichen Verdächtigen, was Supermärkte, Einrichtungshäuser etc. angeht. „Schön" ist die Lage also nicht wirklich. Der Vorgänger-Ground, der Brunden Park, hatte mit einer Boltoner Innenstadtlage diesbezüglich etwas mehr zu bieten, musste jedoch mittlerweile einem Einkaufszentrum weichen. Über 100 Jahre hatten die Wanderers in dem Stadion gekickt. Vor 1895 hatte man auf

verschiedenen Plätzen gespielt, was ursprünglich den Namen „Wanderers“ begründete.
In jedem Fall sind die Wanderers einer der Traditionsklubs aus dem Nordwesten. Als Gründungsmitglied der Football League spielte man bis in die 60er-Jahre immer erstklassig und hält den „schmeichelhaften“ Rekord, der Klub zu sein, der die meisten Erstligasaisons auf dem Buckel hat, ohne jemals Meister geworden zu sein. Dafür holte man in den 20er-Jahren gleich drei Mal den FA Cup, wie 1958 auch. Danach ging es allerdings sportlich bergab. Die Talsohle führte Bolton bis hinab in die vierte Liga Ende der 80er-Jahre. Umso erstaunlicher war die Rückkehr in die Premier League nur wenige Jahre später, mit einer UEFA-Cup-Teilnahme 2007 als Krönung, die den Wanderers sogar ein Gastspiel in der Münchner Allianz Arena einbrachte, wo man einen Punkt entführen konnte.
Von den sportlichen Top-Teams abgesehen, hatten wir einen der attraktivsten Gegner zu Gast für unseren Spielbesuch: Newcastle United. Überall auf der Insel gut supportet, brachten die „Magpies“ auch an diesem Tag reichlich und stimmgewaltige Fans mit, die den gesamten Gästeblock im Unterrang der Hintertortribüne füllten. Wir hatten Tickets im Oberrang der Haupttribüne, wobei alle Oberränge aufgrund der Architektur und der runden Dachkonstruktion eher wie aufgesetzte Halbellipsen wirken. Sicherlich kein klassisches englisches Stadion, aber dennoch nicht uninteressant von der kompakten Bauweise und von der Überdachung her, die wohl auch stimmungsfördernd wirken kann. Von den Heimfans kam aber relativ wenig. Die Heimtribüne hinterm Tor war zwar sehr ordentlich mit Zaunfahnen behangen, zudem gab es beim Einlaufen eine große Blockfahne mit der Aufschrift „We are the one and only Wanderers“. Akustische Unterstützung gab es aber nur bedingt, obwohl ein Fan – für England ungewöhnlich – versuchte, mit einer Trommel zu animieren. Von Newcastle kam hingegen recht ordentlicher Support, obwohl am Ende nur die Bolton-Fans jubeln konnten und das Match mit einem 1:0-Heimsieg endete.
Wir nahmen quasi mit dem Schlusspfiff die Beine in die Hand. Die Situation mit dem Schienenersatzverkehr war nicht wirklich transparent und wir hatten Bedenken, rechtzeitig zurück nach Manchester zu

kommen, wo Rolfes seinen Flieger erwischen musste. Unterm Strich war aber alles sehr gut organisiert: Die Reisebusse standen bereits wie an der Perlenkette aufgereiht und wir waren nach einer relativ kurzen Fahrt über den Motorway wieder in Manchester Piccadilly – sogar mit reichlich Vorlauf, bis Rolfes Richtung Flughafen aufbrechen musste. Wir suchten also das nächstbeste Pub auf, in diesem Fall das Waldorf, nahe dem Bahnhof und verfolgten hier die zweite Halbzeit und die Verlängerung des League-Cup-Finals zwischen Manchester United und Tottenham Hotspur. Die Stimmung heizte sich zunehmends auf, das Bier floss in Strömen, aber Rolfes musste trotz Elferschießen zum Flughafen. Wir ließen also das Pub hinter uns und Rolfes bestieg den Bus.

Ich verfolgte noch durch die Fensterscheibe eines „Ladbrokes Shop" den Sieg von United und war fortan allein auf der Tour. Diese ging gut weiter: Der Spielplan gab für Montag und Dienstag Matches in der Umgebung von Manchester her. Ich hatte mir also ein „luxuriöses" Etap Hotel in der Nähe von Old Trafford genommen, das ich am Abend bezog, voller Vorfreude auf die kommenden Tage.

29. Deutsche in Altheim

02.03.2009, Boundary Park, League One
Oldham Athletic - Leeds United, 1:1, 7.800 Zuschauer

Der Montag stand zunächst einmal unter dem Motto: Manchester kennenlernen. Mit Rolfes hatte ich am Samstagabend ja hauptsächlich Nightlife-Hotspots abgegrast. Jetzt blieb fast ein ganzer Tag Zeit, um sich die Stadt etwas näher anzuschauen. Es dauerte nicht lange, bis ich zum großen Manchester-Fan wurde. Die Stadt hat ihren ganz eigenen Charme. Sie ist vielleicht nicht unbedingt schön im klassischen Sinne, dafür spannend: eine sogenannte Arbeiterstadt, in der der Wandel vom Industrie- ins Dienstleistungszeitalter bestens gelungen ist. Viele ehemalige Fabriken und Hafenanlagen wurden modernst umgebaut, ohne ihren ursprünglichen Charakter zu verlieren. Dazu die ansprechend hergerichtete Innenstadt rund um die Piccadilly Gardens, das Arndale Shopping Center, daneben das Printworks, eine ehemalige Zeitungsdruckerei, die heute eine Vielzahl an Clubs, Bars und Restaurants beherbergt. Alles in allem jedenfalls sehr nett, und wir sollten auf allen kommenden Touren immer wieder gerne in Manchester Station machen.
Ich erledigte tagsüber selbstredend die zwei Pflichttermine in Manchester. Zunächst die Stadiontour in Old Trafford, wobei ich vor dem Ground keinem Geringeren als Bobby Charlton, ManUtd-Legende und Weltmeister 1966, über den Weg lief, der bemerkenswerterweise freundlich zurückgrüßte. Im Anschluss dann die Stadiontour im City of Manchester Stadium, der Heimstätte von ManCity. Hier waren erstaunlicherweise nur drei Teilnehmer bei der Tour dabei: ein etwas nerviges deutsches Pärchen und ich. Ich hielt mich also eher an den Tourguide und ließ das Mädel schwärmen, dass Steven Gerrard wohl schon mal durch den Kabinengang marschiert ist … Nun ja.
Am Abend stand dann wieder ein Stadionbesuch samt Spiel an: Oldham gegen Leeds. Die Vorbereitungen auf den Besuch im Boundary Park hatten bereits einige Wochen vorher begonnen. Das Spiel wurde offiziell als All Ticket Match deklariert – wegen des Rufs der Fans von

Leeds. Einen Vorverkauf gab es nur in Oldham, kein Online-Verkauf, kein Verkauf via Telefon. Und am Spieltag eben gar kein Verkauf. Ich setzte verschiedene Hebel in Bewegung, versuchte alles und erbettelte mir unterm Strich dann doch ein Ticket über den Klub.

Ich setzte mich daher guter Dinge mit der ausgedruckten Wegbeschreibung von footballgroundguide.com in Manchester Victoria in den Zug gen Oldham. Viel deutlicher hätte ich mich wohl nicht zu erkennen geben können, denn es dauerte keine fünf Minuten, da sprach mich ein deutscher Hopper an, ob ich auch zum Spiel wollte – Helge aus Norddeutschland. Wie waren gleich auf einer Wellenlänge: Er hatte mir ein paar Grounds in England voraus, und so gab es auf der kurzen Zugfahrt nach Oldham genug zu erzählen. Wir machten uns gemeinsam auf den Fußmarsch zum Stadion, wobei Helge in der etwas unangenehmen Situation war, noch kein Ticket fürs Match zu haben. Trotz All Ticket versuchte er sein Glück, als ich mein reserviertes Ticket am Schalter abholte, und bekam problemlos noch eine Karte. Wir schauten uns rund um den Ground noch etwas um, aber die Schlange vorm Pub war zu lang, um noch ein Pint zu bekommen. Am Eingang zum Ground trennten wir uns, da wir selbstredend Plätze in unterschiedlichen Blöcken hatten.

Der Boundary Park ist so richtig ein Relikt aus vergangenen Fußballtagen: mitten im Wohngebiet, der Main Stand steht direkt an der Straße, und die Backsteinmauer und die Wellblechverkleidung lassen ein nostalgisches Gefühl aufkommen, das von der Mitsubishi-Werbung, die an der Seite der Tribüne auf die Außenwand gemalt ist und gut und gerne aus den 70er-Jahren stammen könnte, unterstrichen wird. Seit 1896 wird hier Fußball gespielt, wenn auch zunächst vom ehemaligen anderen Oldhamer Klub Oldham County. 1899 zog dann Oldham Athletic ein und darf sich bis heute Hausherr nennen. Von innen wirkt der Ground ebenfalls sehr klassisch. Hinter den Toren zwei Tribünen älterer Bauweise, davon die Heimtribüne mit einem für das Baujahr typischen Giebeldach. Die Gegengerade verfügte bei meinem Besuch über keine Tribüne und blieb leer. In der Zwischenzeit wurde auch hier nachgerüstet, und eine topmoderne Tribüne mit abgerundetem Dach nimmt dem Ground mittlerweile etwas von seiner damaligen Ursprünglichkeit.

Oldham Athletic ist trotz der Nähe zu anderen Klubs, wie etwa den beiden Vereinen aus Manchester, recht ordentlich supportet und so war die Hütte an diesem Abend mehr oder weniger voll. Die große Anhängerschaft konnte der Klub, der 1895 unter dem kultigen Namen „Pine Villa" gegründet wurde und vor dem Ersten Weltkrieg einige Jahre in der ersten Liga spielte, vor allem dadurch akquirieren, dass man Anfang der 90er-Jahre ein sportliches Hoch hatte. So war Oldham eines der Gründungsmitglieder der Premier League. Und erstaunlicherweise konnte man sich sogar ein weiteres Jahr in der Eliteklasse halten, bevor der sportliche Zeiger wieder nach unten ging. Aus dieser Zeit hat der Klub aber noch eine ordentliche Fanbasis, unter anderem auch einige prominente Fans, wie etwa ManUtd-Legende Paul Scholes. Sogar bis nach Deutschland reichen die Fanausläufer. Zu meiner Verwunderung konnte ich auf der Gegengerade ein Freundschaftsbanner zwischen Oldham und Eintracht Frankfurt entdecken. Scheinbar gibt es hier in der Tat belastbare Verbindungen zwischen den Adlern aus Hessen und den Eulen aus Nordwestengland.

Wie die Eintracht-Fans sind auch die Fans der Gastmannschaft des Tages, Leeds United, als hin und wieder etwas verhaltensauffällig bekannt. Entsprechend streng waren die Sicherheitsvorkehrungen und der Ticket-Verkauf für das Spiel. Leeds machte den Gästesektor voll und unterstützte akustisch recht ansprechend. Beide Treffer des Tages fielen innerhalb von zwei Minuten. Kurz nach der Halbzeit gingen zunächst die zwecks Bewusstseinschaffens für Brustkrebs in Pink spielenden Hausherren in Führung, ehe Leeds umgehend den Ausgleich erzielte. Am Ende also eine Punkteteilung: Keines der beiden Fanlager war enttäuscht, daher gab es auch keine Probleme rund ums Stadion.

Zu Fuß ging es nach dem Match zurück zum Bahnhof, an der Innenstadt außen vorbei, wobei das Auslassen des Sightseeings wohl kein großer Verlust war. Als ehemaliges Spinnereizentrum hatte die Bedeutung der Stadt mit dem Ende des Industriezeitalters abgenommen, die heute eine der vielen Satellitenstädte rund um Manchester ist. Aktuell berühmtester Sohn der Stadt dürfte Mark Owen von Take That sein – das war es dann aber auch.

Am Bahnhof traf ich Helge wieder und wir schnappten den ersten Zug nach Manchester Victoria. Damals war das die einzige Option, denn erst 2012 wurde Oldham an das Tramsystem Metrolink angeschlossen. Ich hatte an dem Abend noch eine Metrolink-Fahrt vor mir, Richtung Hotel in die Salford Quays. An den Piccadilly Gardens verabschiedeten Helge und ich uns, tauschten kurz Kontaktdaten aus und hörten nie mehr voneinander – wie das so ist bei Fußball-Zweckgemeinschaften.

30. This is Anfield

03.03.2009, Anfield, Premier League
Liverpool FC – AFC Sunderland, 2:0, 41.500 Zuschauer

Der Höhepunkt der notgedrungen verlängerten Tour stand für den Dienstagabend auf dem Programm – eine echte Königsetappe auf dem Weg durch Englands Fußballgrounds: Anfield.

Die Spannung rund um den Spielbesuch begann bereits einige Wochen zuvor. Nachdem klar war, dass die Partie in den neuen Tourplan passte, bemühte ich mich um Tickets. Erfreulicherweise ging das Match wohl aufgrund des Spieltags unter der Woche und des relativ unattraktiven Gegners AFC Sunderland in den freien Verkauf. Ich verbrachte gefühlt mehrere Stunden auf der völlig überlasteten Ticket-Website und in der Warteschleife der unterbesetzten Ticket-Hotline. Unterm Strich ergatterte ich aber eine Karte und freute mich auf die Partie in Liverpool. Zu geizig für eine weitere Nacht im Hotel, hatte ich für den letzten Tag ein Bett in einem Hostelschlafsaal in der Innenstadt von Manchester klar gemacht. Hier deponierte ich meinen Kram und machte mich mit dem Zug auf Richtung Liverpool – im Übrigen die älteste Passagierzugverbindung der Welt, mit den Anfängen im Jahr 1830. Für mich ging es zum zweiten Mal innerhalb von vier Tagen zu den „Scousers“, wie die Bewohner Liverpools liebevoll genannt werden und sich auch selbst gerne nennen, wohl abgeleitet vom beliebten Seemannsgericht Labskaus.

Gemeinhin gilt der Liverpool FC als einer der, wenn nicht sogar der bekannteste englische Fußballklub – ein Synonym und Inbegriff für den englischen Fußball. Dies hat vor allem mit den Erfolgen des Klubs zu tun. In der Klubgeschichte hamsterten die „Reds“, wie das Team aufgrund der roten Trikots auch bezeichnet wird, mehr als 40 Titel, darunter acht Europapokalsiege und 18 englische Meisterschaften. Bis man 2011 vom Erzrivalen Manchester United überholt wurde, war man englischer Rekordmeister, obwohl die letzte Meisterschaft mittlerweile mehr als 25 Jahre zurückliegt.

Der erste Meistertitel geht auf die Saison 1900/01 zurück, bemerkenswerterweise keine zehn Jahre nach der Gründung des Klubs. Diese würde nach heutigen Maßstäben wahrscheinlich eher kritisch betrachtet werden. Nachdem der Eigentümer von Anfield, der Geschäftsmann und spätere Bürgermeister John Houlding, sich 1892 mit dem Everton FC überworfen hatte und dieser in den Goodison Park übersiedelte, gründete er schlicht und einfach einen neuen Klub, damit sein Stadion nicht leer stand. Den Namen Everton FC durfte er dabei nicht „behalten", ergo wurde ein generischer Name gewählt – Liverpool FC. Zumindest waren damals keine findigen Namensgebungen à la „Rasenballsport" nötig. Der restliche Prozess erinnert allerdings stark an Beispiele unserer Zeit, zeigt aber auch, dass diese Auswüchse nur bedingt Teil des „modernen" Fußballs sind bzw. dass nach ein paar Jahrzehnten Gras über solche Dinge wächst.
Die erfolgreichsten Jahre der „Reds" waren die späten 70er- und frühen 80er-Jahre. Als die Trainerlegende Bill Shankly 1974 nach fünfzehn Jahren als Liverpool-Manager zurücktrat, in der er das Team aus der zweiten Liga in die englische Spitze geführt hatte, übergab er eine großartige Basis für weitere Erfolge. Zwischen 1976 und 1986 holte man acht Meistertitel und fünf Mal den Europapokal.
Die europäische Dominanz erfuhr ein tragisches Ende mit dem Landesmeistercup-Finale 1985 in Brüssel, gemeinhin als Heyselkatastrophe bekannt: Nach Ausschreitungen im Stadion vor dem Anpfiff, größtenteils von den Liverpool-Fans provoziert, starben in einer Massenpanik 39 Zuschauer, fast 500 weitere wurden verletzt. Das Finale gegen Juventus geriet zur Randnotiz, Liverpool verlor mit 0:1 und wurde in der Folge wie alle englischen Klubs für einige Jahre aus den Europapokalwettbewerben ausgeschlossen. Heute erinnert eine kleine Gedenktafel in Anfield an die Katastrophe. Die größere Gedenkstätte wurde allerdings für die Opfer der Hillsborough-Katastrophe von Sheffield errichtet, der Massenpanik im Liverpooler Block beim FA-Cup-Halbfinale 1989, bei der 96 Fans der „Reds" ums Leben kamen.
Ich stattete dem Hillsborough Memorial selbstredend einen kurzen Besuch ab. Bis heute liegen vor den Steintafeln, auf denen die Namen aller Opfer und ihr Geburtsdatum in goldener Schrift eingraviert sind,

zahlreiche Blumen und Fanschals, viele davon von anderen, teils internationalen Klubs, in Mitgefühl für die Opfer. Dazu brennt ein ewiges Licht, das sogar den Weg ins offizielle Klubwappen gefunden hat: In Erinnerung an die Opfer von Hillsborough wurden zwei Fackeln in das Wappen eingefügt. Das Memorial befindet sich direkt neben den Shankly Gates, wohl einer der prägnantesten Orte der englischen Stadionkultur, der ebenfalls im Klubwappen zu sehen ist. Der Schriftzug „You'll never walk alone" sowie die kunstgeschmiedete Verzierung prangen sowohl auf dem Klubwappen als auch über dem Eingangstor zum Stadionareal. Das Tor mit dem ikonischen Spruch ist daher oft auf Bildern oder in Fernsehübertragungen zu sehen, wenn eine Außenansicht der Anfield Road gezeigt wird.
Die Shankly Gates führen zum Bereich hinter dem Main Stand, in dem ich meinen Platz hatte. Ich hatte bewusst einen Sitzplatz eher Richtung Spielfeldende genommen, um beste Sicht auf den legendärsten Stand des Grounds zu haben, den „Kop", die Tribüne der fanatischsten Liverpool-Fans und die Wiege der Fußballfangesänge. Der Name „Kop" leitet sich von einem Hügel in Südafrika ab, dem Spion Kop, der vielen Briten aus dem Burenkrieg von 1899 bis 1902 bzw. der Schlacht an ebendiesem Berg ein Begriff war. Das hat wohl nicht zuletzt damit zu tun, dass die Stehplatztribünen der frühen Jahre nicht den modernen Tribünen glichen, sondern mehr oder weniger Aufschüttungen von Erdwällen waren – daher die Analogie zu dem Erdhügel in Südafrika. Der Stand entwickelte sich natürlich im Laufe der Jahre und wurde um- und ausgebaut. In seinen Hochzeiten fasste er 30.000 Zuschauer, musste aber in der Folge der Hillsborough-Katastrophe und des Taylor-Reports in einen Sitzplatzstand umgebaut werden, der heute noch etwa 12.000 Zuschauer beherbergt, allerdings nach wie vor in einem Rang. Der zweirangige Centenary Stand an der Spielfeldseite sowie der kleinere, ebenfalls zweirangige Anfield Road Stand hinter dem Tor gegenüber dem Kop runden Anfield ab. Ein recht bekanntes Wahrzeichen des Grounds ist von keinem der Sitzplätze zu sehen: das „This is Anfield"-Schild im Spielertunnel, das von dem damaligen Manager Bill Shankly installiert wurde, um den Gegnern klarzumachen, was sie die nächsten 90 Minuten erwarten würde.

Mit der Premier-League-Partie gegen Sunderland erwartete mich zwar nicht die allererste fußballerische Kost, aber zumindest eine grundsolide Partie. Der Anfield-Faktor wurde allerdings etwas geschmälert: Die Tatsache, dass das Spiel in den freien Verkauf ging, führte dazu, dass ein ordentlicher Prozentsatz von Asiaten um mich herum saß – der Nachteil der internationalen Fernsehvermarktung. Ein Klub, der sich über Jahrzehnte allem voran über den Zusammenhalt der Arbeiterstadt Liverpool definierte und dessen Hymne „You'll never walk alone" vor Spielbeginn von Japanern mitgesungen wird ... Das ist wohl ein Bild, an das man sich gewöhnen muss. Das Flair leidet aber extrem und lebt letzten Endes nur vom Stadion selbst.

Doch selbst dieses geriet zwischenzeitlich in Gefahr. Die Kapazität des Grounds ist nicht unbedingt riesig. 45.000 Plätze bietet Anfield – nicht genug, um mit den Rivalen in Sachen Zuschauereinnahmen mithalten zu können. Die Möglichkeiten eines Ausbaus waren aber schon immer begrenzt. Im Grunde befindet sich der Ground in einer reinen Wohngegend, mit Anwohnern direkt am Stadion. Es gab entsprechende Planspiele, ein neues Stadion im nahe gelegenen Stanley Park zu bauen, besonders als der Klub 2010 von neuen Eigentümern aus den USA übernommen wurde, der Fenway Sports Group. Es ist wohl eine glückliche Fügung, dass dem Unternehmen neben dem Liverpool FC die Baseball-Traditionsmannschaft Boston Red Sox gehört, die im altehrwürdigen Fenway Park spielt und genau den gleichen Herausforderungen gegenübersteht: In beiden Fällen ist das Stadion essenzieller Teil der Identität der Klubs und ihrer Fans. Der Neubau-Plan wurde also zum Glück schnell verworfen. Mittlerweile wird dafür der Main Stand aufgestockt und so die Kapazität auf knappe 60.000 Plätze erhöht. Es wäre schade um dieses Denkmal der englischen Fußballkultur gewesen.

Nach dem Intonieren von „You'll never walk alone" vor dem Spielbeginn rollte dann endlich der Ball. Ich hatte ein Auge auf dem Spielfeld, wo doch der ein oder andere prominente Name für Liverpool auflief – allen voran Captain Steven Gerrard –, aber auch zwei Spieler, die es später sogar zum FC Bayern schaffen sollten: Xabi Alonso und Pepe Reina. Letzterer verhinderte den sicheren Rückstand, als Sunderland

nach bereits fünf Minuten eine Eins-zu-Eins Situation nicht verwerten konnte. In der ersten Halbzeit fielen keine Tore, das Spiel gestaltete sich aber recht unterhaltsam, mit vielen Strafraumszenen und Abschlüssen. Mein anderes Auge war hauptsächlich auf den Kop gerichtet – wobei dieser Teil hinter den Erwartungen zurückblieb. Zwar gab es zu Beginn ein paar Blockfahnen, der Support gestaltete sich während des Spiels aber eher mäßig. Zumindest gab es nichts Besonderes, nicht den Glanz der legendärsten Terrace vergangener Tage. Die Stimmung wurde in der zweiten Halbzeit etwas besser, was mit dem Geschehen auf dem Rasen zu tun hatte: Liverpool kam wenige Minuten nach dem Wiederanpfiff zum Führungstreffer und legte in der 60. Minute zum 2:0 nach, was dann auch der Endstand war.
Ob ich den Schlusspfiff mitbekommen würde, war zunächst nicht ganz klar. Ich hatte eine sehr sportliche Aufgabe vor mir: 20 Minuten nach offiziellem Spielende ging der Zug ab der Station Sandhills Richtung Innenstadt, den ich erwischen musste, um den noch halbwegs vernünftigen Zug zurück nach Manchester zu bekommen. Laufdistanz: 2 Kilometer, also durchaus machbar, wobei hier die Nachspielzeit nicht eingerechnet war. Diese streckte und zog sich wie Kaugummi, und unterm Strich hatte ich mit dem Schlusspfiff nur 12 Minuten Zeit, um nach Sandhills zu kommen.
Es half nichts, ich joggte beherzt an Main Stand, Kop und der Bill-Shankly-Statue vor ebendiesem vorbei und schaffte es gerade so zur geplanten Abfahrt des Zuges auf den Bahnsteig – nur um festzustellen, dass der Zug fünf Minuten Verspätung hatte. Die Lunge bedankte sich jedenfalls herzlichst, und auf der kurzen Fahrt Richtung Liverpool Lime Street stand erst mal Regeneration an. Im Zug zurück nach Manchester war ich dann nicht wirklich alleine: Zahlreiche andere Fans, sowohl von Liverpool als auch von Sunderland, waren mit an Bord, ebenso eine Horde Deutsche. Wahrscheinlich war ich aber der Einzige, der das Spiel komplett gesehen hatte – eine kleine Genugtuung.
Der Rest der Tour ergab sich von selbst: Eine Nacht im Achter-Zimmer im Hostel, die mir wieder mal vor Augen führte, dass man mit Hostelnächten am falschen Ende spart. Am nächsten Morgen dann die Abreise per Bus nach Nottingham und via East Midlands Airport zu-

rück nach Bratislava und Wien. Alles in allem war ich schwer begeistert von unserem Inselausflug. Es hatte logistisch – trotz der Probleme mit SkyEurope – alles super geklappt, die Grounds und Spiele waren erste Sahne und machten definitiv Lust auf mehr. Rolfes war ebenfalls angefixt, und es warteten noch mehr als genug Grounds und Reiseziele auf uns.

31. Ein Abstecher nach Wales

20.11.2009, Liberty Stadium, Championship
Swansea City – Derby County, 1:0, 17.500 Zuschauer

Nach unserer erfolgreichen Tour Anfang des Jahres waren Rolfes und ich uns einig, dass der nächste Inseltrip unbedingt noch im gleichen Jahr stattfinden sollte. Wir studierten also den Spielplan und entdeckten eine hervorragende Matchkonstellation Ende November: fünf Spiele an fünf Tagen, von erster bis dritter Liga alles dabei, zudem Champions League für Rolfes. Gesagt, gebucht.
Treffpunkt war diesmal Reading, genauer gesagt der Zug im dortigen Bahnhof. Meine Anreise mit Air Lingus erfolgte via Gatwick und es war zeitlich geschickter, die Querverbindung an London vorbei zu nehmen, während Rolfes die klassische Anreise über das Londoner Zentrum wählte. Wir hatten eigentlich Platzreservierungen im gleichen Abteil, aber wie so oft bei der National Rail gab es einige kurzfristige Änderungen und der Waggon, in dem unsere Plätze sein sollten, existierte gar nicht. Daher bestand die größte Herausforderung darin, uns im Zug zu treffen, aber zum Glück gibt's Handys ... Die Endstation stellte zunächst einmal Cardiff dar. Ich kannte die Gegebenheiten dort schon von einem früheren (Nicht-Fußball-)Besuch und wir checkten kurz ins örtliche Etap hinterm Bahnhof ein, bevor es eine weitere Zugstunde nach Wales hinein Richtung Swansea ging. Oder wie es auf Walisisch heisst: Abertawe.
Warum eigentlich Wales? Der Grund, weshalb aktuell sechs walisische Klubs im englischen Ligensystem mitspielen (drei davon in der Football League), ist hauptsächlich in der Historie des professionellen Fußballs begründet. In den Jahren, in denen sich die ersten Ligen bildeten, gab es in Wales schlichtweg keine professionell organisierte Liga. Daher spielten Klubs wie Cardiff City, Wrexham oder eben Swansea zunächst im englischen Non-League System, ab der Ausweitung der Football League nach dem Ersten Weltkrieg dann in der englischen Football League. Ein weiterer Grund stellt die schlechte Verkehrsverbindung zwischen Nord- und Südwales dar, die einen eingleisigen

Ligenbetrieb zunächst erschwerte. Die erste professionelle und eingleisige walisische Liga wurde erst 1992 aufgesetzt, die „Welsh Premier League“, die allerdings nur bedingt professionellen Charakter hat: Nur zwei der zwölf Teams sind klassisch professionelle Klubs, und der größte Ground fasst gerade einmal 6.000 Zuschauer.
Swansea City bevorzugt daher offensichtlich die größere Bühne des englischen Fußballs. 2011 gelang den Swans als erstem walisischen Team der Aufstieg in die Premier League, nachdem Lokalrivale Cardiff City über einige Jahre hinweg als aussichtsreicherer Kandidat stets scheiterte. Bereits in den 80er-Jahren spielte Swansea in der damaligen First Division, mit dem Kunststück, zwischen 1977 und 1986 aus der vierten in die erste Liga aufzusteigen und wieder zurück in die vierte Liga abzusteigen. Der 2011er-Aufstieg kann ebenfalls als durchaus steil bezeichnet werden, denn 2005 spielte man noch in Liga vier.
Wohl auch aufgrund dieser Tatsache gelten das Umfeld des Klubs und die Infrastruktur als überaus rustikal. Gerhard Tremmel, deutscher Torwart, ehemals in Diensten von Swansea City, gab in mehreren Interviews einen Einblick, wie bodenständig der Klub sei: Es wurde im örtlichen Sportzentrum trainiert, er musste sich seine Trainingskleidung selbst aus einem kalten Container holen, die Angestellten des Klubs waren allen voran Fans und die Mannschaft ging gerne mal zusammen ein oder zwei Pints trinken. Auch die großen Namen sucht man auf dem Rasen vergeblich. Die Trainerposition war dagegen in den letzten Jahren recht prominent besetzt: Neben John Toshak, Brendan Rogers, Roberto Martinez oder Paulo Sousa stand auch Michael Laudrup an der Seitenlinie. Unter ihm konnte der Klub den größten Erfolg der Vereinsgeschichte feiern, den League-Cup-Triumph 2013.
In Swansea angekommen, hatten wir nicht allzu viel Zeit bis zum Kick-off und noch einen längeren Fußmarsch vor uns. Bis 2005 hätten wir uns vom Bahnhof Richtung Strand orientieren müssen, zum Vetch Field, wo Swansea City seit der Gründung die Heimspiele austrug, bis 1969 noch unter dem Namen Swansea Town. Stattdessen führte uns der Weg in die genau entgegengesetzte Richtung, am River Tawe entlang landeinwärts. Nach 20 Minuten erreichten wir das Liberty Stadium, holten unsere Tickets ab und genehmigten uns noch ein Pint im „Frankie & Benny‘s“ am Stadion.

Systemgastronomie rund um den Ground ist immer ein deutlicher Indikator für einen Neubau auf der Wiese, was im Falle des Liberty Stadium durchaus zutreffend ist. Der Name hat im Übrigen nichts mit der Liberty Statue oder der Liberty Bell zu tun, vielmehr ist auch dieser Name ein schnöder Sponsorenname – nach einer örtlichen Immobilienfirma. Der Ground an sich kann sich durchaus sehen lassen: Er erinnert von den schwarz-weißen Sitzschalen und der zweirangigen Anordung her etwas an den Pride Park in Derby.

Es waren ausgerechnet auch die „Rams", die zu Gast waren, was uns recht gelegen kam, da Derby auswärts vom Away-Support durchaus sehenswert ist. Zu sehen gab es dann auch eine Menge. Wir hatten Sitze in der zweiten Reihe – nicht unbedingt unsere präferierte Option, jedoch zumindest mit der Gelegenheit zum Handschlag mit Cyril dem Schwan, seines Zeichens Maskottchen von Swansea, der immerhin für sich beanspruchen kann, die Wahl des „BBC Match of the Day Magazine" zum besten Maskottchen gewonnen zu haben.

Die Stimmung im Stadion war ganz ordentlich, obwohl lange die Tore fehlten. Erst in der 80. Minute konnten die Swans den einzigen Treffer der Partie erzielen. Dass ausgerechnet Nathan Dyer einnetzte, war wenig überraschend. Vor dem Spiel sagte uns der Name noch nichts, aber der Junge, damals 22, machte ein Bombenspiel und gewann völlig zu Recht die Man of the Match Trophy.

Nach dem Abpfiff nahmen wir den Fußmarsch zurück zum Bahnhof in Angriff, um den „last train out of Swansea" zu erwischen. Wir hatten noch nichts zu essen gehabt und darauf gehofft, die halbe Stunde bis zur Abfahrt des Zuges entsprechend nutzen zu können. Doch leider wird in Swansea scheinbar Freitagabend im Viertel rund um den Bahnhof recht früh der Gehweg hochgeklappt, und so blieb nur ein Standard-Kebab/Pizza/Burger/Falafel-Laden, in dem wir uns neben einer Portion Chips einen Burger holten. Am Zug angekommen, mussten wir allerdings feststellen, dass ein paar andere Leute ebenfalls die Idee hatten, noch rechtzeitig aus Swansea abzuhauen – und so bekamen wir gerade noch einen unbequemen Stehplatz neben der Tür. So eingequetscht, war gar nicht daran zu denken, unser Essen zu verputzen. Irgendwann war aber auch diese Situation gemeistert, der

Burger im Magen, der Zug in Cardiff und wir im Etap für die wohlverdiente Nachtruhe.

32. Go West (Bromwich Albion)

21.11.2009, Hawthorns, Championship
West Bromwich Albion – Bristol City, 4:1, 23.400 Zuschauer

Relativ früh ging es aus den Federn, denn es stand eine herrliche Megabus-Fahrt an. Wie immer bei frühen Busabfahrten war vor allem der Weg vom Hotel zur Bushaltestelle interessant, wo zahlreiche emsige Stadtangestellte damit beschäftigt waren, die Spuren der üblichen Freitagnacht in englischen Innenstädten zu beseitigen. Ohne in Erbrochenes zu treten, schafften wir es bis zum Bus und waren kurze Zeit später unterwegs nach Birmingham, von wo aus wir West Bromwich Albion im Hawthorns einen Besuch abstatten wollten.
Ich hatte schon reichlich Birmingham-Erfahrung gesammelt, für Rolfes war es jedoch der erste Besuch. Zudem sollte es die erste von vielen Nächten in Birmingham werden, nachdem ich vorher immer nur zu Tagestrips angereist war. Wir checkten nach der Ankunft im Etap Budget hinter dem Chinese Quarter ein und drehten eine Runde durch die Innenstadt. Der Jahreszeit angemessen, nahm der Frankfurter Christkindlmarkt wieder den Hauptteil der Fußgängerzone ein. Statt einer deutschen Leberkässemmel stand für uns ein Besuch beim örtlichen Mäcces auf dem Speiseplan.
Gut genährt machten wir uns auf den Weg zum Bahnhof, wobei wir unser Glück erst mal in New Street versuchten, bevor wir dann mit Moor Street die richtige Station erwischten und den Zug Richtung Black Country nahmen. Die Fahrt ist kaum erwähnenswert. Der Ground befindet sich von Birmingham kommend noch vor der Stadt West Bromwich und verfügt über einen eigenen Bahnhof, gerade einmal fünf Kilometer Luftlinie vom Victoria Square im Herzen Birminghams entfernt. Der Villa Park liegt nur fünf Kilometer östlich. Nicht nur daher, sondern auch aufgrund einiger Duelle in FA Cup Finals Ende des 19. Jahrhunderts gilt Villa als einer der Erzrivalen. Nur im Black Country Derby gegen Wolverhampton erhitzen sich die Gemüter mehr. Wie die „Villa“ und die „Wolves“ war West Brom Gründungsmitglied der Football League – man begegnete sich also sehr häufig über die Jahre.

Im Gründungsjahr der Football League, 1888, konnte Albion den FA Cup gewinnen – der erste von fünf Cup-Erfolgen. Die einzige Meisterschaft konnte 1920 eingefahren werden. Der Klub war damals extrem populär und zog teilweise über 60.000 Zuschauer zu den Heimspielen. Über weite Strecken konnte sich West Brom in der Folge in der höchsten Spielklasse halten. In den 80er-Jahren steckte der Klub allerdings in einer Krise – mit einem kurzen Abstecher in die dritte Liga –, bevor man sich 2002 wieder im Oberhaus zurückmeldete.
Über die Jahre hat sich West Bromwich Albion neben dem sportlichen Erfolg eine ganze Reihe von Spitznamen „erarbeitet". Der offizielle Name des Klubs geht zum einen auf die Stadt West Bromwich zurück, zum anderen war Albion ein Bezirk, in dem einige der ersten Spieler heimisch waren. Die Abkürzung „WBA" wird recht häufig benutzt, gerade im TV. Alternativ wird der Klub bzw. dessen Anhänger auch als „Baggies" oder „Throstles" bezeichnet. Die Herkunft des Namens Baggies ist nicht ganz klar, könnte aber mit den weiten Hosen der Stahlarbeiter aus dem Black Country zu tun haben. Etwas klarer ist die Herkunft des Namen Throstles. Immerhin schmückt die Drossel das Emblem des Vereins. Die Erklärung: In den frühen Jahren fungierte ein Pub als Umkleidekabine, in dem es neben Pintgläsern einen Käfig mit einer Drossel gab.
Am Ground angekommen, zeigte sich das Wetter very British: Regen Regen Regen. Zudem machte Rolfes und mir die Höhenluft zu schaffen. Mit 168 Metern über dem Meeresspiegel ist das Hawthrones der höchstgelegene aller 92 League Grounds. Widriges Wetter, Marsch durch die Todeszone – wie Reinhold Messner erkämpften wir uns den kurzen Fußmarsch vom Bahnhof zum Stadion.
Auf dem Areal standen vor 1900 hauptsächlich Weißdornbüsche, auf English „Hawthorns", daher der etwas ungewöhnliche Name der Spielstätte. Schon von außen lässt sich erahnen, dass die Kiste ein echtes Schmuckkästchen ist. Die blau-weiße Dachkonstruktion erhebt sich über die umstehenden englischen Reihenhäuser und der Gehweg führt einen direkt an der Backsteinwand des West Stand die Halfords Lane entlang. Dazu die blaue Wellblechverkleidung, die das englische Old-School-„Look and Feel" versprüht. Aufgrund des Regens verzichteten

wir auf die obligatorische Stadionrunde und nahmen direkt unsere Plätze unter den Logen im West Stand ein.
Sportlich gesehen lag ein interessantes Spiel vor uns. Bristol City war zu Gast in den Midlands und schnupperte in der Tabelle an den Playoff-Plätzen, während WBA sich hinter Newcastle nachhaltig auf einen direkten Aufstiegsplatz bewarb. Im strömenden Regen wurde die Partie angepfiffen. Die mitgereisten Fans aus Bristol legten astreinen Auswärts-Support hin, auf dem Rasen lief allerdings alles für die Hausherren, die bereits nach 15 Minuten 2:0 führten und nach einem Doppelschlag kurz nach dem Seitenwechsel den Sack zumachten. Die Gäste kamen lediglich zum Anschlusstreffer, Endstand 4:1.
Nach zwei Stunden im Schutz der Überdachung des West Stand mussten wir wieder raus in den Regen. Besonders unangenehm gestaltete sich das Anstehen am Bahnhof. Es dauerte ein Weilchen, bis die Massen abtransportiert waren – ohne Überdachung eine sehr feuchte Angelegenheit. Entsprechend hauten wir uns, in Birmingham angekommen, erst mal eine Runde ins warme und trockene Zimmer, bevor es zum Abendessen und auf ein paar Pints zum altbewährten Wetherspoon „The Briar Rose" ging. Gut mit Bier und Burger gefüllt, ließen wir uns im Hotel noch standesgemäß mit „Match of the Day", dem englischen „Sportschau"-Äquivalent, berieseln und freuten uns auf den nächsten Tag: Ausschlafen und Premier League.

33. Wo sich Phil Taylor und Robert Huth gute Nacht sagen

22.11.2009, Britannia Stadium, Premier League
Stoke City – Portsmouth FC, 1:0, 27.000 Zuschauer

Easy like Sunday morning stand die Abfahrt von Birmingham New Street Richtung Stoke erst um 11 Uhr an und wir machten uns keinen Stress. Mit knapp unter einer Stunde ging die Fahrt Richtung Staffordshire schnell vorbei und schon standen wir in Stoke vor dem Bahnhof. Im Grunde war augenblicklich klar, dass wir nicht unbedingt üppige Sightseeing-Möglichkeiten hatten. Die Stadt hat einen sehr industriellen Charakter: alte Fabrikgebäude, heruntergekommene Häuser, wenig attraktive Läden. Zudem gibt es kein echtes Stadtzentrum, der Tatsache geschuldet, dass Stoke-on-Trent als solches eine Zusammenlegung verschiedener Städte im Umkreis ist, keine ursprüngliche Stadt. Dennoch kommt man insgesamt auf etwas mehr als 250.000 „Stokies", wie die Einwohner umgangssprachlich genannt werden.

Kein Sightseeing und aufgrund des 16-Uhr-Anpfiffs massig Zeit bis zum Spiel – da blieb nur ein ausführlicher Pub-Besuch als Option. Der „Wetherspoon" sah etwas shady aus, daher entschieden wir uns für den „Famous Lion" auf der gegenüberliegenden Straßenseite und starteten mit den Pints. In geistiger Umnachtung nahm ich nicht wie Rolfes einen Burger zum Mittagessen, sondern wollte mal Alternativen antesten. Die Wahl fiel auf ein Sausage Sandwich. Der Name lässt ja ein breites Spektrum an möglichen Speisen zu, aber unterm Strich war's dann eine der Länge nach halb durchgeschnittene Bratwurst zwischen zwei Toastscheiben. Ich verdrückte brav, was auf dem Tisch stand, während Rolfes triumphierend seinen Burger genoss. Nach dem Essen zog sich die Zeit etwas, während der Pub sich zunehmend füllte. Langsam wurde klar, warum Stoke die Darts-Hauptstadt der Welt ist und mit Phil „The Power" Taylor und Adrian „Jackpot" Lewis gleich zwei Weltmeister der letzten Jahre hervorgebracht hat: Außer Bier trinken und Darts spielen gibt es hier wenig zu tun.

Eine Ausnahme stellen die Spiele von Stoke City dar: ein echtes Urgestein des englischen Fußballs, 1863 als „Ramblers FC" gegründet und somit aktuell zweitältester Football League Club, dazu 1888 Gründungsmitglied, als die Liga ins Leben gerufen wurde. Sportlich lief es allerdings nicht immer rund. Nach einem kurzen Gastspiel in der Football Alliance, die 1891 gewonnen werden konnte, kehrte man in die Football League zurück, musste sich 1908 allerdings aus der League zurückziehen, ehe die Wiederaufnahme nach dem Ersten Weltkrieg erfolgte. Trotz etlicher Jahre in der höchsten Spielklasse steht nur einmal „Silverware" auf dem Briefbogen: der League-Cup 1972. 2007 konnte der erste Aufstieg in der Premier League klargemacht werden. Obwohl Stoke in der Folge als Abstiegskandidat galt, konnte sich der Klub seither in der Eliteserie halten und steht hier allen voran für Fußball mit viel Einsatz und rustikalem Kampf.

16 Uhr rückte näher, und das hieß für uns: das Pintglas austrinken und Richtung Britannia Stadium aufbrechen. Bis 1997 spielte Stoke noch im Victoria Ground oder kurz „Vic", ehe man nach fast 120 Jahren die Heimstätte wechselte. Für uns bedeutete das vor allem, dass der Fußmarsch signifikant länger war. Dafür führte er am Newcastle Canal entlang, wohlgemerkt Newcastle-under-Lyme, nicht die Fußballhochburg Newcastle-on-Tyne. Die künstlichen Wasserwege durchziehen mehr oder weniger die gesamte ehemalige Industrieregion, besonders die Midlands und den Ballungsraum rund um Manchester. Zu Zeiten der Industriellen Revolution wurden in Ermangelung von Güterzügen und Lkws Transportboote genutzt. Gerade für Stoke und die ansässige Keramikindustrie waren die Kanäle von großer Bedeutung, denn auf den Straßen des 19. Jahrhunderts war es nicht unbedingt empfehlenswert, Keramik zu transportieren. Heute haben die Kanäle keine industrielle Verwendung mehr, sondern vielmehr Freizeitcharakter. Die alten „Narrowboats" wurden zu Wohnmobilen auf dem Wasser umgebaut und können für Touren durchs Land gemietet werden.

Am Britannia angekommen, holten wir zunächst die vorbestellten Tickets ab und drehten die Runde um den Ground. Dabei fiel uns allen voran die Sir Stanley Matthews Statue auf, die zu Ehren des wohl größten Stoke-City-Spielers aller Zeiten errichtet wurde. Nach seinem Tod

im Jahre 2000 wurde seine Asche unter dem Mittelkreis vergraben. Obwohl das Stadion noch relativ neu ist, wirkt der Charakter weitaus organischer als bei den anderen Neubauten Ende der 90er. Das hat größtenteils damit zu tun, dass die Stands nicht unbedingt abgestimmt wirken. Der West Stand an der Spielfeldlängsseite stellt so etwas wie den Main Stand dar und verfügt über zwei Ränge. Die Ecken neben dem Stand sind beide offen, was ein Stück weit Atmosphäre nimmt, aber Charakter gibt. Der East Stand auf der Gegenseite ist dagegen einrangig und direkt mit dem North Stand verbunden, die Ecke also geschlossen. Der South Stand steht hingegen frei hinter dem Tor und beherbergt die Auswärtsfans.
Hinter Stoke City steht seit einigen Jahren die Familie Coates, ihres Zeichens Besitzer des Internetsportwetten-Marktführers Bet365, der die Familienmitglieder mittlerweile zu Milliardären gemacht hat. Anders als bei Mäzenen aus dem Nahen Osten wird in Stoke aber nicht blind in große Namen investiert, das Konzept des Klubs ist ein anderes. Vielmehr geht die Fußballphilosophie eher in Richtung solide Arbeit und viel Einsatz. Anders lässt sich auch nicht erklären, dass „The Berlin Wall" Robert Huth an die 150 Spiele für City absolvieren konnte.
Huth ging in jungen Jahren von Union Berlin nach Chelsea, durfte – zugegeben in der etwas unstrukturierten Ära Klinsmann – ein paar Mal für die Nationalmannschaft spielen, wechselte aus Ermangelung an Perspektiven nach Middlesbrough und kam über diesen Umweg schließlich nach Stoke. Auch für Schlagzeilen außerhalb des Fußballplatzes war Huth des Öfteren gut. So wurde er von der FA mit 15.000 Pfund zur Kasse gebeten, weil er auf Twitter am lustigen „Cock or No Cock"-Spiel die Bilder von potenziellen Transvestiten bewertete. In negativer Erinnerung blieb mir zudem das Programmheft meines ersten Besuchs an der Stamford Bridge, in dem Huth per Spielersteckbrief vorgestellt wurde und explizit darauf bestand, statt der deutschen Flagge die DDR-Version in den Steckbrief gedruckt zu bekommen.
Neben Huth tummelten sich noch einige andere interessante Spieler auf dem Feld: Rory Delap für Stoke, der Mann mit dem „bionic arm", dessen Einwürfe eher Flanken gleichkamen, oder James Beattie, englischer Nationalstürmer, der in früheren Jahren für Southampton am

Fließband traf. Auf der Seite der Gäste fiel allen voran Prince Kevin Boateng auf, der 2009/10 für Portsmouth kickte, sowie der etwas unförmige nigerianische Stürmer Nwankwo Kanu, immerhin Champions-League-Sieger mit Ajax 1995. Das Spiel selbst gestaltete sich allerdings wenig Champions-League-mäßig. „Pompey“ steckte tief in der Krise, hatte die ersten 12 Saisonspiele gerade einmal sieben Punkte geholt. Entsprechend wurde eher ein Abstiegskampf geboten, wobei Stoke in der 74. Minute das einzige Tor der Partie erzielte und die Überraschung ausblieb.

Wohl aufgrund der sportlichen Situation hielt sich der Away-Support sehr in Grenzen, obwohl Portsmouth eigentlich für seinen soliden Fanstamm bekannt ist. Der Auswärtsblock war nicht ausverkauft und akustische Unterstützung eher selten. Wir hatten unsere Plätze im West Stand, mit bester Sicht auf die „Pompey“-Fans, mussten uns also mit dem Verfolgen der klassischen Provokationen der Heimfans Richtung Auswärtsfans begnügen. Neben der beliebten „Wanking Hand“, also der Masturbationsbewegung in der Luft, und dem sehr soliden „V sign“, dem englischen Mittelfingeräquivalent, ist auch die Zurschaustellung beachtlicher Fettwampen immer wieder im Repertoire, so auch bei dem fülligen jüngeren Stoke-Fan vor uns. Der Klub „verkaufte“ zu der Zeit das Britannia Stadium als das Premier-League-Stadion mit dem höchsten Lärmpegel. Aber so richtig wollte sich dieses Erlebnis an dem Tag nicht einstellen, auch wenn die Stimmung nicht unbedingt schlecht war.

Unsere Plätze an der Seite des West Stand hatten zudem zur Folge, dass wir nicht nur dem Wind ausgesetzt waren, sondern auch der Regen nicht wirklich vom Dach abgefangen wurde. Wir verschwendeten also nach dem Schlusspfiff keine Zeit, knipsten noch die obligatorischen Fotos vom sich leerenden Ground und nahmen den Fußweg zurück Richtung Bahnhof in Angriff, von wo es weiter nach Manchester ging. Dort angekommen, ließen wir den Tag easy ausklingen und statteten unserem Stamm-„Wetherspoon“ an den Piccadilly Gardens einen Besuch ab, zwecks Abendessen (wieder kein Burger – zweiter Fehler des Tages!) und Gute-Nacht-Bier(en).

34. Die Unschlagbaren

23.11.2009, Deepdale, Championship
Preston North End – Newcastle United, 0:1, 17.000 Zuschauer

Nach dem Ibis/Etap/Hostel-Hopping beim letzten Manchester-Besuch hatten wir uns diesmal eine neue Bleibe gesucht: die Travelodge hinter dem Arndale Shopping Centre, die in der Folge unsere präferierte Absteige in Manchester werden sollte. Bei der Travelodge-Kette handelt es sich um Low-Budget-Hotels, kein Luxus, aber solide, saubere Zimmer, zumeist im Stadtzentrum, in der Regel zu sehr erschwinglichen Preisen. Das war genau das, was wir für unsere Reisen brauchten, obwohl gerade an Wochenenden die restlichen Zimmer oftmals mit Junggesellenabschieden und von anderweitig nachtlebenorientierten Gästen okkupiert waren und es frühmorgens im Gang hin und wieder entsprechend nach Erbrochenem roch bzw. alternativ nach Teppichreiniger oder frischer Farbe. Die Lage der Travelodge in Manchester ist jedenfalls optimal: In wenigen Schritten steht man vor dem Eingang des Arndale Shopping Centre, in zwei Minuten ist man an den Piccadilly Gardens und in fünf Minuten am Megabus Hub Shudhill Interchange.
Wir ließen den Montag zunächst einmal gemütlich angehen, ausschlafen – eh klar –, danach Arbeitsteilung: Rolfes schickte ich zur Stadiontour bei ManCity, während ich mich dem Shopping im Arndale hingab. Das Einkaufszentrum wirkt an sich recht modern, was vor allem damit zu tun hat, dass die IRA 1996 eine gewaltige Autobombe in unmittelbarer Nähe detonieren ließ, die enorme Zerstörungen im Zentrum von Manchester anrichtete. Schätzungen belaufen sich auf ca. eine Milliarde Euro Schaden. Der Anschlag fand zudem genau einen Tag vor dem deutschen Europameisterschafts-Vorrundenspiel gegen Russland in Old Trafford statt. Die Partie wurde dennoch unter erhöhten Sicherheitsvorkehrungen ausgetragen. In jedem Fall machte man in Manchester das Beste aus dem Scherbenhaufen und modernisierte die gesamte Innenstadt, was beträchtlich zum heutigen Flair der Metropole beiträgt.

Als der Tag bereits fortgeschritten war und wir uns beim obligatorischen Pizza Hut All You Can Eat den Ranzen vollgehauen hatten, stand wieder Fußball auf der Agenda. Beim Planen der Tour waren die Zweitligapartien noch nicht terminiert gewesen. Umso erfreuter waren wir, als wir entdeckten, dass das Championship-Topspiel zwischen Preston und Newcastle auf den Montagabend gelegt worden war.
Preston ist eine der klassischen Industriestädte rund um Manchester und daher mit dem Zug sehr bequem zu erreichen, die Fahrt dauert lediglich 45 Minuten. Mit etwas mehr als 100.000 Einwohnern ist die Stadt nicht unbedingt riesig, aber doch groß genug, um den Fußmarsch vom Bahnhof zum Stadion auf eine gute halbe Stunde zu strecken. Das Zentrum ließen wir links liegen und orientierten uns direkt zum Ground, der im Norden der Stadt liegt – daher der Ursprung des Klubnamens „Preston North End".
Obwohl wir noch massig Zeit bis zum Spiel hatten, wollten wir keine Minute verschenken. Grund hierfür war das 2001 eröffnete National Football Museum, das wie Preston North End ebenfalls in Deepdale sein Zuhause hatte. Wohlgemerkt die Vergangenheitsform an dieser Stelle, da das Museum 2012 ins „Urbis" in Manchester übersiedelte – übrigens in der direkten Nachbarschaft zum Arndale Shopping Centre, womit sich der Kreis des Tages schließt.
Warum bei all den großen Klubs und Städten in England das National Football Museum ausgerechnet im Stadion von Preston zu finden war, hat mit der glorreichen Historie von „PNE" zu tun. Seines Zeichens war Preston nicht nur der erste Meister der Football League 1889, sie blieben auch die gesamte Saison über ungeschlagen, was dem Team den Namen „The Invincibles", die Unbesiegbaren also, einbrachte. Um den Triumph perfekt zu machen, holte Preston im gleichen Jahr den FA Cup, wohlgemerkt ohne ein einziges Gegentor im Wettbewerb zu kassieren. Die zweite Meisterschaft in der folgenden Saison zementierte den Status als Urgestein des englischen Fußballs, und obwohl der Klub Anfang der 60er-Jahre zuletzt in der höchsten Spielklasse kickte, ist der Mythos Preston North End ungebrochen.
Wir ließen uns jedenfalls ausreichend Zeit im Museum, begutachteten die unzähligen Trikots, Pokale und andere interessanten Exponate,

zum Beispiel den Spielball des WM-Finales 1966 oder die Halskrause von ManCity-Legende Bert Trautmann, kommentierten in der interaktiven Ausstellung eine „Match of the Day“-Zusammenfassung und warfen schon mal einen Blick in den Ground, der von einem Balkon im Museum aus fantastisch einsehbar ist.

Deepdale, nach dem Viertel benannt, in dem das Stadion liegt, ist selbst ein Ausstellungsstück. Seit 1878 wird auf dem Platz Fußball gespielt, was den Ground zu einer der ältesten Spielstätten im professionellen Fußball macht. Des Weiteren ist die Gestaltung der Stands einzigartig, allen voran die Porträts der Preston-Legenden Alan Kelly, Bill Shankly und Sir Tom Finney, deren Gesichter in den bunten Sitzschalen dargestellt werden. Nur ein Stand ziert kein Porträt: Er ist der gesamten Meistermannschaft von 1889 gewidmet und heißt folglich „Invincibles Stand“. Abgerundet wird das tolle Flair von den markanten Flutlichtmasten, die von weißen Stahlträgern im 45-Grad-Winkel gestützt werden.

Auf dem Vorplatz befindet sich zudem eine eindrucksvolle Statue, die nach der Vorlage einer bekannten Sportfotografie aus dem Jahr 1956 entstanden ist, auf der Sir Tom Finney durch eine riesige Pfütze an der Stamford Bridge rutscht und jede Menge Wasser aufwirbelt. Die Statue heißt folgerichtig „The Splash“ und beinhaltet ein Brunnenelement, welches das Spritzwasser simuliert. Finney gilt als bester Preston-Spieler aller Zeiten und absolvierte von 1946 bis 1960 mehr als 400 Spiele für den Klub. Zudem lief er 76 Mal für die englische Nationalmannschaft auf. Seinen Kultstatus erreichte er außerdem durch die Tatsache, dass er vis-à-vis von Deepdale geboren wurde und nie seine Bodenständigkeit und Verbundenheit verlor. So ist er bis heute als „Preston Plumber“, also als Klempner von Preston bekannt, nachdem er zunächst die Lehre im elterlichen Handwerksbetrieb abschloss, ehe er sich North End anschloss. Selbst im hohen Alter fühlte er sich dem Klub so verbunden, dass er die Ausstellungsstücke, die er dem National Football Museum zur Verfügung gestellt hatte, wieder zurückforderte, als bekannt wurde, dass das Museum nach Manchester verlegt werden sollte. Finney verstarb im Februar 2014.

Nach dem Ausflug in die Fußballvergangenheit war es wieder Zeit für

Fußballgegenwart, und die war alles andere als schlecht. Mit Newcastle hatte Preston das Topteam der Championship zu Gast und die „Magpies“ konnten mit einem Dreier die Tabellenspitze von West Brom zurückerobern. Wie immer, wenn Newcastle auswärts antritt, war die Unterstützung von Tausenden von „Geordies“ selbstverständlich und die komplette Hintertortribüne entsprechend schwarz und weiß eingefärbt. Für einen Montagabend war das phänomenal – immerhin hatten die Supporter doch etwas mehr als 200 Kilometer einfache Strecke zurückzulegen.

Es folgte ein recht intensives Spiel mit Chancen auf beiden Seiten. Letzten Endes konnte sich aber doch der Favorit aus dem Nordosten durchsetzen, durch ein Tor von Kevin Nolan in der 74. Minute, der später für West Ham in der Premier League auflaufen sollte, ebenso wie sein Teamkollege an dem Abend und späterer 40-Millionen-Euro-Transfer Andy Carroll. Der Ex-Schalker Peter Lövenkrands rundete die prominenten Namen auf Seiten der Gäste ab, die alles in allem einen verdienten Auswärtsdreier einfuhren – zur Freude des mitgereisten Anhangs, von denen einige in üblicher englischer Manier den Auswärtssieg durch das Präsentieren des unförmigen nackten Oberkörpers zelebrierten.

Wir hatten uns noch eine schöne Herausforderung für den Schluss aufgehoben. Am späten Abend wird die Zugverbindung von Preston nach Manchester signifikant schlechter, was für uns hieß, dass wir entweder noch recht lange in Preston rumgammeln hätten müssen oder dass wir die Beine in die Hand nahmen und die 2,5 Kilometer Fußweg in etwas unter 20 Minuten bewerkstelligten. Die Wahl fiel auf Option 2, und obwohl gerade die letzten 500 Meter kein Spaß mehr waren, erreichten wir den Zug knapp und lagen eine Stunde später im Hotelzimmer wohlverdient in der Kiste.

35. Schreiende Männer

24.11.2009, Priestfield Stadium, League One, Gillingham FC – Yeovil Town, 1:0, 4.500 Zuschauer

Um Viertel vor neun ging der Megabus von der Shudhill Interchange Richtung London. Fahrzeit: 4:45 Stunden. Kosten pro Person: 1,25 Pfund. Skandalös! Die Zeit ließ sich einigermaßen rumbringen, und um kurz vor zwei standen wir in Victoria. Wir hatten mal wieder alle Kosten und Mühen gescheut und uns im Easyhotel auf der Belgrave Road einquartiert – die erste von vielen Nächten in einem der Hasenkästen, die dort als Zimmer vermietet werden. Neben dem Bett bleibt quasi gerade genug Platz, um die Tür zu öffnen und ein bis zwei Rucksäcke abzustellen. Schnickschnack wie Fenster gibt es ohnehin nicht. Mit dem Check-in nimmt man es dort recht genau: Check-in vor 16 Uhr nur gegen Aufpreis. Da wir noch massig Zeit bis dahin hatten, investierten wir die paar Pfund lieber in Beer & Burger im „Willow Walk Wetherspoon" direkt an der Victoria Station, bevor wir um vier das „Zimmer" beziehen konnten.

Für den Abend hatten wir getrennte Programme. Rolfes nutzte die Chance, das Emirates zu kreuzen, wo Standard Lüttich in der Champions League zu Gast war. Ich wollte einen Ground im Londoner Umland machen, den ich schon lange auf der Agenda hatte: Priestfield. Gillingham liegt an der Themse-Mündung auf halbem Weg zwischen London und Canterbury. Mit dem Zug sind es etwa 45 Minuten, also bestes Londoner Pendelgebiet. Entsprechend war der Feierabend-Rushhour-Zug bestens gefüllt und leerte sich mit jedem Halt außerhalb Londons zusehends.

Pendeln ist in England eine gern betriebene Disziplin, gerade in und um London. Während dem durchschnittlichen Mitteleuropäer die Idee, täglich mehrere Stunden für den Weg zur und von der Arbeit aufzuwenden, eher abstrakt vorkommt, scheinen sich die Engländer sogar eher wohlzufühlen, wenn man ein Häuschen auf dem Land beziehen kann und dafür nur den halben Morgen und Abend im Zug verbringen muss, von den Kosten ganz abgesehen. Ich hatte beruflich

mit Engländern zu tun, die täglich zumindest 1,5 Stunden pro Richtung pendelten, teilweise sogar signifikant länger. Mein Chef während des Praktikums in London, Luke, wohnte samt Familie in Salisbury, was täglich insgesamt fünf Stunden Pendelei mit sich brachte. Fünf! Macht pro Jahr netto 45 Tage in Transit. Herzlichen Glückwunsch!
Neben passioniertem Pendler war Luke außerdem passionierter Gillingham-Fan. Er hatte wohl mal ein Angebot, für den Klub zu arbeiten, lehnte aber ab, um Arbeit Arbeit und Freizeit Freizeit sein zu lassen und weiterhin als reiner Fan den Klub zu supporten. Er legte mir Priestfield jedenfalls wärmstens ans Herz. Letzten Endes dauerte es dann aber noch vier Jahre, bis ich wirklich in Gillingham aufschlagen sollte.
Der Ground befindet sich unweit des Bahnhofs, was für die Anreise sehr bequem ist. Das bedeutete allerdings auch, dass ich von der Stadt quasi nichts zu sehen bekam. Das war aber durchaus verschmerzenswert. Die Medway-Gegend, in der Gillingham liegt und die nach der Mündung des River Medway in die Themse benannt ist, gilt nicht unbedingt als feines Pflaster. Vielmehr ist Gillingham als Hauptstadt der „Chavs" bekannt, was man im Deutschen wohl am ehesten mit „Proll" übersetzen würde, wobei die Chav-Kultur in England viel stärker ausgeprägt ist. Das drückt sich vor allem in der uniformen Kleidung aus. Die obligatorische Jogginghose versteht sich von selbst, dazu kommt oftmals Seidenjogginganzugoberteil, alternativ feinstes Polyester von McKenzie aus dem örtlichen JDSports, wo es für die Füße die klassischen Reebok Classics gibt, also die komplett weißen Sneakers. Gekrönt wird das Ganze durch die gefälschte Burberry Baseball Cap und Goldketten und -ringe. Das Outfit kann bedenkenlos von 15 bis etwa Anfang 40 getragen werden, was danach kommt, ist nicht definiert. Eine schöne Persiflage auf die Chav-Kultur ist der Charakter Vicky Pollard aus „Little Britain", die sowohl das Outfit als auch die eigenmächtige Interpretation der englischen Sprache stereotyp an den Tag legt. Kleidungstechnisch bestehen definitiv Überschneidungen zum Casual Gear der Fußballfans, was nicht zuletzt damit zu tun haben dürfte, dass die Chavs einen festen Bestandteil der Fanbasis vieler Klubs darstellen.

Mir blieb Chav-Kontakt jedenfalls erspart, ich wurde beim Abholen der Tickets auch nicht angeschrien, was eigentlich zum guten Ton gehört hätte. Der Name Gillinghams geht nämlich auf den Kriegsherrn Gyllingas zurück, der wiederum seinen Namen aus dem altenglischen „gyllan" bezieht, was so viel wie „schreien" bedeutet. Gillingham trägt daher, insbesondere im Zusammenhang mit dem Fußballklub, den Namen „Home of the shouting men", also „Die Heimat der schreienden Männer".
Viel Geschrei, wenig sportliche Erfolge. Der Gillingham FC wurde 1893 gegründet, war 1920 Teil der Expansion der Football League, wurde aber 1938 zugunsten von Ipswich Town aus der Liga gewählt und durfte erst 1950 wieder zurückkehren. Unterm Strich stehen ein paar Jahre zweite Liga auf der Habenseite, ansonsten viele Auf- und Abstiege in den Niederungen der Football League. Zumindest was den Ground angeht, herrscht jedoch Konstanz: Seit der Gründung spielen die „Gills" in Priestfield, wobei das Stadion in den letzten 20 Jahren einigermaßen in Schuss gehalten wurde und über drei ganz ordentliche Sitzplatztribünen verfügt, die ein kompaktes Flair erzeugen. Die Schwachstelle ist hingegen ganz deutlich der Auswärtssektor: eine nicht überdachte Stahlrohrtribüne, die die wenigen Yeovil-Fans an dem Abend problemlos beherbergen konnte und dem unerbittlichen Nieselregen aussetzte.
Die Partie machte dann dem Namen auf dem Papier alle Ehre. Großer Sport war nicht zu erwarten, und so hieß es am Ende 1:0 für die Hausherren: ein schnöder Heimsieg ohne großartige Highlights, außer vielleicht einer hervorragenden Rudelbildung mit gelb-roter Karte für die Gäste. Die meisten der 4.500 Zuschauer freuten sich jedenfalls über den Heimdreier und ich ließ nach dem Schlusspfiff keine Zeit verstreichen. Zusammen mit ein paar handverlesenen Yeovil-Fans machte ich mich per Zug zurück auf den Weg nach London zum Easyhotel in Victoria, wo Rolfes schon das Nachtlager aufgeschlagen hatte. Für mich blieben wenig erholsame vier Stunden Schlaf, ehe es zuerst mit dem Gatwick Express zum Flughafen und dann mit dem EasyJet zurück nach Wien ging.

Die zweite ausgedehnte Inseltour mit Kollege Rolfes war jedenfalls wieder ein voller Erfolg – eine schöne Mischung an Spielen und unterschiedlichen Grounds, von Wales über die Midlands und Manchester bis zum Londoner Umland alles dabei. Für uns war klar: im Frühjahr auf jeden Fall wieder!

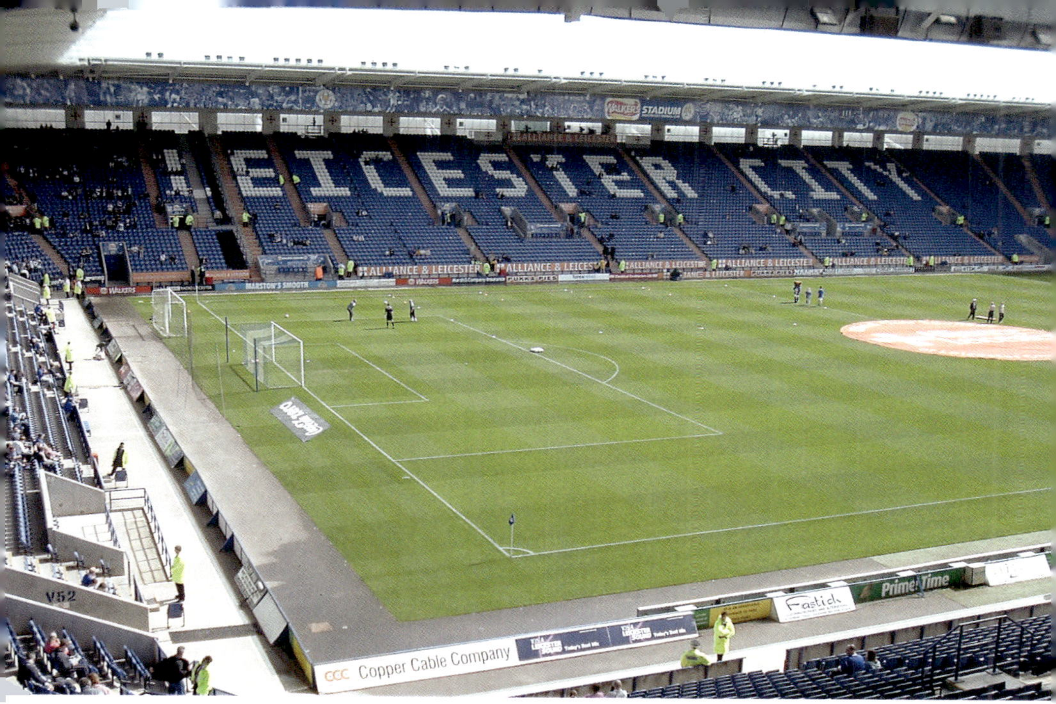

oben: [20] Walkers Stadium, Leicester City / unten: [21] Adams Park, Wycombe Wanderers

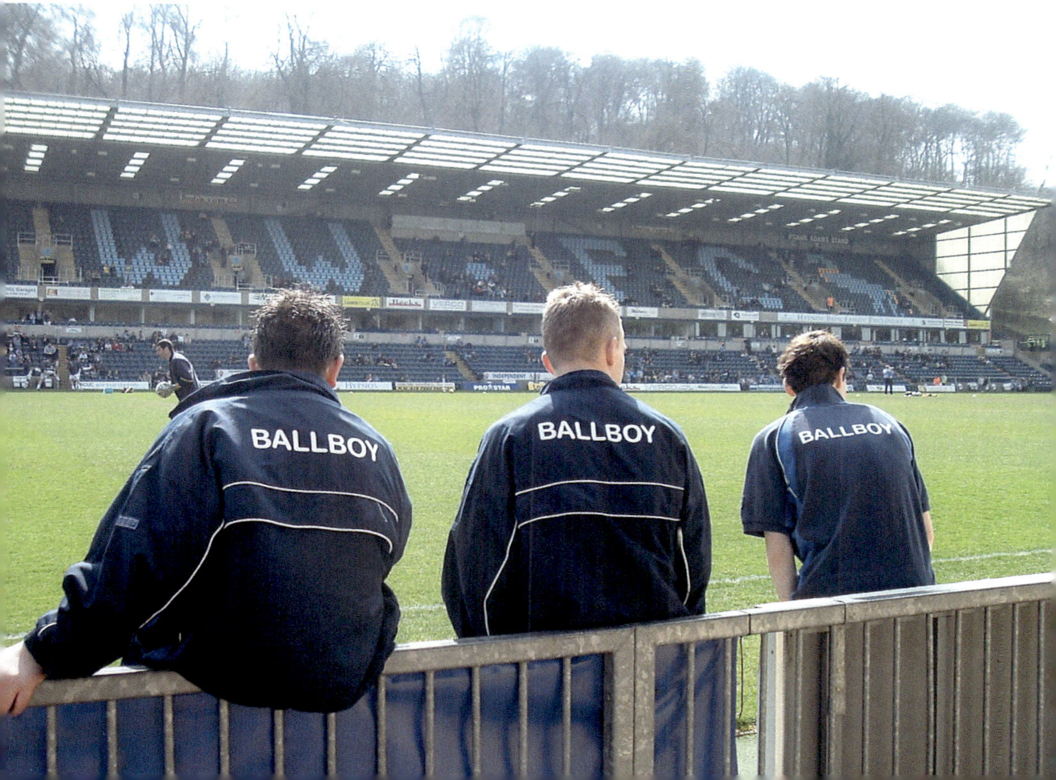

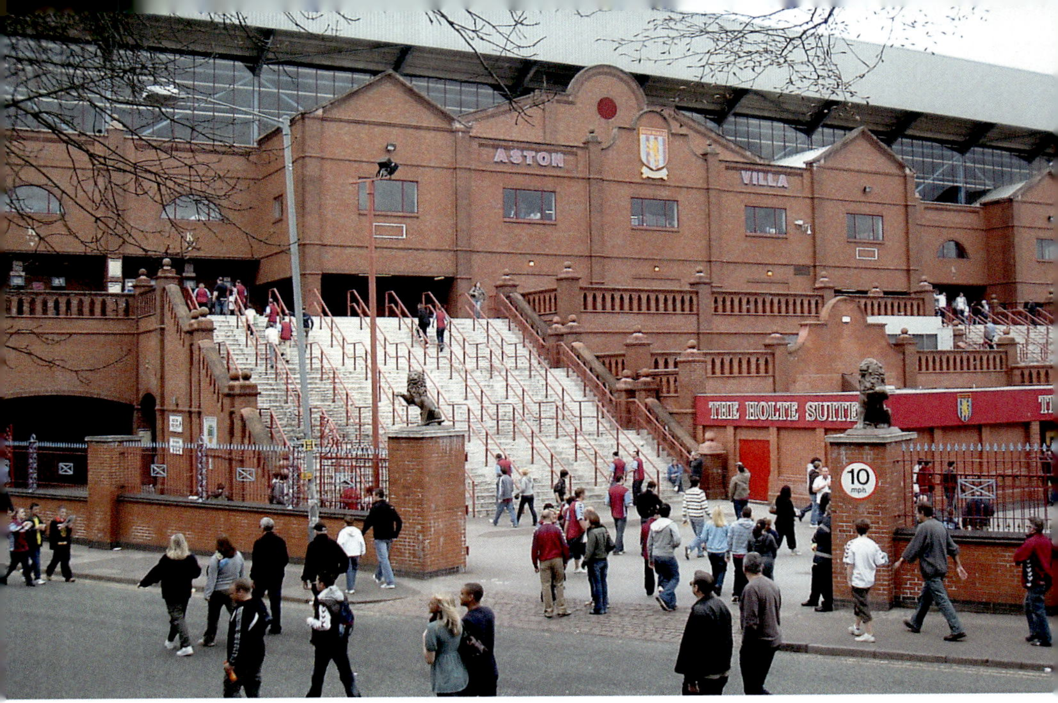

oben: [22] Villa Park, Aston Villa / unten: [23] Emirates, Arsenal FC

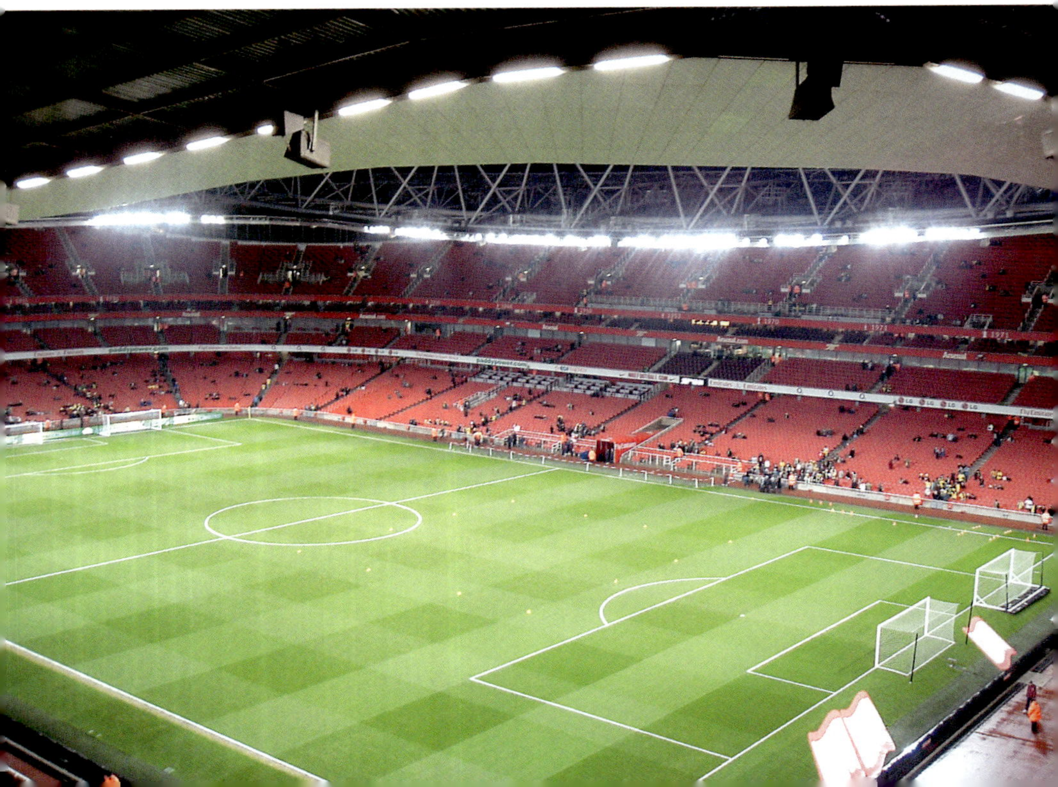

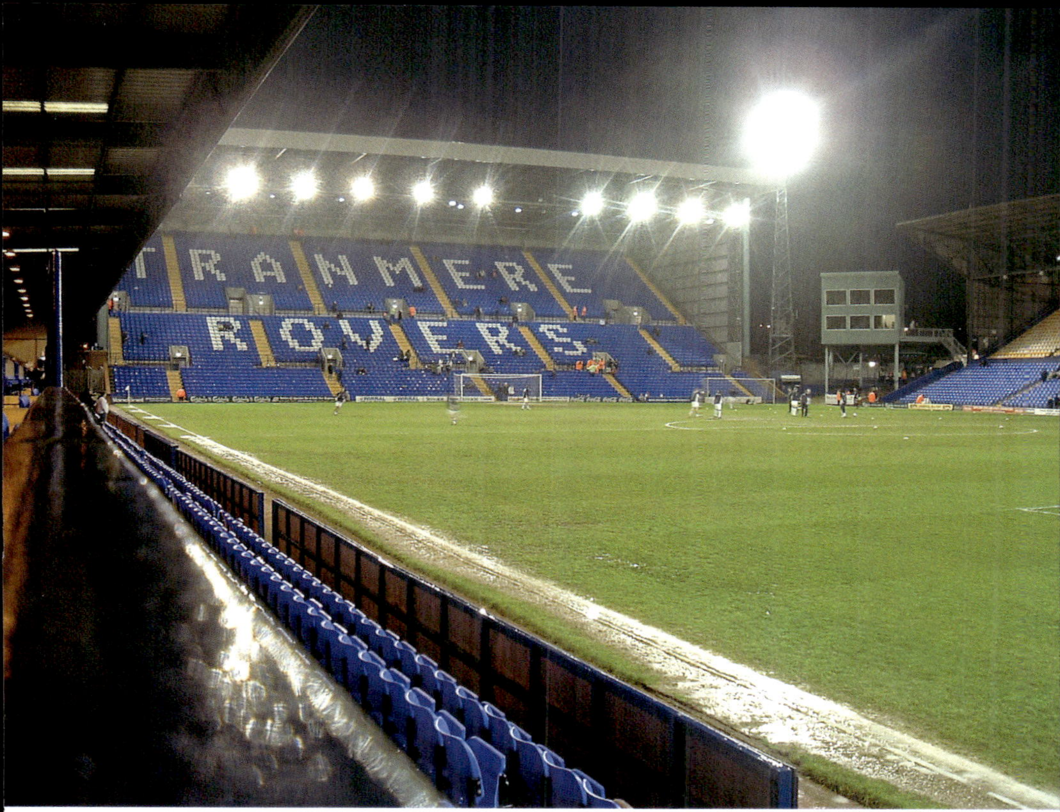

[24] Prenton Park, Tranmere Rovers

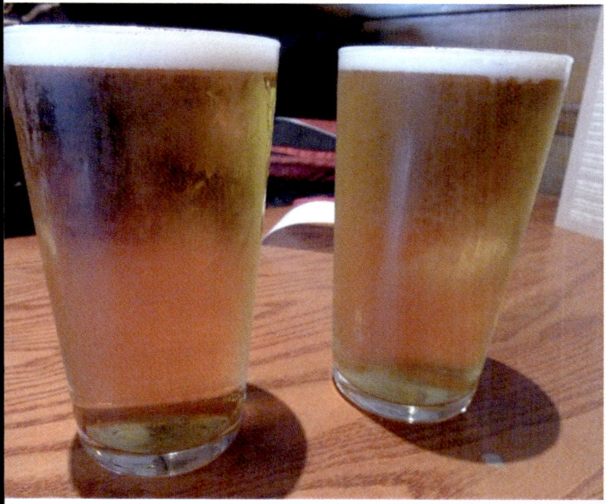

Obligatorisch auf jeder England-Reise: Pints of Lager

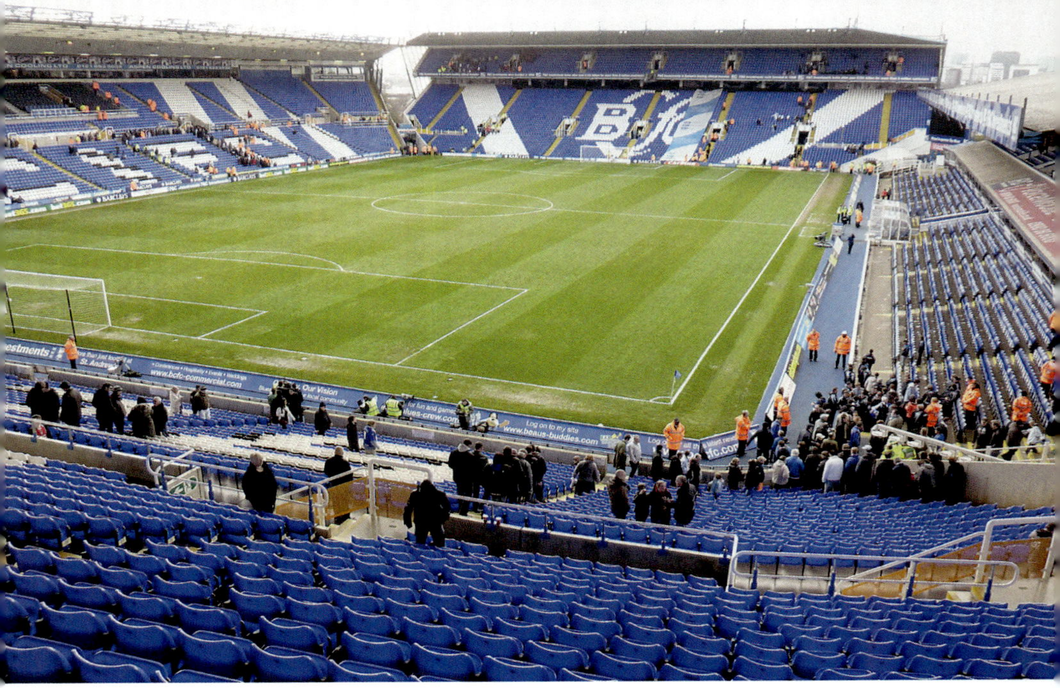

oben: [25] St. Andrews, Birmingham City / unten: [26] Keepmoat Stadium, Doncaster Rovers

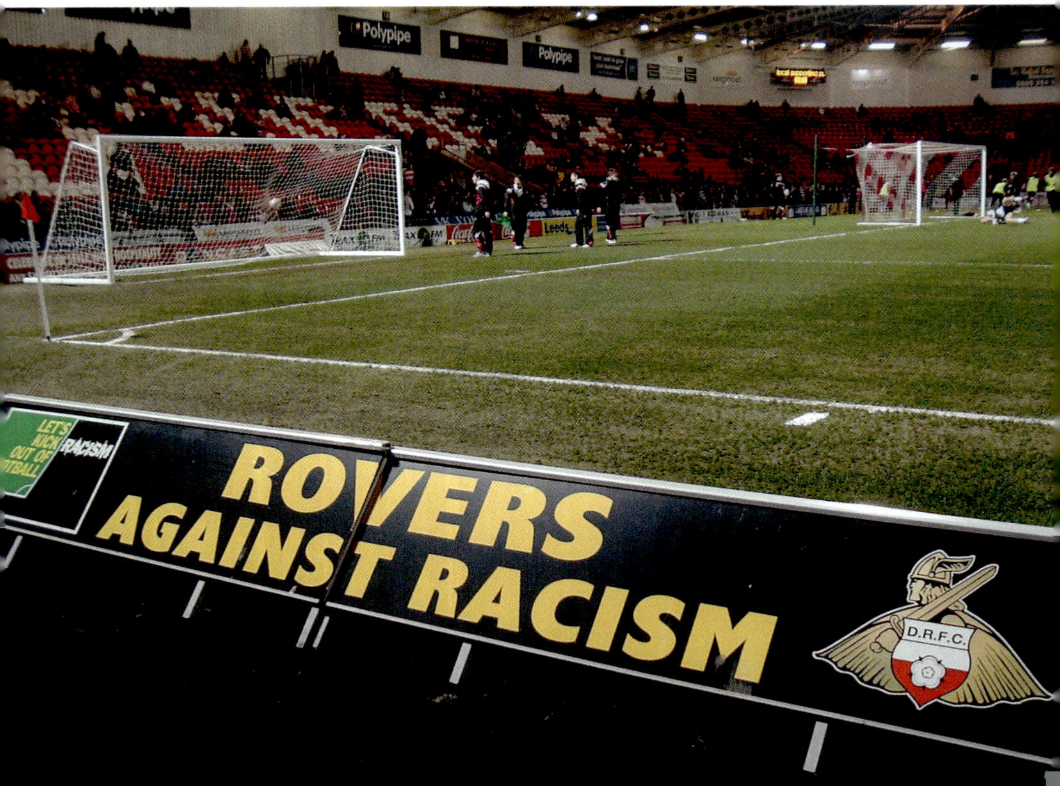

[27] Goodison Park, Everton FC

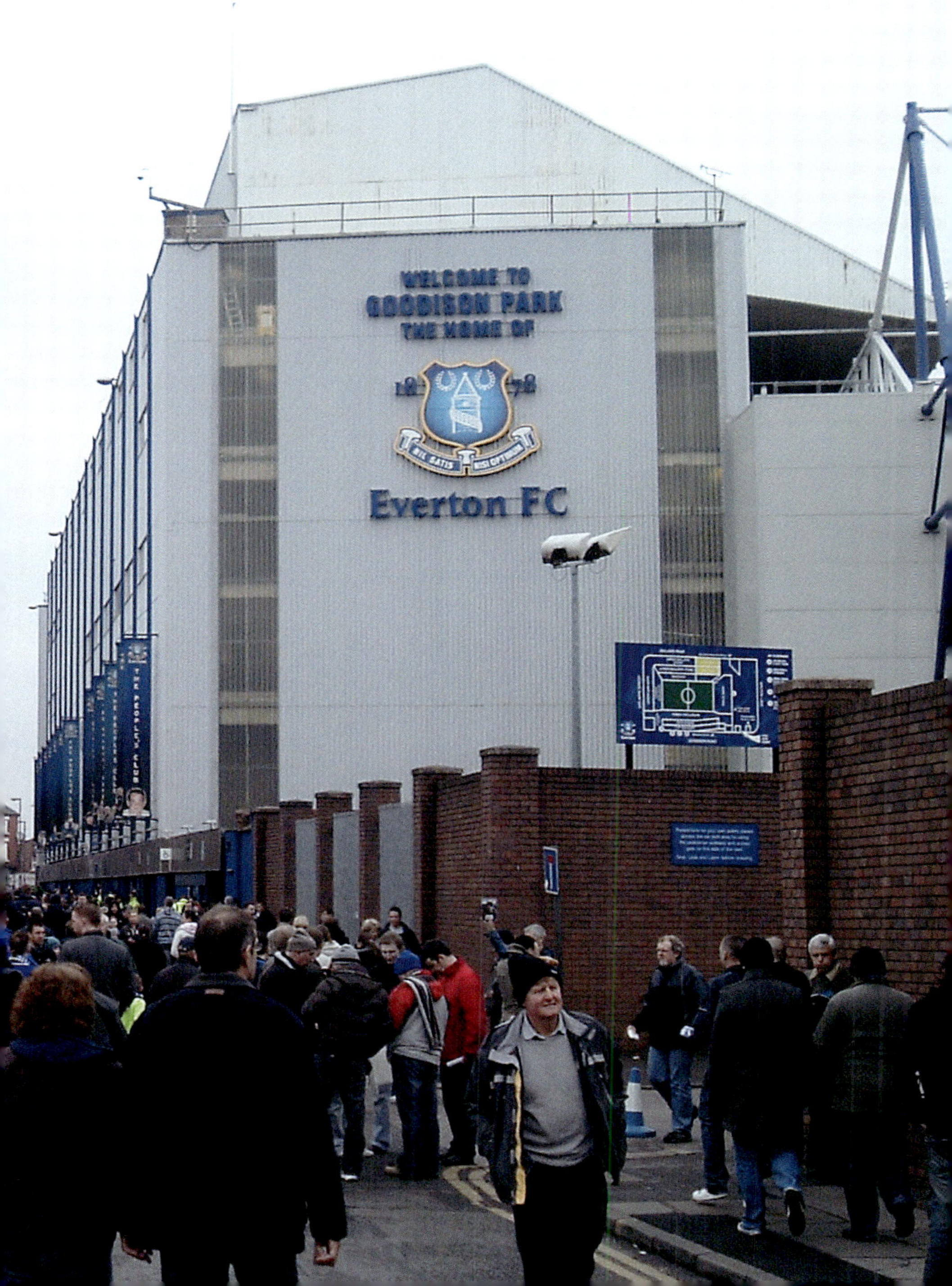

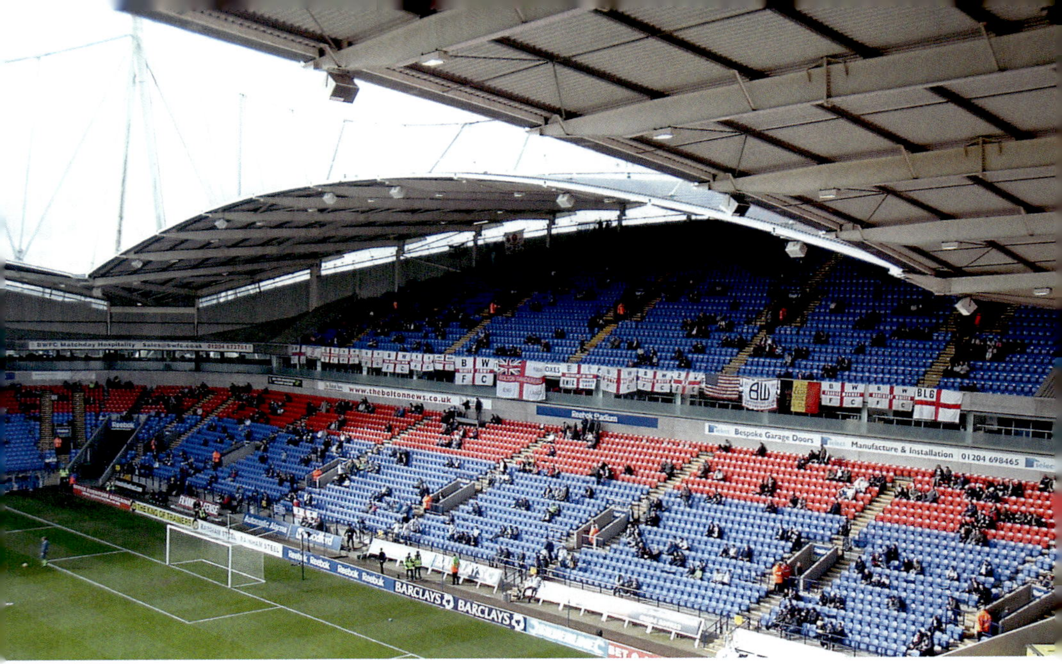

oben: [28] Reebok Stadium, Bolton Wanderers / unten: [29] Boundary Park, Oldham Athletic

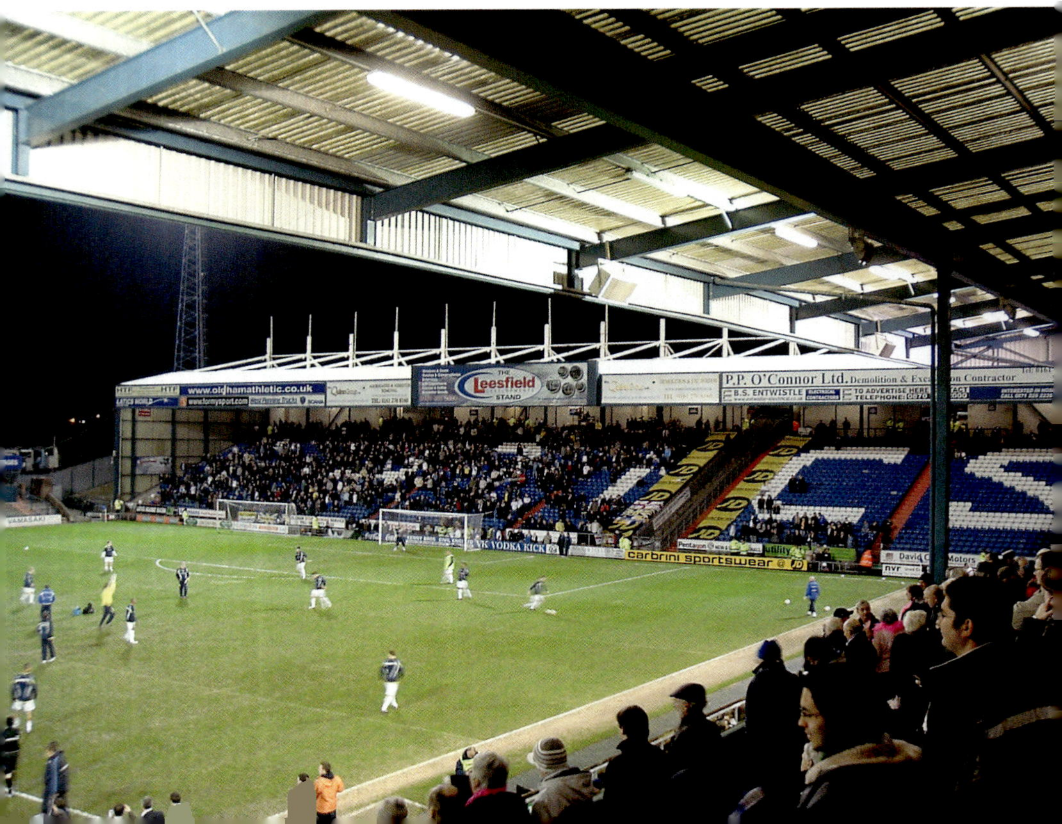

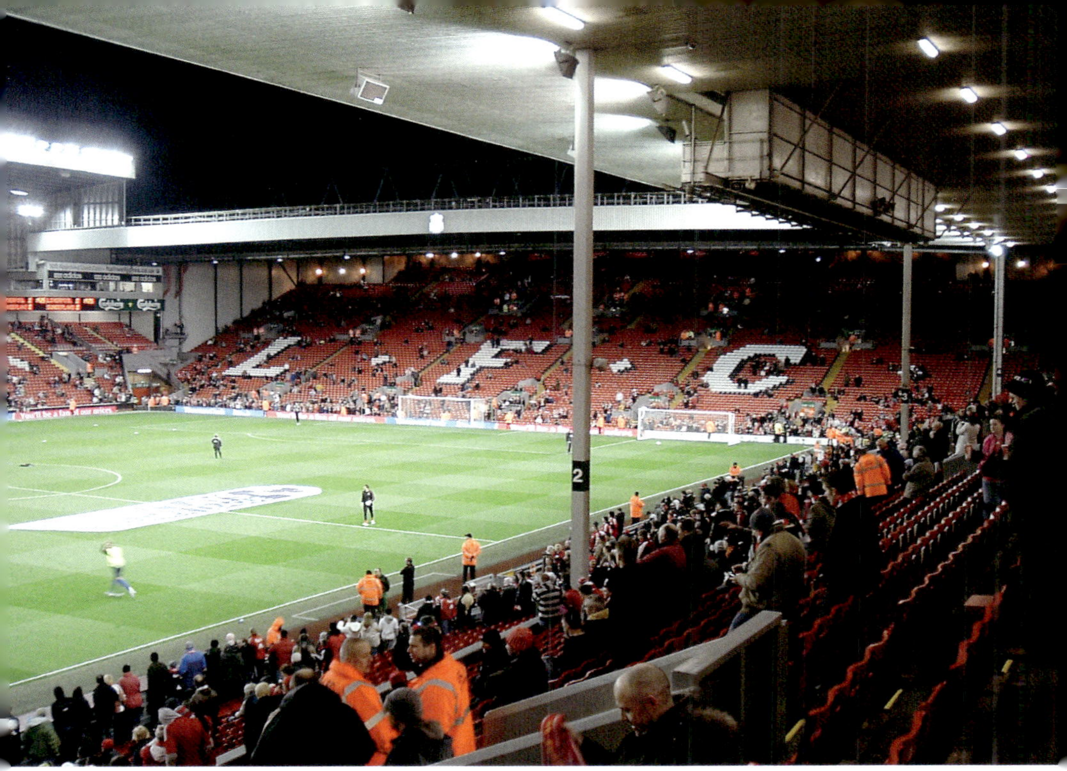

oben: [30] Anfield, Liverpool FC / unten: [31] Liberty Stadium, Swansea City

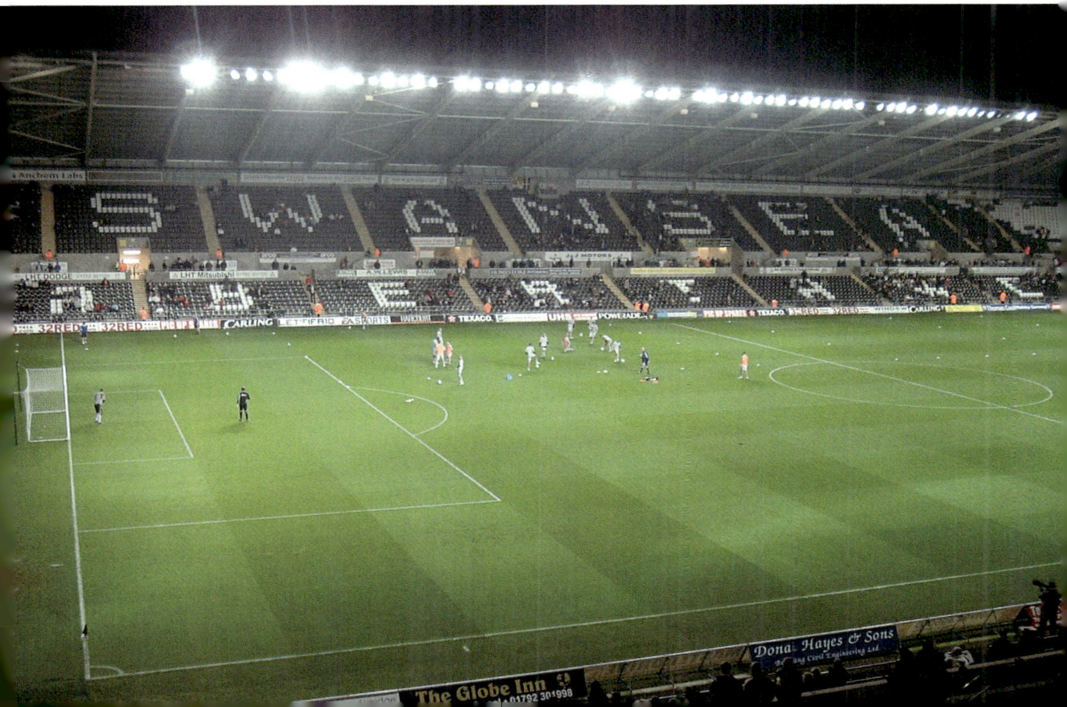

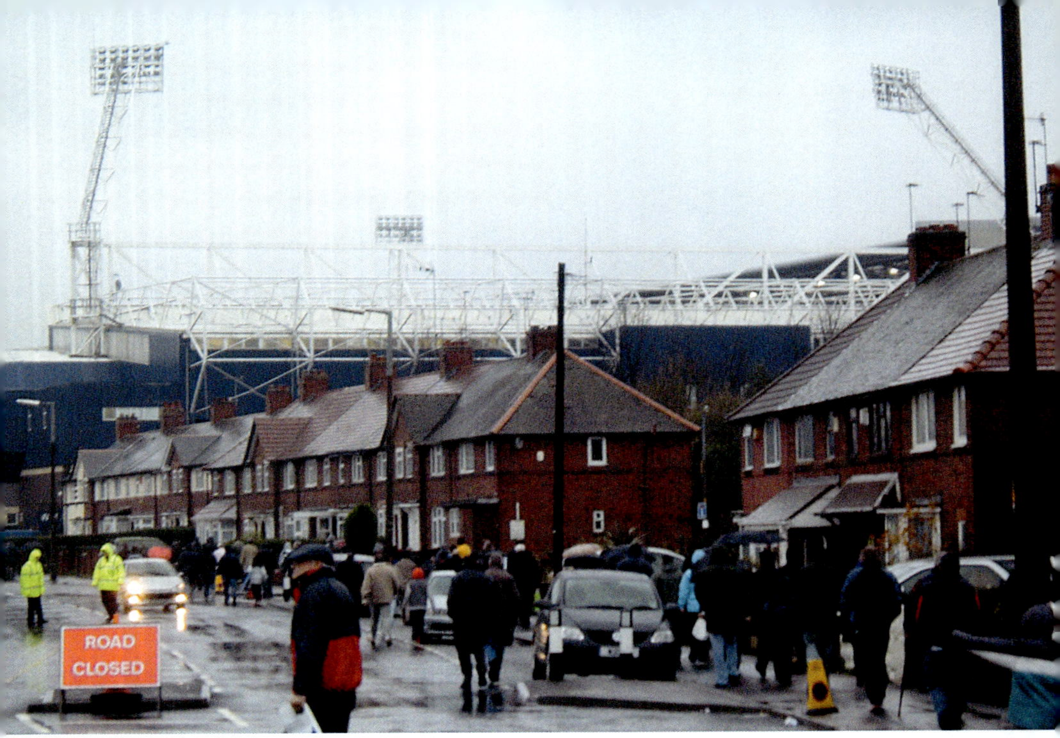

oben: [32] Hawthorns, West Bromwich Albion / unten: [33] Britannia Stadium, Stoke City

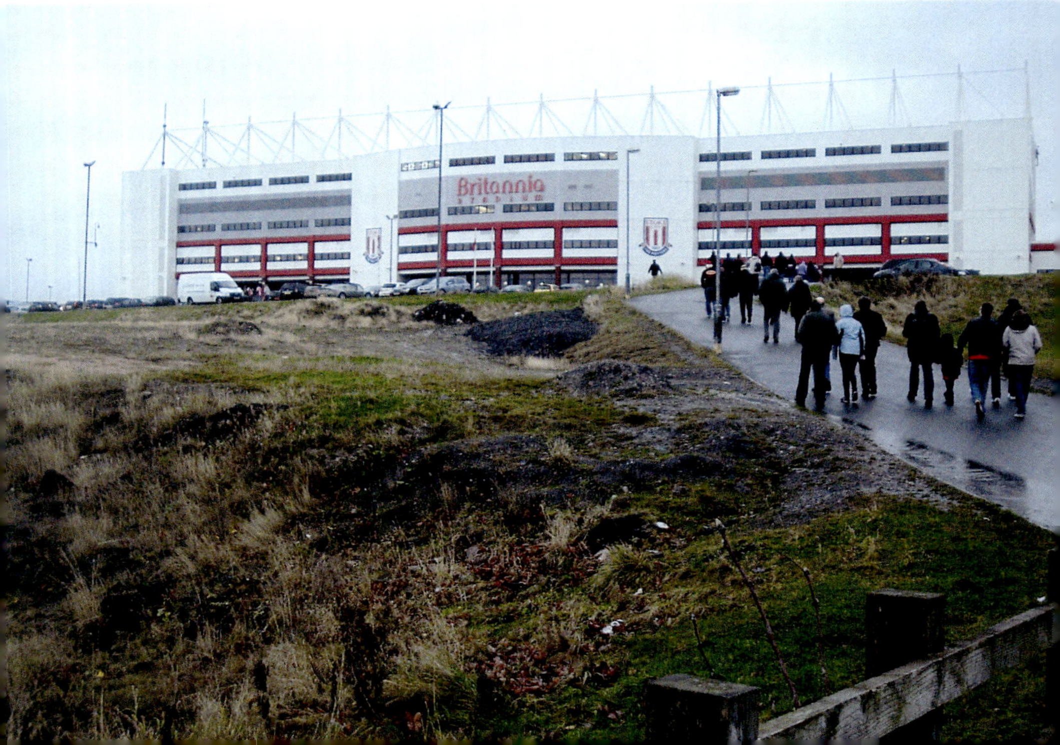

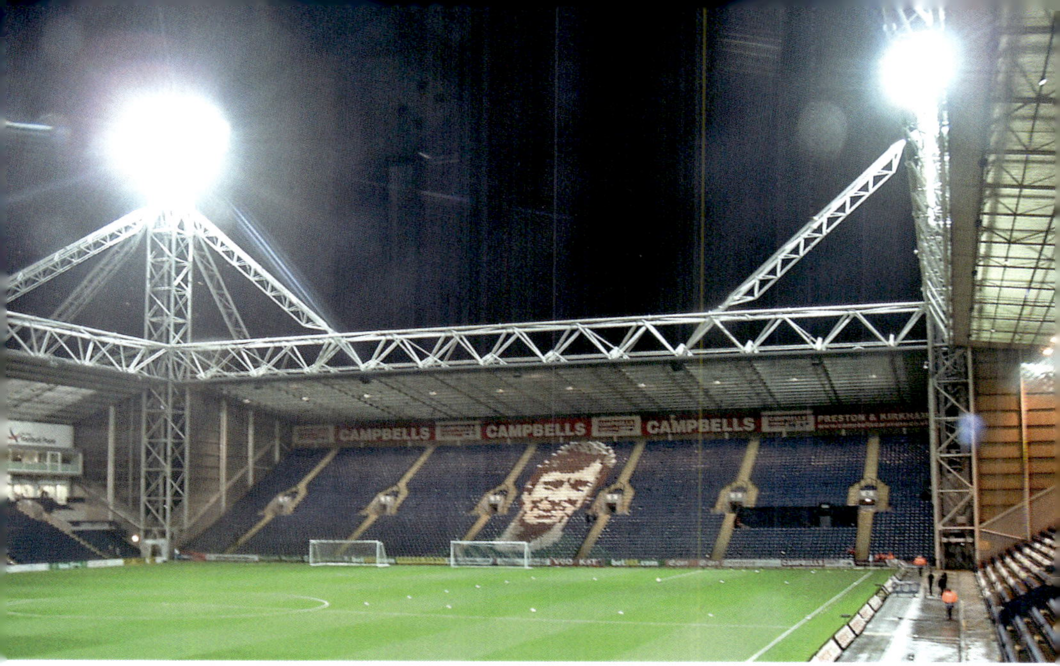

oben: [34] Deepdale, Preston North End / unten: [35] Priestfield Stadium, Gillingham

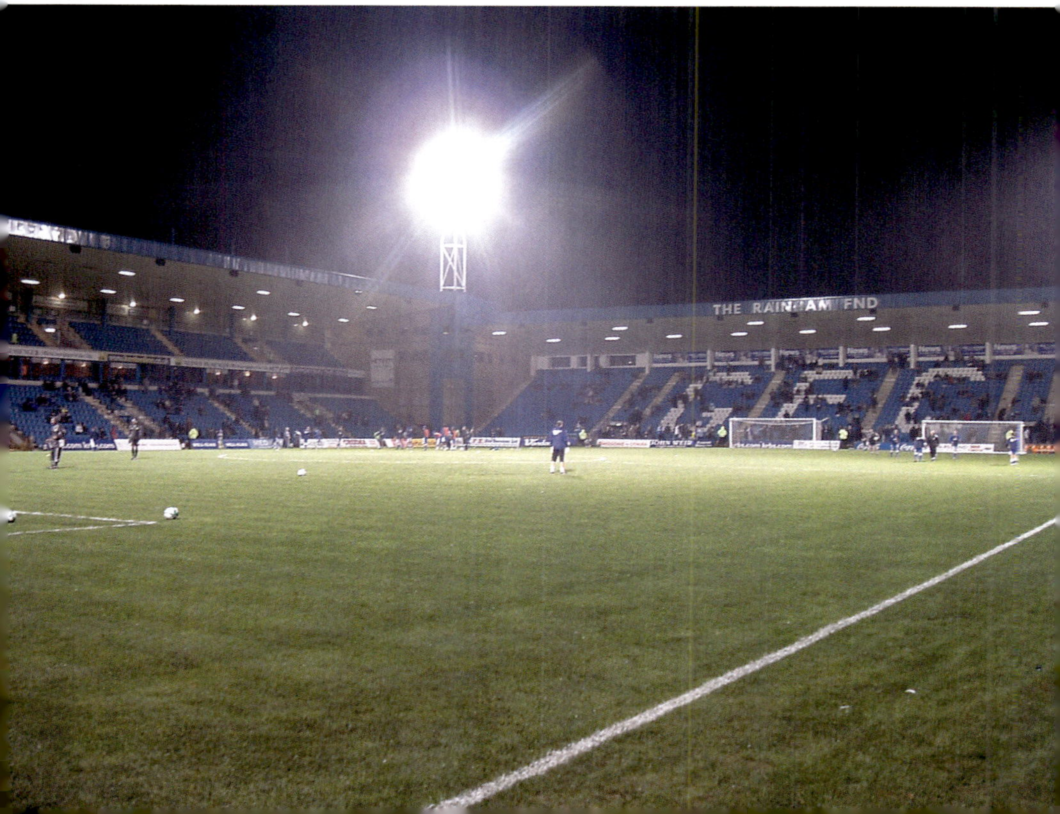

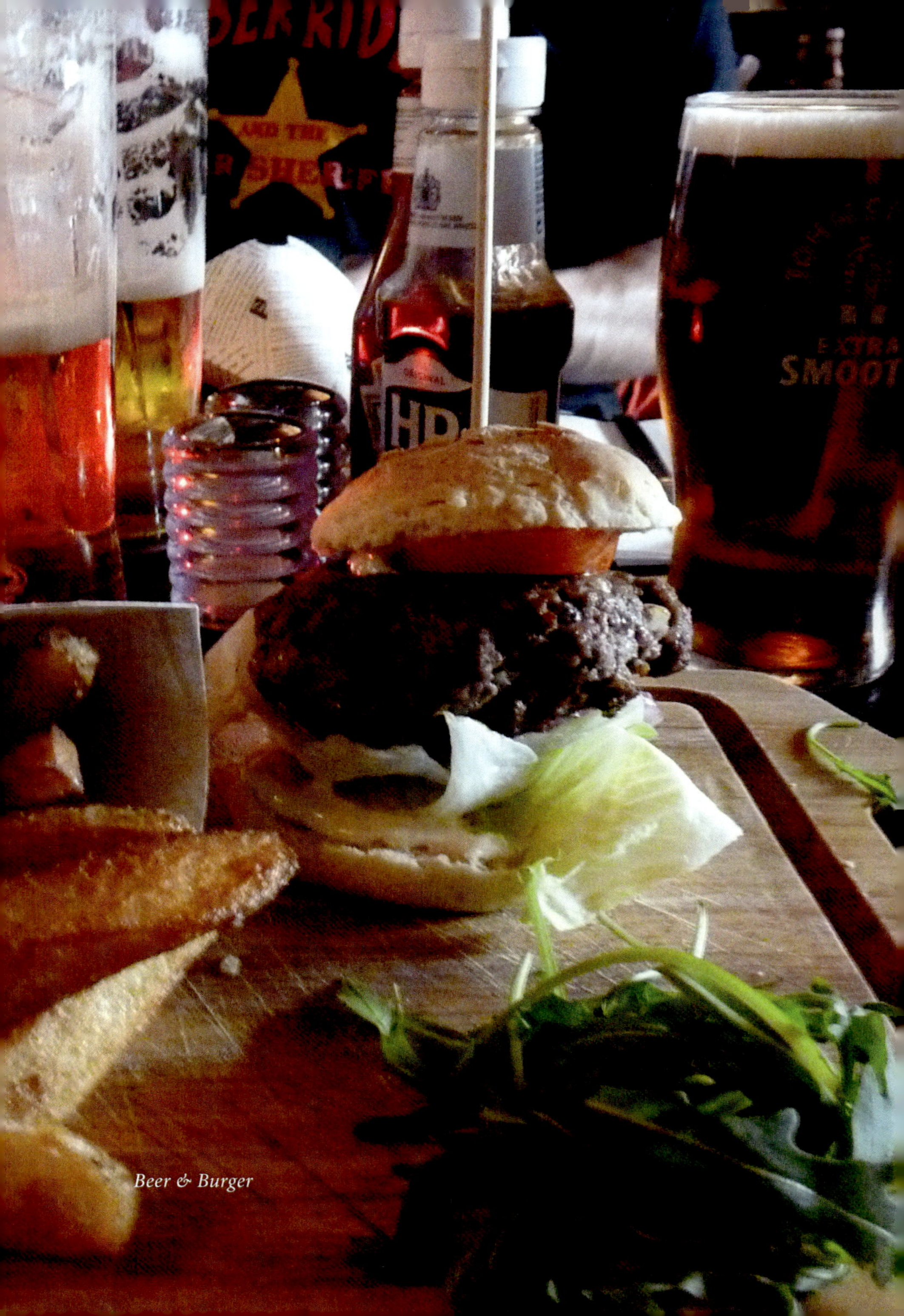

Beer & Burger

36. Ostern auf der Insel

02.04.2010, Glanford Park, Championship
Scunthorpe United – Blackpool FC, 2:4, 7.500 Zuschauer

2010 leiteten Rolfes und ich die schöne Tradition der England-Ostertouren ein. Ich hatte zwar schon ein Osterwochenende auf der Insel auf dem Buckel, 2007 hatten für mich allerdings nur drei Spiele auf dem Programm gestanden. Wir sollten jedoch signifikant effizienter werden, auch dank der Terminierung der Football League, die seit einigen Jahren zumindest für den Karfreitag die Spiele so ansetzt, dass ein Double Header, also der Besuch von zwei Spielen an einem Tag, möglich ist.
Erste Station der Tour war für uns nach einer Nacht in der Travelodge in King's Cross der Glanford Park in Scunthorpe, einer Stadt nahe der Humber-Mündung im Nordwesten Englands. Mit dem Zug – einmal umsteigen in Doncaster – verlief die Anreise sehr problemlos und wir kamen mit ausreichend Zeit im Städtchen an. Allzu viel gab es nicht zu sehen. Neben der St. John's Church im Zentrum und der nahe gelegenen Markthalle, in der es in erster Linie viel Ramsch gab, wusste der lokale „Wetherspoon" zu gefallen, wo wir uns erst mal das traditionelle Beer & Burger Special gönnten, um uns für das Spiel zu stärken.
Der Fußmarsch vom Zentrum zum Stadion dauerte etwas. Damit war klar: Es handelte sich um einen neueren Ground. In der Tat wurde der Glanford Park erst 1988 eröffnet und war damals der erste neue und rein für den Fußball gebaute Ground seit Jahrzehnten in England, bevor die Taylor-Report-Welle an Neubauten die Stadionstruktur in England revolutionierte.
Begrüßt wird man auf dem Stadiongelände von einem prägnanten Torbogen und dem Scunthorpe-Wappen am Stadionzaun, das hauptsächlich aus einer Hand besteht, die einen Stahlträger hält. Das hat mit der Stahlindustrie in Scunthorpe zu tun: Es gibt viele Gießereien und Stahlwerke, was heute auch als Magnet für Immigranten aus Osteuropa, insbesondere aus Polen und der Slowakei wirkt. Trotz des industriellen Charakters der Stadt und der entsprechenden Ar-

beiterklasse kann Scunthorpe United nicht unbedingt auf eine große Vergangenheit zurückblicken. Der Klub wurde 1899 gegründet, entschied sich kurz vor dem Ersten Weltkrieg für den Profifußball und wurde erst 1950 in die Football League aufgenommen. Seitdem hält sich der sportliche Erfolg stark in Grenzen: Ein paar Jahre in der zweiten Liga stellen das Highlight der Klubgeschichte dar. Der eigentliche erwähnenswerte Erfolg ist nicht auf dem Platz sichtbar, vielmehr ist Scunthorpe United einer der sehr wenigen schuldenfreien englischen League-Klubs. Well done!

Wir hatten mit der Partie großes Glück. Auf dem Papier machte sie nicht unbedingt viel her, Blackpool war zu Gast, daher keine klingenden Namen. Trotzdem gab es reichlich sportliche Brisanz. Die „Irons" hatten als Aufsteiger noch alle Hände voll zu tun, um Punkte für den Klassenerhalt zu sammeln, Blackpool rechnete sich noch Chancen auf einen Playoff-Platz aus. Der Ground war daher auch sehr gut gefüllt, was sich unter Umständen nach mehr anhört, als es ist. Gerade einmal 9.000 Zuschauer passen in den Glanford Park, der nur aus einem Rang besteht, dafür aber über Stehplätze hinter einem der beiden Tore verfügt.

Einem Eigentor in der ersten Hälfte zugunsten der Gäste folgte der Ausgleich per Elfmeter Anfang der zweiten Halbzeit. In der Schlussviertelstunde hagelte es dann Tore, während es vom Himmel schüttete. Am Ende hieß es 4:2 für Blackpool, die von den zahlreich mitgereisten Fans fantastisch unterstützt wurden. Im Away-Sektor wurde nach dem 2:1 sogar ein Bengalo gezündet – ein äußerst exotischer Anblick in Englands Stadien.

Während Blackpool die drei wichtigen Punkte feierte, die letzen Endes einen riesigen Schritt zum späteren Aufstieg darstellen sollten, mussten wir per pedes los Richtung Bahnhof. Die Hoffnung, dass der Regen nachlassen würde, war völlig illusorisch – im Gegenteil. Patschnass erreichten wir den Zug und versuchten uns auf der kurzen Fahrt nach Cleethorpes ein wenig zu trocknen.

Die Küstenstadt ist ein etwas in die Jahre gekommenes Seaside Resort, in der Fußballwelt besser bekannt aufgrund des lokalen Klubs Grimsby Town, die im Blundell Park quasi an der Standpromenade über vie-

le Jahre in der Football League spielten und auf die der Klassiker „Sing when you're fishing" zurückgeht.
Für uns stand vor dem Spielbesuch erst mal ein Novum an. Nach Hostels, Etaps, Easyhotels und Travelodges hieß es diesmal klassisch britisch Bed and Breakfast – zugegeben in Ermangelung an Alternativen. In kurzer Laufdistanz vom Bahnhof befand sich das Reihenhaus. Das nette, ältere Paar begrüßte uns extrem freundlich und zeigte uns unser Zimmer, war dann aber aufgrund der Tatsache, dass wir uns umgehend Richtung Ground aufmachten, wohl etwas überrascht: Gäste vom Kontinent, die sich am Freitagabend ein Viertligaspiel in Grimsby anschauen wollten. So was!
Nach einem guten Spiel in einem klasse Ground machten wir nach Spielende die obligatorischen Fotos von den leeren Tribünen, wobei wir nicht die Einzigen waren, was deutlich machte, wie viele Hopper die Spielkombination mitgenommen hatten. Einer von ihnen sprach uns an, Michael aus Schwaben, mit dem wir zusammen noch auf ein Abendessen im Chipshop und auf den Rückweg an der Promenade entlang Richtung Quartier gingen. Er hatte auch schon recht ordentlich Englandgrounds auf dem Buckel, war aber wesentlich diversifizierter unterwegs als wir, mit Spielbesuchen in Jordanien, Russland etc. Obwohl wir uns alle drei einig waren, dass die Outfits der englischen Mädels beim Freitagabend-Weggehen ganz hervorragend gewählt sind, ließen wir Freitag Freitag sein und den Absacker im Pub aus, verabschiedeten uns von Michael und hauten uns in die Kiste. Der Zug am nächsten Morgen ging früh und die Vorfreude auf das Samstagspiel baute sich auf.

37. Geordieland

03.04.2010, Stadium of Light, Premier League
Sunderland AFC – Tottenham Hotspur, 3:1, 43.000 Zuschauer

Als ich ursprünglich den Spielplan studierte, um eine Ostertour zu planen, war allen voran die Möglichkeit attraktiv, samstags Sunderland und montags Newcastle machen zu können, also die beiden großen Klubs im Nordosten auf einem Trip zu kombinieren. Nachdem dann alle Hotels und Züge gebucht waren, wurde das Newcastle-Spiel von 15 Uhr auf 20 Uhr verlegt – nur bedingt zu unserer Freude, versteht sich. Wir machten das Beste daraus und behielten für den Samstag das Sunderland-Spiel auf der Agenda. Zudem freuten wir uns auf den Erstbesuch der Stadt Newcastle und den Samstagabend dort. Wir hatten schon viel Positives über die Stadt und die „Geordies", also die Bewohner, gehört. Es wurde Zeit, dass wir auch diese Ecke Englands kennenlernten.

Relativ früh ging es am Bed&Breakfast in Cleethorpes los. Am Vorabend erklärten wir unserer Gastgeberin noch, dass wir früher als die anderen Gäste abreisen müssten, woraufhin sie darauf bestand, uns statt des Frühstücks zwei Fresspakete für die Fahrt vorzubereiten. Entsprechend saßen wir dann mit tollen Sandwiches und zwei Tüten Chips im Zug, der mit leichter Verspätung in Doncaster einfuhr. Dies hatte zur Folge, dass wir von unserem fix gebuchten Zug nach Newcastle nur noch die Rücklichter sahen. Wir konnten zwar einfach den nächsten nehmen, hatten aber erst mal eine Stunde Zeit in Doncaster totzuschlagen.

Im Zug nach Newcastle tummelten sich schon etliche „Spurs"-Fans, die wie wir auf dem Weg ins Stadium of Light waren. In Newcastle angekommen, hatten wir noch ausreichend Zeit für einen längeren Bummel durch die Innenstadt, schauten am St. James' Park vorbei, checkten ins Hotel ein, spazierten an der Quayside und den diversen Brücken entlang und saßen schlussendlich in der Metro Richtung Sunderland.

In gut zwanzig Minuten erreicht man vom Zentrum von Newcastle das Stadion, das eine eigene Station auf der Metro hat. Dies hatte zur Folge,

dass wir von Sunderland wenig zu sehen bekamen, aber viel verpasst haben wir scheinbar nicht. Die Stadt ist von der Industrie geprägt und hat bessere Tage gesehen, bevor der Schiffsbau Ende der 80er-Jahre mehr und mehr niederging.
Auch das „Stadium of Light“ ist im Grunde ein Denkmal an die Industriehistorie der Stadt. Das „Light“, also das „Licht“ im Namen steht für die Grubenlampe, die als Erinnerung an die Wearmouth Colliery vor dem Stadion steht, das auf dem Gelände der ehemaligen Zeche errichtet wurde. Der Ground gehört zu den neueren in der Premier League, nach 100 Jahren im legendären Roker Park wurde das Stadium of Light 1997 als eines der modernsten und größten Stadien in England eröffnet. Im Gegensatz zu vielen anderen Neubauten hat das Stadium of Light recht viel Charakter. Die Bauweise ist sehr kompakt, zwei, teilweise drei Ränge, zudem etliche Reminiszenzen an die Bergbauvergangenheit rund ums Stadion. Ein sehr schönes Beispiel, wie man auch Neubauten Leben einhauchen kann. Ein linguistisches Charakteristikum der Region findet sich im South Stand bzw. dessen Sitzen wieder. Mit weißen Sitzschalen wird der Spruch „HA'WAY THE LADS“ in den ansonsten roten Sitzreihen gebildet – die lokale Version von „Auf geht's, Jungs!“, ein Ansporn für Sunderland.
Dass der Sunderland AFC eine würdige Heimat verdient, ist beim Blick auf die englische Fußballgeschichte offensichtlich. 1879 als „Sunderland and District Teachers A.F.C.“ gegründet, folgte die Aufnahme in die Football League bereits im Jahr 1890, zu Ungunsten von Stoke, die die Liga für Sunderland verlassen mussten. Noch vor der Jahrhundertwende fuhr Sunderland drei Meistertitel ein, zwei weitere folgten vor dem Ersten Weltkrieg. Der bis heute letzte Titel steht 1936 zu Buche. Ab den 50er-Jahren pendelte der Klub zwischen erster und zweiter Liga, kann aber dennoch seit jeher auf eine große Fanbasis blicken. In diesem Zusammenhang interessant: Bergbaustadt, der Fußballklub hat die Vereinsfarben rot und weiß, sowie seine beste Zeit hinter sich und ist trotzdem sehr gut supportet. Was könnte die deutsche Partnerstadt von Sunderland sein? Richtig: Essen.
Wir hatten uns im Vorverkauf Tickets in der Ecke des East Stand gesichert, um beste Sicht auf den Gästesektor zu haben. Nicht ganz auf

der Rechnung hatten wir die Tatsache, dass sich in England häufig der Block direkt neben dem Gästesektor zum Fanblock entwickelt, zumindest zu dem Block, in dem sich die etwas sangesfreudigeren Heimfans ansiedeln. Aus diesem Grund war wortwörtlich ab der allerersten Minute Ramba-Zamba um uns herum, was durch ein Blitztor nach einigen Sekunden und einen Handelfmetertreffer in der 30. Minute befeuert wurde. Tottenham kam zwar in der 72. Minute durch Riese Peter Crouch zum Anschlusstreffer, erhielt dann aber durch ein Volley-Traumtor von Zenden in der 86. Minute den Todesstoß. Drei Punkte für die Black Cats, deren Spitzname im Übrigen auf die Geschütze an der nahen Wearmündung zurückgeht. Angeblich hatten die dort stationierten Soldaten eine schwarze Katze entdeckt und den Namen übernommen. Man stelle sich einen deutschen Klub vor, der nach einer Geschützstellung benannt wird …

So bequem wie die Anreise mit der Metro war, so deutlich wurden die Kapazitätsprobleme bei der Abreise: Man musste an der Station doch länger warten, und in der Schlange wurde klar, dass recht viele Fans vom Festland für die Partie angereist waren, allen voran Holländer. Auch im Hotel hörte man dann Schwäbisch und Sächsisch. Es wäre zu interessant, einmal Statistiken zu sehen, wie viele Fans durchschnittlich für eine Premier-League-Partie aus anderen Ländern anreisen.

Nach einem kurzen Nickerchen mischten wir uns ins Nachtleben, wobei der Grundsatz „When in Rome, do as the Romans do“ galt und wir uns zur Abwechslung mal nicht ans Carling hielten, sondern Newcastle Brown Ale bestellten. Das Bier aus Newcastle hat es mittlerweile zu weltweiter Bekanntheit gebracht und man findet es durchaus in vielen Supermärkten, teilweise sogar in den USA. Die „Geordies“ werden es danken, denn in der Newcastle-Hymne „Home Newcastle“ wird bekräftigt: „I'd walk the streets all day and night, for a bottle of your own Brown Ale!“ So richtig, richtig lecker ist allerdings anders: vom Look and Feel her ein dunkles Altbier. Während wir versuchten, uns biermäßig zu integrieren, brummte die Stadt ordentlich. Newcastle ist als Nightlife-Hotspot bekannt und daher ein beliebtes Wochenendausflugsziel, was zur Folge hat, dass die meisten Läden eher dem Nachtclubprinzip folgen bzw. einen gewissen Dresscode (Jungs) oder

Geradeso-vorhandener-Dress-Code (Mädels) durchsetzen. Für uns war das eher eine Nummer zu viel, zudem waren wir eh schon lange auf den Beinen. Also ab ins Hotel und sich aufs Ostersonntagsspiel vorbereiten.

Am Sonntagmorgen deckten wir uns mit Frühstück vom Tesco ein – um die Selbstverständlichkeit, mit der Supermärkte auch an Feiertagen geöffnet haben, muss man die Briten wirklich beneiden. Der Zug brachte uns – mal wieder mit Umsteigen in Doncaster – nach Birmingham. Der Spielplan gab ein echtes Zuckerl her: Liverpool zu Gast in St. Andrews und für Rolfes die Möglichkeit, den Ground erstmalig zu besuchen. Das Spiel gestaltete sich dann so lala, da war es halb so wild, dass wir Plätze mit eingeschränkter Sicht hatten: Der Flutlichtmast und das Dach des Main Stand verdeckten einen erheblichen Teil des Blicks Richtung Strafraum, aber die Atmosphäre konnte man auch so genießen. Zudem kamen wir mit den Engländern auf den Plätzen neben uns ins Gespräch, die über unsere Ostertour ganz begeistert waren. Nach dem Match ging es über New Street mit dem Zug nach Sheffield, diesmal nicht über Doncaster, dafür wieder in „unser“ Ibis Sheffield City – und zum Abschluss des Tages in den nahe gelegenen Wetherspoon.

38. Hillsborough

05.04.2010, Hillsborough, Championship
Sheffield Wednesday – Bristol City, 0:1, 19.600 Zuschauer

Ostermontagmorgen: Meadowhall. Der Pfundkurs stand fantastisch, also verbrachten wir den Vormittag im riesigen Einkaufszentrum am Rande Sheffields. In über 250 Läden kann man sich austoben, und wir mussten dann erst mal die ganzen Einkaufstüten im Hotel abladen, bevor wir zum Programmpunkt „Fußball" übergehen konnten.

Dieser war allerdings nicht minder attraktiv, denn ein echter englischer Klassiker stand als Ground an: Hillsborough. Benannt nach dem angrenzenden Bezirk, liegt das Stadion etwas außerhalb der Innenstadt in Owlerton, woher der ansässige Fußballklub Sheffield Wednesday seinen Spitznamen „The Owls" bezieht. Die Eulen spielen immerhin seit 1899 in Hillsborough, nach zwei Jahrzehnten an der Bramall Lane. Aufgrund der Lage kommt man bei der Anreise nicht um eine Straßenbahnfahrt herum: Sheffield ist mit einer halben Million Einwohner und einer recht weitläufigen Bebauung – angeblich die grünste Großstadt in England – nicht gerade klein, dementsprechend sind die Wegstrecken länger.

Der Begriff „Hillsborough" ist untrennbar verbunden mit dem tragischen Unglück während des FA-Cup-Halbfinal-Spiels zwischen Nottingham Forest und Liverpool im April 1989, bei dem 96 Liverpool-Fans zu Tode kamen – ein Ereignis, das den englischen Fußball für immer verändern sollte. Unser erster Weg führte uns daher direkt zum Denkmal hinter dem South Stand, am Ufer des River Dons, der am Stadion vorbeifließt. Der Gedenkstein ist eher schlicht gehalten. Neben der Zahl der Opfer und einigen Worten sind die Spieldaten sowie Liverpools Parole „You'll never walk alone!" in einen hellen Stein eingraviert. Obwohl das Unglück mittlerweile mehr als 25 Jahre zurückliegt, ist es schwer, am Ort des Geschehens Distanz aufzubauen, besonders wenn man das Stadionarenal hinter dem Leppings Lane End betritt. Hier kam es damals vor der Partie zur ersten großen Menschenansammlung, da viele Liverpool-Fans erst kurz vor Anpfiff am

Ground ankamen. Die Fans drängten ins Stadion, der Anpfiff rückte näher und der Druck auf die wenigen Eingänge erhöhte sich. Schlussendlich entschied die Polizei, die Stadiontore zu öffnen, was die kritische Situation auf dem Vorplatz auflöste, allerdings auch den etwa 2000 wartenden Fans gleichzeitig den Zugang ins Stadion ermöglichte. Diese drängten vor dem Hintergrund des bereits angepfiffenen Spiels zum nächstgelegenen Stehplatzblock, der ohnehin massiv überfüllt war. Der Druck der ankommenden Massen wurde auf der Terrace direkt auf die untenstehenden Fans weitergegeben, von denen 96 erstickten bzw. zwischen Fans oder am Zaun erdrückt wurden.
Die Schuldfrage ist an dieser Stelle müßig zu diskutieren. Kurz nach dem Spiel sahen insbesondere die Medien die Fans als Ursache des Unglücks. Eine wohl (zu) einfache Schlussfolgerung, die wahrscheinlich auf die damalige englische Hooligan-Problematik zurückging. Insbesondere die Zeitung „The Sun" vertrat eine entsprechende Position und wird deshalb bis heute von Liverpool-Fans boykottiert. Der offizielle Untersuchungsbericht von Lord Taylor sah dagegen ein Fehlverhalten der Polizei als Hauptursache. Obwohl der Bericht recht zeitnah nach dem Unglück veröffentlicht wurde, mussten und müssen Angehörige (zu denen im Übrigen auch Steven Gerrard gehört, dessen Cousin ums Leben kam) seit jeher für ihr Recht und ihre Anerkennung kämpfen.
In jedem Fall stellt das Unglück so etwas wie den Anfang vom Ende der klassischen englischen Fußballkultur dar. Durch den Taylor-Report, der Vorschläge für die Verhinderung ähnlicher Szenarien lieferte, wurden die Stehplätze in den Stadien abgeschafft, was mittelfristig der Todesstoß für viele alte Grounds war, deren Umwandlung in Allseater keine Option darstellte, sowie langfristig den Publikumswandel in den englischen Stadien begünstigte.
Der Ground an sich ist in jedem Fall auch heute noch etwas Besonderes und hebt sich mit seinem Flair von vielen anderen englischen Stadien ab. Die imposante Dachkonstruktion des North Stand, die blaue Wellblechverkleidung des Kops, der Sheffield-Wednesday-Schriftzug und die Turnstiles am Leppings Lane End und vor allem der klassische Giebel mit der Uhr auf dem Dach des South Stand verleihen Hillsborough eine Einzigartigkeit und erinnern an vergangene Fußballtage.

Schon immer war das Stadion ein Vorzeigeobjekt. 1966 wurden hier mehrere Spiele der Weltmeisterschaft ausgetragen, Deutschland spielte gleich zwei Mal in Hillsborough, Kaiser Franz konnte hier doppelt einnetzen. Zur EM 1996 war Hillsborough ebenfalls Spielstätte, wenn auch nur in der Vorrunde.
Auf dem Spielplan stand für uns weder EM noch WM, vielmehr solide englische Zweitligakost. Sheffield Wednesday empfing Bristol City. „The Wednesday", wie der Fußballklub ursprünglich hieß, wurde 1867 gegründet und ist somit einer der ältesten Clubs der Football League. Die Ursprünge gehen sogar noch weiter, nämlich auf das Jahr 1820 und einen Cricket Club zurück, der seine Spiele vornehmlich und – wenig überraschend – mittwochs austrug. Wednesday spielte im Grunde ab dem Beginn des organisierten Ligenbetriebs eine wichtige Rolle im englischen Fußball, wenn auch zunächst nur in der Konkurrenzserie zur Football League, der Football Alliance, die Wednesday im Gründungsjahr 1890 gewinnen konnte. Nach der Verschmelzung der beiden Ligen und dem FA-Cup-Gewinn 1896 konnten die „Owls" 1903 und 1904 zwei Meisterschaften in Folge feiern, was ihnen erneut in den Zwischenkriegsjahren 1929 und 1930 gelang. Nach dem Zweiten Weltkrieg blieben weitere Erfolge aus. Zudem machte dem Klub Mitte der 60er-Jahre ein Skandal um verschobene Spiele zu schaffen. Einige Spieler manipulierten die Partien und wetteten gegen das eigene Team. In der Folge stürzte Wednesday bis in die dritte Liga ab. Zwar schaffte man die Rückkehr in die erste Liga und war 1992 Gründungsmitglied der Premier League, gefolgt von immerhin acht Jahren in der Eliteserie. Doch seit dem Abstieg pendelt der Klub abseits der großen Fußballbühne zwischen zweiter und dritter Liga.
Wir hatten uns für Plätze im North Stand entschieden, mit hervorragendem Blick aufs Spielfeld sowie auf Heim- und Auswärtsfans. Obwohl immerhin 20.000 Zuschauer die Partie sehen wollten, war auf den Rängen doch viel Platz, jeder zweite Sitz blieb leer, der Fluch eines Stadions mit großer Kapazität. Von den Fans, die zum Spiel gekommen waren, fiel uns insbesondere ein Herr in der Ecke zwischen North Stand und Kop auf, der mit beachtlicher Körpermasse und klassisch englischen Tattoos Oberkörper frei Stimmung machte. Es war kein

Geringerer als Wednesday-Kultfan Paul Gregory, der gemeinhin aufgrund seiner Ähnlichkeit mit der Werbefigur eines Brauseherstellers als „Tango Man“ bekannt ist. Der echte Tango Man ist zwar orange, die Ähnlichkeit ist aber nicht von der Hand zu weisen.
Das Spiel selbst gestaltete sich wenig spektakulär, womöglich der Tabellensituation beider Teams Rechnung tragend. Letzten Endes konnten die Gäste, die recht ordentlich Auswärtsfans dabeihatten, in der Schlussphase den einzigen Treffer der Partie erzielen. Interessanterweise durfte nach vier Minuten Nachspielzeit kein Geringerer als Bayern-Amateure-Kultkicker und Langenrohrs One-and-Only Stefan Maierhofer, zu diesem Zeitpunkt in Diensten von Bristol City, für einige Sekunden auf den Platz, um den Sieg über die Zeit zu bringen.
Für uns hieß die erste Station nach dem Match Doncaster. Wir hatten ja ursprünglich das Newcastle-Heimspiel für den Montag eingeplant und für nicht ganz unerhebliches Geld Zug-Tickets für Montagabend von Newcastle nach London erworben. Entsprechend machten wir das Beste aus der Situation und nutzten die Tickets wenigstens für die Teilstrecke Doncaster–London. Das hatte zum einen zur Folge, dass wir einen längeren Aufenthalt in Donny hatten und zur Abwechslung mal was von der Innenstadt sahen, zum anderen kamen wir extrem spät in King's Cross an, auch aufgrund einer erheblichen Verspätung des Zuges. Ärgerlicherweise hatte die Tube bereits den Betrieb eingestellt, wir mussten also mit Nachtbussen irgendwie nach Victoria kommen. Gegen ein Uhr lagen wir dann in der (kleinen) Easyhotel-Kiste, bevor der Wecker um 3:30 Uhr ging, damit wir rechtzeitig den Gatwick Express erwischten.
Unsere erste Ostertour war in jedem Fall ein voller Erfolg: super Spiele, tolle Grounds, optimales Programm – alles dabei, was der Freund des englischen Fußballs begehrt. Ab jetzt war Ostern auf der Insel ein Pflichttermin.

39. Portsmouth Point

24.09.2010, Fratton Park, Championship
Portsmouth FC – Leicester City, 6:1, 13.750 Zuschauer

Dass es an Ostern nicht mit dem Besuch bei Newcastle geklappt hatte, wurmte mich nachhaltig, vor allem nachdem wir den St. James' Park zumindest von außen bewundert und als durchaus besuchenswert befunden hatten. Es gab nur eine logische Konsequenz: Ich beschloss, einen separaten Trip Richtung Newcastle anzugehen. Zu diesem Zeitpunkt stand ich bei etwa 40 League Grounds – es war also nicht abzusehen, dass ich wirklich einmal alle 92 besuchen würde und so hatte ich, zumindest im Kopf, noch eine Liste von besonders sehenswerten Grounds, die ich in England abgrasen wollte. Als sich Ende September die Gelegenheit ergab, gleich drei Stadien, die alle sehr weit oben auf der Liste standen, an einem Wochenende mitzunehmen, war die Entscheidung schnell gefallen. Neben Newcastle am Sonntag und Leeds am Samstag ging es am Freitag an der Kanalküste los: Fratton Park, Portsmouth!

Kollege Rolfes war für die Tour verhindert, also wurde es eine One Man Mission, die mich über Bratislava per Ryanair-Flug nach Stansted sowie mit dem Terravision-Bus weiter nach London Victoria führte. Hier gab es im Stamm-Wetherspoon „Willow Walk" das obligatorische Beer & Burger Special, bevor kurz nach drei der Zug Richtung Portsmouth ging.

Die Stadt ist durchaus etwas Besonderes: Es handelt sich im Grunde um eine Insel im Kanal, auch wenn diese völlig durch Straßen und Bahnstrecken erschlossen ist – in etwa vergleichbar mit Lindau am Bodensee. Durch die limitierte Fläche bringt es Portsmouth auf die zweithöchste Bevölkerungsdichte in England, nur London hat hier die Nase vorn. Durch die Lage an der Küste, geschützt durch die Isle of Wight, die etwa fünf Kilometer entfernt im Kanal liegt, hatte Portsmouth schon immer einen starken Seefahrt-Charakter, sowohl zivil als auch was die Marine angeht, die seit jeher eine Militärbasis in „Pompey" betreibt. Der Name „Pompey", der sowohl für die Stadt als auch für den Fußballklub benutzt wird, geht höchstwahrscheinlich auch auf die Seefahrerei zurück. Angeblich trugen Kapitäne ins Logbuch des Schiffes die Abkürzung „Pom. P." für Portsmouth Point ein, wenn sie im örtlichen Hafen festmachten.

Der Hafen von Portsmouth ist auch der Ankunftsort nach der etwa zweistündigen Zugfahrt ab London. Die Station heißt folgerichtig Portsmouth Harbour und befindet sich in der Tat inmitten der Docks. Die majestätische „HMS Warrior" liegt an der Kaimauer direkt gegenüber dem Bahnhofsgebäude und begrüßt die Ankommenden. Das Kriegsschiff der Panzerschiffklasse ist mit über 100 Metern Länge ein echter Kaventzmann und für Landratten wie mich recht beeindruckend. Neben den alten Schiffen gibt es im Hafen auch diverse moderne Elemente, allen voran der Spinnaker Tower, der seit 2005 über dem Hafen thront und vom Aussehen her stark an das berühmte Burj Al Arab Hotel in Dubai erinnert. Im Gegensatz zum Nobelhotel ist der Spinnaker Tower aber im Vergleich eher klein, nur etwa 170 Meter hoch und beherbergt kein Hotel, lediglich eine Aussichtsplattform. In jedem Fall ist er ein sehr markantes Wahrzeichen der Stadt, besonders durch die Beleutung bei Nacht.

Für ebenjene hatte ich ausnahmsweise mal keine Budget-Hotelkette gebucht, sondern mich für relativ wenig Geld in einem kleinen Hotel in der Nähe des Bahnhofs einquartiert, das „George Hotel", das neben einem kleinen Pub nur über eine Handvoll Gästezimmer verfügte. Die Reservierung lief nicht online ab, sondern noch Old School über Telefon. Das Zimmer konnte dann durchaus als rustikal bezeichnet werden, mit den klassischen dunklen Möbeln und dem etwas abgenutzten gemusterten Teppich – für die eine, zudem kurze, Nacht aber optimal. Nach dem Einchecken hielt ich mich nicht lange im Hotel auf, sondern nahm den Fußmarsch Richtung Fratton Park in Angriff, immerhin etwas mehr als 3,5 Kilometer. Theoretisch lässt sich ein guter Teil auch mit dem Zug zurücklegen, nahe dem Ground liegt der Bahnhof „Fratton", da ich aber noch ein bisschen was von der Stadt sehen wollte, entschied ich mich für den ausgedehnten Spaziergang. Dieser verlief jedoch relativ unspektakulär. Außer der Partymeile, die sich am Freitagabend so langsam zu füllen begann, gab es wenig zu sehen.

Auch die Gegend rund um den Ground ist zunächst einmal nicht unbedingt spektakulär: viel Industriegebiet, Baumärkte und McDonald's-Parkplatz direkt hinter der Tribüne. Signifikant besser wird es erst, wenn man die Runde um den Ground dreht und durch die kleine Gasse rechts am Fratton End vorbei Richtung South Stand geht. Man landet direkt vor dem markantesten Element von Fratton Park, dem kultigen Fachwerkhaus, das neben ein paar Büros ein Ticket Office und verschiedene Eingänge zum South Stand beherbergt. Ein echtes Schmuckstück, das seit der Eröffnung des Grounds 1898 mehr oder weniger unverändert geblieben ist und definitiv in die Top 5 der englischen Fußballground-Nostalgie gehört. Hinter dem South Stand verläuft eine typische Reihenhauszeile, hinter der sich die Stadionsilhouette abzeichnet. Hinter dem Milton End führt wieder ein kleiner Fußweg entlang der Betonmauer, die das Stadionareal abtrennt und mit schönen Bildern ehemaliger „Pompey"-Stars bemalt wurde. Der Eingang Richtung North Stand wirkt dann wieder sehr industriell, mit Backsteinmauer, Wellblech und Graffiti. Mein Weg führte mich weiter um den Ground herum, zur Ticket Collection. Bei der Bestellung im Internet wurde darauf hingewiesen, dass das Ticket per Post verschickt würde. Mein Briefkasten blieb allerdings leer und ich hoffte, dass ich am Abholschalter mehr Erfolg haben würde – was dann auch glücklicherweise der Fall war.

Sportlich war an dem Abend nicht allzu viel zu erwarten: Ein echtes Kellerduell stand auf dem Spielplan. Mit Leicester kam der Drittletzte zum Tabellenletzten Portsmouth. „Pompey" hatte zuvor aus sieben Spielen lediglich zwei maue Punkte geholt, dabei gerade einmal zwei Tore geschossen und elf gefangen. In jedem Fall war klar, dass ich an dem Tag wohl nicht den Portsmouth FC zu Gesicht bekommen würde, der mal eine durchaus gute Rolle im englischen Fußball gespielt hatte. Zwar wurde man erst relativ spät in die Football League aufgenommen, mit der Gründung der dritten Liga 1920. Jedoch akklimatisierte sich Portsmouth sehr gut und konnte schon sieben Jahre später erste Liga spielen. Gekrönt wurde der Aufstieg des Klubs mit dem FA-Cup-Triumph 1939, dem letzten ausgespielten Pokal vor dem Zweiten Weltkrieg.

Bemerkenswerterweise hatte der Krieg einen erheblichen Einfluss auf die Geschicke des Klubs. Portsmouth als Standort der britischen Marine sorgte für eine Konzentration von Soldaten aus ganz England in der Stadt, darunter viele hervorragende Fußballer, die sich in den Nachkriegsjahren direkt dem Portsmouth FC anschlossen. Dies resultierte in einem Meisterschafts-Doppelpack 1949 und 1950. Portsmouth war seinerzeit das beste Team in England, zugleich stellten die Titel einen Höhepunkt der Klubgeschichte dar – von dem an es dann stetig abwärts ging, bis in die vierte Liga Ende der 70er-Jahre. 1987 gelang zwar wieder der Aufstieg in die höchste Spielklasse, doch finanzielle Schwierigkeiten und Misswirtschaft machten „Pompey" weiter zu schaffen. 1998 musste der Klub Insolvenz anmelden. In England heißt das, der Klub geht „into Administration", also in „Verwaltung". Der Begriff kommt daher, dass die Klubführung keine Entscheidungen mehr treffen darf, stattdessen führen unabhängige Schuldenverwalter den Klub, um eine möglichst ordentliche Begleichung der Schulden sicherstellen zu können.
Im Normalfall folgt auf den Gang in die Administration ein Punktabzug sowie ein sportlicher Knick, da die guten Spieler zu Geld gemacht werden. In den meisten Fällen kommt ein Klub nur deshalb aus der Schuldenfalle, weil ein externer Geldgeber einsteigt. So auch bei „Pompey": In den Jahren nach der Administration stiegen eine ganze Reihe von Investoren und Klubeigentümern ein. Zunächst führte der Weg dank offenem Geldhahn steil nach oben. 2003 stieg man in die Premier League auf, unter Manager Harry Redknapp und mit dem ein oder anderen bekannten Namen auf dem Feld. Die Krönung folgte mit dem FA-Cup-Sieg 2008, fast 70 Jahre nach dem letzten Triumph im Pokal. Wie so oft kam nach einem Höhenflug durch externes Geld der Fall: Ende 2009 war „Pompey" so klamm, dass nicht einmal mehr die Gehälter gezahlt werden konnten. Der Klub musste wieder in die Insolvenz und bekam neun Punkte in der laufenden Premier-League-Saison abgezogen – er wäre aber auch mit neun Punkten mehr am Saisonende sang- und klanglos abgestiegen. Alle halbwegs guten Spieler verließen den Klub.

Genau in dieses Chaos fiel mein Spielbesuch. Überraschenderweise bekam ich aber eine ganz andere Mannschaft von Portsmouth zu sehen. Die Hausherren machten mit Leicester City sehr kurzen Prozess: 6:1 nach 90 Minuten, die „Foxes“ ohne Chance – sehr zur Freude der knapp 14.000 Fans, die den Weg in den Fratton Park gefunden hatten und „Pompey“ lautstark unterstützten. Der Klub ist ohnehin für seine sehr solide Fanbasis bekannt, die nicht zuletzt der Grund dafür war, dass Portsmouth es durch die schwierigen Jahre, die noch folgen sollten, schaffte. Im Grunde war alles dabei: Zahlungsunfähigkeit, eine gesamte Mannschaft, die den Klub verlässt, 33 Spiele ohne Sieg, der Fall von der Premier League bis in die vierte Liga innerhalb von fünf Jahren und ein internationaler Haftbefehl gegen den Eigentümer. 2013 setzten dann die Fans der Sache ein Ende, indem ein Supporters Trust den Klub übernahm und somit rettete. Nicht zuletzt aufgrund dieser Tatsache bekam „Pompey“ sogar in den Krisenjahren viel Zuspruch: Selbst in der vierten Liga konnte man 10.000 Dauerkarten absetzen und somit den Klub innerhalb von kurzer Zeit sanieren.
Etwas Gutes hatte die sportliche und finanzielle Leidenszeit von Pompey: Hätte sich der Klub in der Premier League etabliert, würde der Fratton Park heute womöglich ganz anders aussehen, wenn nicht sogar der Klub in ein neu gebautes Stadion übergesiedelt wäre. Stattdessen blieb ein echtes Juwel des englischen Fußballs nahezu unverändert erhalten: Die Fachwerkfassade hinter dem South Stand, die erhaltenen Preistafeln über den Drehkreuzen, die Holzverkleidung der Treppenaufgänge in die Stands, deren traditionelle Überdachung, der ursprünglich von Archibald Leitch gestaltete Main Stand, die schnörkellosen Flutlichtmasten, dazu das Antlitz von „Pompey“-Legende Jimmy Dickinson dargestellt in den Sitzschalen des Fratton Ends – all das versetzt einen Jahrzehnte zurück, in ein anderes Zeitalter des Fußballs, und macht den Fratton Park zu einem meiner Lieblingsgrounds in England.
Ich hatte jedenfalls mit dem Matchbesuch ein absolutes Highlight hinter mir, spazierte die drei Kilometer zurück zum Hafen zu meinem Hotel und haute mich direkt aufs Ohr, wohlwissend, dass die Nacht kurz werden sollte.

40. Yorkshire-Derby

25.09.2010, Elland Road, Championship
Leeds United – Sheffield United, 1:0, 33.600 Zuschauer

Zu völlig unmenschlicher Zeit klingelte der Wecker: Um 5:45 Uhr musste ich mich zur Abfahrt des Megabus nach Leeds einfinden. Ob die Idee so super war, ein Freitagabendspiel an der Kanalküste mit einem Samstagnachmittagspiel in Yorkshire zu verbinden, zweifelte ich kurz an, als ich verschlafen aus dem Hotel auscheckte, wobei ich ob der Abwesenheit von Personal den Zimmerschlüssel in ein Körbchen legte. Die Zweifel nahmen zu, als der Bus dann anrollte, zur siebenstündigen Fahrt – eine der längsten im Megabus-Fahrplan, Kosten dafür immerhin 1 Pfund, also quasi 15 Pence pro Stunde. Irgendwie brachte ich die Zeit der Tingelei rum und stand kurz vor eins in Leeds. Erst mal das Gepäck im Etap-Hotel deponiert und dann ab per pedes Richtung Ground.

Nach dem Fratton Park am Vorabend stand mit der Elland Road der nächste echte Klassiker auf dem Programm. Als zusätzliches Zuckerl war mit Sheffield United ein sehr attraktiver Gegner für ein Yorkshire-Derby zu Gast. Bevor allerdings der Ball rollte, hatte ich noch ausreichend Zeit für eine Ortsbegehung. Beim Mäcces direkt am Ground gab es erst mal Mittagessen, danach erklomm ich den Hügel hinter ebendiesem, für einen Blick von oben aufs Stadionareal. Die Silhouette der Elland Road wird dominiert von der Dachkonstruktion des East Stand, der über gefühlte drei Ränge verfügt und somit den Ground zu einem der größeren Stadien Englands macht. Interessanterweise war dieser bei der Eröffnung zu Beginn der 90er-Jahre einer der größten Stands weltweit mit frei tragendem Dach. Die drei anderen Stands sind alle signifikant älter, dafür aber in etwa gleich hoch und zweirangig, sodass sie sich baulich recht schön zusammenfügen.

In jedem Fall war der Erwerb des Stadions durch Leeds United im Jahr 1920 für damalige 250 Pfund ein Schnäppchen (selbst inflationsbereinigt unter 13.000 Pfund!). Zuvor hatten einige andere Fußballklubs an der Elland Road gespielt, unter anderem der Vorgängerklub von

United, Leeds City. Dieser wurde nach einigen Regelverstößen und Finanzproblemen mitten in der Saison aus der Football League geworfen und durch Port Vale ersetzt. In der Folge wurden die 16 Spieler von City in einer Auktion an andere Klubs verkauft, wobei der höchste Betrag von 1250 Pfund für einen Spieler durch Notts County gezahlt wurde. Es gingen tatsächlich alle 16 Spieler über den Tresen, wobei jedoch keiner von ihnen vom Nachfolgeklub Leeds United rekrutiert wurde.

United gründete sich 1919, um die Lücke zu füllen, die City hinterlassen hatte, und wurde 1920 direkt in die Football League aufgenommen. Man spielte vor dem Zeiten Weltkrieg recht konstant in der First Division, benötigte in den Nachkriegsjahren allerdings etwas Anlaufzeit, bevor höhere sportliche Meriten eingefahren werden konnten. Der Weg dahin ist untrennbar mit dem Namen Don Revie verbunden. Revie übernahm Leeds als Manager 1961 und führte den damaligen Zweitligaklub 1964 in die höchste Spielklasse. Vier Jahre später folgten die ersten Titel, der League Cup und der Messepokal, also der Vorgänger des UEFA Cup bzw. der Europa League, den Leeds 1971 erneut nach Yorkshire holen konnte. 1969 wurde die erste Meisterschaft in Leeds gefeiert. Im folgenden Jahr holte man wieder „Silverware", diesmal den FA Cup, ehe man 1974 den nächsten Meistertitel einfahren konnte.

Der plötzliche Erfolg, gepaart mit einer überharten Spielweise des Teams, brachte United nicht nur Fans ein. Vielmehr polarisierte der Klub wie kaum ein anderer in England. Bis heute vereint die Abneigung gegenüber Leeds United nahezu alle anderen Fans auf der Insel. Der entsprechende Gesang „We all hate Leeds (scum)!" (frei: Wir hassen alle den Leeds Abschaum) wird von Manchester bis London überall zum Besten gegeben, mitunter sogar bei Spielen ohne Beteiligung von Leeds United. In jedem Fall endete die erfolgreiche Ära unter Don Revie und Kapitän Billy Bremner 1974, als Revie den Posten des Nationaltrainers übernahm. Beiden wurde vor der Elland Road ein Denkmal gesetzt – prägnant vor allem das von Billy Bremner, der auf dem Platz vor dem East Stand mit seinen charakteristischen roten Haaren beide Arme in Jubelpose gen Himmel streckt.

Auf Don Revie folgte kein Geringerer als dessen Erzrivale Brian Clough von Derby County auf der Managerposition, der allerdings nur ein kurzes Intermezzo verbuchen konnte, das in dem Film „The Damned United" wunderbar auf die Leinwand gebracht wurde. In der Folge machte Leeds international noch einmal auf sich aufmerksam und schaffte es 1975 bis ins Endspiel des Landesmeister-Pokals, wo sie gegen den großen FC Bayern ihre übliche rustikale Spielweise an den Tag legten und unter anderem Uli Hoeneß verletzungsbedingt in die Kabine schickten. Letzten Endes half dies aber wenig und die Bayern holten mit einem 2:0 den Cup. Ein zweites Mal dürfte Leeds United allen Bayern-Fans im Rahmen der Champions League angenehm in Erinnerung sein, als sie im Jahr 2000 in der Qualifikationsrunde 1860 ausschalteten.

Für Leeds – wie auch für 1860 – ging es seitdem aber steil bergab: Skandale, finanzielle Probleme, ein 10-Punkte-Abzug nach Zahlungsunfähigkeit und der damit verbundene Fall in die dritte Liga. Die Saison 2007/08 startete man mit einem Abzug von sage und schreibe 15 Punkten, konnte aber dennoch einen Relegationsplatz erreichen, wenn man auch den Aufstieg letzten Endes verpasste. Erst in der Saison 2009/10 kehrte man in die zweithöchste Spielklasse zurück, wobei in der letzten Saison in Liga drei ein Zuschauerschnitt von 24.000 zu Buche stand. Sehr beachtlich!

Das vierte Heimspiel zurück in der Championship sollte ich mir also an diesem Tag anschauen dürfen. Die Partie zog knappe 34.000 Zuschauer – eine sehr ansehnliche Kulisse für ein Zweitligaspiel, die Elland Road war aber trotzdem nicht ganz ausverkauft. Ich hatte meinen Platz im Unterrang des West Stand, etwa auf Strafraumhöhe zum South Stand, was zum einen den Vorteil hatte, dass ich recht nah am Geschehen war, zum anderen aber den Nachteil mit sich brachte, dass die Zuschauer in den vorderen Reihen quasi bei jeder halbwegs interessanten Situation aufstanden, was die übliche Kettenreaktion mit sich brachte und das muntere Aufsteh- und Hinsetzspiel nach sich zog. Die Idee, einfach stehen zu bleiben, wurde wie gewohnt durch die Ordner unterbunden. Es kam dabei in meiner unmittelbaren Nähe sogar zum Handgemenge, einige Fans flogen über die Sitzreihen und letztlich wurde sogar jemand in Handschellen abgeführt.

Wie auf den Rängen, gestaltete sich auch die Partie auf dem Rasen rassig: ein echtes Yorkshire-Derby, mit viel Kampf und Einsatz. Das Spiel wurde erst in der Schlussphase entschieden. Es dauerte 84 Minuten, bis der Ball im Netz zappelte und Leeds mit 1:0 in Führung ging. Zur jubelnden Spielertraube gesellten sich 30 bis 40 Fans, die vornehmlich aus meinem Block den Weg auf den Rasen fanden und im Anschluss wieder auf ihre Plätze befördert werden mussten, ehe die Partie fortgesetzt werden konnte. In den Schlussminuten wurde es dann noch einmal hektisch: Sheffield setzte den möglichen Ausgleich ans Aluminium und von beiden Teams sah noch jeweils ein Spieler die rote Karte. Die aufgeheizte Atmosphäre übertrug sich auf die Ränge, und bei den üblichen Pöbeleien zwischen Auswärtssektor und Heimfans wurden einige Sheffield-Anhänger abgeführt. Vor dem Stadion ging es weiter, es „schepperte" vor der Billy-Bremner-Statue. Im Grunde war das aber der einzige derartige Vorfall bei meiner Reise durch die 92 Grounds.
Ich nahm jedenfalls wieder den Fußmarsch Richtung Innenstadt in Angriff und bezog zunächst einmal mein Hotelzimmer. Wie immer am Samstagabend in Etap-Hotels rekrutierte sich das Publikum hauptsächlich aus Junggesell*innenabschieden und anderen Nachtschwärmern. Für mich stand weniger das Nightlife auf dem Programm, vielmehr wollte ich einen Eindruck von Leeds bekommen. Immerhin ist die Stadt mit einer dreiviertel Million Einwohnern hinter London und Birmingham die Nummer drei auf der Insel. Hinzu kommt eine sehr hohe Studentendichte, was dem Nightlife natürlich sehr zuträglich ist. Die Innenstadt präsentierte sich entsprechend: viele junge Leute im klassischen englischen Weggeh-Outfit, Schlangen vor den Clubs und Menschentrauben vor den Pubs. Dazu generell viele ältere Gebäude, die auf die Vergangenheit als bedeutender Handelsplatz hindeuten, zum Beispiel die Corn Exchange und viele Markthallen. In jedem Fall durchaus sehenswert, und in der Folge sollten wir Leeds noch öfter ganz bewusst ansteuern.
Nach einem Sightseeing-Spaziergang ging es für mich aber wieder recht zeitig zurück ins Hotel. Das frühe Aufstehen tat ein Übriges, und dementsprechend haute ich mich zufrieden ob des tollen Matchdays in die Koje.

41. Home Newcastle

26.09.2010, St. James' Park, Premier League
Newcastle United – Stoke City, 1:2, 42.000 Zuschauer

Am Sonntagmorgen ging es für mich Richtung des dritten Stopps der Tour: Home Newcastle! Der Megabus startete in Leeds bequemerweise fast vorm Hotel, und zweieinhalb Stunden später stand ich am River Tyne. Bei unserem Sunderland-Besuch fünf Monate zuvor hatten wir Newcastle schon erkundet, trotzdem oder gerade deshalb freute ich mich, wieder in der Stadt zu sein. Newcastle hat einfach etwas Besonderes. Der Fluss, die prägnanten Brücken, die Altstadt und die steil ansteigenden Straßen sind einmalig. Die Tatsache, dass man wegen des Dialekts die „Geordies" kaum versteht, macht die Sache noch exotischer – in jedem Fall ein Kontrastprogramm zum Süden Englands.
Ich hatte noch gut Zeit vor dem Kickoff und besuchte zwecks Nahrungs- und Getränkeaufnahme den Wetherspoon-Pub „Mile Castle", wo ich mit Rolfes bereits an Ostern gebechert hatte. Beer & Burger, wie immer, plus ein Newcastle Brown Ale hinterher zur optimalen Matchvorbereitung. Diese war allerdings noch nicht abgeschlossen. Die Temperaturen hatten etwas nachgegeben und ich war mit meiner Übergangsjacke nicht unbedingt angemessen ausgestattet. Ich nutzte also den günstigen Pfundkurs und schaute in einen der trendigen Läden in der Fußgängerzone rund um das Grey's Monument, der prägnanten Säule in der Newcastler Innenstadt. Mit einer wärmeren Jacke ausgerüstet, ging es dann die wenigen Gehminuten zum Ground, dem St. James' Park, der sich quasi in unmittelbarer Nähe zum Zentrum befindet.
Das Stadion ist ein echtes Prachtstück. Mit 50.000 Plätzen signifikant größer als die meisten anderen Premier League Grounds, schmiegt es sich förmlich an den Hügel und bietet mit den steil ansteigenden Tribünen schon von außen eine imposante Kulisse – in Deutschland vielleicht vergleichbar mit dem Betzenberg in Kaiserslautern. Gleichzeitig bewahrt es sich ein Charakteristikum traditionell englischer Grounds: In unmittelbarer Nachbarschaft befinden sich Wohnhäuser. Die na-

hesten Nachbarn müssen zwischen Haustür und Drehkreuz keine zehn Meter zurücklegen. Abgerundet wird das Ganze durch die Metro-Station, die sich direkt unter dem Stadion befindet und ebenfalls „St. James'" heißt. Der Platz strotzt jedenfalls vor Tradition. Seit 1880 wird auf dem Areal Fußball gespielt, seit 1892 spielt Newcastle United im St. James' Park, nachdem der Klub aus einer Fusion zwischen Newcastle East End und Newcastle West End hervorging, die zuvor bereits in St. James' gespielt hatten.
Die größten Erfolge wurden in den Anfangsjahren des Klubs gefeiert. United fuhr zwischen 1905 und 1909 drei Meisterschaften ein und kann sich somit das Prädikat „Traditionsklub" mit Fug und Recht auf die Fahnen schreiben. Nach dem Zweiten Weltkrieg holte man in den 50er-Jahren noch drei Mal den FA Cup, seitdem gab es keine Neuzugänge im Trophäenschrank. Seit mehr als 50 Jahren keine Schale in der Hand? Da erscheint die Städtepartnerschaft zwischen Newcastle und Gelsenkirchen fast schon satirisch. An mangelndem Spielerpotenzial lag es jedenfalls nicht: Größen wie Gazza, Shearer oder Owen schnürten die Stiefel für die „Toon Army", wie Newcastle in Anlehnung an die „Geordie"-Aussprache für „Town" genannt wird. Letzten Endes wurde der Traditionsklub wie so oft ein Opfer des modernen Fußballs. Während neureiche Klubs in die Premier League drängten, fanden sich die „Magpies" (Elstern, aufgrund der schwarz-weiß gestreiften Trikots) des Öfteren im Abstiegskampf wieder und mussten sogar den ein oder anderen Abstecher in die zweite Liga in Kauf nehmen.
Der Weg zum Stadion führte mich durch Chinatown und den chinesischen Straßenbogen, der am Ende der St. Andrews Street den ethnischen Background des Viertels signalisiert und mehr oder weniger den Abschluss der Innenstadt hin zum St. James' Park bildet. Den Bogen gibt es erst seit 2004, in früheren Tagen standen hier noch andere Konstruktionen: Galgen. Über die Jahrhunderte wurden hier etliche Menschen gehängt: Mörder, Fälscher, Hexen – alles dabei. Das letzte Mal wurde der Strang 1844 geknüpft, nur 36 Jahre bevor im St. James' Park das erste Mal der Fußball rollte. Die Verbindung zwischen den Galgen und dem Ground ergibt sich aus der Hintertortribüne, die der Stadt zugewandt ist, dem Gallowgate End, das seinen Namen aus der

Vergangenheit des benachbarten Areals bezieht: Gallow bedeutet Galgen.
Das Gallowgate End gilt als Heimtribüne, auf der sich die Hardcore-Fans von Newcastle tummeln und das es bis in die Newcastle-Hymne „Home Newcastle“ von Busker geschafft hat, in der es heißt: „I’m coming home Newcastle, If you never win the cup again, I’ll brave the dark at St. James’ Park, at the Gallowgate End in the rain.“ Nicht zuletzt deshalb hatte ich mir mein Ticket genau in diesem Stand gesichert.
Vorbei am United-Kultpub „Strawberry“ direkt hinter dem Gallowgate End ging es bergauf zu den Drehkreuzen und die Stufen hoch auf die Tribüne für den ersten Blick in den Innenraum: sehr imposant. Während der East Stand zur Rechten wie das Gallowgate End nur über zwei Ränge verfügt, erheben sich die beiden anderen Stands, deren Ecke komplett geschlossen ist, hoch auf über drei Ränge – mehr oder weniger einzigartig im englischen Fußball. Die Sitzschalen in Grau, das Dach leicht transparent – ein klein wenig fühlt man sich an die Allianz Arena in München erinnert. Die Perspektive von der anderen Seite dürfte aber wenig mit München gemein haben, vielmehr bietet zumindest der dritte Rang einen schönen Ausblick über die Stadt. Diesen bekommen allen voran die Gästefans geboten, die hoch oben unter dem Dach untergebracht sind.
Mit Stoke hatte ich nicht unbedingt den attraktivsten Gegner für meinen Besuch erwischt. Das Spiel des Jahres steigt in aller Regel gegen den Lokalrivalen Sunderland im Tyne and Wear Derby. Dennoch fanden auch gegen die Gäste aus Staffordshire mehr als 40.000 Zuschauer den Weg in den St. James’ Park. Das ist für England sehr solide, für Newcastle allerdings unterdurchschnittlich. In der Regel findet sich „Toon“ am Saisonende in der Top 3 der englischen Klubs mit dem höchsten Zuschauerschnitt wieder. Selbst in der vorangegangenen Saison, in der Newcastle in der zweiten Liga spielte, musste man sich lediglich Man Utd, Arsenal und Man City geschlagen geben. Großes Lob an die „Toon Army“!
Die Partie hatte dann einige Höhen und Tiefen, wobei ausgerechnet der deutsche Innenverteidiger von Stoke, Robert Huth, die Hauptrolle spielte. Erst verursachte er kurz vor der Halbzeit einen Elfmeter, durch

den die Hausherren in Führung gingen. In der zweiten Halbzeit bereitete er aber dann den Ausgleich vor, ehe er in den Schlussminuten der Partie ein Eigentor von Newcastle zumindest forcierte. Die Schlussoffensive blieb wirkungslos – am Ende doch ein Auswärtserfolg. Nicht zuletzt aufgrund des Spielverlaufs kam keine wirkliche Stimmung auf, bis auf wenige Ausnahmen. Das war für mich etwas enttäuschend, hatte ich Newcastle auswärts doch schon öfter gesehen und stimmungstechnisch in guter Erinnerung.
Nach der Partie leerte sich der Ground relativ schnell und die schwarzweißen Fanmassen bewegten sich per pedes Richtung Innenstadt. Ich schloss mich dem Tross an, holte mir unterwegs ein paar Scotch Eggs zum Abendessen (die ganzen gekochten Eier im Fleischmantel stellten seit jeher die Krone der Tesco-Convenience-Food-Produktpalette dar!) und schnappte den Zug nach London. Drei Stunden Fahrzeit – recht bequem im Vergleich zu der Megabus-Juckelei auf der Tour bis dahin. Im Zug konnte man überraschend viele Newcastle-Fans sehen. Scheinbar gibt es etliche Exil-„Geordies", die von London zu den Heimspielen pendeln. Respekt dafür – das erinnerte mich an die unzähligen Wochenend-Ticket-Fahrten zu Bayern-Heimspielen.
In London angekommen, wartete dann eine extrem kurze Nacht im Easyhotel Paddington auf mich. Zumindest hatte ich – wohl durch Zufall – ein etwas größeres Zimmer erwischt, in dem man sich noch problemlos umdrehen konnte, trotz Rucksack vor dem Bett. Purer Luxus … Ich schaute mir noch die Zusammenfassung des Spiels in „Match of the Day" an und haute mich für die wenigen Stunden in die Federn. Der Wecker klingelte bereits um 3 Uhr. Über Stansted und Bratislava ging es dann wieder zurück nach Wien. Kurz heim, duschen, Anzug anziehen, zu Mittag in die Arbeit, souverän einen Vortrag halten – und abends endlich durchschnaufen.
Rückblickend war das eine der schönsten Touren auf die Insel: drei absolute Ground-Leckerbissen, die in der Form wohl nur sehr selten an einem Wochenende zu machen sind. Im Grunde wäre das wohl der Punkt gewesen, an dem ich hätte aufhören können oder sollen – wenn da nicht noch 51 Grounds zu besuchen gewesen wären …

42. Winterpausenfußball

03.01.2011, Meadow Lane, League One
Notts County – Hartlepool, 3:0, 6.300 Zuschauer

2011 führten wir eine neue Tradition ein, die Winterpausen-England-Tour. Auf dem Papier war das eine hervorragende Idee: Während in Deutschland und Österreich der Ball ruht, bietet sich ein Abstecher nach England im Januar geradezu an. Die große Unbekannte ist dabei leider das Wetter. Besonders souverän gehen die Briten mit dem Winter und speziell mit Schnee nicht um, daher kommt es in den Wintermonaten immer mal wieder zu Spiel- oder Flugabsagen, im schlechtesten Fall auch zu beidem. Für unsere Tour diesmal hatten wir kein Problem: Alle Spiele fanden statt, und für die niedrigen Temperaturen im Stadion sahen wir uns mit reichlich Cold Gear gut gerüstet. Ich hatte nach zehn Jahren mal wieder Handschuhe und eine Mütze gekauft. Die Hauptbeute stellte bei der Tour Old Trafford dar, das für einen Besuch mehr als überfällig war. Erste Station waren allerdings die Midlands, und nachdem ich Rolfes in St. Pancras eingesammelt hatte, brachte uns der Zug nach Nottingham, wo wir nicht allzu viel Zeit bis zum Anpfiff an der Meadow Lane hatten. Im Gegensatz zum City Ground von Forest befindet sich das Zuhause von Notts County auf der gleichen Seite des River Trent wie der Bahnhof, also standen wir nach zehn Minuten vorm Ticket Office und holten uns zwei Tickets für den Main Stand.

Notts County kann durchaus als ein echtes Original unter den englischen Fußballklubs bezeichnet werden. Immerhin gehen die Ursprünge bis 1862 zurück, was County nicht nur zum ältesten Klub der Football League, sondern auch älter als die Football Association selbst macht (1863 gegründet). Aufgrund dieser Tatsache begann County zunächst auch mit einem Spiel nach eigenen Regeln, bevor es sich dem Association Football anschloss. Trotz der reichlichen Erfahrung hielt sich der sportliche Erfolg über die Jahre stark in Grenzen. Ein FA Cup steht in der Vitrine (1894), ansonsten kann man sich damit rühmen, bis zum Zweiten Weltkrieg der erfolgreichere Klub in Nottingham ge-

wesen zu sein, ehe Forest vorbeizog. Ein kurzes sportliches Hoch in den 80er-Jahren, das Notts County in die höchste Spielklasse beförderte, endete rechtzeitig, um die neu formierte Premier League Anfang der 90er zu verpassen. Ohnehin gehörten Auf- und Abstiege seit jeher zur Meadow Lane. Mehr als 25 Mal ging es in der Geschichte nach oben oder nach unten – starke Nerven sind also durchaus Voraussetzung für die County-Supporters.
Mit Hartlepool stand nicht unbedingt ein Leckerbissen auf dem Fußballspeiseplan, aber wie so oft ging es uns weniger um hochklassige sportliche Leistung als vielmehr um das Stadionerlebnis. Die Meadow Lane ist ein durchaus solider englischer Ground, mit vier überdachten und mit dem klassischen Wellblech verkleideten Sitzplatztribünen. Für die dritte Liga absolut würdig und mit reichlich Tradition gespickt: Immerhin spielt County seit 1910 auf dem Platz. Zuvor trug man tatsächlich einige Spiele innerhalb der Grünanlagen des Nottingham Castle aus, bevor man 1883 in den Cricket Ground an der Trent Bridge, direkt neben dem City Ground von Forest, zog.
Die Kälte gestaltete sich als erträglich, machte aber scheinbar den Spielern zu schaffen. Es dauerte bis zur 44. Minute, ehe Thomas Ince, seines Zeichens Sohn von Englands ehemaligem Nationalspieler und, wie der Zufall es wollte, damaligen Notts-County-Trainer Paul Ince, den Führungstreffer für die „Magpies“ erzielte. Der Spitzname der „Elstern“ leitet sich wie auch bei Newcastle United von den schwarz-weißen Trikots ab. Diese waren – man höre und staune – der Farbgeber für die Alte Dame höchstpersönlich. 1903 organisierte ein englischer Spieler in Diensten von Juventus einen Satz Trikots aus seiner Heimat, ausgerechnet von Notts County: Die schwarz-weißen Juve-Vereinsfarben waren somit geboren, und County wurde daher mehr als hundert Jahre später die Ehre zuteil, im Eröffnungsspiel des neu gebauten Juventus Stadium antreten zu dürfen.
Von einem Klub wie Juventus ist County dieser Tage so weit entfernt wie Nottingham vom Piemont. Dennoch hätte einiges unter Umständen ganz anders laufen können. Als der Klub in den 2000ern in finanzielle Schieflage geriet, fand sich ein Investor, der Geld zuschoss und den Klub 2009 übernahm. Lange war unklar, wer hinter dem Unter-

nehmen steckt, das den Geldhahn aufdrehte, und so gestaltete sich der sogenannte „fit and proper test“, eine Art Unbedenklichkeitsprüfung, als sehr schwierig, ehe Familien aus dem Mittleren Osten als Eigentümer ausgemacht werden konnten.

Der „fit and proper test“ wird von der Liga durchgeführt und muss im Grunde von jedem durchlaufen werden, der einen Klub übernimmt, zumindest 30 Prozent der Anteile erwirbt oder in leitender Funktion in einem Klub tätig ist. Vereinfachend erklärt, wird der Background einer Person auf drei Punkte hin überprüft: Gibt es Interessenskonflikte, also hat die Person zum Beispiel Anteile an anderen Klubs? Ist die Person einschlägig vorbestraft zum Beispiel wegen Betrugs oder Steuerhinterziehung? Ist die Person geeignet, hat die Person zum Beispiel Pleiten bei anderen Klubs zu verantworten? Nur wer diesen Test besteht, darf dann letzten Endes auch Klubs oder Anteile erwerben bzw. Leitungspositionen einnehmen. Die Vorgabe gilt immerhin für alle Klubs von der ersten bis zur fünften Liga, also eine recht umfassende Überwachungsmaßnahme, die die Sauberkeit des Fußballgeschäfts sicherstellen soll.

Im Falle von Notts County hatte die Liga am Ende keine Bedenken und die Übernahme konnte stattfinden. Mit Sven-Göran Eriksson wurde sogleich ein sehr prominenter Name als Director of Football engagiert, der einen ähnlich kometenhaften Aufstieg wie etwa bei Fulham oder Wigan sicherstellen sollte. Auch große Namen tauchten umgehend an der Meadow Lane auf. Nationalverteidiger Sol Campbell heuerte an, getrieben von der Ankündigung, dass weitere Topstars, wie etwa Roberto Carlos, verpflichtet werden sollen. Dies erwies sich jedoch alsbald als komplett unrealistisch, und so packte Sol Campbell nach immerhin einem Ligaspiel wieder die Koffer. Ein Sinnbild für die begrabenen Ambitionen des Klubs, der aufgrund der Eigentümerstruktur von der Liga neu evaluiert wurde, was zum Ausstieg der Investoren führte. Also nichts mit Premier oder Champions League.

Großer Sport hätte auch nicht zum kalten Januartag in den Midlands gepasst, wo die Temperaturen in der zweiten Halbzeit deutlich anzogen und nur zwei weitere Tore der „Magpies“ die Angelegenheit etwas angenehmer gestalteten. Wir hielten uns nach Schlusspfiff jedenfalls nicht lange auf und suchten das Warme.

Bis der Zug nach Manchester ging, dauerte es noch etwas und wir nutzten die Zeit für einen Besuch in einem Nottinghamer Original, dem „Ye Olde Trip to Jerusalem“, ein Pub am Fuße des Castles, teilweise in den Felsen gebaut und so urig, dass man durchaus der Geschichte glauben darf, dass es sich hierbei um das älteste Pub in England handelt. Angeblich wird im „Olde Trip“ seit dem 12. Jahrhundert Bier ausgeschenkt, andere Quellen sprechen vom 17. Jahrhundert. In jedem Fall ein alter Schuppen, in dem wir uns pflichtbewusst ans dunkle Ale hielten und uns jeweils zwei Pints der dickflüssigen Masse einverleibten, ehe es zum Bahnhof ging. Nächster Halt: Manchester Piccadilly. Unterkunft wie immer: Travelodge Arndale.

43. Vorhang auf im Theater der Träume

04.01.2011, Old Trafford, Premier League
Manchester United – Stoke City, 2:1, 73.000 Zuschauer

Endlich war es so weit: Der lang ersehnte Besuch in Old Trafford stand auf dem Programm. Im Grunde war die ganze Tour auf das Spiel hin geplant. Die Ticket-Situation bei United ist generell eher angespannt und als Nicht-Mitglied ist es zumeist schwer, überhaupt an Karten zu kommen. Wir umgingen diese Problematik insoweit, als wir zum ersten und einzigen Mal ein Ticket & Hotel Package buchten, direkt über den Verein bzw. den Reiseveranstalter Thomas Cook. Der „Spaß" kostete 115 Pfund, damals also etwa 130 Euro. Mit im Paket: das Match-Ticket, ein Programm, eine Führung in Old Trafford und eben die Nacht im Hotel. Für uns war es völlig ungewohnt, von der Travelodge ins 4-Sterne-Hotel an den Piccadilly Gardens umzuziehen, wobei uns das nette Zimmer, das Frühstück und vor allem der Pool die Sache sehr leicht machte. Bloß nicht an den neuen Luxus gewöhnen!
Old Trafford liegt etwas außerhalb der Innenstadt nahe den Salford Quays, also bei den Docks des Binnenhafens, der als solcher aber nicht mehr wirklich genutzt wird. Die Lage macht die Sache recht spannend. Im Zweiten Weltkrieg waren die dort ansässigen Industrieanlagen Ziel deutscher Luftangriffe. Das hatte zur Folge, dass das Stadion durch Bomben massiv beschädigt wurde. Des Weiteren liegt der Ground schon nicht mehr in der City of Manchester, sondern vielmehr im Bezirk Trafford, daher der Name. Und zu guter Letzt bedeutete die Entfernung zum Stadtzentrum, dass wir wieder einmal mit der Straßenbahn zum Ground tingelten. Diese fuhr bequem quasi vorm Hotel ab, also eine angenehme Anreise.
Ohne Zweifel ist Manchester United einer der klangvollsten Namen im englischen Fußball (übrigens nicht „ManU", das ist eine deutsche Erfindung, die englische Kurzform lautet „ManUtd"). Die „Red Devils" sind Rekordmeister, mehrfacher Europapokalsieger und füllen bei jedem Heimspiel das mit 75.000 Plätzen hinter Wembley zweitgrößte Fußballstadion Englands. Die Ursprünge des Klubs liegen im

Eisenbahnermilieu. So gründeten Mitarbeiter des Depots der Lancashire and Yorkshire Railway in Newton Heath 1878 den „Newton Heath LYR Football Club". Der Klub trat der neu gegründeten Football Alliance bei und spielte alle drei Saisons der Liga, ehe die Alliance 1892 in der Football League aufging und Newton Heath direkt in die First Division aufgenommen wurde.

Nach nur zwei Jahren folgte der Abstieg in die zweite Liga. In dieser Zeit stellte sich der Klub nach finanziellen Problemen neu auf und änderte seinen Namen in „Manchester United". Man stieg wieder in die höchste Spielklasse auf und konnte vor dem Ersten Weltkrieg sogar zwei Mal den Titel einfahren, 1908 und 1911. Zwischen den Kriegen tat sich United schwer, pendelte zwischen erster und zweiter Liga. Nach dem Zweiten Weltkrieg gab es eine folgenreiche Personalentscheidung: Matt Busby wurde zum Manager bestellt und stand in den folgenden 24 Jahren, in denen er eine Ära prägte, an der Seitenlinie. Insbesondere der starke Fokus auf Jugendspieler stellte ein Charakteristikum dieser Jahre dar. Das junge Team von United spielte extrem erfolgreichen Fußball, gewann den Titel 1956 und 1957 und bekam von der Presse den Namen „Busby Babes" verliehen. Über eine Periode von fünf Jahren wurde United im Grunde nur zwei Mal auf dem Transfermarkt aktiv, der Rest der Spieler kam aus der eigenen Jugend. Die Zukunft sah rosig aus, wurde allerdings durch ein Flugzeugunglück im Februar 1958 zerstört. Aufgrund der nationalen Erfolge war Manchester United das erste englische Team, das im Europapokal antreten durfte. Die Football League stand dem europäischen Wettbewerb in britischer Manier eher skeptisch gegenüber, und als der Landesmeister-Cup 1955 aus der Taufe gehoben wurde, versagte die Football League dem damaligen Meister Chelsea die Teilnahme. Entsprechend war United im Jahr darauf der erste Klub, der England in Europa vertreten durfte. United verlor im Wettbewerb gegen Real Madrid, war allerdings in der folgenden Saison wieder am Start und spielte im Februar das Viertelfinal-Auswärtsspiel bei Roter Stern Belgrad. Auf der Rückreise mit Zwischenstopp in München kam es dann zur Katastrophe, als der Flieger bei winterlichen Verhältnissen beim dritten Startversuch von der Startbahn abkam und mit einem Haus

kollidierte. Acht United-Spieler kamen ums Leben, zwei weitere erlitten Verletzungen, die ihre Karriere beendeten. Nur neun Spieler überlebten das Unglück, ebenso wie Manager Matt Busby. Die sportliche Zukunft von United lag somit in Trümmern, und es dauerte Jahre, bis sich der Klub regenerierte.
Erst Mitte der 60er-Jahre folgten zwei weitere Meistertitel. Die Krönung für Busbys Arbeit folgte 1968 mit dem Gewinn des Landesmeister-Cups. Busby legte 1969 sein Amt freiwillig nieder. Der Klub sah sich in der Folge erfolgloseren Zeiten gegenüber, musste 1974 sogar ein Jahr in die zweite Liga, etablierte sich dann aber doch wieder als Erstligist. 1986 folgte eine zweite folgenreiche Personalentscheidung: Alex Ferguson, wie Busby ein Schotte, übernahm das Manageramt und füllte es unglaubliche 27 Jahre aus. In dieser Zeit holten die Red Devils beachtliche 13 Meisterschaften und zwei Champions-League-Erfolge, darunter der unverdiente Nachspielzeitsieg gegen die Bayern 1999. Dominantestes Team auf der Insel, gaben sich hier die Topstars die Klinke in die Hand: Eric Cantona, David Beckham, Roy Keane, Wayne Rooney, Peter Schmeichel, Paul Scholes, Cristiano Ronaldo und United-Legende Ryan Giggs, um nur einige zu nennen.
Wir waren jedenfalls sehr erfreut über die Tatsache, ein Spiel der Ära Ferguson mitnehmen zu können. Dazu empfing Utd als Tabellenführer das Überraschungsteam aus Stoke, mit unserem deutschen Lieblingshaudegen auf der Insel, Robert Huth. Bevor der Ball rollte, ging es auf die obligatorische Stadionrunde. Von den Salford Quays kommend, begrüßt einen neben zahlreichen Fanartikelständen an beiden Straßenseiten die Glasfassade des East Stand, in dem der Fanartikelshop im Erdgeschoss untergebracht ist. Auf der Glasfassade ist der Schriftzug „MANCHESTER UNITED“ angebracht, dessen rote Leuchtschrift sich wegen des Abendspiels sehr gut machte. Darüber befindet sich, charakteristisch für Old Trafford, eine große weiße Stahlkonstruktion, die das Dach des Stands hält. Direkt neben dem Ground, hinter dem South Stand, befindet sich eine Bahntrasse, und an Spieltagen gibt es hier sogar einen eigenen Stopp. Aufgrund der Gleise ist der Platz allerdings eingeschränkt, sodass der South Stand untertunnelt ist, um die Zuschauer zu ihren Plätzen zu bringen. Der Tunnel wurde

in Anlehnung an die Katastrophe von München „Munich Tunnel" benannt, zwischen East Stand und South Stand befindet sich zudem die Gedenktafel für die Opfer und die „Munich Clock", eine Uhr, auf der das Datum des Unglücks angezeigt wird.
Im South Stand findet man die sehr prägnanten Spielerbänke. Die erhöhten Sitzreihen aus Klinkersteinen sind einzigartig und spätestens seit der EM 1996 in den Köpfen vieler deutscher Fußballfans verankert, da der allseits populäre Bundestrainer Hans-Hubert „Berti" Vogts ganze vier Mal auf ebendiesen Spielerbänken Platz nehmen durfte. Der größte Stand der Grounds befindet sich im Norden, wurde mittlerweile nach Sir Alex Ferguson benannt und fasst beachtliche 26.000 Zuschauer, mehr als etwa zwei Drittel der englischen League Grounds überhaupt. Der riesige Stand kommt ohne Stützpfeiler aus, entsprechend gibt es auch hier eine große, weiße Stahlkonstruktion über dem Dach. Auf der Westseite von Old Trafford findet man das Stretford End, sozusagen die Heimkurve. Hier standen früher und sitzen heute die fanatischsten Manchester-United-Fans. In jedem Fall gibt Old Trafford eine hervorragende Kulisse her und wird nicht zuletzt deshalb als „Theatre of Dreams" bezeichnet.
Unser Sitzplatz im Theater der Träume befand sich im Oberrang des East Stand, mit Blick auf die Gästefans, die in der Ecke zwischen dem East und dem South Stand untergebracht sind. Die meisten Besucher auf den Plätzen um uns herum hatten wohl tendenziell auch Tickets aus dem Kontingent von Thomas Cook bzw. Hotel Packages – wohl alles Fans vom Kontinent. Was die Heimfans anging, konnten wir aus erster Hand den Protest gegen den damaligen ManUtd-Eigentümer Malcolm Glazer miterleben. Dieser versuchte zu dieser Zeit, mit Bankkrediten die kompletten Anteile des Klubs zu erwerben, was ManUtd in eine hochverschuldete Situation gebracht hatte, mit mehreren hundert Millionen Euro in der Kreide. Das Interesse am Klub selbst hielt sich aber wohl in Grenzen: Es wird erzählt, dass Glazer zeitlebens nie in Old Trafford zu Gast war.
Auf jeden Fall lehnten viele Fans den Kurs ab, was zur Folge hatte, dass viele aus Protest Schals in den Farben der Lancashire and Yorkshire Railway Company trugen, die auch für die Farbgebung der ersten Tri-

kots von Newton Heath herhielten: gold und grün. So konnten wir auf der Tribüne zahlreiche Fans mit den entsprechenden Schals ausfindig machen. Auch der Fan-Spinoff-Klub „F.C. United of Manchester", mit dem ManUtd-Fans ihren eigenen Klub gründeten, der mittlerweile in der sechsten Liga spielt, hat seinen Ursprung im Protest gegen den Eigentümer Malcolm Glazer.

Die Politik außen vor gelassen, rollte auch der Ball an diesem eiskalten Abend. Gut eingepackt in Schals und dicke Jacken, verfolgten wir die Partie, die in der ersten Hälfte eher zäh ins Rollen kam. In der 27. Minute gingen die Hausherren dann aber verdient in Führung, durch „Chicharito", Javier Hernandez, aka die kleine Erbse. Der zukünftige Leverkusener spielte mit einem ehemaligen Leverkusener, Dimitar Berbatov, im Sturm, und man kann vom Werksklub halten, was man will, aber ordentliche Spieler hatten sie seit jeher im Team. Etwas überraschend gelang Stoke kurz nach der Halbzeit der Ausgleich und es roch kurz nach Sensation, nicht zuletzt weil Robert Huth für Stoke den Laden hinten zusammenhielt. Letzten Endes setzte sich aber doch die Klasse durch und der Portugiese Nani machte in der 62. Minute den Dreier für United klar. Die Stoke-Fans waren am Ende wohl wenig überrascht über die Niederlage, die United Fans nicht komplett aus dem Häuschen, wie auch die Stimmung über die 90 Minuten nicht wirklich brillant war – vielleicht war das den Temperaturen geschuldet, aber wohl auch der Tatsache, dass sich großartige Stimmung eher selten bei den sportlich erfolgreichen Teams einstellt.

Wir machten uns nach dem Match jedenfalls wieder per Metrolink auf Richtung Innenstadt und ab ins Luxushotel. Den TV im Hotelzimmer hatten wir im Handumdrehen zu unserer persönlichen Belustigung geknackt und konnten somit via unseren Mediaplayer den objektiv besten deutschen Film aller Zeiten „Sunshine Reggae auf Ibiza" schauen, ehe das Licht ausging zum wohlverdienten Schönheitsschlaf.

44. Jack Walkers Klub

05.01.2011, Ewood Park, Premier League
Blackburn Rovers – Liverpool FC, 3:1, 25.000 Zuschauer

Der dritte Tag der Tour begann völlig ungewohnt: mit Frühstück im Hotel. Alles noch dank des Ticket-Pakets von ManUtd, und so hauten wir uns mit dem klassisch englischen Bacon, Beans und Sausages die Mägen ordentlich voll, ehe wir den letzten Teil des Packages einlösten und die Stadiontour in Old Trafford machten. Für mich das zweite Mal, für Rolfes die Premiere – jedenfalls ist es immer wieder sehr spannend, hinter die Kulissen blicken zu können. Bevor es dann wieder um eigentlichen Fußball ging, wechselten wir die Unterkunft, zurück in die Holzklasse (Travelodge, what else?), shoppten ausgiebig im Arndale und machten uns auf den Weg zu unserem Ziel des Tages: Blackburn.

Die Stadt liegt gerade einmal gute 30 Kilometer nördlich von Manchester – eine dieser klassischen Industriestädte im Umland, in der die Industrielle Revolution für den Aufschwung sorgte. Besonders die Textilindustrie war hier einst groß. Heute leben ca. 100.000 Menschen in Blackburn, viele davon Immigranten. Wir schenkten uns nach der knappen Stunde Zugfahrt allerdings jegliches Sightseeing und bogen direkt vom Bahnhof in den „Wetherspoon“ ein, nicht zuletzt wegen des Regens: Beer & Burger zum Abendessen, plus ein Pint zum Aufwärmen. Danach ging es die doch rund zwei Kilometer per pedes Richtung Ewood Park.

Der Ground der Rovers ist ein echtes Original und durchaus eine Wiege des englischen Fußballs, wie viele der Spielstätten in der Industrieregion im Nordwesten. Als die Football League 1888 in ihre erste Saison startete, waren die Rovers eines der Gründungsteams. Damals spielte man noch an der Leamington Road, bezog aber 1890 das neue Zuhause. Seitdem rollt der Football-League-Ball ununterbrochen im Ewood Park. Auch in der ersten Premier-League-Saison im Jahre 1992 waren die Blackburn Rovers als Gründungsteam mit von der Partie und somit auch der Ground. Über einen Umweg setzte man sich erst

in den Aufstiegs-Playoffs der Saison 1991/92 als Tabellensechster der zweiten Liga durch, konnte sich in der Folge aber nahtlos als Spitzenteam in der Premier League etablieren.
Höhepunkt war der Meistertitel 1994/95. Der Grund für den Aufstieg lag allen voran im Mäzen Jack Walker begründet, einem Stahlmogul aus Blackburn. Als großer Fan des Klubs unterstützte er die Rovers zunächst beim Umbau des Ewood Park mit seiner Stahlfirma, ehe er 1991 den Klub komplett übernahm und fortan Millionen seines Privatvermögens in die Mannschaft steckte. Bekanntestes Gesicht dieser Zeit dürfte Alan Shearer gewesen sein, der mit sage und schreibe 34 Ligatoren erheblich zur Meisterschaft 1995 beitrug.
Diese war der erste Titel für die Rovers seit knapp 70 Jahren, nachdem der Klub in den Anfangsjahren des Fußballs recht erfolgreich gewesen war. So stehen zwei Meistertitel vor dem Ersten Weltkrieg zu Buche sowie ganze fünf FA-Cup-Erfolge im 19. Jahrhundert, dazu ein weiterer 1928. Dass Blackburn aufgrund von drei FA-Cup-Titeln in Folge als einziger Klub berechtigt sei, sein Logo auf den Eckfahnen zeigen zu dürfen, ist allerdings eine Mär, die sich jedoch recht hartnäckig hält. Was die Fakten angeht, gibt es hierzu seitens der FA keine Regelung. Ungeachtet dessen wurden rund um den Zweiten Weltkrieg die Zeiten für Blackburn schwieriger und man musste sich an die Zweitklassigkeit gewöhnen. Einem kurzen Hoch Ende der 50er-Jahre mit der Rückkehr ins Oberhaus folgte wieder der Absturz, teilweise bis in die dritte Liga, bevor die Rovers eben durch Jack Walker aus dem Dornröschenschlaf erweckt wurden.
Entsprechend groß ist die Dankbarkeit der Rovers-Fans. Jack Walker gilt in Blackburn als Legende, nicht nur wegen seines Engagements bei den Rovers und des Titels 1995, sondern auch aufgrund der generellen Verbundenheit mit der Stadt, die er durch zahlreiche Projekte zeitlebens unterstützte. Dass er selbst aus steuerlichen Gründen auf der Kanalinsel Jersey wohnte, änderte nichts an seinem Verhältnis zu Blackburn. So flog er regelmäßig zu den Heimspielen der Rovers ein. Insgesamt wird Walkers Investition in den Klub auf etwa 100 Millionen Pfund geschätzt – zu Beginn der 90er-Jahre, als Topspieler selten für über 10 Millionen Pfund verkauft wurden, eine hohe Summe, die ihm nicht nur Freunde einbrachte.

Wie so oft zeigten sich die etablierten Klubs und deren Fans wenig begeistert vom Auftauchen eines neuen zahlungskräftigen Konkurrenten. Streng genommen unterscheidet sich das Engagement Walkers wenig von anderen Mäzenprojekten, wie zum Beispiel Hoffenheim und Herrn Hopp, wobei die Rovers zumindest als echter Traditionsverein eine gewisse Legitimation hatten, mit den großen Klubs mitspielen zu dürfen. Mit dem Tod Walkers im Jahr 2000 versiegte der Geldhahn. Walkers Erben verkauften den Klub 2010 an eine indische Firma. Der Klub spielt mittlerweile in der zweiten Liga – so schade wie bezeichnend.
Das Andenken an Jack Walker ist rund um den Ewood Park bestens erhalten, und so kamen Rolfes und ich vom Regen durchnässt auf dem Weg zum Ticket Office direkt an der Jack-Walker-Statue vorbei, um die ringsherum eine kleine Parkanlage mit einer Hecke und einigen Treppenstufen geschaffen wurde. Der Jack Walker aus Metall ragt triumphierend beide Arme in die Höhe, nebst der Inschrift „Rovers Greatest Supporter“. Dass Fans des Lokalrivalen Burnley vor einem Derby der Statue einmal ein Burnley-Trikot samt Schal überstreifen sollten, war wohl zu erwarten, und 2008 war es dann so weit.
Wir holten uns jedenfalls unsere Tickets ab, die wie vereinbart im Ticket Office hinterlegt waren. Diese zu bestellen gestaltete sich recht schwierig. Blackburn wollte wohl vermeiden, dass sich Fans der Gastmannschaft aus Liverpool mit Heimtickets eindeckten, ergo gab es wieder einmal Auflagen für den Erwerb von Tickets, die ich nur durch gutes Zureden im Vorfeld umgehen konnte. In jedem Fall hatten wir Top-Plätze im – wie könnte es anders sein – Jack Walker Stand.
Ewood Park ist der Inbegriff der Post-Taylor-Allseater-Umbauten Anfang der 90er-Jahre: vier baulich getrennte Tribünen, drei davon zweirangig. Neben dem Jack Walker Stand als Haupttribüne steht gegenüber entlang dem River Darwen der Riverside Stand, der nur über einen Rang verfügt und auf dem in rot-weiß-blauen Sitzschalen der Schriftzug ROVERS abgebildet ist. Hinter den Toren stehen jeweils identische Stands, der Stadt zugewandt das Blackburn End, auf der Gegenseite das Darwen End, das auf die gleichnamige Nachbarstadt hinweist. Diese hat selbst einen Platz in der englischen Fußballgeschichte.

Der Darwen FC spielte von 1891 bis 1899 in der Football League und hält mit einem 0:12 gegen West Brom bis heute den Rekord für die höchste Niederlage in der ersten englischen Liga.
Eine solch einseitige Partie erwartete uns an diesem Januarabend nicht. Etwas überraschend kamen die Gäste aus dem etwa 60 Kilometer entfernten Liverpool punktgleich nach Blackburn, wobei das daraus resultierende Tabellenmittelfeld für die „Reds“ eher „Krise“ bedeutete. Entsprechend witterte Blackburn die Chance auf einen Dreier und legte mächtig los, bei wirklich unfassbar starkem Dauerregen. Lohn zur Halbzeit: eine 2:0-Führung. Diese bauten die Rovers Mitte der zweiten Halbzeit noch um ein Tor aus, und erst gegen Spielende schien Liverpool verstanden zu haben, um was es ging. Steven Gerrard erzielte in der 81. Minute das 3:1 und bekam via Foul-Elfmeter fünf Minuten später die Chance auf den Anschlusstreffer. Anlauf, drüber! Damit war das Spiel entschieden – und somit auch das Schicksal von Liverpool-Manager Roy Hodgson, der als unmittelbare Folge der Niederlage seinen Sessel räumen musste.
Wir räumten nach Spielende auch unsere Sessel im Stadion und machten uns auf den Weg zurück Richtung Innenstadt. Immer noch Regen satt und noch ordentlich Zeit, bis der Zug ging. Ergo suchten wir nochmals den Pub auf und holten uns wieder ein Pint zum Aufwärmen, ehe es dann kurz nach elf gen Manchester ins Hotel ging. Der Donnerstag stellte einen reinen Abreisetag dar. Gepflegt vormittags mit dem Zug die drei Stunden von Manchester nach London, dann um kurz vor fünf mit Easyjet von Gatwick nach Wien.
Unterm Strich hatten wir die Winterpause wieder bestens genutzt: drei schöne Ground-Klassiker im Sack, und mit einem Bein schon in der zweiten Hälfte der 92 besuchten Grounds.

45. Magic Roundabout

25.01.2011, County Ground, League One
Swindon Town - Tranmere Rovers, 0:0, 6.900 Zuschauer

Über ein paar Jahre hinweg brachte mich der Job immer Ende Januar nach London, auf die größte Messe der Branche, die sogenannte „ICE". Diese fand bei meinen ersten Besuchen im altehrwürdigen Earls Court statt, später dann im ExCel in den Docklands. Die Messehallen ähnelten eher riesigen Casinos: Spielautomaten und Spieltische, soweit das Auge reichte, dazu Messehostessen satt. Obwohl die Sache immer mit reichlich Arbeit verbunden war, hatten die Besuche auch so ihre Vorzüge, allen voran die Gelegenheit, einen Spielbesuch mitnehmen zu können. Meistens blieb ich dazu innerhalb der Stadtgrenzen und stattete dem Upton oder dem Griffin Park mal wieder einen Besuch ab. In diesem Jahr sollte aber tatsächlich ein neuer Ground dazukommen: Swindon spielte am Dienstagabend zu Hause gegen Tranmere. Ich buchte also vorab die Zugtickets – aufgrund der Anreise während der Pendlerzeit nicht ganz billig, aber in Anbetracht der Tatsache, dass ich mir diesmal ja die Kosten für Hotel und Flug gespart hatte, durchaus vertretbar.

Nach dem Messebesuch ging es dann schnell zurück zum Hotel auf der Kensington High Street, von dort nach Paddington und mit dem Zug das Thames Valley hinauf. Die Zuganbindung von Swindon nach London ist sehr bequem: Die Stadt ist eine ehemalige Eisenbahnerhochburg und ein entsprechender Knotenpunkt, demzufolge dauert die 130 Kilometer lange Fahrt auch nur knappe eineinhalb Stunden. Vor Ort blieb keine Zeit für eine Stadtbegehung, stattdessen legte ich sofort den 10-minütigen Fußmarsch zum Stadion zurück. Erster Anlaufpunkt: das Ticket Office. Zweiter Anlaufpunkt: der Magic Roundabout. Dieses Meisterwerk der Verkehrsplanung befindet sich direkt hinter dem Stadion und ist im Grunde kaum in Worte zu fassen. Ein Kreisel der Superlative, neben einem großen Kreisverkehr, der quasi alles umfasst, befinden sich im Inneren nochmals fünf (!) kleinere Kreisverkehre, in denen entgegen der Fahrtrichtung zum großen Kreisverkehr gefahren wird. So weit alles klar, und scherzhaft wird behauptet, dass der Magic Roundabout die Verkehrsprobleme an der Kreuzung insoweit gelöst hat, als dass er viele Autofahrer gänzlich davon abhält, auch nur in die Nähe des Kreisels zu fahren.

Weniger magisch als im Roundabout geht es hundert Meter weiter im County Ground zu, obwohl der schon so einiges miterlebt hat über die Jahre. Unter anderem wurden auf dem Spielfeld Kriegsgefangene des Zweiten Weltkriegs untergebracht, der Fußballklub erhielt dafür eine Entschädigung von immerhin 5.000 Pfund, heute wohl etwas um die 200.000 Pfund. Was den Fußball angeht, gab es im County Ground auch schon großen Sport. Den größten Erfolg der Vereinsgeschichte errang Swindon zwar im Londoner Wembley Stadium, als man 1969 den League Cup holen konnte, aber auch die Heimstätte kam zu großen Ehren. Eine gute Saison zur richtigen Zeit hatte zur Folge, dass Swindon 1993 in die noch recht junge Premier League aufstieg – wohlgemerkt, um mit 100 Gegentoren umgehend wieder abzusteigen. Dennoch haftet Swindon nicht zuletzt deshalb das Prädikat „großer Klub" an: „Town" ist gut supportet und hat einen ordentlichen Zuschauerschnitt.

Der County Ground ist wie die sportliche Bestmarke ebenfalls Anfang der 90er-Jahre stehen geblieben: ein grundsolides englisches Stadion mit zwei schönen Tribünen an den Seiten, viel Wellblechverkleidung, den üblichen engen Turnstiles und einer unüberdachten Hintertortribüne für die Auswärtsfans. Diese weist eine Besonderheit auf: Neben der kleinen Anzeige befindet sich die Stadionuhr, eine Rolex, allerdings etwas in die Jahre gekommen.

Das Spiel gestaltete sich dann eher als harte Kost. Mit Tranmere war nicht unbedingt der Krachergegner zu Gast, außerdem regnete es unaufhörlich, was den ein oder anderen sicher vom Spielbesuch abhielt. Auswärtsfans waren wegen des Kicks unter der Woche und der Entfernung bis Birkenhead ebenfalls nur eine Handvoll anwesend. Fast schon folgerichtig fielen dann auch keine Tore und die Übung hieß eher „absitzen" als „genießen".

Nach dem Schlusspfiff hatte ich noch etwas Zeit, bis der Zug zurück nach London fuhr. Der Pub gegenüber dem Bahnhof kam gerade

recht, und mit dem Pint Bier vor mir rückte dann auch wieder das „Genießen“ in den Vordergrund. Die Zugfahrt verging recht schnell, von Paddington ging es ab ins Hotel und am Tag drauf wieder Messeaktivitäten.
Dem geschenkten Gaul schaut man bekanntlich nicht ins Maul, und so überwog ganz klar die Freude darüber, auf einem Business-Trip einen neuen Ground gemacht zu haben. Es sollte mir nur noch ein weiteres Mal gelingen …

46. Old Farm Derby

21.04.2011, Portman Road, Championship
Ipswich Town – Norwich City, 1:5, 29.250 Zuschauer

Rolfes und ich waren uns beim Blick auf den Spielplan sofort einig, dass wir auch 2011 wieder für eine Ostertour auf die Insel mussten. Ganze sechs Matches hatten wir auf dem Programm, dabei meinen ersten Abstecher nach Schottland sowie einige lang ersehnte Reiseziele in England. Dass dazu noch einige sehr attraktive Partien auf dem fußballerischen Speiseplan standen, machte die Tour noch besser, und so ging es bereits am Donnerstag voller Vorfreude in Wien Schwechat los. Nach einem Zwischenstopp am Hamburger Flughafen, wo es massig Zeit totzuschlagen galt, erreichte ich Heathrow bzw. nach der zermürbenden Tube-Fahrt Paddington, wo wir für die Nacht im Easyhotel eingecheckt hatten und wo Rolfes bereits auf mich wartete.
Zunächst einmal führte uns der Weg nach Liverpool Street, wo wir uns im Pub vorm Bahnhof mit einem Pint einstimmten, ehe es am späten Nachmittag per Zug nach East Anglia ging. East Anglia ist die Gegend im Osten Englands, die grob wohl am besten mit dem „Buckel", der sich im Osten in die Nordsee erstreckt, beschreiben lässt und die vor allem durch die Grafschaften Norfolk und Suffolk geprägt wird, obwohl im Grunde schon die Ausläufer Londons in das Gebiet fallen. Fußballerisch hat East Anglia so einiges zu bieten, wobei besonders zwei Teams herausstechen: Ipswich Town und Norwich City. Aufeinandertreffen der beiden Klubs werden als East-Anglia-Derby bezeichnet, scherzhaft auch „Old Farm"-Derby, in Anlehnung an das Glasgower Stadtderby und die durchaus ländliche Infrastruktur in Ostengland. Das East-Anglia-Derby gilt als eines der brisantesten Duelle im englischen Fußball, zumindest wenn man verschiedenen Fanumfragen Glauben schenken darf. Umso größer war die Freude darüber, dass wir wirklich bei einem ebendieser Spiele dabei sein konnten: Ipswich empfing an dem Tag Norwich. Um die zu erwartende Kartenproblematik zu umgehen, schlossen wir früh Mitgliedschaften bei Ipswich ab und sicherten uns so das Vorkaufsrecht für die begehrten Tickets.

Mit den Karten in der Tasche erreichten wir nach einer Stunde Fahrzeit Ipswich. Die Portman Road, also das Stadion der „Tractor Boys" – in Anlehnung an den landwirtschaftlichen Charakter der Region – ist bereits vom Bahnhof aus gut zu sehen und nur einen kurzen Fußmarsch entfernt. Der Ground ist eine der ältesten Spielstätten in der Football League. Die ersten Matches fanden hier 1884 statt, allerdings sehr lange keine Profispiele. Erst 1936 ließ Ipswich Town den Amateurstatus hinter sich und schloss sich 1938 der Football League an.

Nach dem Krieg folgten dann einige Aufbaujahre, die von der Ära Alf Ramsey gefolgt wurden. Von 1955 bis 1963 trainierte Ramsey Ipswich Town und krönte diese Zeit mit dem Meistertitel 1962, als Aufsteiger wohlgemerkt. Solch einem Trainer muss man ein Denkmal setzen und entsprechend steht vor der Portman Road folgerichtig eine Bronzestatue des Meistermachers. Während wir sie begutachteten, sprach uns ein Sanitäter an, ob wir denn auch fürs Spiel da wären. Er wäre auch auf dem Weg durch die 92 Grounds und ihm würden nur noch drei fehlen. Auf unsere Frage, ob er denn als Sanitäter beim Spiel im Einsatz wäre, erhielten wir die Erklärung: Sanitäter in Uniform kommen in England ohne Ticket ins Stadion. Sehr gewieft – ich fühlte mich an einige Charaktere der Bayern-Szene erinnert, die mit völlig abstrusen Tricks hier und da gerne einmal 2 Mark 50 einsparten und sich diebisch darüber freuten … Wie dem auch sei, der Sanitäter zog von dannen, wie übrigens auch Alf Ramsey, der die Tractor Boys 1963 verließ, um den Posten des englischen Nationaltrainers zu übernehmen.

Wie die Geschichte weiterging, ist bekannt. England holte 1966 die Weltmeisterschaft im eigenen Land, aus Alf Ramsey wurde durch den Ritterschlag Sir Alf Ramsey. Die sportlichen Erfolge von Ipswich Town hielten sich in der Post-Ramsey-Ära in Grenzen: Zwei Pokale holte man nach East Anglia, den FA Cup 1976 und den UEFA-Cup 1981, für den man wohlgemerkt den 1. FC Köln im Halbfinale ausschalten musste und sowohl an der Portman Road als auch in Müngersdorf mit 1:0 gewann. Nach diesem Erfolg folgten allerdings sportlich schwierigere Jahre: Ipswich stürzte in die zweite Liga ab, schaute sporadisch wieder in der ersten Liga vorbei und ist heute ein recht etabliertes Zweitligateam, ohne größere Ambitionen nach oben.

Wir hatten nach einer kurzen Ortsbegehung der Straßen rund ums Stadion noch reichlich Zeit und entschieden uns für einen Spaziergang durch die Innenstadt. Gar nicht so unattraktiv: viele alte Gebäude, viel Fußgängerzone und ein paar Statuen. Wie so oft in englischen Städten wurde allerdings schon recht früh der Bürgersteig hochgeklappt und es tat sich wirklich nichts mehr, von ein paar Pubs abgesehen, in denen sich Gruppen von Fans einstimmten. Die Idee gefiel uns. Wir machten uns daher auf zurück Richtung Ground und holten uns im stark frequentierten „Rileys" vor Ort noch zwei Pints, die wir auf der Straße genossen, während wir die Szenen rund um die Portman Road verfolgten. Hier war ordentlich Polizei am Start, mit Pferden und Hunden. Auch die ein oder andere Gruppe von Auswärtsfans zog Richtung Stadion vorbei, wobei sich die Stimmung keinesfalls besonders hitzig darstellte. Die meisten Schmähgesänge und Pöbeleien gingen von Kindern aus – alles Lichtjahre davon entfernt zu eskalieren. Wir tranken entsprechend relaxt unser Bier aus und machten uns auf in Richtung unserer Plätze im East Stand.
Dazu mussten wir erst mal eine halbe Stadionrunde drehen. Schon von außen ist der Ground ein echtes Schmuckstück. So richtig stereotyp englisch: mit vier unterschiedlichen Tribünen, einer prägnanten Dachkonstruktion und den Drehkreuzen teilweise direkt an der Straße. Hinter dem East Stand befindet sich ein größeres Areal mit einem Großfeldplatz aus Kunstrasen. Hier begrüßte uns das Wappentier von Ipswich Town, ein riesiges Pferd der Rasse „Suffolk Punch", die vornehmlich für schwere Arbeiten gezüchtet wurde. Die Dinger wiegen dann auch eine knappe Tonne und boten ein entsprechend eindrucksvolles Erscheinungsbild.
Dies galt gleichermaßen für den East Stand. Die größte Tribüne des Grounds wirkt von außen sehr massiv, mit einem voluminösen Dach aus dunklem Wellblech, auf dem in weißen Buchstaben „Ipswich Town FC" zu lesen ist. Im Inneren des Grounds setzte sich der positive Eindruck fort: vier sehr schöne Stands, alle zumindest zweirangig, wobei der East Stand über einen kleinen dritten Rang in der Mitte verfügt, auf dem sich unsere Plätze befanden. In jedem Fall wirkt der Ground als Ganzes sehr stimmig und traditionell, was vor allem damit zu tun

haben dürfte, dass die Portman Road nach dem Taylor-Report das erste englische Stadion war, das 1990 in einen Allseater umgewandelt wurde und somit quasi das älteste Stadion seiner Generation darstellt. Wir hatten Plätze in Höhe des Strafraums Richtung Sir Alf Ramsey Stand, was zur Folge hatte, dass wir beste Sicht auf die Gästefans aus Norwich hatten, die genau gegenüber an der Spielfeldseite untergebracht waren, sowohl im Ober- als auch im Unterrang. Dies sollte sich insoweit als guter Platz herausstellen, als dass ausschließlich die Gästefans etwas zu feiern hatten und daher gut Stimmung machten.
Die „Canaries“ aus Norwich kamen viel besser ins Spiel, erzielten nach einer Viertelstunde den Führungstreffer, ehe sie zehn Minuten später durch ein Eigentor der Gastgeber den Vorsprung auf 2:0 ausbauten. Ab diesem Zeitpunkt war der komplette Gästeblock in Ekstase, was sich noch potenzierte, als die Gäste eine Viertelstunde vor Schluss das 3:0 erzielten. Ipswich gelang zwar kurze Zeit später der Ehrentreffer, das Anrennen der Schlussoffensive nutzte Norwich jedoch, um den Sack mit zwei weiteren Toren zuzumachen.
Ein 5:1-Auswärtserfolg, ein sensationelles Ergebnis, das von den Norwich-Fans frenetisch gefeiert wurde, viele davon mit freiem Oberkörper. Nicht nur hatte man den Erzrivalen im Derby auswärts gedemütigt, vielmehr war der Sieg enorm wichtig für die Aufstiegsambitionen von Norwich und trug letzten Endes erheblich zum Durchmarsch von der dritten in die erste Liga bei. Während die Stimmung auf Gästeseite also prächtig war, hielt sich die Atmosphäre bei den Heimfans aufgrund des Ergebnisses sehr stark in Grenzen. Eine echte Derby-Stimmung kam deshalb nicht so recht auf. Schade, aber das tolle Spiel entschädigte dafür mehr als genug.
Nach der Partie gab es für die Gästefans eine Blocksperre. Wir hatten auch noch etwas Zeit, bis unser gebuchter Zug nach London ging, verbrachten diese aber nur am Bahnhof, wo dann ein Tross an Gästefans nach dem anderen in Züge Richtung Norwich verladen wurde. Passenderweise hing im Bahnhof bereits bei unserer Ankunft ein Schild der British Transport Police mit der Ankündigung, dass nach dem Spiel betrunkenen Personen die Rückreise verwehrt werden könnte. Ob dies dann wirklich kontrolliert wurde, sei einmal dahingestellt –

wahrscheinlich waren alle Beteiligten froh, die Gästefans möglichst schnell aus der Stadt zu befördern. Dass diese ohnehin nicht länger als nötig bleiben wollten, taten sie durch inbrünstige „I wanna go home, I wanna go home, Ipswich's a shithole, I wanna go home!"-Gesänge lautstark kund.

Für uns waren der Rest des Abends und die Abreise entspannt. Wir legten die Zugstunde nach Liverpool Street bequem zurück, nahmen die Tube bis Paddington und hauten uns in unserem Mini-Zimmer in die Federn, sehr zufrieden ob des sensationellen Tourauftakts, meiner persönlichen „Halbzeit", was die 92 Grounds anging, und voller Vorfreude auf den anstehenden Zwei-Spiele-Karfreitag.

47. Feiertagsstress

22.04.2011, Ricoh Arena, Championship
Coventry City – Scunthorpe United, 1:1, 16.750 Zuschauer

Unser Karfreitag mit vollgepacktem Fußballprogramm startete in London, an der Victoria Coach Station, von wo aus der Megabus Richtung Midlands aufbrach. Ziel war Coventry – durchaus ein Name im englischen Fußball, spielte Coventry City doch zwischen 1967 und 2001 permanent in der ersten Liga. Dies, zusammen mit der Tatsache, dass Coventry zu den zehn größten Städten in England gehört und wir daher eine weitere attraktive Destination auf unserer Sightseeing-Liste abhaken konnten, erhöhte die Vorfreude auf den Tag und das Match.
Die Anreise gestaltete sich allerdings recht schwierig. Die Autobahn Richtung Norden war sehr voll, wohl aufgrund des Feiertags (in England wohlgemerkt, ich durfte mir wieder einen meiner normalen Ösi-Urlaubstage nehmen …). Dazu kamen einige Baustellen, und schon standen wir mehr, als dass wir fuhren. Wir hatten eigentlich einen ganz guten zeitlichen Puffer, allerdings konnte man ihm beim Schmelzen förmlich zuschauen. Wir wurden zunehmend nervös, zumal die Megabus-Station in Coventry sich näher am Campus der Universität Warwick als am Zentrum befindet und man erst mal einen Stadtbus nehmen muss, um in die Innenstadt zu kommen. Und selbst von dort ist der Ground, die Ricoh Arena, weit entfernt. Sie liegt am Stadtrand, drei Meilen Distanz zum Zentrum, und auch hier muss wieder der Bus herhalten.
Wie erwartet, wurde es zeitlich eine sehr knappe Geschichte. Wir erwischten zwar recht schnell nach der Ankunft des Megabus einen Bus Richtung Zentrum. Dort hatten wir aber keine wirklich gute Übersicht über die Haltestellen und wussten nicht, wo wir am geschicktesten aussteigen sollten, um zur – wie könnte es anders sein – Travelodge am Hauptplatz zu kommen, wo wir in jedem Fall noch unser Gepäck vorm Spiel loswerden wollten.
Glücklicherweise hielt der Bus dann mehr oder weniger direkt vorm Hotel, vor der Lady-Godiva-Statue, einem Wahrzeichen der Stadt. Bei

der Lady handelt es sich um die Gemahlin eines englischen Grafen im 11. Jahrhundert, unter dessen hohen Steuersätzen die Bevölkerung dermaßen litt, dass Lady Godiva ihn nachhaltig um eine Senkung bat. Er erwiderte, dass er erst die Steuern senken würde, wenn die Dame nackt durch die Stadt reiten würde. Also setzte sich Lady Godiva kurzerhand entkleidet aufs Pferd. Die Legende ist bis heute überliefert und die Lady ist als nackte Dame auf dem Pferd als Statue verewigt. Den meisten dürfte „Lady Godiva" aber eher aus dem Queen-Song „Don't Stop Me Now" ein Begriff sein, der für uns umgehend Programm wurde: Nachdem wir schnell unser Gepäck deponiert hatten, ging es direkt weiter zum nahen Busbahnhof, wo bereits der Shuttle zur Ricoh Arena wartete. Es war wohl der letzte vor dem Match, wir hatten also Glück.

Die Busfahrt dauerte gefühlt ewig – wie das so ist, wenn die Minuten bis zum Anpfiff schwinden. Bis 2005 wäre alles leichter gewesen. Bis dahin spielte City an der Highfield Road nahe dem Zentrum, einem urenglischen Ground, der immerhin 106 Jahre die Heimat der „Sky Blues" war. 2005 übersiedelte man in die brandneue Ricoh Arena, die nicht nur Fußballstadion ist, sondern an die sich auch eine Arena bzw. Messehalle anschließt. Der Name Ricoh geht auf den Sponsor zurück, den gleichnamigen Druckerhersteller – leider eine weitere Blüte des modernen Fußballs. Anfangs gab es für die Ricoh Arena viel größere Pläne. Die aktuelle Kapazität von 32.000 Zuschauern ist im Grunde nur die abgespeckte Version, nachdem ursprünglich mit der WM 2006 in England gerechnet worden war und eine Arena für 45.000 Zuschauer Austragungsstätte der Partien in Coventry hätte sein sollten. Bekanntlich ging die WM 2006 völlig sauber nach Deutschland statt nach England, und aus dem finanzstarken Mieter aus der Premier League wurde zunächst ein Zweitligist, später dann ein Drittligist, der sich die Miete nicht mehr leisten konnte. Das Ganze endete in Diskussionen und fruchtlosen Verhandlungen, die dazu führten, dass Coventry City eine Zeit lang die Heimspiele im 50 Kilometer entfernten Sixfields Stadium von Northampton Town austrug. Glücklicherweise wurde man sich später wieder einig und Coventry spielt mittlerweile wieder in der eigenen Stadt.

Die letzten Meter mit dem Bus waren die perfidesten, da man quasi schon direkt in Stadionnähe war, der Bus dann aber wegen der Schnellstraße vorm Stadion noch mal eine riesige Schleife fahren musste. Endlich am Ziel, mussten wir zunächst zu allem Überfluss eine halbe Runde ums Stadion zum Ticket-Schalter drehen, um unsere Karten abzuholen, und gleich wieder eine halbe Stadionrunde zurück, um zu unseren Plätzen zu kommen. Schlussendlich erklommen wir gerade die letzten Stufen Richtung Block, als das Spiel angepfiffen wurde.
Herrliches Gefühl! Wir hatten Plätze an der Längsseite, wobei durch die kompakte einrangige Bauweise die Sicht im Grunde von überall ganz ordentlich sein dürfte. In jedem Fall hatten wir einen guten Blick auf den Gästeblock, der recht akzeptabel gefüllt war, sowie auf den wie so oft in England benachbarten Block mit den stimmungsorientierten Heimfans. Diese machten sich einen Spaß daraus, den Fan mit den langen Haaren unfreiwillig zum Vorsänger zu machen: „Jesus, sing us a song, Jesus, Jesus, sing us a song!“ Im Grunde konnten es die Coventry-Fans auch mit Humor angehen lassen: Die Saison war für die „Sky Blues“ quasi gelaufen, mit einem gesicherten Platz im unteren Mittelfeld. Die Gäste aus Scunthorpe brauchten hingegen jeden Punkt. Sie gingen entsprechend engagiert zur Sache, kassierten aber schon nach fünf Minuten das 1:0. Der Ausgleich gelang zwar noch vor der Pause, mehr kam aber dabei nicht rum: Am Ende der Partie stand es 1:1 – und am Ende der Saison der Abstieg für Scunthorpe.
Für uns war nach der Partie vor der Partie. Der erste Shuttlebus nach Spielende war unserer. Am Busbahnhof angekommen, mussten wir den Weg zum Zugbahnhof zu Fuß zurücklegen. Dieser führte uns an der Kathedrale vorbei bzw. an den beiden Kathedralen. Von der Kathedrale aus dem 14. Jahrhundert stehen nur noch ein paar Mauern und Teile des Turms, als Erinnerung an die Bombardierung der Stadt durch die deutsche Luftwaffe im Zweiten Weltkrieg. Coventry als Industriezentrum wurde mehrmals Ziel der deutschen Bomber, die ganz erhebliche Zerstörungen nicht nur an den Industrieanlagen, sondern auch an zivilen Objekten hinterließen. Flapsig wurde vom Propagandaminister Joseph Göbbels vom „Coventrieren“ von Städten gesprochen, wenn diese mit Bomben überzogen werden sollten. Nach dem Krieg

wurde die Ruine der Kathedrale belassen, in das Areal allerdings ein Neubau integriert, sodass sich, ähnlich wie bei der Kaiser-Wilhelm-Gedächtniskirche auf dem Berliner Ku'damm, ein Zusammenspiel aus Denkmal und modernem Kirchengebäude ergibt.
Um sich das alles in Ruhe anzuschauen, blieb leider keine Zeit – wir mussten weiter, um den Zug zu erwischen. Um kurz nach sechs saßen wir wie geplant im Abteil, Richtung zweiter Stopp am Fußballkarfreitag: Northampton.

48. Big city lights don't bother me

22.04.2011, Sixfields Stadium, League Two
Northampton Town – Rotherham United, 2:2, 5.100 Zuschauer

Eine knappe halbe Stunde nach der Abfahrt in Coventry erreichten Rolfes und ich Northampton. Bis zum Anpfiff der Abendpartie Northampton Town gegen Rotherham United hatten wir noch eine gute Stunde Zeit und nutzten diese für einen entspannten Spaziergang zum Sixfields Stadium. Das Osterwetter präsentierte sich ganz hervorragend: T-Shirt-Wetter, was die Sache sehr angenehm machte. Der Ground liegt vom Bahnhof aus in der entgegengesetzen Richtung der Innenstadt, also gab es kein Sightseeing. Während der Marktplatz der alten Handelsstadt mit seinen Pflastersteinen wohl sehenswert sein soll, dürften wir ansonsten wenig Interessantes verpasst haben. Die zweite „Sehenswürdigkeit" Northamptons konnten wir dafür mehr oder weniger entlang des ganzen Fußmarsches bewundern: den Express Lift Tower. Der freistehende Turm erinnert an einen Fabrikschlot, in dem aber kein Rauch aufsteigt, sondern Aufzüge, und zwar zu Testzwecken. Genauer gesagt stiegen hier früher Aufzüge auf – 1997 wurde der Betrieb eingestellt. Der 127 Meter hohe Turm blieb allerdings weiterhin als Wahrzeichen erhalten.

Nach einer Viertelstunde erreichten wir den Ground, der sich am Stadtrand befindet, angrenzend an ein größeres Parkareal mit einigen Teichen und Seen. Bereits von außen ist klar, dass es sich hierbei nicht um eine der großen Arenen Europas handelt. Etwa 8.000 Plätze gibt das Stadion nur her – für Northampton Town allerdings ausreichend. Die „Cobblers", wie der Klub aufgrund der Northamptoner Schuhindustrie auch heißt, haben nie wirklich große sportliche Erfolge feiern können, mit Ausnahme einer Saison in der höchsten Spielklasse, und das vor immerhin 50 Jahren (1965/66). Hier gelang Northampton das Kunststück, von der untersten Profiliga innerhalb von neun Jahren in die erste Liga vorzudringen und wieder zurück ins Unterhaus abzusteigen.

Die Heimat des Klubs war zu dieser Zeit noch der County Ground, in dem die „Cobblers“ seit ihrer Gründung 1897 spielten. 1994, also nach fast 100 Jahren, zog man ins Sixfields Stadium um. Der Name, der sich tendenziell eher anhört wie der eines amerikanischen Freizeitparks, leitet sich von dem Namen des Stadtteils ab – zur Abwechslung mal kein Sponsorenname.
Wir holten am Container vor dem Ground, der als Ticket Office fungiert, unsere vorbestellten Karten ab und erkundeten noch etwas die Gegend rund um den Ground. Auf einem Parkplatz in der Nähe fand gerade ein Volksfest statt. Das schenkten wir uns, kletterten aber trotzdem auf die kleine Anhöhe davor, um ein paar Bilder von Sixfields „von oben“ zu machen. Dann wurde es Zeit, unsere Plätze aufzusuchen, wohlgemerkt im Familienblock.
Vor uns ließ sich kurz nach unserer Ankunft eine Gruppe von fünf Männern nieder, die mehr als offensichtlich deutsche Hopper waren. Die Konstellation Coventry am Nachmittag und Northampton am Abend war wohl einfach zu verlockend, als dass man sie auslassen konnte, und es gab sicher noch einige andere, die den Weg von Coventry nach Northampton auf sich genommen hatten. In der Saison 2013/14 hatten die Coventry-Fans diese Freude bei jedem Heimspiel, als der Klub im Sixfields vorübergehend Asyl fand. Streng nach Vorschrift hätte man für eine Aufnahme in den „92 Club“ zu dieser Zeit ein Heimspiel von Coventry in Northampton sehen müssen, selbst wenn man Northampton schon daheim gesehen hatte. Hohe Standards, die Herren vom Klub …
Mit einem League-Two-Match auf dem Programm hatten wir keine allzu hohen Erwartungen, was das Sportliche anging, dennoch wurden wir Zeuge eines packenden Matches. Die Gäste aus Rotherham schienen mit ihrem zweiten Treffer mit dem Pausenpfiff bereits den Deckel draufgemacht zu haben. In der zweiten Hälfte kamen die Hausherren erst in der 70. Minute zum Anschlusstreffer, bevor in der 90. Minute als Sahnehäubchen noch der Ausgleich fiel. Folge: Platzsturm! Sicher, im Grunde hat dies jeder schon einmal miterlebt, aber bei dieser Pitch Invasion gab es das Novum, dass ungelogen ein Rollstuhlfahrer mit aufs Spielfeld „stürmte“. Wir reden hier aber nicht von einem agi-

len Rollifahrer, der massiv austrainierte Oberarme hat und mit seinem Rollstuhl mal eben schnell hin und her manövriert. Vielmehr handelte es sich um einen komplett elektrisch betriebenen Rollstuhl, mit dem es der Herr bis auf die Mitte des Platzes schaffte. Als alle anderen Fans bereits wieder in den Stands waren, musste er – im Schneckentempo – ebenfalls wieder runter vom Spielfeld, was eine gefühlte Minute dauerte und den Wiederanstoß entsprechend verzögerte, unter dem Jubel der Heimfans, versteht sich!

Diese waren in der Folge ohnehin bestens gelaunt und gaben neben dem obligatorischen „We are staying up" auch die Northampton-Hymne „Big city lights don't bother me, Northampton Town I'm proud to be" zum Besten, die im Grunde wie kein anderer Gesang die nationale Bedeutungslosigkeit des Klubs und der Stadt auf der einen Seite zum Ausdruck bringt, auf der anderen Seite die Loyalität der Fans unterstreicht. Ein schönes Motto für einen kleinen Provinzklub.

Wir wählten für den Rückweg zum Bahnhof eine andere Route, die uns nicht nur am bereits geschlossenen Volksfest vorbeiführte, sondern auch an den Franklin's Gardens. Es ist das größte Stadion der Stadt – immerhin hat es doppelt so viel Kapazität wie Sixfields –, in dem der Ball aber nicht rund, sondern eiförmig ist: Hier ist das Rugby Team, die Northampton Saints, zu Hause.

Vor dem Bahnhof fanden wir noch eine Tanke, holten uns einen Viererpack Carling für die Rückfahrt und erreichten kurz vor elf Coventry. Wir sagten Lady Godiva „Gute Nacht" und hauten uns in die Travelodge-Betten.

49. Die Hauptstadt der Seebäder

23.04.2011, Bloomfield Road, Premier League
Blackpool – Newcastle United, 1:1, 16.000 Zuschauer

Ostersamstag, und es galt das Motto: „Wir haben ja nix zu verschenken!“ Unser Ziel für den Tag war Blackpool, das Seaside Resort im Nordwesten Englands, an der irischen See gelegen. Wir hätten einfach in Coventry in den Zug steigen, in Preston den Zug wechseln und keine drei Stunden später gemütlich Blackpool erreichen können – aber das war zu einfach und die Preise fürs Zugticket zu teuer. Stattdessen klingelte der Wecker in aller Frühe, damit wir den 6:45-Uhr-Zug von Coventry nach Birmingham erwischten. Von dort sattelten wir auf den Megabus nach Manchester um, von wo aus wiederum der Zug nach Blackpool ging.
Der Zug war dann auch pickepackevoll. Wohl aufgrund des langen Wochenendes hatten sich viele für einen Ausflug ans Meer entschlossen – wie zu Blackpools besten Zeiten, als vornehmlich die Fabrikarbeiter aus dem Industrieraum rund um Manchester am Wochenende ihren Lohn in den Ausflugsort trugen. Um kurz nach zwölf, also nach mehr als fünf Stunden Reisezeit, erreichten wir Blackpool North, voller Vorfreude auf den Besuch. Die Stadt sagte uns bis vor wenigen Jahren im Grunde überhaupt nichts, und auch fußballerisch spielte das Konzert der Großen lange woanders. Durch einen fast märchenhaften Aufstieg, der Anfang der 2000er-Jahre in der vierten Liga begann, hatten wir bei unserem Besuch erfreulicherweise Premier-League-Fußball auf dem Programm.
Vor dem Fußball stand aber zunächst einmal die Stadtbegehung, die im Vergleich zu den meisten anderen englischen Städten diesmal ebenfalls ein Highlight werden sollte. Ich kannte das Konzept der Seaside Resorts bereits aus Brighton bzw. aus einem Cornwall-Urlaub mit der Familie vor vielen Jahren. Blackpool kann aber getrost als Inbegriff der englischen Seaside Resorts bezeichnet werden. Die Stadt, vor allem die Strandpromenade gleicht eher einem Freizeitpark als einer Küstenstadt: überall Spielhallen mit den klassischen „Penny Falls“-

Automaten, dazu drei lange Stege, auf denen sich ebenfalls nochmals Spielhallen, Süßigkeitenstände und Fahrgeschäfte befinden. Am südlichen Ende der Promenade gibt es dann noch einen echten Freizeitpark, den Pleasure Beach, mit zahlreichen Achterbahnen und Karussells, der aber Eintritt kostet.
Über alldem thront das Wahrzeichen Blackpools, der Blackpool Tower. Er ist im Grunde eine Art kleiner Eiffelturm – wobei klein hier relativ ist: Als der Turm 1894 eröffnet wurde, handelte es sich mit 158 Metern Höhe um das höchste Bauwerk in Großbritannien. In jedem Fall prägt die Stahlkonstruktion des Turms das Stadtbild, besonders vom Strand und den Piers aus betrachtet. Dass das denkmalgeschützte Bauwerk heute noch steht, könnte einem Kuriosum zu verdanken sein. Obwohl in der Stadt während des Zweiten Weltkriegs Bomber gebaut wurden, blieb sie von der Luftwaffe weitestgehend verschont. Der Legende nach soll „der Führer" Adolf Hitler höchstpersönlich angeordnet haben, Blackpool bzw. explizit die Piers und den Tower nicht zu bombardieren, da er nach der erfolgreichen Invasion seine Truppen gerne zum Ausspannen in das Seaside Resort schicken wollte. Der Plan ging bekanntlich nicht ganz auf, dafür blieben die historischen Gebäude verschont.
Seitdem kamen viele Millionen Besucher in deren Genuss. Die jährliche Besucherzahl schwankte über die Jahrzehnte, seit dem Zweiten Weltkrieg stömten aber immerhin mindestens 10 Millionen Besucher pro Jahr nach Blackpool, in manchen Jahren fast doppelt so viele. Dabei sind die Besucher selbst ebenfalls eine Sehenswürdigkeit: Blackpool scheint mehr oder weniger die Junggesell*innenabschiedshauptstadt im Nordwesten zu sein. In der gesamten Innenstadt trafen wir eindeutig gekleidete Gruppen, die einen als Malstiftset, die anderen als Pfadfinder, alle fleißig mit dem Konsumieren alkoholischer Getränke beschäftigt. So soll es sein.
Nach Beer & Burger in einem Pub an der Strandpromenade spazierten wir gemütlich an der Küste entlang Richtung Ground, der Bloomfield Road. Das Stadion befindet sich gute zehn Minuten Fußmarsch südlich des Blackpool Tower, nur ein paar hundert Meter vom Strand entfernt. Seit 1901 ist Blackpool hier zu Hause, nachdem der Klub mit

den Vorgängerhausherren South Shore fusionierte. Bis dahin hatte sich in der Vereinsgeschichte schon einiges getan. Nach der Gründung 1887 schloss man sich relativ früh, nämlich 1896, der Football League an, aus der man 1899 jedoch wieder herausgewählt wurde. Bereits ein Jahr später erfolgte allerdings die erneute Aufnahme in die Liga, an der Blackpool fortan mit wechselndem sportlichen Erfolg teilnahm.
Kurz vor dem Zweiten Weltkrieg begannen Blackpools goldene Zeiten. Man etablierte sich in der ersten Liga und konnte sich nach dem Krieg hochkarätige Spieler leisten. So wechselte kein Geringerer als Sir Stanley Matthews 1947 in das Seaside Resort und schnürte in seiner Karriere für keinen anderen Klub öfters die Kickschuhe als für den Blackpool FC. Den Höhepunkt der Ära Matthews stellt der Triumph im FA Cup 1953 dar. In einem legendären Finale vor 100.000 Zuschauern im Wembley Stadium, das aufgrund der Leistung des damals bereits 38-jährigen Matthews rückblickend den Titel „Matthews-Final" bekam, holte Blackpool nach einem 3:1-Rückstand auf und siegte mit 4:3. Den Ausgleich erzielte Stan Mortensen erst in der 89. Minute, sein drittes Tor in der Partie, ehe Bill Perry in der zweiten Minute der Nachspielzeit der Siegtreffer gelang.
Matthews spielte bis 1961 für Blackpool, danach begann der sportliche Niedergang. Ende der 60er-Jahre musste der Klub nach über 30 Jahren aus der ersten Liga absteigen und stürzte Ende der 70er-Jahre bis in die vierte Liga ab. Fortan pendelte man zwischen dritter und vierter Liga, ehe Ende der 2000er-Jahre wieder ein Höhenflug folgte, der Blackpool in einem kometenhaften Aufstieg bis auf die große Bühne der Premier League brachte.
Wir hatten also das Glück, die „Seasiders" (wie Blackpool aus naheliegenden Gründen auch heißt) auf einem sportlichen Höhepunkt zu besuchen. Trotzdem war es nicht weiter schwierig, an Karten zu kommen, und die vorbestellten Tickets lagen zur Abholung bereit. Direkt am Ticket Office fanden wir eine Gedenktafel für Kevin Olsson, einen Blackpool-Supporter, der 1974 im Alter von 17 Jahren hinter der Home Terrace von einem Bolton-Anhänger erstochen wurde. Bis heute verbindet die beiden Klubs eine intensive Rivalität, ähnliche Vorkommnisse gab es aber seitdem nie wieder an der Bloomfield Road.

Da wir noch etwas Zeit bis zum Anpfiff hatten, drehten wir eine Runde um den Ground. Er liegt mitten in einem Wohngebiet, wobei aufgrund der Lage nahe dem Strand hier auch recht viele Hotels und Ferienwohnungen zu finden sind. Nach und nach fanden sich auch die Gästefans ein – für die Auswärtsfans ist Blackpool sicher ein sehr attraktives Ziel. Unter den Newcastle-Supportern fand sich auch ein sehr schönes Exemplar: ein Herr im Borat-typischen „Mankini". In der Tat hatten wir den Typen in diesem Outfit schon in dem ein oder anderen Artikel im Internet gesehen. Umso „schöner" live – im Sinne des Erlebnisses wohlgemerkt, nicht im Sinne des Anblicks!
Unsere Plätze befanden sich im East Stand, der wegen des kürzlich erreichten Premier-League-Status als Behelfstribüne mehr oder weniger kurzfristig aus dem Boden gestampft wurde und die Kapazität auf immerhin 16.000 Zuschauer erhöhte. Die drei anderen Tribünen wirkten hingegen sehr stimmig und durchaus der Premier League angemessen: einrangig, kein riesiger Rang, eher überschaubar, dafür schön die Ecken geschlossen und komplett überdacht. Dazu prägnant orangefarbene Sitzschalen – die Klubfarbe, die tatsächlich an die Trikots der holländischen Elftal angelehnt ist. Die Trikotfarbe brachte Blackpool einen weiteren Spitznamen ein: die „Tangerines", also die „Mandarinen".
Ob Obst oder Vogel sportlich die Oberhand behalten sollte, entschied sich auf dem Rasen. Die „Elstern" aus Newcastle erwischten den besseren Start und gingen durch Ex-Schalker Lövenkrands nach einer Viertelstunde in Führung, was die Hausherren jedoch nach weiteren 15 Minuten ausgleichen konnten. Endstand 1:1 – wobei man sagen muss, dass aufgrund des Spielverlaufs ein Punkt für Blackpool zu wenig war. Man war als absoluter Underdog in die Premier-League-Saison gegangen, und Manager Ian Holloway merkte an, dass es das größte Fußballwunder aller Zeiten wäre, wenn Blackpool die Klasse halten sollte.
Wie so oft bei Überraschungsaufsteigern folgte einem fulminanten Saisonauftakt, der Blackpool lange in der oberen Tabellenhälfte hielt, ein stetiges Abrutschen Richtung Tabellenkeller, und tragischerweise fehlte am Ende gerade mal ein Punkt auf die Nichtabstiegsplätze. Seitdem ging es steil bergab mit den „Seasiders". Die schon immer unge-

liebte Klubbesitzer-Familie Oyston zog hauptsächlich Geld aus dem Klub, tätigte kaum Investitionen, und so purzelte Blackpool nicht nur aus der Premier League, sondern gleich weiter nach unten in der Ligenhierachie.
Drei Stunden hatten wir zwischen Abpfiff und Abfahrt zu überbrücken, aber wo ginge das besser als in Blackpool? Wir spazierten zunächst gemütlich an der Promenade entlang zurück Richtung Innenstadt, wo wir standesgemäß Fish and Chips aufs Abendessenprogramm setzten. Es gab ein paar Optionen, und wir entschieden uns für ein Restaurant – bzw. dessen Take-away-Bereich –, das mit den „Best Fish and Chips" warb und den Namen „Harry Ramsden" trug. Der Fisch und die Pommes waren dann auch ganz OK, und wir redeten uns natürlich ein, dass es wahrscheinlich wirklich die besten Fish and Chips in Blackpool wären. Später klärten mich einige englische Kollegen auf, dass es sich dabei um eine schnöde Kette handelte und „Harry Ramsden" Restaurants von Nord- bis Südengland betreibt. Wahrscheinlich hatte der Fisch auch noch nicht einmal ansatzweise das Gewässer rund um Blackpool gesehen …
Nun ja, wie dem auch sei, wir verbrachten die restliche Zeit auf dem North Pier. Wir steckten ein Pfund in 2-Pence-Stücken in verschiedene Penny-Falls-Maschinen und ich erteilte Rolfes eine Lektion im Airhockey. Danach organisierten wir uns in einem Laden, der passenderweise „News and Booze" hieß, unser Bier für den Zug und steuerten via Manchester die Endstation Sheffield an.
Die Bleibe für die nächsten beiden Nächte: unser good old Ibis Sheffield City. Beim Einchecken lösten wir an der Rezeption größere Verwirrung aus, da wir scheinbar die Einzigen waren, die sich an dem Wochenende im Hotel einquartierten und nicht zur Snooker-WM in Sheffield wollten. Wir hatten allerdings nicht die geringste Ahnung, dass die WM an diesen Tagen überhaupt in Sheffield stattfand, geschweige denn hätten wir ohne Regelkenntnis irgendetwas damit anfangen können. Für uns reichte ein rundes Spielgerät pro Partie völlig aus. Entsprechend stand für den Ostersonntag wieder Fußball an – davor wartete allerdings eine geruhsame Nacht auf uns.

50. Ein neuer Favorit

25.04.2011, Ashton Gate, Championship
Bristol City – Nottingham Forest, 2:3, 14.800 Zuschauer

Am Ostersonntag waren die Optionen überschaubar, was Fußballspiele auf der Insel anging. Bolton spielte daheim. Das riss uns allerdings nicht wirklich vom Hocker, und so wagten wir einen kleinen Abstecher nach Schottland, zu Hibernian Edinburgh, die – wie könnte es besser passen – an der Easter Road St. Mirren empfingen. Meine Schottland-Premiere: recht easy einen Länderpunkt gemacht, Edinburgh angeschaut – durch und durch also ein netter Tagesausflug.
Am Ostermontag standen dann wieder England und die 92-Grounds-Mission im Vordergrund, mit dem 50. Stadion sogar ein Jubiläums-Ground. Die Vorfreude resultierte allerdings eher daher, dass wir mit Bristol einen der verbliebenen weißen Flecken auf unserer persönlichen Englandkarte erschließen konnten. Mit einer knappen halben Million Einwohnern war Bristol sozusagen die Hauptstadt des Südwestens des Landes. Entsprechend hatten wir von Yorkshire aus auch ein paar Meilen zu fressen und bestiegen den Megabus daher bereits um kurz vor neun.
Viereinhalb Stunden später erreichten wir Bristol und waren, wohl auch aufgrund unserer neutralen Erwartungshaltung, sehr angenehm überrascht. Der Bus Stop befand sich direkt ums Eck des zentralen Platzes in der Innenstadt, des Broad Quay, der, wie der Name bereits sagt, zu den Hafenanlagen führt. Tatsächlich war Bristol ehemals eine bedeutende Seefahrerstadt. Der Zugang zum Meer erfolgt über den River Avon, über den man Bristol von der Mündung aus nach etwa 15 Kilometern erreicht. Der Hafen stellte makabererweise über viele Jahre einen Hauptumschlagplatz für Sklaven dar, bis weit ins 18. Jahrhundert hinein. Darüber hinaus wurden aber auch normale Waren und Fracht umgeschlagen. Zeitweise war der Bristol Harbour Englands zweitgrößter Hafen nach London.
Mit zunehmender Größe der Schiffe wurde die Innenstadtlage des Hafens aber immer unattraktiver. Letzten Endes wurde sämtlicher in-

dustrieller Schiffsverkehr hin zur Mündung verlagert und der Hafen im Zentrum der Stadt von Grund auf umgestaltet. Viele der Docks blieben erhalten, allerdings befinden sich heute moderne Wohnkomplexe, Museen, Bars und Kneipen direkt am Wasser, was der Innenstadt einen trendigen, modernen Charakter verleiht. Trotz dieser Modernisierungen hat sich Bristol allerdings auch einen gewissen historischen Charakter bewahrt. Im Castle Park findet sich die Ruine der mittelalterlichen Burg wieder, der Queen's Square ist eine Parkanlage im georgianischen Stil des 18. Jahrhunderts, und die Bristol Cathedral ist eine typisch englische Kathedrale aus dem 12. Jahrhundert. Dazu lockern etliche Fachwerkhäuser im Zentrum die recht tristen Betonbauten auf.

Rolfes und ich genossen jedenfalls den Tag, nicht zuletzt aufgrund des fantastischen Osterwetters. Die Sonne schien und die Temperaturen kletterten eifrig. Daher entschlossen wir uns, den Weg zum Ashton Gate, dem Ground von Bristol City, zu Fuß zurückzulegen. Dieser führte uns über die gesamte Länge an Spike Island entlang, einer durch die Hafenanlagen und Schleusen entstandenen Insel im River Avon, die stark durch den Hafen geprägt ist. Der Weg verlief lange direkt an den Docks, vorbei an zahlreichen alten Booten und Schiffen, sehr sehenswert. Dazu ein herrlicher Blick auf die bunten Häuser auf der Anhöhe hinter der Kaimauer auf der gegenüberliegenden Seite.

Gekrönt wurde das Ganze durch eine passierende Dampflok der Bristol Harbour Railway, die historische Bahn, die ursprünglich die Innenstadt mit den Hafenanlagen verband. Sie wird heute noch von verschiedenen Museen erhalten und ab und an in Betrieb gesetzt. Endstation der Bahn ist das B Bond Warehouse, ein Lagerhaus aus dem frühen 20. Jahrhundert, in dem Tabak gelagert wurde und das mit dem prägnanten roten Backsteinbau einen schönen Abschluss von Spike Island bildet.

Der Weg zum Stadion führte mit einer Eisenträgerbrücke über den River Avon von der Insel, wobei sich die bekannteste Brücke der Stadt, die Clifton Supension Bridge, zu unserer Rechten erhob, etwa einen Kilometer flussabwärts. „Erhob" im wahrsten Sinne des Wortes: Die historische Hängebrücke aus dem Jahr 1864 verbindet zwei Anhöhen

auf gegenüberliegenden Flussufern und thront daher förmlich über dem Flusstal und der Stadt.
Im Stadtteil Ashton Gate, nach dem der Ground von Bristol City benannt ist, angekommen, mussten wir noch durch einen netten Park, der aufgrund des Feiertags und des Wetters stark frequentiert war. Direkt hinter dem Park zeichnete sich bereits die Stadionsilhouette ab. Der Ground gehörte ursprünglich einem Klub names Bedminster FC, der 1900 mit City fusionierte, sodass Letztere Ashton Gate quasi erbten. Die ersten Jahre verblieb man allerdings noch im eigenen Stadion, dem St. John's Ground, etwa eineinhalb Kilometer östlich von Ashton Gate, ehe man 1904 nach Ashton Gate umzog.
Zu dieser Zeit hatte sich Bristol City bereits im englischen Profifußball etabliert. 1901 wurde man als drittes Team überhaupt aus Südengland in die Liga aufgenommen. Kurze Zeit später gelang der Aufstieg in die erste Liga. Noch vor dem Ersten Weltkrieg folgte allerdings wieder der Abstieg ins Unterhaus, und ein Jahr nach der Gründung der dritten Liga fand sich City in ebendieser untersten Spielklasse wieder, zusammen mit Lokalrivale Bristol Rovers. Fortan pendelte man zwischen zweiter und dritter Liga, ehe man in den Siebzigern endlich die lang ersehnte Rückkehr in die höchste Spielklasse feiern konnte. Einige Jahre währte das sportliche Hoch, dem allerdings ein beispielloses Tief folgte: drei Abstiege in drei Jahren, am Ende die Insolvenz und eine Neugründung. Der Klub fing sich aber wieder, konnte sich regenerieren und pendelt seitdem zwischen Liga zwei und drei.
Wie so oft bewahrte auch hier der fehlende sportliche Erfolg einen traditionellen Ground. Ashton Gate roch, zumindest bei unserem Besuch, durch und durch „englisch". Später sollte dann eine umfassende Renovierung angestoßen werden und ihm etwas von der Ursprünglichkeit nehmen. Wir kamen aber noch in das Vergnügen, vier traditionelle Stands, in unterschiedlicher Bauweise, ohne zugebaute Ecken und mit klassischer roter Wellblechverkleidung bestaunen zu dürfen. Dazu kamen die charakteristischen Torbögen über den Eingängen zum Areal, kleine Ticket Offices und Matchday Programme Shops, alles umgeben von Reihenhäusern – das Inselfußballherz schlug etwas schneller.
Noch mehr Nahrung fürs Inselfußballherz gab die Partie des Ta-

ges her. Niemand Geringeres als Nottingham Forest war zu Gast in Bristol, und für die Gäste ging es um nicht weniger als den Playoff-Platz Richtung Premier League. Um sich die punktgleichen Verfolger Burnley und Leeds vom Leib halten zu können, musste unbedingt ein Auswärtssieg her, zumal für City die Saison im gesicherten Mittelfeld bereits gelaufen war. Es entwickelte sich eine durchaus rassige Partie – auf dem Rasen und auf den Rängen. Forest unterstrich die Aufstiegsambitionen und ging nach einem frühen Tor und einem Elfertreffer kurz vorm Pausenpfiff mit 2:0 in die Halbzeit. Die zweite Hälfte gehörte allerdings zunächst den Hausherren, die das Kunststück schafften und innerhalb von 15 Minuten die Partie ausglichen. In der Folge wurde es zunehmend ruppiger, und in den Stands wurde der ein oder andere Anhänger verhaftet, teils aufgrund eines Ausflugs auf den Rasen, teils wegen fortlaufender Beschimpfung der Gästespieler. Forest drückte und drückte – und konnte eine Viertelstunde vor Schluss den ehemaligen englischen Nationaltorhüter David James bezwingen: 3:2. Das war nach 90 Minuten auch der Endstand, der von den Forest-Fans und der Mannschaft gemeinsam frenetisch gefeiert wurde.
Wir hatten bis zur Abfahrt unseres Busses Richtung London noch ordentlich Zeit. Neben einer kurzen Stadtbegehung inklusive Abendessen beim Hähnchenfritierer verbrachten wir sie im Pub „Drawbridge“ am Hauptplatz. Dort gab es eine Terrasse im Hinterhof, wo wir die Tour beendeten, wie wir sie begonnen hatten: mit zwei Pints of Beer. In jedem Fall war das eine weitere herrliche Ostertour – alles dabei, was man sich wünschen kann, sechs Matches in fünf Tagen, tolle Grounds, nette Städte. Für uns stand hier schon fest: Nächstes Jahr Ostern nur in England!

51. Huish Huish, eye to eye

01.10.2011, Huish Park, League One
Yeovil Town – Bury FC, 1:3, 3.100 Zuschauer

Knappe zehn Monate nach der letzten Geschäftsreise auf die Insel hatte ich schon wieder das Vergnügen, diesmal allerdings ganz anders als beim Messebesuch im Januar. Nach einer Woche in Gibraltar (ich bin mir bewusst, dass dies nicht unbedingt ein gängiges Geschäftsreiseziel ist) hatte ich die Wahl, am Samstagmorgen zurück nach Wien und am Sonntagabend weiter nach London zum nächsten Termin zu fliegen – oder eben direkt vom Felsen im Mittelmeer Richtung England am Freitagabend, um dort das Wochenende zu verbringen. Klare Sache, mit Monarch ging es von der britischen Kolonie mit etlichen Pendlern Richtung UK.

Wer noch nie das Vergnügen hatte: Der Flughafen von Gibraltar ist ein Unikat. Viel Platz haben die Gibraltesen ohnehin nicht, und der Felsen von Gibraltar gibt auch nicht unbedingt viel flache Fläche her. Entsprechend ist das Rollfeld ein aufgeschütteter Streifen im Meer, der im 90-Grad-Winkel zur Halbinsel und direkt hinter der spanischen Grenze verläuft. Das hat den witzigen Nebeneffekt, dass die Straße von und nach Gibraltar nicht nur über das Rollfeld führt, sondern auch immer dann, wenn ein Flieger startet oder landet, kurzzeitig gesperrt werden muss. Die Anzahl der Flüge ist daher auch stark limitiert. Ich entschied mich für den Flug nach Luton, wo ich mich im Ibis am Flughafen einquartierte, bevor es am Samstagmorgen mit dem Bus ins Londoner Zentrum ging.

Ich hatte verschiedene Optionen, was Spielbesuche anging, und entschied mich für einen Ground, der nicht wirklich bequem zu erreichen ist: Yeovil. Mit dem Zug kommt man zwar recht einfach nach Somerset, im Südwesten Englands. Leider ist das nur die halbe Miete, da der Bahnhof von Yeovil irgendwo im Nirgendwo liegt und man erst mal ein paar Meilen mit dem Bus fahren muss, um ins Städtchen zu kommen. Städtchen trifft es in diesem Fall sogar recht akkurat, denn Yeovil hat gerade mal 30.000 Einwohner. Obwohl es sich also eher um ein Nest handelt, war ich nicht der erste Besucher aus unserer Familie, wenn auch der erste freiwillige. Mein Großvater verbrachte dort einige Zeit in Kriegsgefangenschaft, bevor er 1948 wieder nach Hause durfte.

Damals spielte Fußball in Yeovil keine wirkliche Rolle. Den Klub Yeovil Town gibt es zwar schon seit 1895, allerdings dauerte es mehr als hundert Jahre, bevor man den Aufstieg in die Football League feiern konnte. Erst 2003 war es so weit, dafür lief es von da an prächtig, und 2014 spielte man in der Championship, also der zweithöchsten Spielklasse. Ich durfte die „Glovers", wie der Klub aufgrund der Handschuhindustrie vor Ort genannt wird, noch in der dritten Liga sehen.

Das gestaltete sich zunächst auch mal wieder etwas schwieriger als sonst. Die Innenstadt ist beileibe nicht groß, aber zum Glück groß genug für einen „Wetherspoon"-Pub, wo es Beer & Burger Special zum Lunch gab. Trotzdem befindet sich der Huish Park irgendwo an der Peripherie, wie immer der Tatsache Rechnung tragend, dass der Ground recht neu ist: Erst seit 1990 spielen die „Glovers" hier. Ergo stand vorm Spielbesuch eine Busfahrt an – nicht ewig lang, dennoch immer etwas nervig.

Ein Topspiel stand auch nicht unbedingt auf der Agenda. Mit Bury war ein Aufsteiger zu Gast, der im Grunde eine Liga zu hoch spielte. Dennoch entwickelte sich eine ganz muntere Partie im Huish Park, die die Gäste mit 3:1 für sich entschieden. Entsprechend war die Stimmung bei den Away-Fans besser als bei den Heimfans, wobei die Atmosphäre generell sehr stark auf einen Familienklub hindeutete und wenig frenetische „Die-hard"-Fans anzutreffen waren. Dennoch war der Besuch des Spiels nicht unangenehm: Das Wetter war für Anfang Oktober fantastisch und der Huish Park für die Partie mehr als angemessen. Zwei solide überdachte Sitzplatztribünen an den Spielfeldseiten, eine überdachte Terrace hinter dem Tor für die Heimfans und eine unüberdachte Terrace hinter dem anderen Tor, die allerdings nicht geöffnet war und nur die Zaunfahnen der Gäste beherbergte. Also unterm Strich ein Besuch der Kategorie „Gemütlich Fußball schauen". Nach der Partie nahm ich den Bus zurück ins Zentrum und dann einen weiteren zum Bahnhof, ehe es um halb sieben wieder mit dem Zug nach London Waterloo ging.

In London stand ein weiterer fußballerischer Höhepunkt an. Aufgrund des mehr oder weniger privaten Aufenthalts übers Wochenende war für mich klar, dass ich mir die Hotels nicht von der Firma zahlen lassen würde. Das war allerdings einfacher gesagt als getan, denn das Wochenende in London ist quasi gleichbedeutend mit hohen Hotelpreisen. Ich fand jedoch eine hervorragende Alternative: Ich quartierte mich im Upton Park ein. Kurioserweise betrieb West Ham United in den Räumlichkeiten des Stadions ein Hotel, vorausgesetzt es war kein Spieltag. Die Logen wurden dann kurzerhand leergeräumt und mit einem Bett bestückt, sodass man direkt vom „Hotelzimmer“ in den Ground schaute. Und das Ganze sogar noch zu halbwegs erschwinglichen Preisen. Fußballherz, was willst du mehr? Der Vorhang blieb jedenfalls auf und so erwachte ich sonntags mit Blick auf den Bobby Moore und den East Stand. Herrlich!

Am Sonntag bestand noch die Option, Fulham gegen QPR mitzunehmen, aber die Tickets waren astronomisch teuer. Außerdem hatte ich eine andere schöne Alternative: Ich traf die ehemaligen Kollegen aus meinem London-Praktikum wieder – standesgemäß in Canary Wharf, wo wir zuerst im „Cat and Canary“ das Arsenal-Match im TV verfolgten und dann im „Wetherspoon“ fleißig Bier vernichteten. Für mich war das mal wieder eine kurze Gedächtnisauffrischung, dass man als Trinkamateur nicht mit Briten Takt halten sollte. Entsprechend war der Montag im Office etwas rostig.

Am Mittwochabend ging dann der Flieger zurück nach Wien. Schöne Geschäftsreise, neuer Ground und wieder etwas tiefer in Fußball-London eingetaucht. Wonderful!

52. Bristols andere Seite

14.10.2011, Memorial Stadium, League Two
Bristol Rovers – Rotherham United, 5:2, 5.300 Zuschauer

Nur knappe zwei Wochen nach dem Business-Trip und dem mitgenommenen Spiel in Yeovil war es Zeit für den ersten richtigen Inseltrip der Saison. Wieder einmal gab der Spielplan eine sehr schöne Konstellation her: solide League Two am Freitag, ein neuer Premier League Ground am Samstag und ein absoluter Derby-Knaller am frühen Sonntag.

Kollege Rolfes hatte wie immer die frühere Ankunft in London und ich den „schönen" Ryanair-Flug von Bratislava nach Stansted gebucht. Treffpunkt war für uns Paddington, wo wir in unserem geräumigen Zimmer mit Fenster im Easyhotel eincheckten, bevor wir uns in die Pendlermassen gen Thames Valley stürzten, Endstation Bristol. Die angenehme Bristol-Premiere lag kein halbes Jahr zurück, nach dem Ashton Gate im April war diesmal allerdings das Memorial Stadium der Rovers unser Ziel. In Bristol Temple Meads angekommen, reichte die Zeit vorm Spiel noch für einen Abstecher zu unserem neuen „Stammpub", der „Drawbridge", und wie im April bot sich die etwas rustikale Terrasse für zweimal zwei Pints im Freien an – herrlich.

Das war es dann aber auch schon mit den Parallelen zwischen den Bristol-Besuchen. Statt dem Spaziergang an den Docks entlang Richtung Ashton Gate stand diesmal ein ordentlicher Fußmarsch in die entgegengesetzte Richtung an. Wir hatten beide keine großartige Erwartungshaltung, was die Szenerie anging – umso erstaunter waren wir über das alternative Viertel, durch das unser Weg führte. Hinter der Hauptstraße, „Stokes Croft" benannt, befindet sich der „Kiez" in unmittelbarer Nähe zur Innenstadt. Die speziellen Vibes sind schnell zu spüren: viel Graffiti, teilweise artsy – angeblich erwuchs der Street-Art-Künstler Banksy aus der Bristol Szene –, mitunter sehr politisch, zum Beispiel gegen den örtlichen Tesco-Supermarkt, der sich nach Ansicht der Anwohner nicht mit der Kultur des Viertels vereinbaren lässt, weshalb es in der Vergangenheit sogar zu Ausschreitungen gekommen

ist. Alternativ hin oder her – allen voran war es ein Freitagabend in England, was im Allgemeinen zur Folge hat, dass der Engländer als solcher schon ordentlich Pints getankt hat und sich im Speziellen so darstellte, dass ein jüngerer Mann, selbstredend den von Bier geformten Oberkörper frei und die Nase am Bluten, versuchte, einen Bartisch durch ein Schaufenster zu werfen. England, my England!
Hinter der Stokes Croft Neighbourhood sind es noch etwa zwei Kilometer Fußmarsch zur Heimat der Bristol Rovers, dem Memorial Stadium. Die „Pirates", wie sie aufgrund der Seefahrervergangenheit der Stadt Bristol heißen, sind allerdings noch nicht allzu lange an der Filton Avenue daheim. Der Ground existiert aber schon seit den 20er-Jahren. Der Name geht auf den Ersten Weltkrieg zurück, als Erinnerung an die gefallenen Soldaten, insbesondere die Rugbyspieler unter ihnen, da der Ground die ersten 70 Jahre exklusiv für Rugby-Spiele genutzt wurde. Ursprünglich spielten die „Pirates" in Eastville, in unmittelbarer Nachbarschaft zum Gaswerk, was den Fans der Rovers bis heute den Spitznamen „Gasheads" einbringt. Nach dem Auszug aus Eastville und zehn Jahren Groundsharing mit Bath City entschied man sich 1996 für den Memorial Ground als neues Zuhause.
Nachdem wir den Fußmarsch erfolgreich bewältigt hatten, holten wir uns Tickets an der Tageskasse und hatten, wenig zufällig, andere deutsche Freunde des englischen Fußballs vor uns in der Schlange. Obwohl es die durchaus attraktive Option von Stehplätzen gab, entschieden wir uns für Sitzplätze hinter dem Tor. Auf der gegenüberliegenden Seite fanden sich die Heimfans auf einer überdachten Terrace ein. An den Spielfeldseiten gab es etwas kuriosere Tribünen zu bewundern, wobei beide aus einem Sitzplatzteil im oberen Bereich bestanden, während unten auf Spielfeldhöhe Stehplätze über die gesamte Länge verlaufen. Der West Stand erinnert mit der geschwungenen Dachkonstruktion und dem relativ großen Logenanteil stark an die Tribüne einer Rennbahn. Wir mussten jedenfalls auf dem Weg zu unseren Plätzen den Gästesektor passieren, in dem sich nicht allzu viele Supporters aus Rotherham einfanden. Schließlich erreichten wir den South Stand. Im Grunde handelte es sich um einen Behelfsstand unter einem besseren Baumarktpavillon, der aber den Vorteil hatte, dass wir nah am Tor wa-

ren. Zu sehen gab es daher jede Menge: sieben Tore in der Summe, teilweise echte Traumtore. Ein Spieler schaffte es sogar, das Tornetz aus der Halterung zu schießen. Chapeau!
Mit den sieben Toren zum Tourstart im Gepäck lag der anspruchsvolle Teil des Tages noch vor uns. Wir hatten uns entschieden, am gleichen Abend zurück nach London zu fahren, und daher den letzten Zug gebucht, um 22:35 Uhr ab Temple Meads. Mit regulärem Abpfiff um 21:30 Uhr und 5,5 Kilometer Fußmarsch stand eine recht sportliche Aktion an. Aufgrund der sieben Tore und der Tornetzreparatur gab es selbstredend eine ordentliche Nachspielzeit. Für uns hieß das schlussendlich, das erste Taxi in Stadionnähe klar zu machen und dem freundlichen Inder den Zehner für die Fahrt zum Bahnhof zu zahlen. Es sollte rückblickend die einzige Taxifahrt während der 92 Spielbesuche sein. Letzten Endes kamen wir mit reichlich Puffer am Bahnhof an und konnten bequem den Zug zurück nach London nehmen, wo von Paddington ein kurzer Fußmarsch zum Easyhotel den Tag abschloss. Bristol war somit erfolgreich abhakt, aber sicher in der Zukunft wieder einen Besuch wert!

53. Kanarienvögel

15.10.2011, Carrow Road, Premier League
Norwich City – Swansea City, 3:1, 26.500 Zuschauer

Mit der Freitagnacht in London hatten wir verschiedene Optionen für den Samstag und entschieden uns für einen Abstecher nach East Anglia. Beim vergangenen Ostertrip hatten wir Norwich City noch beim historischen Old-Farm-Derby-Erfolg in Ipswich gesehen, jetzt war es Zeit für den Besuch an der Carrow Road.

Bis heute sorgt der Name Norwich City noch für ein leichtes innerliches Zusammenzucken. Als Teenager musste ich am TV verfolgen, wie die „Canaries“ 1993 den FC Bayern in der zweiten Runde des UEFA-Cups in München mit 2:1 besiegten – im Übrigen der einzige Sieg einer britischen Mannschaft im Olympiastadion, und sie waren alle (mehrfach) da: von Manchester United über Arsenal bis hin zu den Glasgower Klubs. Noch bemerkenswerter wird diese Leistung, wenn man bedenkt, dass Norwich City erst 1972 zum ersten Mal die höchste englische Spielklasse erreichte.

Nichtsdestotrotz war die Vorfreude auf die Partie groß. Zum einen ist es immer ein großes Vergnügen, Klubs, die nicht notwendigerweise einen fixen Platz in der Premier League haben, in der Topklasse zu sehen. Zum anderen stellte die Stadt ein schönes Ziel dar: Von großer historischer Bedeutung, war Norwich früher so etwas wie die zweite bedeutende englische Metropole hinter London und ist heute nicht zuletzt aufgrund der historischen Gebäude, der Burg und des Marktes von der Atmosphäre her anders als die meisten englischen Städte, die sich allen voran durch die Anordnung der Läden auf der High Street unterscheiden. Auch deshalb gab es den Stadtmarketing-Slogan „England's Other City“ – die etwas andere englische Stadt.

Wir entschieden uns für den kostengünstigen Bustrip ab Victoria, zur Abwechslung mit National Express statt mit dem Megabus. Um 9 Uhr ging's pünktlich los, um kurz nach zwölf kamen wir in Norfolk an – nach etlichen Meilen über Landstraßen, die den ländlichen Charakter von East Anglia verdeutlichten. In Norwich genossen wir zunächst die

Atmosphäre und einige schöne Läden, unter anderem einen vorzüglichen Retro-Games-Laden. So verging die Zeit schnell, bevor wir vor dem Match noch wirklich hervorragende Fish & Chips auf den Speiseplan setzten.
Der Ground befindet sich in Laufdistanz von der Innenstadt, mehr oder weniger direkt am River Wensum, den man an einer Brücke überqueren muss, um zum Stadion zu gelangen. Die Carrow Road macht von außen einen recht modernen Eindruck, nicht zuletzt aufgrund des Holiday-Inn-Hotels in einer Ecke des Grounds. Seit Mitte der 30er-Jahre wird am Flussufer Fußball gespielt. Damals wurde die Spielstätte im Rekordtempo hochgezogen: Ganze 82 Tage dauerte der Bau, was bis heute unerreicht sein dürfte. Über die Jahre wurde das Stadion immer wieder verbessert, sodass der Ground ein echtes Schmuckkästchen darstellt. Obwohl die Tribünen an den Längsseiten jeweils nur über einen Rang verfügen, gibt die unterschiedliche Bauweise aller vier Stands und die knallige grün-gelbe Farbe dem Stadion einen starken Charakter.
Wir hatten uns Tickets auf der Hintertortribüne im Oberrang gesichert, was uns eine gute Sicht aufs Spielfeld und die zahlreich mitgereisten Auswärtsfans aus Swansea garantierte. Die Hütte war wie zu erwarten voll und das Spiel startete nach Maß für die Hausherren, mit dem 1:0 in der ersten Minute und dem 2:0 in der zehnten Minute. Die Swans verkürzten zwar in Minute zwölf, konnten aber keinen Punkt mehr entführen, da Andy Pilkington in der 64. Minute mit seinem zweiten Tor für Norwich den Sack zum 3:1 zumachte.
Der Sieg euphorisierte selbstredend die Norwich-Anhänger, höchstwahrscheinlich auch die Eigentümerin des Klubs selbst, Delia Smith, eine bekannte Fernsehköchin, die in der Vergangenheit unter anderem dadurch auffiel, dass sie sich nicht unbedingt völlig nüchtern wirkend in der Halbzeitpause das Stadionmikro schnappte und die Fans zum Support animierte. Es lohnt sich in jedem Fall, mal bei YouTube nach der Dame zu suchen, nicht nur um ein paar neue Rezeptideen zu bekommen.
Wir waren jedenfalls happy über einen schönen Tag in Norwich und ein tolles Premier-League-Spiel, mussten uns dann aber Richtung

Sheffield aufmachen. Dies bedeutete vor allem eine längere Zugfahrt. Während man auf der Insel entlang der Hauptrouten sehr schön und bequem reisen kann, ist jede Abweichung in der Regel mit viel Zeit und Aufwand verbunden. Für die etwa 230 Kilometer von Norwich nach Sheffield stand ergo eine dreieinhalbstündige Zugfahrt an. Es versteht sich von selbst, dass dafür ordentlich im Supermarkt eingekauft werden musste. Gesagt, getan – mit Carling und Abendessen im Gepäck ging es zum Bahnhof und ab Richtung Yorkshire, wo ich dann in Sheffield beim Einchecken im Hotel feststellen musste, dass meine Kreditkarte noch im Supermarkt in Norwich lag. Fantastisch.

54. Steel City Derby

16.10.2011, Bramall Lane, League One
Sheffield United – Sheffield Wednesday, 2:2, 28.100 Zuschauer

Teil 3 der Tour führte uns mal wieder nach Sheffield in South Yorkshire. Nachdem sich das Ibis in der Innenstadt zu einer Art Stammhotel entwickelt hatte, war es diesmal Zeit für einen Tapetenwechsel. Als kleine Überraschung für Rolfes hatte ich das Copthorne Hotel gebucht, seines Zeichens direkt an der Bramall Lane, dem Stadion von Sheffield United, in der Ecke zwischen South Stand und Bramall Lane Stand. Das war mal eine willkommene Abwechslung vom rudimentären Logieren in Easyhotel und Travelodge. Unser Zimmer war wirklich stylish, mit reichlich Platz und schöner Einrichtung. Des Weiteren ergab sich durch die Lage eine überaus praktische Anreise zum Spiel. Mal nicht frühmorgens aufstehen und mehrere Stunden im Megabus oder in Zügen rumgammeln. Aufstehen, duschen, am Ground! Dazu war das Spiel ein absoluter Knaller: Sheffield Utd gegen Sheffield Wednesday – Steel City Derby, eines der attraktivsten Spiele, das der englische Fußball zu bieten hat, eines der Stadt-Derbys mit der größten Tradition. Auf den Tag genau vor 118 Jahren hatte das erste Aufeinandertreffen der beiden Klubs in einem Meisterschaftsspiel stattgefunden, am 16.10.1893. Wohlgemerkt an der exakt gleichen Stelle, der Bramall Lane. Was will man mehr? Der Matchday konnte beginnen!
Während Kollege Rolfes die Dusche blockierte, schaute ich schon mal im Ticket Office vorbei, um unsere reservierten Karten abzuholen. Die Ticket-Situation war ein Thema für sich. Nachdem klar war, dass wir das Spiel besuchen wollten, kümmerte ich mich um Karten. Es verstand sich von selbst, dass Tickets nicht in den normalen Verkauf gehen würden. Wir entschieden uns daher, eine Mitgliedschaft für 30 Kröten abzuschließen. So weit, so gut. An dem Tag, als der Verkauf an Mitglieder startete, rief ich bei der Hotline an, wo mir die nette Dame erklärte, dass das mit der Mitgliedschaft zwar nett wäre, im aktuellen Fall allerdings wenig hilfreich, da man zusätzlich eine „Booking History“ bräuchte. Ich musste also die übliche Bettel-Mail schreiben, bekam

dann aber recht problemlos Tickets. Die Kosten für die Mitgliedschaft konnten wir uns natürlich in die Haare schmieren. Zumindest die Bragging Rights blieben aber. Mein Sheffielder Klub: United, bin sogar Mitglied!

Dabei sind die „Blades", deren Spitzname von der Stahl- bzw. Besteckindustrie her rührt, eigentlich nur die Nummer zwei in Sheffield, zumindest was das Gründungsjahr angeht. Bis 1888 spielte Lokalrivale Wednesday 20 Jahre an der Bramall Lane, die ursprünglich ein Cricket Ground war, entschied sich dann aber für einen Umzug. Die Besitzer des Grounds hatten allerdings nicht vor, auf Profifußball zu verzichten und gründeten im folgenden Jahr 1889 daher ein neues Team: Sheffield United. Die Aufnahme in die Football League erfolgte kurze Zeit später, 1892, und nach sechs Jahren in der Liga konnten die „Blades" den ersten Meistertitel einfahren. Es folgten insgesamt vier Triumphe im FA Cup und bis zum heutigen Tag 60 Jahre in der ersten Liga, wobei United zuletzt 2006 in der Premier League spielte.

Wie immer bei brisanten Derbys spielte für uns die Liga keine Rolle. Die Straßen rund um den Ground füllten sich zusehends, und von unserem Hotelzimmer aus konnte man mehr und mehr berittene Polizei beobachten. Wir checkten aus, deponierten unser Gepäck im Hotel und stürzten uns in die Menge. Satte 28.000 Zuschauer zog die Partie – nicht schlecht für ein Drittligaspiel. Die Bramall Lane mit einer Kapazität von etwas über 30.000 war daher fast voll. Wir hatten unsere Plätze im South Stand, der mit seinen Betonpfeilern, die die Dachkonstruktion halten, sehr prägnant wirkt. Zu unserer Rechten fand sich im Kop das Gros der enthusiastischen United-Fans ein, die für eine tolle Atmosphäre sorgten.

Die Stimmung war wirklich elektrisch und der Ground kochte. United legte ordentlich los und führte nach 20 Minuten bereits mit 2:0, beide Tore vor dem Kop. Die Führung war ganz in meinem Sinn. Ich hatte einen Zehner auf einen Heimsieg gesetzt und hätte die Kohle gut gebrauchen können, nachdem mich die Sperrung meiner in Norwich liegenden Kreditkarte am Vorabend 40 Euro gekostet hatte. Es kam dann aber doch anders. Die Statistik des Steel-City-Derbys ist relativ ausgeglichen: gerundet jeweils 40 Siege pro Team mit 40 Unentschieden, wobei Utd leicht die Nase vorne hat.

Tatsächlich sollte es auch an diesem Tag keinen Sieger geben. In den letzten zehn Spielminuten glich Wednesday die Partie noch aus. Am Ende stand es 2:2, begleitet von abfeiernden Wednesday-Fans im Bramall Lane End, die Gesänge à la „The city is ours!“ zum Besten gaben. Sportlich gesehen war es sicherlich eine gerechte Punkteteilung in einer tollen Partie und ein super Spielbesuch für uns. Die Lane ist eine absolut klassische englische Kiste, sehr schöne Stands, von außen ein Genuss, mit Backstein und Charakter. Vor allem die Fassade des Kops ist bemerkenswert: Über große Treppen werden die Fans auf eine Art Balkon geführt, von dem aus der Stand zu betreten ist. Dazu ein sehr prägnanter Schriftzug „Sheffield United F.C.“ auf dem roten Wellblech – wirklich ein einzigartiger Anblick. Wenn dann auch noch das Sportliche stimmt und die Stimmung entsprechend passt, hat man einen dieser wenigen Momente im Fußballfahrleben, an den man sich wahrscheinlich noch jahrzehntelang zurückerinnert. Definitiv ein Top-5-Match auf der Reise zu den 92 Grounds.
Nach dem Abpfiff strömten die Massen aus dem Stadion, wo die Polizei starke Präsenz zeigte und teilweise durch mobile Wände ganze Straßenzüge absperrte. Es blieb aber auch ohne ihr Eingreifen alles ruhig. Wir umkurvten die Hindernisse und spazierten ins Zentrum. Aufgrund des frühen Kickoffs (12 Uhr) hatten wir nach der Partie reichlich Zeit, denn unser Bus Richtung London startete erst um fünf. So konnten wir das ausgelassene Mittagessen nachholen und im Sheffielder Stamm-Wetherspoon „Bankers Draft“ einen schönen Burger verdrücken, dazu zwei Pints Carling genießen, bevor es die knappen vier Stunden mit dem Bus nach Süden ging. Zur Abwechslung stiegen wir damals als Last Stop in der Travelodge Liverpool Street ab, von wo am nächsten Morgen wie üblich in aller Herrgottsfrühe der Bus nach Stansted fuhr, um dort in den Flieger nach Bratislava zu steigen.
Alles in allem – wieder einmal – eine geniale Tour mit vielen neuen Eindrücken, sowohl auf als auch abseits der Fußballplätze.

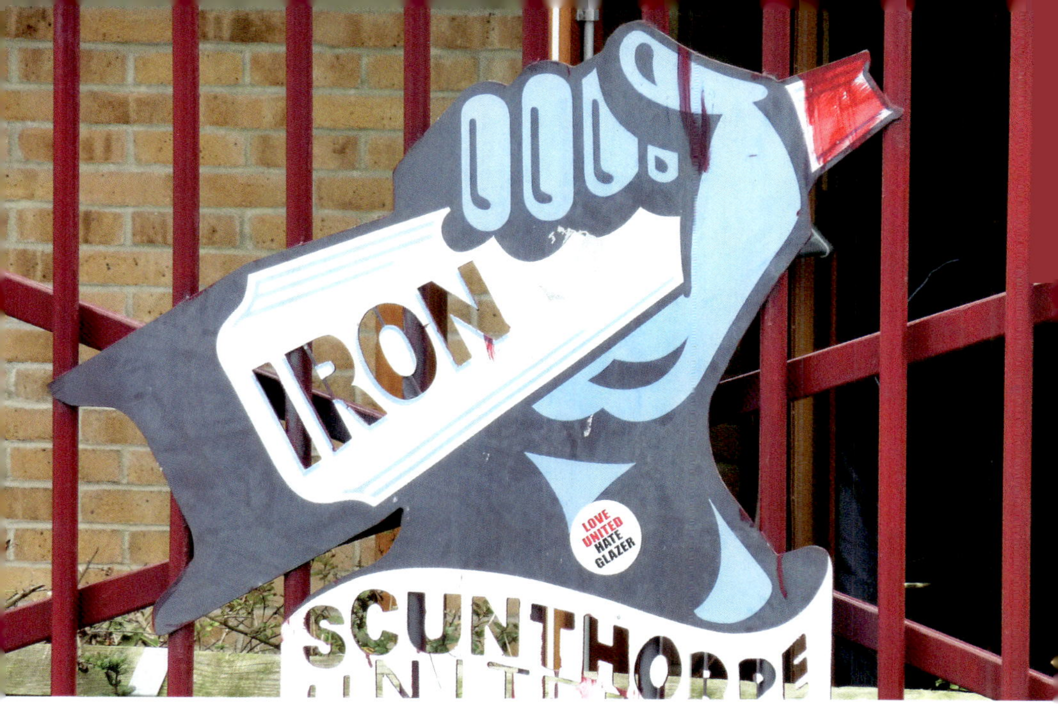

oben: [36] Glanford Park, Scunthorpe / unten: [37] Stadium of Light, AFC Sunderland

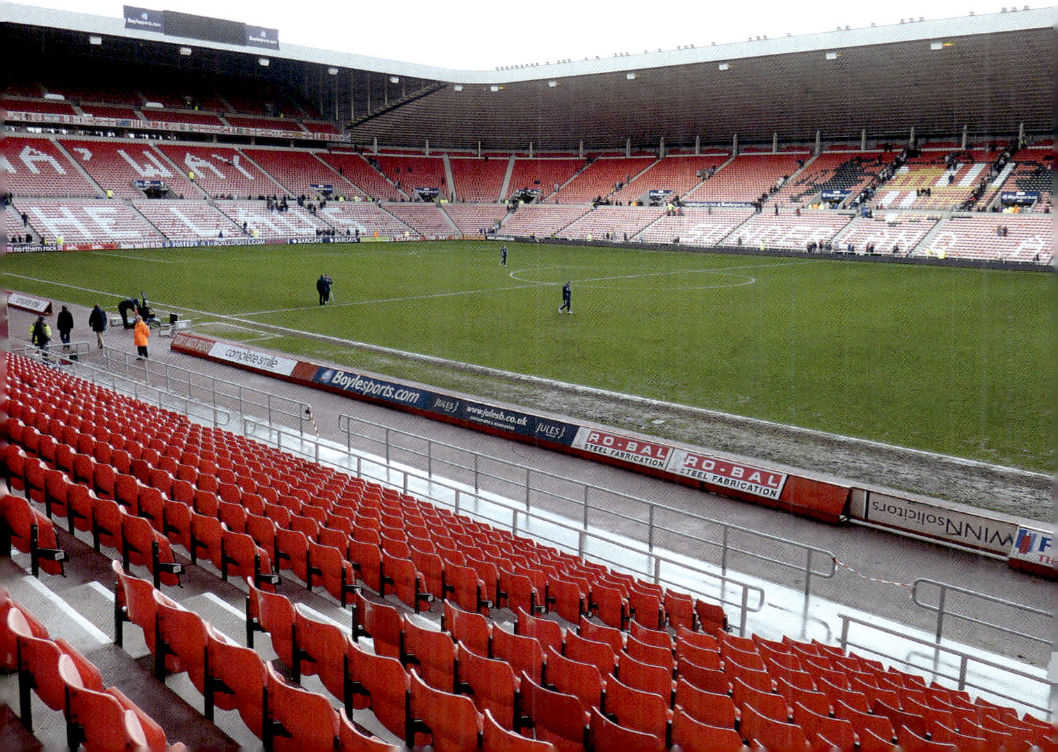

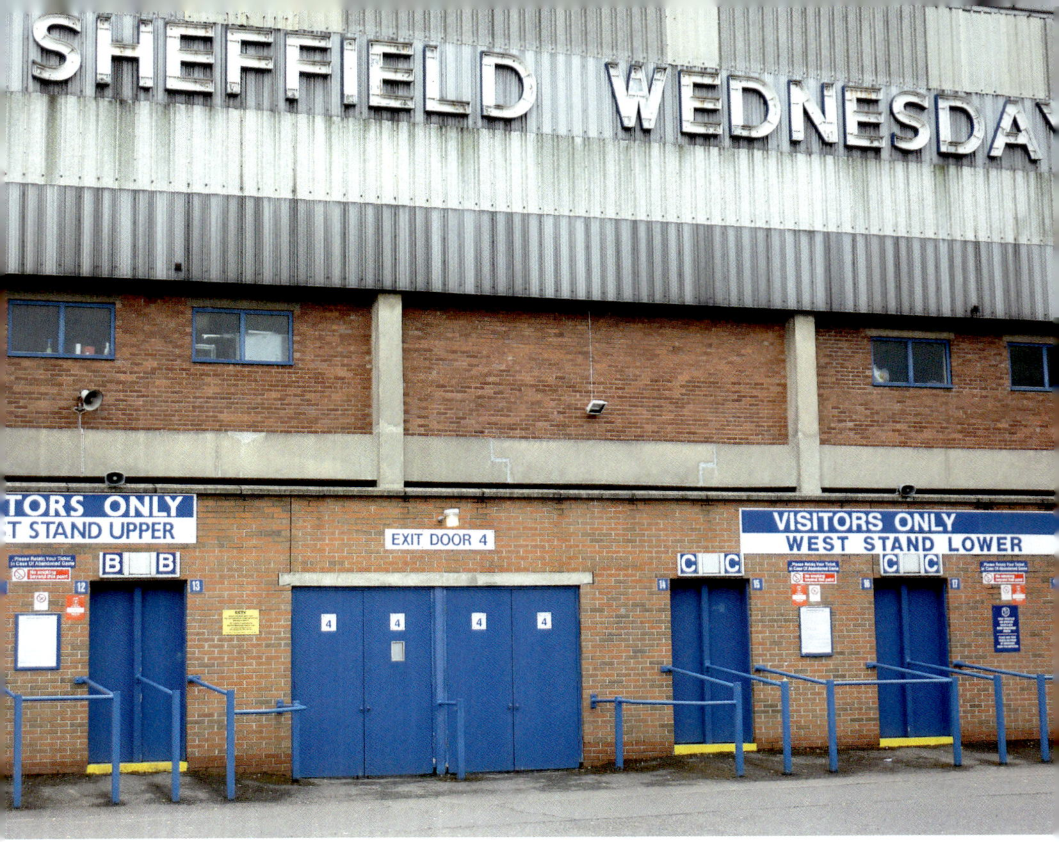

oben: [38] Hillsborough, Sheffield Wednesday / unten: Hillsborough Memorial

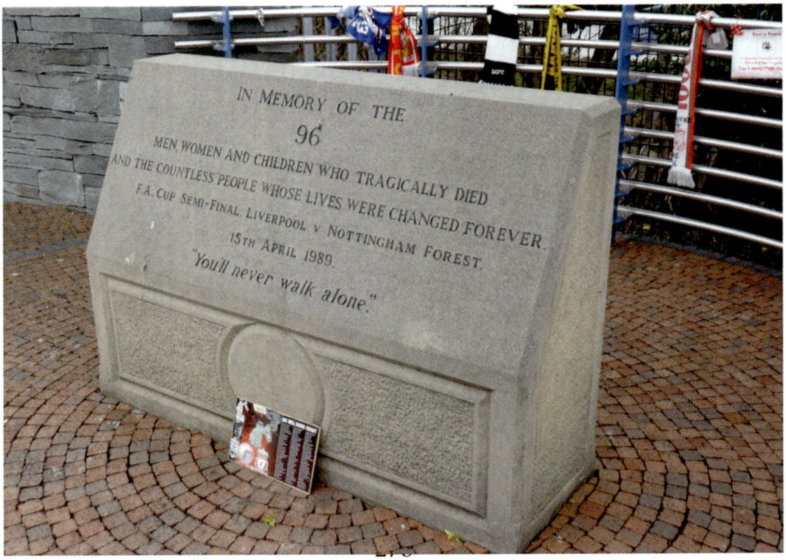

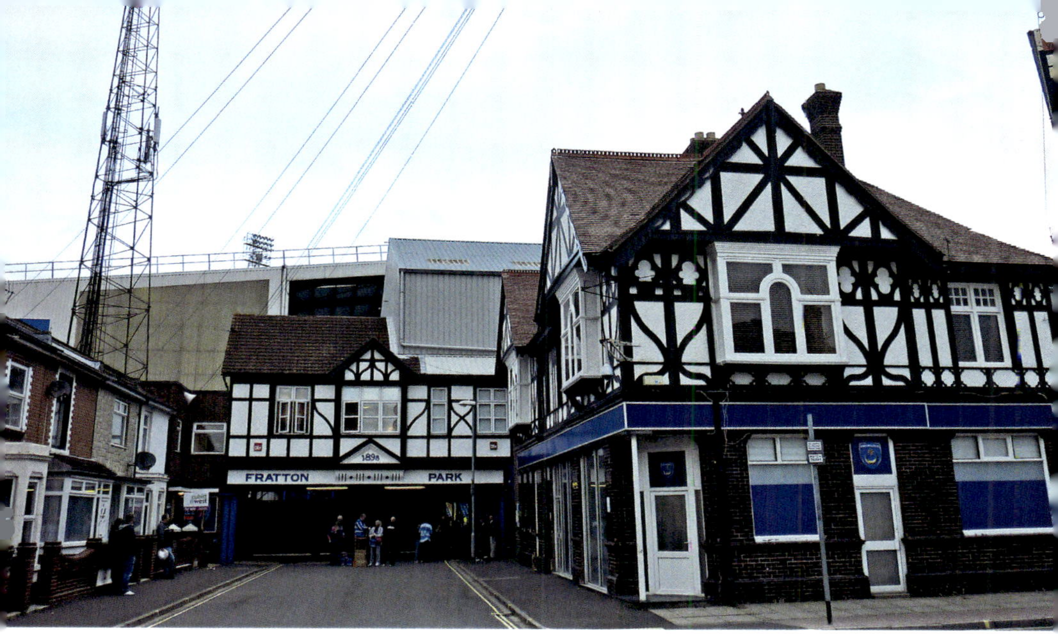

oben: [39] Fratton Park, Portsmouth FC / unten: [40] Elland Road, Leeds United

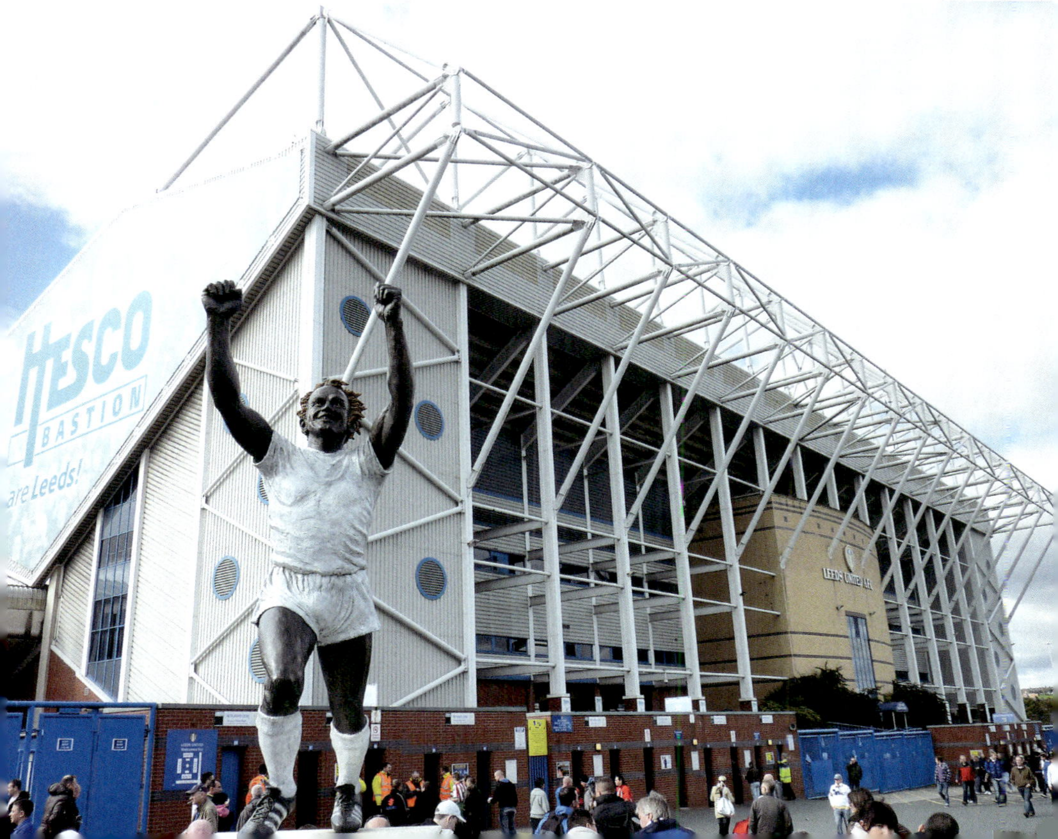

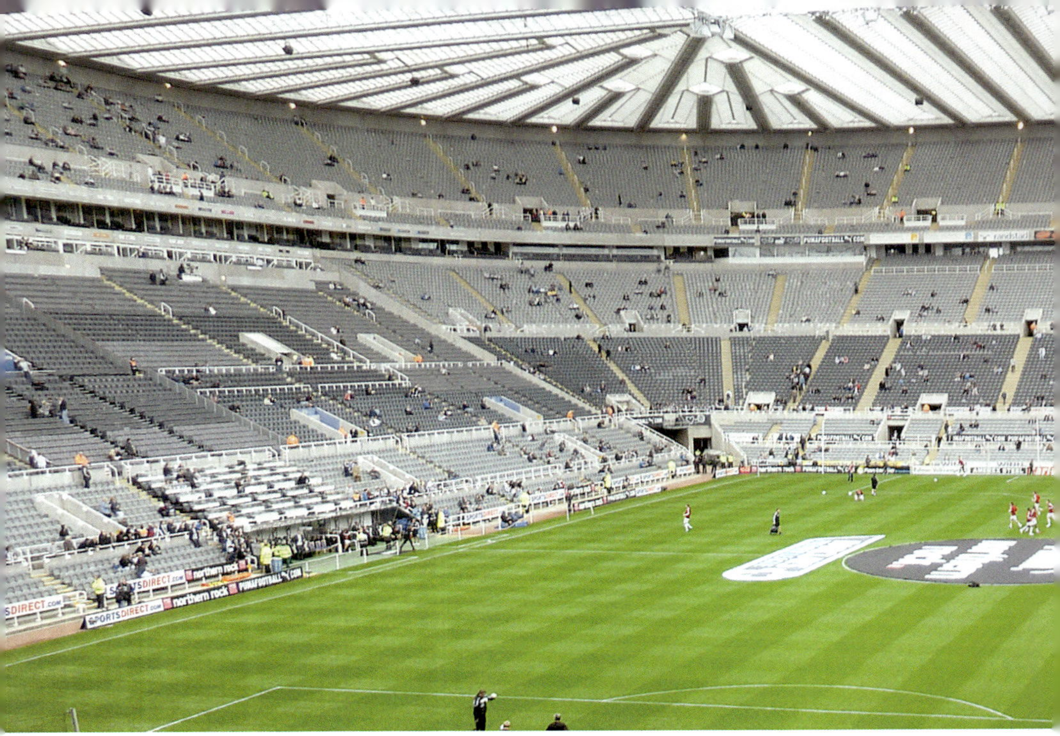

oben: [41] St. James' Park, Newcastle United / unten: [42] Meadow Lane, Notts County

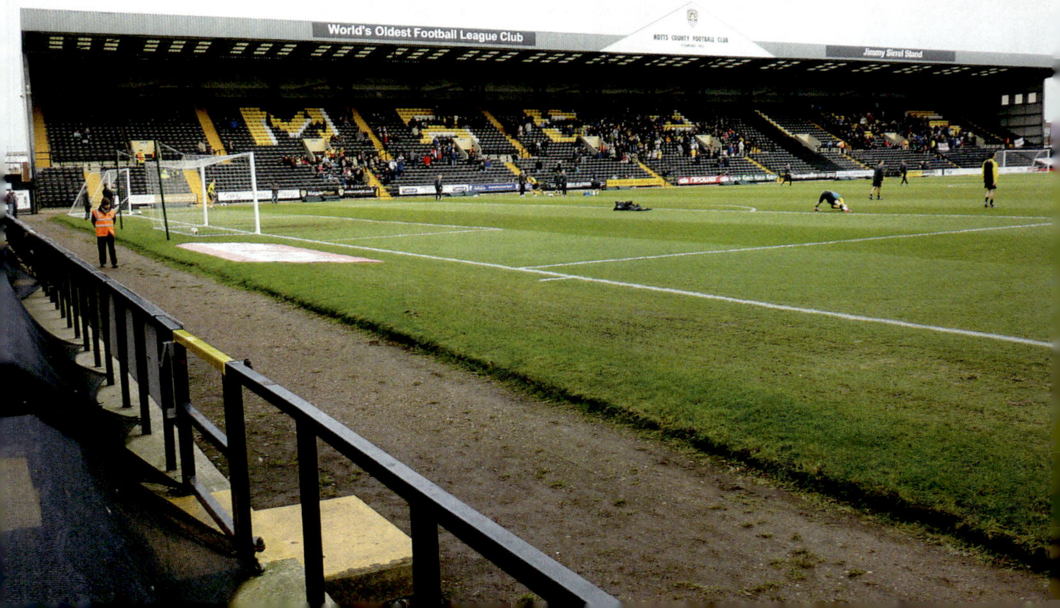

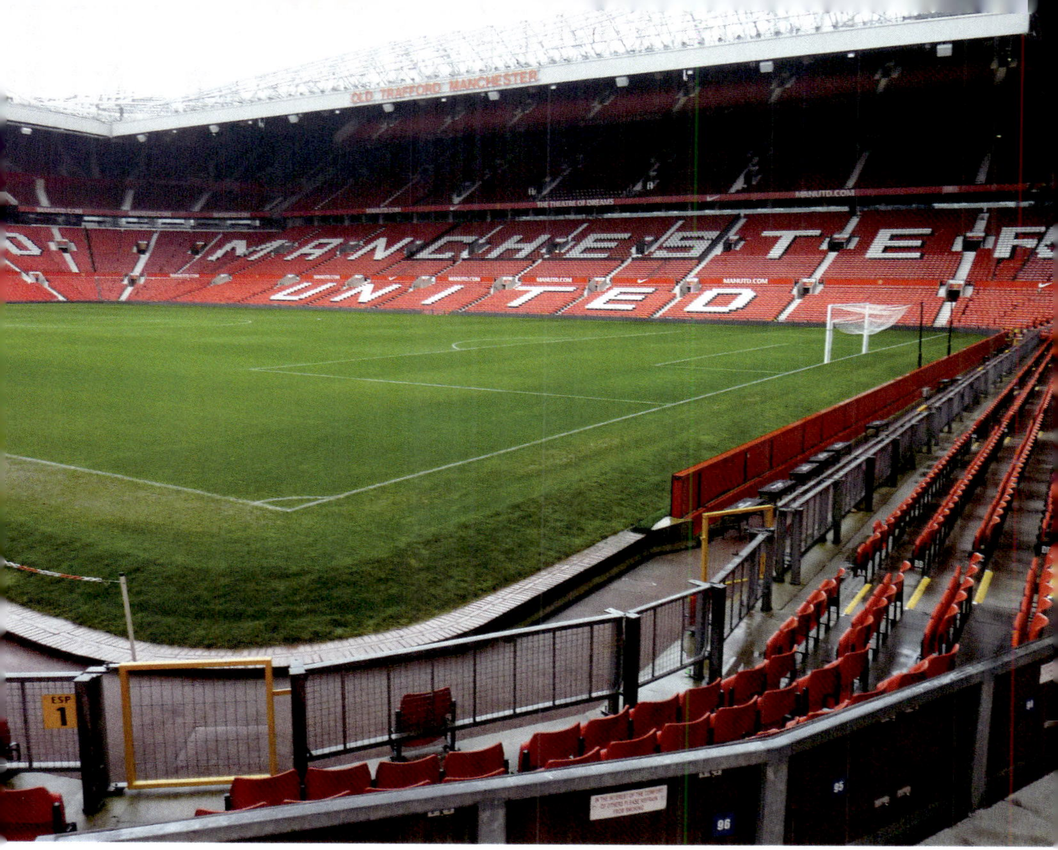

oben: [43] Old Trafford, Manchester United / unten: The Munich Clock zur Erinnerung an den Flugzeugabsturz, bei dem im Februar 1958 die Mannschaft in München verunglückte

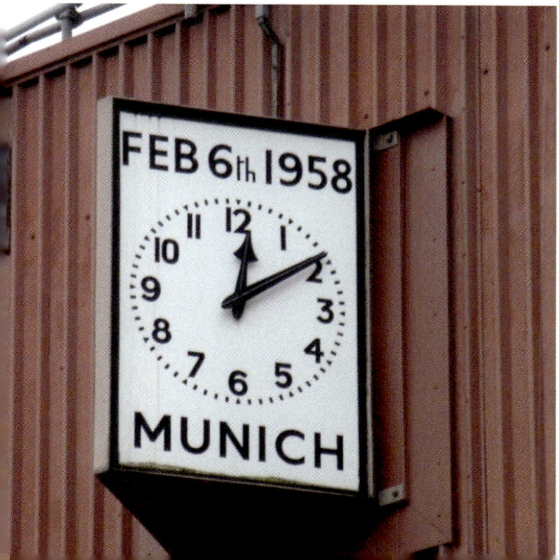

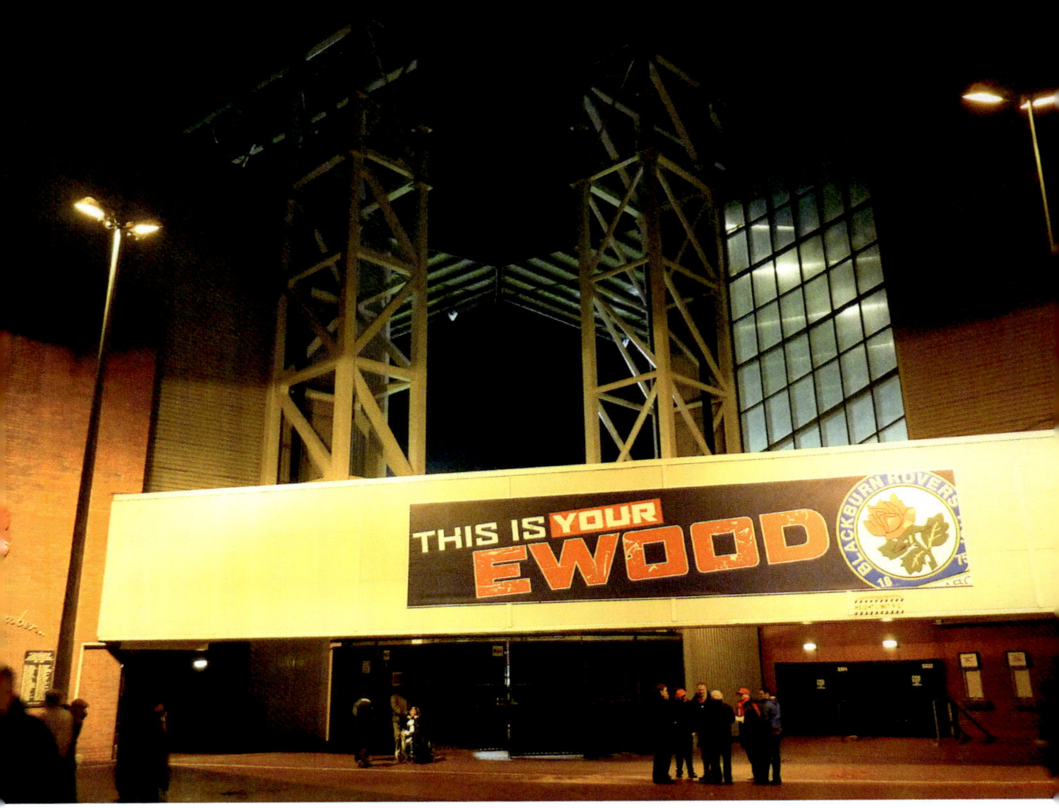

oben: [44] Ewood Park, Blackburn Rovers / unten: [46] Portman Road, Ipswich Town

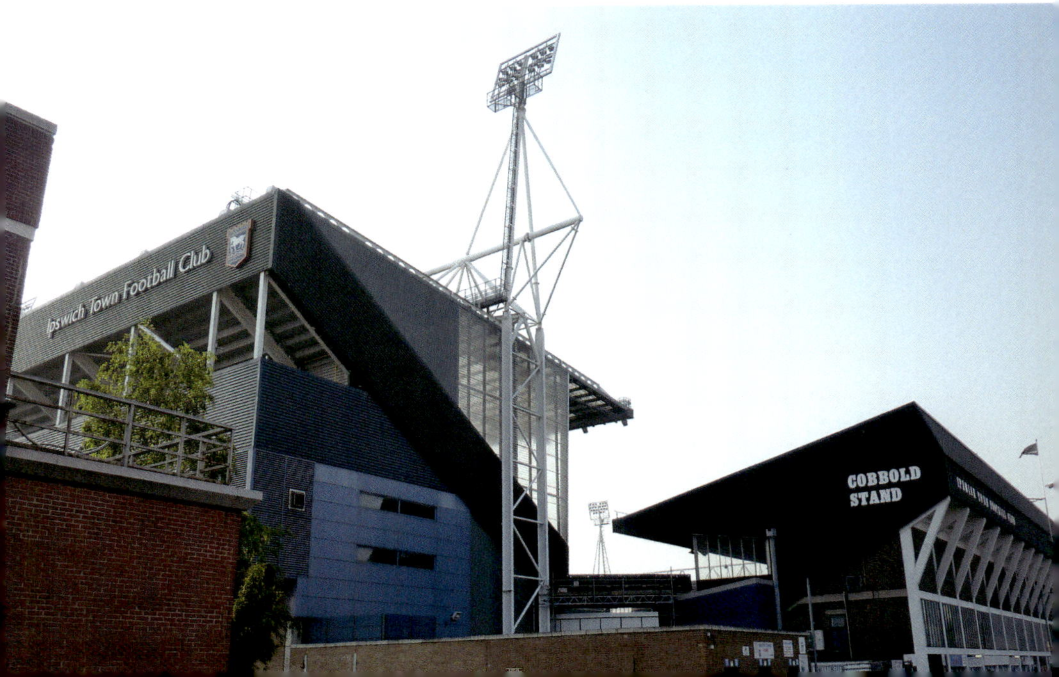

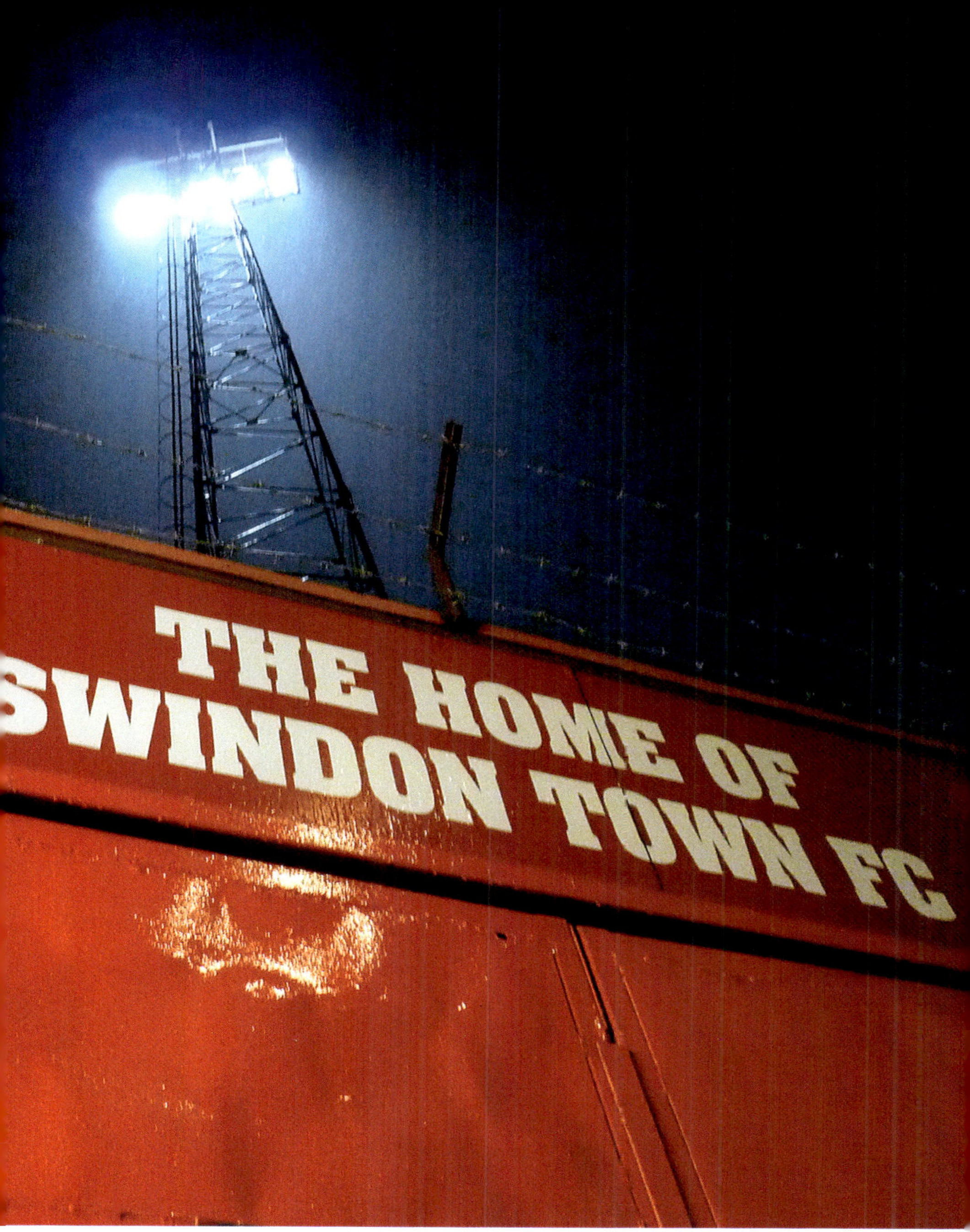

[45] County Ground, Swindon Town

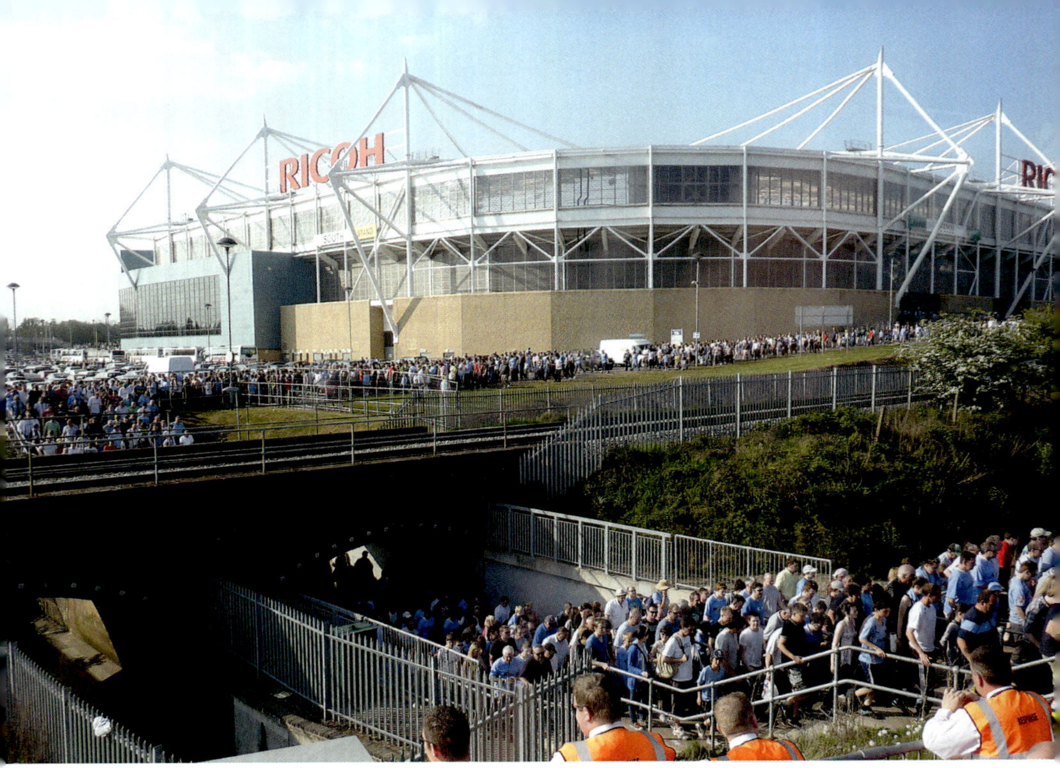

oben: [47] Ricoh Arena, Coventry City / unten: Megabus-Anzeigetafel

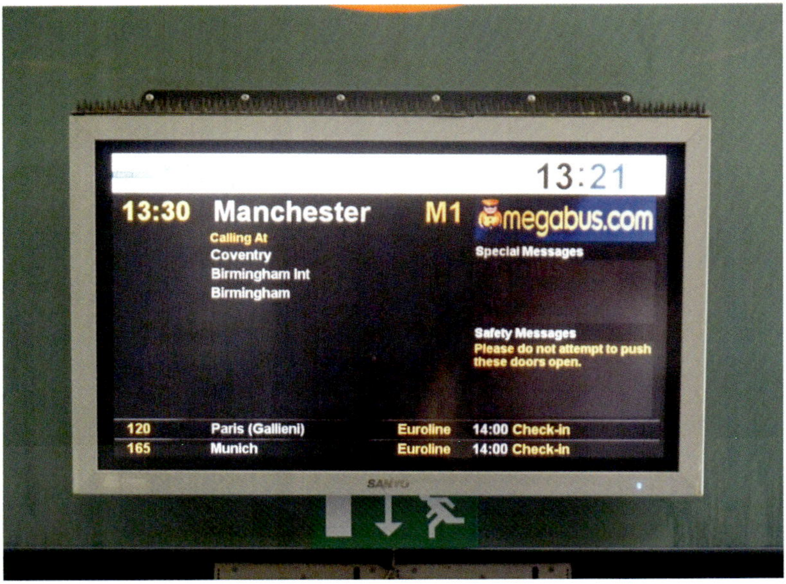

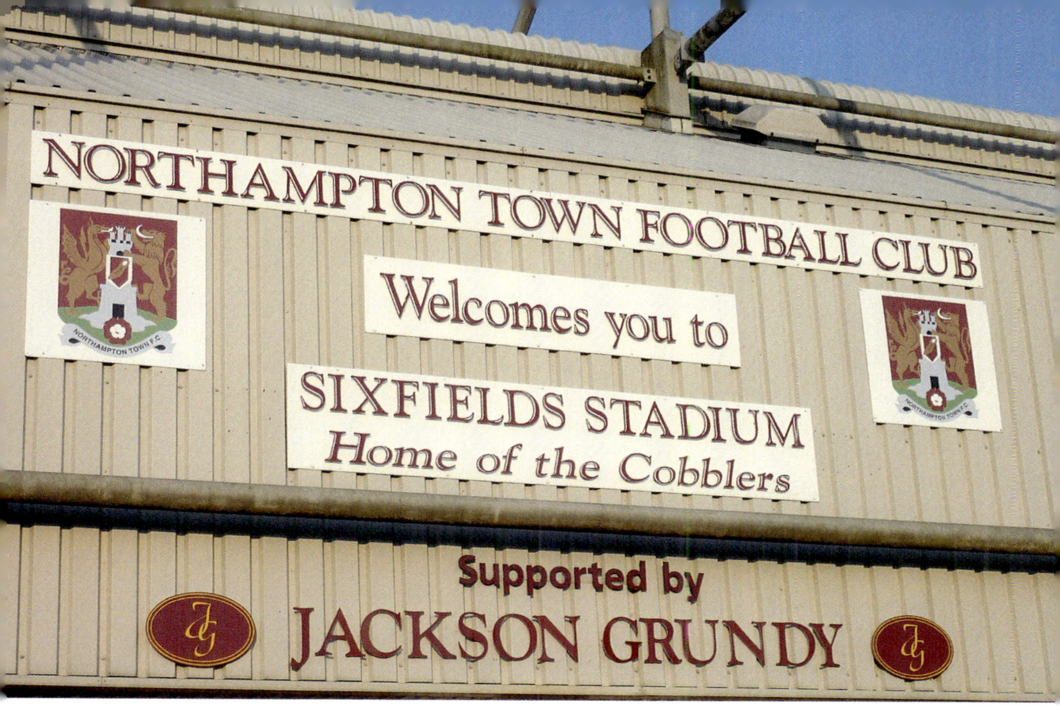

oben: [48] Sixfields Stadium, Northampton Town / unten: [49] Bloomfield Road, Blackpool

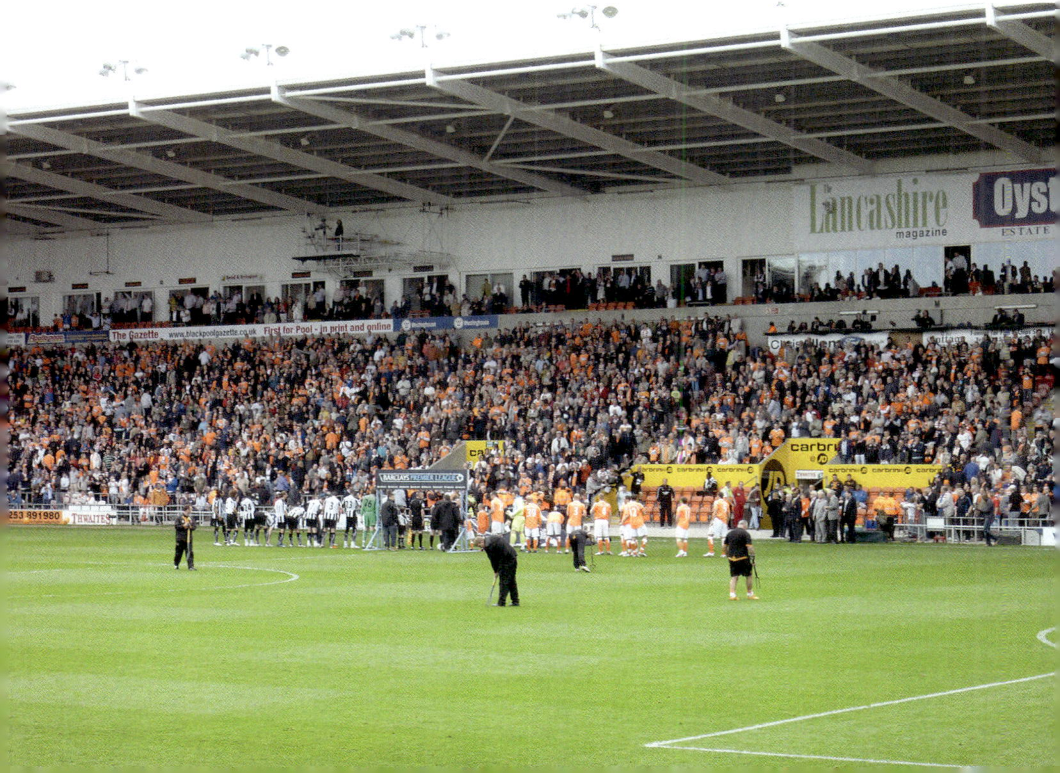

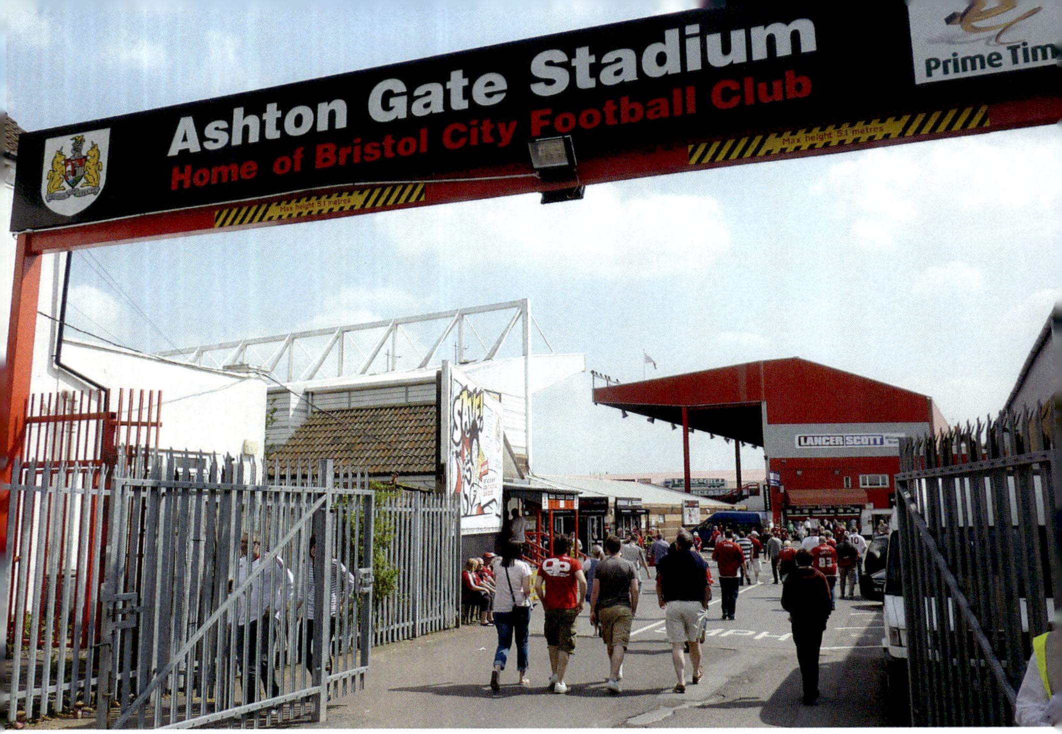

oben: [50] Ashton Gate, Bristol City / unten: Bristol Harbour

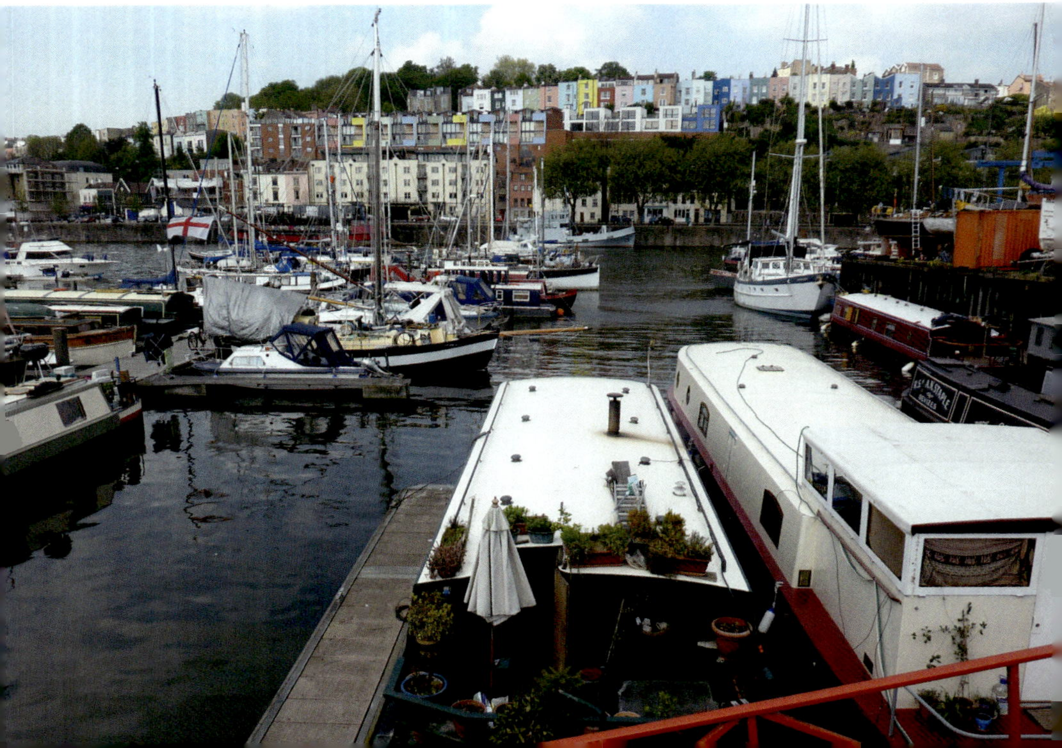

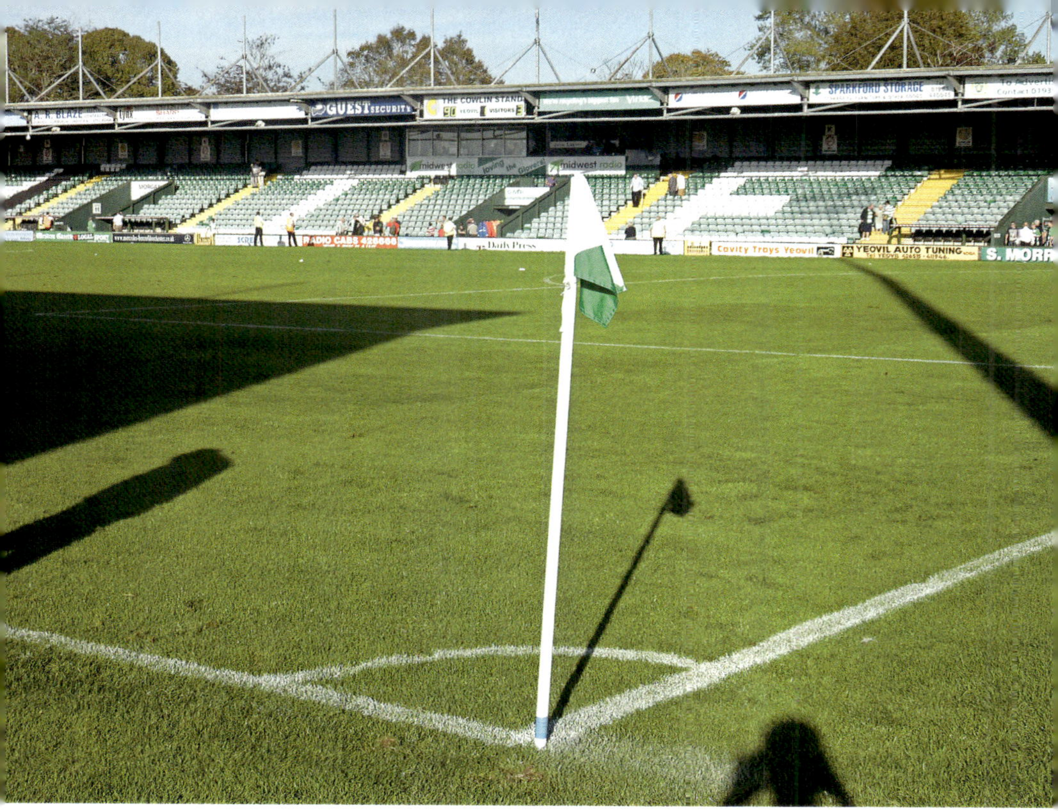

oben: [51] Huish Park, Yeovil Town / unten: [52] Memorial Stadium, Bristol Rovers

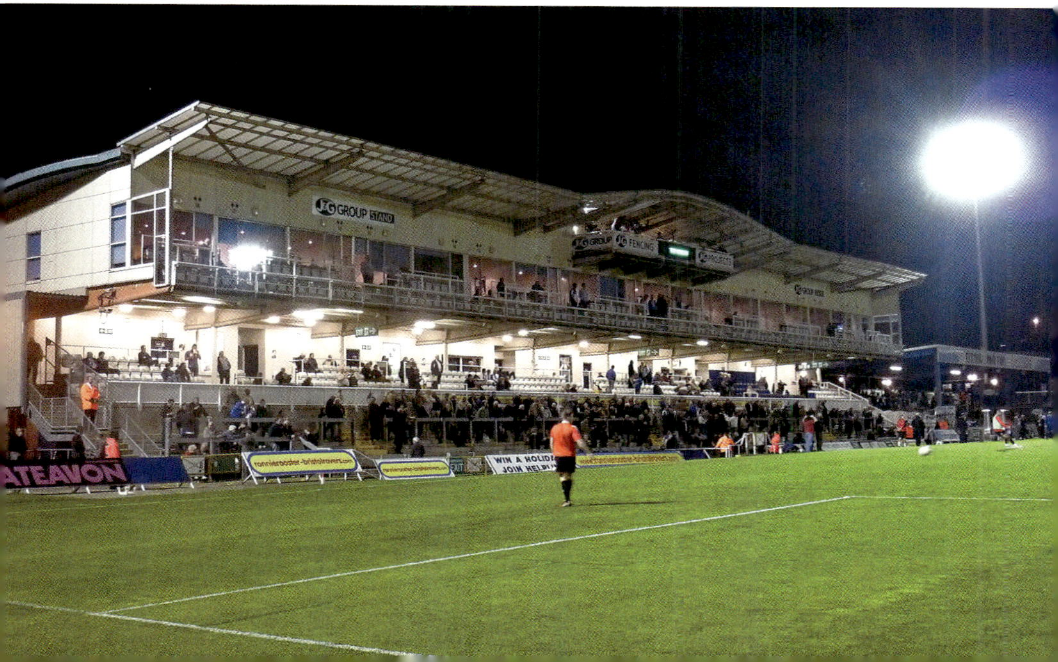

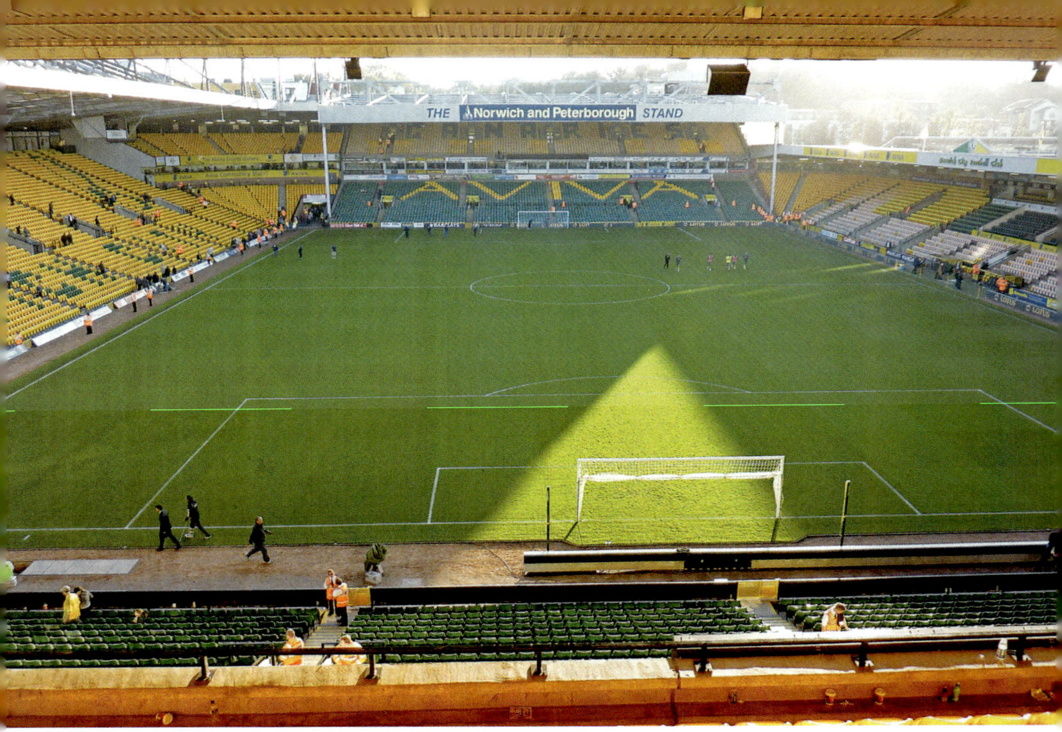

oben: [53] Carrow Road, Norwich City / unten: [54] Bramall Lane, Sheffield United

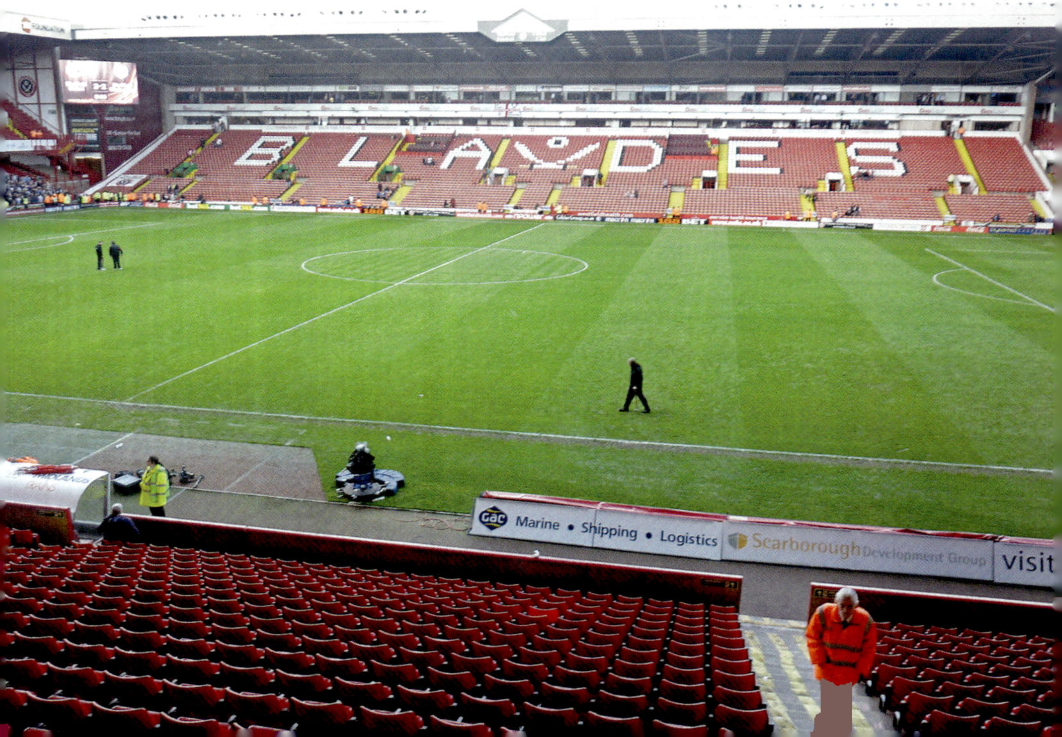

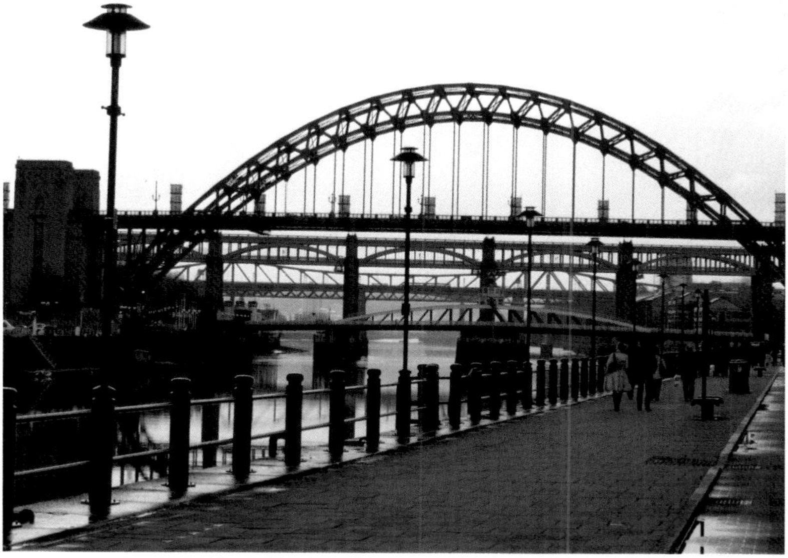

oben: Newcastle Bridges / unten: Magic Roundabout in Swindon

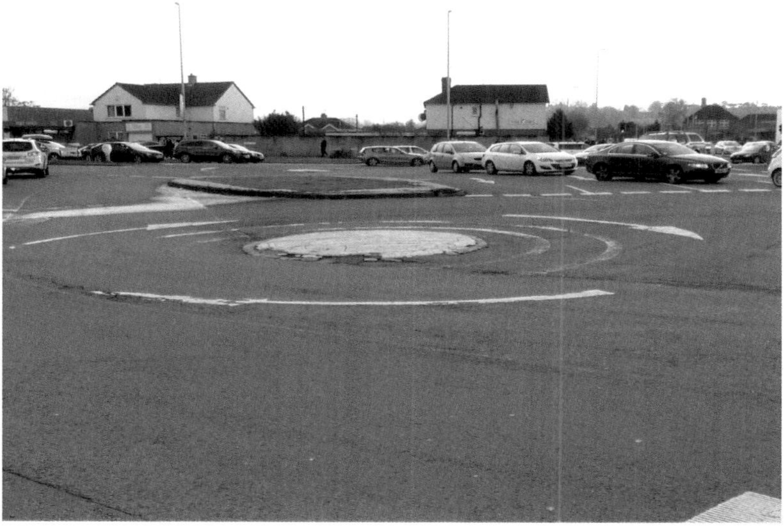

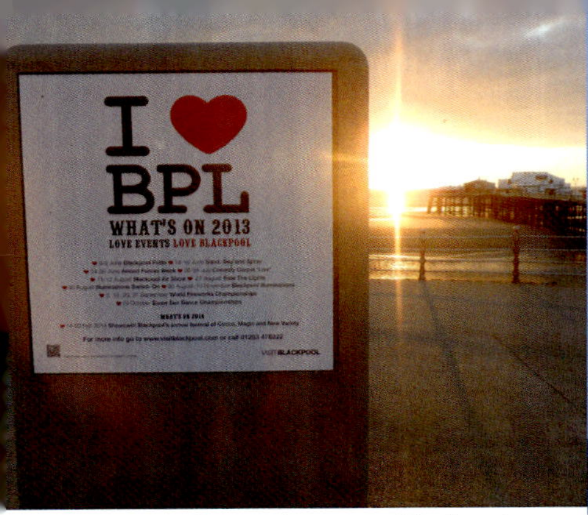

Impressionen aus Blackpool

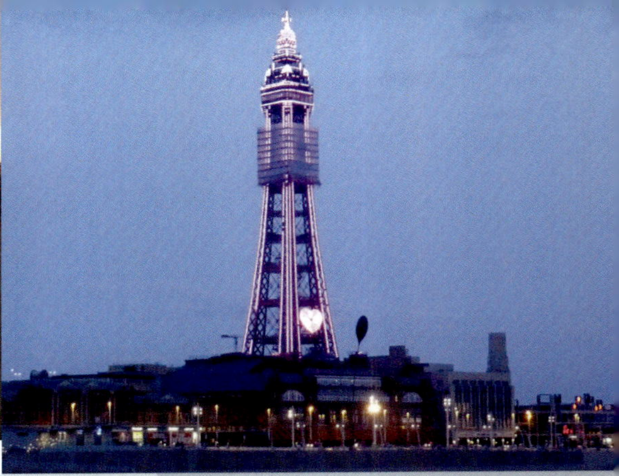

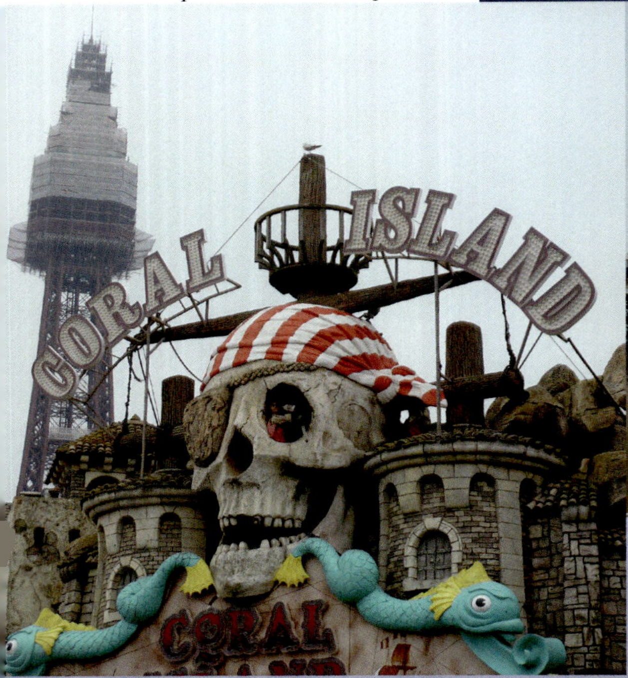

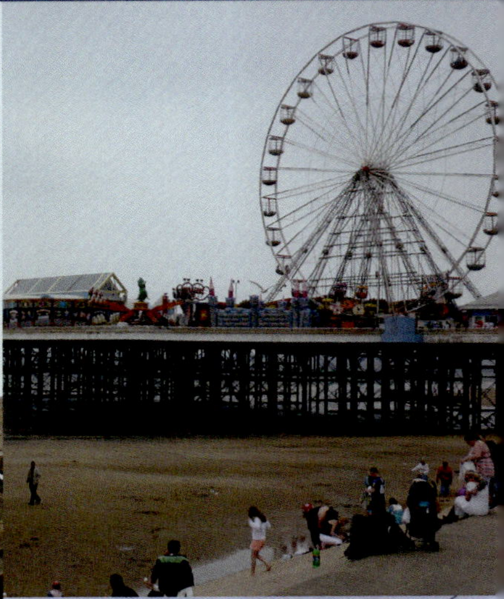

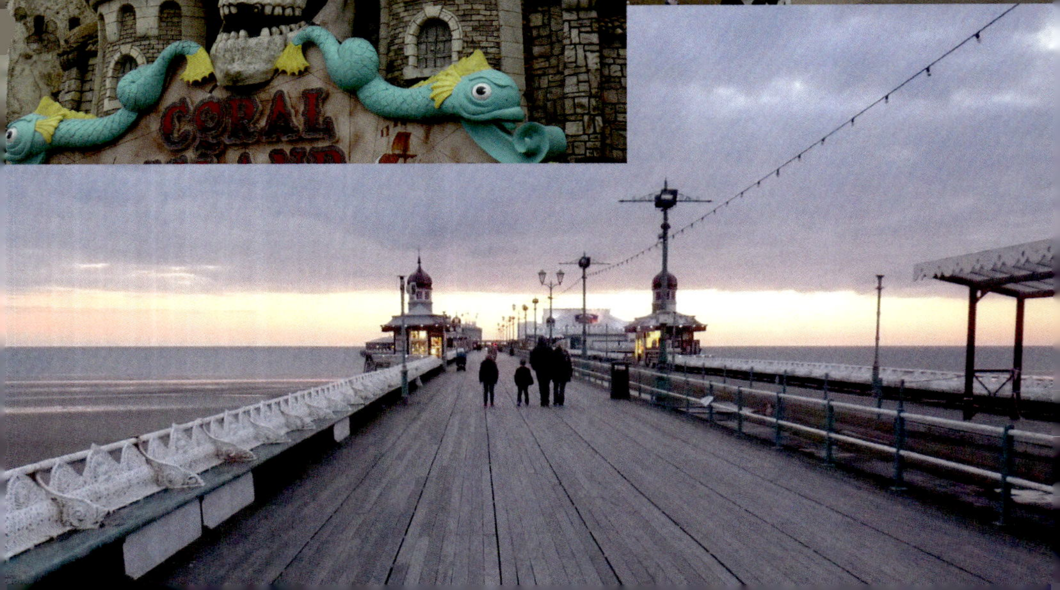

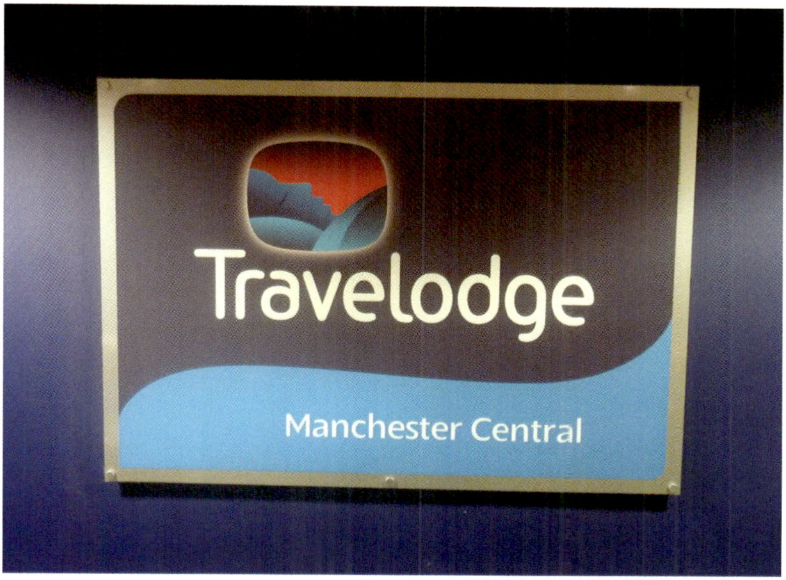

Travelodge Manchester

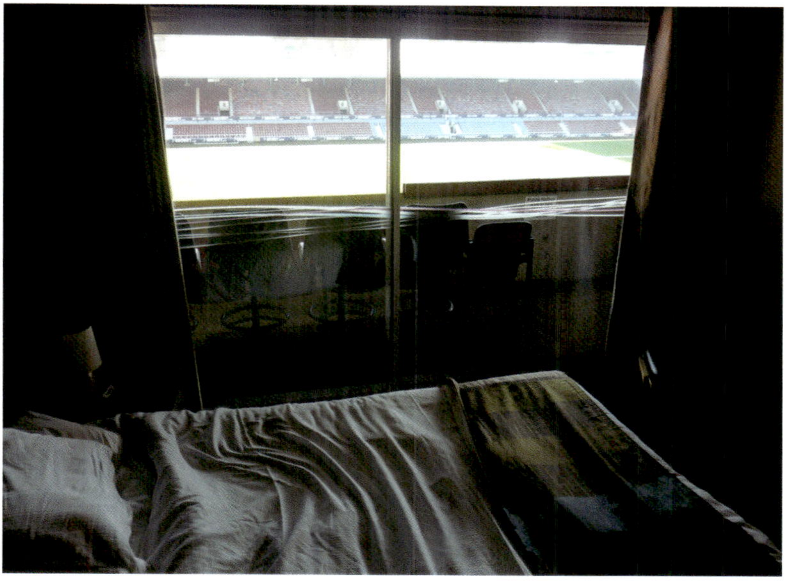

Hotel im ehemaligen Stadion von West Ham United, Upton Park

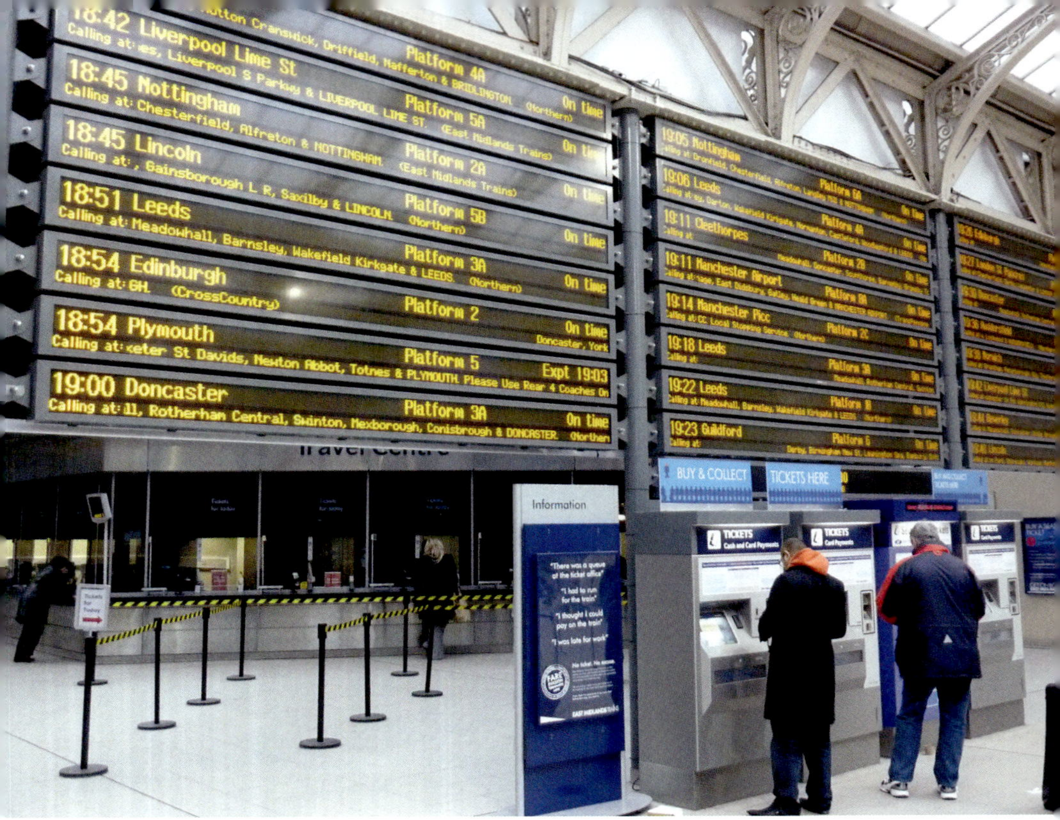

Train Stations

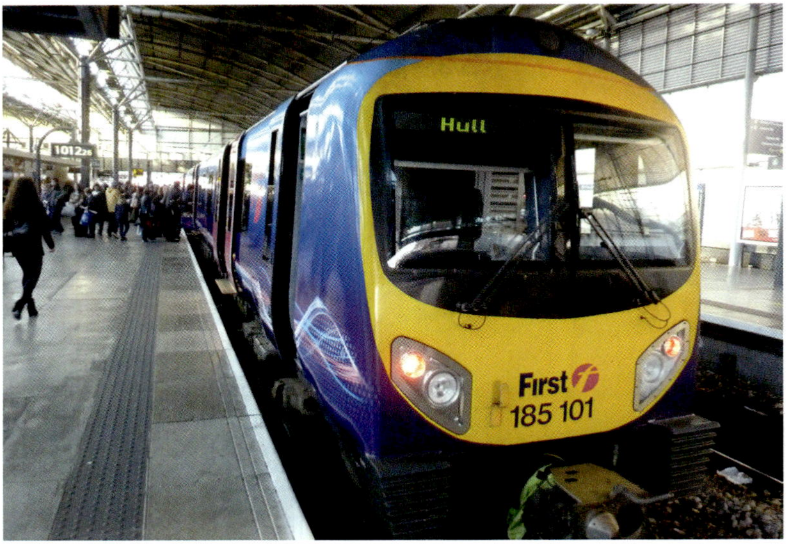

55. Der Schwalbenklub

10.12.2011, Bescot Stadium, League One
Walsall FC – Charlton Athletic, 1:1, 4.500 Zuschauer

Den Großteil der Midlands-Klubs hatte ich schon abgeklappert, als sich eine neue Reiseoption auftat: der Samstagmorgen-Flieger von Bratislava nach Birmingham International. Der brachte einen zur Mittagszeit nach Mittelengland, von wo aus man einige Grounds in Schlagdistanz hatte, um ein 15-Uhr-Kickoff-Spiel mitzunehmen. Walsall stand schon lange auf der Agenda, nicht zuletzt seit ich alle anderen Birmingham- bzw. Black-Country-Klubs abgehakt hatte und nur noch das Bescot Stadium übrig blieb.
Gesagt getan: mit Ryanair gen Birmingham, dort durch die Immigration und mit der Bahn weiter nach Birmingham New Street. Endlich mal wieder in der ewigen Baustelle ... Von Downtown Birmingham erreicht man Walsall recht schnell, Luftlinie sind es gerade mal 15 Kilometer, vorbei an West Bromwich und etwas östlich von Wolverhampton, also im besten Football Territory. Zudem gibt es einen Bahnhof am Ground, einen Stopp vor der Innenstadt. Das hatte zur Folge, dass ich vom Städtchen mit immerhin 170.000 Einwohnern de facto nichts sah – realistisch gesehen dürfte die klassische Industriestadt allerdings ihre besten Zeiten hinter sich haben und nicht mehr zum Weltkulturerbe aufsteigen, ergo war es kein touristischer Beinbruch.
Neben der optimalen Zuganbindung führt auch die M6 direkt am Ground vorbei, was der Klub nutzt, um mit einer riesigen Werbetafel ein paar Pfund extra zu generieren. Die „Saddlers", wie Walsall aufgrund der dort ansässigen Sattlereiindustrie genannt wird, sind allerdings erst seit 1990 im Bescot Stadium zu Hause. Zuvor spielte man fast 100 Jahre im „Fellows Park", der wie viele andere alte Grounds einem Supermarkt gewichen ist.
Das Stadion hat daher auch ein 90er-Jahre-Flair. Bei der Eröffnung handelte es sich tatsächlich erst um den zweiten Stadionneubau in der Football League seit 1950, dementsprechend wirkt alles etwas überholt. Die zweirangige Hintertortribüne ist zwar beachtlich, die rest-

lichen drei Stands allerdings eher klein, zudem haben sie Säulen, um das Dach zu tragen, was dieser Tage nicht mehr wirklich „state of the art" ist. Dennoch ist der Ground für den Klub durchaus angemessen. Großer Fußball wird hier nicht unbedingt gespielt. Unter dem Namen „Walsall Town Swifts", also „Schwalben", von denen bis heute eine das Wappen ziert, war man zwar ein Team der zweiten Stunde und bei der Gründung der 2nd Division 1892 mit dabei. In der Folge musste man die Liga allerdings verlassen und kehrte erst bei der Gründung der 3rd Division 1921 wieder in die Football League zurück. Interessanterweise schaffte Walsall den „Gründungs-Hattrick" und war auch 1958 dabei, als die 4th Division ins Leben gerufen wurde.

Ich hatte Glück mit der Partie: Mit Charlton war nicht nur ein recht attraktiver Gegner zu Gast, die Londoner untermauerten auch bereits früh in der Saison ihre Aufstiegsambitionen und kamen als Tabellenführer ins Banks Stadium, wie der Ground mittlerweile aus Sponsorengründen heißt. Walsall krebste zu diesem Zeitpunkt tendenziell auf den Abstiegsrängen herum, daher sollte die Sache auf dem Rasen eine klare Partie sein. Dennoch ging Walsall in Führung und verkaufte seine Haut teuer, um am Ende sogar ein Unentschieden mitzunehmen. Wohl auch aufgrund der Temperaturen hielt sich die Zuschauerzahl eher in Grenzen, dennoch unterstützten die Charlton-Fans ihr Team recht ordentlich – solide League-One-Stimmung.

Die Abreise gestaltete sich dann wegen des Bahnhofs hinter der Tribüne recht einfach: Ich musste über Birmingham weiter nach London. In New Street deckte ich mich für die Fahrt ein. Wie immer gab's Carling im Tesco nur im Viererpack, daher hatte ich keine Wahl und setzte mich mit vier Dosen Bier und etwas schlechtem Gewissen ob der Außendarstellung auf meinen reservierten Platz. Das Ganze wurde jedoch schnell dadurch relativiert, dass auf dem Platz neben mir eine Waliserin saß, die ebenfalls nach London musste und sich für die Wegstrecke Birmingham–London vorsorglich eine Flasche Wein zurechtgelegt hatte. Unnötig zu erwähnen, dass sie ohnehin schon gut angeheitert war und mir dies und das erzählte, von ihrer Alkoholtherapie und so weiter und so fort. Ich war also für meine Biere durchaus dankbar – und tendenziell erleichtert, als wir in Euston eintrafen und

die gemeinsame Fahrt zu Ende ging. Ich hielt mich nicht auf in der Hauptstadt: Es ging direkt Richtung Heathrow ins Ibis auf der Bath Road und mit dem günstigen 6-Uhr-Flieger am Sonntagmorgen zurück nach Wien.
Die „Ein Spiel"-Trips mit Frühflieger retour sind natürlich immer recht knackig. Nichtsdestotrotz war es eine erfolgreiche Tour: Immerhin konnte ich Walsall von der Liste streichen, hatte somit den Raum Birmingham endlich komplett und noch massig Sonntag daheim vor mir – auch nicht verkehrt.

56. Besuch beim Scheich

21.12.2011, Eastlands, Premier League
Manchester City – Stoke City, 3:0, 46.000 Zuschauer

„Ich liebe es, wenn ein Plan funktioniert!" – so Hannibal. Während das A-Team allen voran coole Panzer aus Schrottautos bastelte, hatte ich einen ähnlich spannenden Plan: auf einem Zwischenstopp auf dem Weihnachtsheimweg nach Deutschland die letzten beiden offenen Premier League Grounds mitzunehmen. Der Spielplan sah super aus: Dienstag Wigan, Mittwoch ManCity-Heimspiel, dann Weihnachten und die komplettierte Premier League feiern. Allerdings funktionierte der Plan dann natürlich nicht: Die Terminierungen wurden noch mal durchgemischt und in der Folge fanden beide Partien am Mittwoch statt – super! Aber man muss flexibel sein und die Feste feiern, wie sie fallen. Also entschied ich mich für einen Abstecher nach Wolverhampton als gute Alternative für den Dienstag und setzte ManCity für den Mittwoch aufs Programm.

Dies hatte den kleinen Vorteil, dass die Anreise sich etwas leichter gestaltete und mit einer Nacht in Birmingham noch ein zweiter Zwischenstopp auf der Agenda stand. Das Spiel bei den Wolves hatte dann auch in der Tat keinen Plan-B-Charakter: Der zweite Besuch in Molineux bestätigte den tollen Eindruck des Erstbesuchs und gab zudem einen Einblick in die Umbauvorhaben, die das Schmuckkästchen durch die neue Hintertortribüne noch eine Ecke schöner werden ließen.

Am Mittwoch ging es dann per Megabus nach Manchester, wo genug Zeit blieb, um die Stadt zu genießen und im Arndale das Weihnachtsgeld zu investieren, bevor es dann wieder Zeit für Fußball war. Ich hatte ja bereits eine Stadiontour bei City hinter mir, zu der ich damals mit dem Bus ab Piccadilly anreiste. Da der Ground vom Bahnhof aus gut zu sehen ist und ich ohnehin viel Zeit hatte, entschied ich mich für den Fußweg.

Der gestaltete sich nicht uninteressant, da man so ein paar neue Eindrücke aus der Gegend abseits der Innenstadt sammeln konnte. Wie generell in Manchester wurden die weitgehend industriellen Gebäu-

de, die ehemaligen Cotton Mills, entweder sehr schön in Wohnraum umgewandelt oder komplett abgerissen und neue Wohneinheiten errichtet, sodass der Marsch größtenteils an recht neuen Anlagen vorbeiführte. Die Gegend rund um das Stadion trägt den Namen „Eastlands", der östlichen Lage von der Innenstadt aus Rechnung tragend. Auch der Ground an sich trägt den informellen Namen Eastlands, was wohl damit zu tun hat, dass das Stadion recht neu ist. Zu den Commonwealth-Spielen 2002 als „City of Manchester Stadium" erbaut, zog ManCity 2003 nach 80 Jahren an der Maine Road in die neue Arena ein, in der die Laufbahn bis dahin entfernt wurde. Seitdem trug das Stadion verschiedene offizielle Namen, zuletzt „Etihad Stadium", nach dem Hauptgeldgeber der Citizens. Daher stellt der Name „Eastlands" eine neutrale und konsistente Alternative dar, die durchaus auch in den Medien hin und wieder benutzt wird.
Der Klub Manchester City ist als solches eines der Phänomene des heutigen englischen Fußballs, für die es im Grunde zwei verschiedene Klubgeschichten gibt: vor und nach dem Einstieg von Geldgebern aus Nahost. Die Gründung erfolgte 1880 als Ardwick Association Football Club, die Umbenennung in Manchester City fand 1894 statt, und der erste größere Erfolg konnte zehn Jahre später mit dem FA-Cup-Triumph 1904 gefeiert werden. Über weite Strecken konnten die Citizens einen Platz in der höchsten Spielklasse halten, mit zwei Meisterschaften 1937 und 1968. Legendär zudem der FA-Cup-Sieg 1956, in dessen Finale der deutsche Torhüter Bert Trautmann trotz angebrochenem Genick das Spiel zu Ende spielte und den Pokalsieg festhielt.
Nicht zuletzt deshalb gilt Trautmann als City-Ikone. Als Kriegsgefangener nach Nordwestengland gekommen, fielen bald seine Fähigkeiten als Goalkeeper auf, was ihm zwar den Vertrag bei Manchester City einbrachte, allerdings auch mit großen Protesten seitens der Fans einherging, die so kurz nach dem Krieg keinen deutschen Spieler in der Mannschaft sehen wollten. In 15 Jahren brachte Trautmann es auf über 500 Spiele für City, und ohne die schwere Verletzung im Pokalfinale wären es wohl noch einige mehr geworden.
Ihm sollten im Laufe der Jahre einige andere deutsche Spieler im Dress der Citizens folgen, allerdings nicht unbedingt die erste Garde. Mit

Eike Immel trat ein weiterer deutscher Torhüter Trautmanns Erbe an, mit Michael Frontzeck, Steffen Karl und Maurizio Gaudino zudem einige Feldspieler, die es allerdings alle nur auf eine überschaubare Anzahl Einsätze brachten. Jerome Boateng hatte eine Saison Zwischenstopp bei City, ebenso wie Tanne Tarnat nach seiner Bayern-Zeit. Didi Hamann wechselte von Liverpool für drei Jahre nach Manchester. Den größten Einfluss auf den Klub dürfte aber Uwe Rösler gehabt haben, der Mitte der 90er-Jahre mehr als 150 Spiele machte und dabei 50 Tore erzielte. Als „fan favourite" spielten die City-Fans mit Röslers deutscher Herkunft und sangen, an den Stadtrivalen ManUtd gerichtet, gerne einmal: „Uwe's grandad bombed Old Trafford", eine Anspielung auf die Schäden, die die deutsche Luftwaffe 1941 beim Bombardieren der Hafenanlagen auch an Old Trafford verursacht hatte. Es gab sogar entsprechende T-Shirts mit einem deutschen Bomber auf der Brust und es existieren Fotos, auf denen Rösler selbst das T-Shirt trägt. In England macht man besser mit beim Banter …

Der Klub selbst konnte wie erwähnt auf eine recht solide Vergangenheit zurückblicken, kam aber Mitte der 90er-Jahre in eine größere Krise. Während der Stadtrivale sich als eines der besten Teams in Europa etablierte, unter anderem mit dem Triple 1999, ging es für City bergab, bis in die dritte Liga. Dennoch galt unter Fußballfreunden City im Grunde als sehenswerter, als „echter" Klub aus Manchester, mit der solideren Fanbasis als Manchester United. Das Bild wurde entsprechend gepflegt: Es gab Statistiken, wie viel Prozent der Jahreskarteninhaber den Wohnsitz in Manchester haben, Carlos Tevez wurde bei seinem Wechsel von United zu City mit einem Banner „Welcome to Manchester!" begrüßt, auch der Tatsache Rechnung tragend, dass Old Trafford streng genommen nicht in Manchester steht, sondern eben in Trafford.

Die sportlichen Karten wurden jedenfalls 2007 bzw. 2008 neu gemischt: mit dem Einstieg von Großinvestoren. Seit 2008 gehört City dem Königshaus Abu Dhabi, das unmittelbar damit begann, unfassbare Geldbeträge in den Klub zu pumpen (nahezu 250 Millionen Euro in den ersten beiden Jahren). Der Erfolg bliebt nicht aus: Zwei Premier-League-Titel 2012 und 2014 stellten die logische Konsequenz dar – das Ganze immerhin nur 13 Jahre nach dem Aufstieg von der dritten in die zweite Liga. Mit dem ursprünglichen Klub hat das Unternehmen daher aber auch nur noch bedingt zu tun und seitdem haftet der Mannschaft das Stigma des zusammengekauften Söldnerteams an, vielleicht mehr als jedem anderen Klub. Zudem änderte sich auch die Fanstruktur und so mancher Die-Hard Citizen, der sein Team in der dritten Liga gegen Gillingham unterstützte, wird sich heute verwundert im Stadion die Augen reiben ob der Family Section, der Business Seats und der zahlreichen Besucher aus Asien.

Investor hin oder her, ich freute mich auf das Spiel. Die Karte war lange bestellt und lag im Ticket Office zur Abholung bereit, mit ausreichend Zeit für eine Stadionrunde. Die markantesten Merkmale des Grounds sind mit Sicherheit die acht Aufgänge in den zweiten Rang, die von außen wie Türme aussehen und an denen auch die Dachkonstruktion hängt. Mit dem Flutlicht in Verbindung mit der Weihnachtsbeleuchtung sah das Stadion von außen sehr imposant aus. Auf dem Vorplatz spielte eine Blaskapelle und es lag generell Weihnachten in der Luft.

Ich entschied mich, eine gute halbe Stunde vorm Anpfiff meinen Platz einzunehmen, wie in England üblich war ich somit einer der Ersten, konnte aber so das Aufwärmen verfolgen und ausführlich Bilder vom Ground machen. Ich hatte einen Platz im Oberrang, in der Family Section, was aufgrund des Spieltermins unter der Woche möglich war. Am Wochenende gibt es hier ausschließlich Tickets, wenn mindestens ein Kind mit dabei ist. Für ganze 30 Pfund – ein durchaus guter Deal. Obwohl der Sektor die Verlängerung der Eckfahne darstellte, war die Sicht ausgezeichnet, nicht zuletzt vor dem Hintergrund, dass der Ground mit 48.000 Plätzen nicht wirklich groß und einem Klub mit den Ansprüchen von ManCity mit Sicherheit von der Kapazität her nicht angemessen ist. Entsprechend plant der Klub derzeit eine Erweiterung auf 60.000 plus. Damals wirkte das Stadion jedenfalls noch sehr kompakt und stimmig. Das geschwungene Dach und die wellenartigen Stands fügten sich gut zusammen und sorgten für eine ganz ordentliche Atmosphäre.

Die Temperaturen und die nur sehr überschaubaren Erfolgsaussichten hatten zur Folge, dass Stoke den Away-Sektor nur zu zwei Dritteln füllte. Gut, unter der Woche ist es immer ungünstig, trotzdem stellen die 75 Kilometer Distanz eigentlich keine wirklich große Hürde dar. Letzten Endes verpassten die daheim gebliebenen „Stokies" aber nicht viel: City zeigte klar, wer Herr im Haus ist, und fuhr mit 3:0 einen Dreier ein, unter anderem durch zwei Tore von Agüero. Daran konnte selbst Stokes Abwehrchef Robert Huth nichts ändern. Auf die Ränge übertrug sich die Leistung aber nur bedingt: Mit Sicherheit hatte mein Platz im Family Sector damit zu tun, dass die Stimmung eher steril und einstudiert wirkte, wie zum Beispiel der „Poznan", also das Feiern eines Tores, indem man mit Nebenmännern Arm in Arm dem Spielfeld abgewandt herumhüpft. Scheinbar hatten die City-Fans diese Art zu jubeln bei einem Spiel bei Lech Poznan aufgeschnappt und pflegten dies seitdem selbst. Kann man machen, muss man aber nicht.

Nach dem Abpfiff hielt ich mich nicht lange auf. Stattdessen nutzte ich den Fußmarsch zurück in die Innenstadt, um mich etwas aufzuwärmen, und war rechzeitig zu „Match of the Day" in der Travelodge. Noch mal kurz entspannen, bevor am folgenden Tag der Bus nach Victoria und von Gatwick der Flieger gen Frankfurt in den Weihnachtsstress ging.

57. King of Caravans

06.01.2012, Pirelli Stadium, League Two
Burton Albion – Accrington Stanley, 0:2, 2.500 Zuschauer

Für unsere Januar-Tour 2012 standen drei der klangvollsten Namen auf dem Programm, die der englische Fußball zu bieten hat: Burton, Morecambe, Peterborough. Selbstredend bestimmte der Spielplan die Konstellation, nicht die Klubs, Matches oder Grounds, und entlang des Weges zu allen 92 Grounds muss man eben überall einmal vorbei. Der Feiertag am 6. Januar half bei der Entscheidungsfindung und so war klar, dass wir die Tour in Angriff nehmen würden.
Los ging es mit der Freitagspartie in Burton-on-Trent – bequem von Birmingham aus mit dem Zug zu erreichen, also logistisch bekanntes Terrain. Über Heathrow und den Wetherspoon bei Victoria, wo ich Kollege Rolfes zum traditionellen Beer & Burger Special traf, ging es via Megabus gen Second City und wie schon bei der Tour zwei Wochen zuvor in die schicke Travelodge Moor Street. Hier stand kurz relaxen auf dem Plan: ein Bierchen zum Aufwärmen, englischer Dokuquatsch im TV, bevor wir am späten Nachmittag zum ersten Match der Tour aufbrachen. Nach Staffordshire sind es gerade einmal 30 Zugminuten von Birmingham New Street, also quasi eine Bierdosenlänge.
Bier ist das richtige Stichwort zu Burton, findet sich hier doch ein ganz erheblicher Teil der britischen Bierbrauindustrie wieder. Etwa jedes vierte britische Bier wird in Burton gebraut, unter anderem unsere UK-Stammmarke Carling. Dieser Tatsache Rechnung tragend, befindet sich das National Brewery Centre in Burton und – um den Bogen zum Fußball zu spannen – „Brewers“ ist der Spitzname des lokalen Klubs Burton Albion.
Die etwa zwei Kilometer Fußmarsch vom Bahnhof zum Stadion resultierten in einem ordentlichen Abendspaziergang. Die Lage eines Stadions in Industrie- oder Außenbezirken ist, wie wir mittlerweile wussten, ein deutlicher Indikator für einen Stadionneubau – so auch im Fall des Pirelli Stadium, das 2005 eröffnet wurde. In diesem Fall zog Albion aber gerade einmal über die Straße, vom alten Eton Park in den

Neubau, der seinen Namen der Tatsache verdankt, dass das Gelände ursprünglich zur Pirelli-Reifenfabrik gehörte.
Wir entschieden uns für die Terrace an der Spielfeldseite: Es ist immer ganz nett, wenn man in England noch Stehplatzfeeling bekommt, gerade bei winterlichen Temperaturen. In diesem Fall unterlief uns allerdings ein etwas ärgerlicher Fehler: Für die Terrace gab es keine Eintrittskarten, nur Cash Gates. Gegen Bares wurde also das Drehkreuz geöffnet und wir standen ohne das obligatorische Ticket im Ground. Rückblickend war das der einzige Spielbesuch der 92 Matches, von dem ich kein Papier-Ticket habe – Lesson learned.
Albion ist im Vergleich zu den meisten anderen Ligaklubs eher ein Jungspund. Fußball gab es in Burton schon lange: die Swifts, die Wanderers oder United. Albion wurde allerdings erst 1950 gegründet und spielte sehr lange lediglich Non-League-Fußball. 2009 gelang erstmals der Aufstieg in die Football League. Mit Accrington war ausgerechnet ein anderer Football-League-„Neuling" zu Gast, was der Atmosphäre allerdings keinen Abbruch tat. Zum einen machten die Auswärtsfans ganz gut Stimmung, wohl auch aufgrund des verdienten Auswärtserfolgs. Accrington verfügt über eine kleine, aber feine aktive Szene. Der Name „Stanley Ultras" ist wohl etwas über das Ziel hinausgeschossen, dennoch war der Support sehr ordentlich, unter anderem mit dem Klassiker „Just can't get enough" in der Dauerschleife. Zum anderen unterhielten sich die Burton-Fans prächtig selbst. Die Gruppe Teenager, die vor uns auf der Terrace stand, spielte das lustige Spiel, dem anderen die Mütze runterzureißen und diese quer durch den Block zu werfen. Außerdem gab es „friendly banters" zwischen den Heimstands. Die Hintertortribüne wurde humoristischerweise gesponsert von „Don Amott – King of Caravans", was regelmäßig den Chant „You're the King of Caravans" Richtung ebendieses Stands zur Folge hatte. Britischer Humor, sehr schön!
Das Gesamtpaket aus dem relativ ansehnlichen Stadion, dem netten Match und der für vierte Liga recht annehmbaren Stimmung wurde als durchaus positiv wahrgenommen. So machten wir uns nach dem Schlusspfiff gut gelaunt wieder auf die zwei Kilometer Fußmarsch zum Bahnhof. Erstaunlicherweise gestaltete es sich in der Bierhauptstadt

dann eher schwierig, noch etwas Flüssiges zu ergattern. Letzten Endes musste der gute alte Off License herhalten, und mit einem Viererpack Carling bewaffnet bestiegen wir den Zug zurück nach Birmingham. Tourstart erfolgreich im Sack!

58. Fisch, Shrimps und alles Mögliche

07.01.2012, Globe Arena, League Two
Morecambe FC – Northampton Town, 1:2, 1.900 Zuschauer

Tag zwei der Tour – und wie immer, wenn man am Samstagmorgen in den Midlands aufwacht, bot es sich an, einen schwieriger zu erreichenden Ground zu machen. Was kann es an einem Januarwochenende Schöneres geben als einen Ausflug zum Strand? Richtig: nichts! Daher steuerten wir Morecambe an, ein Seaside Resort im Nordwesten Englands, an der Irischen See. Die Anreise gestaltete sich sogar recht angenehm: Von Birmingham aus waren es gerade einmal zwei Stunden mit einmaligem Umsteigen in Lancaster, ehe wir am Bahnhof in Morecambe standen, bereit, das Städtchen genauer in Augenschein zu nehmen.

Dieses Unterfangen gestaltete sich jedoch etwas schwierig. Der Spaziergang am Strand entlang wurde durch den eisigen Wind, der vom Meer her kam, stark erschwert. Außerdem ist vom einstigen Glanz des ehemaligen Ferienziels nicht mehr viel zu sehen. Die Besucherzahlen sind seit einigen Jahrzehnten kontinuierlich gesunken, viele Restaurants oder Amusement Centers stehen leer – einzig das Midland Hotel thront noch über dem Strand: ein wunderschönes Art-déco-Gebäude, das etwas Stil in die Szenerie bringt. Aufgrund der Temperaturen und auch der Seeluft entschieden wir uns für ein traditionelles Fish&Chips-Mittagessen und kehrten in einen Chip Shop ein, wohlgemerkt empfohlen von footballgroundguide.com. Wir gönnten uns eine Scholle aus der Morecambe Bay, also lokalen Fisch – sehr lecker.

Zu Fuß ging es weiter Richtung Ground, wobei die Strecke nicht allzu weit war, nicht zuletzt da Morecambe mit 40.000 Einwohnern nicht unbedingt eine Großstadt ist. Vielmehr wurde beim Marsch zum Stadion das Wesen der Stadt etwas klarer: Wir passierten riesige Wohnwagen-Siedlungen. Scheinbar kommen hier viele Gäste nur für den Sommer, und entsprechend wenig war eben im Januar los.

Die Globe Arena tauchte direkt hinter den Wohnwagenparks auf. Der Name erinnert etwas an den Globen in Stockholm, die riesige Eishockey-Arena in Kugelform – allerdings nur vom Namen her. Im Fall von Morecambe hat er nichts mit der Form zu tun, sondern vielmehr damit, dass die Firma, die das Stadion gebaut hat, „Globe Construction" hieß. Der Ground ist noch recht neu: Erst 2010 zogen die „Shrimpers" hier ein. Davor spielte man lange im Christie Park – die meiste Zeit allerdings im Non-League-Bereich, erst 2007 erreichte Morecambe die Football League und setzte sich seitdem in der League Two fest.

Dass es in der Football League etwas härter zugeht, durfte Morecambe an diesem Tag wieder feststellen. Mit Northampton war kein großer Gegner zu Gast, dennoch gingen alle drei Punkte in die Midlands, sehr zur Freude der Northampton-Fans. Diese waren zwar nicht in Scharen angereist, aber die Delegation vor Ort wusste die Farben gut zu vertreten.

Wir hatten Karten für den Main Stand, der die restlichen Stands bei weitem überragt. Insbesondere im Vergleich zur rudimentären Gegengerade wirkt die Haupttribüne fast schon überdimensioniert. Dennoch wehrten wir uns nicht gegen die Abschirmung vor dem kalten Wind und nahmen den Komfort der Plätze gerne in Kauf. Das Spiel gestaltete sich dann als klare Sache: Northampton ging Anfang der zweiten Halbzeit mit 2:0 in Führung, der Anschlusstreffer in der Schlussphase hatte nur noch kosmetischen Charakter.

Wir hatten nach der Partie noch etwas Zeit in Morecambe. Diese nutzten wir zu einem Besuch der Eric-Morecambe-Statue an der Strandpromenade. Eric Morecambe war ein bekannter Comedian im britischen Fernsehen und wählte seinen Künstlernamen nach seiner Heimatstadt. Seine Popularität über den Tod hinaus brachte ihm die Statue ein, wobei das jemanden nicht daran hinderte, der Statue 2014 einen Fuß abzusägen …

Mit dem Besuch der Statue war das Sightseeing abgeschlossen. Die einzige andere Attraktion von Morecambe, die Wahl der Miss Großbritannien, hatte nach über 30 Jahren zuletzt 1989 stattgefunden. Ob eine Misswahl in England sehenswert wäre, sei einmal dahingestellt. Jedenfalls blieb nicht viel übrig, und wir fanden uns auf ein Pint im Pub wieder – nicht die schlechteste Alternative. Um kurz nach sieben wartete dann aber der Zug, wohlgemerkt Richtung Leeds, aus logistischen Gründen.

Wir kamen mit knurrenden Mägen in Yorkshire an, checkten in die örtliche Travelodge ein und hatten eigentlich das Thai Restaurant neben dem Hotel im Visier. Es war dann allerdings so frequentiert, dass wir keinen Platz mehr ergattern konnten. Wir machten uns also auf die Suche nach einer Alternative und stolperten über das „Red Hot World Buffet". Es sollte eine signifikante Wendung in der kulinarischen Orientierung auf unseren England-Touren sein. Wer das englische „World Buffet"-Konzept nicht kennt: Im Grunde handelt es sich hierbei um ein All You Can Eat Buffet, bei dem es Speisen aus aller Herren Länder gibt: Pizza, Sushi, Braten, Tacos, Hamburger, Indisch, Pfannkuchen, Ente süß-sauer. Alles! Soviel man will. Vom Nachtischbuffet ganz zu schweigen. Und das für 15–20 Euro. Wer sich schon mal ins Koma gesoffen hat: Gratulation. Wer sich schon mal beim „Red Hot World Buffet" ins Koma gefressen hat: Gratulation in Gold. Wir spachtelten jedenfalls so ordentlich rein, dass sich die Frage nach dem Absackerbier komplett erledigte, einfach weil im Magen nicht mal für ein Pint mehr Platz war. Komatös schleppten wir uns zurück zum Hotel und vegetierten durch die Nacht. Frühstück war gestrichen. Eh klar.

59. Very posh

08.01.2012, London Road, FA Cup
Peterborough United – Sunderland AFC, 0:2, 9.000 Zuschauer

Obwohl wir an den beiden Tagen zuvor League Two Football besucht hatten, lag der Fokus des Wochenendes eigentlich woanders. Traditionell fand Anfang Januar die erste „richtige" Runde des altehrwürdigen FA Cup statt. „Richtig", da die Klubs unterhalb der Football League zunächst einmal mehrere Qualifikationsrunden spielen müssen. Danach steigen die Teams aus den Leagues One und Two ein, und erst in der dritten Runde (die sogenannte „Third Round Proper") mischen dann endlich die Premier-League- und Championship-Teams mit. Der FA Cup gilt gemeinhin als ältester Fußballwettbewerb der Welt: Seit immerhin 1871/72 wird der Pokal ausgespielt, also mehr als 15 Jahre, bevor der Ligabetrieb aufgenommen wurde. Zu dieser Zeit fehlten noch die bekannten Klubnamen in der Siegerliste. Vielmehr trugen sich stattdessen Teams wie Wanderers FC, Royal Engineers oder Oxford University ein. Erst 1884 gewann mit Blackburn Rovers ein bis heute existierender Klub den Cup, wohlgemerkt gleich drei Mal in Folge. Seitdem gab es keinen Titelträger mehr, der heute nicht auch in der Football League spielt. Rekordsieger sind die Gunners, mit immerhin 13 Triumphen.

Wir hatten das Glück, dass die Losfee eine nicht ganz uninteressante Partie zog: Peterborough als Zweitligist gegen Sunderland aus der Premier League. Gerade die Matches, bei denen der Underdog nicht chancenlos ist, werden gerne einmal als TV-Spiele hergenommen und daher fand die Partie auch am Sonntag statt – ideal für unsere Tourenplanung. Erst mal war in Leeds ausschlafen angesagt, ein seltener Luxus auf unseren Touren, aber nach der Fressorgie vom Vorabend bitter nötig. Um kurz nach zwölf ging dann der Zug Richtung Peterborough.

Gerade einmal 90 Minuten Fahrzeit, dann standen wir vorm Bahnhof. Große Erwartungen an die Stadt hatten wir eigentlich keine. Peterborough war in den 60er-Jahren als „New Town" geplant worden, also als Stadt, in der mehr oder weniger künstlich signifikant mehr Bevölkerung angesiedelt werden sollte. Entsprechend dachten wir eher an Betonplattenbau – wurden aber sehr angenehm überrascht. Das Stadtzentrum ist geprägt von verschiedenen historischen Gebäuden, allen voran von der riesigen Kathedrale „The Cathedral Church of St Peter" aus dem 12. Jahrhundert. Einen Besuch ließen wir daher nicht aus – ein eindrucksvoller Bau.

Nach ein paar Runden durch die Innenstadt ging es für uns weiter Richtung London Road, über den River Nene. Von der Brücke aus konnte man die Heimstätte von United schon bestens begutachten. Ein erfrischender Old-School Ground, charakteristisch mit den überdachten Terraces hinter den Toren, deren Überdachung in der Mitte spitz zu einem Giebel zusammenläuft. Dazu noch eine recht moderne Tribüne an der Spielfeldseite und ein traditioneller älterer Main Stand auf der anderen Seite, das Ganze hinter einer Reihenhauszeile – herrlich.

Sportlich spielte Peterborough bis heute noch keine große Rolle. Der Klub wurde erst in den 30er-Jahren gegründet, nachdem der Vorgängerklub Peterborough & Fletton United FC den Betrieb eingestellt hatte, ohne jemals in der Football League gespielt zu haben. Ähnlich erging es lange auch United: Erst 1960 wurde man in die Liga gewählt, nach recht beachtlichem Erfolg im Non-League-Bereich. Aus den Urzeiten des Fußballs in Peterborough stammt der Spitzname des Klubs: „Posh", also so viel wie schick, vornehm oder nobel. Hintergrund war der Aufruf eines ehemaligen Managers, er würde „posh" Spieler für ein „posh" Team suchen. Das Ganze fand 1921 statt – glasklar also, dass Victoria Beckham aka Posh Spice 80 Jahre später auf die Idee kam, die Namensrechte einzuklagen.

Etwas schlechter, was die Erfolgsaussichten anging, sah es für Peterborough für die anstehende Partie aus. Man spielte zu dieser Zeit zwar in der Championship, allerdings ohne wirklich realistische Chance auf den Klassenerhalt. Dementsprechend war der Abstand zu Sunderland viel zu groß für eine Überraschung. Der Erstligist zog sich mit einer anständigen Leistung und einem 2:0-Erfolg gut aus der Affäre – das Ganze vor einer prächtigen Kulisse mit Stimmung von beiden Seiten, zu der nicht zuletzt die Terraces beitrugen.

Nach dem Abpfiff hatten wir noch etwas Zeit, scheiterten aber in unserem Bemühen, etwas zu essen aufzutreiben: Der 24h-ASDA-Supermarkt hatte unfassbarerweise geschlossen, ergo ging es mit leerem Magen Richtung London, das zum Glück nur etwas unter einer Stunde Fahrzeit entfernt lag. Wieder einmal eine schöne Erinnerung an die englische Pendelkultur. Ich hatte zu dieser Zeit beruflich viel mit einem Engländer zu tun, einem Wirtschaftsprüfer. Der wohnte samt Familie in Peterborough, arbeitete aber in Canary Wharf. Einfacher Weg sicher eineinhalb bis zwei Stunden. Kosten pro Wegstrecke: 50 Euro. Wer es mag …

Wir hauten uns in London beim Burger King die knurrenden Mägen voll, ehe die endlose Zuckelei Richtung ibis Airport Hotel mit der Tube angegangen werden musste. In der Unterkunft angekommen, lief alles wie üblich, sprich man muss um 4 Uhr aufstehen – was noch erträglich ist, wenn man sich einfach um 21 oder 22 Uhr aufs Ohr haut. Stattdessen zappten wir rum und blieben beim Film „Adventureland“ hängen. So ging dann erst nach zwölf das Licht aus. Die Freude beim Ausstellen des Weckers am nächsten Morgen war riesengroß!

60. Englandfeeling pur

06.04.2012, Turf Moor, Championship
Burnley FC – Brighton & Hove Albion, 1:0, 13.500 Zuschauer

Nach knappen vier Monaten stand die nächste Reise gen Insel auf der Agenda: die mittlerweile traditionelle Ostertour. Wieder einmal hatten die Herren (und – wenn auch eher unwahrscheinlich – Damen) in der Spielplanabteilung ganze Arbeit geleistet und wir hatten mit fünf Spielen an fünf Tagen ein schönes Programm, wobei wir am Sonntag sogar (wenn auch ärgerlicherweise) fußballfrei hatten.
Los ging es am Gründonnerstag: Anreise über Bratislava, für eine Nacht nach London ins luxuriöse Easyhotel und am nächsten Morgen um halb zehn mit Virgin Trains Richtung Manchester. Hier hatten wir selbstredend die Arndale Traveldoge gebucht. Noch war es aber nicht Zeit, das Quartier zu beziehen. Erst mal standen nicht ein, sondern gleich zwei Spiele auf der Agenda, wie schon am Karfreitag in den beiden Jahren zuvor.
Die erste Partie brachte uns zu einer „As english as it gets"-Location: Burnley. Im Umland von Manchester gelegen, handelt es sich um eine 90.000-Einwohner-Stadt, die klassisch auf die Industrielle Revolution zurückgeht, während der sich hier zahlreiche Webereien ansiedelten und so für einen Aufschwung sorgten. Mit dem Ende der Industrieepoche folgte ein massiver Abschwung. Die Stadt gilt heute als Schlafstadt im Einzugsbereich von Manchester.
Letzten Endes braucht man mit dem Zug etwa 90 Minuten, wobei man in so pittoresken Örtchen wie Hebden Bridge umsteigen muss. Die Fahrt als solches gestaltete sich für uns recht spannend: Die Route führt durch die Täler der Pennines, die sich zwar nur etwa 500 Meter über den Meeresspiegel erheben, auf denen aber tatsächlich Anfang April noch Schnee lag – nicht unbedingt etwas, das wir in England erwartet hätten. Von Manchester kommend erreichten wir in Burnley passenderweise den Bahnhof „Manchester Road", von dem aus man den Ground bereits sehen konnte.
Dass der Ort keine Großstadt ist, manifestiert sich nicht zuletzt dar-

in, dass Burnley eine der kleinsten Städte ist, in denen jemals Premier League Football gespielt wurde. Stolz verweist man darauf, dass für jeden dritten Einwohner Platz ist in Turf Moor, dem kultigen Stadion der „Clarets". Ein Städtchen, irgendwo hinter den sieben Bergen bei den sieben Zwergen, mit passionierten Fans und einem Stadion, das die einzige Sehenswürdigkeit bzw. an Spieltagen das Epizentrum der Region darstellt ... Wer denkt da nicht an Kaisersl... lassen wir das.

Wir freuten uns auf eine sehr schöne Partie. Burnley hatte in der Saison 2009/10 einen kurzen Abstecher in die Premier League unternommen, entsprechend herrschte rund um den Klub eine gewisse Euphorie. Zudem spielte Burnley in der englischen Fußballhistorie durchaus eine wichtige Rolle. 1888 war man einer der Gründungsmitglieder der Football League gewesen, 1921 Meister, und auch in den Nachkriegsjahren spielte man oben ganz ordentlich mit, gekrönt mit einem Meistertitel 1960. Burnley spielte in der Folge international, scheiterte aber sowohl im Landesmeistercup als auch im Messepokal jeweils im Viertelfinale an deutschen Klubs: an Eintracht Frankfurt und dem HSV. Danach folgten viele schwere Jahre in der Unterklassigkeit, ehe der Klub nach fast 40 Jahren wieder erstklassig spielte. Angeblich soll kein Geringerer als Prinz Charles Burnley-Sympathisant sein. Ob dem wirklich so ist, sei ob des wenig royalen Flairs, das den Klub umgibt, einmal dahingestellt.

Der Ground könnte schöner nicht sein, angefangen mit dem Namen: Turf Moor, der Moorrasen, ein herrlich englisches Bild. Seit 1883 wird hier Fußball gespielt, nachdem man zuvor am benachbarten Cricketfeld kickte. Im Laufe der Jahre hat das Stadion selbstredend verschiedene Veränderungen gesehen, hat aber die letzte Modernisierungswelle nicht mitgemacht. Der Charakter erinnert noch stark an die Taylor-Report-Ära, es ist also ein reines Sitzplatzstadion, wobei zumindest auf der Haupttribüne noch schöne alte Holzsitze installiert sind, die sicher schon das ein oder andere Match der letzten Jahrzehnte gesehen haben dürften. Die Gegentribüne sowie eine Hintertortribüne sind klassische zweirangige Sitzplatz-Stands, mit Sitzschalen in den Vereinsfarben. Hinzu kommt die zweite Hintertortribüne, etwas rudimentärer als die anderen Stands und daher fast logisch für die Auswärtsfans reserviert.

Zum Stadion gelangt man über den Harry Potts Way, benannt nach dem Meistertrainer der 1960er-Mannschaft, vorbei an Pubs und einer Werbetafel für Dauerkarten: „Not HD, not 3D. Real football for real fans!" Wahre Worte, schöne Atmosphäre.
Das Spiel als solches gestaltete sich dann ganz ordentlich, aber nicht berauschend. Mit Brighton war ein solider Gegner zu Gast, der den Away-Sektor ganz gut füllte und durch Aufstiegsambitionen zudem sportlich für Unterhaltung sorgte. Für uns war das schon mal eine Sichtung für unseren Besuch in Brighton am anstehenden Dienstag. Am Ende stand es 1:0 für Burnley durch ein Tor in der ersten Halbzeit, vor immerhin 13.000 Zuschauern.
Nach dem Match hieß es, keine Zeit zu verlieren: Ab zurück zum Bahnhof, um den zweiten Fußballgang des Tages zu uns nehmen zu können, Macclesfield gegen Shrewsbury Town. Präzisionsarbeit war hier gefragt. Der Zug aus Burnley erreichte Manchester Victoria um 18:32 Uhr, Abfahrt nach Macclesfield in Manchester Piccadilly war 18:48 Uhr – also 16 Minuten Zeit zum Umsteigen. Klingt komfortabel, aber die 1,6 Kilometer Distanz zwischen den Bahnhöfen machten die Sache sportlich, und so saßen Cardiokönig Rolfes und ich als Cardioverweigerer zwar pünktlich, aber einigermaßen außer Atem im Zug gen Macclesfield.
30 Zugminuten zum Erholen waren uns vergönnt, dann wartete ein weiterer Marsch zum Stadion auf uns, und obwohl wir mit ein paar Minuten Vorlauf am Ground ankamen, war die Schlange am Ticket Office so lang, dass wir die ersten Minuten der Partie verpassten und zudem ordentlich Regen abbekamen. Allerdings kein Vergleich mit den Gästefans aus Shrewsbury, die wirklich zahlreich ihren Weg in den Moss Rose Ground gefunden hatten, dort aber dann auf der unüberdachten Hintertortribüne durchnässt wurden. Dennoch lieferten sie einen prächtigen Auswärts-Support für ein tolles Spiel: 1:3-Auswärtssieg für die Gäste. Das war bereits ein Indikator, dass sich Macclesfield Town schwertun würde, den Platz in der Football League zu halten – 2012 ging es dann auch in die Conference.
Nach der Partie hatten wir drei Grundbedürfnisse: ins Trockene, Bier und Essen. Die Carling-Dosen gab's im Off License. Im Kebabladen

holten wir uns was zu beißen, wobei die südosteuropäischen Betreiber begeistert waren ob unserer Herkunft und alle Ruhrpottklubs abfragten – sie hatten vorher einen Kebabladen in Herne gehabt. Mit dem leckeren Döner im Gepäck ging's in den trockenen Zug, in Manchester dann in die warme Travelodge Arndale zur Nachtruhe. Business as usual: wieder ein toller Zwei-Spiele-Karfreitag und ein guter Tourauftakt.

61. Riverside Pegnitz

07.04.2012, Riverside Stadium, Championship
Middlesbrough FC – Cardiff City, 0:2, 17.500 Zuschauer

Zweiter Tag, drittes Spiel der Tour. An diesem Tag stand ein echter Klassiker auf dem Programm: Middlesbrough. Obwohl nicht die allererste Sahne des englischen Fußballs, ist der Name durchaus eine Hausnummer – nicht zuletzt, weil doch der ein oder andere prominente Name für den Klub kickte, aus deutscher Sicht Christian Ziege oder Robert Huth. Markant auch Fabrizio Ravanelli, der bereits in jungen Jahren ergraute Italiener, der zwei Jahre für Middlesbrough kickte und in der Zeit neben seinen Toren in erster Linie mit Unmutsäußerungen über die Stadt, den Klub, die Fans und das Training auf sich aufmerksam machte.

Sportlich erlebte der 1876 gegründete Klub seinen Höhenflug Mitte der 2000er-Jahre. Neben dem League-Cup-Erfolg 2004 steht mit einem UEFA-Cup-Finale 2006 ein weiteres Highlight auf dem Briefbogen. Der Klub darf sich zudem zu den Gründungsmitgliedern der Premier League 1992 zählen. Nach fünf Jahren ging es allerdings wieder in die zweite Liga – kurioserweise aufgrund eines Punktabzugs wegen einer Partie, zu der man nicht antrat.

Bevor es um Fußball ging, mussten wir erst mal von Manchester in den Nordosten kommen und hatten dazu Tickets für den Megabus gebucht. Knappe drei Stunden, 7 Pfund pro Nase – und als kostenloses Extra auf den Sitzen direkt hinter uns zwei Typen auf dem Höhepunkt einer Erkältung, denen scheinbar auch das Konzept von Taschentüchern nicht geläufig war. In der Folge wurde die Fahrt also akustisch damit untermalt, dass im Wechsel Rotzschnecken zurück in die Nase gezogen wurden. Andere Länder, andere Sitten. Nur nicht anstecken auf der Englandtour! Doch wir kamen ohne Virenübergiff in Middlesbrough an, am recht zentralen Busbahnhof, und gingen erst mal auf Erkundungstour.

Allzu viel gab es im Städtchen nicht zu bestaunen: vom Charakter her ein lokales Einkaufszentrum, mit Arkaden und einer Mall, nicht wirk-

lich viel außen rum. Dies hat wohl nicht zuletzt damit zu tun, dass Middlesbrough im Grunde eine reine Industrie-Zweckstadt ist, in Deutschland vielleicht mit Wolfsburg vergleichbar. 1800 zählte man gerade einmal stramme 25 Einwohner, heute sind es um die 140.000. Die Lage an der Mündung des Rivers Tees machte die Stadt für die Schiffsbauindustrie sehr interessant. Zudem errichtete man die Transporter Bridge, also eine Art Schwebefähre, auf der man elegant den Fluss überqueren kann und die mit Sicherheit das prägnanteste Wahrzeichen der Stadt darstellt. Wir taten uns recht schwer, die vier Stunden bis zum Anpfiff mit Sightseeing zu füllen, und entschieden uns daher nach kurzer Zeit, den örtlichen „Wetherspoon" aufzusuchen, für Beer & Burger satt.
Nach einigen gepflegten Pints rückte der Anpfiff näher und wir machten uns auf Richtung Ground, ein kurzer Fußmarsch vom Zentrum aus. Prägnant hier die Skulpturen und Installationen, die quasi überall in der Stadt zu finden sind. In Stadionnähe befindet sich zum Beispiel die „Temenos Sculpture", eine Art gespannte Netzröhre, die jeweils in großen Ringen endet, über eine Länge von 100 Metern bei einer Höhe von 50 Metern. Für knappe 3 Millionen Pfund quasi ein Schnäppchen, die aus dem industriellen Hafenviertel ein hippes Wohnviertel macht … oder auch nicht.
Am Ground angekommen, mussten wir erst mal die Ticket-Situation klären. Natürlich hatten wir wie immer brav vorab bestellt, die Karten dann allerdings nie erhalten. Der erste Abstecher führte also zum Ticket Office, wo uns dann ganz unproblematisch Ersatzkarten ausgestellt wurden.
Der Ground an sich entspricht von außen exakt der Baudekade: Mitte der 90er, zweirangige Konstruktion mit prägnanten Halterungen des freischwebenden Daches. Einzige Erinnerung an vergangene Fußballtage ist das Eingangstor zum alten Stadion, dem Ayresome Park, in dem Middlesbrough im Grunde an gleicher Stelle seine Heimspiele von 1903 an austrug. Die Pfeiler des Tores ließ man bewusst ein paar Meter vor dem Haupteingang des Main Stand stehen, wohl nicht zuletzt aufgrund der historischen Bedeutung. In den 80er-Jahren war es beinahe um den Klub geschehen. 1986 musste der Insolvenzverwalter

in letzter Konsequenz sogar die Tore zum Stadion versperren, ebenjene, die bis heute erhalten blieben. Damals brachte ein Vorstandsmitglied zehn Minuten vor Ablauf der Frist eine Finanzierung zusammen und rettete so den Klub vor der Auflösung.

Wir hatten eine schöne Partie vor uns. Mit Cardiff war ein recht attraktiver Gast im Riverside Stadium – das erste Mal, dass wir die als gut supportet geltenden Waliser überhaupt live sahen. Zudem ging es in der Partie um die Playoff-Plätze, und beide Teams hatten durchaus Ambitionen. Am Ende der Saison sollte allerdings nur Cardiff einen der begehrten Plätze belegen – nicht zuletzt aufgrund einer guten Leistung in unserem Spiel, in dem Cardiff bereits nach 20 Minuten mit 2:0 führte und diesen Spielstand über die restlichen 70 Minuten hielt. Auf den Rängen verkauften sich die Auswärtsfans ganz ordentlich. Interessanter waren aber die Heimfans, die mit fast kontinentalem Konzept, also Schwenkfahnen und Doppelhaltern, versuchten, etwas Leben in die Kurve zu bringen, das Ganze unter dem Gruppennamen „Red Faction". Kein Vergleich natürlich zu den Gruppen in Deutschland, Österreich etc., aber immerhin ein Farbtupfer.

Was deutsche Fußballfans anging, hatten wir an diesem Tag leider ein Negativerlebnis. In der Reihe direkt hinter uns hatten es sich zwei Pärchen mittleren Alters aus dem Frankenland bequem gemacht und rollten Rs und plätteten Ts, wo es nur ging. Nun durfte ich als geborener Unterfranke und langjähriger Wahl-Nürnberger meine Toleranz gegenüber dem fränkischen Dialekt umfassend trainieren, aber in einem englischen Zweitligastadion musste das nicht sein. Zudem hatten die Damen und Herren ganze Hausstände dabei: Decken, Thermoskannen, verschiedenste Müsli- und Schokoriegel … Das wurde uns dann doch zu viel und wir verlagerten unsere Plätze in der Halbzeit ein paar Reihen nach oben, zurück zur englischen Fußballatmosphäre. Keine „Frängelei" mehr, dafür der North-East-Englisch-Kauderwelsch – much better.

Mit dem Spiel war's das für uns in Middlesbrough. Nach den guten Erfahrungen auf früheren Trips war klar, dass wir unser Base Camp in Newcastle aufschlagen würden, und so nahmen wir den ersten Zug für die 70 Kilometer nach Norden. Hier erwartete uns dann eine große

Unbekannte. Wir hatten die Tourenplanung erst recht spät abgeschlossen. Zu diesem Zeitpunkt waren sämtliche Standardhotels bereits entweder ausgebucht oder de facto unbezahlbar. Wir suchten also lange und fanden am Ende ein recht günstiges Zimmer für 25 Pfund pro Nacht, in Laufdistanz von der Innenstadt. „West Park Hotel" lautete der klangvolle Name.

Dass wir hier keine Nobelresidenz erwarten konnten, war uns wohl bewusst. Als wir dann an der angegebenen Adresse standen und weit und breit kein Hotel zu sehen war, wurde die Sache natürlich interessant. Das Rätsel ließ sich durch Google lösen, und 500 Meter weiter fanden wir dann schlussendlich die Örtlichkeit vor. Der Eingangsbereich gestaltete sich ausgesprochen einladend: Ein größerer Raum, der zur Hälfte Lager für Ramsch war, zur anderen Hälfte einen Schreibtisch beherbergte, der wiederum zur Hälfte als Ramschlager fungierte und zur anderen Hälfte mit Müll bedeckt war. Zwischendrin ein Notizblock und eine Kreditkartenmaschine. Unsere Reservierung war da, immerhin.

Mit viel Vertrauen überreichte ich die Kreditkarte zur Zahlung und wir bezogen das Zimmer. Gemeinschaftsbadezimmer und -duschen, das war klar: Man teilte sich einen Nassbereich mit drei anderen Zimmern, die in unserem Fall alle von einer Gruppe junger Männer belegt waren. Offensichtlich waren es Engländer, die aber eine Sprache sprachen, die uns nicht geläufig war: eine Mischung aus Urzeit-Grunzgeräuschen und komischen Wortfetzen, wobei sie sich prächtig verstanden und deutlich war, dass sie nach Newcastle gekommen waren, um sich hier ordentlich einen hinter die Binde zu kippen. Nun ja. Wir warfen uns in die Abendgarderobe und schlossen die Tür sooft es ging zu, bevor wir uns aufmachten zu unserer Abendlocation: der Hunderennbahn.

Wie schon bei unserer ersten gemeinsamen Englandtour 2003 hatten wir uns für einen Abend bei den Greyhounds entschieden: Wir hatten ein schönes Paket mit Abendessen (Hamburger und Chips), ein paar Pints und Wetten gebucht und verzockten mit gefühlten 10 Pfund Unsummen im traditionellen Working-Class-Umfeld. Immer wieder ein schöner Spaß …

Ordentlich gerädert kamen wir dann wieder in unserer „Unterkunft" an und hauten uns aufs Ohr, in der Hoffnung, dass die Zeit wie im Schlaf verginge. Um etwa drei Uhr brach dann allerdings der D-Day los: Die netten Engländer aus den Nachbarzimmern kamen abgefüllt und lautstark nach Hause. Aufgrund eines Geistesblitzes hatten wir vorm Pennen noch die Tür abgeschlossen – was jetzt bitter nötig war, da unsere Mitbewohner es mit den Zimmertüren nicht so genau nahmen und hin und wieder mal jemand versuchte, bei uns vorbeizuschauen … Es dauerte einige Zeit, bevor wieder Ruhe einkehrte. Diese Nacht gehörte zu den eher unangenehmeren auf unseren Englandtouren. Kaum zu glauben bei einem Hotel, das auf Tripadvisor so vielversprechende Bewertungen aufweist wie „I wouldn't call it a hotel!", „Comically Awful", „Disgusting", „Worst place I have ever stayed", „Bulldoze it down", „You'll live in fear of being stabbed" und, analog zu unserem Aufenthalt, „We shared a bathroom with 3 smelly boys who found it acceptable to knock on our door repeatably at 4:30 am". Marvellous! Ein Geheimtipp.
Für den Ostersonntag hatten wir einen fußballfreien Tag eingeplant. Zwar hätte man irgendwo ein Premier-League-Spiel mitnehmen können, allerdings keinen neuen Ground für uns, und so beschlossen wir, einen Sightseeing-Tag in Newcastle einzulegen. Das Programm gestaltete sich dann recht nett. Zuerst führte uns der Weg zum „Angel of the North", einer angedeuteten Engelsskulptur auf einer Anhöhe in Gateshead, der direkten Nachbarstadt von Newcastle. Die Stahlskulptur hat eine Höhe von ca. 20 Metern und eine Spannweite von über 50 Metern, wobei die Flügel eher an eine Flugzeugtragfläche erinnern als an klassische Engelsflügel. 1998 wurde die mit Nordengland synonym gewordene Sehenswürdigkeit enthüllt. Seitdem thront sie über der nahen Autobahn und Zugstrecke und ist daher den meisten nur vom Vorbeifahren bekannt. In jedem Fall ein sehr eindrucksvolles Stück Kunst, auch wenn man sonst mit Skulpturen nicht allzu viel anfangen kann.
Den Nachmittag verbrachten wir an der Tynemündung, die mit der Metro sehr bequem zu erreichen ist. Das Örtchen nennt sich passend Tynemouth, hat einen schönen Kleinstadtcharakter und mit einer

Burg- und einer Klosterruine sowie einem langen Damm einiges zu bieten. Highlight für uns stellte aber selbstredend der Besuch im örtlichen Pub dar, wo wir uns ein paar Pints genehmigten, ehe es für die letzte Nacht in Newcastle zurück Richtung Hotel from Hell ging.

62. Hoch im Norden

09.04.2012, Brunton Park, League One
Carlisle United – Scunthorpe United, 0:0, 6.500 Zuschauer

Am Ostermontag hieß es dann Abschied nehmen von Newcastle. Nächste Station der Tour war Carlisle – wahrscheinlich die logistisch schwierigste Etappe durch die 92 Grounds, liegt die Stadt doch ganz im Nordwesten, 15 Kilometer südlich der schottischen Grenze, also ordentlich ab vom Schuss. Da wir aber ohnehin schon hoch im Norden waren, hielten sich die Anreisestrapazen sehr in Grenzen. Von Newcastle aus sind es lediglich knappe 90 Minuten Fahrzeit: einmal mit der Bahn von Ost nach West quer über die Insel, mehr oder weniger am Hadrian's Wall entlang, den der gleichnamige römische Kaiser im zweiten Jahrhundert nach Christus zum Schutz gegen Schotten und Iren im Norden errichten ließ.

Aufgrund seiner geografischen Lage und des Grenzstadtcharakters kam Carlisle seit jeher eine gewisse politische bzw. militärische Bedeutung zu. Entsprechend wirkt die Stadt bis heute noch etwas mittelalterlich, mit einer Burg, einer Kathedrale, einem markanten Stadttor und kleinen Gässchen rund um den Marktplatz. Alles in allem sehr nett, eine schöne Abwechslung von vielen anderen Städten in England. Wir spazierten eine Weile durch die Innenstadt, schauten uns die Burg von außen an, mussten dann aber schon los Richtung Ground, zum Brunton Park.

Diesen erreicht man nach einem kurzen Fußmarsch durch klassische Reihenhauswohngebiete. Groß ist Carlisle nicht wirklich, gerade einmal 75.000 Einwohner – somit eine der kleinsten Städte in England, die jemals erstklassigen Fußball zu bieten hatte. Dies liegt allerdings 40 Jahre zurück: In der Saison 1974/75 kickte Carlisle in der damaligen First Division. Das war aber eher eine Ausnahme, denn der Klub fand sich seit dem Anschluss an die Football League über weite Teile in Liga drei oder vier wieder. Einen „Namen" machte man sich lediglich in der League Trophy, also im Pokal für die kleinen Klubs, den man zwei Mal in die Grafschaft Cumbria holen konnte. Zudem stand man ein paar Mal im Finale.

Eines der größten sportlichen Highlights in der Geschichte des Klubs hat allerdings nichts mit Titeln oder Finals zu tun. Vielmehr steht ein spektakulärer Klassenerhalt 1999 zu Buche. Es ging damals für Carlisle um nicht mehr oder weniger als um den Verbleib im Profifußball. Man war am letzten Spieltag auf Schützenhilfe angewiesen und brauchte zwingend einen Heimsieg gegen Plymouth, um nicht den Gang in die Conference antreten zu müssen. Die Schützenhilfe kam: Im Brunton Park stand es nach 90 Minuten 1:1, und in der Nachspielzeit wurde dann der Situation geschuldet selbst der Torwart Jimmy Glass bei einer Ecke mit nach vorne geworfen. Der Ball segelte in den Strafraum, wurde von einem Carlisle-Spieler auf den Kasten geköpft. Der Keeper konnte den Ball nur abblocken, die Abwehr landete aber direkt vor den Füßen von Glass, der in der Schusshaltung eines Abschlags das Ding in die linke untere Ecke nagelte. 2:1 für Carlisle! Grenzenloser Jubel, Platzsturm. Die letzten Sekunden des Spiels waren nur noch Formsache. Carlisle hatte die Klasse gehalten, „the great escape“! Stattdessen musste Scarborough den Gang in die Conference antreten und erholte sich davon nie wieder.
Weniger dramatisch ging es bei unserem Spielbesuch zu. 0:0 am Ende gegen den eher unspektakulären Gegner Scunthorpe – nicht unbedingt ein Highlight auf dem Rasen. Das Spielerlebnis als solches lebte eher vom Ground und vom Drumherum: Vor der Partie wurde wie scheinbar vor jedem Heimspiel der Glücksbringer, ein ausgestopfter Fuchs namens Olga (ein Anagramm von „Goal“, also Tor), im Mittelkreis postiert.
Des Weiteren stellte die Old-School-Architektur des Stadions durchaus ein Schmankerl für Fußballfans dar. Seit 1909 wird auf dem Platz gekickt, wobei die Tatsache, dass nie (länger) hochklassig gespielt wurde, darin resultierte, dass die in vielen anderen Stadien vorgenommenen Renovierungen weitgehend ausblieben. So finden sich noch etliche Stehplatzbereiche im Ground, davon einer im Unterrang der Haupttribüne. Dazu die klassische Spitzdach-Konstruktion der Hintertortribüne – herrlich. Die Kapazität lässt sich auch durchaus sehen: 18.000 Zuschauer Fassungsvermögen, ergo der größte „Nicht-Allseater“-Ground in England. Die Lage des Stadions direkt am River

Petterill erwies sich allerdings als nicht unbedingt ideal: Über die Jahre hatte Carlisle immer wieder mit Überflutungen zu kämpfen, mehrfach stand der Ground unter Wasser, und Carlisle trug die Heimspiele in dieser Zeit notgedrungen in Morecambe oder Preston aus.

Wir bezogen nach der Partie erst mal unser Zimmer in der örtlichen Travelodge, holten uns ein Nachmittagsbier beim Off License und relaxten etwas, bevor es ans Abendprogramm ging. Nach Burgern satt die Tage zuvor entschieden wir uns für ein All-You-Can-Eat-Chinesenbuffet zum Dinner. Danach lachte uns der „Walkabout" an, die australische Pubkette, die ausgerechnet an diesem Abend eine Karaoke Night veranstaltete. Selbstredend griffen wir selbst nicht zum Mikro, sondern ließen uns von begabten und weniger begabten Sängern bespaßen, die immerhin ein Pint pro Auftritt bekamen.

Wir konnten nicht wirklich „Gas geben", denn unser Bus fuhr extrem früh am nächsten Morgen los. Also machten wir uns zu gegebener Zeit auf zurück Richtung Hotel, blieben auf dem Weg noch an einer Bingo Hall hängen und fütterten ein paar Pfund in Spielautomaten, bevor der Tag dann wirklich zu Ende war und wir uns mit Vorfreude auf die am nächsten Tag anstehende Monster-Busfahrt in die Federn hauten.

63. Gay Capital of the South

10.04.2012, Amex Community Stadium, Championship
Brighton & Hove Albion – Reading FC, 0:1, 20.600 Zuschauer

Früh ging es am Dienstag in Carlisle los. Der Bus Richtung London startete um 6 Uhr früh und brauchte für die 500 Kilometer knackige acht Stunden. Ein paar Stunden davon konnte noch etwas Schlaf nachgeholt werden, für den Rest der Zeit gab's dann glücklicherweise Tablets, mit denen man sich beschäftigen konnte, und so wurde die Fahrt letzten Endes doch ganz gut rumgebracht. In London Victoria angekommen, bezogen wir erst mal unsere gewohnt luxuriöse Herberge, das Easyhotel mit dem Hasenkastenzimmer. Dort hielten wir uns aber nicht länger als nötig auf, bevor es Richtung Kanalküste weiterging.
Brighton ist ein sehr netter Ausflug von London aus: In einer Zugstunde steht man in einem schönen Städtchen an der Küste, das viel Charakter und einige Sehenswürdigkeiten aufweisen kann. Viele individuelle Läden, ein bisschen alternativ, die sogenannte „Gay Capital of the South", um Stereotypen zu bedienen. Für mich war dies bereits der dritte Ausflug ins Seaside Resort, nachdem ich den alten Ground von Brighton, das Withdean Stadium, 2005 mitgenommen und Anfang 2006 eine Sightseeing-Tour an die Küste unternommen hatte. Für Kollege Rolfes war es allerdings der erste Besuch in Brighton und dementsprechend drehten wir die obligatorische Runde: vom Bahnhof die Straße hinunter Richtung Strand, dann an der Promenade entlang zum Pier, auf dem in typischer Seaside-Resort-Manier zahlreiche Fahrgeschäfte und Spielautomaten auf Besucher warten. Danach schauten wir beim Royal Pavillion vorbei. Der Palast im asiatischen bzw. indischen Stil wirkt etwas deplatziert in einer englischen Stadt, wurde aber auf Geheiß des englischen Adels im 19. Jahrhundert errichtet und stellt seitdem das Wahrzeichen von Brighton dar.
Wir beendeten die Sightseeing-Tour in der Nähe des Bahnhofs und suchten das lokale Pub „Prince Albert" auf, für ein paar Pints und einen ordentlichen Burger. Kein „Wetherspoon", aber dafür eine neue Erfahrung, die durchaus positiv war. Im Anschluss ging es dann mit

dem Zug von Brighton nach Falmer, wo sich das neue Stadion von Albion befindet. Bis 1995 hätte man für Heimspiele Richtung Westen in den Stadtteil Hove gemusst, wo sich der Goldstone Ground befand. Dieser wurde vom Klub verkauft, heute befindet sich an der Stelle ein Toys R Us. Einen Plan B gab es damals nicht; man musste nach Gillingham ausweichen, mehr als 100 Kilometer entfernt.

Nach einigen Jahren brachte man Albion zurück in die Stadt: Die Heimspiele wurden von 1999 an im Withdean Stadium im Stadtteil Preston Park ausgetragen, wobei der Ground allen voran ein Leichtathletikstadion war, mit Laufbahn und einigen behelfsmäßig aufgestellten Sitzplatztribünen. Es dauerte dann lange und bedurfte langwieriger Diskussionen, bevor ein neues Zuhause für den Klub gefunden werden konnte. 2011 war es dann so weit: Albion zog ins nagelneue „Amex Stadium" im Stadtteil Falmer ein, in dem nicht nur die örtliche Universität angesiedelt ist, sondern auch der Namensgeber des Stadions, die Kreditkartenfirma American Express, seine Europazentrale hat.

Der Ground ist entsprechend dem jungen Fertigstellungsdatum sehr modern und schmiegt sich an die Anhöhe, mit zwei großen Bögen, die jeweils die Dachkonstruktion an den Spielfeldseiten halten. Von innen wirkt das „Amex" ebenfalls sehr zeitgemäß: viel Beinfreiheit verglichen mit anderen englischen Grounds, die Sitze gepolstert und daher sehr bequem, dazu durch die kompakte Bauweise ein schön abgeschlossener Ground. Dennoch war es natürlich kein Vergleich mit den alten Klassikern, für die man gerne auf Beinfreiheit oder gepolsterte Sitze verzichtet.

Wir hatten an dem Tag ein echtes Spitzenspiel auf dem Programm: Mit Reading kam ein Aufstiegskandidat, wobei Brighton, die wir bereits am Karfreitag auf der Tour in Burnley gesehen hatten, sich Hoffnungen auf den Playoff-Platz machte. Seit der Gründung 1901 und dem Beitritt zur Football League 1920 konnte man vor dem Aufstieg in die Premier League 2017 nur wenige Jahre in der höchsten Spielklasse verbuchen, Ende der 70er, Anfang der 80er-Jahre. Ansonsten gab es für Albion nicht viel zu feiern, keine Titel oder Ähnliches, trotz teilweise prominenter Manager, wie etwa Brian Clough und Peter Taylor Mitte der 70er-Jahre.

Es entwickelte sich jedenfalls ein durchaus rassiges Spiel. Reading ging durch einen abgefälschten Freistoß früh in Führung, danach hatten beide Teams beste Chancen, unter anderem ein Lattentreffer pro Team. Die Hausherren verschossen zudem einen Elfmeter, was am Ende zum nicht unverdienten 1:0 für die Gäste führte. Der Sieg stellte sich als richtungsweisend heraus: Reading stieg am Saisonende als Meister in die Premier League auf, Brighton verpasste die Playoff-Plätze deutlich.
Für uns war mit dem Schlusspfiff das Fußballprogramm der Tour vorbei. Fünf Spiele im Kasten! Jetzt ging es nur noch darum, möglichst schnell nach London ins Hotel zu kommen, um zumindest noch ein paar Stunden schlafen zu können, bevor der frühe Flieger wartete. Dies sollte allerdings zum massiven Ärgernis werden. Bei der Ankunft am Bahnhof direkt am Stadion hatte es keinerlei Probleme gegeben. Für die Rückfahrt sah es aber ganz anders aus: Als wir uns zum Bahnhof aufmachten, zeichnete sich schon eine extrem lange Schlange ab. So weit, so gut – nicht ungewöhnlich, eben wie bei vielen anderen Stadien. Hier schien es aber so, dass die Abfertigung der anstehenden Massen lediglich über die Fahrplanzüge vonstatten ging und es keine Sonderzüge gab. So standen wir uns ärgerlicherweise eine geschlagene Stunde die Füße in den Bauch, ehe wir es in einen Zug Richtung Brighton Station schafften. Dort hatten wir selbstredend keine Chance mehr auf die Zugverbindung, die wir eigentlich gebucht hatten, und so erreichten wir Victoria statt um viertel nach zwölf erst um halb zwei – bestens gelaunt ob der Tatsache, dass der Bus nach Stansted schon drei Stunden später wartete.
Es wurde eine kurze Nacht, und wie so oft schoss mir beim Aufstehen der Gedanke durch den Kopf, warum man diesen Scheiß überhaupt macht. Nach einem Nickerchen im Flieger und einem Tag im Büro stellte sich dann aber doch wieder die Genugtuung ein, eine sehr schöne Englandtour hinter sich gebracht zu haben – mit fantastischen Grounds und einem weiteren Schritt Richtung 92.

64. Erste Liga komplett

28.04.2012, DW Stadium, Premier League
Wigan Athletic – Newcastle United, 4:0, 22.800 Zuschauer

Gegen Ende der Saison stand noch mal eine Englandtour an, wenn auch eine kleine – dafür mit besonderem Charakter. Nachdem der Plan, die Premier League kurz vor Weihnachten komplett zu machen, der Terminverschiebung der Spiele zum Opfer gefallen war, musste eine separate Visite in Wigan her. Das letzte Wochenende im April bot sich an und so führte mich der Weg über den Flughafen Bratislava, das Abendessen in der dortigen Lounge und einen problemlosen Ryanair-Flug nach London Luton, wo eine kostengünstige Nacht im Easyhotel anstand.

Mit der Anreise über Luton sparte ich mir den Transit durch London und konnte am nächsten Morgen direkt in den Zug Richtung Norden steigen. Ein paar Mal umsteigen, dann erreichte ich nach etwa dreieinhalb Stunden Wigan, mit nicht gerade viel Luft vorm Spiel. Für Sightseeing blieb also keine Zeit, wobei mir wohl auch nicht allzu viel entging. Wigan ist eine der klassischen Industriestädte rund um Manchester, mit vielen ehemaligen Cotton Mills und einem Kanal, im konkreten Fall der Liverpool&Leeds Canal, auf den Wigans Hauptattraktion, der Wigan Pier – nicht zu verwechseln mit echten Piers wie in den Seaside Resorts – zurückgeht.

Statt links Richtung Innenstadt bog ich am Ausgang des Bahnhofs rechts Richtung Industriegebiet ab, in dem sich das DW Stadium befindet. Der Name leitet sich von den Initialen des Klubmäzens ab: Dave Whelan, ein Unternehmer und ehemaliger Fußballprofi in Diensten von Blackburn und Crewe, übernahm Wigan Athletic 1995, als diese in der vierten Liga kickten, und drehte den Geldhahn auf, was mit dem umgehenden Aufstieg des Klubs durch die Ligen einherging. 2005, also nur zehn Jahre nach dem Einstieg Whelans, erreichten die „Latics“ die Premier League.

Dabei begann die Beziehung zwischen Wigan und der Football League nicht unbedingt optimal. In der Rugby-Stadt Wigan hatte der professionelle Fußball Schwierigkeiten, Fuß zu fassen, und einige Klubs wie Wigan Borough, Town oder United lösten sich auf, ehe 1932 Wigan Athletic gegründet wurde. Die „Latics“ fristeten lange ein Non-League-Dasein und brachten es auf beachtliche 34 erfolglose Bewerbungen für die Aufnahme in die Football League. Zwischendurch war die Verzweiflung so groß, dass man sich nach Alternativen umsah und sogar eine Teilnahme in der schottischen Liga in Betracht zog. Letzten Endes war es dann 1978 aber doch so weit: Der Klub wurde in die Football League aufgenommen – ironischerweise allerdings nur, weil der eigentliche Wunschkandidat (Boston Utd) seinen Ground nicht auf League-Standards bringen konnte.

Damals spielte Wigan noch im Springfield Park, ehe man 1999 in das neu gebaute „JJB Stadium“ (damals noch nach der Sportartikelkette von Dave Whelan benannt) umzog, auf das ich nun per pedes zusteuerte. Der Ground als solches ist nicht weiter spektakulär, eher zweckmäßig gebaut, mit vier baulich getrennten Tribünen und entsprechend offenen Ecken. Nichtsdestotrotz galt das Stadion in Zeiten, in denen Wigan niederklassig spielte, als echtes Schmuckkästchen, was sich mit den Aufstiegen und der Konkurrenz der anderen Stadien in der Premier League etwas relativierte. Die Gegend ist wie bei vielen Neubauten nicht wirklich spektakulär, die Nachbarn sind Bau- und Supermärkte. Da ich nicht allzu viel Zeit bis zum Kickoff hatte, blieb mir aber ohnehin nicht viel Spielraum für eine Ortsbegehung. Für eine Runde um den Ground reichte es noch, dann das Ticket abgeholt und rein ging es.

Nachdem ich zuvor immerhin schon 28 Premier-League-Spiele besucht hatte, war an dem Tag endlich der letzte offene Ground fällig – das erste Mal, dass ich eine englische Liga komplettieren sollte. Für mich persönlich war es also ein besonderer Anlass. Für Wigan war es auch ein besonderes Spiel: Mitten im Abstiegskampf steckend, hatte man mit Newcastle das Überraschungsteam der Saison zu Gast, also eine durchaus knifflige Aufgabe. Die Gäste machten die Angelegenheit für mich natürlich noch interessanter, Newcastle auswärts war bis dato immer sehr sehenswert gewesen. Auch an dem Tag kamen zahlreiche „Geordies“ mit und füllten die komplette Hintertortribüne gut aus.

Der Auswärts-Support half den „Magpies“ aber nicht wirklich, denn Wigan überrollte die Gäste förmlich. 4:0 zur Halbzeit, mit dem vierten Treffer direkt zum Pausenpfiff durch Franco Di Santo, der später in Bremen anheuern sollte. Keine weiteren Treffer in Halbzeit zwei, die Heimfans also ekstatisch ob der Chance auf den Klassenerhalt.
Für mich hieß es nach der Partie direkt wieder ab zum Bahnhof Wigan Wallgate, wo der Zug nach Birmingham wartete. Dort hatte ich zur Abwechslung im wenig komfortablen „Comfort Inn“ die Nacht gebucht. Dem kleinen Zimmer und den Eimern auf dem Flur, die das Regenwasser auffingen, standen ein durchaus wettbewerbsfähiger Preis und die Lage direkt an der New Street Station entgegen – und um Komfort ging es bei der kurzen Nacht schließlich auch nicht.
Für den Abschluss der Tour stand noch mal Premier League auf dem Programm. Ich hatte zwar den Rückflug für den Sonntagabend gebucht, die Spielansetzungen waren aber so optimal, dass sich ein Besuch an der Stamford Bridge anbot. Die „Blues“ machten kurzen Prozess mit QPR: 6:1 am Ende. Das dominierende Thema im Ground war aber das bevorstehende Champions-League-Finale in München. Es konnte noch keiner ahnen, dass Chelsea trotz absoluter Chancenlosigkeit in München den Cup holen sollte …
Erfreulicher als das Champions-League-Finale gestaltete sich die Rückreise. An Earl’s Court vorbei ging es zur dortigen Easybus-Station und weiter nach Luton, wo der Ryanair-Flieger wartete. Unterm Strich ein optimal genutztes Wochenende und endlich die Premier League komplett – ein schönes Gefühl, und doch nur Zwischenetappe.

65. Devonshire

15.09.2012, St. James Park, League Two
Exeter City – York City, 1:1, 4.100 Zuschauer

Auf der Liste der noch zu besuchenden Grounds stellten insbesondere die drei Klubs aus Devonshire eine logistische Herausforderung dar. Im südwestlichen Zipfel der Insel etwas abgelegen, hätte sich die Anreise auf einer normalen Inseltour als schwierig erwiesen. Zum Vergleich: Es macht zeitlich keinen großen Unterschied, ob man von London aus nach Plymouth an der Kanalküste oder nach Carlisle im hohen Norden reist. Dementsprechend formte sich mehr und mehr der Gedanke, die drei Devon-Klubs in einem Aufwasch abzufrühstücken. Bei drei zu besuchenden Spielen stellte die einzig mögliche Kombination eine „englische Woche" dar, umrahmt von zwei Heimspielen an den Samstagen davor bzw. danach. Der Spielplan gab erfreulicherweise genau diese Kombination Mitte September her. Mit einem „Kurzurlaub in England" wurde die Freundin überzeugt, ein nettes Cottage wurde, da in der Nebensaison, für 'nen Appel und 'n Ei gemietet, günstige Flüge via Ryanair gebucht. Dazu ein schickes Mietauto und alles war angerichtet für eine interessante Woche in Südengland

Los ging es am Freitag direkt nach der Arbeit, mit dem Bus nach Bratislava und weiter mit dem Flieger nach Luton. Hier verbrachten wir eine Nacht im Ibis am Flughafen, ehe wir mit unserem Mietwagen am Samstagmorgen losfuhren gen Devonshire. Was sich recht trivial anhört, gestaltete sich durch eine Inseleigenheit als Herausforderung: Linksverkehr. Dabei geht es nicht nur um die Tatsache, dass quasi auf der „falschen" Seite gefahren wird, sondern vielmehr, dass sich im Auto alles auf der falschen Seite befindet. Fahrersitz rechts, Schaltknüppel links, Rückspiegel links oben. Sich an der linken Straßenseite zu halten stellt dann erstaunlicherweise weniger das Problem dar. Warum ausgerechnet links gefahren werden muss, sei einmal dahingestellt – Erklärungen gibt es dafür viele, von Pferdefuhrwerken über das Führen von Waffen im Mittelalter in der rechten Hand.

Das eigentliche Problem sind die Automatismen, denen man beim normalen Fahren keinerlei Aufmerksamkeit mehr schenkt. Hochschalten wird zum massiven Problem, wenn man statt zum Schaltknüppel links beherzt rechts in die Tür greift. Ebenso wird aus dem routinemäßigen Blick nach rechts oben in den Rückspiegel nichts weiter als ein schöner Blick aus dem Fahrerfenster in den Himmel. Das Ganze relativiert sich, sobald man auf dem Motorway quasi nur noch „mitschwimmt", und entsprechend happy war ich, als wir über die M25 rund um London und später auf der M3 Richtung Südwestengland unterwegs waren. Als kleines Bonbon gab es zumindest im Vorbeifahren Stonehenge zu sehen. Zum Anhalten blieb allerdings keine Zeit, wir hatten ein Fußballspiel zu besuchen.
Erster Klub auf der Devonshire-Liste war Exeter City, gleichzeitig auch der östlichste der drei Grounds. Nach guten drei Stunden Fahrzeit erreichten wir den vom Reiseführer vorgeschlagenen Park&Ride-Parkplatz, ließen den Flitzer stehen und nahmen den Bus Richtung Innenstadt. Diese machte von der ersten Sekunde an einen sehr angenehmen Eindruck: schöne Fußgängerzonen, alles sehr beschaulich, mit der eindrucksvollen Kathedrale aus dem 13. Jahrhundert als Wahrzeichen. Generell hat sich die Stadt ihren historischen Charakter bewahrt. Ohne Kohle- oder Stahlvorkommen in der Umgebung ging die Industrielle Revolution etwas an der Seefahrerstadt vorbei. Ein Teil der historischen Gebäude fiel allerdings im Zweiten Weltkrieg den sogenannten Baedeker-Angriffen der deutschen Luftwaffe zum Opfer, die als Vergeltung für das Bombardement historischer deutscher Städte wie Lübeck Angriffe auf entsprechende Städte in England flog. Dennoch finden sich bis heute einige Fachwerkhäuser und enge Gässchen (unter anderem die Parliament Street, die engste Gasse des Landes) in Exeter. Leider hatten wir nicht allzu viel Zeit, uns die Stadt näher anzuschauen. Der Anpfiff rückte näher und wir mussten auch noch etwas zum Mittagessen auftreiben, was wir in einem klassischen Imbiss in Stadionnähe taten.
Der Ground befindet sich in Laufdistanz von der Innenstadt und teilt sich den Namen mit einem anderen berühmten englischen Ground: St. James Park. Wie in Newcastle gibt es in Exeter eine gleichnamige

Bahnstation direkt am Stadion, in diesem Fall hinter dem Old Grandstand. Die Station wird vom Klub mitfinanziert und begrüßt daher Besucher bereits mit rot-weißen Geländern, die an der Treppe entlang hinter den Grandstand führen.
Hier erwartet Freunde des englischen Fußballs ein echtes Highlight, definitiv einer der schönsten Orte rund um die 92 Grounds: der extrem klassische und offensichtlich in die Jahre gekomme Eingang zum Grandstand, bestehend aus verschiedenen Turnstiles, dazu eine Treppe, die links am Grandstand vorbei weiter Richtung Hintertor-Terrace führt. Dahinter erhebt sich der relativ kleine Grandstand selbst, der durch die Hanglage allerdings sehr hoch wirkt. Die roten Stahlsäulen und die grüne Wellblechverkleidung geben der Tribüne einen unglaublichen Charme und versetzen einen ins Baujahr des Stands zurück – 1926! Der Grandstand könnte allerdings bald Geschichte sein. Durch die recht geringe Kapazität von unter 1.500 Plätzen gibt es immer wieder Pläne, die Tribüne abzureißen und durch etwas Zeitgemäßeres zu ersetzen.
Folgt man dem Weg um den Ground entgegen dem Uhrzeigersinn, kommt man zunächst an der kleinen, nicht überdachten Terrace an der St. James Road vorbei, ehe man vor einem Haus mit den Klubräumlichkeiten steht, in dem sich der Supporters Club befindet. Unmittelbar daran schließt der baulich größte Stand an, die „Cowshed", eine überdachte Sitzplatztribüne entlang der kompletten Spielfeldseite. Komplettiert wird der Ground durch die große Stehplatztribüne hinter dem Tor, die Big Bank, die aufgrund der Größe mittlerweile in englischen Profistadien ihresgleichen sucht und knappe 5.000 Zuschauer fasst.
Wir hatten uns für Plätze im „Cowshed" entschieden und stellten uns recht knapp vorm Kickoff am Ticket Office an. Dann die Überraschung: Keine Kreditkarten bitte. Bargeld hatten wir nicht ausreichend dabei, es gäbe aber einen Geldautomaten im Supporters Club. Dort schnell hin, alle vier EC- bzw. Kreditkarten ausprobiert … Nichts! Es blieb mir also nichts anderes übrig, als die Beine in die Hand zu nehmen und den Rückweg zur Innenstadt auf mich zu nehmen. Nach ein paar hundert Metern erspähte ich in einem Tesco Express glücklicherweise eine

Cash Machine und bekam dort Pfundscheine. Ich hetzte zurück zum Stadion, holte die Tickets und so saßen wir dann doch zum Einlaufen der Teams auf unseren Plätzen.
Die Hausherren Exeter City spielen seit Anbeginn ihrer Tage im St. James Park. 1904 fusionierten Exeter United und St. Sidwell zum neuen Klub Exeter City, der nahtlos den bisherigen Ground von Exeter United übernahm bzw. pachtete unter der Auflage, auf dem Platz keine Wanderausstellungen, Zirkusse oder Dampfkarusselle zuzulassen. Diese strengen Mietauflagen erübrigten sich 1921, als der Klub durch den Rekordtransfer von Torhüter Dick Pym zu den Bolton Wanderers astronomische 5.000 Pfund einnahm und damit mal eben den Ground kaufen konnte.
Das „Eigenheim" kam damals quasi pünktlich zur Aufnahme in die Football League: 1920 war City mit von der Partie, als die neue Third Division ins Leben gerufen wurde. Davor spielte man im Amateurbereich, wandelte sich 1908 in ein Profi-Team um und übernahm im gleichen Jahr den Platz, den Tottenham Hotspur in der Southern League mit dem Wechsel in die Football League frei machte, ehe man sich 12 Jahre später ebenfalls der Football League anschloss.
Es folgten dann mehr als 80 Jahre in der Liga, in denen die „Grecians", wie der Klub genannt wird, nie höher als in die dritte Liga vorstießen. Um den Spitznamen ranken sich verschiedene Geschichten. So lautet eine Erklärung, dass sich aufgrund der Lage des Gründungsklubs St. Sidwell außerhalb der Stadtmauern von Exeter eine Assoziation zur Belagerung von Troja anbot, wo die Griechen vor der Stadtmauer ausharrten. Eine andere Erklärung ist, dass möglicherweise die walisische Bezeichnung für Exeter bzw. dessen Bewohner in schlampiger Aussprache zu „Grecians" wurde. Wie dem auch sei, der Klub bzw. die Fans haben den Namen voll angenommen. Nicht selten sieht man bei Auswärtsspielen eine Griechenland-Zaunfahne im Away-Sektor.
99 Jahre nach der Gründung des Klubs folgte das vorübergehende Ende der Football-League-Zeit: Zur Saison 2002/03 gab es erstmals zwei Aufsteiger aus der Conference in die League, was zur Folge hatte, dass es auch zwei Absteiger geben musste. So stieg Exeter City als „erster Vorletzter" aus der vierten Liga ab. Finanziell stand der Klub damals

alles andere als gut da, gerettet wurde er durch die Anhänger selbst, die mittels des „Exeter City Supporters Trust“ das Ruder übernahmen und bis heute innehaben. Der Klub wurde neu aufgestellt, die Schulden reduziert, und als Lohn stand 2008 die Rückkehr in die Football League mit einem 1:0-Sieg im Playoff-Finale gegen Cambridge United.
Zu Gast war an diesem Tag ein anderer Klub, der fast analog zu Exeter (bzw. ein Jahr danach) nach vielen Jahrzehnten aus der Football League absteigen musste, den Wiederaufstieg allerdings erst wenige Monate zuvor, ebenfalls durch einen Playoff-Sieg klarmachen konnte: York City. Entsprechend war die Euphorie bei den York-Anhängern noch groß und der Gästesektor ganz ordentlich gefüllt, was die mit Heimfans volle „Big Bank“ schön komplettierte und für eine ordentliche Atmosphäre sorgte. Auf dem Rasen lief allerdings kein Feuerwerk ab. Die Grecians standen als League-One-Absteiger dem Liga-Neuling als Favorit gegenüber, gerieten aber Anfang der zweiten Halbzeit in Rückstand, dem sie bis in die 80. Minute hinterherliefen. Am Ende ein 1:1 – ein ganz nettes Spiel bei gutem Wetter in einem schönen Ground.
Für uns ging es im Anschluss weiter Richtung Cottage. Gute 50 Kilometer, zunächst am Dartmoor vorbei, dann Richtung Kanal am River Dart entlang, ehe die Straßen immer kleiner und die Hecken an den Straßenseiten immer höher wurden. Irgendwann gab der Navi Bescheid, dass wir da waren, am Ende einer Sackgasse, mitten auf dem Land und auf einer Dairy Farm. Unser Cottage mit dem Namen „Clover“, Klee, in einem alten, umgebauten Stallgebäude war recht groß, verfügte über zwei Ebenen und sollte für die anstehende Woche eine perfekte Unterkunft sein. Den Kühlschrank bestückten wir am Abend noch mit Bier und Scotch Eggs, und dann konnte eine nette Urlaubswoche losgehen.

66. Pilgerväter

18.09.2012, Home Park, League Two
Plymouth Argyle – Bristol Rovers, 1:1, 6.300 Zuschauer

Wir ließen den Urlaub langsam angehen und schauten uns am Sonntag erst mal das nahe gelegene Dartmouth an. Wie der Name schon sagt, liegt die Stadt an der Mündung des River Dart, mit Hafenanlage und einer alten Burg zur Sicherung der Bucht. Am Montag stand ein Ausflug ins Dartmoor an, wo meine Freundin ein paar Stunden auf einem Steckrübenklepper übers Moor ritt, während ich zeitgleich statt fest im Sattel fest auf einer Pubbank Platz nahm, Pint inklusive. Am Dienstag folgte ein Ausflug zum Strandörtchen Beesands zwecks Spaziergang am Coast Path und Fish & Chips als Mittagessen. Es war wirklich sehr schön, und wir waren im Grunde beide ganz überrascht, dass aus dem Fußballzweckausflug doch so ein netter „normaler" Urlaub wurde, zumal Devon auf der Liste der Urlaubsdestinationen gemeinhin nicht unbedingt im vorderen Drittel auftaucht. Völlig zu Unrecht, wie ich heute sagen kann.
Am Dienstagabend stand dann allerdings wieder Fußball auf dem Programm. Ziel war Plymouth, mit einer Viertelmillion Einwohnern die mit Abstand größte Stadt in Devonshire. Auf dem Papier ein einfacher Trip: nur knappe 50 Kilometer von unserem Domizil entfernt, wobei es hier lange über asphaltierte Feldwege geht, die im Grunde nicht dafür angelegt sind, dass zwei Autos aneinander vorbeifahren können. Vielmehr befinden sich alle hundert Meter kleine Buchten in den hohen Hecken an der Straßenseite, in denen dann jeweils ein Auto warten muss, ehe das andere passiert hat. So weit, so gut – problematisch wird die Sache allerdings dann, wenn man sich plötzlich Motorhaube an Motorhaube gegenübersteht und ein Auto rückwärts zur letzten Haltebucht setzen muss. Hier kommt dann wieder die Merkwürdigkeit des Linksverkehrs voll zum Tragen: Über die linke Schulter schauend rückwärts zu fahren bedarf doch einiges an Geschick. In jedem Fall machen solche Manöver und die kleinen Straßen das Fahren recht zäh und so braucht man für die 50 Kilometer mindestens eine Stunde. Ent-

sprechend war ich froh, als der Wagen endlich auf dem Park&Ride-Parkplatz in Plymouth stand – nicht ganz zufällig der Parkplatz direkt vorm Stadion.
Erst mal hieß es Tickets organisieren, was aber kein Problem war mit einigen Stunden Zeit bis zum Anpfiff. Bereits auf dem Weg zum Ticket Office erspähten wir schon einen der prägnantesten Stadieneingänge im englischen Fußball: die weiße Fassade mit den grünen Turnstiles zum Home Park und dem großen Schriftzug „PLYMOUTH ARGYLE FC", dahinter das Dach des Main Stand – definitiv ein unvergleichliches Charakteristikum des Grounds. Eine nähere Inspizierung des Stadions schoben wir allerdings erst mal auf und starteten mit den Tickets in der Tasche Richtung Innenstadt, bequem mit dem Bus. Dieser fuhr zwar ein paar Schlenker, aber so bekamen wir von den zahlreichen Hafenanlagen der Seefahrerstadt einiges zu sehen.
Im Zentrum angekommen, machte Plymouth keinen wirklich berauschenden Eindruck. Die Luftwaffe hatte während des Zweiten Weltkriegs die wichtige Marinestadt im Grunde dem Erdboden gleichgemacht, was in den 50er-Jahren einen schnellen Aufbau zur Folge hatte. Entsprechend unspektakulär ist die Architektur in der Innenstadt. Immerhin gab es hier die erste Fußgängerzone Englands, aber das war's dann auch mit Glamour. Wir schauten in ein paar Läden in der großen Mall, allerdings wurden um Punkt 18 Uhr konsequent alle Geschäfte dichtgemacht und die Bürgersteige hochgeklappt. Wir nutzten die verbleibende Zeit für etwas anspruchsvolleres Sightseeing und begaben uns zur „Hoe", der Parkanlage, von der aus man einen schönen Ausblick auf den Plymouth Sound hat, die Bucht vor Plymouth. Neben einem mittlerweile denkmalgeschützten Meerwasserfreibad befinden sich hier zahlreiche Seefahrtsdenkmäler: von einem ausgemusterten Leuchtturm bis hin zu einer Statue des Seefahrers Sir Francis Drake, der 1577 von Plymouth aus zu seiner Weltumsegelung startete.
Ebenfalls von Plymouth aus stach die berühmte „Mayflower" im September 1620 Richtung Amerika in See, mit einigen der ersten Siedler an Bord. Bis heute besteht eine enge Verbindung zwischen Mayflower und Plymouth, und so ist es wenig verwunderlich, dass sie auch das Wappen des örtlichen Fußballklubs Plymouth Argyle FC ziert und

der Klub den Spitznamen „Pilgrims" führt – womit wir wieder beim Fußball wären. Wir wollten lässig mit unserer bereits bei der Hinfahrt gekauften Rückfahrkarte den Bus Richtung Stadion besteigen, doch der Busfahrer gab uns klar zu verstehen, dass der Fahrschein von einer anderen Busgesellschaft war und wir somit neu hätten zahlen müssen. Das gibt es auch nur in England: mehrere Busbetreiber in einer Stadt … Nach etwas Verwirrung ob des „richtigen" Busses folgten wir einfach den Trikots und standen rechtzeitig mit etwas Vorlauf am Ground, dem Home Park.

Dieser war in seinen Anfangsjahren Heimat des Rugbyteams Devonport Albion gewesen, das bis 1898 hier seine Heimspiele austrug. Es folgten einige Jahre, in denen der Ground ungenutzt blieb, ehe Plymouth Argyle 1901 einzog. Über die Zeit wuchs der Ground mit den steigenden Ambitionen des Klubs, der 1920 als Gründungsmitglied der Third Division in die Football League aufgenommen wurde. Während des Zweiten Weltkriegs wurde der Home Park durch das Bombardement der Luftwaffe stark beschädigt und in der Folge wieder aufgebaut.

1952 errichtete man einen großen zweirangigen Grandstand, der bis heute den markantesten Teil des Grounds darstellt, nicht zuletzt weil der Unterrang noch aus einer klassischen Stehplatz-Terrace besteht. Die anderen drei Tribünen sind relativ modern, Anfang der 2000er-Jahre errichtet und schmiegen sich als „U" um die anderen drei Spielfeldseiten. Dieser Teil wirkt im Gegensatz zum fast schon historischen Grandstand sehr modern und gibt dem Stadion eine doch recht beachtliche Kapazität von fast 20.000 Plätzen, die meisten in grün-weißen Sitzschalen. Diese Kulisse sorgt in Anlehnung an Old Trafford für den Beinamen „Theatre of Greens".

Vom sportlichen Erfolg von ManUtd ist Argyle aber Seemeilen entfernt. Als klassische „Fahrstuhlmannschaft" stieg man allein 12 Mal zwischen zweiter und dritter Liga auf oder ab. Den großen Wurf, also die erste Liga, schafften die Pilgrims noch nie, was Plymouth gleichzeitig zur größten Stadt Englands macht, in der noch nie Erstligafußball geboten wurde. Hochklassiger Fußball musste also in anderer Form in die Stadt kommen, und so bewarb man sich im Rahmen der englischen Bewerbung für die WM 2018 mit einem Umbau von Home Park auf 40.000 Plätze als Austragungsort. Der Ausgang ist bekannt: Petersburg statt Plymouth.

Woher der einzigartige Name „Argyle“ kommt, ist nicht ganz klar. Argyle bezeichnet ein recht eingängiges Stoffmuster aus Rauten und Linien, wie man es von der Marke Burlington kennt. Die Theorien gehen dabei davon aus, dass die ersten Trikots des Klubs mit dem Muster verziert waren, zudem gibt es in Stadionnähe Pubs und Straßen, die ebenfalls den Namen Argyle tragen und vielleicht als Namensgeber dienten.

„Argyle“ hatte an diesem Tag jedenfalls die Bristol Rovers zu Gast, eine sehr schöne Viertligapartie und in Zeiten, in denen Duelle zwischen Bayern und Stuttgart als „Süd-Derby“ durchgehen, eine Art englisches „Südwest-Derby“. Bristol brachte keine Unmengen an Supporters mit, der Away-Sektor war nur knapp halb gefüllt, was für ein Spiel unter der Woche aber dennoch annehmbar ist. Insgesamt wohnten der Partie doch über 6.000 Zuschauer bei. Diese sahen in der ersten Halbzeit überlegene Hausherren. Durch einen 30-Meter-Schuss gingen die „Pilgrims“ in Führung und mit einem 1:0 in die Pause. Bristol kam etwas motivierter aus der Kabine, machte Druck und erzielte in der 70. Minute den Ausgleich. In der Folge hatten die „Pirates“ sogar die Chance auf den Siegtreffer, unter anderem kratzte ein Plymouth-Verteidiger einen Schuss von der Linie. Am Ende 1:1 – gerechte Punkteteilung, Stimmung einigermaßen OK.

Unser Wagen stand direkt vorm Stadion, so kamen wir nach Spielende gut weg, ehe es wieder auf die unsäglichen Feldwege zurück zum Cottage ging. Im Dunkeln waren sie noch unangenehmer zu fahren. Mit den drei Meter hohen Hecken rechts und links der Straße kam einem die Autofahrt eher so vor, als würde man nicht das Auto steuern, sondern vielmehr die Hecken mit dem Lenkrad nach rechts und links dirigieren. Irgendwann erreichten wir aber wieder unser Cottage zum verdienten Abendbier.

67. Englische Riviera

22.09.2012, Plainmoor, League Two
Torquay United – Burton Albion, 1:1, 2.500 Zuschauer

Nach dem Fußballabend am Dienstag standen wieder drei „normale" Urlaubstage auf dem Programm. Wir gingen Seekayak fahren, erkundeten Salcombe und Overbecks und wanderten am Coast Path rund um den Blackpool-Sands-Strand. Alles sehr nett, keine anderen Touristen und von der Natur her fantastisch, wie aus einem hardcore-stereotypen Rosamunde-Pilcher-Film. Am Samstagmorgen wurde es dann allerdings Zeit, die Sachen zu packen und das Cottage zu verlassen in Richtung des letzten Fußballziels der Tour: Torquay.
Von unserer Unterkunft waren es nur knappe 30 Kilometer zu fahren, was allerdings auf den üblichen Feldwegen eine dreiviertel Stunde dauerte. Wir hatten uns den Besuch in der „Hauptstadt" der als englische Riviera bekannten Küstenregion bis zum Ende aufgespart. Selbstredend hat die englische Kanalküste nur wenig mit der Riviera in Italien gemein, dennoch konnten wir in Torquay durchaus etwas südländisches Flair spüren. Dies lag nicht zuletzt an den Palmen entlang der Strandpromenade, die Anfang des 19. Jahrhunderts aus Neuseeland importiert wurden.
Das Städtchen entwickelte sich vor allem zur viktorianischen Zeit zum beliebten Seaside Resort, mit dem viktorianischen Pavillon an der Hafenanlage als Zeitzeuge. Generell hat sich das „Urlaubsfeeling" in der Stadt bis heute gehalten. Zwar ist die Fußgängerzone voll mit den üblichen Läden, von TK Maxx über Café Nero bis Boots, dennoch konnten wir gerade an der Hafenpromenade auch recht viele Kruscht- und Souvenirstände bewundern. Wir nahmen uns ausführlich Zeit für einen Bummel und eine Shoppingtour, ehe wir eine weitere Besonderheit der Stadt mitbekommen durften: die Hügel.
Der Fußweg vom Zentrum zum Stadion führte im Grunde stetig bergauf, entlang teilweise wirklich sehr netter Häuser und Villen in Hanglage. Ein kleiner Hauch von San Francisco in Devonshire – wer hätte das gedacht. Nach einer guten Viertelstunde Bergaufmarschieren

erreichten wir Plainmoor, den Ground von Torquay United, der nach dem gleichnamigen Stadtteil benannt wurde und den die Anhänger von United als „Moor“ bezeichnen.
Das Stadion war ursprünglich ein Rugby Ground, dessen Hausherren, der Torquay Athletic Rugby Club, 1904 allerdings in den örtlichen Recreation Ground umzogen, wo das lokale Fußballteam Torquay United zu Hause war. Die Fußballer mussten den Rugbyspielern weichen und so spielte man einige Jahre auf kleineren Plätzen, ehe man 1910 unter dem Namen „Torquay Town“ mit dem Lokalrivalen Ellacombe fusionierte, der damals in Plainmoor spielte bzw. Groundsharing mit Babbacombe betrieb – keine Verbindung zu Forrest Gump, wohlgemerkt. 1921 fusionierten dann auch diese Klubs und änderten den Namen wieder zurück zu Torquay United. Sechs Jahre später folgte die Aufnahme in die Football League, in der sich der Klub über Jahrzehnte wacker hielt. Dabei standen die Zeichen in der Saison 1986/87 bereits auf Abstieg in die Conference – das erste Jahr, in dem der Absteiger automatisch durch die rote Laterne der vierten Liga ermittelt wurde. Torquay lag kurz vor Schluss gegen Crewe mit 1:2 zurück und brauchte einen Punkt zum Klassenerhalt. Zu allem Überfluss wurde Torquay-Verteidiger Jim McNichol von einem Polizei-Schäferhund names Bryn gebissen und musste minutenlang behandelt werden. Diese Zeit wurde am Ende aufgeschlagen, und wie die Geschichte manchmal so läuft, gelang Torquay in dieser Nachspielzeit der Ausgleichstreffer zum Klassenerhalt. Spieler und Hund söhnten sich in der Folge aus, alle zufrieden in Torquay …
20 Jahre später erfolgte dann doch der Gang in die Conference: Zum Ende der Saison 2006/07 war nach 80 Jahren erst mal Schluss mit Football League. Bereits 2009 kehrte man allerdings wieder zurück, und so hatten wir für den Tag ein League-Two-Match gegen Burton Albion auf dem Programm.
Am Ground angekommen, besorgten wir uns zunächst die Tickets, ehe wir im Viertel rund ums Stadion nach einer Location fürs Mittagessen suchten. Der Ground ist recht schön gelegen in einem Wohngebiet, zwischen Parks, Schulen, Reihenhäusern und einer Kirche. Wir wurden in einem kleinen Café auf der High Street fündig, futterten

ein Sandwich und machten uns auf den Weg zurück zum Ground, auf unsere Plätze im Family Stand hinter dem Tor.
Dieser ist eine von zwei Sitzplatztribünen, der Main Stand an der Spielfeldseite ist die andere. Er trägt den interessanten Namen „Bristow Bench". Bis ins Jahr 2011 stand hier eine vom Buckfastleigh Racecourse übernommene Tribüne, nachdem die Rennbahn 1960 geschlossen und die Restposten anderweitig genutzt worden waren. 1985 zerstörte ein Feuer etwa ein Drittel des Stands, die Kapazität war in der Folge also reduziert. Der Klub baute 2011 eine moderne Sitzplatztribüne und benannte sie nach Paul Bristow, einem ehemaligen Direktor des Klubs. Bristow stellt den Inbegriff der Vergänglichkeit dar. 2004 gewann er in der Lotterie die unglaubliche Summe von 15 Millionen Pfund, verstarb aber bereits 2010 im Alter von nur 59 Jahren. In den Jahren zuvor nutzte er den Gewinn, um seinen Lieblingsklub Torquay United zu unterstützen. Ein Teil der Baukosten für die Bristow Bench wurde mit seinen Spenden gedeckt. Der Klub beschloss, den Stand nach dem edlen Spender zu benennen – ein feiner Zug.
Zwei kleinere Stehplatztribünen komplettieren Plainmoor, wobei die Stehplatz-Terrace an der Spielfeldseite die Heimfans beherbergt, während auf der Terrace hinter dem Tor die Gästefans untergebracht sind. Ich entdeckte hier ungelogen die Teenager wieder, hinter denen Rolfes und ich auf der Terrace in Burton das dortige Spiel verfolgt hatten. Kleine Fußballwelt!
Auf dem Rasen sah lange alles nach einem Heimsieg aus. Nach knappen 20 Minuten ging Torquay in Führung, sehr zur Freude der zahlreichen Heimfans – unter ihnen die ärmste Sau des Tages: scheinbar ein Junggesellenabschied, bei dem sich der Bräutigam als Maskottchen von United verkleiden musste, nämlich als Möwe. Das Ganze sah nicht wirklich super aus, vor allem die ockerfarbene Strumpfhose hinterließ keinen uneingeschränkt männlichen Eindruck. Zu allem Überfluss musste der Arme auch noch zum Halbzeitvergnügungsspiel antreten: Elferschießen. In England ist klar, wie es ausgeht – selbstredend kein Treffer ... Auf dem Rasen fiel in der zweiten Halbzeit auch nur noch ein Treffer, wohlgemerkt der Ausgleich für die Gäste in der 89. Minute, wie man sich so ein Auswärtsspiel eben wünscht. Die Stimmung

bei den Torquay-Fans war entsprechend gedämpft am Ende – unterm Strich eine Kulisse von 2.500 Zuschauern, mit einer für die Verhältnisse angemessenen Atmosphäre.
Wir marschierten nach Spielende wieder den Hügel Richtung Innenstadt hinunter, wo unser Mietwagen in einem Parkhaus stand. Das Fußballprogramm war somit erledigt, die drei Devon-Klubs im Kasten – alle drei Grounds irgendwie sehr angenehm mit viel Charakter und auch die Spiele ganz annehmbar, trotz drei Mal vierte Liga.
Unser nächster Stopp hieß Bristol, quasi als Zwischenstopp zwischen Devon und Luton Airport. Der Navi schickte uns direkt über die Clifton Suspension Bridge, die ich nur aus der Ferne vom Fußmarsch zum Ashton Gate her kannte, wobei wir rechtzeitig vor der Brücke Halt machten und bemerkten, dass wir nicht mehr genug Kleingeld für die Maut dabeihatten. Ergo mussten wir einen kleinen Umweg fahren, erreichten dann aber doch die Travelodge im Zentrum, wo wir uns für die letzte Nacht des Urlaubs einquartiert hatten. Eine andere Erfahrung als das Cottage, aber ideal für unseren Zweck.
Ich hatte etwas gegoogelt, was wir am Samstagabend essensmäßig in Bristol in Angriff nehmen könnten, und zögerte keine Sekunde, als ich das All You Can Eat World Buffet „Za Za Bazaar" entdeckte, unweit unseres Hotels. Meine Freundin war über die schlüssige Argumentation („Ey, da kann man so viel essen, wie man will, und es gibt Chicken Nuggets UND Pizza UND Chinesenkram UND Eiscreme!") selbstredend nur bedingt begeistert, musste nach einigen Stunden Völlerei dann aber doch zugeben, dass es durchaus eine gute Entscheidung war. Mit voller Plauze ging es dann ins Hotel, die Nacht über Verdauungsvegetieren.
Am Sonntag wartete der Flieger nach Bratislava. Die Fahrt von Bristol nach Luton erwies sich als reine Formalität, wobei wir in der Innenstadt von Luton noch etwas Zeit zum Besuch der Shopping Mall und für ein Mittagessen hatten, ehe der Wagen wieder beim Autoverleih abgegeben und der Ryanair-Flieger bestiegen wurde.
Alles in allem eine nahezu perfekte Kombination aus Fußballtrip und schönem Urlaub. Die Gegend bietet wirklich viel und ist landschaftlich außergewöhnlich schön. Die Grounds sind nicht weniger sehenswert,

echte Klassiker, und gehören definitiv zu den Stadien der 92, die ich vorbehaltlos gerne wieder besuchen würde.

68. Home Nations Duell

12.10.2012, Cardiff City Stadium, WM Qualifikation
Wales – Schottland, 2:1, 23.500 Zuschauer

Drei Wochen nach dem Urlaub in Devon stand bereits die nächste Inseltour an, diesmal wieder mit Travelbuddy Rolfes. So langsam wurde es eng mit abzugrasenden Grounds aus den ersten beiden Ligen, und entsprechend richtete sich der Fokus auf die Leagues One und Two. In diesem Zusammenhang kam uns ein Länderspielwochenende sehr gelegen, an dem traditionell nur Premier League und Championship pausieren, die dritte und vierte Liga aber einen vollen Spieltag ansetzen und dabei nicht selten ein paar Spiele auf Sonntag und Montag legen, um das Ligafußball-Wochenende bestens zu füllen.
Die Konstellation, gleich drei Grounds von Samstag bis Montag bequem machen zu können, lachte uns an. Wir buchten also das Wochenende und nahmen zudem den Freitag mit, da Wales ein Quali-Heimspiel zur WM 2014 gegen Schottland auf dem Programm hatte. Wir gingen beim Buchen fest davon aus, dass der Kick wohl im Millennium Stadium in Cardiff stattfinden würde, in dem gemeinhin eher Rugby gespielt wird. Umso größer war dann die Freude, als das Cardiff City Stadium als Spielort bestätigt wurde: ein weiterer der 92 Grounds zum Mitnehmen. Wonderful!
Wie immer, wenn die Destination Wales hieß, war unser Treffpunkt in London die Paddington Station. Mit Rolfes im Gepäck ging es dann mit dem Zug durchs Thames Valley und weiter Richtung Cardiff. Schon im Zug wurde klar, dass zum Gastspiel der Schotten auch die „Tartan Army“, also die Fans der schottischen Nationalmannschaft, in ordentlicher Anzahl vor Ort sein würde: viele Schottenröcke und schottische Dialekte im Abteil.
In der Cardiffer Innenstadt bot sich dann ein ähnliches Bild: Etliche Pubs waren fest in schottischer Hand. Wir hatten bei unserem Besuch in Swansea schon eine Nacht in Cardiff hinter uns, kannten also die Örtlichkeiten. Trotzdem ließen wir uns die Gelegenheit nicht entgehen und drehten eine Runde durchs Zentrum, rund um die Burg. Die-

se ist neben dem Millennium Stadium mit Sicherheit das prägnanteste Wahrzeichen Cardiffs und existiert immerhin seit dem 11. Jahrhundert. Cardiff als Stadt gewann allerdings erst durch die Industrielle Revolution an Bedeutung. 1800 zählte man gerade einmal 600 Einwohner. Hundert Jahre später waren es bereits 170.000, die meisten angelockt durch die Möglichkeiten, die sich durch Eisenbahn und Hafenanlagen boten. Heute ist Cardiff mit 350.000 Einwohnern die größte Stadt in Wales, demzufolge auch die Hauptstadt. Nicht zuletzt deshalb finden die wichtigen Länderspiele auch hier statt.

Mit Schottland als Gast hatten wir eine überaus attraktive Partie erwischt. Eine Art Insel-Derby, wenn man so will, ein Aufeinandertreffen zweier „Home Nations", wie sich die „Erfinder" des Fußballspiels nennen. Hierin liegt auch der Grund, warum es bis zum heutigen Tag Nationalmannschaften und Verbände für England, Schottland, Wales und Nordirland gibt. In den Anfangszeiten des Fußballs stellten Partien zwischen diesen Mannschaften die einzigen Duelle auf internationalem Level dar, in Ermangelung anderer Fußballverbände. Über die Zeit beließ man es bei getrennten Verbänden, wohl nicht zuletzt, weil die lokalen Fußballfürsten nur ungern ihre Posten geräumt hätten.

In jedem Fall kommt den Home Nations eine besondere Bedeutung zu: Die Teams (plus ab und an Irland) spielten nicht nur über 100 Jahre hinweg zwischen 1883 und 1984 jährlich die „British Home Championship" untereinander aus (Rekordsieger England mit 54 Siegen), vielmehr sind die Home Nations bis heute die „Hüter" der offiziellen Fußballregeln. Dies geht ebenfalls auf die Anfänge der Länderspiele zwischen den Nationen zurück. Jeder Verband hatte seine eigenen Regeln, was die Partien nicht unbedingt einfacher machte. Es wurde jeweils gemäß den Regeln des Heimteams gespielt, was selbstredend Einfluss auf das Spiel hatte. Um dem zu begegnen, gründeten die vier Verbände 1886 das „International Football Association Board". Hier wurden die offiziell und international geltenden Fußballregeln festgelegt.

Diese Funktion führt das IFAB bis heute aus, und wenn aufgrund absurder Regelvorschläge von Sepp Blatter und Co. wieder einmal auf die FIFA geschimpft wird, ist dies nur zur Hälfte richtig. Mit ihrer

Gründung 1904 bekam die FIFA einen Platz im IFAB, wo sie 50% der Stimmrechte (4 Stimmen) besitzt. Das bedeutet, dass die FIFA allein keine Regeländerungen beschließen kann, da die Home Nations die anderen 50 Prozent der Stimmrechte innehaben, also jeder Verband eine Stimme. Ohne die FIFA sind allerdings auch keine Regeländerungen möglich, da zumindest sechs Stimmen zum Beschluss nötig sind. Das heißt im Umkehrschluss aber auch, dass keine Regeländerungen möglich sind, wenn Wales, Schottland und Nordirland etwas dagegen haben. Ein Vetorecht bei in der Summe etwas mehr als 10 Millionen Einwohnern – eine merkwürdige, aber eben historisch begründete Konstellation.
Wir machten uns zu Fuß von der Innenstadt auf Richtung Cardiff City Stadium, vorbei am Millennium Stadium und entlang der Gleise. Theoretisch hätte man auch eine Haltestelle mit der Bahn fahren können, bis zur Station „Ninian Park", deren Name etwas über die Vergangenheit des Grounds aussagt. Das Stadion ist an sich noch recht neu und wurde erst 2009 eingeweiht. Bis dahin kickten die Hausherren eben im benachbarten „Ninian Park". Der Neubau gestaltete sich schwierig: Man musste das alte Leichtathletikstadion, das an der Stelle des heutigen Stadions stand, abreißen und in unmittelbarer Nähe neu aufbauen. Zudem stellte sich die Finanzierung als problematisch dar, was jedoch über eine Reihe an Shops und Supermärkten auf dem Stadionareal gelöst wurde.
Das Ergebnis lässt sich durchaus sehen. Mit über 30.000 Plätzen ist die Kapazität recht ordentlich, teilweise gibt es sogar zwei Ränge – für die Hausherren Cardiff City eine angemessene Heimat. Die „Bluebirds", wie der Klub wegen des Vogels im Klublogo auch genannt wird, feierten ihren größten Erfolg 1927: Als einziger nicht englischer Klub konnte man sich in die Siegerliste des FA Cup eintragen. Nach dem Zweiten Weltkrieg hielt man sich sogar einige Jahre in der höchsten Spielklasse, verschwand ab den 60ern aber langsam in den Niederungen der Football League.
Ab den 2000er-Jahren erwachte der Klub wieder aus dem Dornröschenschlaf und lieferte sich mit dem walisischen Rivalen Swansea ein Rennen um die Ehre, erster Vertreter aus Wales in der Premier League

zu werden. Swansea schlug die Hauptstadt, Cardiff City zog allerdings 2013 nach und spielte eine Saison in der Eliteklasse. Ruhig war es in dieser Zeit rund um den Klub allerdings nie. Das hatte vor allem damit zu tun, dass Cardiff City 2010 von einem malaysischen Investor übernommen wurde, der massiven Einfluss auf den Klub nahm.

Der Name Vincent Tan taucht in diesem Zusammenhang immer wieder auf, nicht zuletzt, weil sich Tan alles andere als Freunde unter den Cardiff-Fans machte. Einen Höhepunkt der Ablehnung erreichte Tan, als er durchsetzte, dass die blauen Vereinsfarben der „Bluebirds" durch ein knackiges Rot ersetzt wurden – der Auslandsvermarktung wegen. Des Weiteren nahm er starken Einfluss auf die Transferpolitk und stellte sich in der Premier-League-Saison von City teilweise offen gegen den Manager Malky Mackkay. Der Manager ging und wurde durch Ole Gunnar Solskjær ersetzt. Das rote Trikot blieb einige Zeit länger: Erst Anfang 2015 erklärte sich Tan bereit, wieder zurück zum blauen Jersey zu wechseln – nach eigener Aussage hätte ihm die Weihnachtszeit im Kreise seiner Familie die Bedeutung von Zusammenhalt vor Augen geführt und er wolle gerne alle Fans des Klubs glücklich sehen. Es kommen einem die Tränen …

Weniger Tränen, sondern mehr solide Fußball-Action gab das Match her. Schottland wurde wie erwartet wunderbar supportet: Allein die Hymnen waren das Eintrittsgeld wert. Die Gäste gingen zur Begeisterung der „Tartan Army" in der ersten Hälfte in Führung, ein zweites – wohl vorentscheidendes – Tor in der 75. Minute wurde nicht gegeben. Die Partie entschied am Ende der walisische Ausnahmespieler am Platz: Gareth Bale. Erst holte er zehn Minuten vor dem Ende einen Elfmeter heraus, den er auch gleich selbst zum Ausgleich verwandelte. Kurz vor Schluss besorgte er dann auch noch den Siegtreffer, mit einem herrlichen Knaller von außerhalb des Strafraums in die lange Ecke, was die walisischen Fans in Ekstase schoss. Eine wirklich mitreißende Partie, bei klassischem britischem Wetter, toller Atmosphäre und schönem Spielverlauf. Dafür, dass weder Rolfes noch ich große Länderspielfreunde waren und sind, kamen wir an diesem Freitagabend voll auf unsere Kosten.

Wie so oft galt: Nach der Partie ist vor der Partie, und so hatten wir nach dem Schlusspfiff nur wenig Zeit, um zum Bahnhof zu kommen – Stech- und Laufschritt wechselten sich ab. Wie geplant erwischten wir den letzten Zug nach Bristol Temple Meads, wo die örtliche Travelodge unsere Endstation und unser Nachtquartier darstellte. Herrlicher Tourauftakt!

69. Schieflage an der Spitze

13.10.2012, Proact Stadium, League Two
Chesterfield FC – Dagenham & Redbridge FC, 1:2, 5.800 Zuschauer

Nach dem Länderspiel zum Auftakt stand als Nächstes wieder Football League auf dem Programm. Wir hatten schon am Vorabend Wales verlassen und die ersten Kilometer in Richtung des nächsten Grounds gemacht. Ziel war Chesterfield, ganz im Norden von Derbyshire und etwa 20 Kilometer südlich von Sheffield gelegen. Von Bristol aus ging es zunächst (aus Kostengründen mit dem Bus) nach Birmingham und von dort weiter mit dem Zug. Mit längerem Aufenthalt in Birmingham waren es immerhin etwa 4,5 Stunden Fahrzeit, bis die schiefe Kirchturmspitze von Chesterfield auftauchte.

Sie ist zweifelsohne die Sehenswürdigkeit der Stadt schlechthin und bestimmt das Stadtbild. Die „Crooked Spire", wie das Wahrzeichen genannt wird, befindet sich auf einer Kirche aus dem 14. Jahrhundert, der „Church of St Mary and All Saints". Krumm ist die Spitze insoweit, als dass sich die Dachkonstruktion erheblich zur Seite neigt – ein bisschen wie der schiefe Turm von Pisa. Die Spitze des Kirchturms ist um immerhin drei Meter verschoben, trotzdem hält die Konstruktion und trägt ihr eigenes Gewicht. Eine wirklich fundierte Erklärung, wie es zu dieser Verkrümmung kam, existiert bis heute nicht. In jedem Fall ist es ein nicht alltäglicher Anblick, der den Besuch in Chesterfield etwas spannender machte.

Ohnehin verbirgt sich hinter dem nicht unbedingt prominenten Namen (wenn man mal von der gleichnamigen Zigarettenmarke absieht) ein recht nettes Städtchen. Da es seit dem 13. Jahrhundert die Rechte einer Marktstadt besitzt, gibt es in der Innenstadt einen großen, belebten Marktplatz mit Markthalle anzuschauen. Zudem besteht das Zentrum aus einer Altstadt, mit kleinen Gassen (den sogenannten „Shambles") und vielen Fachwerkhäusern. Viel Zeit für Sightseeing hatten wir aber ohnehin nicht, weil wir recht knapp angereist waren und noch die zwei Kilometer zum Stadion zu Fuß zurücklegen mussten.

Bis 2010 hatte Chesterfield am Saltergate gekickt. Hier wurde fast 140 Jahre Fußball gespielt. Die Nähe zum Zentrum wurde dem Ground dann aber zum Verhängnis und es entstanden an seiner Stelle Wohnungen, wohingegen der Klub sein neues Zuhause am Stadtrand in einem Stadionneubau fand.
Für uns war der Besuch im „Proact" Stadium, wie der Ground aus Sponsorengründen heißt, eher eine Pflichtaufgabe: einer dieser League Two Grounds, die man eben auf dem Weg zu den 92 mitnehmen muss. Chesterfield steht in der Liste der großen englischen Klubs nicht wirklich weit oben. Zwar gehen die frühesten Anfänge des Sports in Chesterfield bis in die 1860er-Jahre zurück und man spielte schon früh in der Football League. Der Klub löste sich allerdings vor dem Ersten Weltkrieg auf, um erst danach wieder neu gegründet zu werden.
Dies geschah, wohlgemerkt, durch die Stadtverwaltung, die gerne weiterhin einen Fußballklub in der Stadt sehen wollte. Da der Klub der Stadt gehörte, verweigerte die Football League zunächst die Aufnahme. In der Folge stieg die Stadt aus dem Klub aus, dessen Name daraufhin von „Chesterfield Municipal F.C." in „Chesterfield FC" geändert wurde. In den Jahren rund um den Zweiten Weltkrieg kickten die „Spireites", wie das Team in Anlehnung an den Kirchturm genannt wird, in der zweiten Liga, verschwand aber seitdem in Liga 3 und 4, wo man bis heute spielt.
Wir drehten die übliche Runde ums Stadion, mit einem kleinen Abstecher zum nahen Tesco. Allzu viel zu sehen gab es eh nicht. Aufgrund des Neubaus wirkten alle Tribünen recht identisch, teilweise machte sich das „junge" Baujahr bemerkbar, insofern als unter der Gegengerade scheinbar noch recht viel leerstehende Räumlichkeiten ungenutzt waren. Ein kleines Highlight gab es dann aber doch noch: den Karen Child-Smith Stand. Sponsorennamen für Tribünen sind ja keine Seltenheit mehr. Hier handelte es sich allerdings nicht um den örtlichen Friseursalon oder Ähnliches. Namensgeber war vielmehr eine Lottogewinnerin, die als Supermarktkassiererin 2007 etwa 10 Millionen Euro gewann und sich neben einer Loge in Old Trafford auch die Namensrechte am Home Stand in Chesterfield sicherte – eine nette Geste, um ihren Lokalverein zu unterstützen.

Von innen präsentierte sich der Ground wie erwartet: vier einrangige Tribünen, quasi identisch an den Spielfeldseiten und hinter den Toren, alle Stands mit blauen Sitzschalen versehen. Die Ecken waren selbstredend offen – also eine etwas weitläufige Atmosphäre. Wir hatten Tickets im Main Stand, recht gute Plätze, wohingegen die mitgereisten Dagenham-Fans an der Seite der Gegengerade untergebracht waren. Auf einer Hintertortribüne kamen die Heimfans unter, die Tribüne auf der anderen Seite des Feldes wurde an dem Tag gar nicht genutzt.

Neben einem Regenbogen in der zweiten Hälfte gab es für uns immerhin drei Tore zu bestaunen, zwei davon für die Gäste: das entscheidende 2:1 gerade einmal zwei Minuten, nachdem die Hausherren den Ausgleich erzielt hatten und die Partie kurz wieder offen war. Die Heimniederlage konnte selbst ein relativ großer Name nicht abwenden. Chesterfield hatte drei Tage zuvor Luis Boa Morte verpflichtet, der für verschiedene Klubs auf mehrere hundert Premier-League-Spiele und knappe 30 Länderspiele für Portugal kam. Sein Engagement in Chesterfield sollte aber nur von kurzer Dauer sein: Nach drei Monaten trennte man sich. Boa Mortes nächste Station war dann die zwölfte Liga – so viel dazu.

Nach der Partie nahmen wir den Fußweg zurück ins Zentrum in Angriff, holten uns ein Bierchen für die Zugfahrt plus einen leckeren Kebab in der klassischen Styroporbox zum Abendessen und verteilten den herrlichen Geruch im Zugabteil. Nach einer Stunde Fahrzeit erreichten wir Birmingham, die Endstation für den Tag. Wir bezogen zuerst unser Zimmer im Etap beim „Chinesenkreisel“ und im Anschluss einen Tisch in unserem Stammpub „Briar Rose“, um den Abend mit ein paar leckeren Pints und zu fortgeschrittener Stunde Southern Comfort und Sprite ausklingen zu lassen. Chesterfield im Sack – das musste schließlich anständig gefeiert werden …

70. All ticket in Shropshire

14.10.2012, Greenhous Meadow, League One
Shrewsbury Town – Walsall FC, 1:0, 6.500 Zuschauer

Drittes Spiel der Tour, diesmal logistisch denkbar einfach: Es ging nach Shrewsbury. Wir schliefen erst mal die Pints aus und nahmen uns bis zur Checkout-Time Zeit, das Zimmer zu räumen. Wir hatten zwar noch zwei Nächte in Birmingham vor uns, zogen für diese aber die etwas besser gelegene und preislich attraktivere Travelodge „Moor Street" vor. Dies hatte allerdings zur Folge, dass wir den Trip nach Shropshire nahe der walisischen Grenze mit Sack und Pack antreten mussten.

Ab New Street dauerte die Fahrt eine knappe Stunde – eine willkommene Abwechslung zu den Marathontouren, wie wir sie sonst auf dem Programm hatten. Während der Zugfahrt machte sich schon die Tatsache bemerkbar, dass mit Walsall ein Team aus der Region zu Gast war: Etliche Gruppen von Walsall-Fans bevölkerten die Waggons – die klassischen Männerrunden im Casual-Outfit, mit Bierflaschen ausgestattet.

In Shrewsbury angekommen, verlief sich die Zugbesatzung allerdings recht schnell, die zahlreiche Polizei vor Ort hatte sofort ein Auge auf die Away-Fans und wir bogen Richtung Innenstadt ab. Wie so oft hatten wir keine wirkliche Erwartungshaltung, was die Stadt anging. Umso schöner, dass sich Shrewsbury von der üblichen Shopping-Mall- und High-Street-Shops-Konstellation abhob. Wie bei Chesterfield am Vortag handelt es sich bei Shrewsbury um eine historische Marktstadt, was wohl mit der Lage am River Severn zu tun hat. Interessanterweise wird nahezu der gesamte Altstadtkern von einer Flussschleife eingebettet. Die neun Brücken, die den Zugang erlauben, sind daher eines der Wahrzeichen der Stadt.

Des Weiteren konnten wir beim kurzen Bummel durch die Stadt die „üblichen Verdächtigen" der historischen Städte in England begutachten, also eine Burg, kleine Gässchen, viel Fachwerk, teilweise recht beeindruckend. Für die kulinarische Spezialität, den Shrewsbury Cake

– wohlgemerkt kein Kuchen, sondern eher Plätzchen im Stil von Cookies –, blieb keine Zeit. Wir verpassten auch die größte Attraktion der Stadt, die Annual Flower Show, um etwa zwei Monate, die im Sommer zahlreiche Besucher anzieht und angeblich die älteste Flower Show der Welt ist. Wir verkrafteten es irgendwie. Am Rande sei noch der berühmteste „Salopian“, wie die Einwohner genannt werden, angeführt: Charles Darwin, 1809 in Shrewsbury geboren.

Die Analogie zum Vortag setzte sich insoweit fort, als dass wir einen recht ordentlichen Fußmarsch vor uns hatten, um zum Ground zu kommen, der uns vor einigen Jahren noch erspart geblieben wäre: Bis 2007 spielte Shrewsbury im „Gay Meadow“, nahe der Burg und dem Bahnhof, direkt am anderen Ufer des River Severn. Ebendiese Lage wurde aber zunehmend zum Problem, da aufgrund der Bahnstrecke und des Flusses die Zufahrtsmöglichkeiten und Fluchtwege die Kapazität des Grounds stark einschränkten. Zudem kam es in den Wintermonaten immer wieder zu Überschwemmungen, die zu Spielabsagen führten. Ein Umzug in ein neues Stadion wurde fast zehn Jahre lang geplant, ehe Shrewsbury Town in den Süden der Stadt zog.

Der Neubau wurde in Anlehnung an Gay Meadow „New Meadow“ genannt. Letzten Endes fand sich aber auch hier ein Sponsor für die Namensrechte und so besuchten wir an diesem Tag „Greenhous Meadow“ (tatsächlich ohne e!). Selbstredend befand sich das Stadion irgendwo am Stadtrand, außenrum nichts außer Parkplätzen und Supermärkten.

Wir holten unsere vorbestellten Tickets ab, was letzten Endes ein großer Glücksfall war. Das Match wurde offiziell als „All Ticket“ deklariert: Wir hätten also am Spieltag vor verschlossenen Tageskassen gestanden. Die All-Ticket-Maßnahme hatte mit dem Derby-Charakter zu tun. Scheinbar kam es in der Innenstadt zwischen beiden Fangruppen zu heftigeren Auseinandersetzungen, in deren Folge 28 Fans angeklagt wurden. Hiervon bekamen wir allerdings nichts mit, wir vertrieben uns stattdessen die Zeit bis zum Kickoff damit, den Auswärtsfans bei der Ankunft zuzuschauen. Zahlreiche Polizisten, mit und ohne Hunde und Pferde, eskortierten die aus den Bussen steigenden Walsall-Fans in ihre Blöcke – was wohl auch mit den Vorfällen in der Innenstadt zu tun hatte. Wir nahmen im Supporters Clubhouse noch ein Pint mit und begaben uns dann ebenfalls auf unsere Plätze.

Wie zu erwarten bekamen wir ein „klassisches" neues Stadion zu sehen: vier einrangige Tribünen, komplett mit Sitzplätzen, komplett überdacht, Ecken offen. Mit 10.000 Plätzen war es recht optimistisch gestaltet, was die Kapazität angeht. Seit der Eröffnung konnte sage und schreibe nur einmal „Ausverkauft" gemeldet werden. Dass Shrewsbury Town nicht unbedingt die Massen zieht, hat wohl nicht zuletzt damit zu tun, dass der Klub erst seit 1950 in der Football League spielt. Zuvor spielte man seit der Gründung 1886 im Non-League-Bereich, in der Birmingham & District League und der Midland League.

Erfolge konnten interessanterweise nur im walisischen Fußball gefeiert werden: Aufgrund der Nähe zu Wales durfte Shrewsbury in der Vergangenheit im Welsh Cup mitspielen und gewann diesen zwischen 1891 und 1980 immerhin sechs Mal. 2003 musste „Town" den Abstieg aus der Football League hinnehmen, kehrte aber – nach nur einer Saison in der Conference – umgehend zurück. Trotz dieser sportlich schweren Zeiten hat sich in Shrewsbury eine ganz ordentliche Szene entwickelt und beide Male, an denen ich „Town" zuvor auswärts gesehen hatte (in Wycombe und Macclesfield), war der Auswärts-Support zahlreich und sehenswert. Da sich auch der Away-Sektor hinter dem Tor immer mehr füllte, erwarteten wir zumindest eine gute Atmosphäre.

Sportlich gesehen hatten wir nicht unbedingt ein Topspiel vor uns. Shrewsbury hatte das Kunststück geschafft, eineinhalb Jahre zu Hause ungeschlagen zu bleiben. Die Serie riss allerdings vier Wochen vor unserem Besuch ab und man fand sich nach dem Aufstieg in die League One im Abstiegskampf wieder. Walsall dümpelte im Tabellenmittelfeld herum – die Brisanz der Partie ergab sich also eher durch die Rivalität der Fans. Dennoch entwickelte sich ein ganz munteres Match, mit einem schönen Volleytor für Shrewsbury, vielen Chancen auf beiden Seiten und einem starken Auftritt der Walsall-Fans, die ihr Team immer wieder nach vorne trieben. Am Ende stand ein etwas schmeichelhaftes 1:0 für die Hausherren.

Nach dem Match blieb es rund ums Stadion ruhig. Mit den anderen Zuschauern machten wir uns auf den Rückweg zur Innenstadt bzw. zum Bahnhof und nahmen den ersten Zug Richtung Birmingham. Hier ging's erst mal ins Hotel und dann ab zum zweiten Stamm-Wetherspoon, dem „Square Peg" – auf ein Beer & Burger Special und ein paar weitere Pints zum Tagesabschluss.

71. I'm loving angels instead

15.10.2012, Vale Park, League Two
Port Vale – Oxford United, 3:0, 4.600 Zuschauer

Ein Grund, warum wir dieses Wochenende für eine Englandtour auserkoren hatten, war die Gelegenheit, gleich mehrere Spiele mitzunehmen, da am Montagabend mit Port Vale gegen Oxford ein weiteres Match angesetzt war. Bevor es aber um Fußball ging, stand erst mal Ausschlafen an, dann traditionelles Shopping im „Bullring", gekrönt vom Wochentag-Pflichtprogramm in England: dem Pizza Hut All You Can Eat Buffet. Wir hauten uns wie gewohnt anständig die Mägen voll, schleppten uns für ein Verdauungsschläfchen ins Hotelzimmer und schauten den üblichen Quark im englischen „Telly", bevor wir zum Tagesordnungspunkt Fußball übergingen.
Ziel – zum zweiten Mal auf unseren Inseltouren – war Stoke-on-Trent. Es liegt nur eine knappe Zugstunde von Birmingham entfernt, an sich also eine recht entspannte Anreise. Wir waren allerdings schon im Pendler-Zeitfenster gelandet, daher war der Zug recht voll und wir konnten nur noch einen schönen Stehplatz ergattern.
Wir wussten ja schon, was uns in Stoke erwartete. Im Vergleich zum letzten Besuch wurde diesmal noch deutlicher, dass „Stoke" eben nicht unbedingt eine Stadt als solches bezeichnet, sondern eher den Zusammenschluss verschiedener Städte. Unser finales Ziel sollte der Stadtteil Burslem sein, wo der Port Vale FC sein Zuhause hat.
Zunächst einmal standen aber logistische Herausforderungen auf der Agenda. Auf unserem Stehplatz im Zug konnten wir nicht wirklich gut unser Zugbier zu uns nehmen. Wir hatten also noch Carling-Dosen übrig – die wir aber selbstredend nicht mit in den Ground nehmen konnten. Die Lösung des Problems sollte der Streumittelcontainer am Bahnhof werden, in dem wir das Bier bunkerten und gleichzeitig für die Rückfahrt kühlten. Ein Geniestreich!
Dann hieß es, den richtigen Bus nach Burslem zu finden. Dies gelang uns dann auch ganz gut trotz der Tatsache, dass dieser nicht direkt vorm Bahnhof abfuhr. Letzten Endes verbrachten wir eine gefühlte

Ewigkeit im Bus, obwohl es netto wohl nur fünf Kilometer Entfernung gewesen wären, aber so nahmen wir sämtliche Industriegebiete und lokalen Busbahnhöfe mit. Die Haltestelle in Stadionnähe erwischten wir dafür auf Anhieb und legten den restlichen Weg zum Ground zu Fuß zurück.

Aufgrund der fortgeschrittenen Stunde wurde es langsam dunkel und so zeichnete sich das Flutlicht des Vale Park schon aus der Entfernung ab. Vom ersten Eindruck her war schnell klar: Es handelt sich um eine geile Kiste. Offensichtlich hatte der Zahn der Zeit ordentlich genagt und es gab die charakteristischen Merkmale, wie die Turnstile-Häuschen mit den Preistafeln über den Eingängen, die Backsteinmauer rund um den Ground, klassische Flutlichtmasten, in Klubfarben gestrichene Treppen und Geländer, mit Wellblech verkleidete Tribünen, deren Dächer in der Mitte spitz zusammenlaufen und die von Säulen getragen werden – also im Grunde alles, was es gemeinhin braucht, um einen Ground als „old-school English“ zu bezeichnen.

Dabei ist das Stadion noch gar nicht so alt, zumindest im Vergleich zu vielen anderen Grounds auf der Insel. Erst 1950 zog Port Vale hier ein, nachdem man zuvor im Athletic Ground und im Old Recreation Ground gespielt hatte. Beim Bau hatte man damals hohe Ambitionen gehabt: Der Vale Park war als nichts Geringeres als das Wembley des Nordens geplant und sollte ursprünglich 80.000 Zuschauer fassen. Dies wurde dann zwar auf eine Kapazität von 40.000 reduziert, dennoch stellte sich die Größe als überdimensioniert für Port Vale heraus, die in den besten Zeiten Zuschauerschnitte von 20.000 verzeichnen konnten. 20.000 Besucher kamen 1981 auch zu dem Heavy-Metal-Konzert mit dem geschmackvollen Titel „Heavy Metal Holocaust“, bei dem Ozzy Osbourne und Motörhead im Vale Park die Massen rockten.

Rolfes und ich hatten noch mehr Sightseeing geplant. Nach der Stadionrunde und dem Besuch im Ticket Office ging es direkt zum „Red Lion Pub“, der sich nicht allzu weit vom Stadion entfernt befindet. Der Grund, warum der Pubbesuch unter die Kategorie Sightseeing fiel, ist der, dass in diesem Pub Burslems berühmtester Sohn, Robbie Williams, „gezeugt, geboren und aufgezogen“ (Copyright Rolfes) wurde. Williams’ Eltern betrieben den Pub in seiner Kindheit, vielleicht kommt daher seine Begeisterung für den Port Vale FC. Angeblich stellte er seinen Song „It's only us“ für das EA-Sports-Spiel FIFA 2000 nur unter der Bedingung zur Verfügung, dass Port Vale als Team im Spiel verfügbar sein muss. 2006 stieg er groß in den Klub ein, indem er Klubanteile erwarb, die er später allerdings wieder abstieß. Der Pub hat heute jedenfalls nichts mehr mit Williams zu tun, von der historischen Verbindung und einem Zitat aus „Angels“ an der Wand abgesehen. Wir ließen uns trotzdem ein Bier schmecken, saugten die etwas rustikale Atmosphäre auf und verließen die Örtlichkeit wieder Richtung Vale Park, als der Anstoß näherrückte.

Stoke, Burslem … wie passt da eigentlich der Name Port Vale dazu? Tatsächlich ist Port Vale einer der wenigen Klubs in England, die nicht nach Stadt oder Stadtteil benannt sind. Vielmehr kommt der Name ursprünglich vom Valley of Ports des Trent Mersey Canal, also dem „Tal der Häfen“. Bereits 1876 gegründet, zog der Klub erst 1884 nach Burslem und trug dies einige Jahre auch im Namen. 1892 war man Gründungsmitglied der zweiten Liga, aus der man sich allerdings aufgrund finanzieller Schwierigkeiten 1907 zurückziehen musste. Der Klub wurde sogar komplett neu gegründet und verlor im Laufe dieses Prozesses das „Burslem“ im Namen.

1919 wurde man wieder in die Football League aufgenommen, konnte seitdem aber keine wirklich gewichtige Rolle spielen. Port Vale erreichte noch nie die höchste Spielklasse. Stattdessen sah man sich in der nahen Vergangenheit wieder größeren finanziellen Problemen gegenüber, musste gleich zwei Mal in Administration gehen, zuletzt 2012, und befand sich zum Zeitpunkt unseres Spielbesuchs immer noch in diesem Status. Die Fans riefen die Initiative „Save the Vale“ in Anspielung an „Rettet die Wale“ ins Leben, was mir eine kleine Spende via PayPal wert war.

Der Montagabend hatte den unangenehmen Nebeneffekt, dass sich der Zuschauerzuspruch in Grenzen hielt und die Gäste aus Oxford nicht unbedingt viele Fans mitbrachten. Diese hätten auch keinen Grund zum Jubeln gehabt, denn die Hausherren stellten mit einem deutlichen 3:0 die Verhältnisse klar. Richtige Stimmung kam allerdings nur rund um die Tore auf, ansonsten war der Vale Park kein Hexenkessel.

Wir hatten nach dem Abpfiff eine Stunde Zeit, um wieder zur Stoke Station zu gelangen, und wollten kein Risiko eingehen. Daher entschieden wir uns gegen den Bus mit Unsicherheitsfaktor und für den soliden 5-Kilometer-Fußmarsch, den wir recht bequem in einer Stunde schaffen sollten. Als kleinen Bonus bekamen wir so noch etwas mehr von der Umgebung mit, zum Beispiel vom Campus der University of Staffordshire, über den am Ende unser Weg zum Bahnhof verlief. Dort angekommen, holten wir das bestens temperierte Bier aus unserem Versteck, und um zwanzig vor elf ging der Zug zurück nach Birmingham.

Das war es dann mit Fußball auf der Tour. Wir hatten zwar noch eine Nacht und fast noch einen ganzen Tag, bevor es zurückging. Die Zeit nutzten wir aber ausschließlich zum Transfer – auch mal ein Novum nach den ganzen kurzen Nächten und Red-Eye-Flügen. Um 10 Uhr wartete der Zug nach Euston, dort nahmen wir die Tube bis Stratford, wo wir uns im KFC ein Menü reinhauten (und uns wie jedes Mal danach fragten, wie wir auf die Idee kommen konnten). Danach ging es mit dem Bus nach Stansted und am späten Nachmittag mit Ryanair gen Bratislava. Dort versuchte ich noch, das WM-Qualifikationsspiel Slowakei gegen Griechenland mitzunehmen. Leider schaffte ich es erst zur Halbzeit zum Stadion, wo es mit Tickets und Einlass schlecht aussah. Also ging es ohne Tourabschluss in Osteuropa weiter mit dem Zug Richtung Wien.

Wir hatten wieder eine schöne Tour hinter uns gebracht: logistisch nahezu perfekt, vier weitere Grounds mitgenommen, mit dem ein oder anderen sportlichen bzw. stimmungsmäßigen Zuckerl dabei. Schon zwei Monate später sollte es weitergehen, mit Ground 72 und 73.

72. Bury, Bury good

21.12.2012, Gigg Lane, League One
Bury FC – Shrewsbury Town, 2:2, 2.500 Zuschauer

Das Jahresende rückte unaufhaltsam näher und damit auch die Planungen bezüglich Weihnachten. Selbstredend stand damit verbunden ein Abstecher in die Heimat an. Wie schon im Jahr zuvor hatte ich die Idee, eine kurze Inseltour damit zu verbinden und über England nach Deutschland anzureisen. Ein hervorragender Plan. Also wurde viele Wochen vorher der Flug von Bratislava nach Birmingham mit Ryanair gebucht, als erster Reiseabschnitt. Von dort sollte es dann mit dem Megabus weiter nach Manchester gehen, von wo aus Rolfes und ich zwei Grounds im Umland machen wollten. So weit, so gut.
Als ich die stressigen letzten Tage vor der Weihnachtspause im Office endlich hinter mich gebracht hatte, freute ich mich sehr auf die anstehenden Matches und ein paar wohlverdiente Pints mit Rolfes in Manchester. Beim Online-Einchecken am Vorabend gingen dann allerdings die Probleme los. Buchungscode und Abflugdatum wurden von der Ryanair Webseite verweigert, was mir zwar komisch vorkam – ich konnte dann aber via Nachname und Zielflughafen auf die Buchung zugreifen und mir den Boardingpass ausdrucken.
Am nächsten Morgen ging es samt Weihnachtsgepäck mit dem Bus nach Bratislava, mit nicht allzu viel Zeit bis zum Abflug, aber ausreichend Puffer. Problematisch wäre hierbei maximal eine lange Security-Schlange geworden. Hektisch ging es also mit Sack und Pack die Rolltreppe zu den Gates nach oben, wo an der Security original niemand anstand. Niemand? Niemand. Mehr aus Zufall warf ich einen Blick auf die Abflugtafel. Von einem Flug nach Birmingham keine Spur. Ein kurzer Blick auf den Boardingpass: Abflug, Samstag 22.12. Ein hektischer Blick auf die Buchungsbestätigung: Abflug, Freitag 21.12. Super. Ich rannte zum Schalter, dort war allerdings – aus Ermangelung an Flügen – niemand mehr von Ryanair anzutreffen, und selbst wenn: Es gingen ohnehin keine anderen Flieger gen UK. Gemütslage irgendetwas zwischen „Frauentausch“-Legende Andreas Höber und „200Puls“.

Klar, man hatte Dutzende Horrorstorys über Ryanair gehört. Ich war bis dato aber eigentlich ganz happy mit der Airline – jetzt hatte es eben einmal mich erwischt.
Natürlich checkte ich später alle Mails und Bestätigungen. Ich hatte in der Tat einen Flug für den Freitag gebucht, der aber ohne irgendeine Form der Benachrichtigung quasi „heimlich" um einen Tag verschoben wurde. Herzlichen Dank. Dass Ryanair nach einer Beschwerde innerhalb eines Tages den Flugpreis erstattet, spricht Bände. Wahrscheinlich wollten sie aber einfach nur vermeiden, mir die signifikant höhere Entschädigung, die mir nach den Fluggastrechten rückblickend zugestanden hätte, zu bezahlen, und mit der Preiserstattung die Sache möglichst elegant ad acta legen.
Glück im Unglück: Der Flughafenbus stand noch vorm Terminal und ich beschloss, aus Ermangelung an Alternativen erst mal zum Flughafen Wien zu fahren. Dort angekommen, versuchte ich mein Glück am Ticket-Schalter. Ja, es gäbe einen Flug auf die Insel in weniger als einer Stunde: mit British Airways nach Heathrow. Würde aber 300 Euro kosten. Ähm … Kurz nicht wirklich überlegt und die Kreditkarte rübergereicht. 30 Minuten später saß ich im Flieger – Next Stop: London.
Ich hatte versucht, via Handy schon mal Optionen für den Transfer nach Manchester zu checken. Für eine günstige Alternative war es zu spät. Ergo ging es von Heathrow mit der Tube bis Euston, wo es mir vor dem Ticketautomaten schon graute. Die Bestätigung folgte – einfache Fahrt von London nach Manchester: 90 Pfund. Die Rückfahrt gab's für 50 Pence dazu, und rein aus Prinzip nahm ich diese auch noch mit. Später dazu mehr. Mit mittlerweile wieder moderatem Adrenalinpegel erreichte ich knappe drei Stunden später Manchester Piccadilly. Ein kurzer Fußmarsch zur Travelodge „Ancoats", wo mich Kollege Rolfes freudig empfing, dann erst mal ein Bierchen auf den Schrecken – und weiter ging es im Programm mit Fußball.
Unser Ziel war die Gigg Lane in Bury, knappe zehn Kilometer nördlich unseres Hotels bzw. der Innenstadt von Manchester. Bury ist mit der Metrolink ab Victoria angebunden. In einer mit Pendlern vollgepackten Tram ging es für uns in Richtung der historischen Marktstadt, in der seit 1444 rege gehandelt wird – vor allem mit der Spezialität aus

Bury, dem Black Pudding, Blutwurst also. Nach 25 Minuten Fahrzeit standen wir in der Bury Interchange, wo einen ein roter Neon-Schriftzug mit den Worten „Poetry has been Bury Bury good to me" begrüßte – ein Zitat aus dem Gedicht „Northern Soul" des amerikanischen Dichters Ron Silliman.

Vom Bahnhof aus sind es knappe zehn Minuten zu Fuß zur Gigg Lane, einem sehr geschichtsträchtigen Ground. Die Hausherren Bury FC spielen seit der Gründung 1885 auf dem Platz, der in der Folge Zeuge der sportlichen Höhen und Tiefen wurde. Während die Tiefen eher in der jüngeren Vergangenheit zu suchen sind, liegen die Höhen mehr in den Anfangsjahren des Klubs. 1894 wurde man in die Football League aufgenommen und feierte bereits in der ersten Saison den Aufstieg in die First Division, später gefolgt von zwei FA-Cup-Erfolgen, 1900 und 1903. Nach der Spielunterbrechung durch den Ersten Weltkrieg konnte sich Bury noch einige Jahre in der höchsten Spielklasse halten, verabschiedete sich 1926 allerdings für immer und fand sich zuletzt zwischen der dritten und vierten Liga pendelnd wieder. Kuriosum dabei: Bury ist der einzige Klub, der im Laufe seiner Geschichte 1000 Tore in jeder der ersten vier Ligen erzielen konnte.

Vom Flutlicht angezogen, erreichten wir das Stadionareal und besorgten uns zunächst einmal die Tickets. Interessanterweise gibt es für Fans, die eine Dauerkarte eines anderen Klubs vorlegen können, einen Rabatt und somit die Eintrittskarte für schlanke 10 Pfund. Dies hat wohl nicht zuletzt mit der Tatsache zu tun, dass Bury sich mit der prominenten Konkurrenz aus Manchester, Bolton oder Blackburn sicherlich schwertut und auf diese Weise zumindest ein paar Zuschauer zusätzlich ins Stadion locken möchte. Wir zahlten jedenfalls den vollen Preis – selbst wenn ich die Bayern-Dauerkarte dabeigehabt hätte, wage ich zu bezweifeln, dass ich in den Genuss des günstigen Tickets gekommen wäre – und drehten im Anschluss noch eine Runde um den Ground.

Dieser teilt eine Besonderheit mit Österreichs ältestem noch bespielten Fußballground, dem Wiener Sportclub-Platz: Die Heimtribüne grenzt an den örtlichen Friedhof und trägt daher den Namen „Cemetery End", analog zur „Friedhofstribüne", von der aus in Wien die hartgesottenen Fans die Spiele verfolgen. Hier enden aber auch schon die Gemeinsamkeiten der Stadien. Während der Sportclub-Platz massiv in die Jahre gekommen ist, wurde die Gigg Lane in den 90er-Jahren runderneuert und vermittelt das charakteristische Flair dieser Zeit: vier komplett überdachte Sitzplatztribünen, alle mit Stützpfeilern für das Dach, die die Sicht hier und da einschränken. Dazu sind alle Stands mit größtenteils blauen Sitzschalen ausgestattet, in denen weiße Sitzschalen die Buchstaben BURY, BURY FC, BFC und SHAKERS abbilden. „Shakers", also „Schüttler", ist der Spitzname des Klubs und geht auf das regionale Lancashire-Cup-Finale von 1892 zurück, vor dem der Trainer seine Spieler anwies, den Gegner ordentlich „durchzuschütteln".

Beim Anblick des Schriftzugs machte sich in mir große Erleichterung breit. Der Anreisestress fiel endlich ab, und der Gedanke, dass ich an dem Tag 400 Euro extra berappt hatte, um rechtzeitig zu einem englischen Drittligaspiel zu kommen, fühlte sich kurz vor dem Anpfiff absolut richtig an. Wie könnte es anders sein? Das Spiel gegen die Gäste aus Shrewsbury war dabei zunächst einmal Nebensache – was sich allerdings insoweit schnell änderte, als dass sich von der ersten Spielminute an durch ein Tor für Shrewsbury eine recht muntere Partie entwickelte. Bury glich nach wenigen Minuten aus, musste in der zweiten Hälfte aber erneut den Rückstand hinnehmen, den sie erst in der 90. Minute wieder egalisierten. Am Ende hieß es 2:2 vor gerade einmal 2.500 Zuschauern – eine Kulisse, die der ManUtd-Fan-Ablegerklub „FC United of Manchester", von 2005 bis 2014 ebenfalls an der Gigg Lane daheim, teils in der siebten Liga zustande brachte.

Wir ließen nach der Metrolink-Fahrt zurück nach Manchester den Abend in einem Pub an den Piccadilly Gardens ausklingen, gönnten uns ein paar Freitagabend-Pints, schauten nebenher Darts-WM im TV, ärgerten uns beim Rückweg zum Hotel über den heftigen Regen und hauten uns in die Federn. Ein zwar holpriger, aber spannender Tourstart!

73. Accrington Stanley, who are they?

22.12.2012, Crown Ground, League Two
Accrington Stanley – Plymouth Argyle, 1:1, 2.000 Zuschauer

Mehrfach wurde ich in der Nacht vom starken Regen wach: Es schüttete wie aus Kübeln. Die ganze Innenstadt von Manchester war mit Pfützen übersät, als ich den Samstagmorgen für eine kleine Einkaufstour durchs Arndale Shopping Centre nutzte. Und es regnete weiter. Dabei stieg auch die Nervosität, denn wie immer bei starkem Regen steht auf der Insel das böse Wort im Raum: Spielabsage. Die Vorstufe dazu ist die „Pitch Inspection“, also die Platzbegehung, bei der der Schiedsrichter entscheidet, ob der Ball rollen kann oder nicht.
Hektisch checkten wir also die Klub-Website unseres auserkorenen Zieles Accrington Stanley und klickten alle paar Minuten auf „Aktualisieren“, um an neue Infos zu kommen. Parallel dazu wurde ein Spiel nach dem anderen abgesagt: Gerade in der vierten Liga ging an dem Tag fast nichts. Gewundert hätte es mich nicht, wenn auch unser Spiel abgesagt worden wäre. Nach dem verkorksten Tourstart dank Ryanair war es einmal Zeit für eine richtige „In die Hose“-Tour, zumal auf allen bisherigen Touren – von Kleinigkeiten abgesehen – alles immer tutto bello gelaufen war.
Die Entscheidung, ob Accrington gegen Plymouth stattfinden kann, stand zwar immer noch aus, aber wir mussten zwingend Richtung „Accy“ aufbrechen. Zum einen wollte ich meinen Koffer mit dem Weihnachtsgepäck noch gerne in Piccadilly bei der Gepäckaufbewahrung deponieren, zum anderen braucht man mit dem Zug etwa eine Stunde von Manchester nach Accrington, inklusive Umsteigen in Blackburn.
Schlussendlich brauchten wir sogar etwas länger für die Fahrt. Während Rolfes und ich abwechselnd die Accrington-Website checkten, um die finale Entscheidung, ob „Match on“ oder „Match off“, zu erfahren, drehte der Schaffner seine Runde und kontrollierte die Tickets. So weit, so normal – bis er an die Tür der Bordtoilette kam, die seit Ewigkeiten verschlossen war. Wie das normale Protokoll für eine

Fahrkartenkontrolle bei jemandem, der gerade auf der Toilette sitzt, abläuft, ist mir nicht bekannt. Hier wurde jedoch schnell klar, dass es sich nicht um eine normale Kontrolle handelte und wer auch immer in der Toilette saß, kein Interesse an der Interaktion mit dem Schaffner hatte – selbstredend aus Ermangelung einer Fahrkarte.
Es folgte eine Reihe von Eskalationsstufen, so unterhaltsam wie sehenswert. Zunächst einmal versuchte der Schaffner, mit einem Schlüssel die Tür zu öffnen, die ihm aber vor der Nase wieder zugeschlagen wurde, mehrfach. Als Nächstes blieb der Zug auf einem Dorfbahnhof stehen. Druck der Masse – es brodelte bei dem ein oder anderen Fahrgast schon und es gab etliche Aufforderungen, doch endlich die Toilette und den Zug zu verlassen, damit die Fahrt weitergehen konnte. Alles ohne Erfolg. Nun folgte die Königsdisziplin bzw. die Doktorarbeit im Schwarzfahrerkampf. Der Schaffner griff wieder zu seinem Schlüssel und öffnete die Tür, allerdings nicht mit der Motivation, die Person dahinter herauszuholen. Vielmehr schnappte er sich durch den Spalt gezielt Einkaufstüten und beförderte diese auf den Bahnsteig, vom Toilettenfenster aus sichtbar. Dieses Mittel half offensichtlich, und nach einigen Minuten schlichen zwei Teenager-Mädels aus der Toilette, die wohl ihr Geld lieber in Klamotten in den Läden von Manchester investiert hatten als in Zugtickets. Ein schöner Spießrutenlauf durch das gut gefüllte Zugabteil – unfassbar peinlich. Der Zug fuhr ohne die jungen Damen an Bord weiter.
Stattdessen fielen uns andere Fahrgäste auf. Eine Gruppe gut gelaunter und angetrunkener Männer sorgte für Stimmung: eine Gruppe Brighton-Fans, die an dem Tag ihren Klub in Blackburn unterstützen wollten. Das Spiel dort war abgesagt worden – denkbar schlechte Voraussetzungen für unsere Partie, die Luftlinie keine zehn Kilometer entfernt stattfinden sollte. Jedenfalls hatten es die Fans der „Seagulls" jetzt ebenfalls auf das Accrington-Spiel abgesehen – und die Freude war bei ihnen wie bei uns groß, als eine halbe Stunde vor dem geplanten Kickoff, bereits auf dem Fußweg vom Bahnhof zum Stadion, mein Blackberry die Meldung der Accrington-Website ausspuckte: Das Spiel findet statt. Gott sei Dank!

Über Pfützen hinweg bahnten wir uns den Weg zum Eingang des Crown Ground und ergatterten von der netten Dame im Ticket Office eine Eintrittskarte, obwohl die Zuschauer eigentlich nur durch die Cash Gates hätten eintreten sollen. Unser Platz befand sich auf der kleinen Haupttribüne, wobei das Stadion ohnehin eines der kleinsten in der Football League darstellte. Entsprechend waren auch die wenigen, immerhin überdachten Sitzreihen angemessen. Schlechter erwischten es die Gästefans aus Plymouth, deren Gästeblock hinter dem Tor über kein Dach verfügte. Unnötig zu erwähnen, dass es immer noch tröpfelte. Die Platzwarte auf dem Rasen, die mit denen für England charakteristischen Heugabeln Löcher ins Gras stießen, um das Wasser besser ablaufen zu lassen, waren immer noch schwer beschäftigt: Sie waren unsere „Helden des Tages", hatten sie doch wohl den größten Anteil daran, dass das Spiel überhaupt stattfand.
Großen Fußball erwarteten wir nicht unbedingt von der Partie, passend zur Stadt Accrington, die sich mit gerade einmal 35.000 Einwohnern zwischen Blackburn und Burnley etwas verliert. So war „Accy" zum Zeitpunkt unseres Spielbesuchs die kleinste Stadt mit einem Football-League-Klub in England. Dass es dort trotz allem eine gewisse Fußballtradition gibt, hat weniger mit Accrington Stanley zu tun als mit dem ehemaligen Lokalrivalen Accrington FC. Dieser war 1888 Gründungsmitglied der ersten Football League, verabschiedete sich aber nach wenigen Jahren wieder. Erst 1921 konnte mit Accrington Stanley wieder ein Team aus der Stadt den Ligastatus erreichen. 1962 schied der Klub aber aus finanziellen Problemen mitten in der Saison aus dem Spielbetrieb aus und löste sich 1966 ganz auf.
Zwei Jahre später wurde ein Nachfolgeklub gegründet, ebenfalls mit dem kultigen Namen „Stanley", der sich im Übrigen von der Stanley Street in Accrington ableitet. Dieser spielte bis 2006 ausschließlich Non-League Football. Die sportliche Bedeutungslosigkeit manifestierte sich in einem Werbespot aus den 80er-Jahren, in dem für den Genuss von Milch geworben wurde. Zwei Jungs, etwa acht Jahre alt, kommen nach dem Kicken in ihren Liverpool-Trikots nach Hause und suchen eine Erfrischung. Während der eine sofort zur Milchflasche greift, meldet der andere Zweifel an. Daraufhin erklärt ihm der Milchtrinker, dass

Milch das Getränk sei, das Liverpool-Stürmer Ian Rush tränke. Dieser hätte ihm außerdem versichert, dass er, wenn er nicht genug Milch trinken würde, später maximal für Accrington Stanley spielen könnte. Darauf entgegnet der andere Junge mit dem mittlerweile legendären Satz: „Accrington Stanley, who are they?" Die Antwort: „Exactly!"
Dass ausgerechnet Accrington Sinnbild für einen unbedeutenden Fußballklub wurde, für den zu spielen nicht als erstrebenswert angesehen wird, war letzten Endes allerdings dem Zufall geschuldet. Ursprünglich war geplant, auf Tottenham Hotspur zu verweisen. Die „Spurs" verstanden aber keinen Spaß und verboten die Nutzung ihres Namens. Alternativ wurde ein Non-League-Klub gesucht, und so kam Accrington nicht nur zu 10.000 Pfund Einnahmen, sondern auch zu landesweiter Berühmtheit.
Dass sich die Zeiten geändert haben und der ein oder andere wohl doch liebend gerne die Kickschuhe für Accrington schnüren würde, wurde bei unserem Besuch durch ein bekanntes Gesicht auf dem Rasen deutlich: Kein Geringerer als James Beattie, englischer Nationalspieler mit fast 100 Premier-League-Toren, spielte in der Elf der Hausherren. Beattie stammt aus dem Großraum Blackburn und ließ seine große Spielerkarriere bei einem kleinen Klub der Region ausklingen, ehe er im Anschluss seine Trainerkarriere, ebenfalls bei Accrington, startete. Fantastisch zu sehen, wie sich jemand, der über Jahre Woche für Woche gegen die Besten der Welt gespielt hat, nicht zu schade ist, in der vierten Liga bei strömendem Dezemberregen vor 2.000 Zuschauern anzutreten (und wohl auch angetreten zu werden). Dass er nichts verlernt hatte, zeigte Beattie an dem Tag auch: In der zweiten Hälfte markierte er den 1:1-Ausgleichstreffer, was nach – den äußeren Umständen geschuldet – recht rustikalen 90 Minuten auch den Endstand darstellte.
Trotz aller widrigen Umstände hatten wir nun die beiden geplanten Partien der Tour im Sack und erklärten die Pechsträhne für beendet. Das Problem war: Wir hatten dabei nichts mitzureden. Unser Flieger ging am nächsten Tag ab London nach Frankfurt, wobei wir an dem Samstag zumindest schon mal die halbe Strecke Richtung Hauptstadt zurücklegen wollten und daher eine Unterkunft in Birmingham klar

gemacht hatten. Von Accrington sollte es also entspannt mit dem Zug zurück nach Manchester gehen, von dort mit dem Megabus nach Birmingham.
Wir entschieden uns für die etwas längere Route via Preston, da wir so in Piccadilly ankommen sollten, wo mein Gepäck ja noch lagerte. Zum Umsteigen in Preston hatten wir ein paar Minuten Zeit und es sah alles recht entspannt aus, bis wir kurz vor dem Bahnhof zum Stehen kamen und es eine gefühlte Ewigkeit nicht weiterging. Natürlich war der Zug nach Manchester schon weg, als wir endlich in Preston am Bahnsteig standen. Der nächste ging erst eine Stunde später. Was das für unseren Bus nach Birmingham bedeutete, konnten wir uns ausrechnen: Den konnten wir uns in die Haare schmieren.
Ein Plan B musste her, und leider blieb uns außer der erfahrungsgemäß teuren Zugfahrt nichts anderes übrig. Ein Geistesblitz durchzuckte mich: Ich hatte ja noch das offene Rückfahrticket von meiner Anreise via London, das ich mehr oder weniger aus Prinzip bzw. Spaß für 50 Pence dazugekauft hatte. Wir fragten kurz am Schalter, ob das Ticket denn auch für eine Fahrt via Birmingham galt. Ja, das tat es. Wunderbar – Glück im Unglück! So musste nur Rolfes die 35 Pfund extra abdrücken.
Die Sache hatte den Vorteil, dass wir früher als geplant in Birmingham eintrudelten. Wir bezogen die Travelodge und ließen den Abend wie gewohnt im „Wetherspoon“ ums Eck ausklingen, ehe es am Sonntag via Heathrow und Frankfurt nach Hause ging und wir uns in die Weihnachtsfeierlichkeiten stürzen konnten. Wahrscheinlich war dies eine der ereignisreichsten Inseltouren, mit mehr Spannung außerhalb als auf dem Spielfeld. Aber solche Probleme lassen sich wohl bei der großen Anzahl an Touren nie ganz vermeiden, und unterm Strich ging ja doch alles gut. Ein frühes Weihnachtswunder sozusagen …

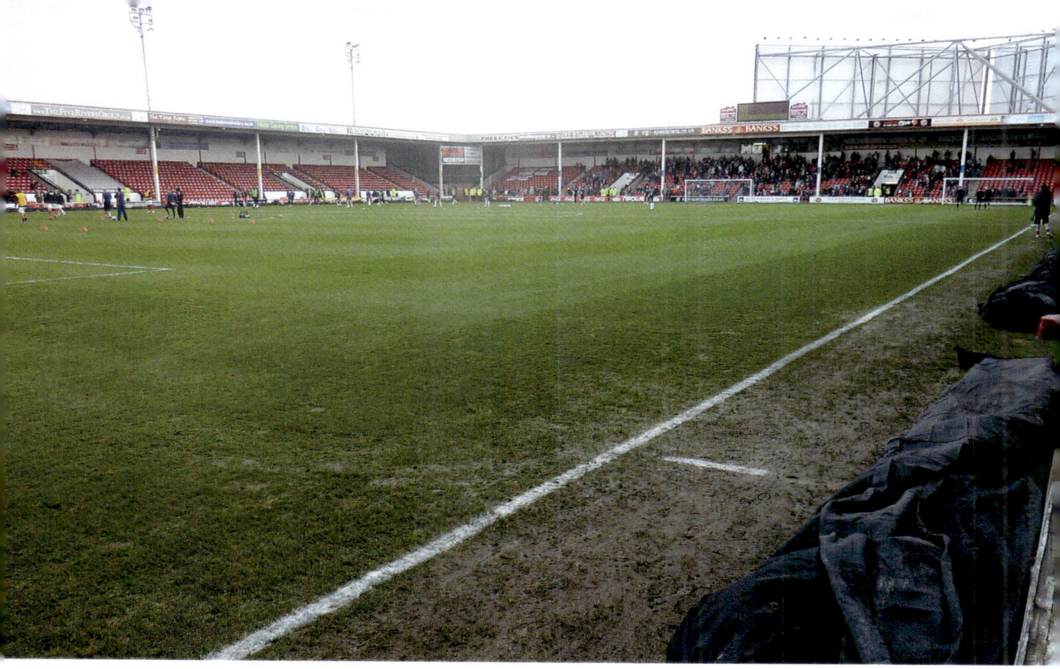

oben: [55] Bescot Stadium, Walsall FC / unten: [56] Eastlands, Manchester City

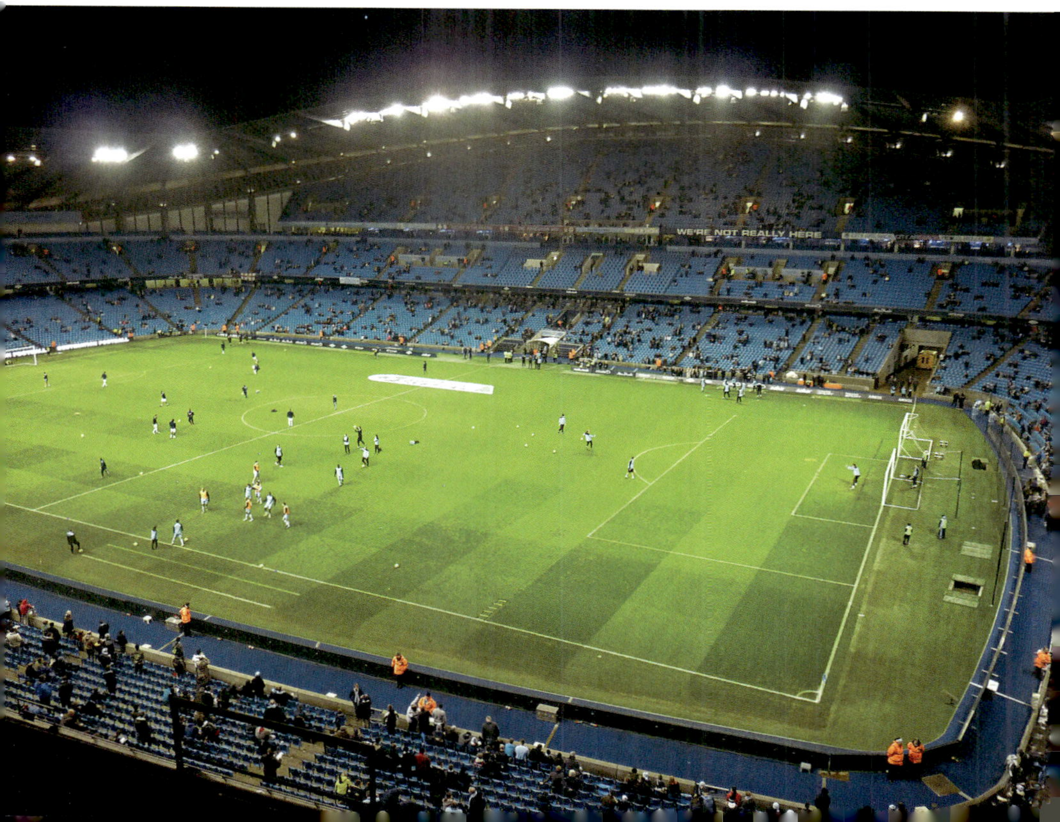

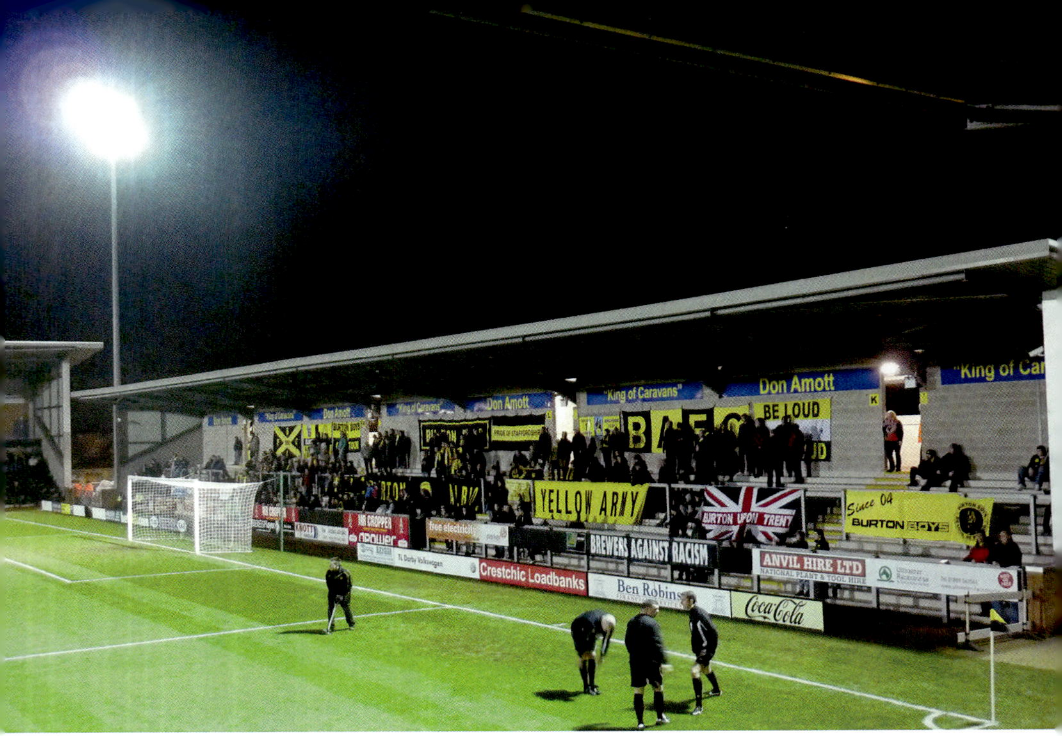

oben: [57] Pirelli Stadium, Burton Albion / unten: [59] London Road, Peterborough United

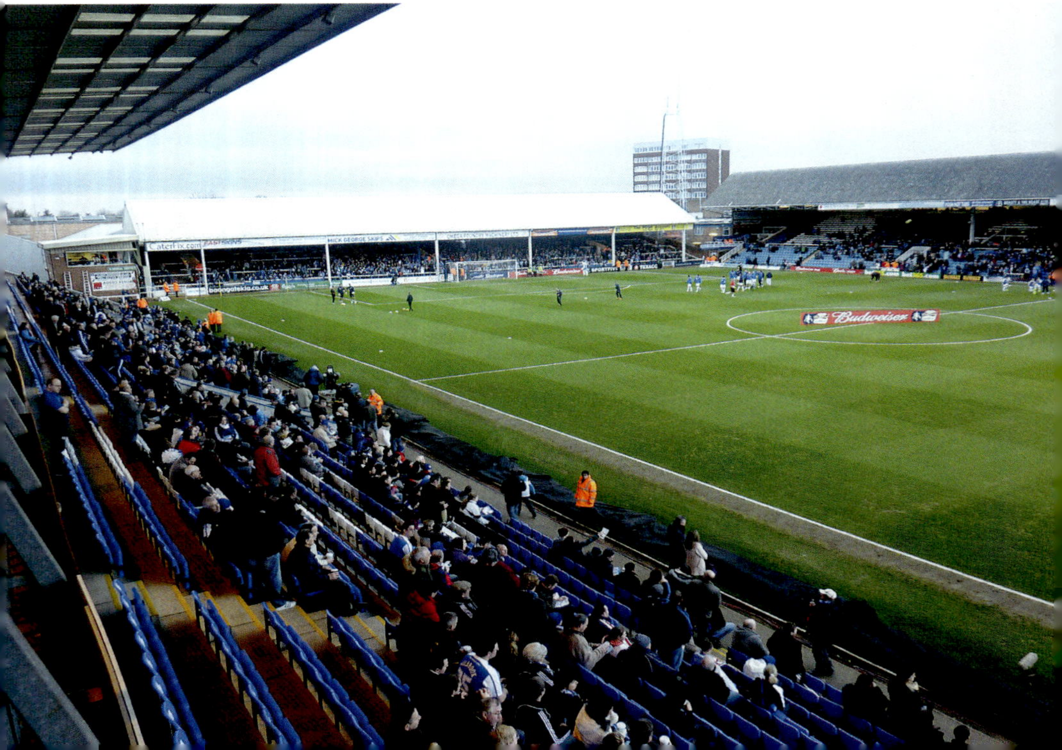

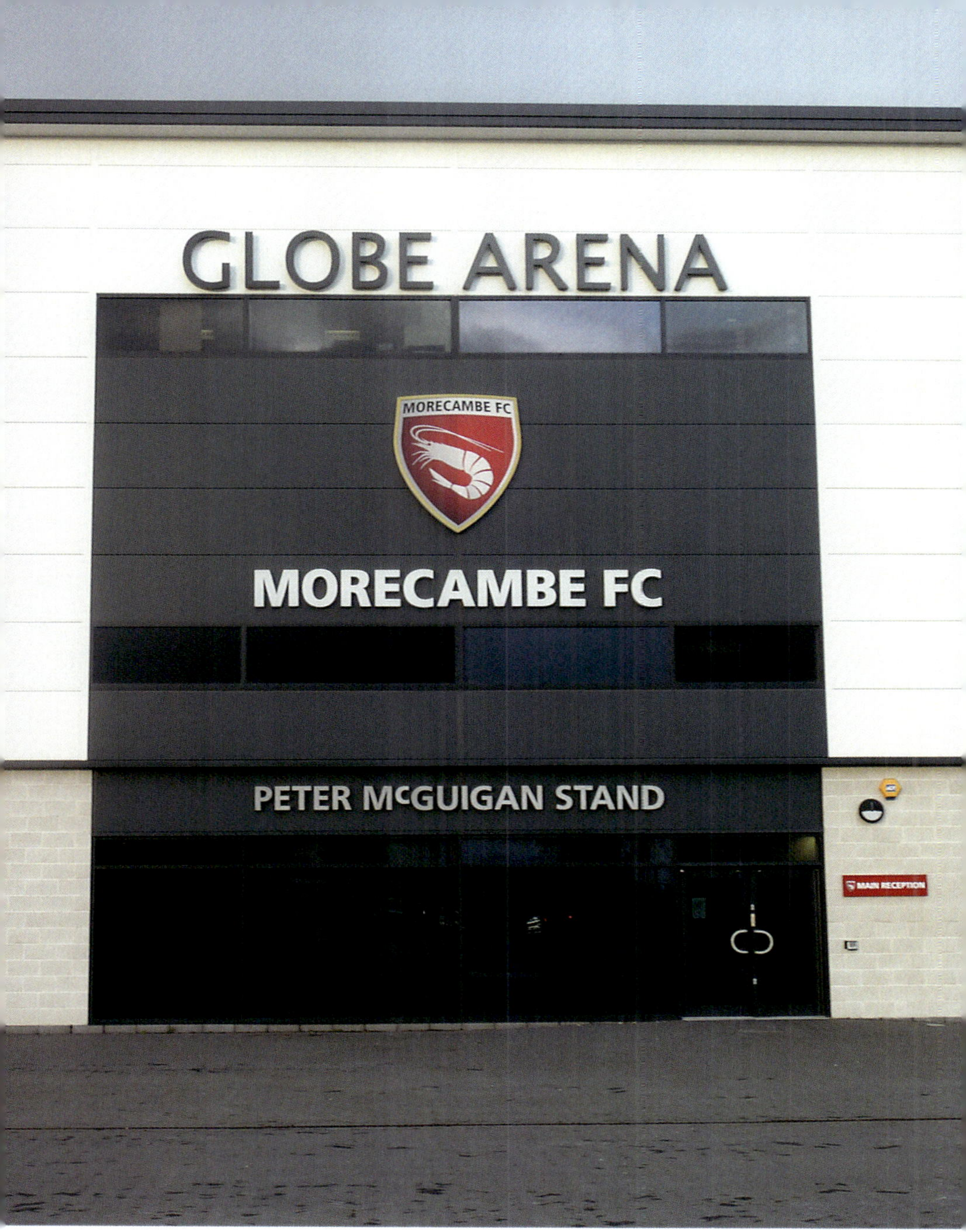

[58] Globe Arena, Morecambe FC

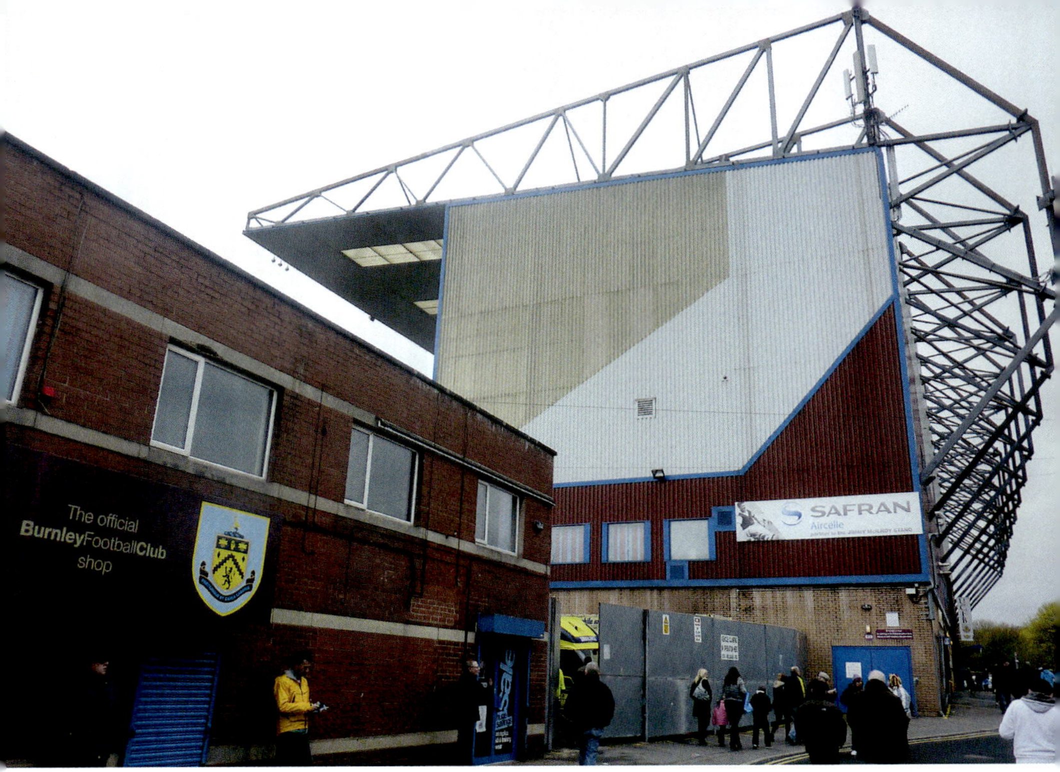

oben: [60] Turf Moor, Burnley FC / unten: [62] Brunton Park, Carlisle

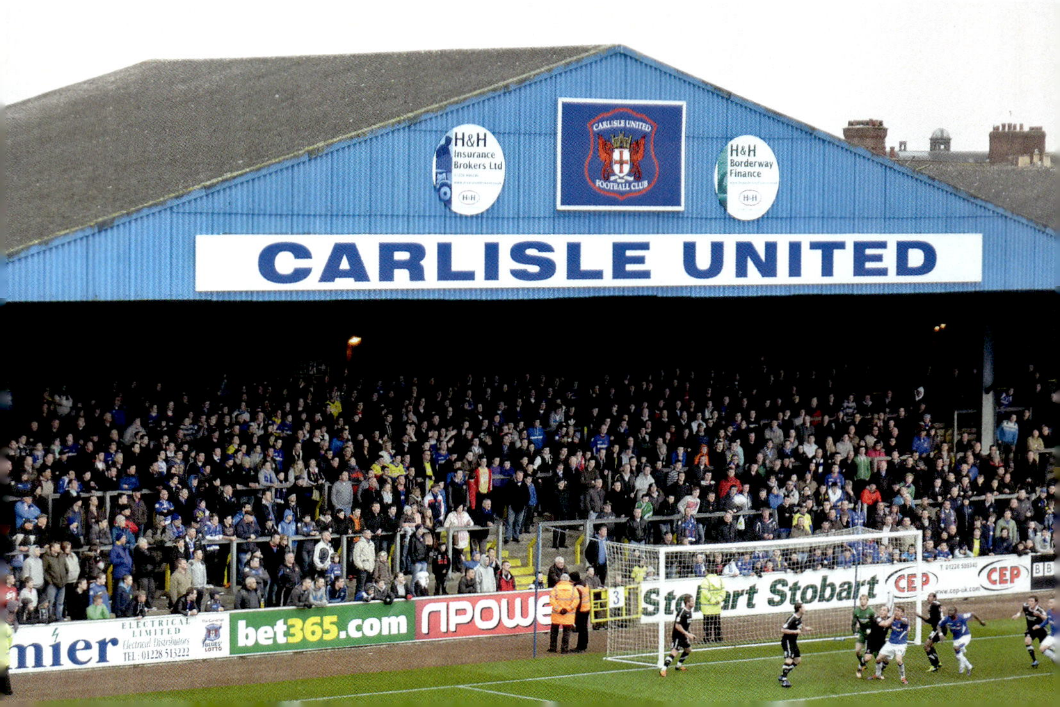

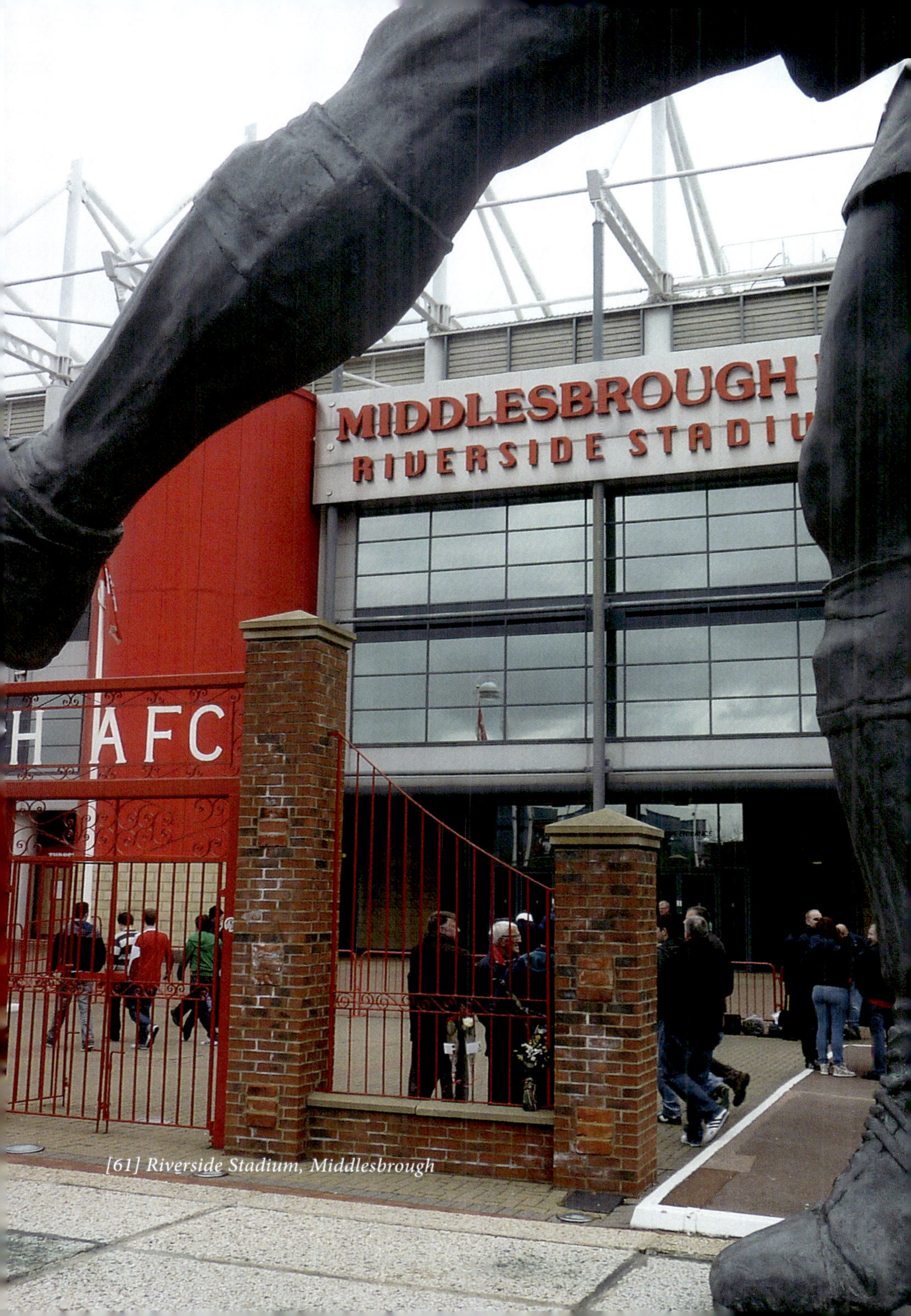

[61] Riverside Stadium, Middlesbrough

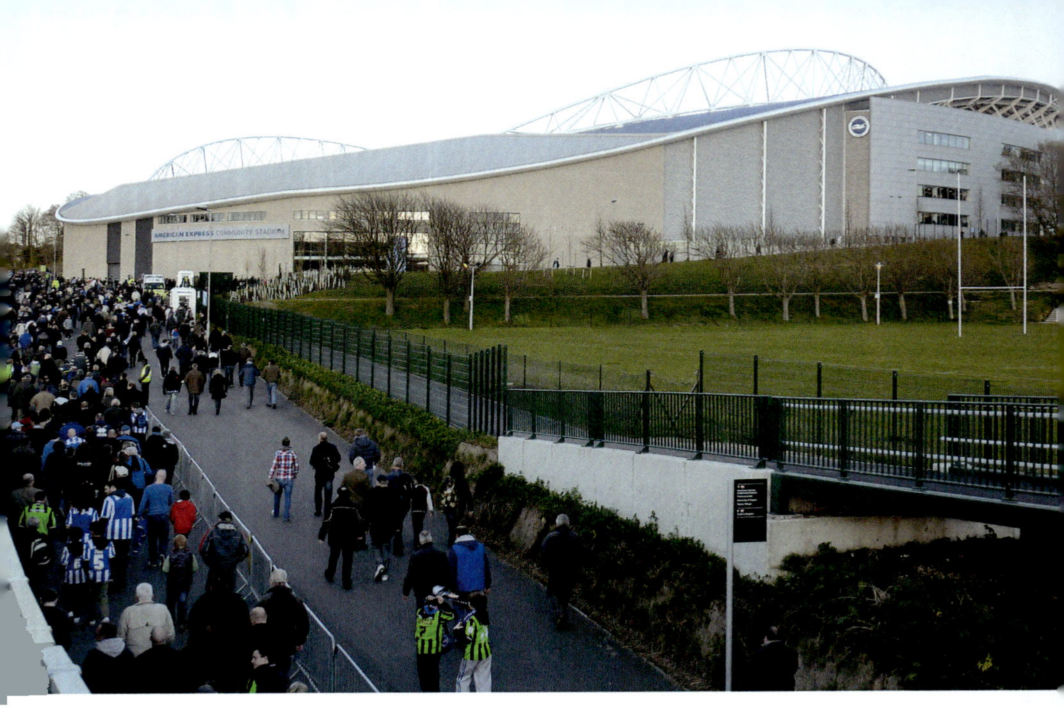

oben: [63] Amex Community Stadium, Brighton / unten: [64] DW Stadium, Wigan

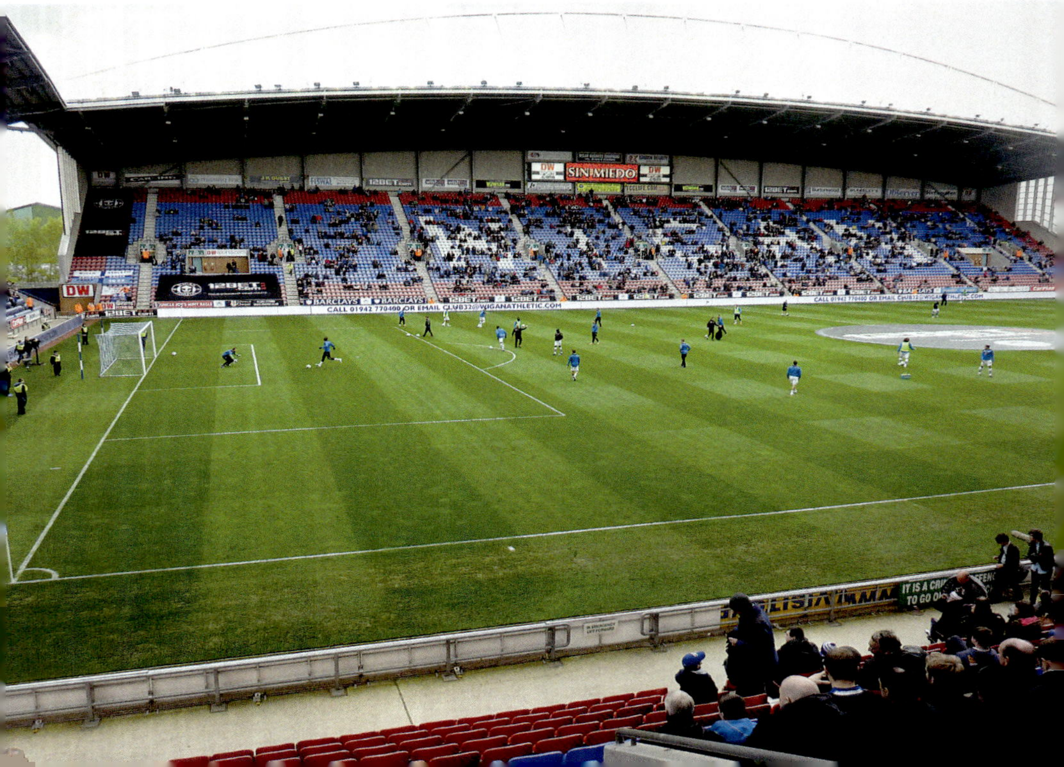

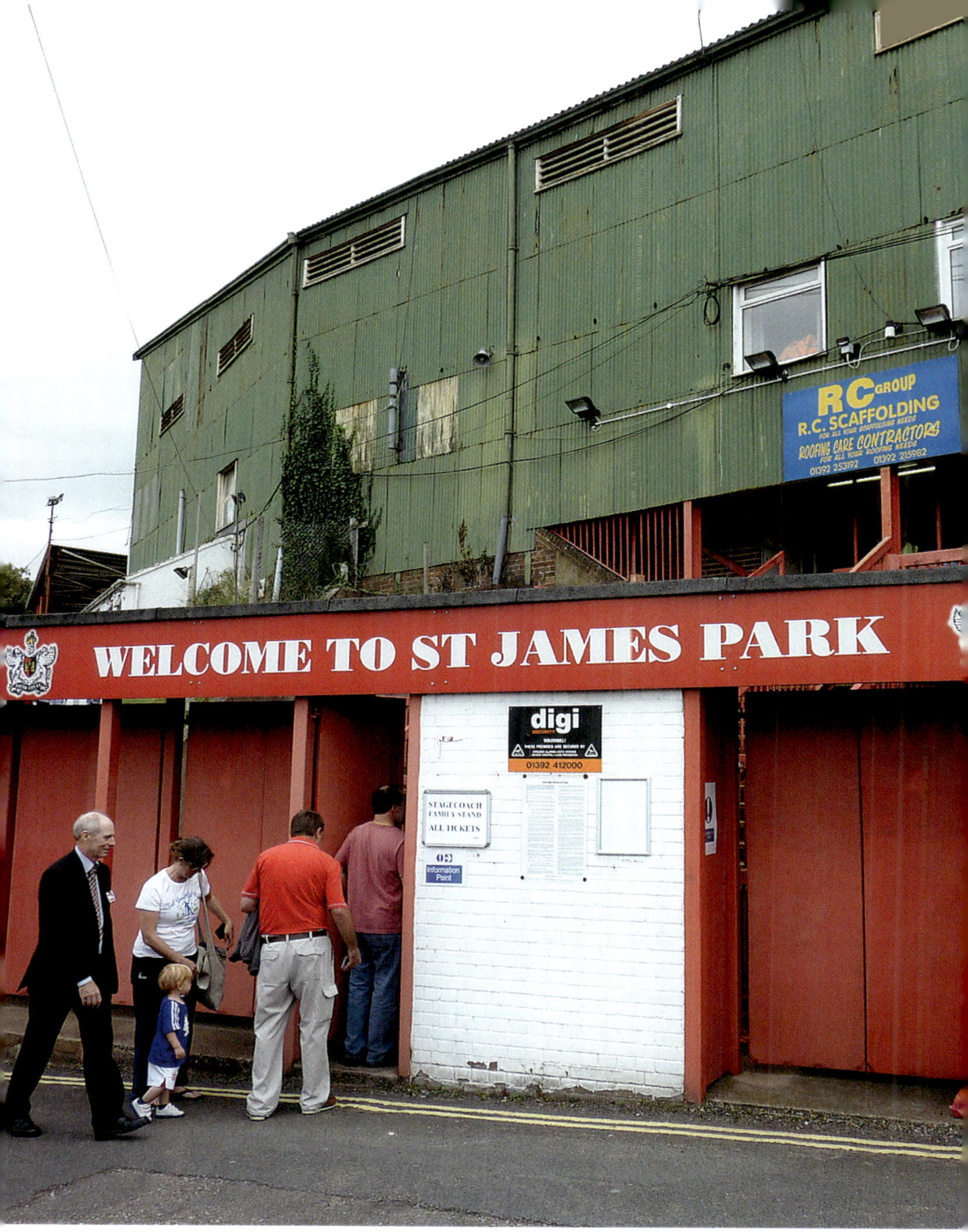

[65] St. James Park, Exeter City

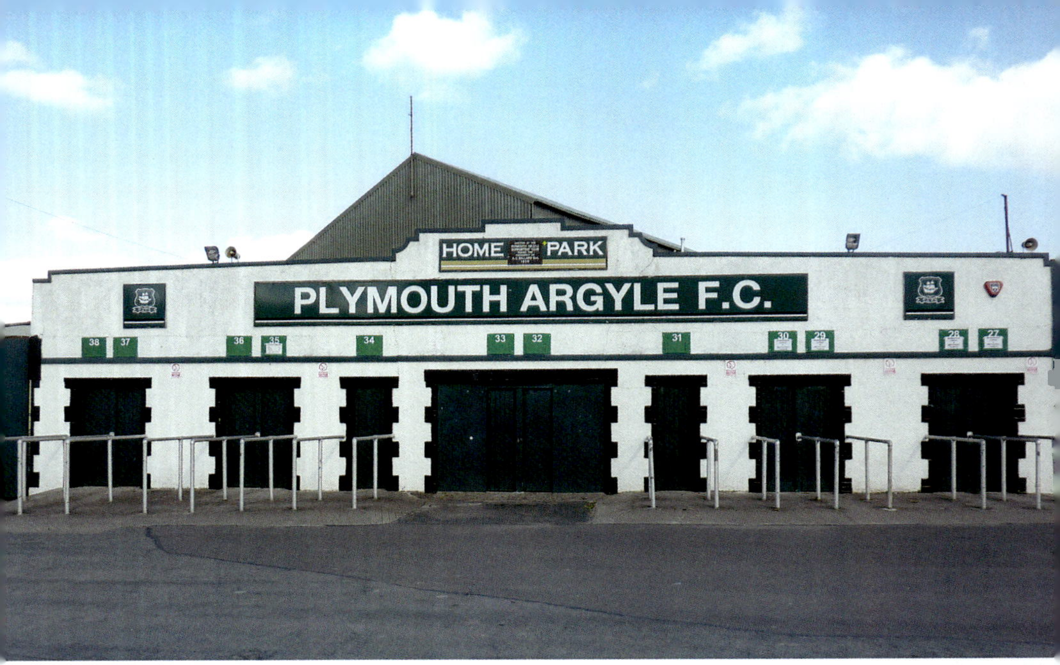

oben: [66] Home Park, Plymouth Argyle FC / unten: [67] Plainmoor, Torquay United

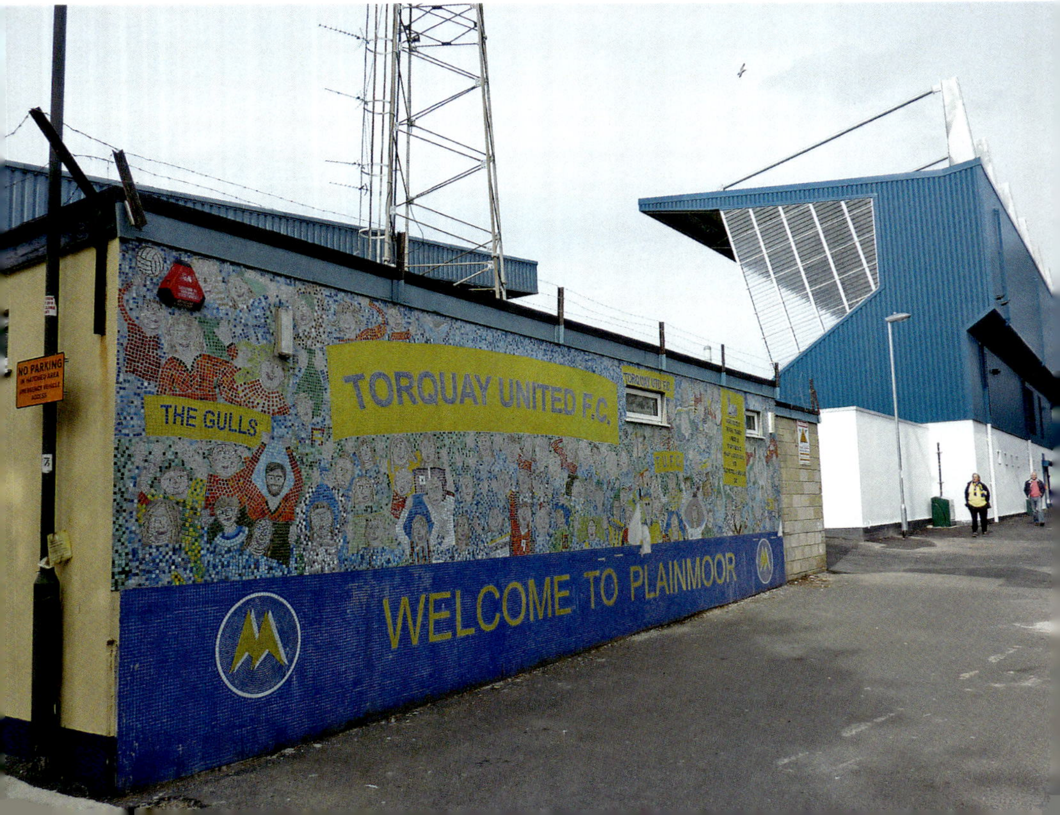

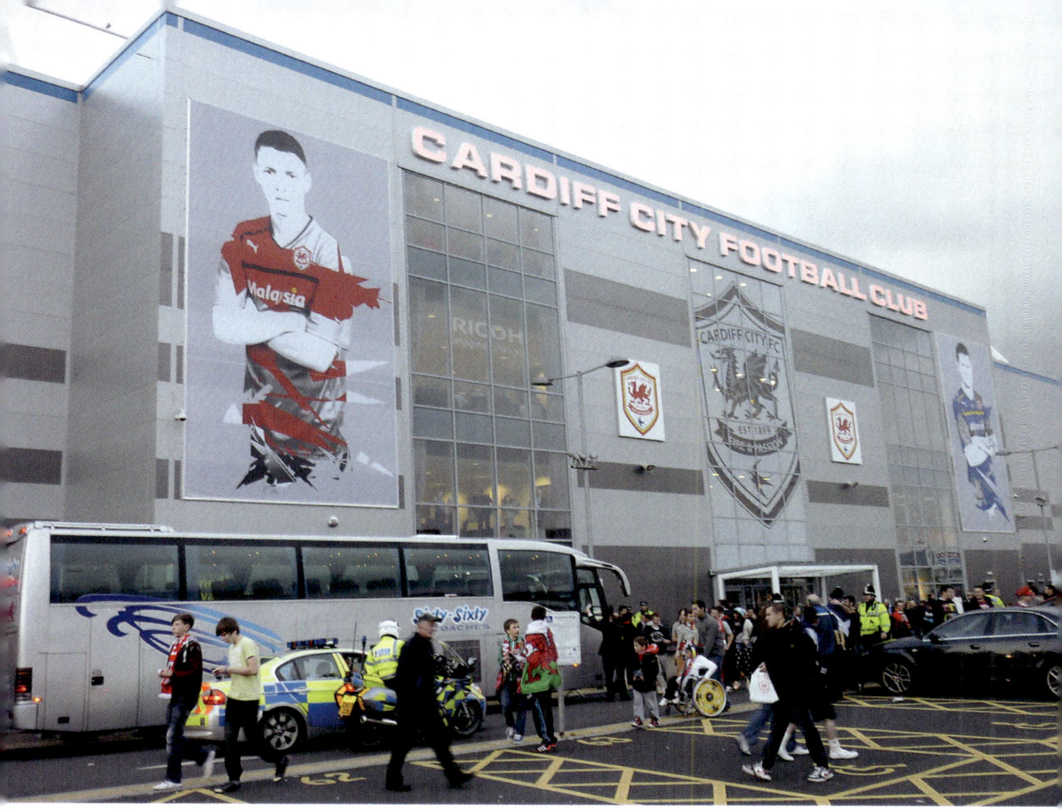

oben: [68] Cardiff City Stadium, Cardiff City / unten: [69] Proact Stadium, Chesterfield FC

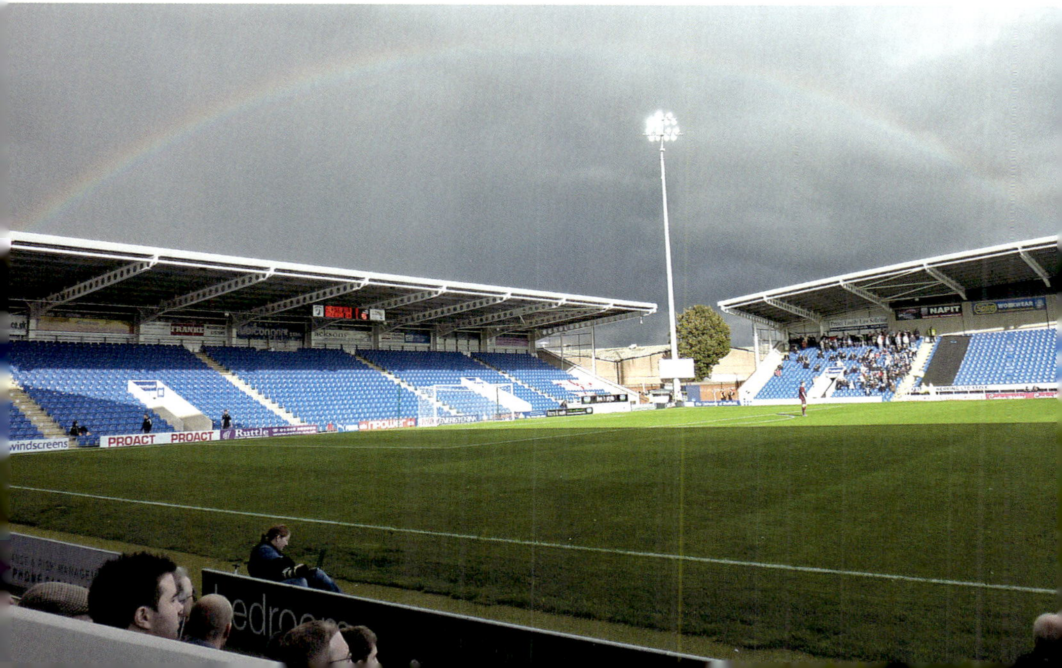

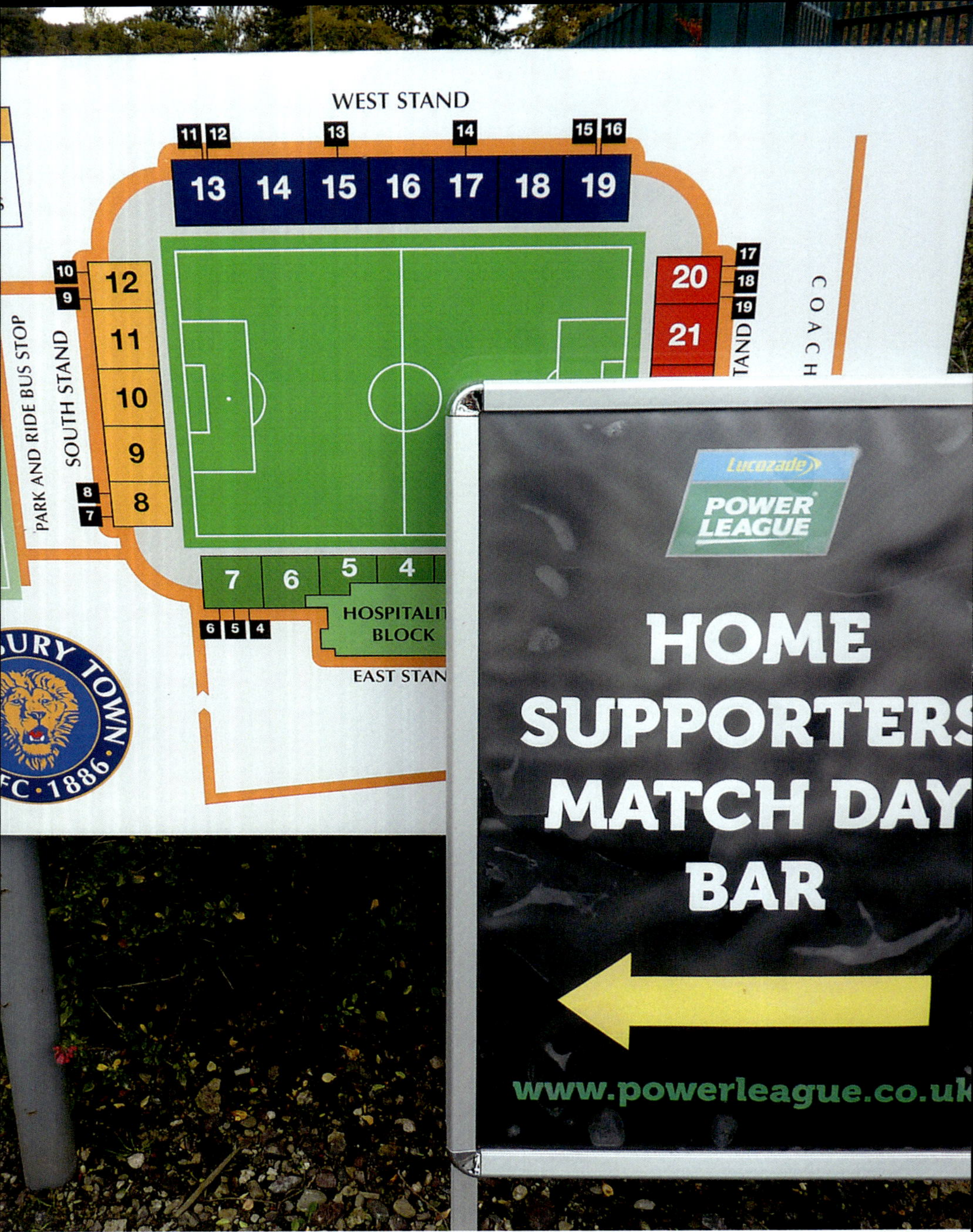

[70] Greenhous Meadow, Shrewsbury Town

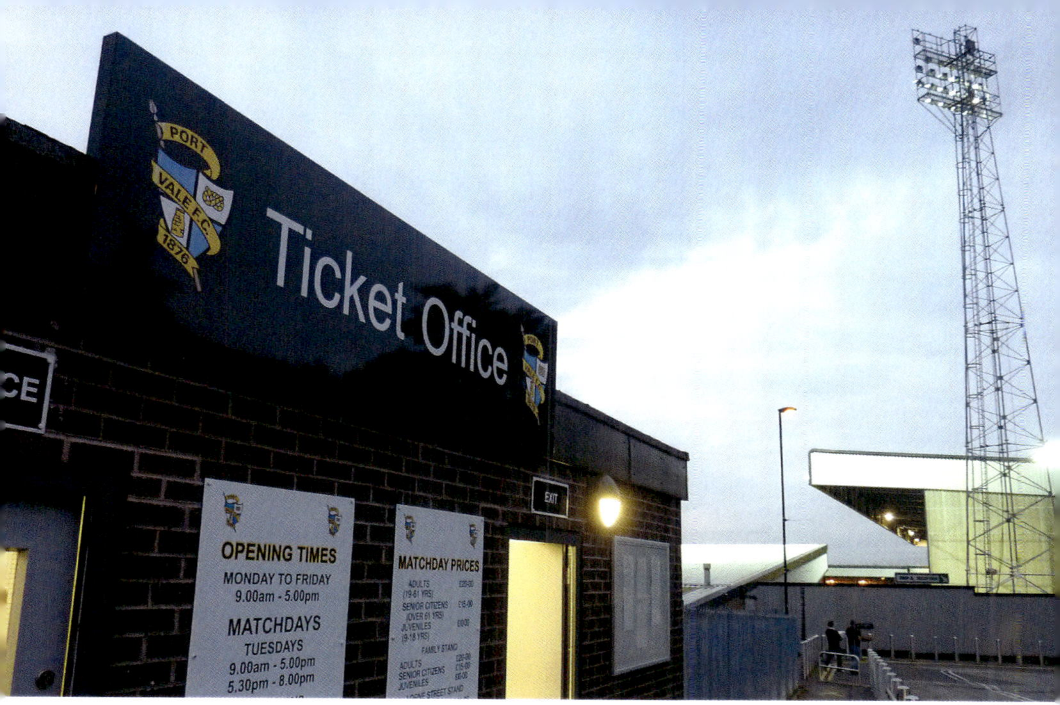

oben: [71] Vale Park, Port Vale / unten: [73] Crown Ground, Accrington Stanley

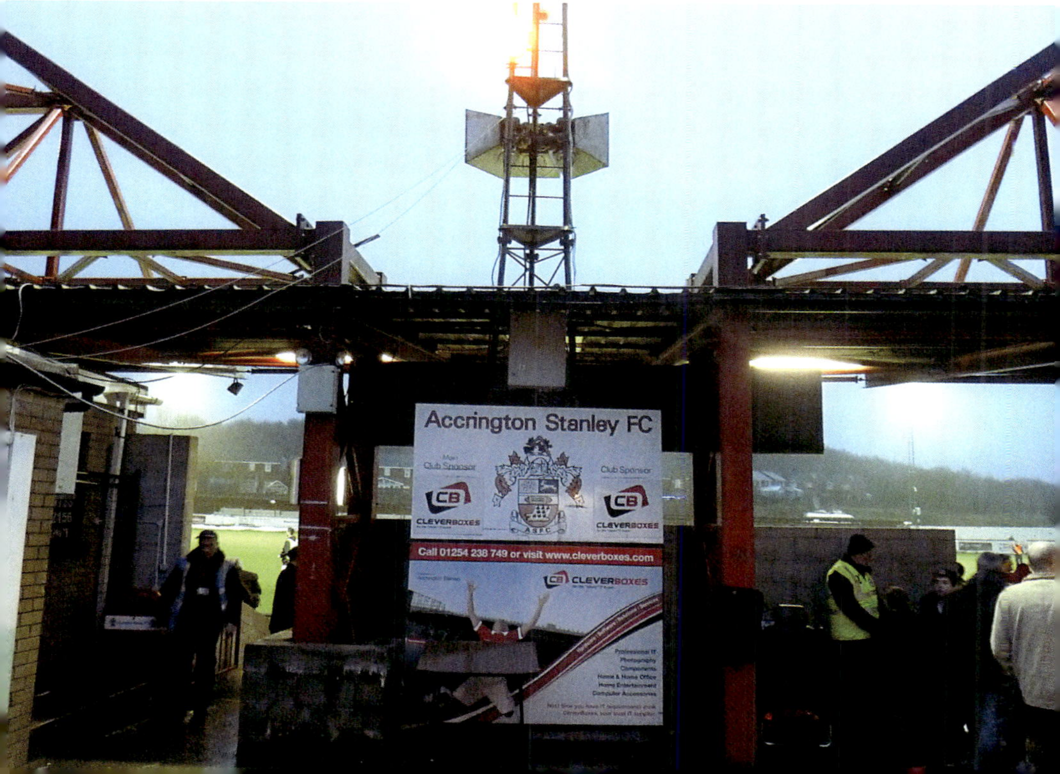

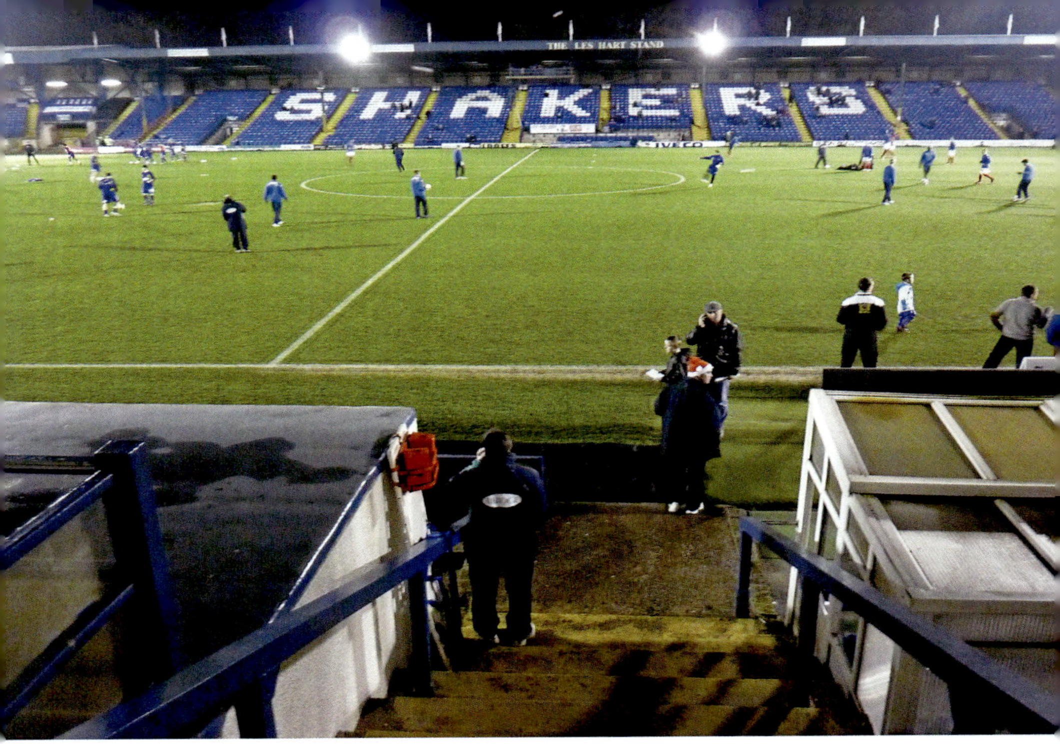

oben: [72] Gigg Lane, Bury FC / unten: Kunstinstallation im Bahnhof Bury

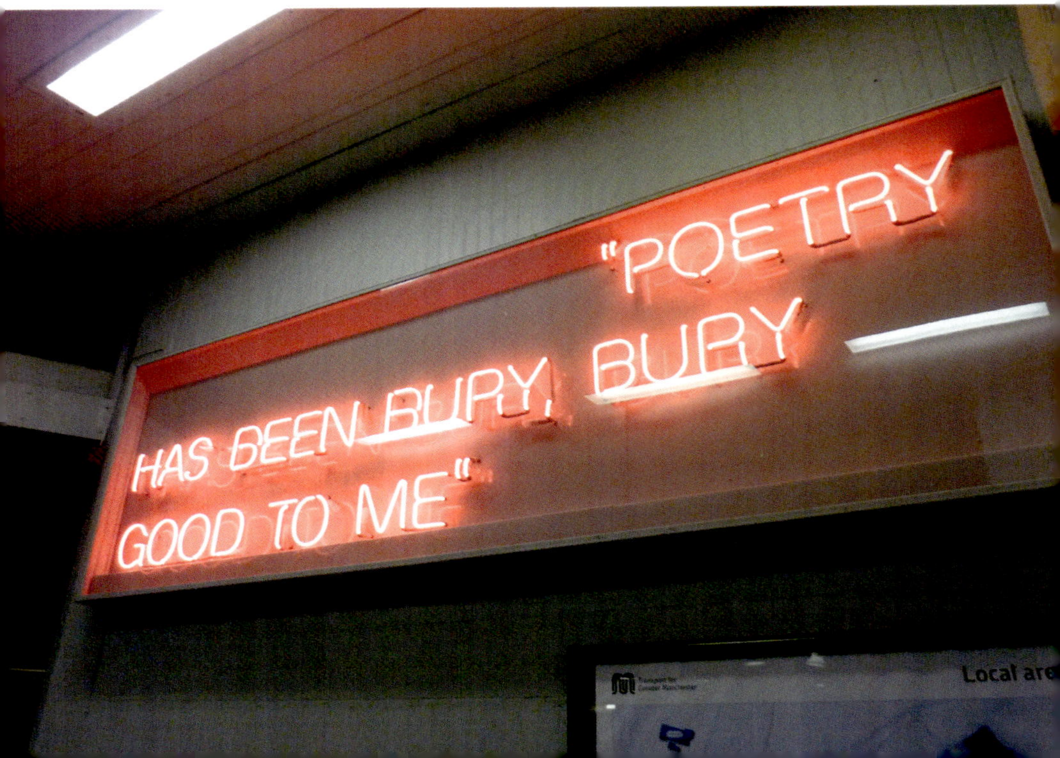

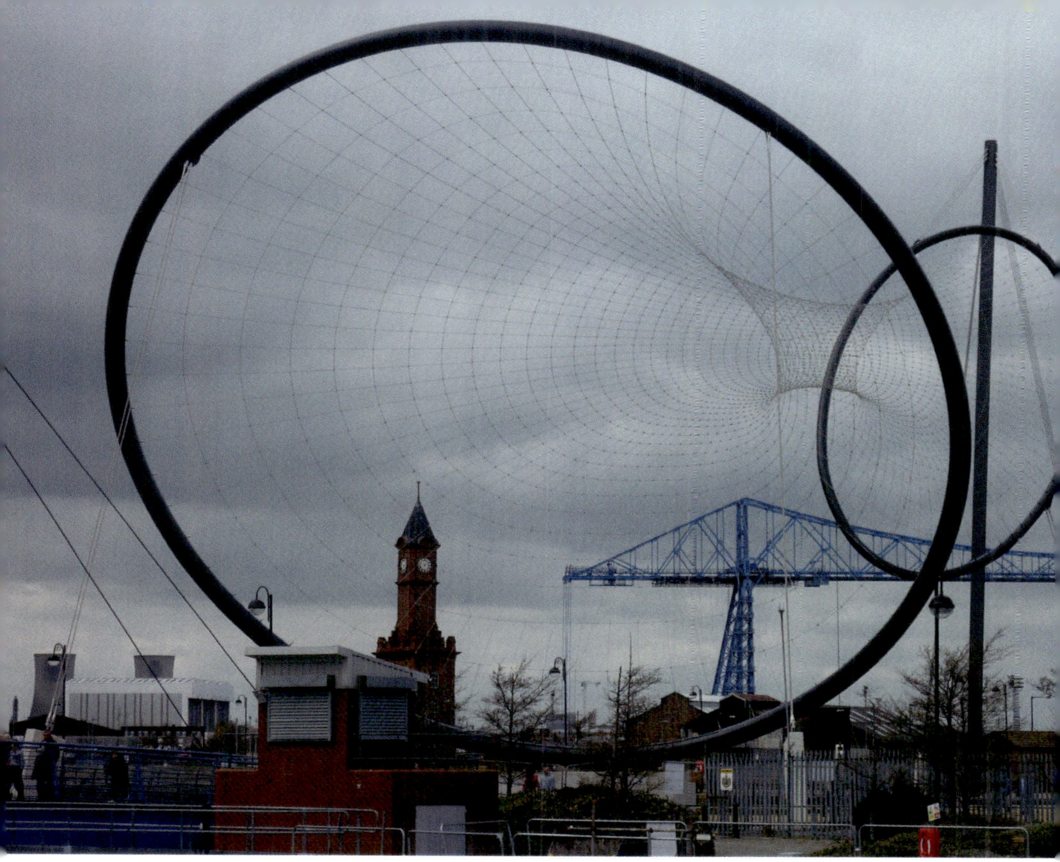

oben: Skulptur „Temenos“ in Middlesbrough / unten: XXXXL-Ausverkauf in Wigan

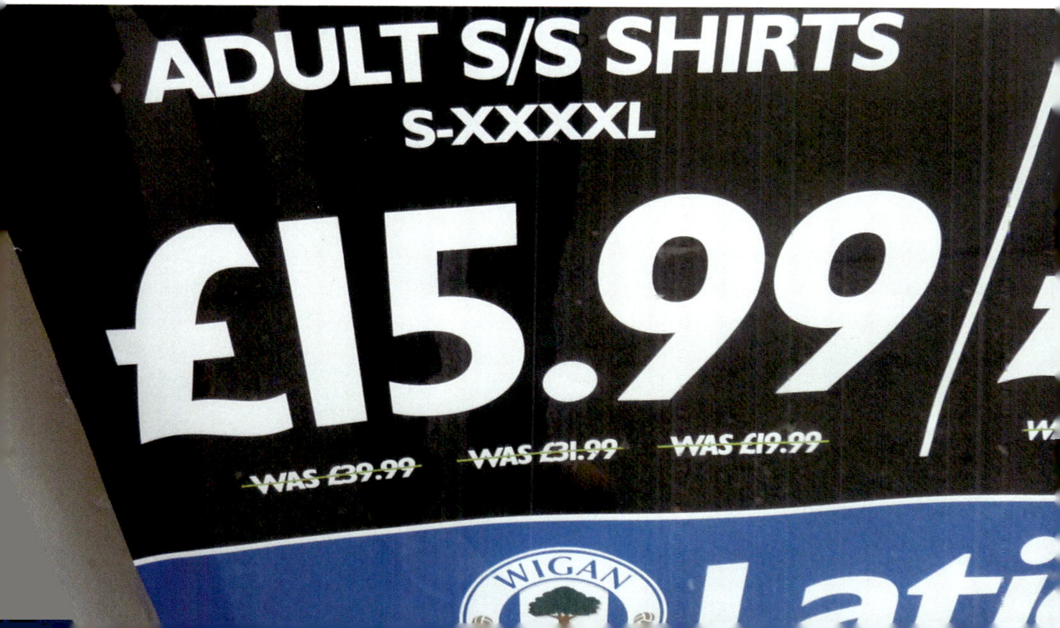

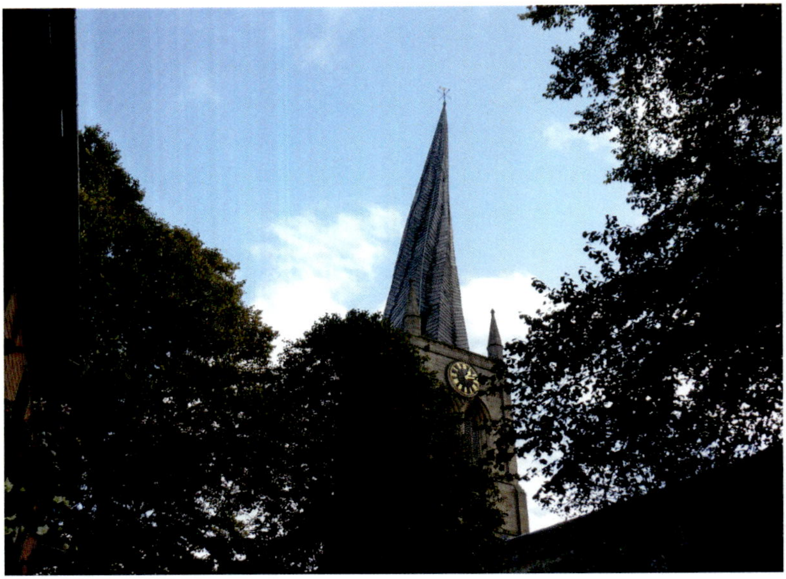

Chesterfield

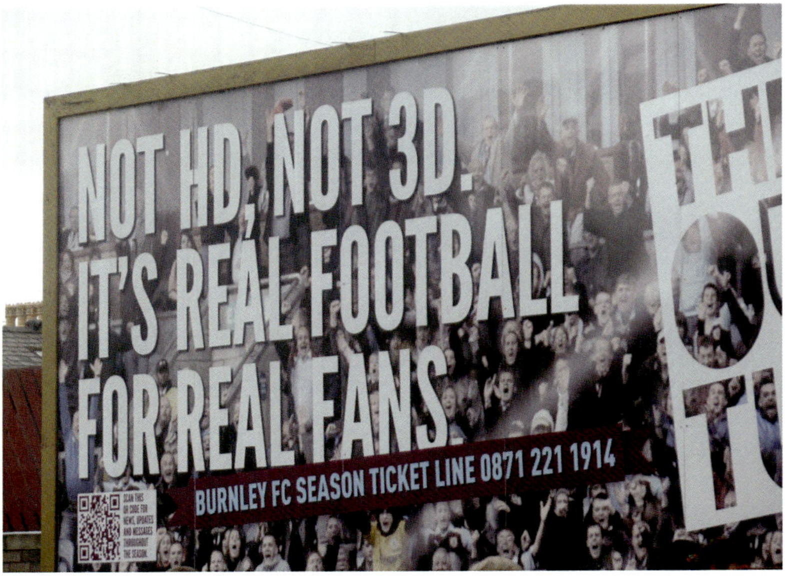

Burnley

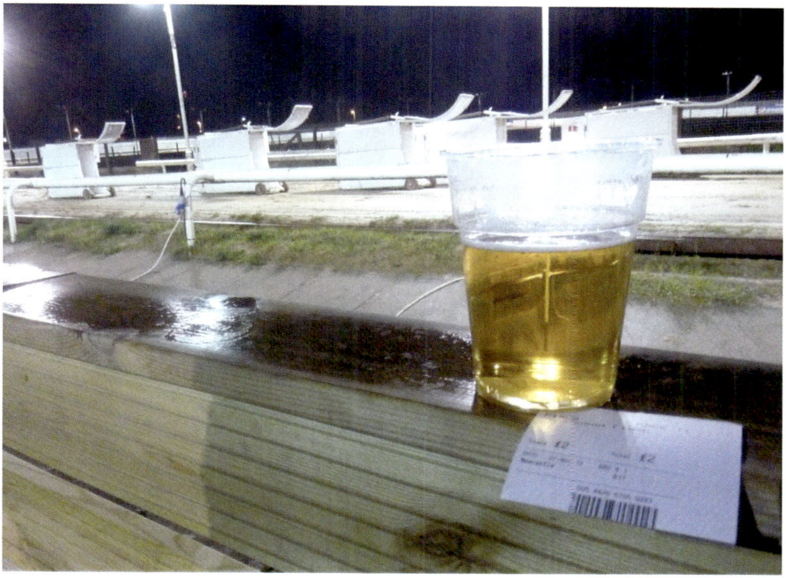

Hunderennbahn, Newcastle

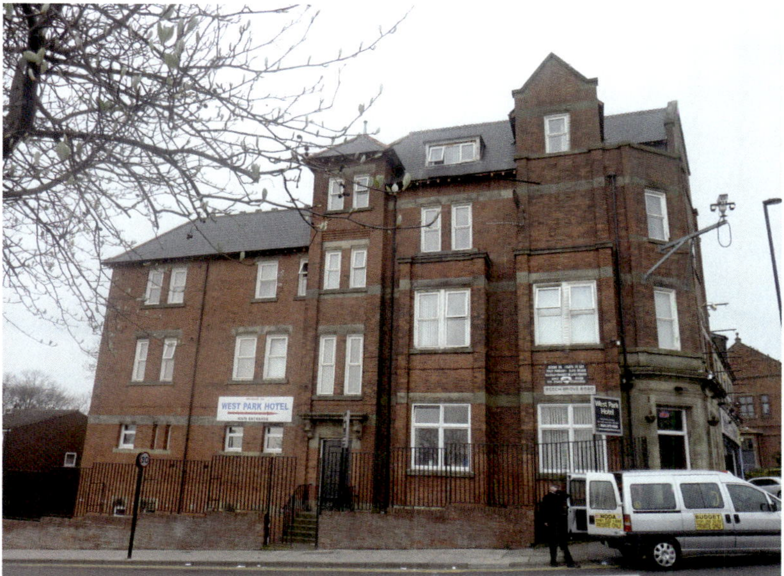

Hotel from Hell, Newcastle

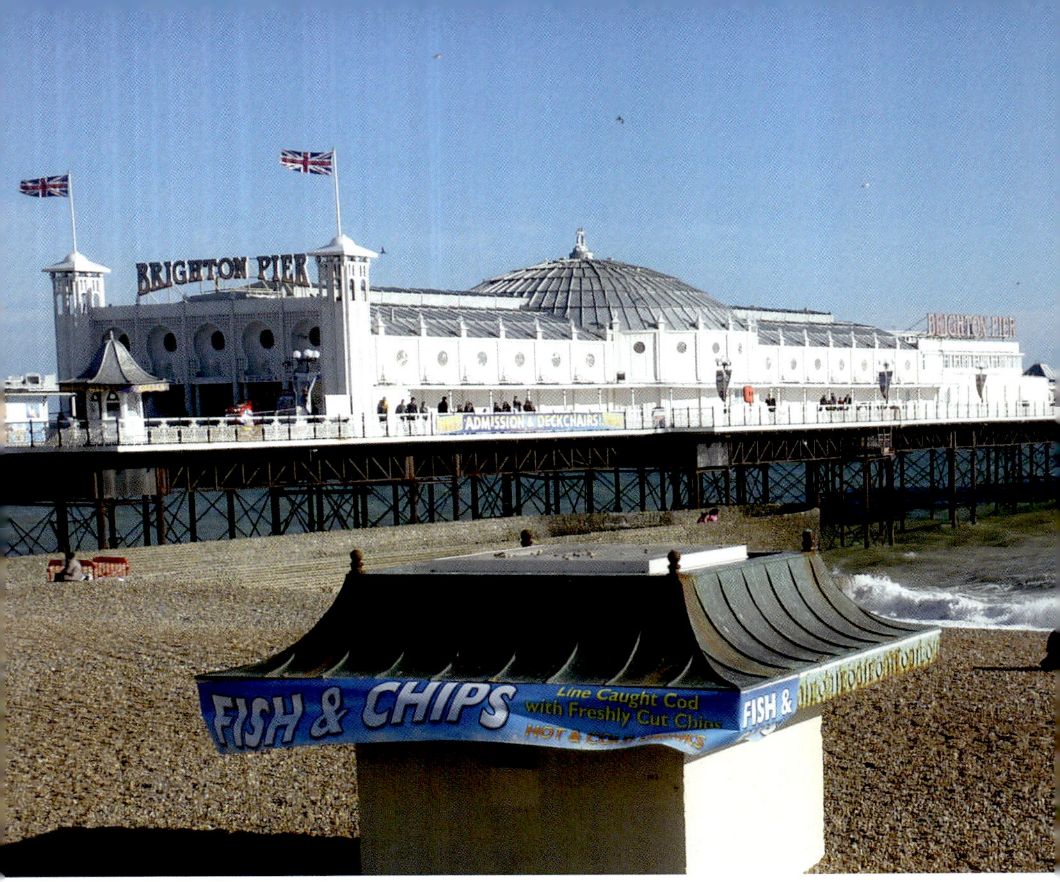

oben: Brighton Pier / unten: Morecambe Bay

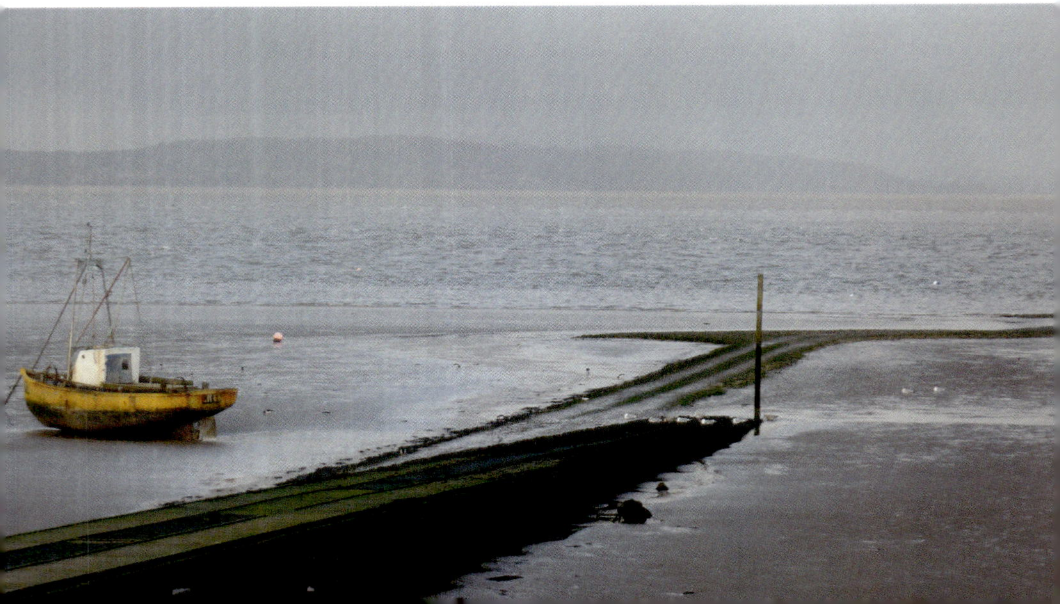

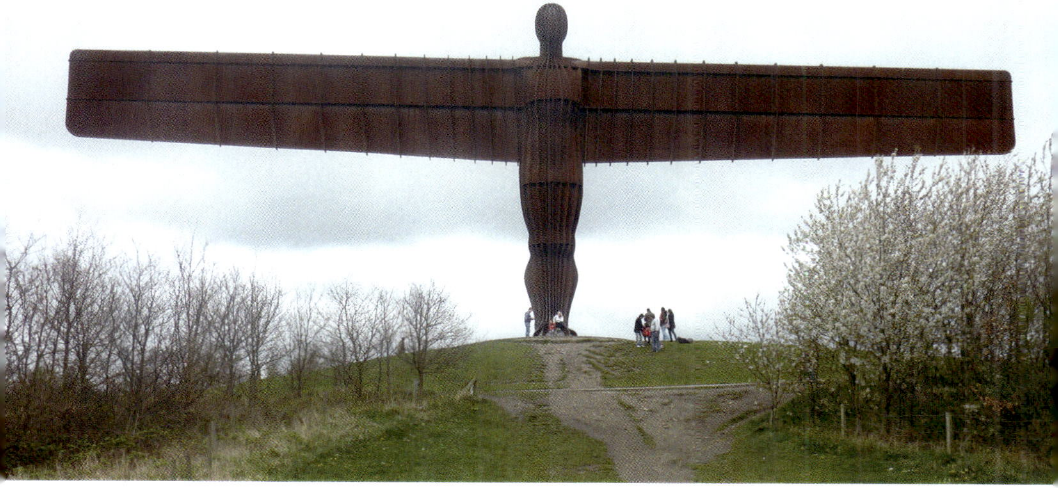

oben: Angel of the North / unten: Devonshire (Beesands)

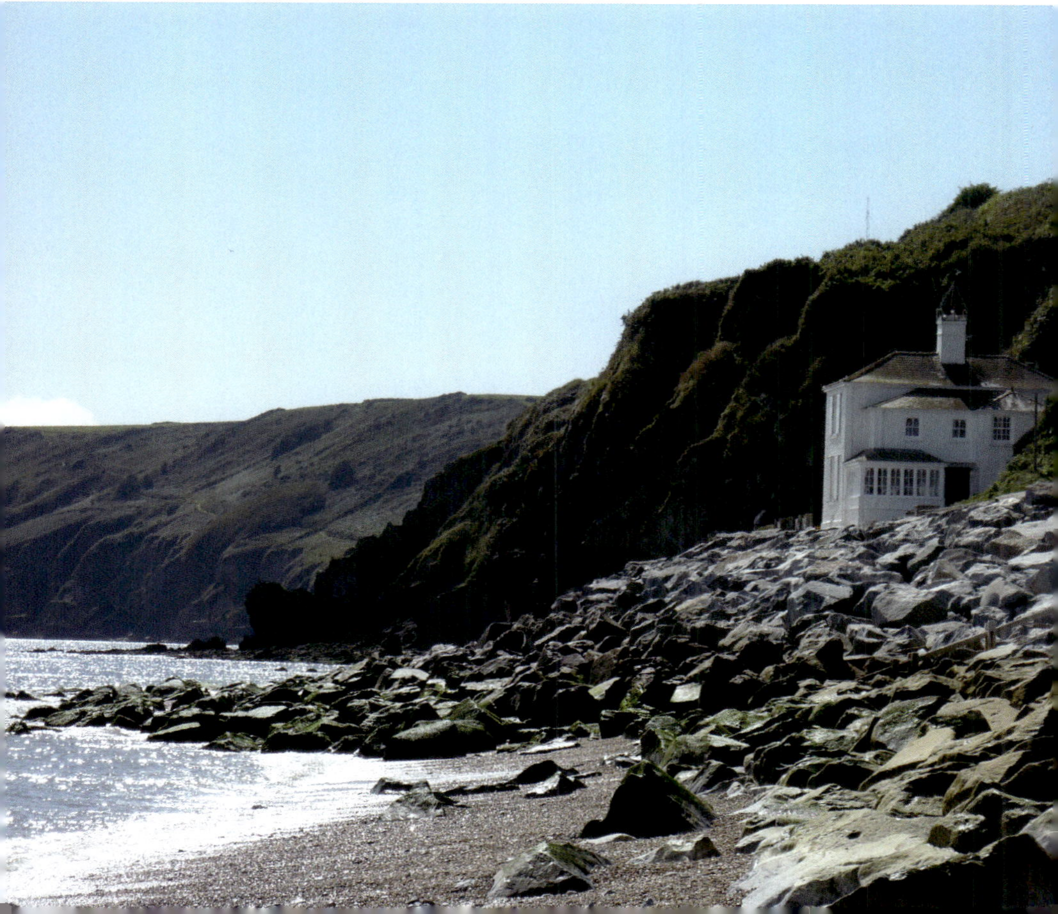

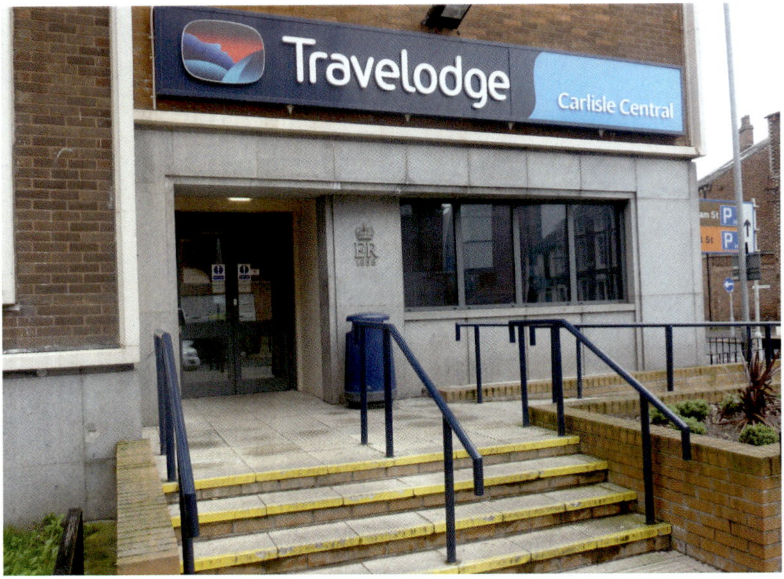

Travelodge Carlisle

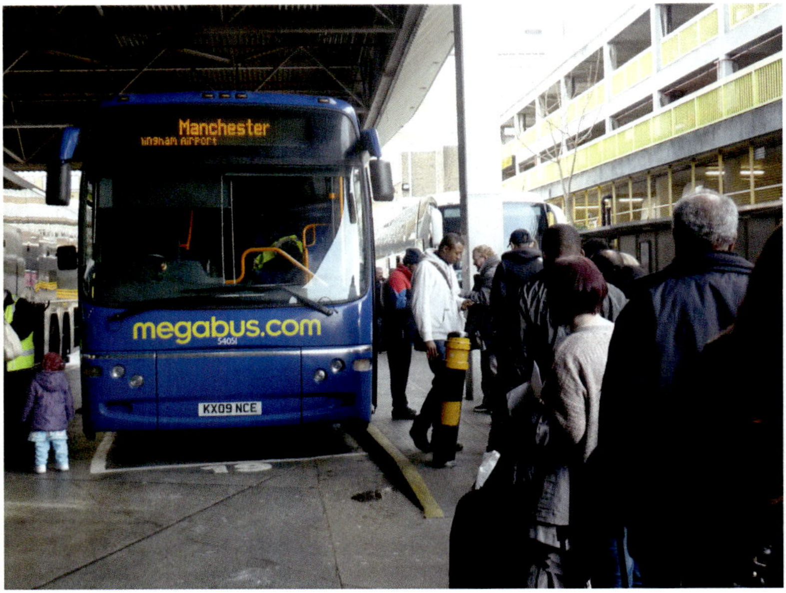

Megabus

74. (Kein) Goal statt Gaul

25.01.2013, Whaddon Road, League Two
Cheltenham Town – Rochdale AFC, 0:0, 2.300 Zuschauer

Bereits nach einem Monat stand die nächste Tour an, und die Schlagzahl erhöhte sich etwas ob des näherrückenden Ziels der 92 Grounds. Zudem ergab sich Ende Januar wieder eine herrliche Spielplankonstellation, der wir uns nicht entziehen konnten. Es sollte unsere längste gemeinsame „Nicht Ostern"-Tour werden, mit allerlei attraktiven Partien und einem Abstecher nach Schottland.

Wie so oft begann mein Trip in Wien-Erdberg, von wo aus der Bus zum Bratislava Airport startete. Dass mich Ryanair nach dem Reinfall bei der letzten Tour kreuzweise konnte und ich der Firma never ever again einen Cent in den Rachen werfen würde, erledigte sich insoweit, als dass der Flug für diese Tour bereits gebucht war bzw. die Umbuchung für den Rückflug (dazu später mehr) preislich halbwegs vernünftig nur noch via Ryanair abzuwickeln war. Ansonsten hielt der Vorsatz ohnehin nicht wirklich lange, und ich hatte noch in der gleichen Saison zwei weitere Ryanairflüge auf die Insel auf dem Programm, einen davon zum legendären deutschen Champions-League-Finale in Wembley, wofür es sich durchaus lohnte, über seinen Schatten zu springen.

In jedem Fall stand ich mittags am Luton Airport und nahm den völlig überteuerten Bus Richtung Innenstadt, wo ich mir in der mir mittlerweile bestens bekannten Shopping Mall ein paar Stunden vertreiben musste, ehe der gebuchte Zug Richtung London (um Rolfes einzusammeln) und weiter nach Cheltenham (zwecks Spielbesuch) fuhr. Ein beliebter Zeitvertreib war das pausenlose Aktualisieren der Facebook-Seite von Cheltenham Town. Das Wetter gestaltete sich nämlich denkbar ungünstig: Es war eiskalt, Regen und Schnee wechselten sich ab – gemeinhin definitiv kein gutes Fußballwetter.

Entsprechend stand das Match also auf der Kippe, und erst um kurz nach 13:00 Uhr zeigte mein Blackberry-Display die gute Nachricht: „Game on > The pitch has passed a 1 pm inspection and it is game on tonight Cheltenham vs. Rochdale (7.45 pm kick off)". Das waren definitiv die schönsten Worte des Tages. Um 14:30 Uhr ging dann der Zug nach St. Pancras, eine Stunde später und mit Rolfes im Gepäck der Zug ab Paddington das Thames Valley hinunter, für uns bis nach Cheltenham, wo wir um 18 Uhr ankamen.

Mit Cheltenham verbindet man nicht in allererster Linie Fußball. Vielmehr ist die Stadt ein Inbegriff für Pferderennen. Der Cheltenham Gold Cup im März ist eines der bedeutendsten Pferderennen weltweit und wird seit 1819 ausgetragen. 2014 ging es um etwa 750.000 Euro Preisgeld, was gegen die Summe der Wetten auf das Event wahrscheinlich Peanuts sind. Der Brite nimmt auf diese Weise passioniert Anteil am Rennen und setzt ein paar (oder viele) Pfund auf „sein" Pferd, was das Verfolgen des Rennens natürlich signifikant spannender macht.

Vom Bahnhof, der offiziell in Anlehnung an die Bäder und Quellen der Stadt „Cheltenham Spa" (eingedeutscht Bad Keltenheim) heißt, machten wir uns zu Fuß auf zum Ground, der Whaddon Road – immerhin knackige drei Kilometer. Bei unangenehmen Nieselregen ist das kein wirklicher Spaziergang. Der Ground wurde ursprünglich 1927 eröffnet, aber erst fünf Jahre später zog mit Cheltenham Town der örtliche Fußballklub ein und kickt seither an Ort und Stelle. Es gab Ende der 2000er-Jahre Überlegungen, den Spielort auf die legendäre Pferderennbahn Prestbury Park zu verlegen. Sie verliefen allerdings im Sand und so entschied man sich für einen Verbleib an der Whaddon Road. Diese nahm im Gegenzug herrliche Sponsorennamen an, wie „Abbey Business Stadium", das wir an diesem Tag besuchten, oder später das „World of Smile Stadium". Des Weiteren spülte ein Untermieter noch etwas Geld in die Kasse: Seit 2010 spielt der Non-League-Klub Gloucester City A.F.C. via Groundsharing an der Whaddon Road.

Über viele Jahre kam Cheltenham Town ebenfalls nicht über einen Non-League-Status hinaus. Der Klub wurde bereits 1887 gegründet, wurde 1930 zum Profiverein und brauchte danach fast 70 Jahre, um bis in die Football League vorzustoßen. 1999 gelang der Aufstieg in die vierte Liga, nachdem man im Jahr zuvor mit dem Gewinn der FA Trophy ein Ausrufezeichen gesetzt hatte. 2015 hieß es dann allerdings wieder Abschied nehmen aus der Football League und ab in die Conference.

So weit war es bei unserem Besuch jedoch noch nicht. In der League Two war an diesem Abend Rochdale zu Gast. Cheltenham gegen Rochdale am Freitagabend, saukalt, ekelhafter Regen, fürchterliches Gekicke, 0:0 – das sind dann so die Momente, in denen man zu zweifeln beginnt, inwieweit das wirklich die optimale Freizeitbetätigung ist. Aber wie immer überwog dann doch die Freude über den Spielbesuch und die Tatsache, dass fleißige Helfer das Spielfeld vom Schnee befreit hatten. Der Schnee türmte sich in Haufen rund um den Pitch und wir packten uns ordentlich ein. In der Halbzeit gab's ein kurzes Aufwärmen in den Gängen unter der Tribüne, aber sonderlich erwärmend war das natürlich auch nicht. So ertrugen wir die zweite Halbzeit noch wie Männer, erfreuten uns an dem klassischen Stadion, mit traditionellem Main Stand und Flutlichtatmosphäre. Zudem hofften wir darauf, dass der mittlerweile recht starke Regen doch bitte mit dem Schlusspfiff aufhören möge – aber dieser Wunsch wurde uns natürlich nicht erfüllt.

Es ging also die drei Kilometer in recht bitterem, eiskaltem Regen zurück zum Bahnhof. Dort angekommen, holten wir uns noch schnell Wegzehrung bei Tesco und ab ging es mit dem warmen Zug entlang der Cotswolds, dem „Mittelgebirge" in Südwest-Mittelengland, Richtung Birmingham.

Hier checkten wir wie üblich in der Travelodge „Moor Street" ein, drehten die Heizung bis zum Anschlag auf und genehmigten uns noch ein Feierabendbier, bevor wir uns aufs Ohr hauten.

75. Camulodunum

26.01.2013, Weston Homes Community Stadium, League One Colchester United – Walsall FC, 2:0, 2.850 Zuschauer

Tag zwei der Tour. Wir starteten in Birmingham – einzig und allein der Tatsache geschuldet, dass hier das Hotel am günstigsten war und wir für eine Nacht in London deutlich mehr hätten hinblättern müssen. Unser Ziel für den Tag war Colchester, im Südosten Englands. Ergo führte uns der erste Teilabschnitt der Anreise mit dem Zug nach London Euston. Von dort mussten wir den Bahnhof wechseln, also mit der Tube zur Liverpool Street Station, von wo aus der Zug Richtung Essex abfuhr: 45 Minuten Fahrzeit bis Colchester Station – zu so manchem Londoner Ground hätten wir sicher länger gebraucht. Hier hätten wir theoretisch noch mal umsteigen und fünf Minuten bis ins Zentrum zum Bahnhof Colchester Town fahren können. Das schenkten wir uns und machten uns stattdessen zu Fuß auf Richtung Zentrum bzw. zum Castle Park.

Im Park angekommen, konnten wir bereits die ersten Zeugnisse des Alters der Stadt begutachten. Wie alt Colchester ist, lässt sich am anschaulichsten durch den alten keltischen Namen belegen: Camulodunum. Dem fleißigen Asterix-Leser ist der Name bekannt: So heißt eines der beiden Rugby-Teams, die sich in „Asterix bei den Briten" duellieren – durch den Einsatz des Zaubertranks der Gallier kann es einen einfachen Sieg einfahren. Comics beiseite: Camulodunum war die erste römische Stadt in Britannien und wurde bereits vor Christus erwähnt. In jedem Fall war die Siedlung damals ein wichtiger Sitz der Römer, zeitweise sogar so etwas wie die römische Hauptstadt auf der Insel, und bis heute durchziehen Befestigungsmauern aus dieser Zeit die Stadt.

Einer solchen folgten wir durch den Park, bis zur Burg, die im 11. Jahrhundert an der Stelle eines römischen Tempels erbaut wurde. Wir drehten eine Runde um die Burg mit angedeutetem Burggraben, nahmen kurz das „Dutch Quarter" (ein paar Gassen mit Fachwerkhäusern, aber wenig spektakulär) mit und orientierten uns weiter Richtung Innenstadt. Hier gab es neben einer ganz ordentlichen High Street auch eine Fußgängerzone, bestehend aus mehreren kleinen Gässchen – ganz schön gemacht. Als letzten Sightseeing-Agendapunkt steuerten wir den „Jumbo Water Tower“ an, also den Wasserturm aus dem Jahr 1883, der mit seinen roten Klinkersteinen und der architektonisch aufwendig gestalteten Kuppel recht eindrucksvoll über der Innenstadt thront.

Im Normalfall hätten wir uns jetzt einen „Wetherspoon“ für ein Beer & Burger Special gesucht. Ob des historischen Flairs der Stadt entschieden wir uns stattdessen für ein nett aussehendes Pub names „Ye Olde Marquis“, das in einem herrlichen Fachwerkhaus beheimatet ist. Hier gab's dann selbstredend ebenfalls Hamburger und Pints satt und wir füllten die Speicher auf, bevor wir den Fußweg zurück zum Bahnhof in Angriff nahmen.

Vom Bahnhof aus startete der Shuttlebus, in direkt entgegengesetzter Richtung zur Innenstadt – was Bände spricht über die Lage des „Weston Homes Community Stadium“: am Stadtrand, in the middle of nowhere. Ein Neubau von 2008, wobei auch der vorherige Ground von Colchester United, die Layer Road, wo der Klub fast 100 Jahre kickte, nicht wirklich zentrumsnah lag.

Es war ein bisschen wie ein Déjà-vu des Shrewsbury-Besuchs im Vorjahr: Die Grounds sind sich wirklich sehr ähnlich von der Bauweise, unsere Plätze befanden sich an ähnlicher Stelle, und mit Walsall war der gleiche Gegner zu Gast. Die Temperaturen machten allerdings einen großen Unterschied, und auch diese Partie konnte nur deshalb stattfinden, weil fleißige Helferlein den Platz vom Schnee befreit hatten. In der Halbzeit gab's dann ein Dankeschön via Anzeigetafel und Stadiondurchsage – wobei Rolfes und ich wohl die dankbarsten Zuschauer waren, da wir so den Trip nicht umsonst gemacht hatten.

In der Pause wurden wir von ein paar Jungs angequatscht, Studenten an der University of Essex, die eine Umfrage unter den Zuschauern durchführten, wohl mit dem Ziel, den Stadionbesuch etwas attraktiver zu machen. Wie viele Kilometer wir durchschnittlich für den Besuch eines Colchester-Heimspiels zurücklegen würden, warum wir nicht öfter kämen usw. Nun ja. Motiviert war die Sache wohl von den etwas

mauen Zuschauerzahlen: Etwa 3.500 Zuschauer fanden in der Saison im Schnitt den Weg ins Stadion – definitiv Abstiegsplätze, was den Zuschauerschnitt in der League One angeht.
Ein Grund hierfür dürfte sein, dass Colchester United, anders als die Stadt selbst, nicht unbedingt auf eine umfangreiche Geschichte zurückblicken kann. Erst 1937 gegründet, kickte man die ersten Jahre Southern League, bevor man 1950 in die Football League aufgenommen wurde. Zwei Jahre in der Championship waren bisher der größte Erfolg – ergo orientieren sich die Fans in Essex wohl eher in Richtung der großen Londoner oder der East-Anglia-Klubs.
Das Spiel gestaltete sich dann auch nicht unbedingt super anregend. Wie im Vorjahr setzte es für Walsall eine Auswärtsniederlage – diesmal deutlicher mit 2:0, wobei die Tore erst spät fielen: 79. und der Deckel drauf in der 89. Minute. Die Stimmung war deutlich schlechter als bei Shrewsbury gegen Walsall im Oktober, aber das passte auch besser zu den winterlichen Temperaturen.
Unsere Weiterreise erwies sich als logistisch hervorragend geplant. Eigentlich hatte ich Colchester als einen Ground auf dem Radar, den man ganz gut mit einem Kurztrip erledigen könnte und den man mit Hinflug am Spieltag mitnehmen konnte, aufgrund der Nähe zum Stansted Airport. Diesen Plan kickten wir aber aufgrund einer anderen Option in die Tonne. Nach dem Match genehmigten wir uns einige Pints in einem Pub im Zentrum und nahmen dann den Bus die circa 50 Kilometer zum Stansted Airport, zum Nachtlager ins Flughafenhotel Holiday Inn.
Am nächsten Morgen wartete der Easyjet nach Glasgow, wo wir einen echten Klassiker auf dem Programm hatten: den Hampden Park. Im schottischen League Cup trafen sich St. Mirren und Celtic – dieses Schmankerl ließen wir uns natürlich nicht entgehen. Zudem war es unser erster Besuch in Glasgow, daher nahmen wir auch ein bisschen Sightseeing mit und stiegen dann in den Zug Richtung Stadion.
Ein recht solider, wenn auch nicht spektakulärer Ground, der eine Zeit lang als größtes Fußballstadion der Welt galt. Heute passen „nur“ noch 50.000 Zuschauer in das Oval, das etwas unter der Laufbahn leidet und in dem neben der schottischen Nationalmannschaft auch der lo-

kale Klub „Queen's Park" seine Heimspiele austrägt. Zudem finden die schottischen Pokal(halb)finals hier statt. Highlight dürfte außerdem das Champions-League-Finale 2002 gewesen sein, in dem Zinedine Zidane Hans-Jörg Butt eine ordentliche Granate in die Kiste legte. In unserer Partie setzte sich etwas überraschend St. Mirren durch und zog so ins Finale ein. Wir hatten über St. Mirren Tickets geordert, bekamen also so die Freude der Fans ganz gut mit, wobei während des Spiels selbstredend die Celtic-Fans die Oberhand hatten. Es war ein tolles Erlebnis, Celtic einmal in Glasgow spielen zu sehen, wenn auch nicht im Celtic Park.
Nach dem Match stellten wir erst mal erstaunt fest, dass es heutzutage scheinbar immer noch eine recht große Herausforderung ist, 50.000 Zuschauer abzutransportieren, und so warteten wir ewig und noch ein bisschen länger, bis wir im Zug Richtung Glasgow Central saßen. Wir hatten dort noch etwas Zeit, bis der Bus zurück zum Flughafen ging, und genehmigten uns – wie könnte es anders sein – einen Haggis-Burger und ein Pint. Gut gestärkt brachte uns Easyjet dann wieder gen Süden. Zielflughafen war diesmal allerdings Gatwick, von wo aus wir den Zug nach Victoria nahmen, dort in unserem Lieblings-Easyhotel eincheckten, uns ob des riesigen 5-Quadratmeter-Zimmers erfreuten und uns in die Federn hauten.

76. Mit der Tube zur Uni

29.01.2013, Kassam Stadium, League Two
Oxford United – Burton Albion, 1:1, 4.900 Zuschauer

Nach dem Glasgow-Trip am Sonntag hatten wir einen weiteren Ausflug quer über die Insel auf dem Programm. Für mich war es zwar keiner der Rubrik „Auf dem Weg zu den 92 Grounds", für Rolfes allerdings schon, denn wir machten einen Abstecher nach Exeter, zum Devonshire-Derby gegen Torquay. Auch wenn ich den Ground im September bereits gemacht hatte, war es ein sehr gut investierter Tag. Die Stadt ist einfach sehr ansprechend. Wir nahmen zwei schöne Pubs mit: das „Ship Inn" nahe der Kathedrale, in dem angeblich Seefahrer Sir Francis Drake gerne becherte, und das „Black Horse" in Stadionnähe, eine Empfehlung eines geschätzten Kollegen, der in Exeter studiert hatte und dort einen großen Teil seiner Freizeit verbrachte. Das Derby endete mit einem Auswärtssieg und war durchaus ansehnlich, auch von der Stimmung her. Zum krönenden Abschluss gastierten wir in einem sehr ordentlichen Hotel mit englischen Frühstück am Morgen – eine schöne Abwechslung zu den Easyhotel-Nächten.

Am Dienstagmorgen ging es dann die vier Stunden mit dem Megabus zurück nach London Victoria. Hier schlugen wir erst mal die Zeit tot, bis wir (zurück auf dem Boden der Tatsachen) ins Easyhotel einchecken konnten, und genehmigten uns – wenig überaschend – im Stamm-Wetherspoon „Willow Walk" ein Beer & Burger Special.

Das weitere Tagesprogramm war etwas aus der Not heraus geboren. Einer der Gründe für die Tour war mein Bestreben, die Premier League komplett zu machen, ergo hatten wir ursprünglich die Partie Reading gegen Chelsea am Dienstagabend anvisiert. Wenige Tage vorher wurde diese aber auf den Mittwoch verschoben und wir hatten den Dienstag plötzlich „frei". Glücklicherweise gab es noch Optionen im Londoner Umland und so setzten wir Oxford United aufs Programm.

Praktischerweise bedient ein Shuttlebus Oxford ab Victoria, wir hatten also kurze Wege und saßen zur frühen Pendlerzeit im Bus. Dieser nennt sich sinnigerweise „Oxford Tube", wohl um das Gefühl des Pendelns zu bestärken, wobei das Ding für die 100 Kilometer etwa 1:45 Stunden braucht und für Hin- und Rückfahrt ca. 25 Euro kostet. Trotzdem war von den Mitreisenden her klar, dass der ein oder andere wohl tatsächlich täglich pendelte …

Beim Namen Oxford denkt man unweigerlich zunächst einmal an die Universität, die eine der renommiertesten Hochschulen der Welt ist und angeblich die älteste im englischsprachigen Raum – immerhin existiert sie seit dem 12. Jahrhundert. Derzeit hat die Uni ca. 20.000 Studenten, die etwas Glück brauchten, um überhaupt angenommen zu werden: Nur jeder fünfte Bewerber bekommt den Zuschlag.

Weniger problematisch war es, für das Spiel Oxford gegen Burton Tickets zu bekommen. Oxford ist nicht wirklich eine Fußballstadt – vom Universitätsteam einmal abgesehen, das bereits 1874 den FA Cup holen konnte. Die Anfänge des Klubfußballs und damit von Oxford United gehen bis ins Jahr 1893 zurück, als ein Klub namens Headington Utd gegründet wurde, der sich dann 1960 in den heutigen Namen Oxford Utd umbenannte. Erst 1982 erreichten die „U's" die Football League, feierten dann aber einen kometenhaften Aufstieg, der in der höchsten Spielklasse und mit dem Gewinn des League Cup 1986 endete. Theoretisch hätte Oxford in der Folge UEFA-Cup spielen dürfen, fiel aber dem Ausschluss der englischen Teams (infolge der Heysel-Tragödie 1985) zum Opfer. Oxford konnte den Triumph nicht wiederholen und sank in den Folgejahren sportlich weiter und weiter ab, ehe man 2006 aus der Football League abstieg, als erstes Team, das jemals einen Titel gewonnen hatte. 2011 sicherte man sich aber den Wiederaufstieg aus der Conference und kickt seitdem in der Liga.

Wir hatten in Oxford keine Zeit für Sightseeing, sondern hüpften eine Station vor der Endhaltestelle aus der „Oxford Tube" und direkt in den Linienbus, der uns zum Kassam-Stadion brachte. Der etwas ungewöhnliche Name geht auf den ehemaligen Besitzer des Klubs und bis zum heutigen Tage Besitzer des Stadions Firoz Kassam, einen Geschäftsmann indischer Abstammung, zurück. Kassam kaufte den Klub 1999 für ein Pfund und verkaufte ihn 2006 für zwei Pfund, jeweils samt Schuldenübernahme – dennoch ein beachtliches Gesamtvolumen von drei Pfund. Fast schon Megabus-Preise!

Die Busfahrt zum Stadion zog sich etwas, und an der Haltestelle angekommen, mussten wir noch ein paar Schritte zu Fuß zurücklegen. Von außen macht der Ground durchaus etwas her: große Tribünen, die durch die Außenverkleidung recht wuchtig wirken, dazu der schick gebaute Main Stand, mit einer gewölbten Glasfront und dem Haupteingang. Hier holten wir uns die Tickets und beschlossen, die Stadionumrundung ausfallen zu lassen. Nicht zuletzt, da sich hinter einem Tor keine Tribüne befindet, lediglich ein Wellblechzaun und ein Parkplatz – etwas enttäuschend und dem Flair nicht so wirklich zuträglich.

Blendet man die fehlende Tribüne aus, kann sich das Stadion aber definitiv sehen lassen. Wir hatten gute Plätze im Oberrang des Main Stand, und auch wenn an dem Tag nur knappe 5.000 der 12.000 Plätze belegt waren, konnte man doch von einer angemessenen Kulisse sprechen, gerade für ein Viertligaspiel. Von meinem allerersten Spiel in England, dem sensationellen League-Cup-Triumph von Oxford über Charlton im Oktober 2002, wusste ich, dass die Oxford-Fans einen ordentlichen Support abliefern können – was sich allerdings gegen Burton Albion nur bedingt bemerkbar machte. Das Spiel endete 1:1, beide Tore in der zweiten Halbzeit. Nicht unbedingt ein fußballerisches Highlight, aber man nimmt, was man bekommt.

Wir zuckelten nach der Partie mit dem Bus zurück in die Innenstadt, wo wir uns an einer Oxford-Tube-Station die Beine in den Bauch standen, bis wir nach einer gefühlten halben Stunde bemerkten, dass die Haltestelle abends gar nicht mehr bedient wird. Wir schauten uns also im Gelände ein wenig um – das einzige Sightseeing an dem Tag –, und fanden den Busbahnhof, wobei wir hier wiederum feststellten, dass wir noch ordentlich Zeit bis zur nächsten Abfahrt totzuschlagen hatten. Der Stimmung war dies nur bedingt zuträglich, aber wir machten das Beste daraus und krallten uns, als der Bus dann endlich kam, die vorderste Reihe oben im Doppeldecker für die knappen zwei Stunden bis Victoria. Dort angekommen, hatten wir noch einen kurzen Spaziergang zum 17-Sterne-Easyhotel vor uns – und eine weitere Nacht in „luxuriösem“ Ambiente.

77. Späte Rache

30.01.2013, Madejski Stadium, Premier League
Reading FC – Chelsea FC, 2:2, 24.000 Zuschauer

Trouble in paradise: Rolfes und ich trennten uns, aufgrund unterschiedlicher Vorstellungen. Während Rolfes sich bereits für den Mittwoch ein Ticket für Fulham gegen West Ham besorgt hatte, war mein Plan ursprünglich, am Mittwochmorgen wieder zurückzufliegen. Nachdem die Partie Reading gegen Chelsea aber kurzfristig einen Tag nach hinten auf den Mittwoch verlegt wurde, ich die Partie gerne gesehen hätte UND wir bereits zwei Tickets dafür hatten, war die einzige logische Option für mich, einen weiteren Flug für den Donnerstagmorgen zu buchen. Ryanair sei diesmal Dank, für gerade mal 60 Euro extra. Reading nahm übrigens anstandslos Rolfes Ticket zurück und erstattete den Preis. Hut ab dafür!
Wir verbrachten den Tag in London sinnvoll, statteten unter anderem der Retro Game Base, einem Laden in Streatham für alte Videospiele – von Gameboy über NES bis Mega Drive – einen ausgedehnten Besuch ab und hauten uns danach die Bäuche beim Pizza Hut All You Can Eat Buffet voll. Danach trennten sich unsere Wege und ich machte mich ab Paddington auf nach Reading in der „königlichen Grafschaft" Berkshire.
Die Zugfahrt ist – vorausgesetzt man nimmt nicht den Bummelzug – quasi vernachlässigbar: 25 Minuten und man steht in Reading am Bahnhof. Ich schaute kurz auf die High Street, kam aber nicht wirklich weit, da mich mein rechtes Bein ärgerte. Es war wohl eine Art England-Syndrom – es tat jedenfalls total weh bei jedem Schritt, keine Ahnung, warum. Aber ich hatte diese Erfahrung schon das ein oder andere Mal auf unseren Touren gemacht – dafür original noch nie außerhalb von England. Ob es mit den langen Busfahrten oder den engen Sitzreihen im Stadion zu tun hattte, schwer zu sagen. In jedem Fall musste ich erst mal in ein Pub, um dort das Bein zu entlasten, ehe es zum Shuttlebus Richtung Stadion ging.

Dieser brachte einen wie so oft aus der Innenstadt Richtung Außenbezirke. Zwischen Autobahn und Baumarkt fand sich dann auch das Madejski Stadium. Seit 1998 kickt Reading hier, zudem trägt das Rugbyteam London Irish hier seine Heimspiele aus. Zuvor spielte Reading mehr als 100 Jahre im Elm Park im Westen der Stadt, entschied sich dann aber für einen zeitgemäßen Neubau.
Die Entscheidung erwies sich insoweit als weitsichtig, als dass sich Reading seit dem Einzug sportlich durchaus entwickelt hat. Der Klub wurde verhältnismäßig früh gegründet, 1871, und schloss sich 1920 der Football League an, spielte aber über viele, viele Jahre quasi keine Rolle im englischen Fußball: keine Titel, nichts für den Briefkopf. Dies führte so weit, dass eine Zusammenlegung mit Oxford United im Raum stand, nach der die Klubs unter dem Namen „Thames Valley Royals" angetreten wären. „Thames Valley" aufgrund der Lage beider Klubs im Themse-Tal, „Royals" aufgrund des Beinamens der Grafschaft Berkshire, die das Prädikat „königlich" vom dort gelegenen Windsor Castle, dem Sitz der britischen Königsfamilie, entlehnt. Der Zusammenschluss scheiterte jedoch am massiven Protest der Fans und so zerstreute sich die Idee schnell. Reading blieb eigenständig, und der größte Erfolg stellte in der Folge der Aufstieg in die Premier League im Jahr 2006 und 2012 dar – Letzterer nicht zuletzt aufgrund des Auswärtssiegs in Brighton, den Rolfes und ich bei unserer Ostertour verfolgen durften.
Am Ground angekommen, drehte ich aufgrund der Beinschmerzen eher schlecht als recht die obligatorische Stadionrunde. Wie so oft bei Neubauten war das Ambiente nicht wirklich spektakulär: ein Hotel direkt neben dem Ground, ansonsten von außen nicht wirklich atemberaubend, aber solide gemacht von der Architektur und der Bauweise her. Der Name des Grounds leitet sich im Übrigen vom ehemaligen Besitzer des Klubs ab, Sir John Robert Madejski. Dieser machte sein Vermögen mit einer Zeitschrift für Autoinserate und hatte genug in der Tasche, um den Klub 1990 zu kaufen und gute 25 Millionen Pfund in den Bau des neuen Stadions zu stecken.
Ich hatte jedenfalls noch massig Zeit bis zum Kickoff und wählte die eleganteste Option, um sie totzuschlagen: Im Innenraum unter der

Tribüne besorgte ich mir einen English Tea und starrte auf die Monitore, auf denen Sky Sports News, der Sportnachrichtensender, läuft. Hier hilft das geheuchelte Interesse daran, welcher Abwehrspieler bei League Two Partie A oder B ausfällt, wunderbar über die Tatsache hinweg, dass man eigentlich nur auf die Uhr schaut und hofft, dass das Spiel bald beginnt. Während des Wartens hatte ich eine interessante Sichtung: Ich meinte Helge, den deutschen Hopper, mit dem ich bei Oldham gegen Leeds war, entdeckt zu haben. Ob er es war, werde ich wohl nie herausfinden – Grüße an dieser Stelle!

Auf dem Papier war die Partie eine glasklare Sache. Bei Chelsea liefen unter anderem Lampard, Torres, Mata oder Oscar auf, bei Reading war der einzig halbwegs prominente Spieler Pavel Pogrebnyak, der ein paar Jahre in der Bundesliga bei Stuttgart kickte Die Kiste sah im Grunde auch entschieden aus. In der Nachspielzeit der ersten Hälfte ging Chelsea durch Mata in Führung, in der 66. Minute erhöhte Frank Lampard zum 2:0.

Die Chelsea-Fans waren außer sich vor Freude, gaben immer wieder ihren Gesang „Champions of Europe“ zum Besten – in Anlehnung an den Champions-League-Triumph vom Vorjahr. Mir ging natürlich die Hutschnur hoch. Rolfes und ich waren damals in der Allianz Arena und mussten mit ansehen, ja ertragen, wie der wohl schlechteste Finalist aller Zeiten im Elfmeterschießen den unverdientesten Sieg aller Zeiten einfuhr. Eine Torchance in 120 Minuten – kein Kommentar.

Ein klein bisschen Wiedergutmachung erfuhr ich aber an diesem Tag in Reading. Das Spiel war eigentlich gegessen und die „Blues“ spielten nur noch die Zeit herunter – bis in die 87. Minute, in der Adam Le Fondre, der erst in der 66. Minute eingewechselt wurde, den Anschlusstreffer erzielte: 2:1 und quasi nur noch die Nachspielzeit übrig. Diese gestaltete sich wie so oft in England recht lang, und in der 95. Minute war es erneut Adam Le Fondre, der nach einer Standardsituation und einer schönen Direktabnahme den Ausgleich erzielte. Der Ground stand natürlich kopf. Herrlich – definitiv eines meiner sportlichen Highlights auf der Insel.

Nachdem ich die Atmosphäre mitgenommen hatte, humpelte ich Richtung Shuttlebus, dann weiter zum Zug und letztlich via Tube zum

Easyhotel, wo Kollege Rolfes nach seinem Kick schon eingetroffen war. Um 3:50 Uhr ging der Bus nach Stansted – Freude, oh Freude. Summa summarum aber eine tolle Tour: viele Facetten, das erste Mal Glasgow mitgenommen, wieder mal in Exeter gewesen, die Premier League auch wieder komplett und drei niederklassige Grounds quasi nebenbei gemacht. 15 Grounds offen – so langsam kam die Ziellinie in Sicht.

78. Stand up, all the railwaymen

16.03.2013, Alexandra Stadium, League One
Crewe Alexandra – Shrewsbury Town, 1:1, 5.100 Zuschauer

Der Ryanair-Flieger am Samstagmorgen von Bratislava nach Birmingham bot einem die Möglichkeit, knapp, aber dennoch Crewe abgrasen zu können. Gesagt, getan. Ich studierte die Spielpläne, fand ein Wochenende, an dem sich noch ein zweites Spiel mit unterbringen ließ, und buchte den Billigflieger in die Midlands.

Viel Zeit blieb bei der Ankunft in Birmingham International nicht, daher bestand die Übung in erster Linie darin, sich beim Wettlauf um den besten Platz im Flieger eine Reihe möglichst weit vorne zu schnappen, um dann beim Aussteigen bei den Ersten zu sein, damit man nicht allzu lange bei der Passkontrolle aufgehalten wurde. Dies verlief so weit optimal: Noch vor meiner Zeitplanung stand ich in der Ankunftshalle und machte mich auf Richtung Hochschienenbahn, die den Flughafen mit dem Bahnhof verbindet. Aufgrund der zeitlichen Unsicherheit konnte ich die Zugverbindung nach Crewe nicht vorab buchen, ergo musste ich ordentlich für das Ticket abdrücken: 75 Minuten Fahrzeit, etwa 30 Euro ... Das war aber durchaus eingeplant, also halb so wild.

Mit ausreichend Vorlaufzeit kam ich mit dem Zug in Crewe an. Die Eisenbahn ist ein erheblicher Teil der Stadt. Crewe ist ein klassisches Eisenbahnkreuz, sozusagen der Railway-Hub im Norden. Die Station wirkt daher etwas überdimensioniert: ganze zwölf Bahnsteige – sehr viel für eine kleine Stadt, die zudem den Namen des Bahnhofs angenommen hat, nicht wie üblich umgekehrt. Für die heute etwa 70.000 Einwohner stellte die Eisenbahnerei seit jeher den wichtigsten Wirtschaftsfaktor dar. Die High Street wirkte entsprechend trostlos, mit den üblichen Betting Shops und ein paar eher unbedeutenden Läden. Einzig der Fish & Chip Shop auf der Gretsy Road präsentierte sich stark frequentiert: eine lange Schlange, um reinzukommen, davor zahlreiche Fans, die den Fisch und die fettigen Pommes aus der Papierverpackung futterten. Direkt gegenüber lag der Ground von Crewe, das Alexandra

Stadium. Als Eisenbahnerklub ist die Heimat nahe dem Bahnhof fast schon obligatorisch: An der exakt gleichen Stelle, an der das Alexandra Stadium steht, ist man immerhin seit 1906 daheim.
Der Name „Crewe Alexandra" an sich klingt massiv kultig. Genauer genommen hat er sogar etwas Aristokratisches. Der Klub, 1877 gegründet, benannte sich nach der damaligen Prinzessin Alexandra, zu der Zeit Princess of Wales, wie später Lady Diana. Früh schloss man sich der Football League an, 1892 war man Gründungsmitglied der Second Divison. Nach wenigen Jahren war das Abenteuer Football League allerdings vorbei und man verabschiedete sich in den Non-League-Bereich, ehe man 1921 zurückkehrte. Viel steht seitdem nicht in der Klubhistorie: ein paar Jahre zweite Liga, zudem der Gewinn der League Trophy 2013, das war's.
An mangelnder Kontinuität dürfte es aber nicht gelegen haben, denn über ein Vierteljahrhundert war der Klub eng verbunden mit einem Namen: Dario Gradi. 1983 übernahm der Italiener den Managerjob bei Crewe und gab ihn mit wenigen Unterbrechungen erst 2011 ab, auch gesundheitlichen Umständen geschuldet. Bis heute leitet er die Crewe Academy, die über die Jahre zahlreiche Talente hervorbrachte, die sich bei dem ein oder anderen Premier-League-Klub etablieren konnten.
Der Ground hatte wie so oft in der League One etwas Ursprüngliches an sich: mit klassischem Backstein, Drehkreuzen und traditioneller Tribünenaufteilung. Der Main Stand überragt den kompletten Ground und ist klar der dominierende Stand. Die drei anderen Stands wirken dagegen eher klein, wobei auf der Gegengerade die Auswärtsfans untergebracht sind. Ich hatte das Glück, dass bei dem Spiel mit Shrewsbury reisefreudiger und stimmgewaltiger Auswärts-Support mit von der Partie war. Ich selbst bevorzugte die Hintertortribüne Richtung Gretsy Road, in der sich die Heimfans treffen. Der Stand an sich ist ein Sitzplatz-Stand und war an dem Tag eher mäßig besucht, ich konnte mich also herrlich auf Höhe des Tores ausbreiten und der Dinge harren, die da kommen sollten. Von den Heimfans kam jedoch nicht allzu viel: Eine Gruppe Teenager mit einer Trommel sorgte für Stimmung und intonierte hin und wieder „Stand up, all the railwaymen", quasi

das Äquivalent zum „Steht auf, wenn ihr Schalker/Bayern/etc. seid!“. Atmosphäre kam dann letztlich wie so oft von den Auswärtsfans.
Die Partie als solche stellte kein Schmankerl dar: 1:1, beide Tore in den ersten 30 Minuten – aber immerhin mehr als 5.000 Zuschauer im Stadion, was nicht jeder deutsche Zweitligist schafft. Für mich stellte das Ergebnis eher eine sekundäre Komponente dar, vielmehr beeilte ich mich, nach dem Schlusspfiff den Zug Richtung London zu bekommen. In diesem Fall war es aufgrund der Nähe des Grounds zum Bahnhof überhaupt kein Problem. Am Bahnsteig hörte man die ein oder andere deutsche Konversation – mal wieder Beleg dafür, wie viele Groundhopper jedes Wochenende die Insel unsicher machen …
Die zwei Stunden im Zug nach London gingen dann recht schnell rum. Ich hatte allerdings noch eine kleine Extratour vor mir. Die Wahl des Nachtquartiers fiel auf die Travelodge London Gatwick. Der Plan war im Grunde genial: Am Sonntag stand mit Brighton gegen Palace ein echter Derby-Knaller auf dem Programm, für den ich nur deshalb ein Ticket ergattern konnte, weil meine Booking History bei Brighton durch unseren Besuch im Jahr davor noch angerechnet wurde. Die Anreise von Gatwick nach Brighton ist sehr bequem, mein Rückflug ging ebenfalls von Gatwick.
Nicht bedacht hatte ich die wie immer schlechte Infrastruktur rund um die Flughäfen, die es letzten Endes unmöglich machte, den Kilometer vom Bahnhof zum Hotel zu Fuß zurückzulegen. Stattdessen musste ich den Shuttlebus für 3 Pfund nehmen – ärgerlich. Letzten Endes war es aber kein Problem: Die Anreise nach Brighton und weiter zum Amex Stadium in Falmer verlief am nächsten Morgen wie geschmiert, und das Match, das als „Hass-Derby“ gilt, hatte einiges in sich (3:0 für Brighton). Vom letzten Besuch hatte ich gelernt: Direkt mit dem Schlusspfiff machte ich mich auf Richtung Bahnsteig und wartete diesmal nur knappe fünf Minuten statt der Stunde beim letzten Mal. Daher war ich auch mit ausreichend Vorlauf am Gatwick Airport, von wo aus es wieder zurück nach Wien ging, Easyjet sei Dank.
Eine schöne Tour mit einem neuen Ground, einem rassigen Derby und insgesamt vier Flughäfen. Jederzeit gerne wieder!

79. New York, Rio, Rotherham

29.03.2013, New York Stadium, League Two
Rotherham United – AFC Wimbledon, 1:0, 7.600 Zuschauer

Dass es über Ostern mit Rolfes wieder auf die Insel ging, dürfte keine Überraschung sein. Die Konstellation der angesetzten Spiele war einfach sensationell: sechs Spiele von Freitag bis Montag – das war schwer zu schlagen.

Nach einer Nacht in der Travelodge nahe King's Cross starteten wir mit dem Zug Richtung Norden, genauer gesagt nach Sheffield, dem ersten Hub der Tour. Den Weg vom Bahnhof zum Ibis Hotel kannten wir mittlerweile blind. Den Pub, an dem man dabei vorbeikommt, hatten wir bis dato aber noch nie aufgesucht und waren uns einig, dass wir dies unbedingt ändern mussten, zumal es Zeit fürs Mittagessen war. Mit einigen Pints und einer dem Karfreitag angemessenen Portion Fish & Chips gestärkt, starteten wir Richtung des ersten Grounds, des New York Stadium in Rotherham.

Das Stadion liegt quasi direkt an der Bahnstrecke zwischen Sheffield und Doncaster, daher konnten wir in der Vergangenheit schon öfter mal im Vorbeifahren einen Blick darauf werfen und wussten, was uns erwartete. Fahrzeit ab Sheffield: gerade einmal 15 Minuten, direkt der nächste Halt nach Meadowhall. So wich Rotherham während des Baus des New York Stadium zwischen 2008 und 2012 nach Sheffield aus und kickte im Don-Valley-Leichtathletikstadion. Zuvor hatte man die Heimspiele über 100 Jahre im Millmoor Stadium ausgetragen, das auch der Namensgeber für den Spitznamen des Klubs ist: die „Millers".

Von der Stadt bekamen wir nicht allzu viel zu sehen, denn der Weg vom Bahnhof zum Ground war kurz. Ob dies ein Manko war, sei mal dahingestellt. Die Stadt ist geprägt von der Stahlindustrie: mehr Zweck als Kultur – die Partnerschaft mit der deutschen Stadt Offenbach spricht Bände. Negative Bekanntheit erlangte Rotherham in der nahen Vergangenheit zudem durch einen riesigen Kindermissbrauchsskandal, der 2014 aufgedeckt wurde und in dem vom systematischen Missbrauch von mehr als 1000 Kindern die Rede war.

Wir marschierten jedenfalls ungeachtet dieser Dinge an einem der vielen Kanäle entlang zum Ground, der dem 2012er-Neubau fast den Namen „Waterfront Stadium“ eingebracht hätte. In der Tat verläuft einer dieser charakteristischen englischen Kanäle direkt hinter dem Stadion entlang. Die Namenswahl fiel dann letztlich aber auf „New York Stadium“. Der Name hat weder etwas mit der etwas merkwürdigen Modekette „New Yorker“ zu tun noch mit der US-Stadt, dem Madison Square Garden oder dem Yankees Stadium. Vielmehr heißt die Gegend, in der sich das Stadion befindet, „New York“. Eine Verbindung gibt es dennoch zur Stadt New York: Die Gießerei „Guest & Chrimes“, deren Produktionsstätte sich auf dem Gelände des heutigen Stadions befand, belieferte New York City einst mit den charakteristischen Hydranten.
Das Stadion als solches ist jedenfalls recht solide und für ein Viertligastadion durchaus sehenswert, wie so oft ein einrangiger Ground mit gut 10.000 Plätzen. Eine Besonderheit in Rotherham ist aber, dass der Ground an sich geschlossen ist, ohne offene Ecken, was dem Platz einen kompakten Charakter verleiht. Eine schöne Spielstätte für einen Klub, der in der Football League seit jeher ohne große Bedeutung blieb.
Der Klub ist, wie der Name „United“ impliziert, ein Zusammenschluss zwischen den beiden lokalen Teams Rotherham County und Rotherham Town, die beide bereits über Football-League-Erfahrung verfügten, als sie sich 1925 zu einem Klub vereinten und direkt erneut in die Football League aufgenommen wurden. In die höchste Spielklasse schaffte es der Klub jedoch noch nie. Die League Trophy konnte 1996 gewonnen werden, der größte Erfolg in der Klubgeschichte. Umso überraschender ist es daher, dass die „Millers“ einen prominenten Fan haben: Schiedsrichter Howard Webb, der das WM-Finale 2010 leiten durfte, ist bekennender Rotherham-Anhänger. Nicht unsympathisch, wenn sich Referees auch zur anderen Seite des Spiels bekennen.
Wir freuten uns jedenfalls auf eine schöne Partie gegen den AFC Wimbledon, eine recht attraktive Gastmannschaft, was Auswärtsfans angeht. Alles in allem zog das Match 7.500 Zuschauer, davon 500 Gästefans. Das war für eine Viertligapartie sehr ordentlich, sollte man

meinen. Auf dem Rasen wurde eher Fußball gearbeitet als gespielt und es waren die „Millers", die in der 76. Minute das einzige Tor der Partie erzielten. Die Stimmung war ganz OK, aber durchaus ausbaufähig. Trotzdem war es alles in allem ein schönes erstes Spiel auf der Tour.
Das zweite Spiel sollte dann gleich im Anschluss folgen. Wie so oft am Karfreitag hatte die Liga die Spiele wieder optimal terminiert und so hatten wir massig Zeit, um die 40 Zugminuten von Sheffield nach Derby zurückzulegen. Hier stand die Championship-Partie Derby gegen Bristol City auf der Agenda – für Rolfes war es zudem der Erstbesuch bei den Rams. Für mich war es zugegebenermaßen nett, nach acht Jahren wieder vor Ort zu sein.
Wir hatten Plätze in der Ecke des Grounds unter den VIP-Logen – von der Sicht zwar nicht ganz optimal, allerdings gut, um die Atmosphäre aufzusaugen. Tatsächlich bekamen wir eine sehr ordentliche Partie zu sehen: 3:0 für Derby, die Stimmung entsprechend gut. Traditionell war es ein toller Double Header zum Ostertour-Auftakt, den wir im Ibis Sheffield bei Carling und Taco-Chips ausklingen ließen.

80. Das andere Highbury

30.03.2013, Highbury, League Two
Fleetwood Town – Gillingham FC, 2:2, 3.000 Zuschauer

Am Samstagmorgen in Sheffield aufwachen … das perfekte Szenario, um die etwas schwieriger zu erreichenden Grounds im Norden zu machen. Unsere Wahl war auf Highbury gefallen – wohlgemerkt nicht den altehrwürdigen ehemaligen Ground der „Gunners“, sondern den neuen League Two Ground von Fleetwood Town. Dies bedeutete auch, dass wir wie bereits auf der Ostertour 2011 Station auf der Halbinsel Fylde und im Seaside Resort Blackpool machen würden.
Mit dem Zug ging es über Manchester Piccadilly nach Blackpool North, wo wir um kurz nach elf aufschlugen. Dort suchten wir einen Pub an der Strandpromenade auf, das „Counting House“, und ließen uns erst mal ein Pint, gefolgt von einem ordentlichen Burger schmecken. Nach der Stärkung blieb reichlich Zeit für eine Runde durchs Städtchen. Es ist immer wieder nett, ein bisschen mehr Urlaubsfeeling als in vielen anderen englischen Städten – unterm Strich aber doch eine Freakshow.
Mit näherrückendem Anstoß setzten wir uns in die Tram, die immerhin seit 1890 entlang der Strandpromenade verläuft. An zahlreichen Hotels sowie der Fisherman's-Friends-Fabrik vorbei und lange Zeit mit schönem Blick aufs Meer, näherten wir uns der Endstation Fleetwood. Der Ground befindet sich etwas südlich der Innenstadt, wir stiegen daher bereits an der Haltestelle Stanley Road aus und strichen das Sightseeing.
Die Stadt selbst wurde Mitte des 19. Jahrhunderts mehr oder weniger geplant angelegt, wegen der attraktiven Lage, was Schiffsverkehr und Tourismus angeht. Als „Vater“ der Stadt gilt der Politiker Peter Hesketh-Fleetwood, der offensichtlich auch als Namensgeber fungierte. Über die Jahre hat Fleetwood definitiv bessere Tage gesehen. Gegen das nahe Blackpool ist man quasi chancenlos, was die Attraktivität des Seaside Resorts angeht. Der zweite große Industriezweig, die Fischerei, ist im Grunde seit den frühen 80er-Jahren tot, als unmittelbares

Ergebnis der „Cod Wars“, also der Kabeljau-Kriege. Über Jahrzehnte lieferten sich Island und Großbritannien Auseinandersetzungen um Fanggebiete in der Nordsee, die letzten Endes die Isländer offiziell für sich entscheiden konnten. Damit nahmen sie vielen britischen Fischern aber die Existenzgrundlage, wie eben auch den Fischern aus Fleetwood. Heute kann die Stadt noch mit zwei markanten Leuchttürmen an der Uferpromenade punkten sowie mit der Tatsache, die kleinste Stadt – 25.000 Einwohner – mit Football-League-Klub zu sein. Man hatte Accrington erfolgreich „unterboten“.

Während die Leuchttürme seit 1840 stehen, ist Fleetwood erst seit 2012 Football-League-Stadt. Die Anfänge des Klubs gehen bis 1908 zurück, offiziell neu gegründet wurde Fleetwood Town aber erst 1997. 15 Jahre später gelang der „Cod Army“ der Aufstieg in die League, wo es der Klub sogar bis in die League One schaffte. Der Ground reflektiert den Status des Klubs ebenfalls bestens: gut 5.000 Plätze, eine Mischung aus alt und neu, Stehplatz-Hintertortribünen, eine kleine Sitzplatztribüne an der einen Spielfeldseite und ein sehr moderner Main Stand auf der Gegenseite, dessen geschwungenes Dach das markanteste Element des Stadions ist. Seit 1939 gibt es den Ground, dessen Name Highbury sich von der nahen Highbury Avenue ableitet. Hausherren war seit der Eröffnung Fleetwood Town, wobei hier zwischen 1948 und 1952 mit den Fleetwood Flyers auch ein Speedway-Team zu Hause war. Die Rennbahn ist heute lange Geschichte, und mit einigen Modernisierungen 2007, um den Ground „ligatauglich“ zu machen, ist Highbury ein ganz nettes „Kistchen“.

Wir drehten die gewohnte Runde ums Stadion und waren etwas verwundert über die Gruppe junger Männer, die uns im Cheerleader-Kostüm – inklusive Miniröcken – entgegenkam. Wie sich später herausstellen sollte, war es eine Mottofahrt der Gillingham-Fans. Diese waren bester Laune: Schließlich reiste man als souveräner Tabellenführer an und hatte sechs Spieltage vor Saisonende zehn Punkte Vorsprung auf einen Nichtaufstiegsplatz.

Entsprechend starteten die Gäste in die Partie und gingen bereits in der dritten Minute in Führung. Diese glich Fleetwood zwar aus, wurde aber kurz vor dem Pausenpfiff erneut kalt abgeduscht. In der 70. Minu-

te gelang dann letzten Endes aber doch der Ausgleich in einer schönen Partie, die unter anderem dadurch spaßig wurde, dass die Nummer 14 von Gillingham, Charlie Allen, sich ab der zweiten Hälfte regelmäßig in Eigenregie behandelte: Ein Eisspray, direkt vor unseren Sitzplätzen hinter der Auslinie abgelegt, kam bei jeder Spielunterbrechung zum Einsatz. Dem Banter der Heimfans war also Tor und Tür geöffnet. Die „Cheerleaderinnen" im Away-Sektor machten ebenfalls ganz gut Stimmung – auf und abseits des Platzes also eine schöne Partie.
Wir nahmen im Anschluss die erste Tram Richtung Blackpool, standen 30 Minuten später wieder am North Pier und ließen uns einen Spaziergang über den Pier nicht nehmen, inklusive einer Runde Air Hockey und Penny Falls (versteht sich von selbst). Die Sonne ging langsam unter, was zur Folge hatte, dass die Lichter von Blackpool angingen: Besonders der Blackpool Tower strahlte in Pink und gab der Stadt vom Pier aus gesehen eine Art Skyline-Charakter. Wir hatten noch massig Zeit, denn unser Zug nach Birmingham ging erst um kurz vor neun. Also machten wir es uns im örtlichen „Wetherspoon" gemütlich, tranken ein paar Pints und verfolgten amüsiert die charakteristischen Nachtschwärmergruppen – insbesondere die Mädelsrunden mit den hohen Schuhen und den knappen Röcken (ungeachtet der Figur) sind immer wieder sehenswert (hier wird die Figur allerdings wieder schlagend) –, von den in Blackpool überall anzutreffenden Junggesell*innenabschieden ganz zu schweigen. Wir ließen die Party-People unter sich, holten uns im Tesco unser Abendessen und Zugbier und erreichten um kurz nach 23 Uhr Birmingham New Street. Hier brachten wir ein bisschen Abwechslung ins gewohnte Programm und checkten weder in der Travelodge noch im Etap, sondern im Holiday Inn ein – Frühstück am nächsten Morgen inklusive. Vom ungewohnten Luxus völlig verwöhnt, nahmen wir am nächsten Tag den Agendapunkt für den Ostersonntag in Angriff. Kein neuer Ground, dafür ein erneuter Besuch eines Klassikers: Villa Park. Aston Villa hatte Liverpool zu Gast – also auch sportlich ein Leckerbissen, den die Reds durch ein 2:1 für sich entschieden. Nach dem Match warteten wir an der Station Witton eine gefühlte Stunde auf den Zug, warfen uns im „Square Peg" Beer & Burger ein und nahmen dann die dreieinhalbstündige Megabus-Fahrt nach Southampton in Angriff.

81. Arktis am Kanal

01.04.2013, Goldsands Stadium, League One
AFC Bournemouth – Scunthorpe United, 1:0, 7.500 Zuschauer

Wir hatten ursprünglich für den Ostersonntag das Heimspiel von Southampton gegen Chelsea im Visier gehabt, letzten Endes wurde die Partie dann aber auf den Samstag verlegt. Mit Karten wäre es wahrscheinlich ohnehin schwierig geworden. Dafür hatten wir uns, was das Hotel anging, nicht lumpen lassen: ein Mercure-Hotel in der Innenstadt von Southampton, das Kollege Rolfes bereits von einer Dienstreise kannte. Zwei Nächte in Folge kein Low-Budget-Hotel, ist da etwa der Wohlstand ausgebrochen? Ganz genau!

Southampton fungierte allerdings nur als Zwischenstation: Um Viertel vor elf ging unser Zug nach Bournemouth. 30 Minuten später standen wir im Seaside Resort am Ärmelkanal und machten uns per pedes auf den Weg ins Zentrum. Das Wetter präsentierte sich nicht unbedingt freundlich. Es regnete zwar nicht, dafür blies ein ordentlicher Wind, und für April war es doch recht frisch, was sich im Laufe des Tages noch steigern sollte. Wirklich nicht repräsentativ für das beliebte Ausflugsziel Bournemouth: Etwa 4,5 Millionen Besucher zieht die Stadt jährlich an, vor allem durch den schönen Strand und das exzessive Nachtleben. Wie bei vielen Seaside Resorts begann der Boom der Tourismusindustrie mit der Erschließung durch die Eisenbahn Ende des 19. Jahrhunderts, und auch heute noch ist die knappe zweistündige Zugfahrt ab London eine gute Option, sich etwas Strandfeeling zu holen.

Das Städtchen machte dann auch einen recht netten Eindruck. Bergab ging's für uns vom Bahnhof Richtung Innenstadt, vorbei an etlichen individuell aussehenden Bars, Pubs und Restaurants. Am Hauptplatz fiel allen voran der etwas merkwürdig anmutende Kiosk auf, da er aufgrund der Dachkonstruktion ein ganz kleines bisschen etwas vom Chinesischen Turm im Englischen Garten in München hatte.

Wie der Park in München, verläuft durch Bournemouth ein Grünstreifen, der nur durch den Hauptplatz unterbrochen wird und der bis

an die Küste reicht. Hauptattraktion im Park ist ein Heißluftballon, der, an Seilen gegen das Abwehen gesichert, Besucher bis in etwa 150 Meter Höhe bringt – also mehr ein Lift bzw. eine Aussichtsplattform als ein klassischer Ballon. In Anlehnung an das große Riesenrad in London wurde das Ding „Bournemouth Eye“ getauft.
Wir schenkten uns die Ballonfahrt und folgten der Parkanlage zum Strand. Hier wurden wir Zeuge von Abrissarbeiten am „Waterfront Complex“, einem IMAX-Kino, das erst 2002 eröffnet worden war. Das Gebäude schlug aber bei der Bevölkerung hohe Wellen und wurde bei einer Umfrage zum hässlichsten Gebäude in Großbritannien gewählt. Die Lage zerstörte in der Tat den Blick aufs Meer bzw. den Strand, und so wurde das Gebäude zunächst von der Stadt für 7,5 Millionen Pfund gekauft, um es im Anschluss abreißen zu können.
Wir ließen uns einen kurzen Spaziergang am schönen Sandstrand nicht nehmen, der sich nett zwischen dem Meer und den ansteigenden, bewachsenen Jurafelsen einfügt, auf denen einige sehr schöne Häuschen stehen. Ganz klassisch für ein Strandbad gibt es auch einen Pier, wobei unsere Erkundungstour den äußeren Bedingungen zum Opfer fiel: Der Wind machte es wirklich unerträglich, eiskalt blies er uns um die Ohren. Wir waren ohnehin die einzigen Besucher am Strand, was im temperaturresistenten England schon etwas heißt. Statt Sonnenbaden am Strand hieß es daher ein Pint trinken im „Moon in the Square“, dem örtlichen „Wetherspoon“. Hier gab es eine Art kulinarisches Beben, denn wir entdeckten zum ersten Mal, dass die Kette neben unserem Lieblingsspecial Beer & Burger fortan auch Beer & Hot Dog Specials anbot. Entdeckt, probiert, für OK befunden!
Wir ließen uns Zeit im Pub, nutzten das WLAN zum Einchecken für die Flüge am kommenden Tag und zögerten den Fußmarsch zum Stadion wegen der Temperaturen möglichst weit hinaus. Irgendwann mussten wir aber doch los und die knappen vier Kilometer in Angriff nehmen.
Der Ground befindet sich in Boscombe, einem Vorort von Bournemouth, wie auch der Klub eigentlich aus Boscombe stammt und unter dem Namen Boscombe FC 1899 gegründet wurde. 1923 wurde in einem Versuch, den Klub für die Stadt repräsentativer zu machen, die

Stadtbezeichnung „Bournemouth" mit in den Namen aufgenommen. Fortan nannte sich der Klub „Bournemouth and Boscombe Athletic Football Club". Im gleichen Jahr erfolgte zudem die Aufnahme in die Football League. In den 70er-Jahren wurde der Name des Klubs erneut abgeändert und das „Boscombe" verschwand komplett. Der Gründername verschwindet von der Bildfläche: Ein klassisches Problem des modernen Fußballs – in den 70er-Jahren. Was das Sportliche angeht, hielt sich Bournemouth weitestgehend ganz ordentlich in der Football League: Zumeist drittklassig, schaute man ab und an in der zweiten Liga vorbei. Viel mehr konnte man an Erfolgen nicht präsentieren, ehe der Klub 2015 sensationell in die Premier League aufstieg.

Wir näherten uns dem Stadion via den angrenzenden King's Park, in dem Boscombe während des Baus des Grounds kurzzeitig seine Heimspiele austrug. Ursprünglich befand sich an der Stelle des Dean Court, wie der Nicht-Sponsorenname des Stadions lautet, eine Kiesgrube. Das Grundstück wurde dem Klub 1910 von der etwas betuchteren Bournemouther Cooper-Dean-Familie zur Verfügung gestellt, woher auch der Name „Dean Court" rührt. Die Familie ist indirekt auch verantwortlich für die Spitznamen des Klubs, die „Cherries" („Kirschen") oder „Orchards" (frei: „Obstgärtner"). Das Anwesen der Cooper-Deans befand sich in direkter Nachbarschaft des Grounds, insbesondere der Garten mit den Obstbäumen, daher die Assoziation.

Von weitem machte der Ground jedenfalls nicht allzu viel her: ein nicht wirklich großer Main Stand, dem League-One-Status angemessen, in dem sich auch das Ticket Office befand, wo unsere bestellten Karten bereitlagen. Bei der Runde um den Ground fiel uns dann aber doch die ein oder andere Besonderheit auf. So verläuft hinter dem East Stand auf der Gegengerade eine Backsteinmauer, auf der ehemalige Bournemouth-Spieler in einer Art Hall of Fame verewigt sind. Sehr schöne Idee. Negativ anzumerken war bei der Stadionrunde allerdings die offene Seite hinter einem Tor. Außer Parkplatz und Zaun nichts zu sehen, was einem Ground ja immer ein etwas negatives Flair verleiht. Mittlerweile wurde auch hier eine Tribüne errichtet, dem sportlichen Erfolg Rechnung tragend. Kaum auszudenken, dass in der Premier League Schüsse von ManUtd- oder Liverpool-Spielern direkt auf dem

Parkplatz landen … Es wäre ein Eldorado für Souvenirsammler gewesen. Dass an einem Ostermontag im Dean Court oder, wie er bei unserem Besuch hieß, „Goldsands Stadium" ein Spiel stattfand, war nicht unbedingt die Norm. Vielmehr gab es zwischen 1990 und 2003 ein Verbot, an nationalen Feiertagen in Bournemouth Fußballspiele auszutragen. Hintergrund waren schwere Ausschreitungen von Leeds-United-Anhängern, die nach einem 1:0-Sieg, der dem Klub den Wiederaufstieg in die höchste Spielklasse sicherte, das Seaside Resort zerlegten und einen Schaden von einer Million Pfund anrichteten. Dass Bournemouth im gleichen Spiel in die dritte Liga abstieg, verkam zur Randnotiz. In der Folge hatte die örtliche Polizei wenig Lust darauf, dass Auswärtsfans ihren Aufenthalt in Bournemouth ob des Nachtlebens länger als nötig ausdehnten, und verbot schlichtweg Spiele an Feiertagen.
Für uns stellte sich an dem Tag die Frage, wie überhaupt irgendjemand länger als nötig in Bournemouth verweilen konnte. Wir hatten auf unseren Touren schon einige superkalte Abende in Stadien verbracht, an diesem Nachmittag – wohlgemerkt im April – war es aber besonders schlimm. Die Tatsache, dass der Ground an einer Seite offen war und der Wind nur so durchfegte, machte die Sache nicht besser. 7.500 Zuschauer froren mit uns und sahen einen 1:0-Sieg der Hausherren über Scunthorpe, mit dem entscheidenden Tor bereits in der 11. Minute.
Nach dem Abpfiff waren wir wirklich dankbar, endlich ein paar Schritte laufen zu können, um uns aufzuwärmen. Der Weg führte uns zum Bahnhof Pokesdown, der etwa zehn Minuten vom Ground entfernt liegt. Von hier hatten wir den Zug zurück nach London gebucht, aufgrund des geringen Preisunterschieds sogar Erste Klasse. Man gönnt sich ja sonst nichts. Auf dem Bahnsteig konnten wir es also kaum abwarten, endlich in ein schön beheiztes Zugabteil zu steigen und uns dort gediegen auf Erste-Klasse-Sesseln in einem leeren Abteil breitzumachen. Denkste: Selbst die Erste Klasse war sehr gut gefüllt. Pokesdown ist der erste Stop nach dem Bahnhof in Bournemouth, entsprechend war der Zug voll mit Rückreisefahrern nach dem Osterwochenende. Zudem waren es im Zugabteil original gefühlte 17 Grad – von Heizung keine Spur. Das Aufwärmen konnten wir jedenfalls vergessen. Zumindest hatten wir keinen Wind, juhuu!

Der Bournemouth-Ausflug und Dean Court waren im Sack und der Zug rollte gen London Waterloo. Für uns war die Ostertour aber noch nicht vorbei. In Clapham Junction hieß es umsteigen und den nächsten Zug nehmen bis Putney, zum letzten Spiel der Tour: dem West-Londoner Derby Fulham gegen QPR. Um 19:30 Uhr erreichten wir den Bahnhof Putney, von wo aus wir über die Putney Bridge und den Bishop's Park Richtung Flutlichter von Craven Cottage marschierten. Zehn Minuten vor dem Anpfiff standen wir dann zwar auf der Stevenage Road, mussten aber noch am Ticket Office anstehen, ehe wir endlich die gebuchten Karten erhielten und zwei Minuten nach Anpfiff unsere Plätze im Hammersmith End einnahmen.
Das Spiel gestaltete sich als sehr schöner Tourabschluss: Fulham ging unter anderem durch zwei Berbatov-Tore mit 3:0 in Führung, ehe sich QPR kurz vor der Halbzeit zurück in die Partie kämpfte und das 3:1 erzielte. Trotz des frühen Anschlusstreffers in Halbzeit zwei konnte QPR nichts mehr mitnehmen, sehr zur Freude der Fulham-Fans um uns herum.
Mit dem Schlusspfiff war die Ostertour aus Fußballsicht beendet. Für uns blieb nur der Fußmarsch zur Tube-Station Hammersmith, von wo aus es mit der Piccadilly Line nach Hounslow ging, wo wir die kurze Nacht in der Travelodge Heathrow verbrachten. Um 4:30 Uhr hieß es raus aus den Federn, um rechtzeitig den Frühflieger zurück nach Wien zu erwischen.
Wie gewohnt eine fantastische Ostertour: sechs Spiele an vier Tagen, drei neue Grounds Richtung 92, plus zwei tolle Premier-League-Matches und eine solide Championship-Partie – dazu ein problemloser Ablauf, Beer & Burger satt und wie immer eine gute Zeit auf der Insel.

82. Pflichtaufgabe

07.09.2013, Broadfield Stadium, League One
Crawley Town – Gillingham FC, 3:2, 4.000 Zuschauer

Nachdem die 80er-Marke bei der letzten Tour gefallen war, stand mehr oder weniger der Schlussspurt in Sachen 92 an. Damit war aber auch klar, dass sich die letzten Grounds nicht unbedingt über bequeme Mehrspieletrips abhandeln ließen, sondern dass man auch mal etwas Geld in die Hand nehmen musste, um den ein oder anderen Einzelspielbesuch realisieren zu können. So geschehen in der Länderspielpause Anfang September, in der ich ein sturmfreies Wochenende hatte und die Optionen evaluierte. Alles in allem bot sich ein Kurztrip nach Crawley an, nicht zuletzt, weil der Gatwick Airport in unmittelbarer Nachbarschaft zum Stadion liegt. Luftlinie Landebahn bis Mittelkreis: fünf Kilometer. Ergo buchte ich für den Samstag einen Flug von Wien mit Stopover in Frankfurt nach Gatwick und mit dem frühen Flieger am folgenden Tag zurück von Heathrow nach Wien. Stolzer Preis: 250 Euro, aber was macht man nicht alles, um sein Ziel zu erreichen …

In aller Herrgottsfrühe ging es in Schwechat los: Abflug 6:20 Uhr – also eher im Zombiemodus. Der Aufenthalt in Frankfurt betrug unter einer Stunde, und so stand ich um kurz nach neun in Gatwick. Massig Zeit zu füllen bis zum Kickoff! Die Anreise nach Crawley war nicht wirklich zeitfüllend: Gerade mal acht Minuten dauerte die Zugfahrt. Also musste ich irgendwie die restliche Zeit totschlagen.

Sightseeing ist in Crawley eher keine Option. Im Grunde wuchs die Stadt erst mit der Errichtung des Gatwick Airport in den 40er-Jahren. Um 1900 lebten gerade einmal 4.000 Menschen im Örtchen, heute sind es immerhin 100.000, nicht zuletzt da die Stadt als „New Town" nach dem Krieg kräftig besiedelt wurde. Das Stadtzentrum gestaltete sich demnach erwartungsgemäß: stark durchgeplant, eine Shopping Mall und die üblichen Verdächtigen, was die High-Street-Shops anging. Etwas abseits gab es allerdings noch eine mehr historisch anmutende Straße, mit einigen Fachwerkhäusern und der Kirche. Passenderweise befand sich der örtliche „Wetherspoon" genau hier, und so war klar,

dass es zur Einstimmung ein Beer & Burger Special geben sollte. So ist es der Brauch.
Die angefutterten Kalorien wurden beim Marsch zum Stadion verbrannt. Er dauerte keine Ewigkeit, war aber trotzdem eine recht ordentliche Distanz, die zu einem großen Kreisverkehr führte, dessen Unterführung dann schon künstlerisch im Crawley-Town-Theme gestaltet war. Am Ground angekommen, bestätigte sich der Eindruck, den man von den Bildern im Internet gewinnen konnte: kein Schmuckkästchen, aber ein durchaus solider League One Ground.
Hinter der Terrace befand sich der Supporters Club, der stark frequentiert war und scheinbar die präferierte Location für ein Pre-match Pint darstellt. Ich machte die obligatorischen Fotos vom Ground, holte am Ticket Office meine Karte ab und begab mich ins Stadion. Nach dem Turnstile musste ich allerdings feststellen, dass der Vermerk zur Sitzreihe auf dem Ticket ungelogen auf den Teil gedruckt war, der beim Einlass abgetrennt wird. Ich hatte also keine Möglichkeit nachzuvollziehen, wo ich eigentlich meinen Platz hatte. Glücklicherweise konnte ich mich an die Buchung im Internet erinnern und wusste, dass ich mir einen Platz in der letzten Reihe ausgesucht hatte. Also alles halb so wild, dennoch für viele sicher verwirrend.
Ich hatte bereits vor einigen Jahren die Möglichkeit gehabt, ein Heimspiel von Crawley zu besuchen, entschied mich allerdings dagegen, zugunsten einer Tagestour zu allen Londoner Stadien. Damals war nicht abzusehen, dass Crawley einmal in der Football League spielen würde, von League One ganz zu schweigen.
Wie die Stadt selbst spielte der Klub vor dem Zweiten Weltkrieg im Grunde keine Rolle. 1896 gegründet, tummelte man sich fast 70 Jahre im Amateurbereich, ehe man Anfang der 60er-Jahre zumindest ins Halbprofitum wechselte. Danach dauerte es wieder mehr als 40 Jahre, bis man in die Conference vordrang und entsprechend dem Klub professionelle Strukturen verpasste. Dies war mit einem gewissen Risiko verbunden und so sah man sich 2006 der Insolvenz gegenüber, die jedoch durch den Einstieg von Investoren abgewendet werden konnte. Die neuen Geldquellen wurden gut genutzt und so konnte sich der Klub 2011 nicht nur über den Aufstieg in die Football League freuen,

vielmehr dominierte man die Liga von Beginn an und grüßte Ende 2011 sogar vom Spitzenreiterplatz. Am Ende der 2011/12er-Saison stand der Aufstieg in die dritthöchste Spielklasse.
Der sportliche Höhenflug brachte mir bei meinem Besuch im Broadfield Stadium eine ganz interessante Partie ein. Mit Gillingham als Gast konnte man beinahe noch von einem Südost-Derby sprechen: Die Gästefans hatten nur eine gute Autostunde Anreise zu absolvieren. Der Away-Sektor war entsprechend gut gefüllt. Das Spiel gestaltete sich extrem munter, wobei meine Aufmerksamkeit sofort auf einen Gillingham-Spieler fiel, der offensichtlich vom Körperbau her beim Rugby besser aufgehoben wäre: Adebayo Akinfenwa. Von außen wirkte der dunkelhäutige Spieler eher speckig, war extrem langsam im Antritt und es schien, als wäre er komplett deplatziert im Spiel. Die Meinung teilte wohl auch der Gäste-Trainer und nahm ihn kurzerhand nach einer halben Stunde vom Feld.
Nach etwas Internetrecherche konnte ich feststellen, dass es sich bei dem Herrn um ein bekanntes Phänomen handelte. Der Speck scheint in Wahrheit Muskelmasse zu sein, er selbst bezeichnet sich als Hobby-Bodybuilder und „stärksten Fußballer der Welt“, was zumindest in seinen Spieler-Stats in der EA-Sports-Reihe „FIFA“ in der Tat der Fall ist. Angeblich drückt er 200 Kilo auf der Bank – ob das als Stürmer wirklich hilfreich ist, sei mal dahingestellt. Die Partie ging jedenfalls nach 30 Minuten ohne ihn weiter, nahm aber exponentiell Fahrt auf. Unmittelbar nach der Halbzeit gingen die Gäste durch einen Elfer in Führung, ehe sich zunächst Crawley durch eine Tätlichkeit dezimierte, wobei schon zwei Minuten später das Gleichgewicht nach einer gelbroten Karte für Gillingham wiederhergestellt war. Quasi unmittelbar im Anschluss glich Crawley aus und ging zehn Minuten später durch einen Abstauber nach einem tollen Freistoß in Führung. Diese hatte gerade einmal drei Minuten Bestand, ehe Gillingham den Ausgleich mehr oder weniger ins Tor stolperte. Letzten Endes blieben aber die drei Punkte in Crawley, nachdem ein schönes Solo und Abschluss knapp vorm 16er im 3:2 endete. Eine wirklich packende Partie und eine nette Abwechslung zu so vielen anderen langweiligen Kicks, die mir in England hin und wieder serviert wurden.

Nach der Partie machte ich mich per pedes wieder zum Bahnhof auf, erwischte den nächsten Zug Richtung London und zuckelte die herrliche Tube-Strecke nach Heathrow hinaus. Standardabsteige Travelodge Heathrow, am nächsten Morgen um 6 Uhr in den Flieger – das war mittlerweile nur noch Routine, mit der netten Abwechslung, dass es diesmal nicht direkt ins Büro ging. Juhuu!
Die „Ein-Spiel-Touren“ fühlen sich immer etwas unverhältnismäßig an. In diesem Fall entschädigte die Partie aber absolut für die Reisestrapazen. Zudem hatte ich die Länderspielpause gut genutzt und Ground Nummer 82 im Sack. Nur noch 10!

83. The Dale

12.10.2013, Spotland, League Two
Rochdale AFC – Newport County, 3:0, 2.500 Zuschauer

In der nächsten Länderspielpause im Oktober folgte wieder ein Wochenende auf der Insel, auch wieder ohne Kollege Rolfes, der verhindert war. Der Spielplan gab ursprünglich eine schöne Kombination her, mit zwei Grounds, die mir auf der Liste noch fehlten: Bradford samstags, York sonntags. Ich buchte Flug, Zugtickets und Unterkunft und freute mich auf die Tour.

Die Sache verkomplizierte sich dann aber gewaltig. Zum einen wurde klar, dass ich am Montag geschäftlich in Gibraltar erscheinen musste. Das ließ sich noch recht leicht lösen: Der Rückflug nach Wien wurde zugunsten eines Direktflugs von Heathrow nach Gibraltar geopfert – ich musste zwar mein Business-Outfit und den Laptop während der Tour mitschleppen, aber halb so wild.

Die größere Herausforderung stellte die kurzfristige Neuansetzung der Spiele dar. York hatte drei Spieler im Team, die zu ihren Nationalmannschaften berufen wurden, einen Esten, einen Nordiren und einen Schotten aus der U21. Ergo wurde das Spiel auf Ende Oktober verschoben, und zwar erst am Donnerstag vor dem geplanten Spieltermin – fantastisch! Auch das Bradford-Spiel erwischte es, aber hier hatte ich Glück im Unglück: Es wurde auf den Sonntag gelegt. Ergo musste ich die Transfers neu buchen, konnte aber trotzdem zwei neue Grounds mitnehmen, da sich durch den frei gewordenen Samstag neue Optionen ergaben. Ich entschied mich aufgrund der Lage und der Reiselogistik für Rochdale, eine Stadt etwas außerhalb von Manchester mit einem League-Two-Klub.

Los ging die Reise wie geplant am Freitagabend ab Schwechat. In Heathrow angekommen, quartierte ich mich für die Nacht in einem Ibis Hotel in Hounslow Central ein, ehe es am nächsten Morgen mit der Tube nach Victoria ging. Hier deponierte ich meinen Kram für die Geschäftsreise bei der Gepäckaufbewahrung und schwang mich mit leichtem Reisegepäck in den Megabus nach Manchester – wie immer nicht ohne Frühstück vom Sainsbury.

Die viereinhalb Stunden Busfahrt bis Shudehill Interchange waren mittlerweile reine Routine, und der eingeplante Puffer von einer Stunde, bis der Zug von Manchester Victoria nach Rochdale ging, reichte sogar noch für einen Kurzbesuch im neu eröffneten National Football Museum im Urbis Gebäude, direkt zwischen Bahnhof und Arndale Shopping Centre. Ich hatte ja zusammen mit Rolfes das Museum bereits in Preston besucht. Die neue Lage und das neue Gebäude werten die Ausstellung aber durchaus auf. Der Eintritt ist weiterhin kostenlos – Pflichtprogramm bei jedem Manchesterbesuch. Um 13:30 Uhr ging der Zug, den ich mit einer Packung Scotch Eggs und Walker's Crisps als Mittagessen bestieg. Rochdale ist zwar auch über die lokale Tramlinie Metrolink an Manchester angebunden, der Zug stellte aber die schnellere Option dar, und so stand ich 20 Minuten später in Rochdale.
Bereits beim Weg in die Innenstadt wurde klar, dass die Immigrantendichte hier sehr hoch ist. Eine markante Moschee empfängt einen gleich am Bahnhof, zudem reiht sich Kebabstand an Frisörladen an Kebabstand an Off-License an Kebabstand. Wie so viele Städte im Umland von Manchester boomte Rochdale während der Industriellen Revolution und war bekannt für seine Textilindustrie. Aus dieser Zeit stammt auch das Rathaus im viktorianischen Stil, das 1871 erbaut wurde. Angeblich hatte das Gebäude einen etwas zweifelhaften, wenn auch kunstsachverständigen Bewunderer: Adolf Hitler soll mit dem Gedanken gespielt haben, nach der Eroberung Englands das Rathaus in Rochdale abzutragen und in Deutschland wieder aufbauen zu lassen. So weit der Plan. Der Kreis schloss sich zumindest an diesem Tag insoweit, als ich nach dem Fußmarsch zum Stadion durch nicht unbedingt beste Gegenden eine National-Front-Demonstration direkt vorm Ground mitbekam. Die National Front, kurz NF, ist Großbritanniens rechtsextreme Partei, die allerdings politisch gesehen keine wirkliche Rolle spielt. So kam der Kandidat der NF bei den Wahlen 2015 in Rochdale gerade einmal auf ein Prozent der Stimmen. Umso ärgerlicher, dass an Spieltagen vor einem Stadion Politik gemacht wird, ganz ungeachtet der Parteifarbe.

Zurück zum Fußball: Rochdale AFC ist so etwas wie der Inbegriff des niederklassigen Football-League-Klubs. 1921 wurde man in die Football League Division Three aufgenommen, im Jahr nach der Gründung der dritten Liga. Seitdem ist es dem Klub nie gelungen, über dieses Level hinauszukommen. Vielmehr kann man sich damit schmücken, 36 Jahre am Stück in der vierten Liga gespielt zu haben.
Der Ground, dessen Name Spotland sich von dem Viertel ableitet, in dem er sich befindet, passt gut zu diesem Bild: etwas in die Jahre gekommen, nicht groß auf sportliche Höhenflüge ausgerichtet, dafür grundsolide, mit klassischer Wellblechverkleidung, Backsteinmauer, Turnstile-Häuschen und Pfeilern, die die Überdachung tragen. Drei der vier Tribünen sind Sitzplatztribünen, auf der größten bilden blaue, weiße und rote Sitzschalen den Schriftzug „ROCHDALE". Die Heimtribüne hinter dem Tor ist eine klassische überdachte Terrace, mit weißen Wellenbrechern. Die Auswärtsfans sind gegenüber hinter dem Tor auf einer ganz ansehnlichen Sitzplatztribüne untergebracht.
Dass der Ground zumindest innen in recht ordentlichem Zustand ist, hat nicht zuletzt damit zu tun, dass hier auch Rugby gespielt wird: Seit 1988 tragen die Rochdale Hornets ihre Heimspiele in Spotland aus. Zudem fand 2013 kurioserweise ein Rugby-Weltmeisterschaftsspiel in dem Ground statt: die Fijis gegen Irland vor 9.000 Zuschauern. Zum Vergleich: Rochdale AFC zieht im Schnitt um die 3.000 Zuschauer pro Heimspiel.
Zum Match gegen den Liganeuling Newport fanden sich immerhin 2.500 Zuschauer ein – und sahen eine recht einseitige Partie. Rochdale ging durch einen schönen Distanzschuss in Führung, erhöhte vor der Pause noch auf 2:0, ehe Newport durch einen Elfmeter ins Spiel hätte zurückfinden können, diesen aber vergab. Letztlich machten die Hausherren mit einem 3:0 den Deckel drauf. Eine ganz nette Partie, die Stimmung der League Two angemessen, nichts Besonderes, aber zumindest ordentliche Unterstützung von vielen aus Wales mitgereisten Newport-Supportern.
Auf dem Weg zum Bahnhof nahm ich mir bei einem der vielen Kebabläden einen wirklich leckeren Kebab für die einstündige Zugfahrt nach Bradford mit. Obwohl frisch gestärkt und obwohl die Travelodge nicht

allzu weit von der Innenstadt entfernt lag, strich ich jegliche Abendaktivität. Im Job war es in diesen Wochen extrem stressig und ich war ein Stück weit wirklich durch, sodass ich mich um acht Uhr aufs Ohr haute und bis zum nächsten Morgen fantastisch ausschlief.

84. Parademarsch

13.10.2013, Valley Parade, League One
Bradford City – Tranmere Rovers, 0:1, 14.600 Zuschauer

Der Sonntag begann entspannt. Ich war früh wach und kam ausnahmsweise in den Genuss, nicht am Spieltag noch irgendwo anreisen zu müssen. Das Stadion befand sich sogar in Sichtweite des Hotels, also alles easy – like Sunday morning … Ich muss zugeben, ich hatte mit Bradford nicht viel mehr verbunden als Fußball. Die Stadt ist allerdings mit einer halben Million Einwohnern doch recht groß, immerhin die sechstgrößte Stadt in UK. Dass es in Bradford deutlich mehr zu sehen gibt als das Stadion, durfte ich dann beim Stadtbummel feststellen.

Mir waren bereits am Vorabend auf dem Weg vom Bahnhof zum Hotel einige Wegweiser aufgefallen, die Richtung „Little Germany" wiesen. Das war natürlich ein Grund für einen Besuch, zumal das Viertel nicht wirklich weit von der Innenstadt liegt. Richtig „deutsch" wirkte das Ganze dann zwar nicht, ich hatte aber auch nicht unbedingt mit einem stereotyp nachgebauten bayerischen Bergdorf und Schloss Neuschwanstein in klein gerechnet. Vielmehr konnte ich – nicht weniger interessant – eine ganze Reihe von Gebäuden aus den 1850ern bestaunen, alle etwa im gleichen Stil gebaut.

Zweck dieser Bauten war zu dieser Zeit vor allem die Lagerung und der Verkauf von Wolle und Stoffen. Bradford stellte damals so etwas wie die Hauptstadt des Textilhandels dar und hatte eine solch immense Bedeutung, dass sich unter anderem (jüdische) Händler aus Deutschland in Bradford niederließen und entsprechende Prunkbauten errichteten, um von dort aus Handel zu treiben. Aus diesem Grund bekam das Viertel zunächst den Namen „New Germany", ehe es dann später in „Little Germany" umbenannt wurde. Geblieben ist eine sehenswerte architektonische Oase, verloren gegangen ist hingegen der Deutschlandbezug – vom „Munchen House"-Imbiss abgesehen, in dem es allerdings weder Weißwurst noch Leberkässemmeln gibt, sondern „Quality Sandwiches".

Was die Einwanderer angeht, haben sich wie in England üblich ebenfalls andere Nationalitäten durchgesetzt. Ein reger Zuzug aus Asien verschaffte Bradford den Titel „Curry Capital of Britain", und das beachtliche fünf Jahre in Folge. Zudem konnte man in der Innenstadt die mittlerweile sich in England immer mehr verbreitenden polnischen Läden im Stadtbild sehen. Nach der „Rückkehr" aus Little Germany nahm ich noch – zumindest von außen – die restlichen Top-Sehenswürdigkeiten mit: das imposante Rathaus, das National Media Museum und das Alhambra Theater. Alle drei liegen mehr oder weniger direkt am Bradford City Park, einer kleineren Parkanlage direkt in der Innenstadt, mit einem Teich und angrenzender Gastronomie. Hier wurde auch ein Mittagessen fällig, im Wetherspoon namens „Truls Green". Wer aufgepasst hat, weiß, was auf dem Speiseplan stand. Richtig, vegane Salatplatte mit Tofu, oder wie das Gericht mit Beer & Burger heißt.
Mit näherrückendem Anpfiff musste ich mich zu Fuß Richtung Valley Parade aufmachen. Es regnete ordentlich und ich versuchte die Sache möglichst lange hinauszuzögern, aber es half alles nichts. Wenigstens kannte ich den Weg bereits, denn nichts geht über eine solide Vorbereitung und gute Planung: In der Frühe hatte ich einen „Probelauf" vom Stadion zum Busbahnhof absolviert. Der Zeitplan nach dem Match war nämlich extrem knapp bemessen und ich wollte sichergehen, dass ich die benötigte Zeit für den Fußmarsch richtig eingeschätzt hatte. Später dazu mehr.
In jedem Fall hatte ich so das Vergnügen, gleich zweimal gen Valley Parade zu spazieren. In diesem Zusammenhang übrigens doppelt richtig: Valley Parade ist nicht nur der kultige Name des Grounds von Bradford City, sondern auch der Name des Viertels, in dem der Ground liegt. Das Viertel erreicht man von der Innenstadt aus recht bequem, indem man die Hamm Strasse – in Anlehnung an die Städtepartnerschaft zwischen Bradford und Hamm – überquert. Dann wird die Gegend allerdings schon herrlich rustikal, was dem Ground einen ganz eigenen Flair gibt: Mit Metallzäunen eingefasste Autowerkstätten, auf denen sonntags große Hunde das Areal bewachen. An anderer Stelle ein Stück Metallzaun, in das sich wohl mal ein Auto ordentlich rein-

gebohrt hat. Eine Hauptstraße, die die besten Zeiten hinter sich hat und auf der sich ein Sexshop an einen Nachtclub reiht, dessen Eingang wahrscheinlich bereits vor Jahren zugemauert wurde. Dazwischen immer wieder klassische englische Reihenhäuser – und eben das Stadion, das sich imposant über alldem erhebt.

Valley Parade ist untrennbar verbunden mit einer der größten Katastrophen, die sich jemals in einem Fußballstadion ereignet haben: dem Bradford Fire vom 11. Mai 1985. 56 Menschen kamen ums Leben, wurden erdrückt oder verbrannten bei lebendigem Leib, als die Haupttribüne Feuer fing. Bradford erhielt vor der Partie gegen Lincoln die Trophäe für die Meisterschaft der dritten Liga – entsprechend war der Ground vollgepackt mit Fans, insbesondere der in die Jahre gekommene Grandstand. Dieser entsprach mit seinem 1911er-Baujahr nicht mehr den Anforderungen, bestand größtenteils aus Holz und sollte dementsprechend nach der Saison abgerissen werden.

Mit heutigen Tribünen ohnehin nicht vergleichbar, handelte es sich mehr oder weniger nur um eine überdachte Holzkonstruktion, die erhöhte Sitzreihen schuf, wobei das Innenleben „leer" war. Leer ist in diesem Fall allerdings nicht ganz korrekt, da sich über die Jahre Berge von Müll unter der Tribüne angesammelt hatten, der von den Zuschauern durch Schlitze zwischen den Stufen der Tribüne entsorgt wurde. Trotz mehrmaliger Aufforderung seitens der Behörden, auch vor dem Hintergrund der Brandgefahr, wurde der Müll nicht beseitigt. Wie dann genau das Feuer ausbrach, ist nicht abschließend geklärt – wahrscheinlich hatte eine entsorgte Zigarette damit zu tun. In jedem Fall sorgte das brennbare Material unter der Tribüne zusammen mit der Holzkonstruktion dafür, dass der Grandstand innerhalb weniger Minuten komplett in Flammen stand und lichterloh brannte.

Das Fernsehen war live dabei, und letzten Endes dauerte es von dem Moment, in dem der Kommentator den ersten Bezug auf das Feuer nahm, bis zum Zeitpunkt, an dem die Tribüne einer riesigen Feuerwand glich, keine fünf Minuten. Die Aufnahmen sind im Internet zu finden und zeigen schockierende Szenen: nicht nur das sich rasend schnell ausbreitende Feuer, sondern auch die panischen Zuschauer, darunter Menschen, die sich nur noch brennend von der Tribüne retten konnten. Sehr schwer zu verdauen, vor allem wenn man bedenkt, was wohl hätte passieren können, wenn es Zäune im Stadion gegeben hätte.

Zwei Gedenktafeln hinter dem Main Stand, dem Nachfolger des abgebrannten Grandstand, erinnern heute an die Opfer, ebenso ein Denkmal im Stadtzentrum, gestiftet von der Partnerstadt Hamm. Wie so oft nach solchen Vorfällen wurden im Anschluss die Sicherheitsbedingungen angepasst und Holztribünen als solche im englischen Fußball verboten.

Das Feuer hatte natürlich massive Auswirkungen auf Valley Parade und den Klub selbst. Die eineinhalb Jahre, in denen Bradford City im Exil, teilweise in Leeds spielen musste, während der Ground wieder restauriert wurde, ist die einzige Periode der Klubgeschichte, in der man nicht in Valley Parade spielte. Mit der Klubgründung 1903 zog man in den Ground ein, nachdem die vorherigen Hausherren, der Rugbyklub Manningham FC, sich dazu entschied, fortan lieber Fußball zu spielen, und damit in dem neu gegründeten Bradford City AFC aufging. Die Klubfarben von Manningham, gelb und bordeauxrot, wurden vom neuen Klub übernommen und erinnern bis heute an die Gründungsgeschichte.

Bradford City wurde umgehend in die Football League aufgenommen, mit dem Ziel, den Fußball in der Rugby-dominierten Region West Yorkshire populärer zu machen. Erstaunlicherweise holten die „Bantams" (dt: Zwerghuhn, nach dem Vogel im Klubwappen) bereits 1911 den ersten Titel, den FA Cup. Nach dem Ersten Weltkrieg folgte allerdings eine lange sportliche Durststrecke, in der Bradford keine nennenswerte Rolle mehr im englischen Fußball spielte und in den 1960er-Jahren sogar bis in die vierte Liga abrutschte. Erst in den 80er-Jahren begannen wieder bessere Zeiten, die Bradford 1999 bis in die höchste Spielklasse führten, nach 77-jähriger Abwesenheit.

Um im Konzert der Großen in der Premier League mitzuspielen, wurde ordentlich in Teile des Grounds investiert. Mit dem Abstieg aus der Premier League zwei Jahre später, den damit einhergehenden finanziellen Problemen, zwei Konkursverfahren und weiteren Abstiegen, die Bradford nur sechs Jahre nach Premier-League-Fußball in die vierte

Liga beförderten, wurden aber auch weitere Investitionen in das Stadion ausgesetzt.
Und genau diesen Eindruck hinterlässt die Valley Parade: auf der einen Seite ein von innen wie außen moderner, großer Main Stand, über zwei Ränge, der sich nahtlos über eine zugebaute Ecke im baugleichen Spion Kop hinter dem Tor fortsetzt. Der Spion Kop, die Heimtribüne, war bis zu deren Umbau Ende der 90er-Jahre die größte Stehplatztribüne Englands. Main Stand und Spion Kop formen sozusagen ein durchaus Premier-League-Stadion-würdiges „L" über eine Spielfeldseite und hinter dem der Stadt abgewandten Tor. Die beiden anderen Tribünen wirken im Vergleich dazu fast deplatziert (oder umgekehrt), wobei zumindest der Midland Road Stand auf der Gegengerade ein grundsolider, einrangiger englischer Stand aus den 90er-Jahren ist und das Maximum aus dem beschränkten Platzangebot herausholt. Wie der Name impliziert, führt direkt hinter dem Stand die Midland Road entlang, die Turnstiles befinden sich am Gehweg und der Stand überbaut diesen sogar. Tribüne Nummer vier, das Bradford End hinter dem der Stadt zugewandten Tor, macht ebenfalls das Beste aus relativ wenig Platz: Der Stand verfügt über zwei kleine Sitzplatzränge, hier sind die Auswärtsfans untergebracht. Als weiteres Charakteristikum des Grounds sind die Räumlichkeiten zwischen Bradford End und Main Stand zu nennen, in denen die Umkleiden liegen und die rein von der Optik her schon viele Jahrzehnte auf dem Buckel haben dürften.
Ich hatte meinen Sitzplatz im Midland Road Stand – schließlich wollte ich während des Matches den Blick auf die großen Stands haben, nicht umgekehrt. Das Stadion war mit 15.000 Zuschauern recht ordentlich gefüllt, trotz dritter Liga: Die „Bantams" können sich seit jeher auf soliden Support verlassen, und so war dann auch die Stimmung im Ground recht gut. Die Partie an sich versprach für mich Spannung pur – nicht unbedingt was den Ausgang anging, vielmehr wann der Abpfiff erfolgen würde. Hintergrund war die knapp kalkulierte Abreise. Kickoff war um 15 Uhr, um 17.20 Uhr fuhr der National Express Bus Richtung London ab – dazwischen lagen zwei Kilometer zu Fuß. Das hört sich zunächst einmal bequem an, doch leider sind in England völlig absurde Nachspielzeiten an der Tagesordnung, ergo bestand mein

Mitfiebern während des Spiels eher darin, dass bitte möglichst keine zeitraubenden Aktionen stattfinden sollten.
Los ging das Ganze denkbar schlecht: Zweikampf vor der Bradford-Bank, ein Bradford-Spieler geht zu Boden, die Bank reklamiert Ellbogencheck, großes Trara, ewige Diskussionen, am Ende nur gelb. Schon mal einige Minuten verstrichen, wobei die ganze Angelegenheit für mich weniger ärgerlich war als für den Tranmere-Spieler, der nach guter alter englischer Manier während des restlichen Spiels schön einen auf die Socken bekam.
Die Gäste kamen dennoch besser in die Partie, hätten schon in der ersten Hälfte in Führung gehen müssen, besorgten nach einem Solo in der zweiten Hälfte aber dann doch den Führungstreffer. Bradford warf nochmals alles nach vorne, hatte zwei fantastische Möglichkeiten, die aber ungenutzt blieben. Die Minuten flossen jedenfalls dahin und meine Blicke auf die Uhr wurden nervöser. Die zweite Halbzeit wurde schon fast fünf Minuten zu spät angepfiffen, die Zeitspielerei der Gäste tat ein Übriges. Vorm Schlusspfiff abzuhauen stellte aus Prinzip keine Option dar, ich begab mich allerdings schon mal in die Sitzreihe neben dem Ausgang, um von dort mit dem Abpfiff zu starten. Ein kleines bisschen mehr als 20 Minuten hatte ich für den Weg zum Busbahnhof – also im Grunde machbar mit schnellem Schritt.
Als Happy End erreichte ich Bradford Interchange mit fünf Minuten Puffer, auf die ich allerdings gesetzt hatte, um mich für die immerhin fünfstündige Busfahrt mit Reiseproviant eindecken zu können. Am Bahnhof angekommen, musste ich allerdings feststellen, dass der einzige Laden scheinbar sonntags geschlossen hatte – fantastisch! Ich redete dem Busfahrer also gut zu, dass ich in einer Minute wieder da wäre, holte mir eine kleine Flasche Wasser völlig überteuert vom Automaten und ab ging es Richtung London.
In der Hauptstadt dann zunächst das übliche Spiel: mit der Tube bis Hounslow East, dort in den Bus und in der Travelodge Heathrow auf der Bath Road für die kurze Nacht eingecheckt. In aller Herrgottsfrüh raus aus den Federn zum Flieger – diesmal aber nicht nach Wien, sondern nach Gibraltar, eine interessante Landung auf der Mini-Rollbahn inklusive. Das war zwar alles recht stressig, aber insgesamt ein sehr schöner Trip mit zwei abgehakten unterklassigen Grounds.

85. Stag Party

30.11.2013, Field Mill, League Two
Mansfield Town – Morecambe FC, 1:2, 2.700 Zuschauer

Nach einer Tour im September und einer im Oktober durfte selbstredend ein Ausflug auf die Insel auch im November nicht fehlen. Wieder gab die Spielansetzung den Ausschlag: Der letzte fehlende Premier-League-Klub Hull hatte endlich ein Sonntagsspiel. Dazu konnten wir am Samstag mit Mansfield recht bequem einen League Two Ground mitnehmen. „Wir" in diesem Fall, da Kollege Rolfes wieder mit von der Partie war und die Woche über bereits ordentlich in diversen Grounds in Nordengland gewildert hatte. So war unser Treffpunkt zur Abwechslung mal nicht ein Londoner Bahnhof oder eine Travelodge, sondern Nottingham Station.
Wir holten die gebuchten Tickets für die Weiterfahrt nach Mansfield ab, gingen zum Gleis und vertieften uns so ins Gespräch über dies und das, dass wir völlig vercheckten, dass der Zug, der vor unserer Nase stand, eigentlich der unsrige nach Mansfield gewesen wäre. Erst als er sich in Bewegung setzte, fiel der Groschen. Halb so wild, der nächste sollte nicht allzu lange auf sich warten lassen und wir hatten keine Eile.
Die Fahrt ist ohnehin kurz: Mit der Robin Hood Line quer durch Sherwood Forest waren wir innerhalb von einer halben Stunde in Mansfield und gingen auf Erkundungstour, die erst mal mit der etwas merkwürdigen Brückenkonstruktion begann, über die die Fußgänger vom Bahnhof über den Busbahnhof in die Innenstadt gelangen. Dass der Zug hier überhaupt hält, ist im Übrigen keine Selbstverständlichkeit: Bis 1995 gab es keinen Bahnhof in Mansfield, was es zur größten Stadt in England ohne Zuganbindung machte – und das mit knapp 100.000 Einwohnern. Dabei war Mansfield seit jeher eine bedeutende Marktstadt und unser Stadtbummel konzentrierte sich fast ausschließlich auf den Marktplatz, genauer gesagt auf den Wetherspoon „Court House", für ein – bitte festhalten – wohlverdientes Beer & Burger Special sowie Pints of Carling zum Warmwerden …

Als 15 Uhr näherrückte, machten wir uns auf zum Stadion, das nicht weit vom Bahnhof entfernt liegt. Lediglich eine klassische Reihenhaussiedlung und ein paar Systemgastronomietempel liegen am Weg. Mit bereits 84 Grounds im Sack und einem Klub wie Mansfield auf der Tagesordnung erwartet man nicht unbedingt irgendwelche Superlative oder Besonderheiten, was den Ground angeht. Umso schöner, dass Field Mill in der Tat der älteste Ground der Football League ist – genauer gesagt der Platz, auf dem am längsten kontinuierlich Fußball gespielt wird: seit 1861 nämlich. Wenn auch nicht von den heutigen Hausherren Mansfield Town. Die „Stags" (Hirsche) gründeten sich erst 1897 als Mansfield Wesleyans, in Anlehnung an die örtliche wesleyanische Kirche. 1910 erfolgte die Umbenennung in Mansfield Town, 1919 der Einzug in Field Mill, 1931 dann die Aufnahme in die Football League. In der Folge kickte Mansfield 77 Jahre in der Liga, ehe man 2008 den Abstieg in die Conference zu verkraften hatte. Erst nach mehreren Saisons in der fünften Spielklasse kehrten die „Stags" 2013 wieder zurück in die League.
Abseits des Sportlichen sorgte die Führungsriege des Klubs in den vergangenen Jahrzehnten mit schöner Regelmäßigkeit für Schlagzeilen. 1987 erwarb Keith Haslam Klub und Ground, zog sich jedoch mit dem sportlichen Niedergang zunehmend den Zorn der Fans zu. Er wurde letztlich beim Abstieg 2008 tätlich angegriffen und landete im Krankenhaus. In der Folge verkaufte er den Klub wieder, behielt allerdings das Stadion, was in letzter Konsequenz dazu führte, dass Mansfield aufgrund von Streitigkeiten um die Miete einige Zeit aus seinem eigenen Ground ausgesperrt wurde. 2012 konnte der Klub bzw. dessen Vorsitzender John Radford aber auch Field Mill wieder von Haslam zurückkaufen. Wie grundsolide der aktuelle Vorsitzende Radford ist, lässt sich am besten anhand der Tatsache beschreiben, dass er den Posten der Geschäftsführung des Klubs an seine 16 Jahre jüngere Frau – damals Freundin – Carolyn Radford vergab, die dafür eine erfolgreiche Karriere als Escort aufgeben musste. Die Dame führte sich prächtig ein und wurde aufgrund ihres Verhaltens bei einem Auswärtsspiel in York gleich einmal verhaftet.

Unsere Sympathien lagen also ganz klar bei Mansfield, wobei im Laufe des Spiels Morecambe ebenfalls reichlich Sympathiepunkte einfuhr. Mansfield ging in Führung und hatte das Spiel im Grunde unter Kontrolle, ließ sich dann aber selten dämlich düpieren, als ein Mansfield-Spieler einen Ball zum Abstoß abschirmen wollte, sein Gegenspieler ihn aber geschickt vor der Torauslinie wegspitzelte, den Ball querlegte und ein Mitspieler ihn problemlos einnetzte. Mansfield hatte dann alle Chancen zum Siegtreffer, inklusive eines gut geschossenen und noch besser gehaltenen Elfmeters, konnte aber den Ball nicht im Netz unterbringen. Stattdessen war es in der 85. Minute Morecambe-Veteran Kevin Ellison, der einen Flugkopfball auf Kniehöhe ansetzte, den Ball im Tor versenkte, gleichzeitig aber auch einen ordentlichen Tritt ins Gesicht abbekam: 2:1 für Morecambe, ein echt hart verdientes Tor. Ellison musste ausgewechselt werden und wurde auf dem Weg in die Kabine Zielscheibe der Mansfield-Fans. Souverän streckte er beide Hände in die Luft. Einmal ein Finger, einmal zwei Finger, in Anlehnung an das Ergebnis. Souverän gelöst!
Wir freuten uns jedenfalls über einen guten Kick. Unsere Plätze im Oberrang des Main Stand waren optimal, um das Spiel zu verfolgen. Die Atmosphäre litt allerdings etwas, da wir so die ganze Zeit auf die Gegentribüne schauten, die anscheinend bei normalen Spielen überhaupt nicht geöffnet wird und stattdessen mit Werbebannern plakatiert ist. Zudem ist das Ding echt klein im Vergleich zum Main Stand. Positiv ausgedrückt, hatten wir zumindest einen schönen Ausblick auf Mansfield.
Wie erwähnt, war der Bahnhof nicht weit und wir machten uns gleich nach dem Abpfiff auf den fünfminütigen Fußmarsch. Unsere Unterhaltung auf Deutsch zog Aufmerksamkeit auf sich und ein etwas älterer Herr sprach uns in sehr gutem Deutsch an, wo wir denn herkämen. Er hatte selbst ein paar Jahre in Deutschland und Österreich verbracht und konnte auf Anhieb sagen, dass ich keinen Ösi-Dialekt sprach, trotz meines Wohnorts. Ich verbuchte das mal unter „Kompliment".
Was die Station für den Abend bzw. die Nacht anging, gab es verschiedene Optionen. Aus Verbundenheit hatten wir uns für Leeds entschieden und buchten diesmal aus Kostengründen nicht in der Travelodge

ein, sondern im „Discovery Inn“ direkt am Bahnhof ein. Etwas rustikaler, aber auch nicht unbedingt schlecht. Wie immer in Leeds gab es für das Abendessen überhaupt nur eine Option: das Red Hot World Buffet. Motiviert und ausgehungert begaben wir uns in die Lokalität und starteten die Druckbefressung – nur um uns wie jedes Mal danach völlig übervöllt ins Hotel zu schleppen und durch die Nacht dahinzuvegetieren.

86. City till I die

01.12.2013, KC Stadium, Premier League
Hull City – Liverpool FC, 3:1, 24.000 Zuschauer

Immer noch gut gesättigt vom Buffet am Vorabend, wachten wir in Nachbarschaft des Bahnhofs im Hotel auf und machten uns auf den Weg nach Hull. 59 Minuten Fahrzeit ohne Umsteigen – also eigentlich recht easy. Mit Ansage rannten wir aber in ein Szenario, in dem aus einer einstündigen Zugfahrt eine gefühlte Ewigkeit wird: Wir mussten beide kurz nach Fahrtantritt unfassbar dringend Wasser lassen.
Das war ohnehin ein Hobby auf unseren England-Touren: Im Stadion erst mal zu den Gents. In der Halbzeit zur Sicherheit auch. Im Hotel erst mal aufs Klo, vorm Auschecken auch besser noch mal. Im Zug, wenn möglich, immer ein Platz in Toilettennähe gewählt und kurz vor der Ankunft lieber noch mal ausgetreten. Sicher ist sicher. Dies hatte weniger mit unseren Konfirmandenbläschen zu tun, vielmehr lag es an der kontinuierlichen Befüllung. Die Pints, die reingingen, mussten auch wieder raus, zudem hatten wir als Reiseproviant immer Softdrinks à la Irnbru, Mountain Dew oder Pepsi Max am Start.
Jedenfalls saßen wir mit reichlich Druck auf der Blase im Zug, in einem Abteil, das am weitesten von der Zugtoilette entfernt war. Der Zug war zudem komplett überfüllt: Sämtliche Gänge waren vollgepackt mit Menschen, und allein der Versuch, sich bis zur Toilette durchzukämpfen, wäre völliger Quatsch gewesen. Wir zählten also die Minuten bis zur geplanten Ankunft herunter, wobei sich diese eher wie Tage anfühlten. Selbst die recht idyllische Fahrt entlang der Humber-Mündung und vorbei an der imposanten Humber Bridge konnte hier keine Linderung verschaffen. Ergo führte uns ein Sprint in Hull erst mal aufs Bahnhofsklo. 50 gut investierte Pence und die Welt sah wieder prächtig aus.
Danach stand die Stadtbegehung mit etwas Sightseeing an. Aufgrund der geografischen Lage an der Nordsee war Kingston upon Hull, wie die Stadt offiziell heißt, seit jeher eine Seefahrerstadt. So ist auch die Innenstadt stark geprägt von der Küstenlage: alte Geschützbefestigun-

gen, Docks, ein Einkaufszentrum auf einem Kai, die Hull Arena, in der das Eishockeyteam Hull Stingrays zu Hause ist, das World Trade Center direkt am Wasser sowie mit „The Deep“ das prägnante Aquarium, das sich an der Mündung des River Hull befindet. Abseits des Wassers präsentiert sich Hull nur sehr bedingt spektakulär. Die Architektur wirkt etwas merkwürdig und ein bisschen überholt im negativen Sinn. Grund hierfür ist allen voran, dass Hull im Zweiten Weltkrieg mehr oder weniger dem Boden gleichgemacht wurde. Mehr als 90 Prozent der Gebäude wurden von der Luftwaffe zerbombt wegen der zahlreichen Industrie- und Hafenanlagen in der Region. In der Folge wurde Hull zwar wieder aufgebaut – auf die „Schönheit“ der Stadt zu achten, blieb aber auf der Strecke.

Eine Besonderheit der Stadt ist der lokale Telekommunikationsanbieter, Kingston Communications, abgekürzt „KC“. Seine Präsenz hat nicht nur zur Folge, dass die in England traditionell roten Telefonhäuschen in Hull cremefarben gebranded sind, sondern auch, dass das Stadion, die Heimat von Hull City und dem Rugby-Klub Hull FC, nach dem Unternehmen benannt ist: das „KC Stadium“.

Der Ground wurde 2003 eingeweiht. Zuvor hatte „City“ 50 Jahre im Boothferry Park gekickt. Ironischerweise erfolgte der Umzug ins topmoderne neue Stadion zu einem Zeitpunkt, in dem Hull noch in der vierten Liga spielte und ein Premier-League-taugliches Stadion so dringend brauchte wie einen Klubbesitzer, der sich massiv in zentrale Klubangelegenheiten einmischt. Beides wurde allerdings in der Folge Realität.

Einem fast schon sprichwörtlich kometenhaften Aufstieg der „Tigers“ bis zum Premier-League-Aufstieg 2008 folgte der Einstieg von Assem Allam, einem Geschäftsmann ägyptischer Abstammung, der fortan massiv in den Klub investierte, dafür aber „tolle“ Ideen einbrachte. Zum zentralen Knackpunkt wurde der Plan, „Hull City AFC“ in „Hull Tigers“ umzubenennen, um die Vermarktungsmöglichkeiten zu verbessern. Obwohl „Tigers“ mehr oder weniger ein Synonym für Hull City darstellte, aufgrund der gelb-schwarz gestreiften Trikots, lehnten die Fans die Idee der Umbenennung vehement ab. Der Klub trug immerhin seit 1904 die Bezeichnung „City“ im Namen und eine

Umbenennung wurde als Verrat an seiner Geschichte angesehen. Die Fronten verhärteten sich massiv. Die Fans initiierten verschiedene Protestaktionen, Allam drohte, keinen weiteren Cent in den Klub zu investieren, und regte im gleichen Atemzug an, Manchester City doch in Manchester Hunters umzubenennen.

Zum Höhepunkt der Kontroverse rückten wir in Hull an, und so bekamen wir schon auf dem Weg zum Stadion verschiedene Flyer der Faninitiativen in die Hand gedrückt. Auch während des Matches wurden dann diverse Banner („Hands off our name! H.C.A.F.C.") entrollt und die Gesänge der Heimfans, „City till I die", wurden selbst von den mitgereisten Liverpool-Fans mit Applaus bedacht. Nach dem Match äußerte sich der Klubbesitzer sinngemäß, dass „City till I die" zwar nett sei, die Leute auch gerne sterben dürften, wenn sie wollten, und dass eine Umbenennung in Hull Tigers dennoch viel besser für den Klub wäre. Die ganze Farce fand glücklicherweise ein paar Monate später im April 2014 ein Ende, als die FA eine Umbenennung formell ablehnte.

Fußball wurde auch gespielt, und zwar gar nicht so schlecht. Mit Liverpool hatten wir ein attraktives Match erwischt, dazu gute Plätze im Oberrang der Schüssel, von denen wir nicht nur beste Sicht aufs Spielfeld hatten, sondern auch auf die im Abendrot schimmernden Häuserspitzen der Stadt. Durch die runde Bauform wirkt das Stadion sehr kompakt: Der Main Stand ist der einzige mit einem zweiten Rang, alle anderen drei Tribünen verfügen nur über einen Rang. Durch die Überdachung und die Flutlichtstrahler wirkt der Ground aber dennoch recht eindrucksvoll.

Weniger eindrucksvoll präsentierte sich der Liverpool FC. Die frühe Führung der Hausherren konnte Steven Gerrard – wer sonst – ausgleichen. Allerdings wirkten die Reds immer etwas unbeholfen und kassierten in der 72. Minute das 2:1, ehe Liverpools Slowake Skrtel mit einem Eigentor zum 3:1 den Deckel draufmachte, enthusiastisch gefeiert durch die Hull-City-Fans. Gute Stimmung während des gesamten Spiels, eine recht packende Partie mit dem Underdog als Sieger, dazu die Premier League wieder mal komplett – was will man mehr?

Die Abreise aus Hull sollte eigentlich kein Problem werden. Wir hatten ordentlich Puffer zwischen dem Abpfiff und der Abfahrt des Zuges direkt nach London. Aber ganz so einfach gestaltete sich die Sache dann doch nicht. Die Herausforderung bestand in der Eisenbahnbrücke, die das Stadiongelände mit dem Fußweg zur Innenstadt bzw. zum Bahnhof verbindet. Nach dem Match stauten sich hier massiv die Menschenmassen – ein künstliches Nadelöhr, an dem man einen gefühlten Meter pro Minute Fortschritt machte. Die Uhr tickte unaufhörlich und es wurde immer knapper und knapper mit dem Zug. Zudem wollten wir eigentlich für die Fahrt auch noch etwas zu essen organisieren. Letzteres brachten wir eher schlecht als recht hin, indem wir in einer Schnell-rein-schnell-raus-Mission im Tesco am Tabakschalter ein Sandwich und eine Cola mitnahmen. Den Zug erreichten wir dann auch noch – genau so, wie wir den Zug bei der Anreise verlassen hatten: im Laufschritt.

Der Rest war easy: Direktfahrt nach London King's Cross, ab in die Tube bis Hounslow East, dort das Tourabschlussbierchen im Off License besorgt, den Bus geschnappt und eingecheckt in der Travelodge Heathrow – für eine kurze Nacht bis zum traditionellen 6-Uhr-Flieger nach Wien. Kurze, knackige Tour, aber sehr nett und der 92 wieder ein ganzes Stück nähergerückt!

87. Hillary Step

21.12.2013, Victoria Park, League Two
Hartlepool United – Burton Albion, 1:1, 3.600 Zuschauer

Wer auf den Mount Everest will, bekommt es nach reichlich Kletterei gegen Ende noch mal mit einer besonderen Herausforderung zu tun: dem Hillary Step, benannt nach dem Erstbesteiger – eine enge und vor allem steile Stelle kurz vor dem Gipfel, die die letzten Meter noch mal sehr unangenehm macht. Mein Hillary Step auf dem Weg zu den 92 Grounds war Hartlepool. Den viert-nördlichsten Ground hatte ich mir lange aufgehoben, nicht zuletzt weil er anreisetechnisch nicht ganz einfach ist: abseits der Hauptzuglinie, knapp nördlich von Middlesbrough. Kurz vor Weihnachten 2013 war dann aber auch der Victoria Park fällig, eingebettet in eine herrliche Tour.

Diese begann zunächst einmal mit einem Novum: einem Flug von Wien über Köln/Bonn nach Manchester. Also ein gutes Stück gen Norden schon mal mit dem Flieger erledigt, easy. In Manchester angekommen, sammelte ich Rolfes ein und wir bezogen unser gutes, altes Stammhotel, die Travelodge beim Arndale Shopping Centre. Der Grund für den Zwischenstopp in Manchester lag im Freitagabendspiel. Dafür mussten wir dann noch ein bisschen mit dem Zug fahren, nach Liverpool bzw. Birkenhead, wo Rolfes den Prenton Park in Tranmere kreuzte und ich einen ganz unterhaltsamen Zweitbesuch bei der Partie Rovers gegen Gillingham verbringen durfte.

Nach einer eher kurzen Nacht stand der 7:57-Uhr-Zug von Piccadilly Richtung Middlesbrough auf dem Reiseplan. Also früh aufstehen, Marschverpflegung organisieren und mit dem TransPennine Express ab Richtung Ostküste. Um halb elf standen wir in Middlesbrough, reichlich früh und mit wenig Sightseeing-Motivation, hatten wir die Stadt doch schon beim letzten Besuch erkundet. Wir spazierten diesmal wenigstens zur Transporter Bridge, die an dem Tag allerdings nicht einmal in Betrieb war. Also einzig logische Konsequenz: ab in den „Wetherspoon", Beer & Burger fassen.

Am frühen Nachmittag stand dann noch die letzte Etappe nach Hartlepool – gesprochen Hart-li-puhl – an: 30 Minuten Zugfahrt ab Middlesbrough. Wir hatten keine große Erwartungshaltung an die Stadt (analog zur deutschen Partnerstadt Hückelhoven – die Hückelhovener mögen es mir verzeihen!). Entsprechend war auch nicht großartig Zeit eingeplant, um sich umzuschauen. Den Hafen als dominierendes Element konnte man auch auf dem Weg vom Bahnhof zum Ground aus ganz gut sehen, inklusive einem großen Segelschiff, das dort vor Anker lag.

Die Nähe zu den Hafenanlagen stellte in der Geschichte ein größeres Problem für den Victoria Park dar. Im Ersten Weltkrieg zerstörte – man höre und staune – ein deutscher Zeppelin den Main Stand. Das ist durchaus wieder ein Indikator, wie alt die Spielstätten auf der Insel teilweise sind, wobei der Name des Stadions selbst auf Queen Victoria zurückgeht bzw. deren Jubilee, die fünfzigjährige Regentschaft 1887. Zu dieser Zeit war noch der örtliche Rugbyklub Hausherr im Stadion. Erst 1908 zog das neu gegründete Fußballteam dort ein, damals noch unter dem Namen Hartlepools United FC. Der Plural ging nicht nur auf die beiden Klubs zurück, die sich zu „United" zusammenschlossen, sondern auch auf die zwei Gemeinden Hartlepool und West Hartlepool. Als diese 1967 formal zusammengelegt wurden, verschwand auch das „s" aus dem Namen: Hartlepool United.

Der Klub gehört nicht unbedingt zu den großen Namen des englischen Fußballs. Genauer gesagt, schaffte man es nie, über die dritte Liga hinauszukommen. Immerhin hielt man sich seit der Aufnahme 1921 in der Football League, wenn auch mit etwas Querelen hier und dort. Diese machten sich vor allem in der Struktur des Klubs bemerkbar. So ist der Klub zum Beispiel auf den British Virgin Islands registriert, wohl der Steueroptimierung wegen. Zudem gehörte er lange einem Unternehmen der Ölindustrie, später dann einem Unternehmen aus Dubai – alles etwas dubios.

Von alldem merkt man wenig, wenn man die Runde um den Ground dreht: sehr englisch traditionell, dazu ein Pub namens „Corner Flag" direkt daneben. Auch der Innenraum präsentiert sich eher klassisch: kleine Tribünen, alle überdacht, Teile davon Stehplätze, sogar auf der

Spielfeldseite. Ohnehin kann der Klub trotz des fehlenden sportlichen Erfolgs und des großen Nachbarn Middlesbrough auf einen recht soliden Support stolz sein. Auch an diesem kalten Dezembertag fanden etwa dreieinhalbtausend Zuschauer den Weg ins Stadion.

Dass der Klub einen hohen Identifikationsfaktor in der Stadt hat, zeigte sich nicht zuletzt an Transparenten wie „Pools are my religion … Victoria Park is my church" oder „Born a Poolie … live a Poolie … die a Poolie". Die Gäste aus Burton brachten auch ein paar Anhänger mit, entsprechend war alles angerichtet für eine schöne Partie, die sich dann recht unterhaltsam entwickelte. Die Gäste gingen durch einen herrlichen Torwart-Tunnel früh in Führung, hätten durchaus das 2:0 erzielen können, kassierten dann aber in einer kuriosen Partie, in der Spieler aus kürzester Distanz vorbeiköpften, das verwaiste Tor nicht trafen oder Schüsse von der Linie gekratzt bekamen, gegen Ende doch noch den Ausgleich durch einen Hammer von außerhalb des Strafraums – sehr zur Freude der Poolies und ihres Maskottchens Hangus, ein Affe.

Auch um diesen gibt es eine, wenn nicht sogar die schönste Hartlepool-Geschichte. Als sich Frankreich unter Napoleon Anfang des 19. Jahrhunderts mit Europa anlegte, strandete ein französisches Schiff bei Hartlepool. Der einzige Überlebende war dabei ein Affe, dem die Besatzung wohl zuvor eine Uniform verpasst hatte. Den Affen hielt man für einen französischen Spion und machte kurzen Prozess: Tod durch Erhängen. Seitdem hat sich die Bezeichnung „Monkey Hangers" für die Einwohner von Hartlepool etabliert und wird eben spielerisch auch für das Maskottchen von United genutzt.

Das Spielende stellte für Rolfes und mich zugleich das Ende des Fußballjahres 2013 dar. Unsere Tour war aber noch nicht zu Ende. Zunächst einmal sollte es per Zug bequem direkt von Hartlepool nach London gehen. So weit der Plan. Wir kamen schlussendlich dann erst mal nur bis York, wo wir außerplanmäßig umsteigen mussten. Das kam uns aber ganz gelegen, nachdem auf der gesamten Fahrt bis dahin am Nebentisch ein Norweger den Mitreisenden ungefragt seine fußballerische Lebensgeschichte aufgetischt hatte, wohingegen sein Reisepartner in bester norwegischer Manier über eine Stunde kein Wort von sich gab.

Ab York ergatterten wir einen ruhigen Sitzplatz, versuchten über die wackelige WLAN-Verbindung im Zug einen Livestream vom Klub-Weltmeisterschaftsfinale, das der große FC Bayern mit 2:0 natürlich völlig zu Recht für sich entscheiden konnte, aufs Tablet zu bekommen, und standen drei Stunden später in King's Cross. Von dort ging es per pedes ab zur Royal Scot Travelodge, unserem Nachtquartier für die kommenden zwei Tage.

Am Sonntag hieß es dann erst mal ausschlafen und sich auf den Hauptagendapunkt des Tages vorbereiten: die Darts-WM. Diese ist mittlerweile eine feste Institution rund um die Weihnachtstage, auch in Deutschland dank Sport1. Nachdem wir in den Jahren zuvor das Geschehen fleißig am TV verfolgt hatten, war uns klar, dass wir als ohnehin England-Tour-Erprobte unbedingt einmal live in den „Ally Pally" mussten. Gesagt – getan. Der anfänglich abwartenden Haltung wich mit vorgerücktem Abend und vereinnahmten Bier die Begeisterung ob der Stimmung in der Halle, in der im Grunde sekundär ist, wer da gerade Pfeile wirft, Hauptsache Bier und Spaß. Wir kamen jedenfalls auf unsere Kosten, sahen mit van Gerwen sogar den späteren Weltmeister und fielen später im Hotel mit ordentlich Bettschwere in die Federn.

Am nächsten Morgen fiel das Aufstehen nicht ganz leicht, wobei wir diesmal erneut ein Novum hatten in Sachen Abreise: Rolfes und ich flogen gemeinsam nach Frankfurt, anlässlich der anstehenden Weihnachtsfeierlichkeiten.

Der Hillary Step wurde also alles in allem bestens erklommen, mit blitzsauberer B-Note. Nur noch fünf Grounds auf der To-Do-Liste, zusammen mit dem Vorsatz, dass diese noch in der Rückrunde fallen sollten.

88. Schoko und Shambles

15.03.2014, Bootham Crescent, League Two
York City – Wycombe Wanderers, 2:0, 3.500 Zuschauer

Mit nur noch fünf zu besuchenden Grounds war klar, dass man gute Spielkonstellationen unbedingt nutzen musste. Entsprechend biederte sich das Wochenende Mitte März förmlich an, da Samstag und Sonntag mit York und Newport die letzten beiden League Two Grounds relativ bequem gemacht werden konnten. Zudem hatte East Coast Trains ein schönes Angebot im Programm: für 5 Pfund nach York. Das konnten wir uns nicht entgehen lassen und so fanden wir uns am Freitagabend in der Travelodge Farringdon in London ein, von wo aus es am nächsten Morgen per pedes nach King's Cross und dann mit dem Zug ab in den Norden ging.
Dass uns mit York keine englische 08/15-Stadt erwarten sollte, war Rolfes und mir spätestens seit der fünften Klasse Friedrich-Dessauer-Gymnasium klar. Unser Englisch-Buch „Green Line" spielte in York, und mit den ersten Gehversuchen in der englischen Sprache lernten wir auch etwas über die Stadt im Norden Englands, die dem County Yorkshire ihren Namen gab. Seit jeher stellte York so etwas wie eine Hauptstadt im Norden dar. Die Anfänge gehen bis in die Zeit der römischen Besatzung zurück und der ganze Charakter der Stadt ist ein historischer.
Bereits beim Verlassen des Bahnhofs erwartet einen die Stadtmauer, an der entlang man über eine schöne alte Brücke über den River Ouse Richtung Innenstadt gelangt. Hier warten die beiden bedeutendsten Sehenswürdigkeiten der Altstadt. Zunächst der York Minster, die Kathedrale, die seit dem 7. Jahrhundert das Stadtbild dominiert und fortlaufend weiter aus- und umgebaut wurde. Das Gebäude ist sehr imposant, etwa 150 Meter hoch mit verschiedenen Türmen und einigen baulichen Ausläufern. Wir ließen uns einen kurzen Blick ins Innere nicht nehmen. Es war durchaus eindrucksvoll und erinnerte uns etwas an unseren Besuch in Peterborough.

Danach steuerten wir die zweite Sehenswürdigkeit an, direkt neben dem Minster gelegen: die Shambles. Dabei handelt es sich um kleine Gässchen der Altstadt, mit zahlreichen Läden und Restaurants. Es ist ganz interessant vom Flair her, und obwohl hier viele Standardgeschäfte bzw. Touri-Läden vorzufinden sind, sorgen die Fachwerkhäuser – teilweise aus dem 14. Jahrhundert – mit ihren Erkern für eine einzigartige Atmosphäre. Entsprechend der Anziehungskraft dieser Sehenswürdigkeit war ordentlich viel los, zumal die kleinen Gassen nicht wirklich viel Kapazität für Besucher bieten. Wir drehten noch eine Runde durch die restliche Innenstadt und entschieden uns nach dem Besuch der Burg für eine Steigerung: Burger – Beer und Burger.
Wir hatten zunächst ein paar Probleme, ein geeignetes Pub zu finden, nachdem die drei Läden direkt am Weg zum Ground entweder pickepackevoll waren oder gar kein Essen servierten. Nach einer gewissen Ratlosigkeit zogen wir die letzte Karte: ein Pub, ein paar Meter die Straße hinunter, names „Gillygate". Beim Betreten leichte Ernüchterung, sah der Laden doch aus wie eines der klassisch runtergeranzten Pubs: mit einem Teppich, auf dem sich das hässliche Muster mit allem, was die letzten Jahrzehnte darauf gelandet ist, mischte, mit anderen Pubgästen, die sich tendenziell alle mit Vornamen kannten, und mit Rugby im TV. Der erste Eindruck trügte allerdings. Das Pub war wirklich nett, mal ohne Systemgastronomie der „Wetherspoons", und so war dann auch der Burger fantastisch: ein ordentlicher Fleischklops, dazu selbstgemachte Chips, serviert auf einem Holzbrett. Hohe Kochkunst, den Koch erspähten wir sogar auch noch. Plus ein Pint of Carling gegen den Durst – herrlich! Es wurde sogar noch besser: Ein Pärchen am Tisch gegenüber – auch auf dem Weg zum Match – wurde etwas nervös wegen der fortgeschrittenen Stunde und suchte einen Abnehmer für ein unangetastetes Pint of John Smith. Ob wir daran Interesse hätten. Ja gut, äh, sicherlich, um es mit Kaiser Franz zu sagen.
Als die (drei) Gläser leer waren, machten wir uns auf den kurzen Fußweg zum Ground, Bootham Crescent. Seit 1932 wird hier Fußball gespielt, davor diente das Areal als Cricket Ground. Ursprünglich spielte York etwas außerhalb der Stadt, suchte sich aber nach der Aufnahme in die Football League 1929 eine neue Bleibe und wurde nördlich der

Innenstadt fündig, keinen Kilometer Luftlinie vom Minster entfernt. Dem Ground merkt man an, dass der Klub nie wirklich hochklassig spielte. Bis auf zwei Jahre in der zweiten Liga Mitte der 70er-Jahre steht nur dritte und vierte Liga zu Buche, zuletzt zwischen 2004 und 2012 sogar Conference. Dennoch konnte sich der Support über all die Jahre durchaus sehen lassen. Seit dem Zweiten Weltkrieg kam „City" immer auf einen Zuschauerschnitt von mindestens 2.000. Viele der „Die hard"-Fans finden sich auf der überdachten Terrace hinter dem Tor ein. Die überdachte Sitzplatztribüne auf der Gegengerade ist wie die unüberdachte Terrace hinter dem anderen Tor, wo die Gästefans untergebracht werden, eher überschaubar.
Dominiert wird Bootham Crescent vom Main Stand, der von innen eine Art Zeitreise darstellt, mit klassischen Holzsitzen und an die Backsteinwand gepinselter Nummerierung der Sitzreihen. Von außen wirkt der Stand ein klein wenig moderner, mit einem prägnanten Aufbau der VIP-Räumlichkeiten, deren Form uns ein bisschen an unseren herrlichen Slowakei-Ausflug zu Tatran Presov erinnerte. Als finale „Old School"-Note ist der gesamte Ground von einer schönen Backsteinmauer mit den fast stereotypen Turnstile-Eingängen umrandet. Dazu gibt es einen klassischen Torbogen am Haupteingang des Grounds, der die Besucher angemessen begrüßt.
Wie so oft machte das gute Geld auch vor Bootham Crescent nicht Halt und der Ground bekam einen Sponsorennamen: Kit Kat Crescent. Was sich zunächst einmal bescheuert anhört, hat doch eine gewisse Sinnhaftigkeit. York zeichnet sich seit jeher als Standort der Süßwarenindustrie aus. Nestlé hat hier seinen Sitz, und bereits am Bahnhof heißt ein großes Nestlé-Schild mit Marken à la After Eight, Smarties und eben Kit Kat die Besucher in York willkommen. Die Verbundenheit zwischen York City und dem Industriezweig ging in der Vergangenheit so weit, dass der Klub in der Anfangszeit tatsächlich in schokoladenbraunen Trikots spielte.
Für die anstehende Partie packte der Zeugwart allerdings die Trikots in den heutigen Farben aus: blaue Hosen und rote Shirts mit weißen Ärmeln – sehr einprägsam. Die Gäste aus Wycombe traten im traditionellen Hellbau an und es entwickelte sich ein wirklich sehr unter-

haltsames Spiel. York ging durch einen Foul-Elfmeter früh in Führung und erzielte dann nach einer Ecke das vermeintliche 2:0, das allerdings keine Anerkennung fand. Die Vorentscheidung erzwangen die Hausherren trotzdem noch vor der Pause, als mehr oder weniger mit dem Pausenpfiff ein Distanzschuss von außerhalb des Sechzehners im Tor einschlug. In der zweiten Häflte gab es noch einige gute Chancen sowie einen Platzverweis für die Gäste. Alles in allem eine schöne Partie – York blieb im Übrigen im gesamten Kalenderjahr ungeschlagen.
Wir hatten mit der Rückreise nach London keinen wirklichen Stress. Der Zug ging erst um kurz nach sechs, wobei wir die meiste Wartezeit am Bahnhof verbrachten, nachdem wir das Städtchen vor dem Match bereits ausgiebig erkundet hatten. Der Bahnhof selbst ist ohnehin sehenswert: York fungierte seit jeher als Knotenpunkt und stellte somit eine wichtige Eisenbahnerstadt im Norden dar. Nicht zuletzt deshalb konnten wir bequem via Direktverbindung in unter drei Stunden bis King's Cross kommen. London diente hier allerdings nur als Drehteller und wir machten uns via Paddington direkt auf nach Bristol.
Die Zugfahrt wurde sinnvoll genutzt. Wir hatten „00 Schneider – Im Wendekreis der Eidechse" auf dem Tablet dabei und waren als große Fans der alten Helge-Schneider-Filme mehr als gespannt – was dann allerdings etwas in Verwirrung umschlug und die Erkenntnis in Erinnerung rief, dass man die Helge-Filme zunächst ein paar Mal anschauen muss, bis man ganz in die Gags reinkommt. Zumindest ging die Zeit bis Temple Meads schnell rum und wir bezogen in der Travelodge im Zentrum unser wohlverdientes Nachtlager. Große Dinge kündigten sich für den nächsten Tag an!

89. Gepflegtes Sonntagsprogramm

16.03.2014, Rodney Parade, League Two
Newport County – Exeter City, 1:1, 3.200 Zuschauer

Nach einer entspannten Nacht wachten wir in Bristol auf. Es war ein immer wieder gern angesteuertes Reiseziel, und auch diesmal präsentierte sich die Stadt im Südwesten mit herrlichem Frühlingswetter, wie schon bei unserem Erstbesuch zu Ostern 2011. Wir hatten etwas Zeit totzuschlagen und entschieden uns für einen Spaziergang an den Docks entlang, in Vorbereitung auf den eigentlichen Hauptagendapunkt: Mittagessen bei Za Za Bazaar.

Wir hatten in der Vergangenheit bereits das ein oder andere All You Can Eat World Buffet mitgenommen. Zweifelsohne ist das Restaurant in Bristol aber die unangefochtene Nummer eins, was die Größe der Lokalität, die Menge an Speisen und die Qualität angeht. Wir mussten vorab reservieren, der Laden war dann auch brechend voll (wie wir nach dem Besuch) und wir frästen uns ohne Rücksicht auf Verluste durch die Welt der Kulinarik. Burger und Hot Dogs mit Pommes. Pizza und Pasta. Ein Teller mit indischem und einen mit Chinakram. Sushi. Braten. Und selbstredend Dessert satt, in meinem Fall eine ordentliche Portion Softeis, wohingegen Rolfes das Pech hatte, dass vor ihm ein paar Kinder die Maschine schrotteten.

Genug war dann allerdings auch genug, zumal wir auch noch einen guten Kilometer zum Bahnhof Temple Meads zurücklegen mussten, um unseren Zug Richtung Wales zu erwischen. Der Fußmarsch erwies sich erwartungsgemäß zäh mit vollem Ranzen, wir schafften es aber rechtzeitig auf den Bahnsteig und knackten im Zug dann erst mal umgehend in ein gepflegtes Verdauungsschläfchen weg.

Unsere Destination Newport liegt quasi auf der von Bristol gesehen gegenüberliegenden Seite des Bristol Channel, also des Meeresarms, der sich zwischen England und Wales bis nach Gloucester hineinschlängelt. Newport ist dementsprechend eine walisische Stadt – die drittgrößte nach Cardiff und Swansea, um genau zu sein, mit immerhin 150.000 Einwohnern.

Die Sightseeing-Möglichkeiten hielten sich aber stark in Grenzen. Ähnlich wie in Middlesbrough gibt es eine Transporter Bridge, die wir aber nur aus der Ferne bewundern konnten. Die Innenstadt, durch die uns unser Fußweg zum Ground führte, war eher überschaubar. Zumindest gab es einen „Wetherspoon", der bemerkenswerterweise nach einem Helden der Stadt, Tom Toya Lewis, benannt ist. In der Zeit, als die industrielle Schifffahrt boomte, wuchsen die Hafenanlagen in Newport ständig. 1909 sollte ein neues Dock errichtet werden, das während des Baus allerdings zusammenbrach, wobei die zur Konstruktion aufgestellten Holzpfeiler 50 Arbeiter unter sich begruben. Die Versuche, einen der Verschütteten zu retten, scheiterten daran, dass keiner der Helfer durch die Trümmer vordringen konnte, ehe sich der 17-jährige Tom Lewis freiwillig meldete und so letzten Endes einem eingeklemmten Mann das Leben rettete.
Für uns ging es an dem Tag weitaus weniger spektakulär zu. Der kurze Marsch zum Ground mit dem kultigen Namen „Rodney Parade" führte uns über eine moderne Fußgängerbrücke über den River Usk und durch ein neu bebautes Viertel. Im Gegensatz dazu ist die Sportstätte schon sehr alt. Seit 1877 wurde der Ground für Cricket, aber allem voran für Rugby genutzt. Wie in vielen walisischen Städten ist Rugby auch in Newport eigentlich als Sport beliebter als Fußball, und so sind die Hausherren der Rodney Parade der Newport RFC, eines der örtlichen Rugby-Teams. Die Fußballer von Newport Town kicken erst seit 2012 auf dem Rugbyrasen – nach einer etwas turbulenten Vergangenheit, was die Heimstätte angeht.
Seit der Gründung 1912 und auch nach der Aufnahme in die Football League 1920 nannte Newport den Somerton Park sein Zuhause. Hier feierte man die größten Erfolge der Vereinsgeschichte. Dem Gewinn des walisischen Pokals 1980 folgte die Teilnahme am Europapokal der Pokalsieger. Hier schaffte es Newport bis ins Viertelfinale – und wurde ausgerechnet vom DDR-Pokalsieger Carl Zeiss Jena aus dem Wettbewerb geworfen.
Es folgten sportlich schwerere Zeiten. Finanzielle Probleme führten 1988 zum Abstieg aus der Football League. Im folgenden Jahr ging man in der Conference bankrott und musste den Klub auflösen. Der

Klub gründete sich durch etwa 400 Fans 1989 neu. Die Stadt sah allerdings den neuen Klub als rechtlichen Nachfolger des alten an – was bedeutete, dass die Genehmigung, im Somerton Park zu spielen, verwehrt wurde, da der Vorgängerklub noch Mietschulden zu begleichen hatte.
Daher musste Newport einige Jahre lang nach Moreton-in-Marsh ausweichen – immerhin mehr als 100 Kilometer von Newport entfernt –, wo man für die Heimspiele ins Exil ging. Diese Tatsache brachte dem Klub den Spitznamen „The Exiles" ein, der bis heute Bestand hat. Newport spielte damals 9. Liga, konnte aber bereits im ersten Jahr den Aufstieg in die Southern League, also die 8. Liga, unter Dach und Fach bringen. Es dauerte dann allerdings zwei Jahrzehnte, bis 2010 wieder die Conference erreicht werden konnte. Diese wurde aber recht schnell durchlaufen und 2013 setzte sich Newport im rein walisischen Aufstiegs-Playoff-Finale gegen Wrexham durch. Man war zurück in der Football League.
Wir hatten wie so oft schon vorab Tickets bestellt, die zur Abholung bereitlagen. Dazu mussten wir von der Innenstadt kommend erst mal um den halben Ground herumlaufen, der nicht nur von außen etwas skurril wirkte. Wohl der Tatsache geschuldet, dass hier lange kein runder Ball rollte, sondern eben Rugby gespielt wurde, ist die Rodney Parade kein wirklich klassisches Fußballstadion. Der neue Main Stand, in dem wir unsere Plätze hatten, stellte dabei als topmoderne, überdachte Sitzplatztribüne an der Spielfeldseite die Ausnahme dar. Zur Rechten befanden sich hinter dem Tor ein paar Terrace-Stufen, die allerdings extrem weit vom Spielfeld entfernt waren, und das ohne Not. Laufbahn oder Ähnliches: Fehlanzeige. Wir erklärten uns diesen Sachverhalt vielmehr mit den unterschiedlichen Spielfeldlängen zwischen Rugby und Fußball, was allerdings den späteren Recherchen nach wohl nicht so ganz den Tatsachen entsprach.
Hinter dem anderen Tor waren die Gästefans aus Exeter untergebracht, auf einer kleinen unüberdachten Sitzplatztribüne, dahinter ein paar Container als VIP-Boxen. Am prägnantesten stellte sich allerdings der Stand auf der Gegengerade dar, der Hazell Stand, der augenscheinlich schon ein paar Jahrzehnte auf dem Buckel hat. Er verfügt über zwei

Ränge, wobei die Überdachung eher der einer Lagerhalle gleicht, da sich das Dach zum Spielfeld hin sehr weit nach unten zieht. Hinzu kommt, dass der Stand nicht die gesamte Spielfeldseite abdeckt, sondern noch vor der Höhe des Strafraums endet, gefolgt von ein paar Terrace-Stufen, hinter denen man zumindest einen schönen Blick auf die Innenstadt hat.

Das Tüpfelchen auf dem i in Hinsicht auf Ground-Kuriosa war der Platz selbst. Selten, wenn nicht vielleicht sogar noch nie habe ich so einen Acker gesehen – zumindest nicht im Profifußball: große Flecken, auf denen kein Grashalm mehr zu finden war, dann Teile, die aussahen, als wäre gerade erst der Pflug durchgegangen. Letzteres erklärte sich wohl dadurch, dass aufgrund der katastrophalen Platzverhältnisse in diesem Zeitraum eine Drainage in den Rasen eingesetzt worden war. Generell merkte man dem Pitch aber einfach an, dass hier Rugbyspieler und League-Two-Fußballer im Wechsel antreten und wohl keiner der Protagonisten ein Herz für sauber gepflegten englischen Rasen hat.

Ähnlich kurios wie der Ground gestaltete sich dann auch das Spiel. Ganz grob konnte man es als Derby bezeichnen, da mit Exeter einer der Klubs aus der Nähe von Newport zu Gast war, der auch ordentlich Anhang mitbrachte. Die erste Halbzeit verbrachten wir noch hauptsächlich mit dem Verdauen unseres Frühstücks und konnten daher dem Kick nur bedingt folgen. In der Halbzeit half dann ein kurzes Nickerchen auf den nicht wirklich gefüllten Sitzreihen, das sich aufgrund des schönen Frühlingswetters sehr angenehm gestaltete.

In der zweiten Hälfte wurde es dann auch auf dem Acker interessant. Ein Eigentor sorgte für die Führung der Gäste. Im Gegenzug glichen die Hausherren nach einem Torwartfehler aber umgehend wieder aus. Das 1:1 stellte dann das Endergebnis dar – nicht unverdient in einem nicht wirklich hochklassigen Spiel.

Wir hatten für die Rückfahrt nach London den Megabus gebucht. Die Wartezeit schlugen wir mit einem kurzen Besuch der St Woolos Cathedral tot und bekamen noch mit, wie die örtlichen Deppen durch ein bescheuertes Fahrmanöver ihre Karre schrotteten. Dann bestiegen wir den Bus für die dreistündige Fahrt bis Victoria. Dort „same procedure as usual": Tube nach Hounslow, Tourabschlussbier beim Off License besorgen, mit dem Bus die Bath Road entlang zur Travelodge, ein bisschen TV und dann Licht aus, denn in meinem Fall hieß es um vier Uhr aufstehen für den 6-Uhr-Flieger nach Wien und direkt ins Office.

Ein kurzer, aber sehr netter Trip. Mit York hatte ich eine schöne Destination endlich mitgenommen und war mal wieder in Bristol gewesen. Die Anzahl der fehlenden Grounds hatte ich fast halbiert, Stand nach Newport: 89 Grounds! Und die letzten drei Grounds standen für die finale Königsetappe vier Wochen später zu Ostern auf dem Tourplan. Wonderful!

90. Auf zur Abschlusstour

18.04.2014, John Smith Stadium, Championship
Huddersfield Town – Brighton & Hove Albion, 1:1, 13.500 Zuschauer

Es war so weit: Die letzte Inseltour auf dem Weg zu den 92 Grounds stand an, das große Finale sozusagen. Die Möglichkeit, die letzten drei fehlenden Grounds in einem Aufwasch zu machen, ergab sich wieder einmal durch eine tolle Spielplankonstellation übers Osterwochenende. Zudem war es eine Jubiläumstour für Rolfes und mich: fünf Jahre in Folge Ostereier suchen in den Stadien Englands.

Die Logistik war mittlerweile reine Formsache: Flug Donnerstagabend nach London und hier eine Nacht in der Travelodge, ehe es am frühen Karfreitag mit dem 8-Uhr-Bus „up north" ging. Viereinhalb Stunden später standen wir vorm Busbahnhof in Leeds, bezogen kurz unser Zimmer in der hiesigen Travelodge und schnappten uns vom nahen Bahnhof aus den nächsten Zug Richtung des ersten Ziels des Tages: Huddersfield.

Der Name der Stadt alleine klingt schon massiv nach England. Mit ihren 150.000 Einwohnern liegt sie zwischen Leeds und Manchester und gehört zweifelsohne nicht zu den meistbesuchten Touristenzielen auf der Insel. Der Bummel durch die Innenstadt war denn auch trotz einiger alter Gebäude eher unspektakulär, einzig die Skulptur auf dem Bahnhofsvorplatz wusste zu überraschen – weniger durch die Skulptur selbst, sondern eher mit der Tatsache, dass der dargestellte Harold Wilson, in Huddersfield geboren, einst in den 70er-Jahren Premierminister der Briten war. Wir hatten wieder etwas gelernt.

Aber viel Zeit für Sightseeing hatten wir ohnehin nicht. Der Nachmittag war bereits fortgeschritten und so machten wir uns auf Richtung John Smith Stadium. Der Ground liegt etwa 1,5 Kilometer von der Innenstadt entfernt und schmiegt sich, wie die Stadt selbst, an die Hügel der südlichen Pennines-Ausläufer. Als das Stadion 1994 eröffnet wurde und, nach der Baufirma benannt, noch „McAlpine Stadium" hieß, war es eines der ersten topmodernen und futuristisch anmutenden „Post-Taylor-Report"-Stadien.

In der Tat wirkt der Ground mit seinen wellenförmigen Dachkonstruktionen sehr speziell. Kein Vergleich mit der traditionellen „Leeds Road", dem Stadion, in dem Huddersfield Town fast 90 Jahre lang seine Heimspiele austrug und das sich nur knappe 400 Meter vom neuen Ground entfernt befand. Hier feierte „Town" seine größten Erfolge. Der Klub wurde erst verhältnismäßig spät, 1908, gegründet und fast umgehend, 1910, in die Football League aufgenommen. Es folgten einige Jahre Pause im Spielbetrieb wegen des Ersten Weltkriegs und wirtschaftliche Probleme nach Wiederaufnahme der Liga. So stand es 1919 derart schlecht um Huddersfield Town, dass man eine Umsiedlung an die Elland Road in Leeds als einzige Möglichkeit sah, den Klub zu sanieren. Dies rief allerdings die Bewohner Huddersfields auf den Plan, die für 1 Pfund in den Klub einsteigen konnten und auf diese Weise genug Geld zusammenbrachten, um den Verbleib in der Stadt zu sichern.

Rückblickend entpuppte sich das als Glücksfall, sollten doch sportlich extrem erfolgreiche Jahre folgen. 1922 holte man den FA Cup nach Yorkshire, gefolgt vom Meisterschafts-Triple, 1924, 1925 und 1926 – bis heute das absolute Highlight der Klubhistorie. Man konnte sich anschließend einige Jahre in der höchsten Spielklasse halten. Nach dem Zweiten Weltkrieg ging es allerdings sportlich stetig bergab, mit Abstechern hinab bis in die vierte Liga Mitte der 70er- und 2000er-Jahre.

Unser Spielbesuch bei den „Terriers", wie Huddersfield Town auch genannt wird, fiel in eine sportlich bessere Phase. Wir hatten eine Zweitligapartie auf dem Programm. Am Ground angekommen, holten wir unsere bestellten Tickets ab und drehten zumindest eine halbe Runde ums John Smith Stadium. Der Name war uns wohl bekannt, handelt es sich bei „John Smith" doch um das Low-Budget-Dunkelbier vieler Pubs.

Die Architektur des Grounds wies ebenfalls Wiedererkennungswert auf. Von außen wirkte alles ein wenig wie eine alte Version des Amex Stadium in Brighton – ausgerechnet der Gegner des heutigen Tages. Die nach oben hin fast schon kreisförmig abschließenden Hintertortribünen erinnerten zudem an die recht prägnante Tribüne von Sigma Olmütz, die allerdings erst einige Jahre nach dem Bau des Stadions in

Huddersfield fertiggestellt wurde. Vielleicht holten sich die Tschechen hier die Inspiration …

Anders als in Mähren dient der Stand in Yorkshire allerdings nicht nur dem Verfolgen von Fußballspielen. Huddersfield ist eine Rugby-Hochburg, und mit den Huddersfield Giants spielt der örtliche Rugby-League-Klub ebenfalls im John Smith Stadium. Die Stadt hat einen festen Platz in der Geschichte des Rugby-Sports, „spaltete" sich doch hier 1895 im George Hotel die Rugbywelt in Rugby League und Rugby Union. Bis heute existieren beide Verbände, mit leicht unterschiedlichen Regeln – für den unbedarften, nicht englischen Gelegenheitszuschauer kaum zu unterscheiden.

Streng genommen handelt es sich bei Rugby ebenfalls um Fußball – oder umgekehrt. Die Verbände heißen offiziell „Rugby Football League" und „Rugby Football Union". Das im 19. Jahrhundert aufkommende Spiel „Football", in dem es um Raumgewinn ging und darum, den Ball an das gegnerische Ende des Spielfelds zu befördern, entwickelte sich je nach Regelauslegung in verschiedene Richtungen. Während die Variante „Rugby Football" mit viel Körperkontakt und der Möglichkeit, den Ball in der Hand zu tragen, aber nur nach hinten abzuspielen, zunächst die dominierende Variante war, wurde gegen Ende des 19. Jahrhunderts dann der klassische „Fußball", in dem Zusammenhang „Association Football" genannt, populär. Hauptmerkmal dieser Football-Variante ist eben die Regel, dass der Ball nur mit dem Fuß gespielt werden kann.

Parallel entwickelten sich in Übersee weitere Varianten, wie etwa in Down Under „Australian Rules Football" oder in den USA „American Football". Zumindest bei den Nordamerikanern ist der Zusammenhang der Spielarten noch durchaus präsent, leitet sich doch die bei den Amis gängige Bezeichnung für Fußball „Soccer" vom Begriff „Association" des „Association Football" ab.

In jedem Fall hat die Rugby-Variante ihren festen Platz auf der britischen Insel und gilt als „noblerer" Gegenentwurf zum Arbeiterklassensport Fußball, sowohl was die aktive Ausübung angeht als auch den Besuch im Stadion. Bei Letzterem steht Rugby klar im Schatten: Im Schnitt kommen zu den Erstligapartien beider Rugbyverbände 10.000

bis 15.000 Zuschauer. Bei den Spielen der Huddersfield Giants ist die Kulisse in der Regel etwas kleiner, gute 7.000 Fans finden sich durchschnittlich ein – bei einer Stadionkapazität von 24.000 Plätzen nicht unbedingt großes Kino.
Unser Match zog immerhin 13.500 Zuschauer an – eine recht ordentliche Kulisse, zumal auch Brighton eine respektable Delegation an Auswärtsfans mitbrachte, trotz der 400 Kilometer Anfahrt. Die Partie startete für die Fans der „Seagulls" allerdings mit einer kalten Dusche. Nach fünf Minuten ging Huddersfield durch einen schönen direkt verwandelten Freistoß aus 20 Metern in Führung und hatte im weiteren Verlauf noch etliche weitere gute Chancen, den Dreier einzufahren. Brighton hielt allerdings dagegen und holte sich durch einen späten Ausgleichstreffer einen im Aufstiegsrennen bitter benötigten Punkt. Für uns war es eine sehr angenehme erste Partie der Tour: sportlich recht spannend, wenn auch die Atmosphäre im Stadion eher Durchschnitt war, dafür – auch dank des späten Ostertermins – sonniges Aprilwetter.
Der Fußballtag war aber noch nicht vorbei. Wie so oft an einem Karfreitag hatten es die Spielplangestalter gut gemeint und mit der Partie Bradford gegen Peterborough ein Match auf den Abendtermin gelegt, das man bequem im Anschluss an die Nachmittagspartie ansteuern konnte. Gerade einmal 40 Minuten Zugfahrt hatten wir hinter uns zu bringen und schon standen wir vor der Bradford Interchange. Nach dem Abendessen im „Wetherspoon" – Hot Dogs und Pints – absolvierten wir den mittlerweile bekannten Fußmarsch zur Valley Parade und nahmen unsere Plätze im Oberrang des Kop ein. So erlebten wir eine ganz andere und sehr schöne Perspektive des Grounds bzw. der Stadt, die sich hinter dem Bradford End abzeichnete. Dazu kam ein solider 1:0-Heimsieg der „Bantams", verbunden mit ganz ordentlicher Stimmung. Kurzum: die perfekte Freitagabendgestaltung. Mit einer letzten Zugfahrt – 20 Minuten bis Leeds – und einem Feierabendbier schlossen wir den Abend ab, und dann ging es ab in die Federn.

91. Hicksy, Ian, Old No. 7, You Reds!

19.04.2014, Oakwell, Championship
Barnsley FC – Leeds United, 0:1, 15.200 Zuschauer

Ob an dem Osterwochenende alle drei verbleibenden Grounds fallen würden oder nicht, hing hauptsächlich davon ab, ob entweder das Huddersfield- oder das Barnsley-Heimspiel vom Karfreitag auf den Ostersamstag verlegt werden würde. Als die Terminierungen veröffentlicht wurden große Freude: Die Partie Barnsley gegen Leeds tauchte im Spielplan am Samstag auf! Die Freude vergrößerte sich noch wegen des schönen Derby-Charakters. Allerdings mischten sich ein paar Bauchschmerzen aufgrund der Ticketsituation dazu.
Das war durchaus berechtigt, denn es kam dann in der Tat zum Ticket-Worst-Case: Der Klub machte komplett dicht, Karten gab es nur für Mitglieder mit Bestellhistorie. Gutes Zureden und die Karte „Fußballfans aus dem Ausland“ zu spielen hatten hier überhaupt keine Wirkung. Teilweise wurden E-Mails nicht einmal beantwortet. Das war extrem frustrierend. Wir sahen unsere Felle bzw. das große 92er-Finale schon davonschwimmen – und das, obwohl uns der Gegner ja im Grunde egal war, wir wären sicher auch gegen Yeovil gerne gekommen.
Als letzte Option stöberte ich im Netz, fand ein Barnsley-Fan-Forum, meldete mich an und erklärte kurz unser Problem. Ich rechnete mir hier eigentlich keine großen Chancen aus. Umso erstaunter war ich, als meine Post doch reichlich Antworten generierte, unter anderem von zwei Usern namens „Stahlrost“ und „Hicksy“, die durchaus Hilfsbereitschaft signalisierten und Kontaktdaten mit mir austauschten.
Am nächsten Tag klingelte mein Handy, am anderen Ende „Stahlrost“, im normalen Leben Ian, der zu meiner Verwunderung besser Deutsch sprach (und spricht) als Rolfes und ich, mit schönem englischem Akzent. Er erklärte mir sehr freundlich, warum der Klub so unentspannt sei, was die Tickets angeht. Gleichzeitig machten wir aus, dass ich mich an „Hicksy“ alias „Paul“ wenden sollte. Mit ihm tauschte ich in der Folge ein paar Mails aus und er besorgte uns tatsächlich zwei Tickets – wofür ich ihm ewig dankbar bin!

So saßen wir am Samstagmorgen für die kurze Fahrt von Leeds nach Barnsley im Zug und wurden gleich bei unserer Ankunft am Bahnhof, auf dem „Schwäbisch Gmünd Way" (die deutsche Partnerstadt von Barnsley ...) von zwei Polizisten befragt, ob wir denn Leeds- oder Barnsley-Supporters wären – der erste Hauch der Derby-Atmosphäre. Hicksy hatte uns in ein Pub in der Innenstadt bestellt, das „Old No. 7". Wir drehten vorher noch eine kurze Sightseeing-Runde – die in Barnsley extrem kurz ist – und steuerten dann die Bierquelle an.
Hier dauerte es original keine 90 Sekunden, bis Ian uns als „die" Deutschen identifizierte, und kurze Zeit später saßen wir zusammen am Tisch, auf dem eine Runde Ale stand. Das war für uns durchaus gewöhnungsbedürftig: Wir hatten uns auf all den Touren immer an Lager gehalten – aber „when in Barnsley, do as the Barnsleyites do". Mit der Zeit schmeckte das dunkle Bier aber immer besser und aus einer wurden viele Runden. Ian war ein Endfünfziger, mit deutscher Frau und einem Faible für Après-Ski in Österreich – daher die Deutschkenntnisse.
Nach und nach gesellten sich immer mehr Barnsley-Fans zu uns an den Tisch, unter anderem Hicksy, Ende dreißig und gefühlt mit jedem im brechend vollen Pub befreundet. Im Gegenzug zu den Tickets, die er uns dankenswerterweise besorgt hatte, gab's von uns einen Bayernschal, mit dem wir vor der Barnsley-Zaunfahne des Pubs ein obligatorisches Gruppenfoto schossen. Die Pints flossen jedenfalls in rauen Mengen und der warme Empfang wurde durch Gastgeschenke für uns abgerundet: ein Fanzine von Hicksy und ein „Old No. 7"-T-Shirt von Ian. Wonderful!
Wir hielten uns an die Locals, was den Weg zum Ground anging, und zu vorgerückter Stunde machte sich unsere Gruppe auf Richtung Oakwell: etwa ein Kilometer Fußmarsch durch die Innenstadt, am Bahnhof vorbei und über eine kleine Anhöhe. Der kultige Name leitet sich von den Eichen (Oak) und dem Brunnen (Well) ab, die vor dem Fußballplatz auf dem Gelände standen. Eichenbrunnen-Stadion, analog zur Kreuzeiche in Reutlingen.
Seit 1888 spielt Barnsley im Oakwell Stadium Fußball, seit 1889 in der Football League. Die meiste Zeit davon zweite Liga: mehr als 75 Jahre

– länger als jeder andere englische Klub. Während es über die Jahre den ein oder anderen Abstecher in die Ligen drei und vier gab, konnte Barnsley immerhin auch eine Saison Erstligaluft schnuppern: Wurde man 1920 bei der Erweiterung der First Divison auf 22 Klubs noch zugunsten von Arsenal übergangen, schaffte man 1997 sensationell den sportlichen Aufstieg in die Premier League. Das Vergnügen war allerdings ein kurzes: Wie die beiden anderen Aufsteiger der Saison konnte Barnsley die Klasse nicht halten. Dennoch war es der größte Erfolg der Klubgeschichte und ein kleines Fußballmärchen für die Stadt, die bis heute unter dem Ende des Industriezeitalters leidet.

Schon als sich Oakwell hinter einer Kette Doppelhaushälften auftat, war klar, dass es sich hier um einen englischen Old-School Ground handelt, wie er im Buche steht. Die Straße führte direkt auf den West Stand zu bzw. auf die Turnstiles in der Backsteinmauer, die in der roten Klubfarbe gestrichen und – wie in vergangenen Tagen üblich – mit einer Krone aus in Mörtel gesteckten Glasscherben gegen das Übersteigen gesichert wurde. Die Dachkonstruktion mit der klassischen Wellblechverkleidung in verschiedenen Grautönen und dem großen Schriftzug „BARNSLEY FOOTBALL CLUB“ rundeten das Bild ab.

Die größte Attraktion des West Stand, vielleicht sogar des Grounds ist von außen nicht zu sehen, sondern befindet sich direkt hinter der Begrenzungsmauer: die West Stand Bogs, übersetzt der West-Stand-Sumpf. Dabei handelt es sich um die wahrscheinlich urigsten Toiletten im englischen oder sogar im europäischen Profifußball. In einer vorgezogenen Backsteinmauer befinden sich zwei Durchgänge, dahinter eine ca. 10 Quadratmeter große Fläche, an der sich auf beiden Seiten zu den Mauern hin „Pinkelrinnen“ befinden, wobei diese eher wie Dachrinnen im Boden wirken. Das Mauerwerk dahinter sieht entsprechend aus: Millionen Liter Urin haben ihre Spuren hinterlassen. Gekrönt wird das Ganze durch die Tatsache, dass man sich hier keine Mühe bezüglich einer Überdachung gegeben hat und das Pissoir Open Air ist. Jedenfalls ein herrliches „Austreterlebnis“: Selten fühlt man sich mehr „beim Fußball“ als in den West Stand Bogs in der Halbzeitpause.

Die Stadionrunde gegen den Uhrzeigersinn führte uns weiter hinter das Pontefract Road End, den Stand der Heimfans. Von außen wirkt die

Tribüne sehr eindrucksvoll, hat eher Main-Stand-Charakter, mit der klobigen grauen Verkleidung und den zwei markanten Backsteinelementen. Wir mussten allerdings noch weiter, unsere Plätze befanden sich im East Stand, der zweirangigen Tribüne an der Spielfeldseite. Sie stellt wohl die modernste des Grounds dar, mit der für heutige englische Stadien fast schon gängigen Trägerkonstruktion über dem Dach. Der Grund, warum unsere Plätze hier waren: Hicksy sitzt normalerweise im Unterrang des East Stand und hatte uns Plätze in seiner Nähe besorgt. Gemeinsam betraten wir den Block und der tolle Eindruck des Grounds bestätigte sich. Zwischen dem „Ponte" End und dem East Stand konnten wir in der Ecke den recht großen VIP-Bereich mit Glasfassade und Balkonen ausmachen. Zudem kamen wir in den Genuss, direkt auf den West Stand gegenüber zu schauen, der mit dem überdachten oberen Bereich und dem unüberdachten unteren Bereich durchaus Charakter hat und einzigartig auf der Insel ist. Zu unserer Rechten lag der North Stand – eine Spiegelung des Ponte End –, pickepackevoll mit Gästefans aus Leeds. Die Partie hatte in der Tat reichlich Away-Support angezogen, wobei der strikte Ticket-Verkauf dazu führte, dass gerade einmal 15.000 der 23.000 Plätze besetzt waren. Etwas schade, aber ein Stück weit verständlich, spielte Barnsley doch eine überaus schlechte Saison.

Die „Tykes", auf Deutsch Bengel, wie Barnsley auch genannt wird, brauchten im Abstiegskampf dringend einen Dreier. Für Leeds war die Saison im Grunde schon gelaufen, im Tabellenmittelfeld konnte nach oben und nach unten nichts mehr passieren. Trotzdem merkte man, dass das Yorkshire-Derby auch für die Gäste durchaus Bedeutung hatte, nicht zuletzt aufgrund des üppigen Gästeanhangs, der „United" von der ersten Minute an nach vorne peitschte. Es dauerte dann auch nur eine gute Viertelstunde, bis das 0:1 für Leeds fiel. Barnsley präsentierte sich zwar stets bemüht, ging aber mit dem Rückstand in die Pause.

In der Halbzeit erlebten wir ein weiteres Beispiel für die unglaubliche Gastfreundschaft in Barnsley. Schon vor dem Anpfiff gaben wir bei Hicksys Freundin die Bierbestellung für das Halbzeitbier auf. Sie ging dann einige Minuten vorm Abpfiff der Hälfte zum Bierstand und organisierte die Kaltgetränke, sodass uns, nachdem wir den Weg vom

Block in den Innenraum gemeistert hatten, ein frisches Pint erwartete. Jegliche Versuche, die Runde zu zahlen, wurden vehement abgelehnt. Ein Herz aus Gold, alles wegen eines Posts in einem Forum …

Auf dem Rasen tat sich nichts mehr. Barnsley fand einfach nicht ins Spiel, selbst Hilfe aus Deutschland in Person des eingewechselten Nick Proschwitz half nichts. Keine gute Vorstellung, aber die Fans der „Tykes" ertrugen es mit Anstand. Hicksy schimpfte allerdings eifrig ob der dargebotenen Leistung, immer den FC-Bayern-Schal um den Hals.

Nach dem Schlusspfiff setzten sich die Massen in Bewegung, zurück Richtung Innenstadt. Entlang der Strecke und vor allem rund um den Bahnhof wimmelte es nur so von Polizei. Es blieb aber auch so alles ruhig, kein Stress, wohl auch, weil die Leeds-Fans ohnehin noch im Away-Sektor den Auswärtssieg feierten. Wir mussten unseren neuen Freunden dann recht abrupt Farewell sagen. Unser Bus nach London ging um halb sechs – wir hatten gerade einmal genug Zeit, um für die knapp fünfstündige Fahrt im Supermarkt noch Proviant zu holen. Wir verabschiedeten uns also, gelobten, dass wir bald wiederkommen würden, und saßen kurze Zeit später im National Express Service Richtung Victoria. Ein Jahr später schauten wir zu Ostern wieder in Barnsley vorbei: wieder Ale satt, wieder zu einem Derby, allerdings gegen Sheffield United – und wieder eine Niederlage.

In London angekommen, entspannte sich die Tour etwas. Wir bezogen unser Quartier, die Travelodge beim London City Airport. Den Ostersonntag hatten wir „spielfrei", packten aber mit Stadiontouren bei Fulham und in Wembley dennoch ordentlich Fußball in den Tag. Abends statteten wir zwecks Dinner dem World Buffet in Romford einen Besuch ab und hauten uns in gewohnter Manier die Plauzen ordentlich voll – diesmal aber wohl bis über den Anschlag hinaus. Einer von uns beiden musste sich beim Verlassen der Lokalität am Parkplatz übergeben, zur Belustigung der neu ankommenden Gäste. Alles gegeben, keine Vorwürfe, guter Mann. Und bis zum großen Finale der Tour am nächsten Tag waren alle wieder topfit.

92. Dons and Done

21.04.2014, stadium mk, League One
Milton Keynes Dons – Brentford FC, 2:2, 10.500 Zuschauer

Ich hatte mir nie wirklich Gedanken darüber gemacht, wie der Zieleinlauf aussehen sollte. Dass dann ausgerechnet Milton Keynes die letzte Station darstellte, war eher ein unglücklicher Umstand. Lieber hätte ich zum Schluss nochmals einen schönen Klassiker besucht als den Retortenklub in der Retortenstadt. Aber wie so oft gab der Spielplan die Taktung vor, und so bot sich eben der Besuch bei den MK Dons für den Ostermontag 2014 an.

Um der Sache zumindest einen gewissen Rahmen zu verleihen, schaute ich mich auf der Klub-Website um, ob es vielleicht ein passendes VIP-Package gab. Das gab es tatsächlich. Aber dann besann ich mich doch auf meine Stehplatz-Herkunft, außerdem wollte ich dem Klub nicht unnötig Geld in den Rachen werfen. Auch auf irgendwelche peinlichen Aktionen à la Stadiondurchsage in der Halbzeitpause oder Ehrung vor dem Spiel verzichtete ich ganz bewusst, selbst wenn ich über die Jahre die ein oder andere Aktion selbst mitverfolgt hatte. Das war so gar nicht mein Fall. Der „normale" Stadionbesuch reichte voll und ganz, beschloss ich, und so schnappten Rolfes und ich den Zug ab Euston, der einen innerhalb von 60 Minuten nach Milton Keynes bringt.

Bereits beim Verlassen des Bahnhofs wurde deutlich, dass in dieser Stadt irgendetwas anders ist. In der Tat existiert Milton Keynes als solches erst seit den 60er-Jahren. Ursprünglich gab es in dem Gebiet verschiedene kleinere Orte, unter anderem Bletchley, wo im Zweiten Weltkrieg der deutsche Enigma-Code geknackt wurde. Im Rahmen der „New Town"-Initiative wurden diese Orte zu einer Stadt zusammengefügt und ein künstliches Zentrum geschaffen. Die Wahl fiel damals auf das Gebiet nördlich von London, da sich die neue Stadt mehr oder weniger genau in der Mitte zwischen bestehenden Bevölkerungszentren wie London, Birmingham oder Oxford befand. Ursprünglich war geplant, hier eine Viertelmillion Einwohner anzusiedeln – eine Zahl, die etwa 40 Jahre später wirklich erreicht wurde.

Dass das Zentrum der Stadt auf dem Reißbrett entstanden ist und dies in den 60er-Jahren geschah, macht sich unmittelbar im Stadtbild bemerkbar. Zum einen ist die Innenstadt in Quadrate aufgeteilt, im klassischen US-Stil, ein gleich großer Block gefolgt vom nächsten, mit Straßen, die im 90-Grad-Winkel kreuzen. Zum anderen ist alles auf das Fortbewegungsmittel der Zeit ausgerichtet: das Auto. Überall gibt es genug Parkplätze und breite Straßen. Die Idee, dass einmal öffentlicher Nahverkehr in Form einer Straßenbahn oder Ähnlichem relevant werden könnte, war in den 60er-Jahren so weit weg wie Milton Keynes vom Profifußball.

In jedem Fall ist die Innenstadt alles andere als schön, eher funktional. Es gibt zwar die ein oder andere Grünfläche, aber diese wirken nicht wirklich natürlich. Gleiches gilt für ein Wahrzeichen der Stadt: die Kühe aus Beton, „Concrete Cows" auf Englisch, eine Skulptur der kanadischen Künstlerin Liz Leyh, die insgesamt sechs Kühe darstellt und über die Jahre an verschiedenen Stellen in der Stadt aufgestellt wurde. Alles in allem eine etwas merkwürdige Atmosphäre und de facto keine Gemeinsamkeiten mit der deutschen Partner-„Stadt" Bernkastel-Kues – man kann es sich nicht besser ausdenken.

Rolfes und ich entschieden uns gegen aktives Sightseeing, sondern suchten stattdessen den lokalen Wetherspoon auf, der in Milton Keynes – fast schon zu entwaffnend, um wahr zu sein – „Wetherspoons" heißt. Das Wetter meinte es gut mit uns: ein unheimlich schöner, sonniger Tag, sodass wir uns zum ersten Mal in dem Jahr einen Tisch im Freien sicherten und hier genüsslich die Pints of Carling konsumierten.

Wie es um den Klub und die Stadt steht, machte sich auf unserer weiteren Anreise Richtung Stadion bemerkbar. Der Ground, das „stadium. mk", befindet sich knappe fünf Kilometer von der Innenstadt entfernt. Um die Fans trotzdem bequem an den Spielort zu bringen, wird ein Shuttlebus betrieben. Unorthodoxerweise definieren sich dessen Haltestellen über die Pubs entlang der Wegstrecke. Wir verfolgten das Schauspiel eine Zeit lang. Alle zehn Minuten stoppte ein Reisebus auf der Straße vorm Pub, hupte und ein paar Leute leerten hastig ihre Pintgläser und sprangen in den Bus. Mit näherrückendem Anpfiff lie-

ßen wir das Sonnenbad mit Bierbegleitung ebenfalls hinter uns und bestiegen den Bus Richtung „Cowshed“ (dt. „Kuhstall“). Den Namen „erbte“ das Stadion in Anlehnung an die bereits erwähnten „Concrete Cows“.
Der Ground ist eine der modernsten Spielstätten der Football League. Erst 2007 war hier Eröffnung, natürlich vor dem Hintergrund, dass mit der Umsiedlung des Wimbledon FC überhaupt erst seit 2003 in Milton Keynes Profifußball gespielt wird. Selbstredend gibt es in einer Stadt, die in den 60er-Jahren künstlich entstanden ist, keinen Fußballklub aus den Anfangsjahren der Football League. Gleichzeitig stellte Milton Keynes mit einer Viertelmillion Einwohner einen recht interessanten Markt dar. Daher wurde über die Jahre immer wieder versucht, einen Klub hier anzusiedeln, Charlton in den 70er-Jahren, Luton in den 80er-Jahren.
Anfang der 2000er-Jahre wurde die Sache noch konkreter als zuvor, da erstmals Pläne für ein eigenes Stadion in Milton Keynes in einem neuen Gewerbegebiet namens Denbigh North in der Schublade lagen. Ein Konsortium unter der Führung von Pete Winkelman trat an insgesamt fünf etablierte Football-League-Klubs heran (QPR, Palace, Barnet, Luton, Wimbledon), um diese von einem Umzug nach Milton Keynes zu überzeugen. Nach zahlreichen Diskussionen und Kontroversen stimmten zunächst die Eigentümer des Wimbledon FC einer Umsiedlung nach Milton Keynes zu, sehr zum Ärger der Fans der „Dons“. Die Liga und der Verband gaben 2002 etwas überraschend ebenfalls grünes Licht, und so wurde Milton Keynes quasi über Nacht zur Football-League-Stadt, als Wimbledon im September 2003 übergangsweise ins National Hockey Stadium in Milton Keynes einzog.
Als in der Zwischenzeit der Klub pleitezugehen drohte, kaufte sich Winkelman kurzerhand ein und leitete fortan die Geschicke selbst. 2004 benannte man sich dann in „MK Dons“ um, und 2007 bezog man mit dem stadium.mk die bis auf Weiteres endgültige Heimat, 75 Kilometer von der ursprünglichen Heimat des Wimbledon FC, der Plough Lane, entfernt. Sportlich gesehen sackten die MK Dons zunächst in die vierte Liga ab, konnten sich dann aber mit recht prominenten Trainern wie dem ehemaligen englischen Nationalspieler Paul Ince oder

dem späteren Champions-League-Sieger und Schalke-Trainer Roberto Di Matteo kontinuierlich steigern. Zwischenzeitlich schnürte sogar Deutschlands bester England-Export Didi Hamann die Schuhe für die „Dons", wenn auch nur 13 Mal, dafür zugleich als Co-Trainer. 2014/15 schaffte man den Aufstieg in die Championship, verabschiedete sich aber nach einem Jahr direkt wieder in die dritte Liga.
Wir standen jedenfalls mit etwas Vorlauf an der Shuttlebus-Station vorm Stadion, wobei die Szenerie mitunter ernüchternd wirkte. Das Stadion erhob sich imposant über dem Parkplatz, wurde allerdings eingerahmt von einem IKEA, einem großen Supermarkt und weiteren Läden à la H&M. Zudem beherbergt das Gebäude ein Hilton Hotel. Ein richtig schönes Fußballflair kam also nicht auf, wobei der Ground von außen recht solide wirkte und in vielen anderen Ländern durchaus zu den attraktiveren Spielstätten zählen dürfte. Das ist wohl auch ein Grund, warum hier im Falle einer erfolgreichen Bewerbung um die WM 2018 ein Spielort gewesen wäre, wohlgemerkt mit einem größeren zweiten Rang.
Wir holten jedenfalls unsere vorbestellten Tickets ab, die wider Erwarten nicht bei der Ticket Collection bereitlagen. Stattdessen fand ich sie die Woche darauf in meinem Briefkasten. Unkompliziert wurden uns die Karten vor Ort aber neu ausgestellt, und so nahmen wir unsere Plätze ein: Haupttribüne Höhe Mittellinie – beste Kategorie, versteht sich.
Bei der Partie ging es im Grunde um nichts mehr. Brentford hatte unter der Regie von Manager Uwe Rösler am Karfreitag den Aufstieg in die Championship klar gemacht. Die „Dons" dümpelten drei Spieltage vor Schluss im Tabellenmittelfeld herum. Den Rahmen der Partie setzte daher in erste Linie der Gästeanhang. Die Fans der „Bees" nutzten das nahe Auswärtsspiel als verlängerte Aufstiegsfeier und füllten den kompletten Unterrang hinter dem Tor, während die restlichen Plätze eher spärlich besetzt waren. Quasi mit dem Halbzeitpfiff gab es weiteren Grund zum Feiern für die Brentford Supporters, nach einem Torwartfehler ging man mit 1:0 in Führung.
In der Pause nutzten wir die Annehmlichkeiten des Stadions: Unsere Ticketkategorie beinhaltete einen Half-Time Tea im Stadioninnen-

raum. Das nimmt man natürlich mit! In der 60. Minute erhöhten die Gäste dann auf 2:0, immer vorangetrieben durch ihre feiernden Fans, die eine anständige Polonaise durch den Block veranstalteten. Irgendwann stellten dann auch die Brentford-Spieler die Bemühungen ein und so kamen die MK Dons etwas glücklich noch mal zurück ins Spiel: erst ein Elfmeter in der 80. Minute, dann der Ausgleich in der Nachspielzeit. Den Brentford-Fans war's egal: Mit dem Schlusspfiff startete die Pitch Invasion, um die Aufstiegshelden zu feiern.
Das war es also: alle 92 Grounds besucht, Ziel erreicht. Als ich die Stufen des Blocks Richtung Ausgang hochstieg, machte sich allerdings keine grenzenlose Freude breit, wie man vielleicht meinen könnte. Vielmehr stand ein Stück weit die Erkenntnis im Vordergrund, dass hier der Weg das Ziel gewesen und dieser zumindest bis auf Weiteres zu Ende war. Mehr als 11 Jahre waren seit meinem ersten Spielbesuch in England, der League-Cup-Partie Charlton gegen Oxford, vergangen, und seit etwa drei oder vier Jahren hatte ich die 92 im Visier. Nahezu jede Fußballtour führte deshalb auf die Insel. Dass damit nun Schluss sein sollte, empfand ich als sehr schade, hatten die Touren doch sehr viel Spaß gemacht. Mit einem Schlag war das Hobby quasi ad acta gelegt, auch wenn man genau dafür Jahre investiert hatte. Es war ein etwas eigenartiges Gefühl – wobei am Ende natürlich doch die Freude darüber, endlich wirklich jeden Ground der ersten vier englischen Ligen besucht zu haben, überwog.
Vorbei war die Tour ohnehin noch nicht ganz. Wir nahmen den Shuttlebus zurück ins Zentrum, verließen Milton Keynes mit dem erstbesten Zug und machten uns in London auf den gewohnten Weg zur Travelodge Heathrow auf der Bath Road in Hounslow. Dort gab es fritiertes Hühnerfleisch, ein Tourabschlussbier, den üblichen Quatsch im Fernsehen, 4:30-Uhr-Wecker für den 6-Uhr-Flieger nach Wien inklusive. Nur nicht am Ende mit altbewährten Gewohnheiten brechen!

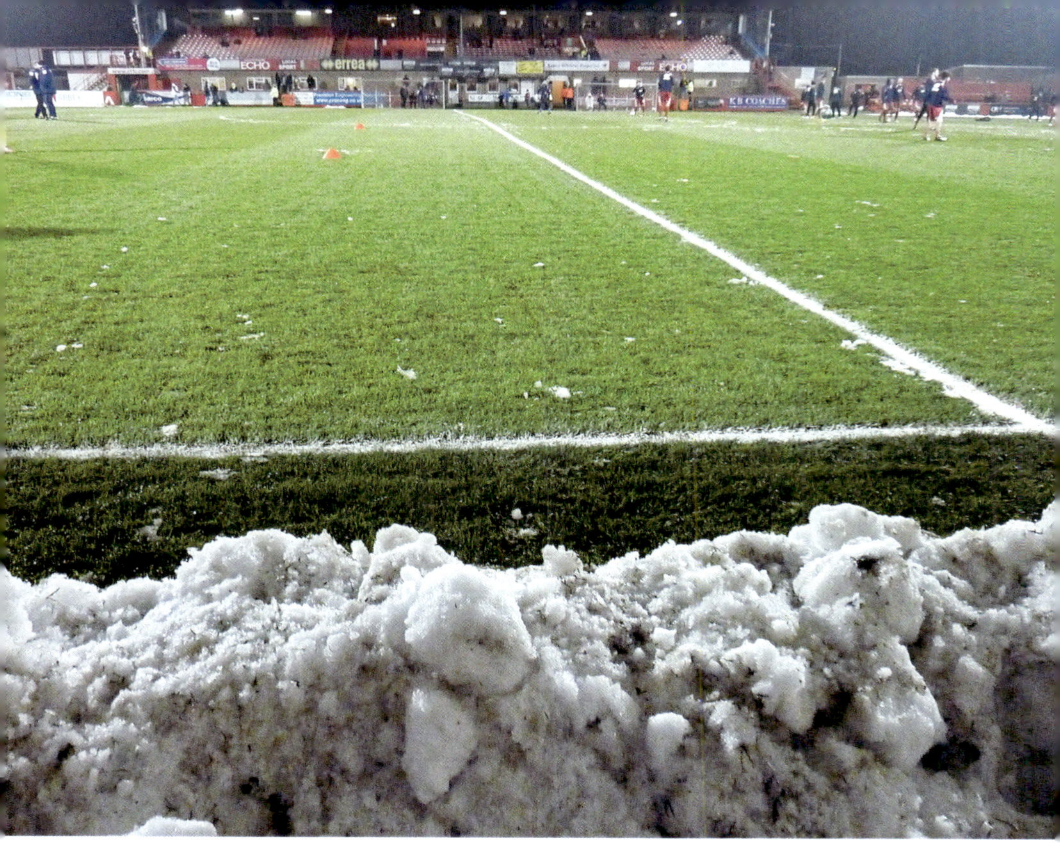

[74] Whaddon Road, Cheltenham

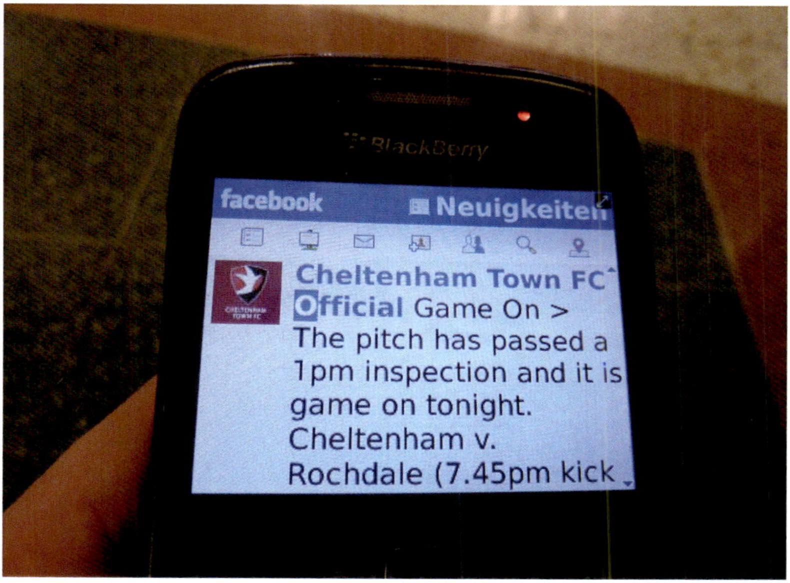

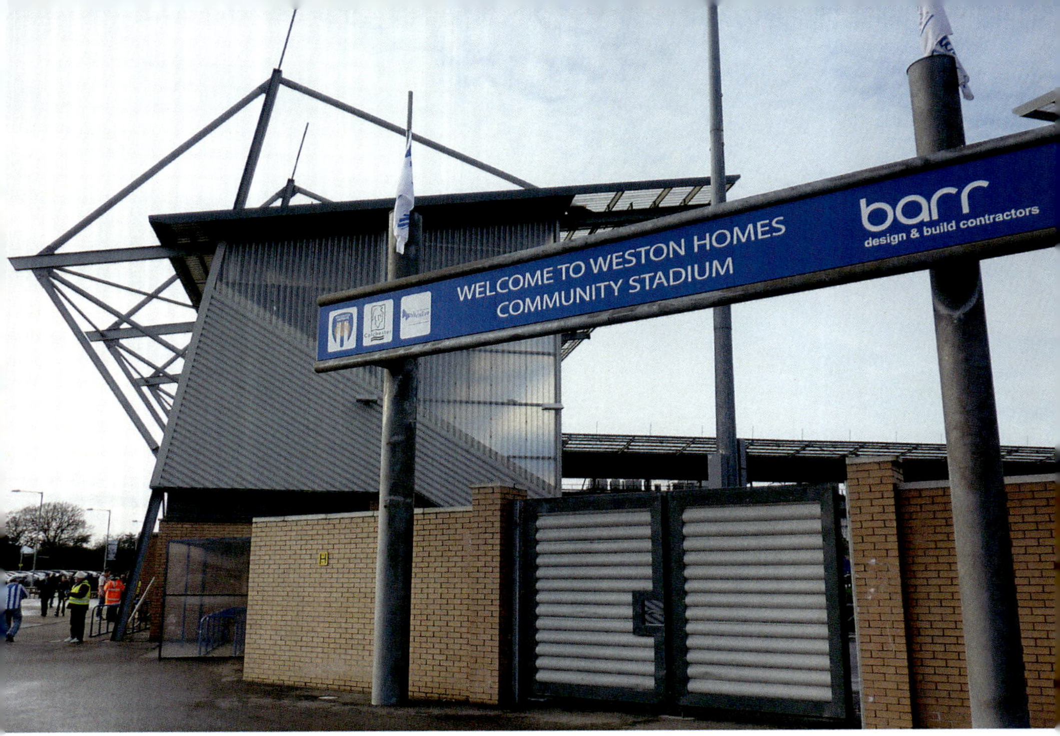

oben: [75] Weston Homes Community Stadium, Colchester United /
unten: [76] Kassam Stadium, Oxford United

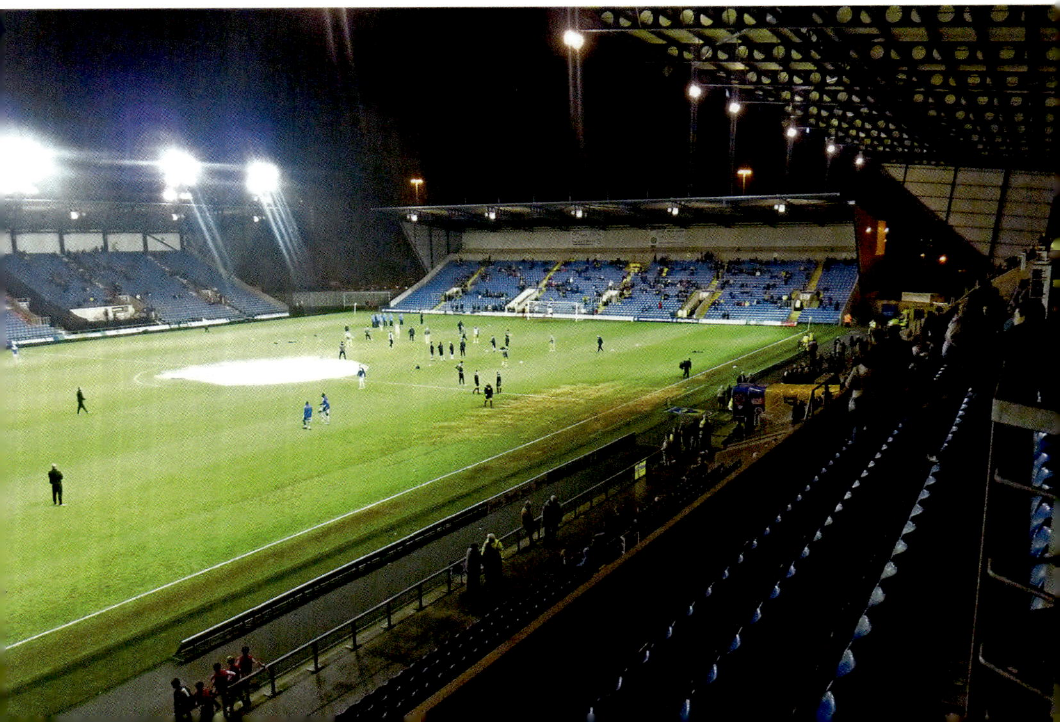

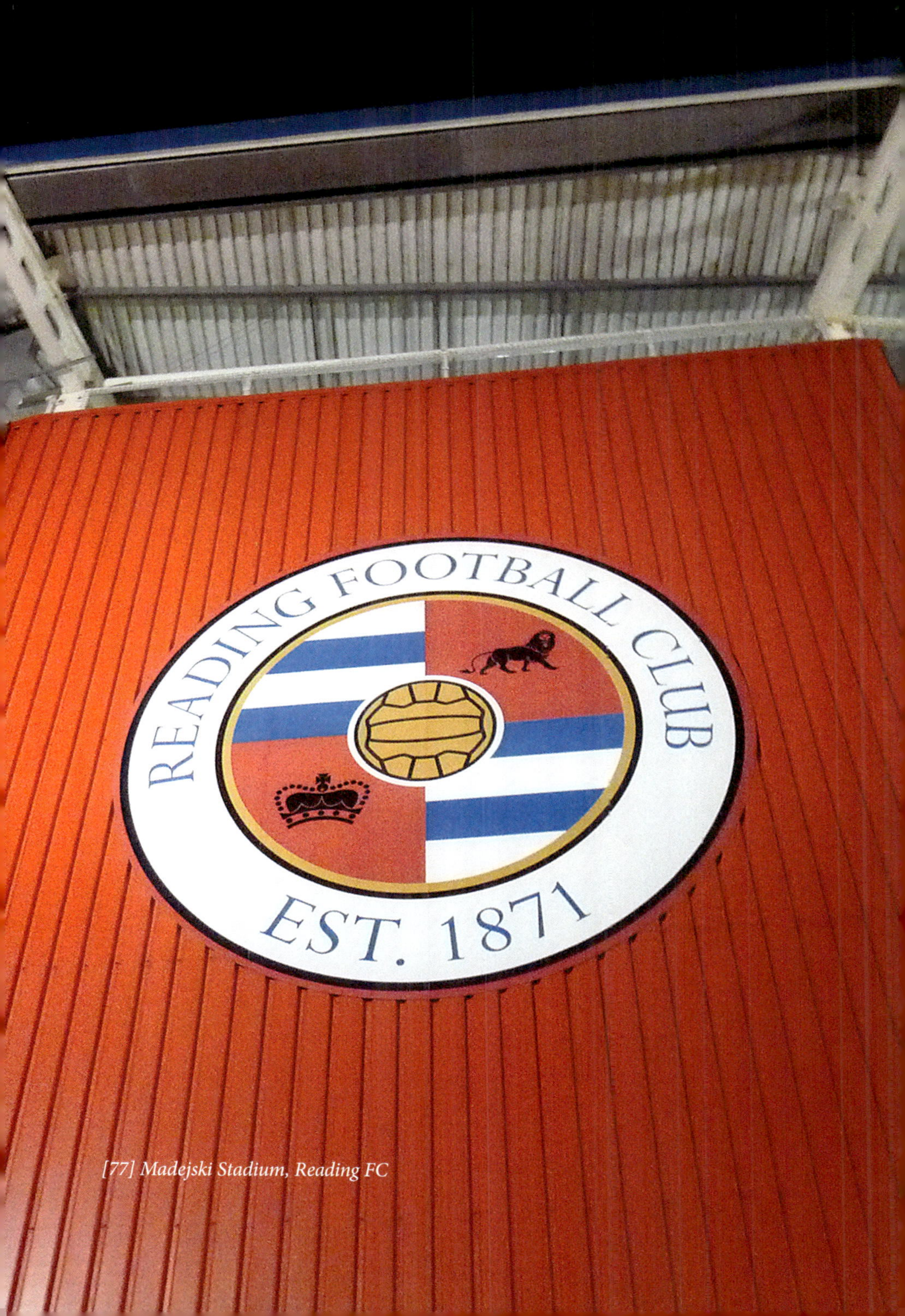

[77] Madejski Stadium, Reading FC

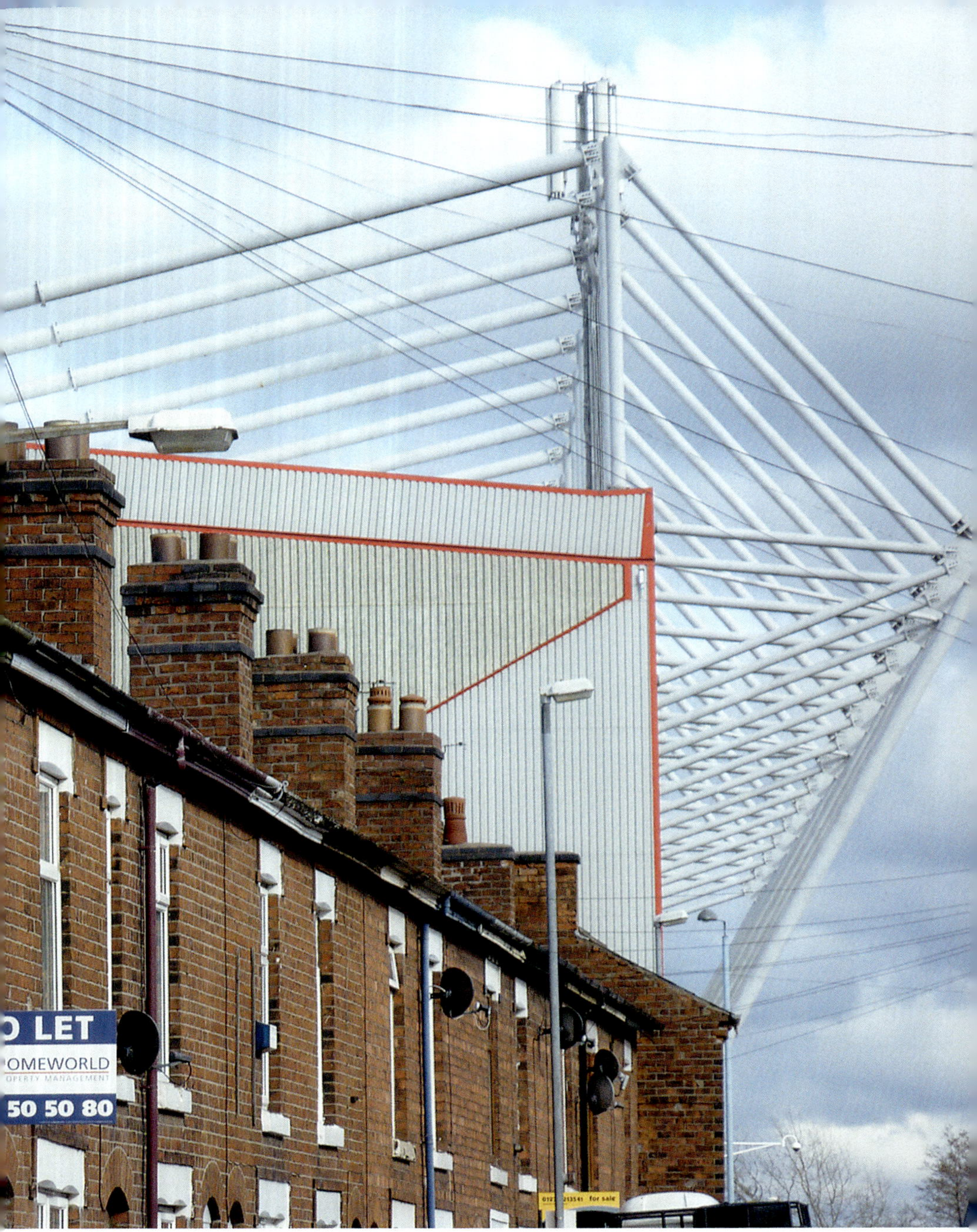

[78] Alexandra Stadium, Crewe Alexandra

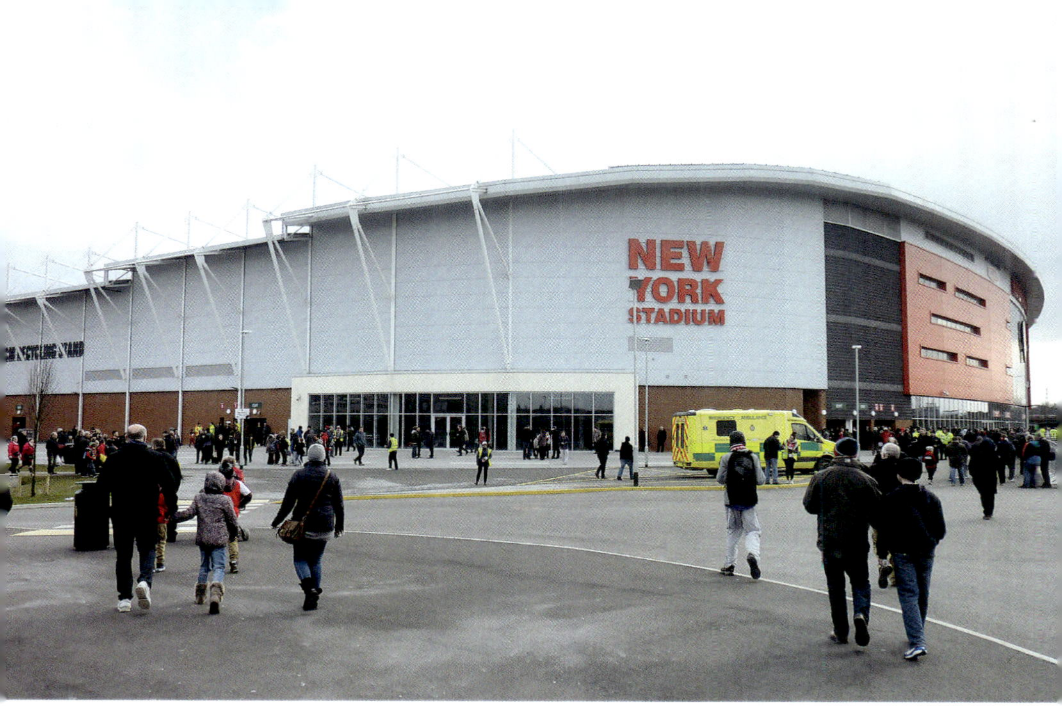

oben: [79] New York Stadium, Rotherham United / unten: [80] Highbury, Fleetwood Town

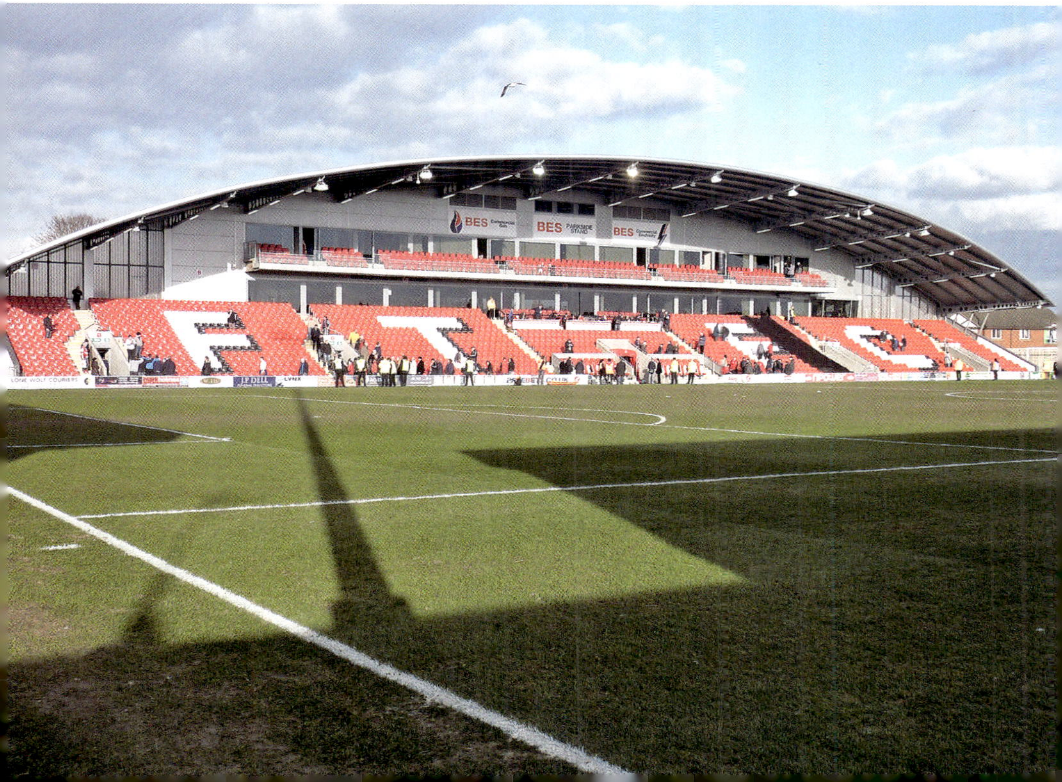

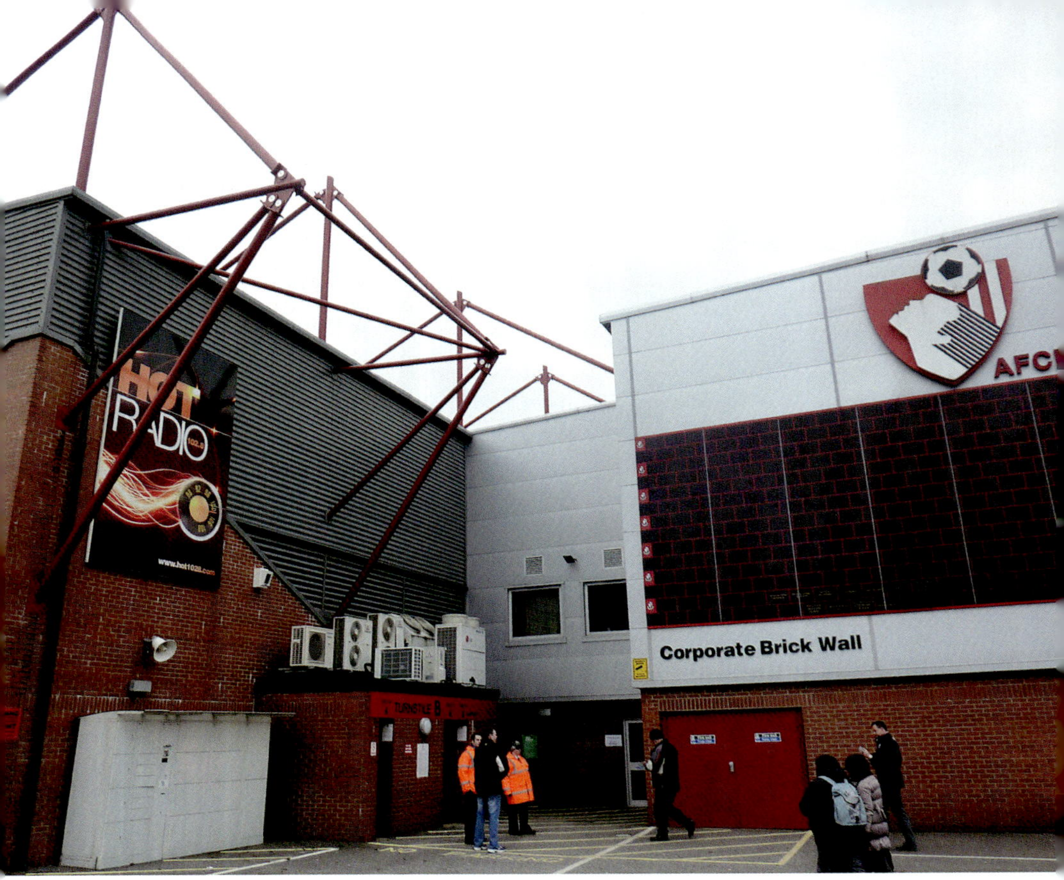

oben: [81] Goldsands Stadium, Bournemouth / unten: Strand von Bournemouth

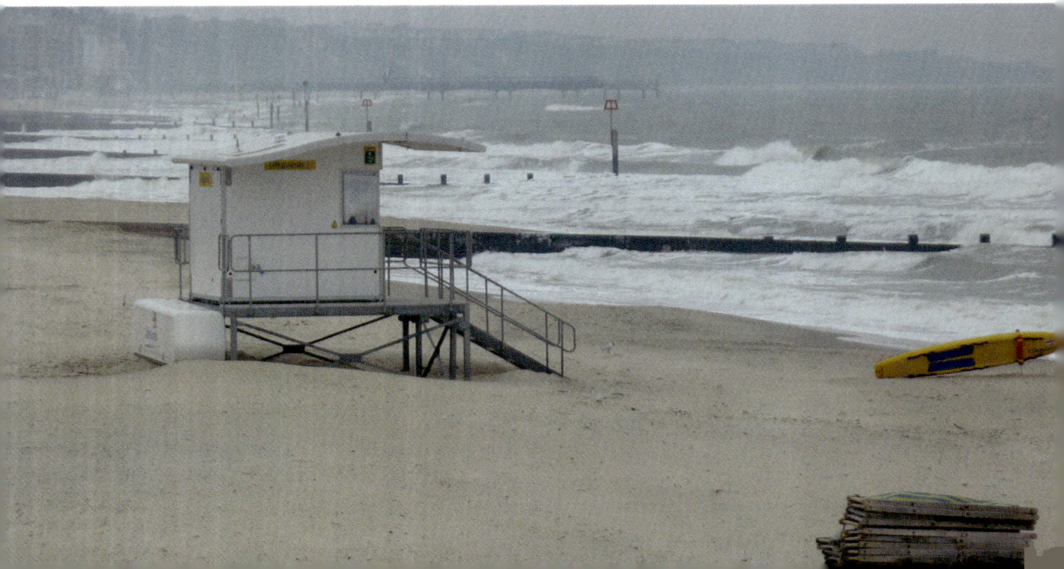

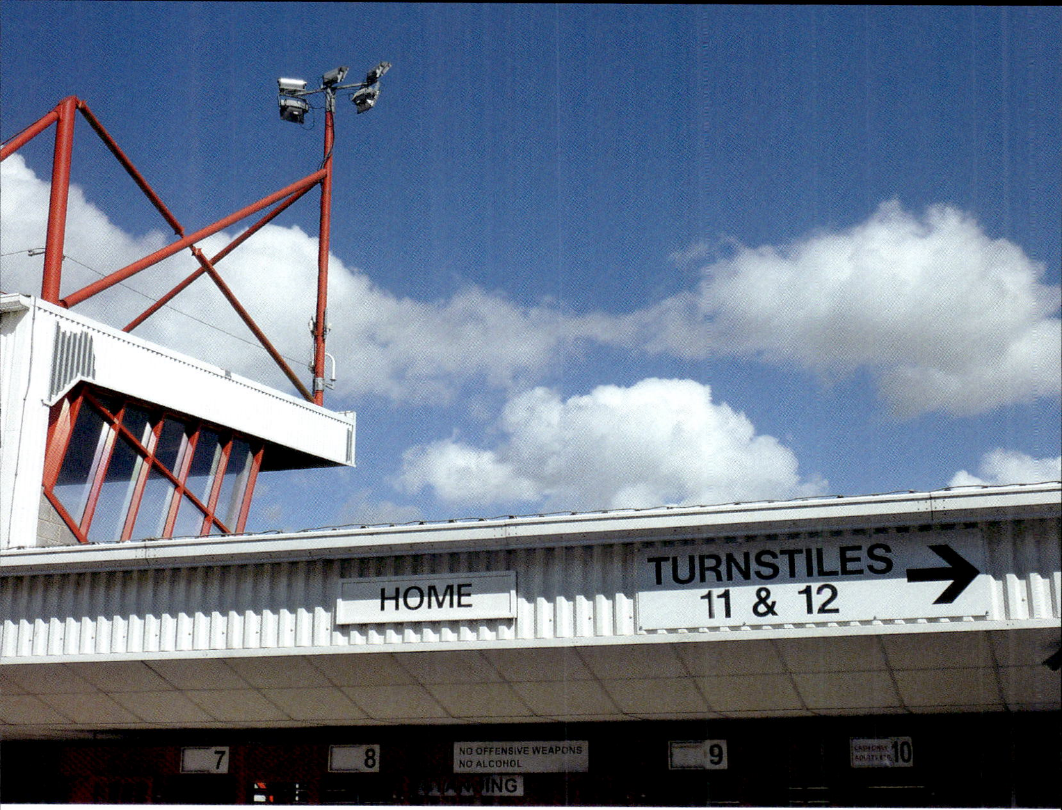

oben: [82] Broadfield Stadium, Crawley Town / unten: [83] Spotland, Rochdale AFC

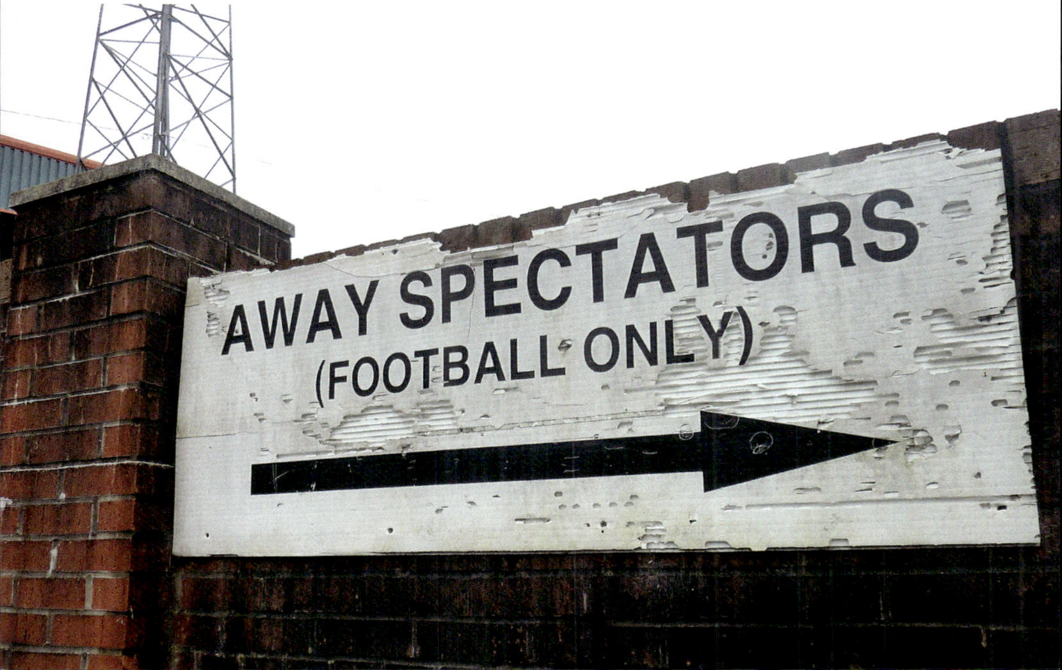

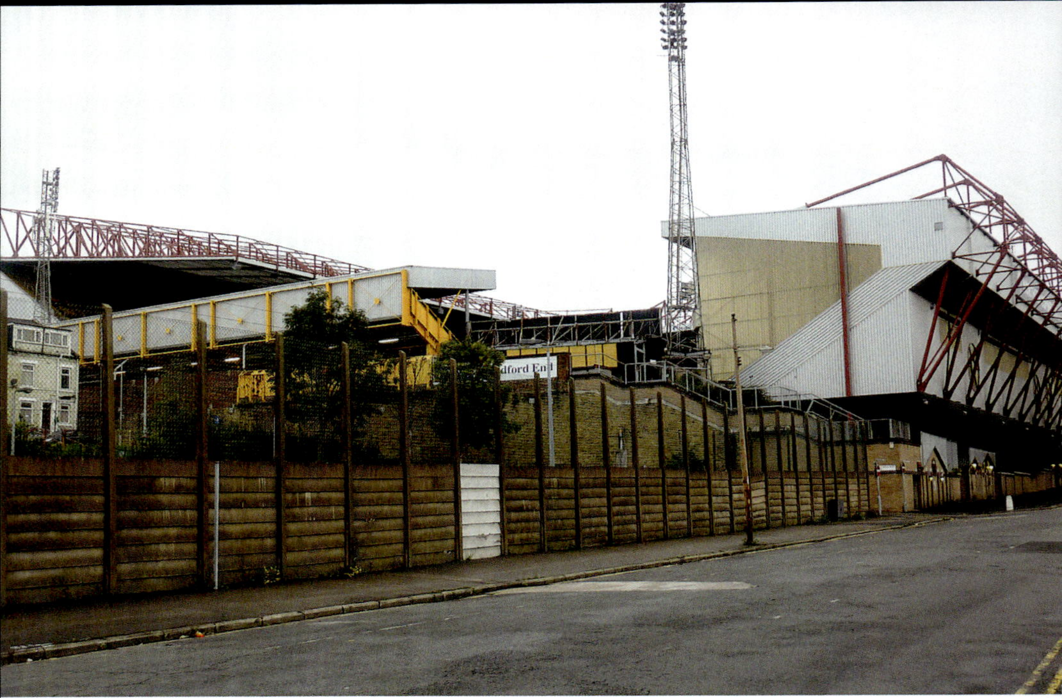

oben: [84] Valley Parade, Bradford City / unten: [85] Field Mill, Mansfield Town

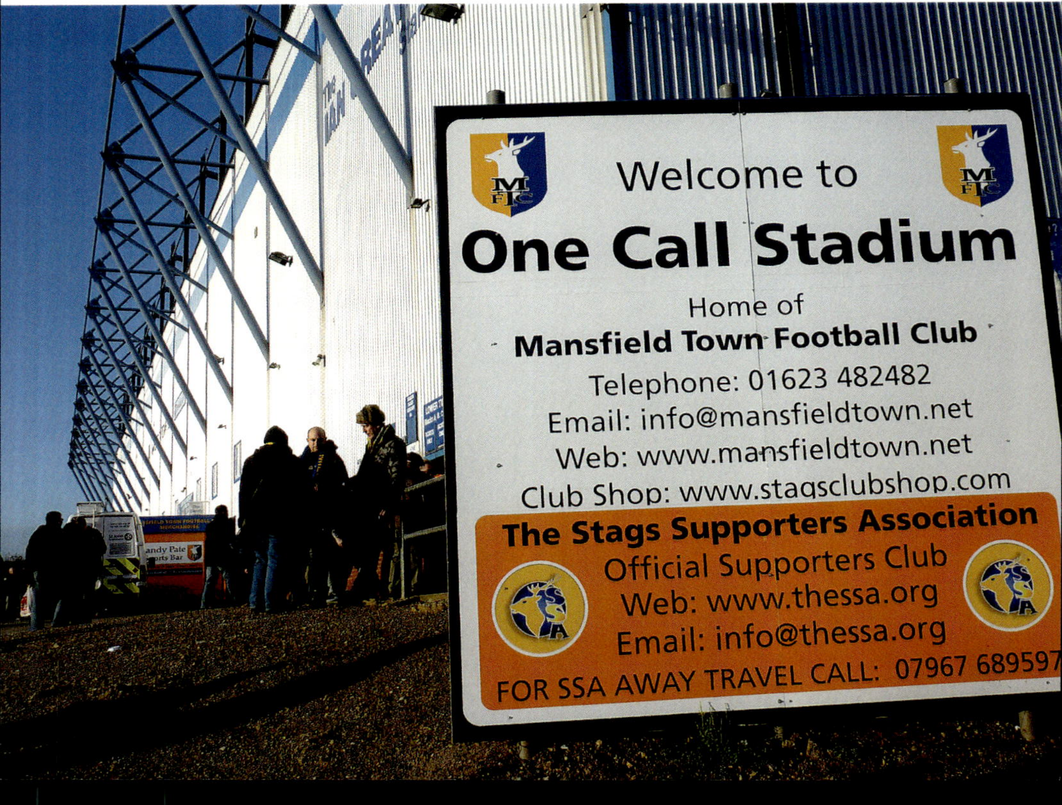

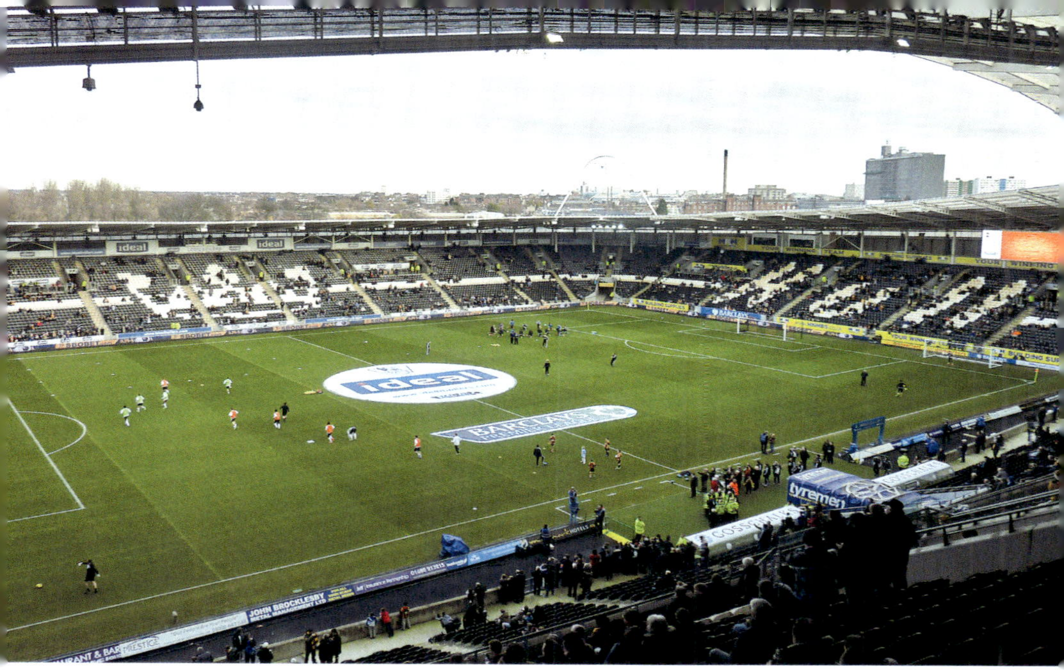

oben: [86] KC Stadium, Hull City / unten: [87] Victoria Park, Hartlepool United

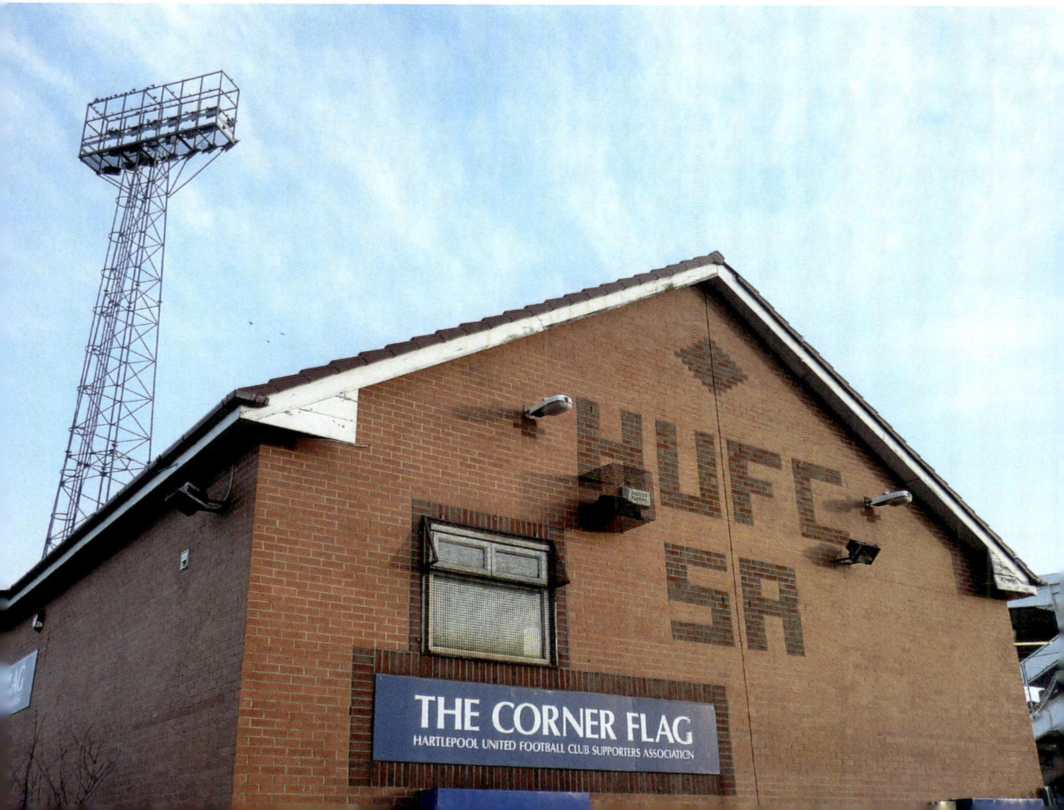

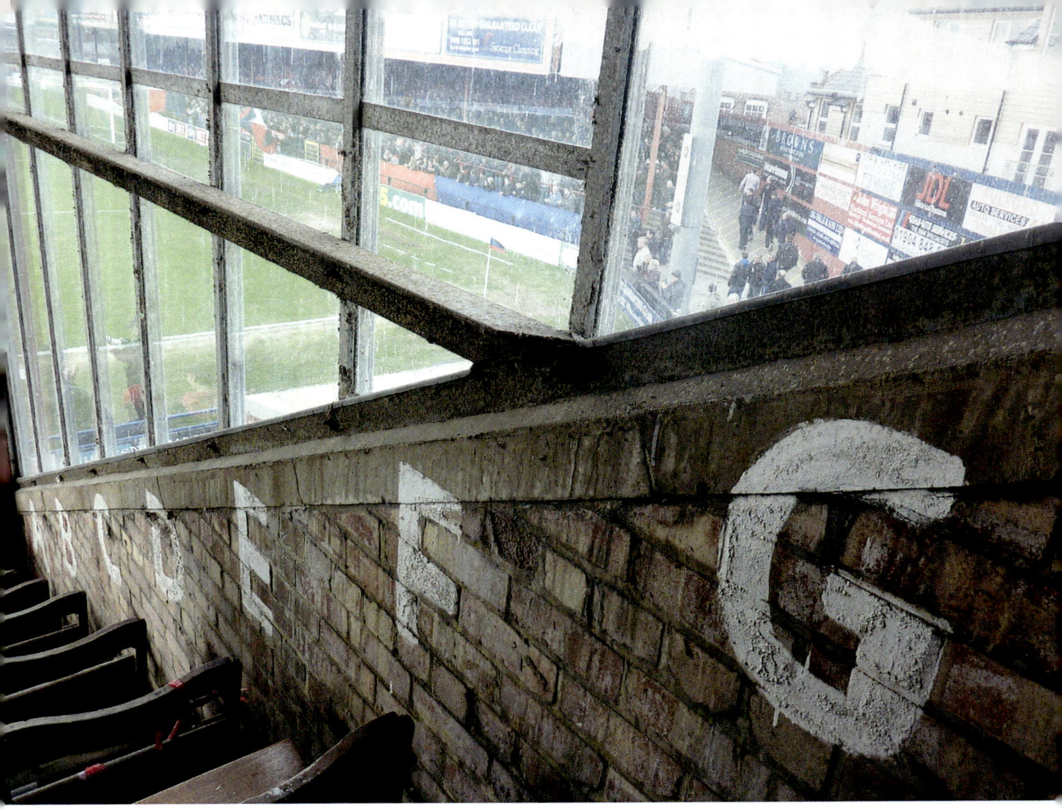

oben: [88] Bootham Crescent, York City / unten: [89] Rodney Parade, Newport County

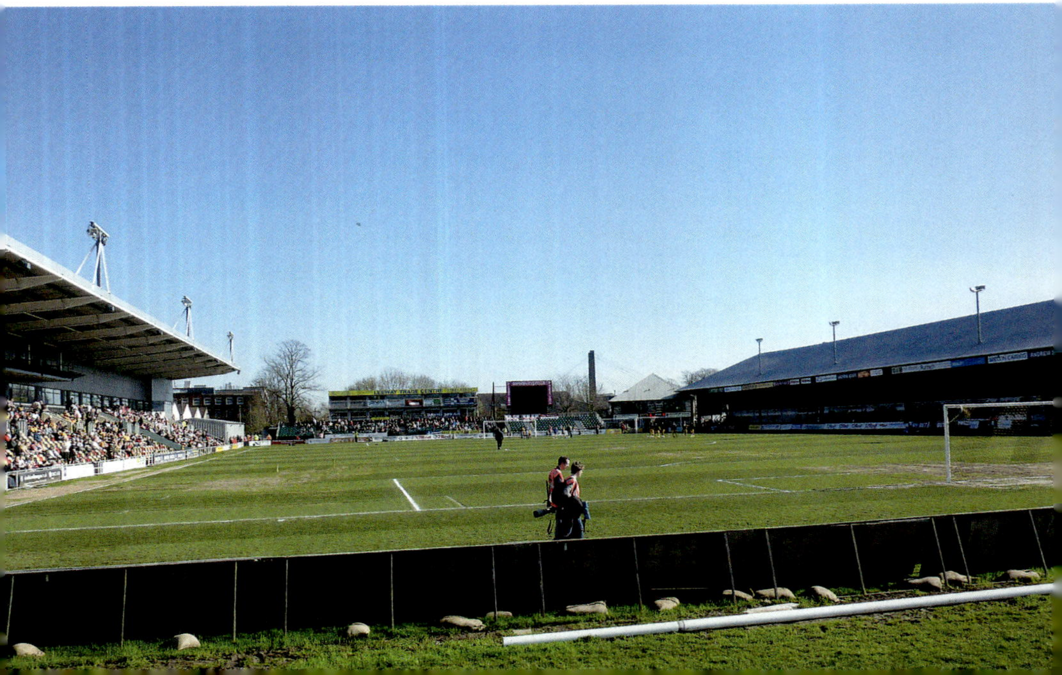

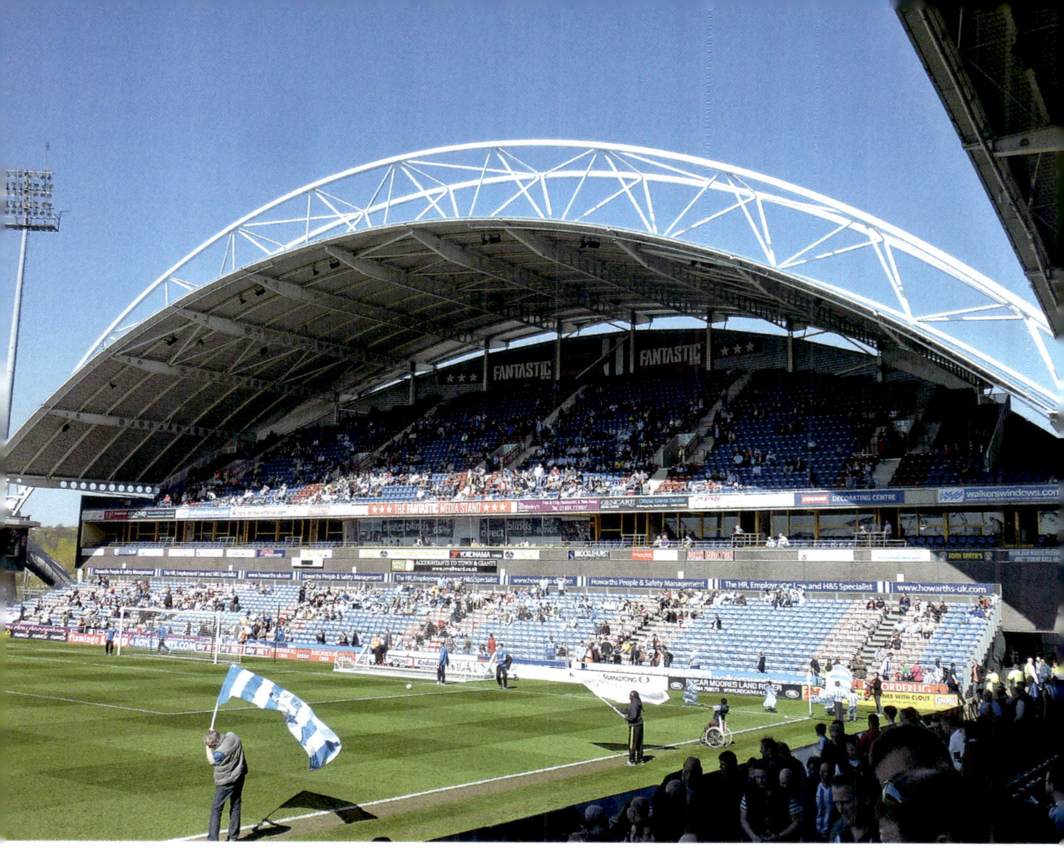

oben: [90] John Smith Stadium, Huddersfield Town / unten: [91] Oakwell, Barnsley FC

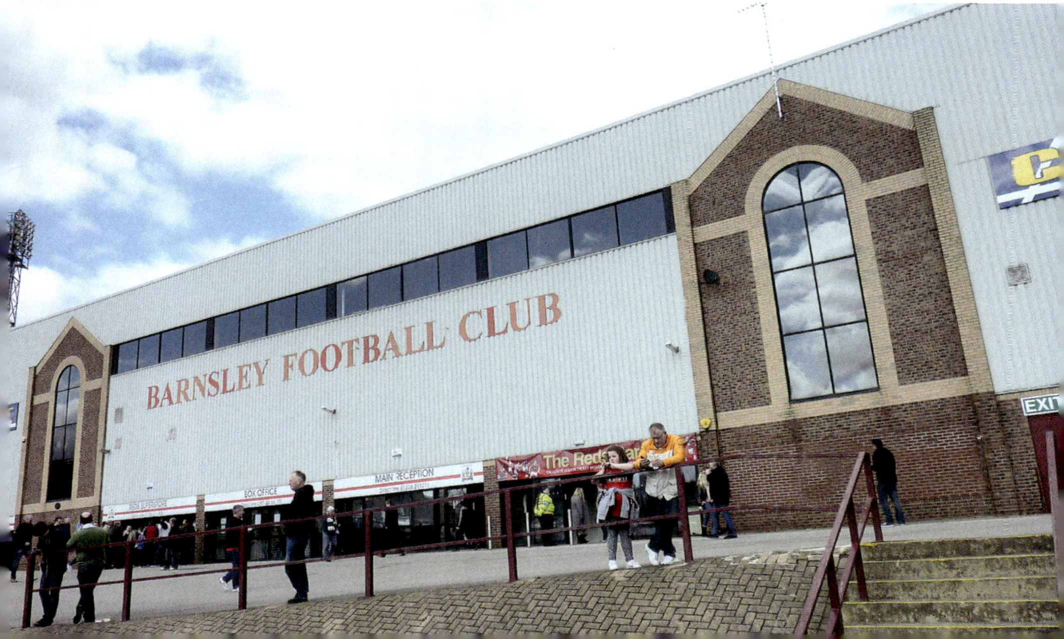

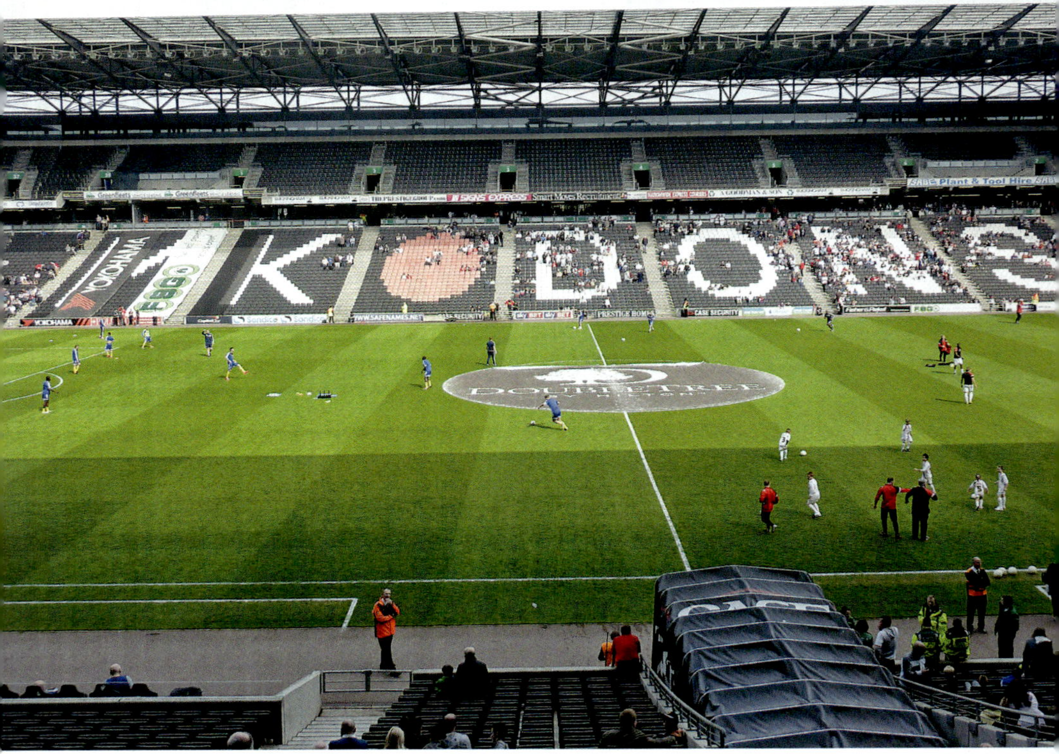

[92] stadium mk, Milton Keynes Dons

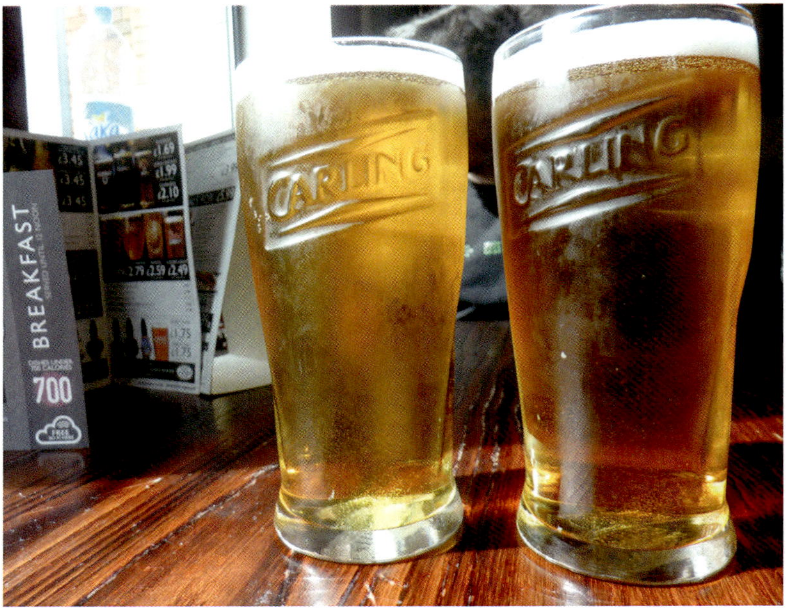

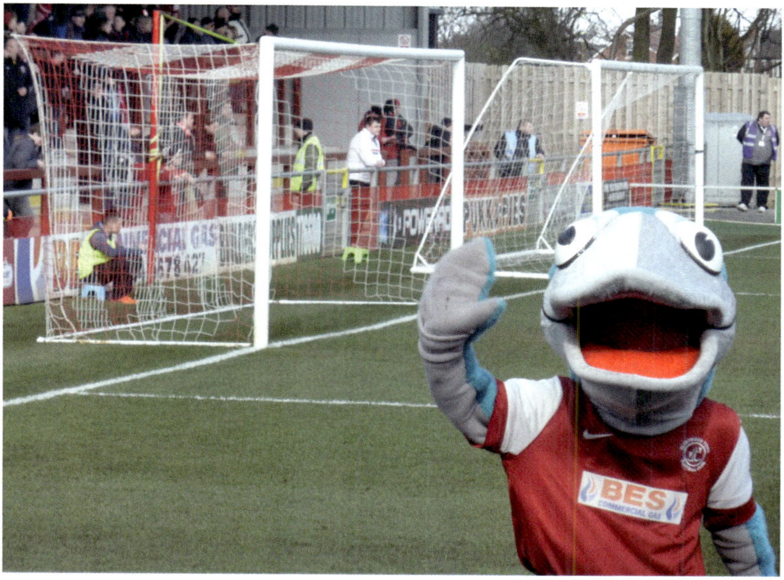

Maskottchen von Fleetwood Town

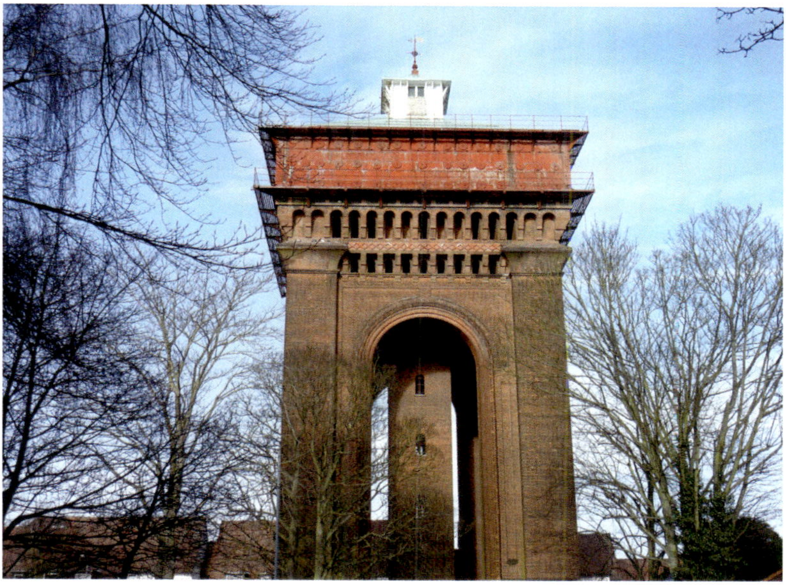

Colchester

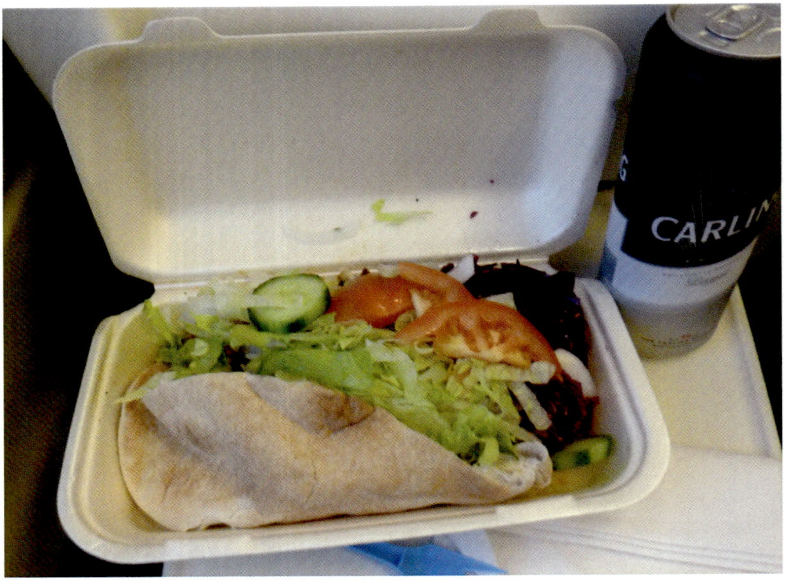

Kebab

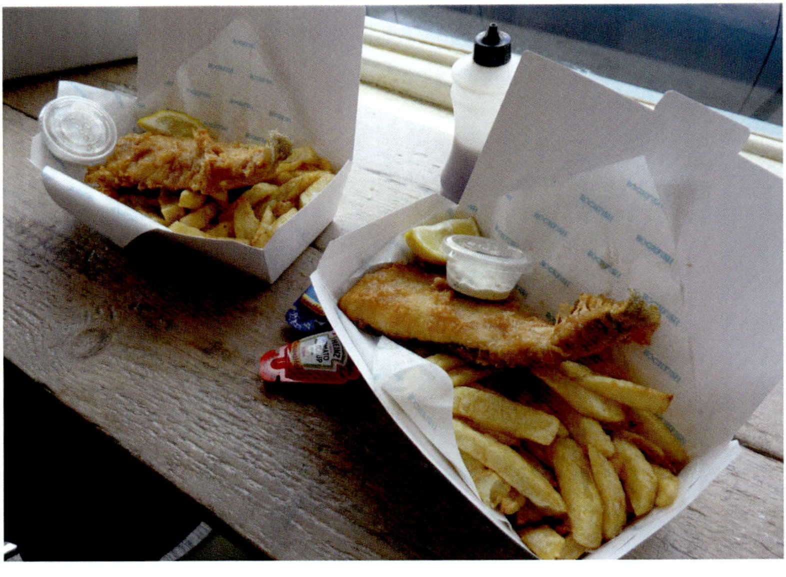

Fish & Chips

Epilog

Zeitblende. Ein halbes Jahr später in Cambridge. Ich habe meine Sachen in der örtlichen Travelodge deponiert und nutze die Zeit, bis mein alter Travelbuddy Rolfes ankommt, für einen Spaziergang durch die Universitätsstadt. Etwas abseits der altehrwürdigen Universitätsgebäude und den obligatorischen High-Street-Läden komme ich an einem unscheinbaren Park mit einer großen Grünfläche vorbei.
Es handelt sich dabei um das sogenannte „Parker's Piece", nicht mehr und nicht weniger als die Geburtsstätte des Fußballs, wie wir ihn kennen. Seit vielen Jahrhunderten spielten die Studenten der renommierten Universität verschiedene Football-ähnliche Ballspiele, besonders gerne auf dem Parker's Piece. Echte Partien, auch gegen Teams aus anderen Städten und von anderen Universitäten, erwiesen sich aber als extrem schwierig, denn jeder folgte seinen eigenen Spielregeln. Daher setzte man sich 1848 zusammen und entwickelte das erste standardisierte Set an Fußballregeln, die sogenannten „Cambridge Rules", die rund um das Parker's Piece ausgehängt und nach denen hier in der Folge Spiele ausgetragen wurden.
Die Cambridge Rules stellten dann 1863 die Grundlage dar, als die Football Association mit ihrer Gründung die ersten offiziellen Fußballregeln definierte, also mehr oder weniger die Regeln, nach denen bis heute gespielt wird. Das Parker's Piece ist daher ein Ort echter Fußballgeschichte, sozusagen heiliger Boden der Glaubensrichtung Fußball. Genau diese Dinge, das hautnahe Erleben der Historie des Sports, der so großen Einfluss auf unser Leben hat, haben mich immer wieder auf die Insel getrieben und den Ehrgeiz geweckt, das Mutterland des Fußballs komplett zu bereisen.
Die Besuche der 92 Grounds haben mich quer durch England geführt, von Carlisle bis Brighton, von Newcastle bis Plymouth. Orte wie Shrewsbury oder Peterborough hätte ich ohne den Fußball nie besucht und ich hätte etwas verpasst. Ich habe einige der wohl schönsten Stadien der Welt besucht: Klassische Grounds wie den Goodison Park oder die Craven Cottage, in denen das Flair von 100 Jahren Fußball weht. Klangvolle Arenen des europäischen Spitzenfußballs, wie An-

field, Old Trafford oder die Stamford Bridge, die jedes Fußballerherz höher schlagen lassen. Ich durfte fantastischen Sport in der Premier League verfolgen und nicht weniger fantastische rustikale Matches in der vierten Liga. Die Stimmung in den Stadien war nicht immer das Gelbe vom Ei – dass es in England besonders stimmungsvoll zugeht, ist eine Mär. Die Bundesliga hat hier definitiv mehr zu bieten, von (süd-)osteuropäischer Stadionatmosphäre ganz zu schweigen. Es waren teilweise echt zähe Partien dabei, die im Grunde nur „abgesessen" wurden, da sich weder auf dem Platz noch auf den Rängen etwas tat, was in England eben auch eine Wechselwirkung hat.

Der Pub-Besuch im Anschluss entschädigte mich aber immer, denn ohne eine Affinität zur englischen Kultur als solche lässt sich ein solches Projekt nicht über 12 Jahre hinweg durchziehen. Die Touren haben auch abseits des Fußballs viel Spaß gemacht. Wir waren oft auf gewohntem Terrain unterwegs, mit Stammpubs in Bristol, Birmingham oder Manchester. Die Unternehmung war in der Summe nicht billig, obwohl zumeist die Low Budget Variante gewählt wurde. Trotzdem dürften die Gesamtkosten über die Jahre im Bereich von weit mehr als 10.000 Euro liegen. Für diesen Batzen Geld hätte man sicher andere Fußballtouren machen können: sämtliche attraktiven europäischen Derbys besuchen oder jedes Jahr das Champions-League-Finale. Auch wenn ich hin und wieder „fremdgegangen" bin und mir wirklich fantastische Matches in anderen Ländern angeschaut habe, würde ich jederzeit wieder England „komplett" machen. Nicht nur, um in den erlauchten Kreis des „92 Club" zu gelangen.

Das gestaltete sich allerdings etwas schwieriger als gedacht. Nach dem Besuch bei den MK Dons schickte ich meinen Mitgliedsantrag zum Klub. Man muss dazu eine Liste seiner Spielbesuche der 92 Grounds erstellen, diese wird dann geprüft und dem Mitgliedsantrag entweder stattgegeben oder eben nicht. Letzteres war bei mir der Fall, da ich, wie im vorliegenden Bericht beschrieben, einige Grounds „nur" in der Conference besucht hatte bzw. das Emirates nur für ein Freundschaftsspiel. Es half also nichts, ich musste zurück auf die Insel.

Zwischenzeitlich hatten sich aufgrund der neuen Saison auch die 92 Grounds geändert. Mit Luton stieg ein Klub in die Liga auf, den ich

bereits Jahre zuvor zu Championship-Zeiten besucht hatte. Der zweite Neuling war Cambridge United, was unseren Besuch in der Universitätsstadt erklärte: Wir hatten an dem nebligen Novemberabend die Partie Cambridge United gegen Northampton Town auf dem Programm.
Als wir uns über einen Park dem Flutlicht des Abbey Stadium näherten, die herrlich traditionellen Tickethäuschen, Drehkreuze und Tribünen sahen, steigerte sich nicht nur die Vorfreude auf das Spiel, es festigte sich auch die Gewissheit, dass es mit den Englandtouren wohl doch noch nicht vorbei war und es auch in Zukunft Gelegenheiten geben würde, weitere Inseltrips und Grounds zu machen. Das Match bestätigte uns darin: ein 2:1 Sieg für Cambridge, Nick Hornbys zweite Liebe zu Studienzeiten. Bemerkenswert waren dabei die Cambridge-Fans, die im Newmarket Road End hinter dem Tor unerbittlich ihr Team astrein unterstützten – fantastische Stimmung bei einem Klub, der zuvor neun Jahre lang in der Conference gespielt hatte. Bevor Cambridge United ins Abbey Stadium einzog, spielte der Klub übrigens in den 30er-Jahren kurz auf dem Parker's Piece, womit sich der Kreis zur Wiege des Fußballs wieder schloss.
Im Dezember 2014 hatte ich dann alle offenen Grounds erneut besucht. Den Abschluss bildete die Partie Arsenal gegen Southampton im Emirates – mehr als 12 Jahre, nachdem bei meinem ersten Besuch in Highbury jemand für den Besuch aller 92 Grounds geehrt worden war. Meinem Antrag auf Aufnahme wurde dann stattgegeben. Unter der Nummer 1228 bin ich heute stolzes Mitglied des „92 Club" – des Klubs für die Fußballfans, die das Mutterland des Fußballs bereist haben.

Übersichtskarte: Der Weg zu den 92

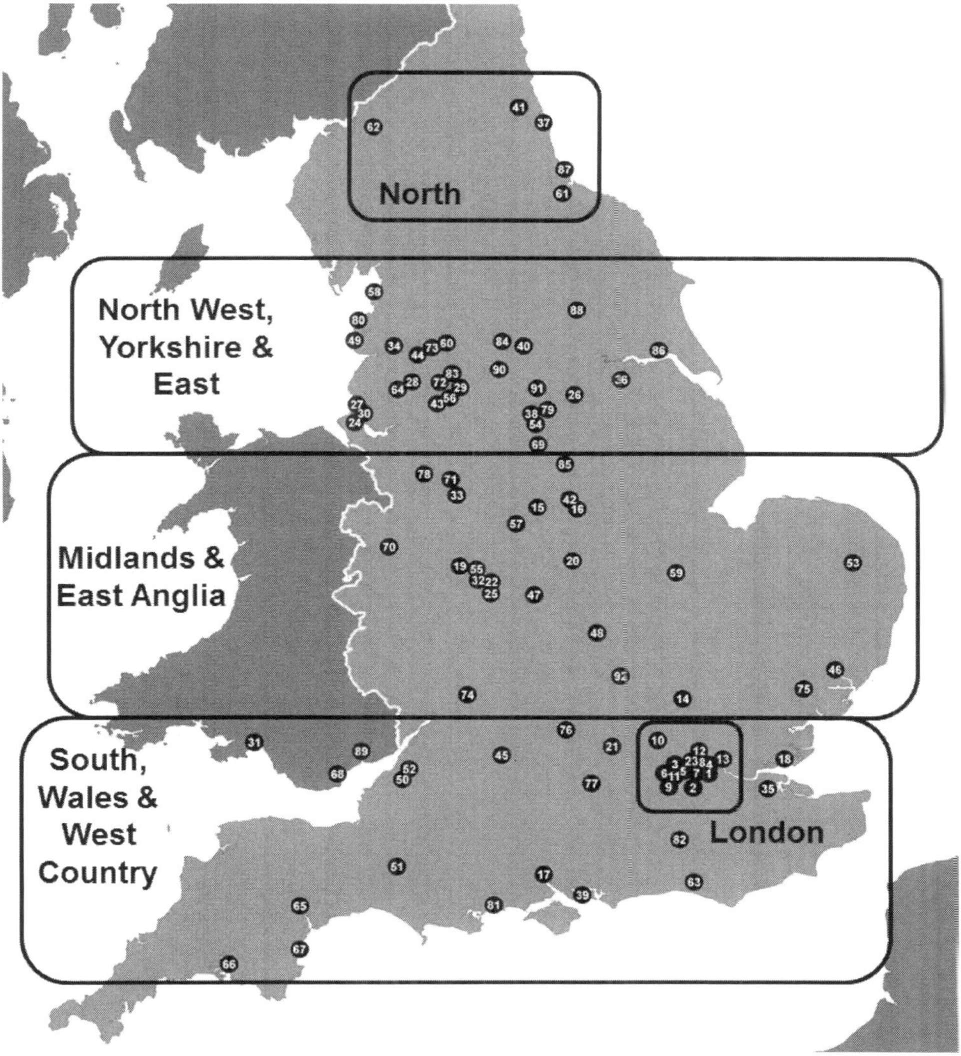

Statistik

Gesamtdauer	11 ½ Jahre (4220 Tage)
Anzahl Touren	32
Kilometer auf der Insel	knappe 30.000 km (75% Erdumfang ...)
Nächte auf der Insel	ca. 120 (netto, ohne Praktikum und Urlaub)
Gesamtkosten	ca. 10 -15.000 Euro
Ticketkosten	ca. 2.650 Euro (= ca. 29 Euro pro Match)
Zuschauerschnitt	ca. 16.000 pro Partie
Mehrfach besuchte Grounds auf dem Weg zu den 92	21
Ergebnisse	40 Heimsiege, 30 Unentschieden, 22 Auswärtssiege
Tore	251 gesamt, 149 Heimtore, 102 Auswärtstore. Durchschnitt: 1,62:1,11
Anzahl an gesehenen Mannschaften	103
Am öftesten gesehen	jeweils 4x Bristol Rovers, Burton Albion, Derby County, Newcastle United, Scunthorpe United, Shrewsbury Town, Stoke City

Die 92 gemacht mit …	Premier League	20
	Championship	22
	League One	18
	League Two	21
	Conference	2
	Ryman League	1
	FA Cup	1
	League Cup	3
	UEFA Cup	1
	WM Qualifier	1
	Reserve League	1
	Freundschaftsspiel	1

MUST SEE 5 Grounds die man gesehen haben sollte	Goodison Park
	Molineux
	Craven Cottage
	Fratton Park
	Villa Park

Grounds, Klubs und Anreise

Nr.	Ground	Kapazität	Heimat von …
1	Valley	27.100	Charlton Athletic
2	Selhurst Park	25.500	Crystal Palace
3	Loftus Road	20.000	Queens Park Rangers
4	Upton Park	35.000	West Ham United
5	Stamford Bridge	41.000	Chelsea FC

Region	Warum den Ground besuchen	Anreise
London	An der Stelle einer ehemaligen Kalkgrube ist ein herrliches Stadion entstanden, das zu den schönsten Londoner Grounds zählt.	In London: National Rail ab London Bridge bis Charlton, dann ca. 5 Gehminuten
London	Einer der letzten „old school" Grounds in London, mit dem eindrucksvollen Holmesdale Road Stand und dem Geist von Eric Cantonas Kung-Fu-Tritt.	In London: National Rail ab Victoria oder Balham bis Selhurst, dann ca. 10 Gehminuten
London	Die „Loft" ist wohl das kompakteste Stadion in Europa, nirgendwo ist man näher dran!	In London: Central Line bis White City, dann ca. 5 Gehminuten
London	Leider ist der Ground Geschichte. Schade um ein echtes Original des englischen Fußballs im Londoner Osten.	Mittlerweile spielt West Ham im ehemaligen Olympiastadion in Stratford, vom Boleyn Ground ist nichts mehr zu sehen.
London	Der Name spricht für sich selbst, eine echte Hausnummer in der Reihe europäischer Stadien, mit schöner Bauweise.	In London: District Line bis Fulham Broadway, dann ca. 5 Gehminuten

Nr.	Ground	Kapazität	Heimat von …
6	Griffin Park	12.700	Brentford FC
7	Den	20.000	Millwall FC
8	Brisbane Road	9.200	Leyton Orient
9	Kingsmeadow	4.900	AFC Wimbledon
10	Vicarage Road	23.700	Watford FC

Region	Warum den Ground besuchen	Anreise
London	Ein Pub an jeder Ecke des Stadions, dazu noch eine echte Stehplatztribüne. Was will man mehr?	In London: National Rail ab Waterloo bis Brentford, dann ca. 10 Gehminuten
London	Das Den lebt vom Mythos Millwall und der rustikalen Umgebung. Das Stadion selbst ist eher zweckmäßig.	In London: National Rail ab London Bridge bis South Bermondsey, dann ca. 5 Gehminuten
London	Mittlerweile leider kein League Ground mehr. Dennoch bleibt die Brisbane Road eine Art Paradebeispiel für einen kultigen Ground im Schatten der großen Londoner Klubs.	In London: Central Line bis Leyton, dann ca. 5 Gehminuten
London	Als Ground kaum nennenswert, würde man hier nicht das Fußballmärchen des AFC Wimbledons live miterleben können.	In London: National Rail ab Waterloo bis Norbiton, dann ca. 10 Gehminuten
London	Die Vicarage Road hat mit den gelb-roten Farben ein prägnantes Erscheinungsbild, vor dem sich zudem oftmals Erstligafußball abspielt.	Von London aus: Metropolitan Line bis Watford, dann ca. 15 Gehminuten

Nr.	Ground	Kapazität	Heimat von …
11	Craven Cottage	25.700	Fulham FC
12	White Hart Lane	36.000	Tottenham Hotspur
13	Victoria Road	6.000	Dagenham & Redbridge
14	Lamex Stadium	6.700	Stevenage FC

Region	Warum den Ground besuchen	Anreise
London	Die Craven Cottage gehört mit Ihrer denkmalgeschützten Tribüne und der Lage an der Themse ohne Frage zu den schönsten Grounds in England.	In London: District Line bis Putney Bridge, dann ca. 15 Gehminuten
London	Die White Hart Lane ist nur noch in den Geschichtsbüchern zu finden. Ein ehemals herrlicher Ground in Nordlondon.	Derzeit spielt Tottenham im Wembley Stadium. Nach der Rückkehr an die White Hart Lane Anreise via Liverpool Street mit der National Rail bis White Hart Lane, dann ca. 5 Gehminuten
London	Vielleicht die beste Möglichkeit um in London etwas bodenständigeren Fußball zu verfolgen, v.a. von der überdachten Stehplatztribüne an der Spielfeldseite aus.	In London: District Line bis Dagenham East, dann ca. 5 Gehminuten
Midlands	Der Ground gehört zu den Top Sehenswürdigkeiten in Stevenage, was nicht per se als Kompliment für den Ground zu verstehen ist.	Ab London: ca. 30 Minuten mit dem Zug bis National Rail Station Stevenage, dann ca. 15 Gehminuten

Nr.	Ground	Kapazität	Heimat von …
15	Pride Park	33.500	Derby County
16	City Ground	30.500	Nottingham Forest
17	St. Marys Stadium	32.500	Southampton FC
18	Roots Hall	12.400	Southend Utd
19	Molineux	31.700	Wolverhampton Wanderers

Region	Warum den Ground besuchen	Anreise
Midlands	Auch wenn es sich um einen 90er Jahre Neubau handelt, weht doch der Wind des Traditionsklubs Derby County rund um den Pride Park.	Ca. 5 Gehminuten ab National Rail Station Derby
Midlands	Wenige Grounds verkörpern den englischen Fußball mehr als der City Ground von Nottingham Forest. Die großen Schlachten auf nationaler und internationaler Ebene am Ufer des River Trent wirken bis heute nach.	Ca. 10 Gehminuten ab National Rail Station Nottingham
South	Während das Stadion als solches ein recht trivialer Neubau seiner Zeit ist, macht den Reiz die Fußballeuphorie der Stadt Southampton aus.	Ca. 15 Gehminuten ab National Rail Station Southampton
South	Ein rustikaler Ground in einem Seaside Resort in Schlagdistanz von London.	Ab London: Ca. 1 Stunde Zugfahrt bis Prittlewell, dann 10 Gehminuten
Midlands	Der Lieblingsground des Autors. Ein herrlich stimmiges Stadion eines Traditionsklubs, dessen Historie sich überall im Ground widerspiegelt.	Ab Birmingham: Ca. 20 Minuten Zugfahrt bis Wolverhampton, dann ca. 10 Gehminuten

Nr.	Ground	Kapazität	Heimat von …
20	Walkers Stadium	32.500	Leicester City
21	Adams Park	10.000	Wycombe Wanderers
22	Villa Park	42.500	Aston Villa
23	Emirates	60.000	Arsenal FC
24	Prenton Park	16.500	Tranmere Rovers

Region	Warum den Ground besuchen	Anreise
Midlands	Heimat des 2016er Überraschungsmeisters Leicester City, ansonsten wenig Glamour und ein starker Abfall im Vergleich zur alten Heimat, der Filbert Street.	Ca. 20 Gehminuten ab National Rail Station Leicester
South	Für die Verhältnisse eine überaus ansehnliche Tribüne an der Spielfeldseite, mit einem am Stadtrand schön, wenn auch unbequem gelegenen Ground.	Ab London: ca. 1 Stunde Zugfahrt bis High Wycombe, dann ca. 45 Gehminuten oder Shuttlebus
Midlands	Eine Kathedrale des englischen Fußballs, mit klangvollen Tribünen wie dem Holte End. Pflichtprogramm für alle Englandfans.	In Birmingham: ca. 5 Minuten Zugfahrt ab New Street bis Witton, oder ca. 45 Minuten Fußmarsch ab der Innenstadt
London	War Highbury eine absolute Institution, so ist das Emirates im Grunde nur Spielstätte der Gunners. Der Ground ist eine sehr solide, moderne Arena, allzuviel Flair versprüht diese aber nicht.	In London: Piccadilly Line bis Arsenal, dann ca. 5 Gehminuten
North West	Beachtliche Stands, wie der Kop oder der Main Stand, die von der klassischen 90er Jahre Bauweise und präganten Flutlichtmasten abgerundet werden.	Ab Liverpool: Merseyrail bis Rock Ferry, dann ca. 10 Minuten Fußmarsch

Nr.	Ground	Kapazität	Heimat von …
25	St. Andrews	30.000	Birmingham City
26	Keepmoat Stadium	15.200	Doncaster Rovers
27	Goodison Park	40.000	Everton FC
28	Reebok Stadium	29.000	Bolton Wanderers
29	Boundary Park	13.300	Oldham Athletic

Region	Warum den Ground besuchen	Anreise
Midlands	Ein sehr authentischer Ground, mit einem herrlich belassenen Main Stand und dem von der Innenstadt aus gut sichtbaren Railroad Stand.	In Birmingham: ca. 15 Gehminuten ab Innenstadt
Yorkshire	Keine nennenswerten Eigenschaften des soliden und zweckmäßigen Neubaus. Immerhin wurde noch nicht versucht, das Stadion warm zu sanieren wie beim Vorgänger „Belle Vue".	Ca. 20 Gehminuten ab National Rail Station Doncaster
North West	Viel schöner wird es nicht. Der Goodison Park ist ein Inbegriff englischer Fußballgrounds und verfügt über mehr Charme als sämtliche Stadien mancher anderer Ligen.	In Liverpool: Merseyrail bis Kirkdale, dann ca. 15 Gehminuten
North West	Der futuristische Bau mit den geschwungenen Flutlichtmasten macht den Ground einzigartig, auch wenn er inmitten eines Gewerbegebiets liegt.	Ab Manchester: ca. 25 Minuten Zugfahrt bis Horwich Parkway, dann ca. 5 Gehminuten
North West	Klassischer „old school" Ground im Umland von Manchester, mit schönen alten Stands und einer traditionellen Backsteinmauer.	Ab Manchester: ca. 25 Minuten Metrofahrt bis Oldham King Street, dann ca. 20 Gehminuten

Nr.	Ground	Kapazität	Heimat von …
30	Anfield	54.000	Liverpool FC
31	Liberty Stadium	21.000	Swansea City
32	Hawthorns	26.500	West Brom Albion
33	Britannia Stadium	27.700	Stoke City
34	Deepdale	23.400	Preston North End
35	Priestfield Stadium	11.500	Gillingham FC

Region	Warum den Ground besuchen	Anreise
North West	This is Anfield. Viel mehr muss man dazu nicht sagen.	In Liverpool: Merseyrail bis Kirkdale, dann ca. 20 Gehminuten
Wales	Weiter kommt man im englischen Fußball nicht nach Wales hinein. Zudem ein recht solider, moderner Ground, der etwas im Widerspruch zum rustikalen Klubumfeld steht.	Ca. 20 Gehminuten ab National Rail Station Swansea
Midlands	Mit 170m über dem Meeresspiegel der höchstgelegene englische Ligaground, zudem Heimat eines echten Urgesteins des englischen Fußballs und rundum eine schöne Kiste.	Ab Birmingham: ca. 10 Minuten Zugfahrt bis Hawthorns, dann ca. 5 Gehminuten
Midlands	Das Britannia Stadium am Newcastle Canal spiegelt die Bodenständigkeit der Stadt wieder und die Stanley Matthews Statue erinnert an erfolgreichere Tage.	Ca. 40 Gehminuten ab National Rail Station Stoke
North West	Die Heimat des ersten englischen Fußballmeisters, der seit 1878 auf dem gleichen Platz spielt. Fußballgeschichte zum Anfassen!	Ab Manchester: ca. 45 Minuten Zugfahrt bis Preston, dann ca. 25 Gehminuten
South	Wenig Glamour in Medway, aber ein für die Verhältnisse recht ansprechender, gut in Schuss gehaltener Ground.	Ab London: ca. 1 Stunde Zugfahrt bis Gillingham, dann ca. 5 Gehminuten

Nr.	Ground	Kapazität	Heimat von …
36	Glanford Park	9.000	Scunthorpe United
37	Stadium of Light	48.700	Sunderland AFC
38	Hillsborough	40.000	Sheffield Wednesday
39	Fratton Park	21.000	Portsmouth FC
40	Elland Road	40.000	Leeds United

Region	Warum den Ground besuchen	Anreise
East	Eine relativ kleine Kiste, die somit aber auch ein schönes Spielerlebnis ermöglicht.	Ca. 40 Gehminuten ab National Rail Station Scunthorpe
North	Eines der größten Fußballstadien im Land und zugleich eine Hommage an die Zeche, welche zuvor auf dem Areal beheimatet war.	Ab Newcastle: ca. 10 Minuten Metrofahrt bis Stadium of Light, dann ca. 5 Gehminuten
Yorkshire	Einer der charakteristischsten Groundnamen im englischen Fußball, negativ behaftet durch die gleichnamige Katastrophe 1989.	In Sheffield: ca. 15 Minuten Metrofahrt bis Hillsborough, dann ca. 5 Gehminuten
South	Ein Art Zeitkapsel, da der Ground aufgrund von Insolvenzen über Jahrzehnte nicht modernisiert wurde. Dazu das prägnante Fachwerkhaus als Stadioneingang.	Ca. 10 Gehminuten ab National Rail Station Fratton (ca. 30 Gehminuten ab dem Zentrum von Portsmouth)
Yorkshire	Eine echte Hausnummer in der Reihe der englischen Grounds. Der imposante, moderne East Stand in Verbindung mit den klassischen anderen Tribünen geben der Elland Road den Reiz.	Ca. 30 Gehminuten ab National Rail Station Leeds

Nr.	Ground	Kapazität	Heimat von …
41	St. James Park	52.300	Newcastle United
42	Meadow Lane	20.300	Notts County
43	Old Trafford	75.600	Manchester United
44	Ewood Park	32.000	Blackburn Rovers
45	County Ground	17.400	Swindon Town

Region	Warum den Ground besuchen	Anreise
North	Der sich majestätisch am Hang erhebende St. James' Park wirkt auch von innen sehr eindrucksvoll. Eine angemessene Spielstätte für den Kultklub der Geordies, Newcastle United.	Ca. 10 Gehminuten ab National Rail Station Newcastle
Midlands	Ein recht klassischer Ground, der allen voran davon lebt, dass hier der älteste Fußballklub der Liga spielt.	Ca. 5 Gehminuten ab National Rail Station Nottingham
North West	Das Theater der Träume ist mit Sicherheit eine der bedeutensten Fußballarenen der Welt, zudem die Heimstätte mit der größten Kapazität im englischen Ligenfussball.	In Manchester: ca. 10 Minuten Metrofahrt bis Exchange Quay, dann ca. 10 Gehminuten
North West	Seit 1890 rollt der Ball auf dem Platz, auf dem mit den Blackburn Rovers ein Urgestein des englischen Fußballs zu Hause ist. Heute ist der Ground eine Paradebeispiel für die Umbauten der Post-Taylor-Report-Ära in den 90er Jahren.	Ab Manchester: ca. 45 Minuten Zugfahrt bis Blackburn, dann ca. 20 Gehminuten
South	Aus Ermangelung an sportlichen Höhenflügen ist der Ground weitgehend noch in einem recht klassischen Zustand – und hat eine Rolex als Stadionuhr!	Ca. 15 Gehminuten ab National Rail Station Swindon

Nr.	Ground	Kapazität	Heimat von …
46	Portman Road	30.400	Ipswich Town
47	Ricoh Arena	32.500	Coventry City
48	Sixfields Stadium	7.750	Northampton Town
49	Bloomfield Road	16.000	Blackpool FC
50	Ashton Gate	27.000	Bristol City

Region	Warum den Ground besuchen	Anreise
East Anglia	Der Ground sieht von außen wie von innen genau so aus, wie man sich einen typischen englischen Ground wünscht. Dazu grüßt Sir Alf Ramsey als Statue vor dem gleichnamigen Stand.	Ab London: ca. 1 Stunde Zugfahrt bis Ipswich, dann ca. 5 Gehminuten
Midlands	Ein Neubau am Stadtrand, der eher durch die Vorzüge eines modernen Stadions glänzt, als durch englisches Fußballflair.	Ca. 5 Minuten Fußmarsch und ca. 10 Minuten Shuttlebus ab National Rail Station Coventry
Midlands	Eine bescheidene Stadt, ein bescheidener Klub, ein bescheidener Ground, der eine schöne Kulisse für Northampton Town bietet.	Ca. 15 Gehminuten ab National Rail Station Northampton
North West	Steht Blackpool eher für Außergewöhnliches, ist die Bloomfield Road eher ein recht durchschnittliches Stadion ohne Schnörkel und allzuviel Charme.	Ca. 25 Gehminuten ab National Rail Station Blackpool North
South	Mittlerweile wurde der Ground renoviert und gleicht heute eher einer modernen Arena. Zuvor handelte es sich um eine schöne „old school“ Kiste.	Ca. 30 Gehminuten ab National Rail Station Bristol Temple Meads

Nr.	Ground	Kapazität	Heimat von …
51	Huish Park	9.600	Yeovil Town
52	Memorial Stadium	12.300	Bristol Rovers
53	Carrow Road	27.000	Norwich City
54	Bramall Lane	32.000	Sheffield United
55	Bescot Stadium	11.300	Walsall FC

Region	Warum den Ground besuchen	Anreise
South	Der Huish Park lädt eher zum Familienerlebnis ein, als zu heißen Fußballschlachten. Dem Klub und der Stadt mehr als angemessen.	Ca. 30 Minuten Busfahrt mit Umsteigen ab National Rail Station Yeovil Junction
South	Vier komplett verschiedene Tribünen verleihen dem Ground viel Charakter: Der modern wirkende West Stand, der rustikale East Stand, die Stehplatz Terrace im Norden und der Baumarktpavillion im Süden.	Ca. 60 Gehminuten ab National Rail Station Bristol Temple Meads (oder ca. 45 Gehminuten ab National Rail Station Bristol Parkway)
East Anglia	Das knallig grün-gelbe Erscheinungsbild gibt der Carrow Road viel Charakter, die kompakte Architektur tut ihr übrigens.	Ca. 5 Gehminuten ab National Rail Station Norwich
Yorkshire	Ein echter Kultground im englischen Fußball, der bereits von außen eben diesen Eindruck vermittelt.	Ca. 10 Gehminuten ab National Rail Station Sheffield
Midlands	Die überproportional große Hintertortribüne bestimmt den Ground, dessen Charakter sich stark vom Baujahr 1990 ableitet.	Ab Birmingham: ca. 25 Minuten Zugfahrt bis Bescot Stadium, direkt am Ground

Nr.	Ground	Kapazität	Heimat von …
56	Eastlands	55.000	Manchester City
57	Pirelli Stadium	6.900	Burton Albion
58	Globe Arena	6.500	Morecambe FC
59	London Road	14.300	Peterborough United

Region	Warum den Ground besuchen	Anreise
North West	Eine solide, moderne Arena, allerdings wenig individuell oder englisch.	In Manchester: ca. 5 Minuten Metrofahrt bis Etihad Campus, direkt am Ground (oder 20 Gehminuten ab National Rail Station Manchester Piccadilly)
Midlands	Eine Stehplatztribüne an der Spielfeldseite findet sich in England eher selten. In Burton wird man fündig!	Ab Birmingham: ca. 30 Minuten Zugfahrt bis Burton-on-Trent, dann ca. 20 Gehminuten
North West	Man fühlt sich etwas wie auf einer Baustelle mit einem topmodernen großen Stand auf der einen Spielfeldseite und ein paar angedeuteten Stufen auf der Gegenseite. Insofern auch einzigartig.	Ca. 20 Gehminuten ab National Rail Station Morecambe
Midlands	Ein Ground der Kategorie „englischer Klassiker“, inklusive einer Stehplatz-Terrace hinter dem Tor, mit dem charakteristischen Giebeldach.	Ca. 15 Gehminuten ab National Rail Station Peterborough

Nr.	Ground	Kapazität	Heimat von …
60	Turf Moor	22.500	Burnley FC
61	Riverside Stadium	33.700	Middlesbrough FC
62	Brunton Park	18.200	Carlisle United
63	Amex Community Stadium	31.000	Brighton & Hove Albion
64	DW Stadium	25.000	Wigan Athletic

Region	Warum den Ground besuchen	Anreise
North West	Der Name „Turf Moor“ ist kultig, der Ground an sich noch kultiger. Hier riecht es nach englischem Fußball, mit alten Klappsitzen aus Holz und vier klassischen Stands mit offenen Ecken.	Ab Manchester: ca. 50 Minuten Zugfahrt bis Burnley Manchester Road, dann ca. 15 Gehminuten
North	Ein solider Neubau an der Stelle des alten Grounds, dessen Flair sich eher von den Hafenanlagen rund ums Stadion ergibt.	Ca. 10 Gehminuten ab National Rail Station Middlesbrough
North	Eine herrliche individuelle Kiste, die das Herz aller Englandfußballfreunde höher schlagen lässt. Insbesondere der Main Stand mit Sitzplätzen im Oberrang und Stehplätzen im Unterrang erinnert an vergangene Fußballtage.	Ca. 15 Gehminuten ab National Rail Station Carlisle
South	Ein recht ordentlich durchgezogener Neubau, in dem der Komfort groß- und der Englandfaktor kleingeschrieben ist.	National Rail Station Falmer direkt am Ground
North West	Vier etwas lieblos wirkende mehr oder weniger baugleiche Tribünen mit offenen Ecken. Hier stand wohl eher die Zweckmäßigkeit im Vordergrund.	Ca. 20 Gehminuten ab National Rail Station Wigan Wallgate oder Wigan North Western

Nr.	Ground	Kapazität	Heimat von …
65	St. James Park	8.500	Exeter City
66	Home Park	16.300	Plymouth Argyle
67	Plainmoor	6.200	Torquay United
68	Cardiff City Stadium	33.000	Cardiff City

Region	Warum den Ground besuchen	Anreise
West Country	Der kleine Grandstand ist ein echtes Stück Fußballgeschichte und gibt dem St. James Park sehr viel Charakter.	National Rail Station St. James Park direkt am Ground, ca. 15 Gehminuten ab National Rail Station Exeter
West Country	Der ikonische Torbogen über den Turnstiles ist das Markenzeichen des Grounds, der aber auch im Innenraum durch die Verbindung aus altem Main Stand und drei morderneren, stimmigen Tribünen ein gutes Bild abgibt.	Ca. 25 Gehminuten ab National Rail Station Plymouth
West Country	Die Lage des Stadions inmitten eines ansonsten recht beschaulichen Wohngebiets macht den Besuch interessant. Ansonsten ein eher überschaubarer, aber recht netter Ground.	Ca. 20 Gehminuten ab National Rail Station Torre
Wales	Einer der vielen Neubauten, an denen man nichts aussetzen kann. Dennoch wünscht man sich wohl den alten Ninian Park zurück.	National Rail Station Ninian Park direkt am Ground, ca. 20 Gehminuten ab National Rail Station Cardiff

Nr.	Ground	Kapazität	Heimat von …
69	Proact Stadium	10.500	Chesterfield FC
70	Greenhous Meadow	10.000	Shrewsbury Town
71	Vale Park	19.000	Port Vale
72	Gigg Lane	11.500	Bury FC
73	Crown Ground	5.000	Accrington Stanley

Region	Warum den Ground besuchen	Anreise
Midlands	Wegen des recht unspektakulären Neubaustadions alleine lohnt der Besuch in Chesterfield nicht. Man muss sich schon auch den schiefen Kirchturm anschauen …	Ca. 20 Gehminuten ab National Rail Station Chesterfield
Midlands	Etwas außerhalb der Innenstadt befindet sich der recht beliebige Neubau, bei dem zumindest nicht mehr der Ball in den angrenzenden River Severn fliegt, wie noch im alten Gay Meadow.	Ca. 40 Gehminuten ab National Rail Station Shrewsbury
Midlands	Der einst als Wembley des Nordens konzipierte Vale Park ist stark in die Jahre gekommen und genau das macht den Charme aus.	Ca. 20 Minuten Busfahrt ab National Rail Station Stoke-on-Trent, oder ca. 60 Gehminuten
North West	Seit 1885 spielt Bury an der Gigg Lane und obwohl in den 90er Jahren der Ground umfassend modernisiert wurde, handelt es sich daher doch um eine historische Spielstätte.	Ab Manchester: ca. 25 Minuten Metrofahrt bis Bury Interchange, dann ca. 15 Gehminuten
North West	Einer der kleinsten Grounds in der Football League, der dennoch oder vielleicht gerade deshalb einen gewissen Charme hat.	Ca. 15 Gehminuten ab National Rail Station Accrington

Nr.	Ground	Kapazität	Heimat von …
74	Whaddon Road	7.000	Cheltenham Town
75	Weston Homes Community Stadium	10.000	Colchester United
76	Kassam Stadium	12.500	Oxford United
77	Madejski Stadium	24.000	Reading FC
78	Alexandra Stadium	20.000	Crewe Alexandra

Region	Warum den Ground besuchen	Anreise
Midlands	In Cheltenham ziehen die Pferde mehr Aufmerksamkeit als der Fußball. So ist auch die Whaddon Road ein eher unscheinbarer, wenn auch klassischer Ground.	Ca. 35 Gehminuten ab National Rail Station Cheltenham
East Anglia	Ein Neubau auf der grünen Wiese, der nach einem Bauunternehmer benannt ist. Also wenig Charme, dafür ein solides Stadion.	Ca. 5 Minuten Shuttlebus ab National Rail Station Colchester North
South	Ein Kuriosum: Es fehlt eine komplette Hintertortribüne. Die anderen drei Stands präsentieren sich recht ordentlich, fügen sich aber nur bedingt zusammen.	Ca. 30 Minuten Busfahrt ab National Rail Station Oxford
South	Ein Neubau Ende der 90er Jahre, mit einem Mix aus einem und zwei Rängen.	Ca. 15 Minuten Busfahrt ab National Rail Station Reading
North West	Der riesige Main Stand dominiert den Ground an der Gretsy Road und gibt der Spielstätte des Eisenbahnerclubs das Wahrzeichen.	Ca. 5 Gehminuten ab National Rail Station Crewe

Nr.	Ground	Kapazität	Heimat von …
79	New York Stadium	12.000	Rotherham United
80	Highbury	5.300	Fleetwood Town
81	Goldsands Stadium	11.300	AFC Bournemouth
82	Broadfield Stadium	6.100	Crawley Town

Region	Warum den Ground besuchen	Anreise
Yorkshire	Der Ground wurde 2012 eröffnet und gehört somit zu den neuesten Stadien in England. Trotz überschaubarer Kapazität macht der Ground durch die geschlossene Architektur durchaus etwas her.	Ca. 5 Gehminuten ab National Rail Station Rotherham
North West	Welten entfernt vom originalen „Highbury" in London, hat der kleine Ground durchaus etwas Charme und passt hervorragend zum kleinen Klub Fleetwood Town.	National Rail bis Blackpool North, ca. 10 Gehminuten bis zur Promenade, ca. 30 Minuten Tramfahrt bis Stanley Road, ca. 5 Gehminuten bis zum Ground
South	Der Ground stellt kein wirkliches Highlight dar, wobei der AFC Bournemouth über weite Teile der Klubgeschichte zwischen dritter und vierter Liga pendelte, was sich eben auch im Stadion niederschlug.	Ca. 25 Gehminuten ab National Rail Station Bournemouth, ca. 15 Gehminuten ab National Rail Station Pokesdown
South	In Crawley weht noch ein bisschen Non-League-Fußballduft im Ground, was auch seinen eigenen Reiz haben kann.	Ca. 20 Gehminuten ab National Rail Station Crawley

Nr.	Ground	Kapazität	Heimat von …
83	Spotland	10.200	Rochdale AFC
84	Valley Parade	25.000	Bradford City
85	Field Mill	9.000	Mansfield Town
86	KC Stadium	26.000	Hull City
87	Victoria Ground	7.900	Hartlepool United

Region	Warum den Ground besuchen	Anreise
North West	Ganz klassisch englisch, mit dem Klubnamen in farbigen Sitzschalen auf den Tribünen und einer Terrace hinter dem Tor.	Ab Manchester: ca. 45 Minuten Tramfahrt bis Rochdale, dann ca. 30 Gehminuten
Yorkshire	Vielleicht einer der interessantesten Grounds abseits der großen Ligen, mit dem imposanten Main Stand und Kop, denen klassischere, aber signifikant kleinere Tribünen gegenüberstehen.	Ca. 30 Gehminuten ab National Rail Station Bradford Interchange
Midlands	Tatsächlich der älteste Ground der Football League. Seit 1861 wird hier Fußball gespielt, von den aktuellen Hausherren seit 1919.	Ca. 5 Gehminuten ab National Rail Station Mansfield
East	Wie so oft, ein gut gemachter Neubau, der eine würdige Kulisse für die Premier League darstellt, dessen Flair allerdings viel zu wünschen übrig lässt.	Ca. 15 Gehminuten ab National Rail Station Hull Paragon Interchange
North	Paradebeispiel für einen kleinen Ground. Überschaubare Tribünen, dafür noch viele schöne Stehplatzbereiche.	Ca. 5 Gehminuten ab National Rail Station Hartlepool

Nr.	Ground	Kapazität	Heimat von …
88	Bootham Crescent	7.800	York City
89	Rodney Parade	7.000	Newport County
90	John Smith Stadium	24.500	Huddersfield Town AFC
91	Oakwell	23.200	Barnsley FC
92	stadium mk	30.500	MK Dons

Region	Warum den Ground besuchen	Anreise
Yorkshire	In der historischen Stadt York ist auch der Ground eine kleine Zeitreise. Ein echtes Schmankerl für Freunde der englischen „old school" Stadien.	Ca. 20 Gehminuten ab National Rail Station York
Wales	Der (Rugby-) Ground bzw. dessen Tribünen präsentieren sich so merkwürdig, dass dies alleine schon einen gewissen Reiz hat.	Ca. 10 Gehminuten ab National Rail Station Newport
Yorkshire	Als der Ground 1994 eröffnet wurde, galt die geschwungene Dachkonstruktion als futuristisch. Bis heute ist sie ein Farbtupfer unter Englands Fußballstadien.	Ca. 15 Gehminuten ab National Rail Station Huddersfield
Yorkshire	Ein fantastischer „old school" Ground, dem mit den West Stand Bogs, also der Open Air Toilette im West Stand das Tüpfelchen auf dem i verliehen wird.	Ca 5 Gehminuten ab National Rail Station Barnsley
South	Wer ohnehin noch zu IKEA und H&M wollte, ist hier im Gewerbegebiet richtig. Ansonsten ein modernes Stadion, das in dieser Hinsicht wenig Wünsche offen lässt.	Ca. 10 Minuten Busfahrt ab National Rail Station Milton Keynes

Tipps und Ratschläge für die Englandtour

Den ein oder anderen hat beim Lesen sicher die Lust auf eine Tour Richtung Fußballmutterland gepackt. Aus diesem Grund gibt es an dieser Stelle einen kurzen Leitfaden für die Tourenplanung. Diesen können England-„Neulinge" nutzen, um etwaige Bedenken und Fragen auszuräumen und einen schönen Spielbesuch in England zu erleben. Vielleicht ist auch für den erfahrenen Englandfahrer der ein oder andere nützliche Tipp dabei.

Zu welchem Match?

Zunächst einmal stellt sich natürlich die Frage, welches Match oder welchen Ground man besuchen möchte. Hier spielt selbstredend die persönliche Präferenz eine Rolle, evtl. auch die Anreisemöglichkeiten. Unterm Strich gibt es aber zwei Parameter, welche einen ganz erheblichen Einfluss haben: Die Ticketsituation und der Spieltermin. Während es unter Umständen sein kann, dass man für manche Spiele schwer oder gar nicht an Eintrittskarten kommt (siehe „Tickets"), wird auch in England der genaue Spieltermin erst einige Wochen vor dem Match festgelegt. Gerade in der Premier League kann es passieren, dass Spiele vom Samstag auf den Sonntag oder sogar Montag verlegt werden. Hier muss man entweder die finale Terminierung abwarten, was unter Umständen dazu führen kann, dass Flüge und Unterkünfte recht teuer werden. Alternativ kann man auf gut Glück entsprechende Buchungen vornehmen und darauf hoffen, dass interessante Spiele passend terminiert werden. Dies bietet sich vor allem bei Reisen in Ballungszentren an. Ein Wochenende in London oder Manchester garantiert quasi, dass einige Spiele samstags stattfinden, mit etwas Glück kann man weitere Matches freitags oder sonntags mitnehmen. Gerade London bietet sich hier an. Die Anreise ist denkbar einfach, oftmals recht günstig und die Anzahl an Klubs in der Stadt ist beachtlich.
Zudem gibt es erfahrungsgemäß einige besonders gute Termine für einen Englandbesuch. Während auf dem Kontinent im Winter der Spielbetrieb ruht, wird in England durchgespielt. Insbesondere die Matches rund um Weihnachten, vor allem am zweiten Weihnachtsfeiertag (dem sogenannten „Boxing Day") sind legendär. Darüber hinaus ist das Os-

terwochenende ein Fixpunkt im englischen Fußballjahr, da hier sowohl am Karfreitag, als auch am Ostermontag ein kompletter Spieltag angesetzt wird. Zu guter Letzt sind Länderspielpausen ebenfalls attraktive Englandtermine, da zwar die Premier League und Championship aussetzen, dafür aber League One und Two volle Spieltage austragen. Hier unbedingt auf etwaige Terminierungen und Spielverschiebungen achten.

Tickets

Eine der größten Herausforderungen im englischen Fußball ist es, an Tickets für attraktive Spiele zu kommen. Während es in den unteren Liga eher selten zu Problemen kommt, sind gerade die Topspiele in der Premier League stark nachgefragt und entsprechend schwierig ist es, Eintrittskarten ergattern zu können. Besonders für die populären Klubs ist es fast ausgeschlossen, über normale Wege an Karten zu kommen. Dies hat allen voran mit dem System zu tun, über das die Klubs die Tickets verkaufen. In der Regel existieren verschiedene Verkaufsphasen. D.h. es wird zunächst nur Mitgliedern oder Dauerkarteninhabern gestattet, Karten zu erwerben. Selbst hier gibt es noch Abstufungen. So existiert bei vielen Klubs eine Art Treuepunktekonto, das Fans über Spielbesuche „aufladen" können. Je unattraktiver der Gegner, desto mehr Punkte bekommt man. Für die Topspiele ist es dann nicht selten, dass man eine gewisse Treuepunkteanzahl vorweisen muss, um in der ersten Verkaufsphase zuschlagen zu können. Nach dieser kommen dann die anderen Mitglieder und Dauerkarteninhaber zum Zug, die teilweise mehr als ein Ticket erwerben können. Gesetzt den Fall, hier bleiben Tickets übrig, gehen diese in den freien Verkauf, den sogenannten „General Sale", in dem auch Nichtmitglieder zuschlagen können. Wann die einzelnen Verkaufsphasen starten, wird in der Regel transparent auf den Klubwebseiten kommuniziert, wobei der General Sale bei attraktiven Spielen eben eher selten eintritt. Es empfiehlt sich jedenfalls, möglichst zeitnah nach dem Beginn des freien Verkaufs zuzuschlagen, zumindest bei nachgefragteren Spielen. Auf Karten am Spieltag kann man sich in der Premier League eher nicht verlassen.

Wer dennoch gerne ein Topspiel sehen möchte, hat dazu verschiedene Optionen. Zum einen besteht natürlich die Möglichkeit, Mitglied des entsprechenden Klubs zu werden. Dies garantiert aber nicht unbedingt, dass man an Eintrittskarten für das gewünschte Match kommt, aus Ermangelung an Treuepunkten, siehe oben. Die Chancen steigen dadurch jedoch deutlich. Mitgliedschaften laufen in England immer nur für ein Jahr und müssen erneuert werden. Zudem gibt es für Mitglieder oft Rabatte auf Tickets, sodass sich diese Option durchaus lohnen kann. Eine weitere Option sind die Ticketbörsen der Klubs, über die Fans ihre (Dauer-)Karten weiterverkaufen können, die sogenannten Ticket Exchanges. Hier kann man Glück haben, wobei nicht selten auch für den Zugang zu den Plattformen eine Klub-Mitgliedschaft Voraussetzung ist. Wer ein etwas größeres Budget hat, kann sich nach VIP oder Hospitality Paketen umschauen. Oft verkaufen die Klubs entsprechende Pakete, also Eintrittskarten samt Hotelübernachtungen oder einem Essen in der Loge. Billig ist der Spaß nicht, gerade für Topspiele, allerdings etwas sicherer als der Erwerb der Tickets auf dem Schwarzmarkt.

Wer eine Eintrittskarte über den Schwarzmarkt (oder „Zweitmarkt") erwerben möchte, kann dies zunächst einmal bequem über zahllose Ticketagenturen im Internet tun (z.B. www.sportsevents365.com). Dies ist in der Regel aber ein recht teurer Spaß, verbunden mit einem gewissen Restrisiko. Alternativ existiert natürlich auch am Spieltag vor den Stadien ein Schwarzmarkt, wobei dieser in England offiziell verboten ist. Etwas Vorsicht schadet hier also nicht, gerade, weil auch über diesen Kanal die Tickets ggfs. sehr teuer sein können. In der Regel erkennt man Schwarzmarkthändler daran, dass sie nach Tickets fragen („Spare ticket?") statt wie anderswo üblich mit einem Ticket in der Hand zu winken.

Anreise

Der Nachteil des Inselfußballs spiegelt sich bereits im Namen wieder, er findet auf einer Insel statt. Entsprechend stellt die Anreise über Verkehrsmittel wie Bus, Bahn oder Auto eine Herausforderung dar. Zwar hat hier der Kanaltunnel etwas Linderung verschafft, dennoch ist die

Reise auf dem Landweg etwas beschwerlich und nicht unbedingt günstig (Kanaldurchfahrt oder Fähre). Letzten Endes kommt es natürlich darauf an, von wo aus man seine Reise startet, gerade aus dem westdeutschen Raum ist die Entfernung z.B. nach London vergleichsweise überschaubar, dennoch ist die Anreise mit dem Auto kein Selbstläufer. Vom Linksverkehr abgesehen gibt es z.B. in der Londoner Innenstadt überhaupt keine Möglichkeit, sein Fahrzeug kostenfrei zu parken. Es summieren sich die Ausgaben also schnell auf.
Aus diesem Grund bietet sich die Anreise per Flugzeug nachhaltig an. Es gibt von quasi allen deutschen Flughäfen Verbindungen nach England, teilweise über die Low Cost Airlines wie Easyjet oder Ryanair zu extrem moderaten Preisen. Die müssen etwas ins Verhältnis gesetzt werden, da man nicht selten noch ordentliche Kosten für den Flughafentransfer aufbringen muss (London Stansted liegt beispielsweise eine gute Stunde von London entfernt), dennoch bietet der Luftweg generell das beste Preis/Leistungsverhältnis.

Unterkunft

Was Unterkünfte angeht, stehen einem gerade in den englischen Großstädten verschiedenste Optionen offen, für alle Geldbeutel, vom Hostelzimmer bis zur Nobelherberge. Wer mit schmalem Budget unterwegs ist, der kann bequem auf www.hostels.com ein Bett im Schlafsaal reservieren. Für „normale" Hotels stehen die üblichen Suchmaschinen wie www.hrs.de oder www.trivago.de zur Verfügung. Wer auf Luxus verzichten kann und ein solides Hotelzimmer sucht, ist bei den großen Ketten gut aufgehoben, wie www.travelodge.co.uk oder www.premierinn.co.uk. Für kleines Geld in kleinen Räumen lässt sich in London im www.easyhotel.com übernachten. Des Weiteren stehen vielerorts die üblichen www.airbnb.com Unterkünfte zu Verfügung.

Auf der Insel unterwegs

Ein großer Vorteil der Inseltouren ist die Möglichkeit, für wenig Geld quer durch England reisen zu können. Hierfür stehen im Grunde zwei Optionen zur Verfügung: Bus und Bahn. Die Bahn ist die bequemere und schnellere Alternative, hat allerdings den Nachteil, dass man zwingend früh die Fahrten buchen muss, um einen guten Preis zu bekommen. Dies kann man einfach über www.nationalrail.co.uk tun, wobei man für die Buchung jeweils auf die Webseite des eigentlichen Betreibers umgeleitet wird. Die Bahn ist in Großbritannien privatisiert, entsprechend gibt es verschiedenste Unternehmen, die Züge betreiben. Mit dem Zug kommt man jedenfalls schnell entlang der Hauptlinien quer über die Insel. Will man allerdings ohne Vorabbuchung fahren, werden die Tickets astronomisch teuer, zumindest auf der Mittel- und Langstrecke. Hier gilt zudem zu beachten, dass Hin- und Rückfahrttickets („return") in diesen Fällen oft nur Minimalbeträge mehr kosten als ein Einzelticket. In Ballungszentren gibt es zudem oft ein „Cheap Day Return" Ticket, welches eine erschwingliche Hin- und Rückfahrt am gleichen Tag ermöglicht, ideal für Tagestouren. Wer etwas mehr Zeit hat, kann den Bus nehmen. Busunternehmen wie National Express (www.nationalexpress.co.uk) oder Megabus (www.megabus.com) bieten Fahrten quer über die Insel an, teilweise zu absurd niedrigen Preisen. Dass man für weniger als 10 Pfund von A nach B kommt ist eher die Regel, auch hier empfiehlt sich vorab zu buchen. In jedem Fall ergeben sich durch diese Optionen tolle Möglichkeiten für Touren mit verschiedenen Spielbesuchen an aufeinanderfolgenden Tagen. Mit ein klein wenig Geschick lassen sich für wenig Geld umfangreiche Touren planen, von London bis Birmingham, von Manchester bis Newcastle, von Leeds bis Sheffield.

Und wer alle 92 machen will...

Ein Patentrezept für den Besuch aller 92 Grounds gibt es nicht, jeder muss seinen eigenen Weg finden. Es gibt allerdings ein paar Taktiken, welche die Durchlaufzeit etwas minimieren können.

So sollten gute Spielkonstellationen unbedingt genutzt werden. Gerade, wenn man noch aus dem Vollen schöpfen kann, ergeben sich teilweise Ansetzungen, bei denen man in einer Periode von zwei Wochen gut und gerne 10 Grounds abarbeiten kann. Dies ist z.B. über Weihnachten recht oft der Fall, oder im Frühling, wenn im Winter ausgefallene Spiele nachgeholt werden.

Des Weiteren sollte man vermeiden, Premier League Partien an einem Samstag zu besuchen. Während einige Matches der höchsten Spielklasse im Grunde immer auf den Sonntag gelegt werden, ist dies z.B. in der

League One und League Two nur sehr selten der Fall. Entsprechend macht es also Sinn, niederklassige Matches am Samstag mitzunehmen und ein Premier League Match am Sonntag. Auch wenn es gerade am Anfang schwierig sein dürfte, ein attraktives Spiel der ersten Liga auszulassen und stattdessen ein Viertligamatch zu besuchen, zahlt sich dies mittelfristig aus. Des Weiteren erhöht diese Herangehensweise die Attraktivität des 92er Projekts, hat man doch auch gegen Ende noch einige Premier League Stadien auf der Liste und „muss" nicht „nur" noch die vierte Liga komplett machen.

Generell muss man sich im Klaren darüber sein, dass für den Besuch bei allen 92 Klubs ein paar Jahre zu investieren sind. Das geht mit der Herausforderung einher, dass einige Klubs in dieser Zeit ein neues Stadion bauen. Fokussiert man sich auf die 92, so ist der Besuch eines alten Grounds, der bald durch einen Neubau abgelöst wird, nicht zielführend. Gleichzeitig vergibt man aber so eine historische Chance, echte Urgesteine des englischen Fußballs noch mitnehmen zu können. Es kommt hier also etwas auf die persönliche Einstellung an. Es dürfte beispielsweise wenige Fußballfans geben, die nicht gerne noch Klassiker wie den Upton Park von West Ham besucht hätten, bevor die Hammers ins Olympiastadion übersiedelt sind.

Englische Fußballhistorie

Gründungsmitglieder Football League (1888)

Accrington, Aston Villa, Blackburn Rovers, Bolton Wanderers, Burnley, Derby County, Everton, Notts County, Preston North End, Stoke, West Bromwich Albion, Wolverhampton Wanderers

Gründungsmitglieder Second Division (1892)

Ardwick, Bootle, Burslem Port Vale, Burton Swifts, Crewe Alexandra, Darwen, Grimsby Town, Lincoln City, Northwich Victoria, Sheffield United, Small Heath, Walsall Town Swifts

Gründungsmitglieder Third Division (1920)

Brentford, Brighton & Hove Albion, Bristol Rovers, Crystal Palace, Exeter City, Gillingham, Grimsby Town, Luton Town, Merthyr Town, Millwall, Newport County, Northampton Town, Norwich City, Plymouth Argyle, Portsmouth, Queens Park Rangers, Reading, Southampton, Southend United, Swansea Town, Swindon Town, Watford

Football Alliance Mitglieder (1889 – 1892)

Ardwick, Birmingham St George's, Bootle, Burton Swifts, Crewe Alexandra, Darwen, Grimsby Town, Lincoln City, Long Eaton Rangers, Newton Heath, Nottingham Forest, Small Heath, Stoke, Sunderland Albion, The Wednesday, Walsall Town Swifts

Gründungsmitglieder Premier League (1992)

Arsenal, Aston Villa, Blackburn Rovers, Chelsea, Coventry City, Crystal Palace, Everton, Ipswich Town, Leeds United, Liverpool, Manchester City, Manchester United, Middlesbrough, Nottingham Forest, Norwich City, Oldham Athletic, Queens Park Rangers, Sheffield United, Sheffield Wednesday, Southampton, Tottenham Hotspur, Wimbledon

Englischer Meister

1888–89 Preston North End
1889–90 Preston North End
1890–91 Everton
1891–92 Sunderland
1892–93 Sunderland
1893–94 Aston Villa
1894–95 Sunderland
1895–96 Aston Villa
1896–97 Aston Villa
1897–98 Sheffield United
1898–99 Aston Villa
1899–1900 Aston Villa
1900–01 Liverpool
1901–02 Sunderland
1902–03 The Wednesday
1903–04 The Wednesday
1904–05 Newcastle United
1905–06 Liverpool
1906–07 Newcastle United
1907–08 Manchester United
1908–09 Newcastle United
1909–10 Aston Villa
1910–11 Manchester United
1911–12 Blackburn Rovers
1912–13 Sunderland
1913–14 Blackburn Rovers
1914–15 Everton
1915/16–1918/19
keine Austragung aufgrund des 1. Weltkriegs
1919–20 West Bromwich Albion
1920–21 Burnley
1921–22 Liverpool
1922–23 Liverpool
1923–24 Huddersfield Town
1924–25 Huddersfield Town
1925–26 Huddersfield Town
1926–27 Newcastle United
1927–28 Everton
1928–29 The Wednesday
1929–30 Sheffield Wednesday
1930–31 Arsenal
1931–32 Everton
1932–33 Arsenal
1933–34 Arsenal
1934–35 Arsenal
1935–36 Sunderland
1936–37 Manchester City
1937–38 Arsenal
1938–39 Everton
1939/40–1945/46
keine Austragung aufgrund des 2. Weltkriegs
1946–47 Liverpool
1947–48 Arsenal
1948–49 Portsmouth
1949–50 Portsmouth
1950–51 Tottenham Hotspur
1951–52 Manchester United
1952–53 Arsenal
1953–54 Wolverhampton
1954–55 Chelsea
1955–56 Manchester United
1956–57 Manchester United
1957–58 Wolverhampton
1958–59 Wolverhampton
1959–60 Burnley
1960–61 Tottenham Hotspur
1961–62 Ipswich Town
1962–63 Everton
1963–64 Liverpool

1964–65 Manchester United
1965–66 Liverpool
1966–67 Manchester United
1967–68 Manchester City
1968–69 Leeds United
1969–70 Everton
1970–71 Arsenal
1971–72 Derby County
1972–73 Liverpool
1973–74 Leeds United
1974–75 Derby County
1975–76 Liverpool
1976–77 Liverpool
1977–78 Nottingham Forest
1978–79 Liverpool
1979–80 Liverpool
1980–81 Aston Villa
1981–82 Liverpool
1982–83 Liverpool
1983–84 Liverpool
1984–85 Everton
1985–86 Liverpool
1986–87 Everton
1987–88 Liverpool
1988–89 Arsenal
1989–90 Liverpool
1990–91 Arsenal
1991–92 Leeds United
1992–93 Manchester United
1993–94 Manchester United
1994–95 Blackburn Rovers
1995–96 Manchester United
1996–97 Manchester United
1997–98 Arsenal
1998–99 Manchester United
1999–2000 Manchester United
2000–01 Manchester United
2001–02 Arsenal
2002–03 Manchester United
2003–04 Arsenal
2004–05 Chelsea
2005–06 Chelsea
2006–07 Manchester United
2007–08 Manchester United
2008–09 Manchester United
2009–10 Chelsea
2010–11 Manchester United
2011–12 Manchester City
2012–13 Manchester United
2013–14 Manchester City
2014–15 Chelsea
2015–16 Leicester City
2016–17 Chelsea
2017–18 Manchester City
2018–19 Manchester City

FA-Cup-Sieger

1872 The Wanderers
1873 The Wanderers
1874 Oxford University
1875 Royal Engineers
1876 The Wanderers
1877 The Wanderers
1878 The Wanderers
1879 Old Etonians
1880 Clapham Rovers
1881 Old Carthusians
1882 Old Etonians
1883 Blackburn Olympic
1884 Blackburn Rovers
1885 Blackburn Rovers
1886 Blackburn Rovers

1887	Aston Villa	1927	Cardiff City
1888	West Bromwich Albion	1928	Blackburn Rovers
1889	Preston North End	1929	Bolton Wanderers
1890	Blackburn Rovers	1930	Arsenal FC
1891	Blackburn Rovers	1931	West Bromwich Albion
1892	West Bromwich Albion	1932	Newcastle United
1893	Wolverhampton	1933	Everton FC
1894	Notts County	1934	Manchester City
1895	Aston Villa	1935	Sheffield Wednesday
1896	Sheffield Wednesday	1936	Arsenal FC
1897	Aston Villa	1937	Sunderland AFC
1898	Nottingham Forest	1938	Preston North End
1899	Sheffield United	1939	Portsmouth FC
1900	Bury FC	1946	Derby County
1901	Tottenham Hotspur	1947	Charlton Athletic
1902	Sheffield United	1948	Manchester United
1903	Bury FC	1949	Wolverhampton
1904	Manchester City	1950	Arsenal FC
1905	Aston Villa	1951	Newcastle United
1906	Everton FC	1952	Newcastle United
1907	Sheffield Wednesday	1953	Blackpool FC
1908	Wolverhampton	1954	West Bromwich Albion
1909	Manchester United	1955	Newcastle United
1910	Newcastle United	1956	Manchester City
1911	Bradford City	1957	Aston Villa
1912	Barnsley FC	1958	Bolton Wanderers
1913	Aston Villa	1959	Nottingham Forest
1914	Burnley FC	1960	Wolverhampton
1915	Sheffield United	1961	Tottenham Hotspur
1920	Aston Villa	1962	Tottenham Hotspur
1921	Tottenham Hotspur	1963	Manchester United
1922	Huddersfield Town	1964	West Ham United
1923	Bolton Wanderers	1965	Liverpool FC
1924	Newcastle United	1966	Everton FC
1925	Sheffield United	1967	Tottenham Hotspur
1926	Bolton Wanderers	1968	West Bromwich Albion

1969	Manchester City
1970	Chelsea FC
1971	Arsenal FC
1972	Leeds United
1973	Sunderland AFC
1974	Liverpool FC
1975	West Ham United
1976	Southampton FC
1977	Manchester United
1978	Ipswich Town
1979	Arsenal FC
1980	West Ham United
1981	Tottenham Hotspur
1982	Tottenham Hotspur
1983	Manchester United
1984	Everton FC
1985	Manchester United
1986	Liverpool FC
1987	Coventry City
1988	Wimbledon FC
1989	Liverpool FC
1990	Manchester United
1991	Tottenham Hotspur
1992	Liverpool FC
1993	Arsenal FC
1994	Manchester United
1995	Everton FC
1996	Manchester United
1997	Chelsea FC
1998	Arsenal FC
1999	Manchester United
2000	Chelsea FC
2001	Liverpool FC
2002	Arsenal FC
2003	Arsenal FC
2004	Manchester United
2005	Arsenal FC
2006	Liverpool FC
2007	Chelsea FC
2008	Portsmouth FC
2009	Chelsea FC
2010	Chelsea FC
2011	Manchester City
2012	Chelsea FC
2013	Wigan Athletic
2014	Arsenal FC
2015	Arsenal FC
2016	Manchester United
2017	Arsenal FC
2018	Chelsea FC
2019	Manchester City

League-Cup-Sieger

1961	Aston Villa
1962	Norwich City
1963	Birmingham City
1964	Leicester City
1965	Chelsea FC
1966	West Bromwich Albion
1967	Queens Park Rangers
1968	Leeds United
1969	Swindon Town
1970	Manchester City
1971	Tottenham Hotspur
1972	Stoke City
1973	Tottenham Hotspur
1974	Wolverhampton
1975	Aston Villa
1976	Manchester City
1977	Aston Villa
1978	Nottingham Forest
1979	Nottingham Forest

1980	Wolverhampton
1981	Liverpool FC
1982	Liverpool FC
1983	Liverpool FC
1984	Liverpool FC
1985	Norwich City
1986	Oxford United
1987	Arsenal FC
1988	Luton Town
1989	Nottingham Forest
1990	Nottingham Forest
1991	Sheffield Wednesday
1992	Manchester United
1993	Arsenal FC
1994	Aston Villa
1995	Liverpool FC
1996	Aston Villa
1997	Leicester City
1998	Chelsea FC
1999	Tottenham Hotspur
2000	Leicester City
2001	Liverpool FC
2002	Blackburn Rovers
2003	Liverpool FC
2004	Middlesbrough FC
2005	Chelsea FC
2006	Manchester United
2007	Chelsea FC
2008	Tottenham Hotspur
2009	Manchester United
2010	Manchester United
2011	Birmingham City
2012	Liverpool FC
2013	Swansea City
2014	Manchester City
2015	Chelsea FC
2016	Manchester City
2017	Manchester United
2018	Manchester City
2019	Manchester City
2020	Manchester City

Englische Europapokalsieger

Liverpool FC (6x CL, 3x EL)
Manchester United (3x CL, 1x EL, 1x PC)
Chelsea FC (1x CL, 2x EL, 2x PC)
Nottingham Forest (2x CL)
Aston Villa (1x CL)
Tottenham Hotspur (2x EL, 1x PC)
West Ham United (1x PC)
Manchester City (1x PC)
Ipswich Town (1x EL)
Everton (1x PC)
Arsenal (1x PC)

CL	Champions League, bis 1992 Europapokal der Landesmeister
EL	Europa League, bis 2009 UEFA-Cup
PC	Europapokal der Pokalsieger, ab 1999 mit dem UEFA-Cup (heute Europa League) zusammengelegt

Über den Autor

Florian Sauer wurde 1979 in Aschaffenburg geboren. Neben der Leidenschaft für den Fußball im Allgemeinen und für den FC Bayern im Speziellen, hat es ihm der englische Fußball angetan. Seit 2007 betreibt er die Webseite *fussballinlondon.de*, seit 2014 ist er Mitglied im „92 Club“. Sauer lebt und arbeitet in Wien.

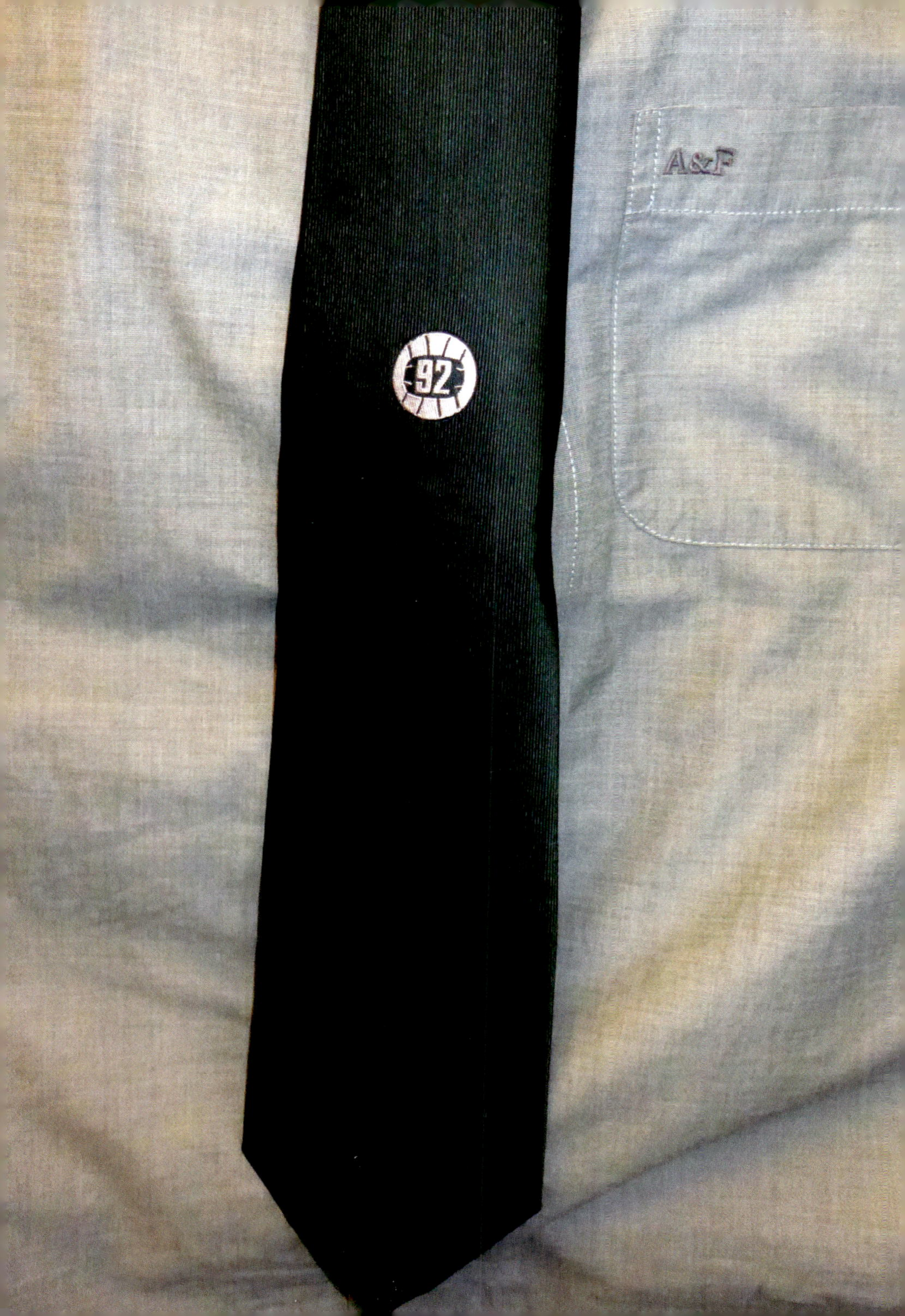
92
A&F

Paul Baaijens

MATCH DAYS

ISBN 978-3-945942-01-7 (16,80 €)

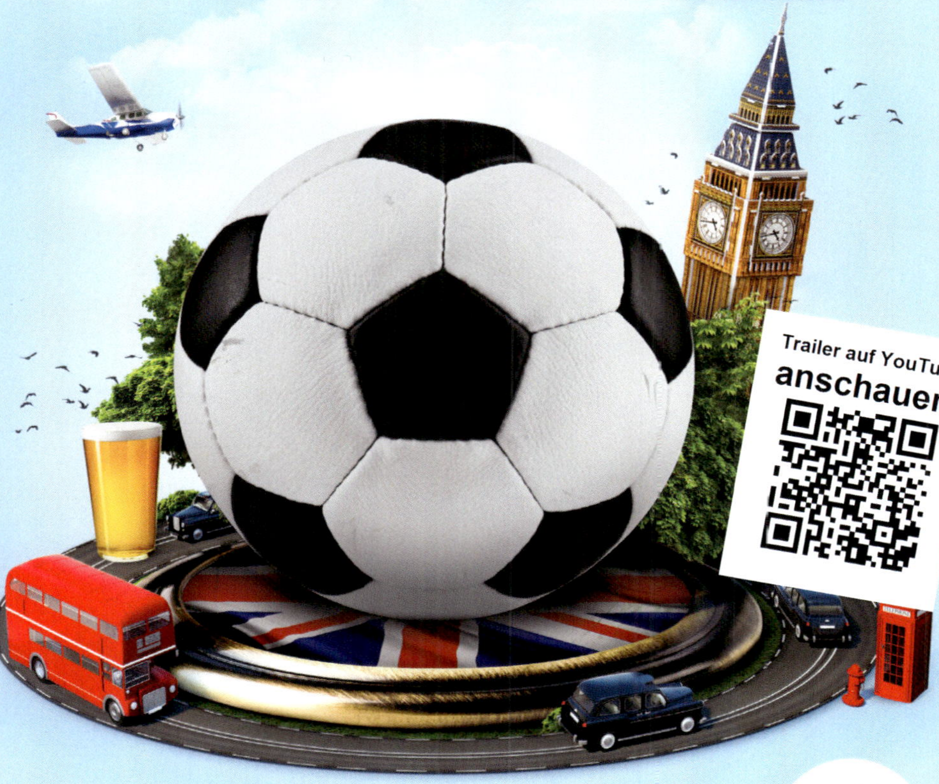

Trailer auf YouTube
anschauen!

Eine besondere Reise durch die
Fußballmetropole London

pretty good books

ISBN 978-3-945942-07-9 (9,80 €)

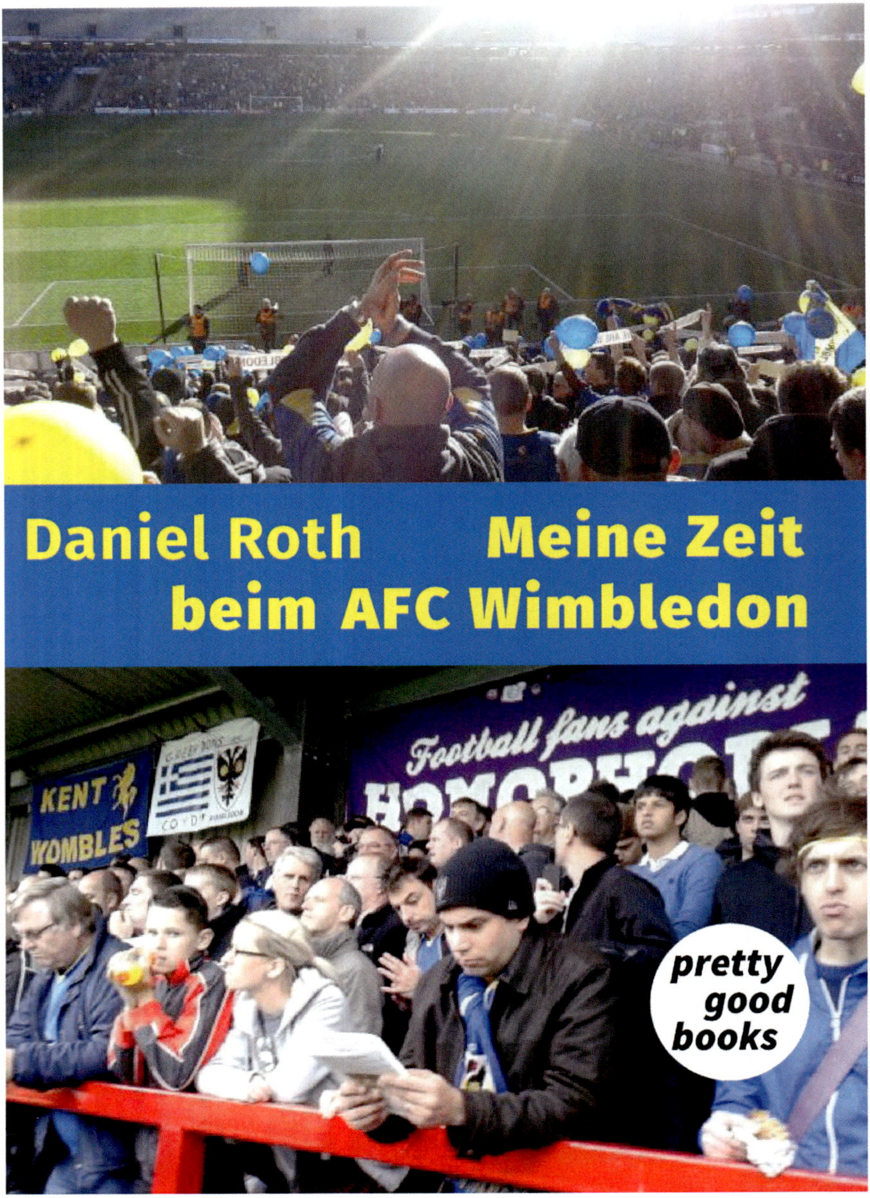